Les triumphes messire francoys petracque.

Translatez de langaige tuscan en fra[n]çoys. Nouuellement imprimez à Paris l'an mil cinq cens et quatorze le .xxiiiie. iour de may.

¶ Amor vincit mundum
¶ Le triumphe damour
¶ Pudicitia vincit amore[m]
¶ Le triumphe de chastete
¶ Mors vincit pudicitiam
¶ Le triumphe de la mort
¶ Fama vincit mortem
¶ Le triumphe de renommee
¶ Tempus vincit famam
¶ Le triumphe du temps
¶ Eternitas seu diuinitas omnia vincit
¶ Le triumphe de diuinite.

℃ Extraict des registres de parlement.

Veue par la court la requeste a este baillee par Berthelemy Verard libraire de luniuersite demourant a Paris/par laquelle il requeroit deffences estre faictes a tous aultres de ne imprimer ou faire imprimer ne vendre de trois ans vng liure intitule les triumphes messire francois petracque nagueres estant en langue tuscane. Veuz aussi plusieurs arrestz et ordonnances donnez en pareil cas. Et tout considere ladicte court a ordonne et ordonne inhibitions et deffences estre faictes a tous libraires/imprimeurs et autres quelzconques de ce royaulme de ne imprimer ledit liure ne en vendre autres que ceulx qui seront imprimez par ledit Verard iusques a trois ans prochainement venans sur peine de confiscation desditz liures et damende arbitraire. Fait en parlement Lan mil cinq cens & quatorze Le vingt et troisiesme iour de may Ainsi signe Robert.

cu de sommeil vy vne grande lumiere au dedans de laqlle auoit beaucoup de douleur & peu de ioye. En celle lumiere ie vy vng victorieux & souuerain duc plus bel & plus resplendissant q̄ or/leql menoit le chariot triūphal auec tresgrāde gloire. Ie ne me pouoye de telle chose par moy veue esiouyr/cōbien q̄ iestoye en tel lieu que ie pouoye veoir vng prince plein de toute valleur & rẽply de toute pompe/touteffois ie esleuay mes yeulx pleins de sommeil & de douleur iacoit ce q̄ ie les couurisse de mon vestemēt pour la grāde resplendeur de la lumiere q̄ ie ne pouoye endurer ne soustenir. Ie vy quatre cheuaulx plus blancs q̄ neige qui menoient vng chariot sur leql auoit vng ieune homme tout nud/lequel tenoit fierement vng arc en sa main senestre ayāt contenance impiteable & merueilleusemēt hardye. Et auoit ses flesches au coste contre lequel ne y vault heaulme nescu ne autre armeure. Lequel portoit sur ses espaules deux grādes aelles de mille couleurs. Et autour de luy estoit grant nombre dhōes mortelz vne partie prinse en bataille & partie nauree de glaiues & de saiettes/dōt de celle chose veue fuz aussi esbahy que si ieusse este lung diceulx q̄ de leurs propres mains sestoient occis. Adonc ie regarday tout a lentour si ien recōgnoistroye aucun en si grande compaignie et considerant pleuroye continuellement pource que vng seul nen recongnoissoye. Et pensoye a part moy si mes yeulx estoiēt muez ou troublez ou si leurs visages estoiēt par mort alterez ou par dures et cruelles chartres.

Lors comme a ceste chose pensoye vint a lencontre de moy vne vmbre qui ne me fut pas en si grande tristesse que la premiere vision laquelle mappella par mon nom disant. Lieues toy/cestes choses que tu voys sont acquises par amour. Et ie grandement esmerueille commencay a dire. Cōment me congnois tu quant ie ne te congnois? Lumbre me respondy. La nue de laquelle ie suis couuert et lair obscur est la cause (bon amy) q̄ tu ne puisses veoir moy qui parle a toy. Certainement ie fuz ne auecques toy en la terre quon dit Tuscane. Sa loquence et parolle estoit tant venerable pour lintegrite delle qlle me descouurit plainement ce q̄ le visaige me celloit. Lors fut long temps a penser/puis dist doulcement. Mon amy saiches quil y a long tēps q̄ ie desiroye a merueilles de te veoir pource que de ton enfance ta vie donnoit de toy telle signifiance que tous iugeoiēt tresbien que tu deuois paruenir a estre vng grant et sollennel homme. Ie luy respondy. Sire il est vray/mais tes amours et labeurs me ont mys en si grant paour et crainte que ie laisse ce que iauoye commence/car ainsi que tu vois de batailler auecques amours ie te porte les draps et la poictrine desfirez et desrōpuz. Et aussi tost il entendit les serinōs q̄ iauoye ditz/et en respōdant dist ainsi en se soubzriant. O mon filz quelle flambe damours ta tant bruslee? Ie qui estoie si estonne et trouble ne peuz bien entendre ceste parolle/mais ie ne scay par quelle sorte il le me imprima en lentendement de telle facon quon ne les pourroit iamais mieulx imprimer ne escrire dung ciseau en vne pierre de marbre. Et pource que par ses ditz il me dōna audace de parler ie luy priay que par humanite & courtoisie il me dist & declairast quelles gens cestoient qui estoient au chāp lesqlz ie veoye. Adonc il me respondit. Tu le scauras dicy a peu de temps par toy mesmes. Car tu seras lie de tel neu (se tu nen scais riens) que tu ne scauras nullement q̄ tu deuras faire de toy tant seras esbahy et de ton bon sens trouble/mais quant ie tauray desnoue de ce neu dont ie te parle, duquel ton col et ta teste & tes piedz rebelles seront liez ces choses te demourerōt pleines, cleres et manifestes. Touteffois affin q̄ ie me monstre gracieux & q̄ ie satiffate a ton ieune vouloir ie te diray de cestuy de qui tu demandes lequel nous despouille des biēs de vie et de liberte. Cestuy est cestuy que le monde nomme amour q̄ est ainsi amer q̄ tu vois et mieulx le verras quant il sera fait ton seigneur. Ainsi quil est le monstre il en sa banniere escript. Ie vaincs lhomme debōnaire et saige et frappe & naure le vieil. Cellup le scait qui la esprouue. Cestuy est ne doysiuete et de ioliuete humaine, nourry de doulces et souefues pensees lequel est fait dieu et seigneur des folz, et maine dure & aigre vie cestuy qui est feru de luy comme sil estoit cloue de mille cloux.

Damour fueillet.ii.

Amor vincit mundum.

Le poethe.

Ou temps que se renouuellent mes souspirs par la doulce memoire de celluy tour qui fut commencement et si long martir / et que sol eschauffoit la corne du thoreau/et la femme De titan / cest a dire la lune estoit la gelee z seoit en son ancien siege de froidure le labeur damour peine z gemissement continuel me auoient ia monstre le lieu auquel me reposeroye. Las de cueur entre les herbes gisãt triste de gemissemẽt z pleur vains

a ij

Cellui la qui tu vois qui va le
premier q̄ porte maniere de roy ⁊
visaige pōpeux est cesar q̄ vain-
quit cleopatra la royne degipte
il eut victoire delle duq̄l cesar on fait ample
et glorieux triūphe(ainsi quil est de raison
droit ⁊ equite) Sil a belliqueusement vain
cu ⁊ suppedite le monde vng autre la vain-
cu/car le vaincu se glorifie de son vainqueur
¶ Lautre q̄ tu vois le secōd est le filz dudit
cesar nōme auguste q̄ plus iustemēt ⁊ pure-
mēt a ayme/leq̄l pria doulcemēt sa femme
liuia/laq̄lle se rencline ⁊ abaisse deuant luy
¶ Le tiers est le desespere neron lequel tu
vois parlant de ire ⁊ chemināt de mauuais
semblant/mais voy vne fēme q̄l le vainct/
⁊ touteffois il sēble a le veoir q̄l soit si fort
¶ Apres ie vy le bon marc digne de toute
louenge en la poictrine ⁊ en la langue plain
de toute philosophie: mais faustine le fait
recliner a son seing. ¶ Ces deux autres q̄ tu
vois plains de lassette/de souspecon et de
paour lūg est denis ⁊ lautre alexādre: mais
le p̄mier de sa folie acquist lempire p̄ tirānie
¶ Lautre est cellup qui pleure la mort de
creusa et languist damour/cestassauoir cel
lup qui fait languir enander en son amour.
¶ Ie vy parlant a soy mesmes ⁊ raisonnāt
en son cueur cellui q̄ ne se voult point cons
sentir a lamour forcenee de sa marastre et
pensif et morne desire trouuer moyen cōme
il sen puisse fuyr: mais son intention chaste
et benigne locsist. Amour est tourne en hay
ne a phedre ⁊ amant terrible et aspre et mau
uaise par son amour piteusemēt mourut et
finist ses derniers iours par cas dauēture
et par vengeāce de ypolite sa dame mourut
Ainsi fist theseus pour adriane laquelle en
aphant courut a la mort. Il en est daucuns
qui en blasmant les autres se condampnēt
eulx mesmes. Car qui se delecte ⁊ p̄nt plai
sir a deceuoir les autres ne se doit pas plais
dre si vng autre le decoit. ¶ Ie vy apres
cellui tant renomme prins auec son si grāt
triumphe ⁊ estre mene entre deux seurs dōt
lune le blandist ⁊ flatte ⁊ il se tourne deuers
lautre en faisant grant ioye. Et lautre qui
est auecques luy fort ⁊ puissant est hercules
qui est prins damour.

N tournāt touslours ma veue
sus celles visions Ie vy ensuy-
uant le preux achilles qui se ac-
quist dure aduenture en aymāt
Cellui qui alloit apres eulx estoit demo-
phon ⁊ celle qui est aupres de luy est ephille.
Et lautre est iason et aupres de luy medee/
lesquelz amour ensuyuit par tant de villes
Laquelle tant plus se presenta coulpable a
son amant Et tant ayma quelle est digne
estre creue de son amour. ¶ Apres vint hi-
siphille q̄ moult se plaint pour lamour du
barbaricque qui losta a son amant. Apres
vient celle qui a le nom ⁊ tiltre de beaulte/a-
uecques elle est le pasteur qui mal regarda
son vlaire dont puis vint si tresgrant tem-
peste au monde. O dieux combien ie ouy
depuis plaindre entre les autres doulou-
reuses zenone qui se plaignoit de paris/de
menelaus ⁊ de helene. Hermione qui appel
loit son amy horroestes/ ⁊ laomedone de
prothesilaus.

Quelz grans pleurs/o quantz
sanglotz et quelz maintz sous-
pirs a la misere damours en-
flambee. Ceulx bien le scauent
qui ont de coustume languir en telle manie
re. Ie ne pourroye dire ne recuser les noms
de tous/car tout ce boys que tu vois en est
tout plain pour la plus grande partie les-
quelz sont couuers de mirtes arbres ainsi
nommez. ¶ Alors ie vy la venus ⁊ mars
son amy qui auoient les piedz lyez de fer
enflambe et se embrassoient. Puis ie vy
pluton et proserpine bien estroittz ioinctz en-
semble. Ie vy la ialouse ⁊ionne gemit.
Ie vy le diuin apolo lequel souloit desprifer
les saiettes et larc damour qui apres fut
par luy vaincu en thessalie. Que diray ie
plus Tu vois ceulx cy prins. Certes ce
sont les dieux que varro a chantez ⁊ paintz
en ses liures seruans de toute leur force a
amour et a lasciuete. Veez cy iupiter qui
vient enchaine au chariot.

Ncores nestoie ie pas rassasie
de regarder ⁊ de mesmerueiller
et de veoir en me tournant deca
et dela et rauisant telles choses

a iii

lefquelles ie ne pourroye en brief temps re
corder mon cueur eftoit merueilleufement
vaguāt de penfee en penfee quāt ie vy deux
hōes q paſſoient ſentretenant main a main
et doulcement plorans: et me ſembloit leur
habit eſtrange et leur langue pelerine/mais
mō interpreteur me declaira au plain et cler
ce qlz parloiēt. Et quāt ie ſceu q ilz eſtoiēt
ie me approchay plus ſeurement deulx iacoit
ce q ie ne ignoraſſe pas quil y en auoit ung
amy du nom romain et De la gent romaine
Et lautre mauuais et cruel. Je me adreſſay
au premier auquel ie parlay diſant ainſi.

Ancien et vieil maſmiſſe pour
lamour q tu euz en ton amy ſci-
pion par les choſes q ie te diray
ne te ſoit pas eſtrange ce que ie
cōmenceray. Il me regarda diſant. Tres
voulentiers ie te diray meſmement ſi tu fus
oncqs inſtruict de mes faictz/ſcez tu point
mes ouuraiges? Et ie luy reſpondy. Ja-
mais mon eſtat ne fut ſi ſuffiſant ne tel que
ie peuſſe recongnoiſtre toꝰ tes beaulx faitz
leſquelz ont eſte delaiſſez par la negligence
des eſcriuains/ et qui tant ſont anciens que
a peine en ce temps en eſt plus nouuelles/
car ainſi quon dit de petite flambe ſault pe-
tite lumiere. Touteſfois ta royalle renō-
mee a ſi clerement reſplendy par tout le mō-
de non pas tant en armes quen amour que
par aduenture ie ne vy oncques ſemblable
ne iamais ne verray pource que tu as eſte
noué dung treſbeau et plaiſant neu da-
mour/ mais touteffois vy moy qui ſont
ceulx qui illecques te ſont ſuyuans en paix
Adoncques il me monſtra qui eſtoit celle
grande compaignie et ce me ſembla choſe ſin-
guliere et royalle/ neantmoins au commen-
cement il me diſt ainſi.

Pource q ta langue eſt prochai-
ne a ton nom et pays affin que tu
faiches bien a plain toutes les
choſes que tu deſires ſcauoir et
que ie amenuyſe ou aleige tes douleurs.
Saches que mon ame eſt triſte pource que
comme ieuſſe ce hault homme ſcipion en ſi
treſgrant amour que totallement ie remet-
toye mon cueur en luy et tellement que ce fut
en grāt et amere peine A lelius ie fus ſoubz
ſes enſeignes pris. A ces deux hōmes fut

touſiours fortune riant/plaiſant et debon-
naire et bien le deuoit a telz qui eſtoient gēs
de ſi digne et grant valeur. Apres certes q
les armes romaines furēt ſi treſgrant et
hault honneur leuees/ et eſparſes par les parties
occidētalles q eſtoit celluy q neuſt cōioinct
ſon amour auec telle/ ne iamais flambe da-
mour plus debōnairemēt ne doulcemēt ne
ardit ne ardera dicy en auāt en deux cueurs
que de ſcipion et de moy. Helas vne petite
nuyt mengendra ſi longs ſouſpirs et ſi fiſt ſi
ſoubdaine deſiunction/ nous deux eſtions
conduitz et menez a celle amytie plains de
toute ioye tellement que a noſtre fureur na-
uoit nulle excuſacion/ mais noz neufz da-
mour nous les gectaſmes et mal cordez fu-
rent rōpus. Celluy qui pour ſa vertu/ ceſt
a ſcauoir lelius ſe moſtre plus hault que le
ſoleil nous ſepare et depart auec ſes ſain-
ctes parolles ne ne luy chault de noz ſouſ-
pirs. Et ia ſoit q laduis et oppinion de plu-
ſieurs fuſt que ceſtoit treſbien fait/ touteſ-
fois ie men douloye et dueulx encores/ mais
ie veoye en leur viſaige vne vertu toute em-
braſee qui par ſi grant clarte enluminoit tel-
lement mes yeulx quelle me faiſoit aux au-
tres choſes aueugle et ne me laiſſoit point
veoir le ſoleil. Grāde iuſtice eſtoit a ſamā-
te et a lamy griefue offence/ touteffois de
tel et ſi grant amy meſt demoure vng cōſeil
et ſoulas par leql ieſtime les cōmencemens
damours treſgrans. Leſquelz ſilz me ſont
maintenant durs et aſpres a recorder/ tous-
teffois ilz ont auciefffois eſte doulx. Il meſ-
toit pere(gaye ſcipio) en honneur filz et en a-
mour/ frere en aage par quoy il conuint que
ie luy obeiſſe/ mais ce fut de cueur triſte et
perturbe. Certainemēt en telle maniere ma
chiere et treſdoulce eſpouſe exuperia vint a
la mort laqlle cōe elle ſe voyoit par violēce
a vne autre iointe et qlle ſert contre ſa pen-
ſee et vouloir deſire de mourir/ et ie fus mi-
niſtre de ma douleur qui tant ardamment
exaulce les prieres du recuſant q ie me ſuis
meu et diffame en me mōſtrant a celluy mō
amy agreable et ne me vouloit aucunemēt
offencer. Et ſeullemēt me demoura plaint
et douleur pour heritaige de ma tāt doulce et
bōne eſpouſe en laqlle eſtoit tout mon bien
et mō eſperāce/ et moy doulourcux la voulu-

Damour   fueillet. iiij.

perdre affin q̃ ie ne perdisse la foy et amour que ie auoye a mon amy. O quelle Dame est ceste cy ie stoye tout plain de pitie en pensant tant grant ardeur Damour estre en si briefue espace estainct quil me sembloit que ie veoye vng cueur de nef qui se remettoit au soleil.   Lacteur.

Et quant ie ouy cestes choses ie me deliberay de ne passer plus auant ne mouuoir le pied et de saluer lautre qui auec luy estoit en ce mesmes lieu et de veoir tous les autres Et ainsi me tournay vers lautre luy disãt Hanibal mectz ton cueur en paix auecques ta dame sophoniste/car ta carthaige est cheute par deux fois par noz mains et a la tierce elle se gist a terre. Je vouloye que tu me monstrasses affricque poͬ laquelle pítalie plaint encores et ne se rit point/mais ie desiroye et te requerroye voulentiers que tu me deliurasses les choses qui a recy appartiennent mesmement comme soit vraye histoire. Et cõme ieuz ce dit mon amy se mist entre noˀ deux soy soubzriant et soubdainement ma veue fut deulx separee ainsi que vng hõme qui en cheuauchant passe par voyes incongneues et a chascun pas se arreste et regarde enuiron soy auquel telles pensees et arrestz empeschent lexpedition de son chemin.

En cheminant ainsi par voyes doubteuses et lentes ie desiroye encores veoir que fõt les amãs car aussi celle chose me plaisoit fort scauoir combien et en quelle maniere chascun ard au feu damour. Je vy a main dextre vng hors de la voye faisant maniere dung homme qui quiert aucune chose et en querant trouue aucune aduẽture de laquelle il deuient plus vergongneux et plus hideux et pouree sen va cestuy cy et baille son aymee espouse a vng autre. O souuerai ne amour O nouuelle courtoysie et telle qui plus honteuse et plus immunde retourne au baillant du chãge quil auoit fait de samye. Et en parlãt a part soy cheminoit par la voye recordant les doulces affections et plaisances quilz auoient prinses ensemble/ mais ce estoit en souspirant pour le royaulme de soyre. Je allay a luy par cestui chemin suyuant la droicte voye. Car si hastiuemẽt

ie ne me feusse aua ncé de aller au deuant de luy il sen vouloit tourner par autre voye. Adonc ie dis a cestuy qui estoit le premier.

Sire ie te pry que tu me attendes Et tãt ost au son de ma langue latine il fut trouble en son regard et se arresta vng peu. Et apres ainsi que vng hõme qui deuine il respondit a ma voulente ainsi que si leusse diligemment interrogue et dist. Je suis silencus et cestuy qui est auec moy est anthiocus et mon filz qui auecques moy voˀ a fait maintes guerres et batailles Mais raison na point de soy contre foree. Ceste Dame qui est auecques nous fut premierement mienne et maintenant elle est sienne laquelle ie luy ay donnee affin que ie le deliurasse de mort damour. Le don a este licite entre noˀ deux. Le nom delle est stratonica/nostre aduenture et nostre fortune est indiuisee q̃ par ce ainsi quil appert nostre amour est ferme tenant et forte qui nous fait contens et noˀ fait soustenir et ester nostre regne en paix/ moy en aymant mon biẽheure filz et luy en aymant sa bien aymee/laquelle vie luy est doulce puis que lung se repute digne de lautre/ et si neust este layde du discret phisicien et medecin gentil qui tresfort luy a prouffite sa vie en sa ieunesse et fureur estoit finee.

Mon filz se gisoit en aymant tellement quil tendoit a la mort violente et la force de la saiete damour le fait aymer et vertu se pour force de le celer et soy taire/ mais ma vraye pitie luy a secouru. Ainsi me dist et aussi tost se partit comme vng homme qui mue sa voulente et sentence et veult passer non pas seullement de matiere a matiere/ mais de lieu a lieu et tellement que a grant peine ie le peu resoluer.

Apres ce que ceste umbre se fut departie de moy mes yeulx demeurerent griefs et las et en souspirant menalloye/car a mon cueur souuenoit tresbien de ce que cestuy mauoit dit et bien son sermon retenoit q̃ le recordoit apres soy En la fin me fut dit ainsi par mõ amy. Tu te tiẽs trop en vne pensee mesmemẽt es choses diuerses ou tu ne peulx trouuer maniere ne mesure/ car le tẽps est brief et tu le scays bien. Cestuy roy trespuissant

a iiii

xerses ne mena pas si grãt ost en grece que illecques auoit daymans nudz et pris en tant que peulx ne veue ne pouoient souffrire a les regarder. Il y auoit maintz et diuers amans de diuerses langues et regiõs en telle maniere que a peine de mille ie peusse scauoir le nom dung. Le roy perseus estoit lung diceulx qui veult scauoir et pense comment luy pleut en ethiope ceste ieune noire andromeda auec ses beaulx yeulx. Ie y vy tantost celluy vain amoureux qui en desirant sa propre beaulte fut destruit. Veez cy la fin a quoy il vint et fut vne fleur sans fruict. Celluy qui sa mort par seulle et simple voix luy fait le cueur et le corps aussi dur que vne pierre tresdure Ie y vy laultre qui a son mal fut ysnel en criant auec plusieurs aultres dampnez en semblable tourment. ¶Plusieurs gens qui par amour sembloiẽt viure y regarday qui pouoiẽt bien estre configurez et fais semblables a plusieurs de ceulx de maintenant desquelz faire mẽtion pour le present ne seroit que peine perdue. ¶Ces deux ausquelz amour est eternel cõpaignie en la riue de la mer est esperia et celluy qui auecques elle en la querãt enuironne les terres maintenant seant / maintenãt soubz leaue / maintenãt est sur vne roche et maintenant volle par hault. Et aussi illecques vy la cruelle fille de nysus qui est appellee oyseau en vollant sen fouit et courit Auecques elle estoit hipomene entre grant turbe de cursaires amans miserables/lequl seul sesiouyst et glorifie vainement de la victoire entre ses vaines erreurs et plaines de fables. ¶Ie vy lachesis et galathee qui estoit en son giron et poliphemus faisans grant rumeur. Ie vy glacus cheminer par celle estroicte sente qui prie sa dame estant toute seulle / mais elle est aygre et cruelle pource que elle ayme vng autre amant. ¶Ie vy pirrus vng de noz roys qui maintenãt est vague et ie me donne merueille qui la degette de son estat Il retient le nom / mais il a casse son mãteau royal. Ie vy le plainct de egeria Ie vy silla endurcie et muee en vne pierre dure et aspre Celle q fait la mer difficille est laultre qui a sa plume en la main dextre qui douloureuse et desesperee estoit et en la main senestre tient vng ferrement nud. Pigmalion y est auec sa dame viue et mille autres que iay veu chanter en castelle et en gaimpe par lune et par laultre riue lesquelles rassasiees delectablement dune seulle pomme ne peurent a la fin digerer.

¶La secõde partie du premier triumphe de messire francois petrarche qui est le triumphe damour.
¶Lacteur.

Apres q ma fortune me eut subiugue en la puissance daultruy et tous mes nerfz furent trenchez et les forces de ma franchise en laquelle iauoye en autre temps este furent du tout froissees, ie qui par auãt auoye este plus sauuage que vng cerf fuz fait domesticque et prins auecques tous les malheureux et miserables cõseruiteurs damours. Et adonc ie vy et entendy leur ennuy et vehemens pleurs q par quelles voyes tortes ilz estoiẽt amenez a lamoureuse cõpaignie. Et ce pendant cõme ie tournoye mes yeulx de tous costez regardãt si ien pourroye veoir aucun ou que par clere renõmee ou que par ancienne q nouuelle escripture fust nomme singulierement, ie vy celluy qui ayme heru dicte seulle et la suit en enfer et parle desia mort auecques sa langue froide et ne cessa de crier. Lors ie congneuz que pindarus pour les grans dictez quil auoit fais damour auoit desennuye sa vie Que toute la muse de son art de poeterie auoit mise et resconse au seullet port damour.

Ie vy virgille auec tresgrande multitude dautres cõpaignons de hault renom et engin et de faconde esleuez telz certainemẽt q le monde les eslist voulentiers / lung estoit ouide / laultre estoit catulus / laultre propercius lesquelz tous chanterent damours entieremẽt et laultre estoit tibullus. Vne ieune grecque estoit et sembloit que en allãt chantoit auec eulx non pas foiblement et tenoit vne grosse fleuste qui auoit tresgrans pertuys. Ainsi que ie regardoye en tournant mes yeulx a lentour ie vy vne miniere de gẽs en vng pre verd q parloient et sermõnoient damour plus vulgairemẽt q les premiers

Dicy dente et Beatrix saluagia et cine de pistope et guy de arce qui estoit mal content quil ne alloit deuant tous les autres en amour Puis ie vy deux siciliens appellez guyons semulit et francois qui furent aussi humains que iamais furent aucuns. En apres ie vy hommes vestus de vestemens estranges come honorables princes. Lung est arnault daymer grant maistre damour qui encores fait grant honneur en son pays pour son estrange et belle maniere de dire. Auecques eulx estoient aucuns qui amour preuuent de toute leur force. Lung est pierre et lautre est cellup rendine arnaulo auec lequel ledit pierre appareilla bataille. Lautre est rambault qui chanta pour lamour de beatrix en la montaigne de seruaire. Et ce vieillart pierre dauuergne auec girault floquet Lautre est le cruel geoffroy qui vse de violles et damours a sa mort et cellup guil laume qui pour chanter print grant peine. Puis aymery bernard/bugues anseaulme et mille autres que iay veuz ausquelz la langue/la lance/lespee et le heaulme estoient familiers. Ilz chantoient doulcemēt ces choses en amour et ce que ilz chantoient ilz souloient deffendre souuerainement auecques les choses dessusdictes Et ie vy cellup bon theseus qui aorne et ennoblist boulongne et enrichist messine. Pour laquelle chose il conuient que iespande et esparte ma douleur. ¶ Doulceur fuyable. O viure las Pourquoy me ostes tu si tost le sens? Quoy ie ne puis viure vng pas. O beau viure a qui il plaist ainsi viure qui nest que le songe ou le dormir dung malade en la pensee des folz. Jestope peu alle hors de la vope commune quant ie vy socrates et lelius faisas longue vope es premiers auecques lesquelz il est necessaire que ie aille.

Quante et combien est grāde labondance des amys lesquelz ne en rime ne en prose ne en mettre ie ne scauroye assez nombrer mesmement come ilz soient estimez de tresgrāt vertu et tous viennēt auecques nous au chariot damours. Auecques ceulx cy nous tenons et passons le pays des montaignes diuerses/et en trespassons plusieurs aussi

quelz la ioye nestoit pas egalle ne la tristesse pareille dequoy oultre mesure ie estoye triste Et neātmoins ie ne pouoye estre sepate de leur compaignie Ainsi que aucunefois iauoye esperance ne ie ne pouoye eslongner de ce mortel et pestilēciel feu. Je cueilly auec eulx cy ce glorieux rameau que par si long temps et tant songneusement ie porte en mes mains par maniere de aornement en souuenance de celle que iayme tāt ardāment et tellement que apres pour elle iay empli mon las cueur de si grandes cogitatiōs et estranges pensees/a ma voulēte que iamais ie neusse cueilly rameau ou fueilles dont les racines sont si aspres et tant pleines damertumes Ceste matiere est tragicque pour veoir cellup qui est fait dieu nous ensupuons le son de ses pennes et des cheuaulx vollans par mille fossez et vallees tant quil vienne au royaulme de sa mere et tous estios tirez en chaines apres le chariot et enclauez par les forestz et mōtaignes tellemēt quil ny auoit nul qui sceust en quel lieu il estoit ne en quel pays adoulcis contraintz et esmeuz de la fleuste de homere et de orpheus.

¶ Cy descript le poethe le lieu ou estoit ce triumphe et met que cestoit en lisle de chippre.

Oultre ces forestz et mōtaignes que passasmes gisoit vne ysle petite plaine de delices de molesse/plaine de plaitz et de souspirs laquelle le soleil eschauffe plus que les autres et laquelle la mer enuironne et fiert de toute part. Au meillieu dicelle estoit vne vallee vmbrageuse et florissant plaine de souefues odeurs habondant et redondāt de toutes eaues auec tant de souefues doulceurs et delices que nullement illec nul ne pense de lame/mais du corps seullement. Ceste ysle est le pays qui tāt pleut a venus La ou ie vy le gentil seigneur triumphant et ayant victoire de nous et de tous les autres quil auoit prins prisonniers/les aucuns de la mer dinde/les autres de diuerses parties et regions. Ce seigneur auoit en son gyron dures pensees/vanite estoit en ses bras/fuyable delectation/ferme ennuy/rose hysinale y estoient. Au meillieu estoit esperance doubteuse qui alloit deuant/briefue iope sensuyuoit/puis penitence et douleur telle que rôme ne troye ne seurêt iamais pareille/et toute ceste vallee resonnoit et de la haultesse du triumphant donnoit vng tres grant son/et les bois de celle vallee estoiêt toutes pleines de fleurs et de roses blanches vertes/vermeilles/bleues et iaulnes de fleues courans/ruisseaulx/fontaines merueilleuses et vifues/herbes souefues mêt refroidissans. Lumbre estoit illecques espesse et lair doulx en este. Et apres quant lair se refroidissoit par nature les rais du soleil y descendêt tiedes tellemêt que on ny sent ne trop froit ne trop chault ne aucune moleste des elemês. Et ainsi on y peult passer et vser tout son têps en doulceur et delectation et de viâdes et de liesse/ioyeuseté et plaine de feste. Le soleil estoit en ce têps en celle station ou il fait le iour vaincre. O dieux. O nostre fortune instable et laide/ que ce que ie voy sont plus conuenables a perche et nupsance que a chastete et continêce Je considere le têps donne aux amans/ie regarde le lieu côuenable a lart dapmer plus que a philosophie ne ie ne cesse de mesmerueiller et regarder lheure de ce iour tât noble et quel plus grât soulas ne plaisir pourroit on donner a ses yeulx. Cellup veult triumpher lequel toute côpaignie desamâs aorne et ie voy a quelles fortes chartres fermees et obscures et a quelle peine et quelle mort est condâpne cellup qui est prins damour.

Rreur songe et lymaige de mort estoient a lencôtre de larc triumphal/et faulce oppinion estoit en la porte dicellup. Esperance lubricque monte en leschelle de gaing dommageux et prouffitable dômaige. En laquelle eschelle y auoit degrez par lesquelz ceulx q plus hault montoiêt plus duremêt cheoiêt. Repos en soing et labeur en repos/cler des honneur et gloire obscure/loyaulté deceuable et deception loyalle/fureur vehemête et raison pernicieuse/chartres et prisôs esquel les on vict par vne large voye dont on sen retourne par vne estroicte sente auerques grant peine/ferme hardiesse se monstroient a lentree et au dedans confusion trouble et miserable. Ainsi fuz reclos en vne tenebreuse et estroicte fosse ou nous auôs assez

vse de peines tellemêt que par succession de têps ay mue mes premieres sleures/mais ia uoye si grât esperâce de liberte que po' le desir delle tout mestoit satt prompt et legier ce que par auant mauoit este dur a souffrir en ayant tousiours ma pêsee aux choses que ia uoye veues par auât/car chose doulce est remêbrer ce q au par auât a este dur a aymer.

La troisiesme partie du premier triumphe de messire francois pettarche.

Le poethe.

Estoye adonc si plain de merueille que ie demouroye comme vng hôme qui mot ne peult dire et se taist et regarde sil ya aucun qui luy donne conseil. Quât mon amy me vit il me cômenca a dire ainsi. Que fais tu amy/que regardes tu que pêses tu. Ne scez tu pas bien que ie suis de ceste côpaignie et quil fault q ie la suyue. Lors ie luy respôdy Mon frere tu ne ygnores pas mon estat/et cômêt amour me ensflâme merueilleusemêt tellemêt que pour desir de luy mon oeuure a este retardee. Adôc me dist. En me taisât ie te auoye bien entendu. Veulx tu scauoir qui sont ceulx cy. Je le te diray si ma parolle ne mest ostee. Lors me monstra en disant.

De pompee et cornelia.

Egarde cellup grant hôme que tous honnorêt. Cest pompee le grant et auec lui cornelia sa femme fille de metelle scipid/laquelle pompee auoit espousee veufue apres la mort de son premier mary nôme publie filz de crassus qui fut occis en la guerre contre les parthes laquelle pour le vieil ptholomee sermoye et en pleurs se complaint pour ce que icellui pompee auoit remis ledit ptholomee en son royaulme qui chasse et desmis en estoit. Apres la mort duquel le ieune ptholomee son filz succeda et fut de luy heritier/ mais quant Julius cesar qui pour appliquer a soy seul particulier lempire de romme et toute la seigneurie et domination de la chose publicque rommaine faisoit dure et aspre guerre aux rommains/apres quil eust assailly et prins romme et pour la conduycte et entretien de son armee prins suffisamment pecunes dedâs le tresor publique de romme il pourfuyuit fon ennemy pompee qui fon gendre au par auant efte auoit. Lequel auec puiffance imperialle a luy par le fenat decretee menoit larmee des rommains pour fouftenir et deffendre la liberte et franchife de la chofe publicque de romme Et tant le pourfuyuit cefar que au champ pharfalicque pompee fut en la bataille par luy vaincu Parquoy pompee qui ne fcauoit ou fouir apres quil eut prins auec luy fa femme cornelia en fa nauire Par le confeil daucuns de fes amys il fen alla vers egypte pour eftre feurement auec le ieune roy ptholomee qui par ladmonneftemēt dung de fes chambellans lenuoya querir, et en vne petite naffelle fut occis et la tefte couppee, ce que cornelia veoit qui gueres loing en fa nauire ne eftoit de fon mary pompee.

⁋ De egiftus et clitemeftra.

Autre qui eft le plus loing que tu vois enfuyuant eft le grant grec Egiftus auec la cruelle et trefperuerfe clitemeftra fille du roy tindarus, lequel tindarus filz du roy teballus eut a femme ledas de laquelle il eut quatre enfans, deux filz, ceftaffauoir caftor et pollux freres iumeaulx et deux filles, clitemeftra femme du roy agamenon et la belle helene femme du roy menelaus. Lefquelz deux roys comme ilz eftoient au pays de crete pour departir et diuifer entre eulx deux les trefors du roy atteus leur oncle Paris rauit et emmena helene a troye, parquoy agamenon affembla toute la puiffance de grece pour aller veger liniure faicte au roy menelaus fon frere de laquelle puiffance et armee de grece fut agamenon duc et cappitaine. Et ainfi eulx eftans en la bataille troyenne clitemeftra fa femme fe amouracha de celluy egiftus euefque de micenes filz baftard de thieftes roy de micenes lequel thieftes coucha auec fa propre fille pelopia et engendra en elle ledit egiftus, mais incontinent que Egiftus fut ne il fut porte aux forefts pour deuorer aux beftes fauuaiges affin de couurir le diffame de thieftes pere dudit egiftus et de pelopia fa fille feur et mere de egiftus. Touteffois il ne fut point deuore, ains quant il fut congneu de fes parens il vint en lhoftel royal de fon pere thieftes et tua le roy atteus fon oncle, puis coucha egiftus auec clitemeftra femme dudit roy agamenon. Adonc la victoire par les grecz obtenue contre les troyens et troye deftruicte le roy agamenon eut pour butin la belle caffandra laquelle il emmena auecques luy en la cite de micenes. Lors agamenon retourne en fa maifon fa femme clitemeftra pour fe venger de luy, partie pource quil auoit prinfe caffandra et partie pour la paour quelle auoit de fouffrir peine et tourment pour la dultere quelle auoit commis auec egiftus, ou pource que egiftus lamonnefta de tuer fon mary agamenon affin quil peuft plus feurement iouyr delle. Agamenon fe leuāt du fouper et conup par luy fait clitemeftra luy bailla vne neufue longue robe ou chemife qui nauoit point dentree pour fa tefte paffer, et tandis quil fe amufoit a chercher lentree de la tefte clitemeftra liura fon mary es mains de fon ribault egiftus qui pres dillec eftoit muffe, lequel de fon efpee ferit agamenon fi durement quil labatit tout mort. Puis Egiftus comme meurtrier et traytre occuppa pour foy tout le palais royal et le royaulme de micenes. Apres quil eut par fept ans regne auec elle tous deux furent tuez et occis par horreftes filz dudit agamenon.

⁋ De linus et hyfpermeftra.

Le triumphe

Aintenant peulx tu veoir comment est amour aueugle/ Vecy vne foy et vne autre amour. Regarde hipermestra fille du roy danaus lequel fut filz de epacus/car epacus fondateur de memphin principale cite Degypte eut sept filz. Le premier nomme ninus. Le second pricus. Le tiers agenor. Le quart Bellus roy de Babiloine duql furent maintz puissans hommes extraitz Le quint danaus Le sixiesme egistus/et le septiesme acrisius Egistus eut cinquante filz desqlz se tenoit moult asseure destre par eulx aydce. Et danaus son frere eut autant de filles Ces deux freres tenoiet vng seul royaulme/mais ilz estoient en discord pource que chascun deulx vouloit auoir la pricipaulte z seigneurie Par quoy danaus par crainte pour faire accord traytreusement promist a son frere egistus de donner en mariage ses .L. filles a ses cinquate filz/et en vng iour celebreret les nopces de tous ensemble. Mais danaus plain de trahison enhorta toutes ses filles de tuer la premiere nupt tous leurs maritz/et pour ce faire leur bailla a chascune ung couteau trenchãt pour coupper la gorge chascune a son mary eulx estans endormys ⁊ enyurez, et q̃ celle q̃ y fauldroit fust seure de mourir: ce q̃ toutes firẽt, fors hypermestra. Laq̃lle quãt elle entendit lhorreur, la frayeur, les sanglotz ⁊ piteux souspirs des mourans q̃ ses seurs auoiẽt cruellemẽt occis cõmeca a fort plorer a lamenter ⁊ a se cõplaindre ayãt grãt angoisse ⁊ cõpassion de son mary q̃ plein duresse dormoit ⁊ reposoit tout nud decoste elle en son lict. Et cõe elle se cõplaignoit toute fondee en larmes se dressa en estat ⁊ print le couteau en sa main cõe voulant pour la doubte de son pere et de mourir occire son mary, mais de paour, de pitie et de frayeur le couteau luy cheut de la main a terre. Lors cõe elle ploroit, souspiroit ⁊ trembloit de paour pour son mary a la fin en basse voix lappella ⁊ lesueilla en luy disant. Linus mon tres doulx amy et espoux to⁹ voz freres sont ia mors p̃ mes seurs ⁊ aussi serez vo⁹ si vous dormez icy iusq̃s au iour. Sauuez vo⁹ tost car p̃ le cõmandement de mon pere chascune de mes seurs a mis le sien mary a mort ⁊ as uoye cõmandement de ainsi faire de vo⁹ sur peine de mourir. Linus oyant ces parolles tout effraye ⁊ tressaillant de son dormir print cõge hastiuemẽt de sampe ⁊ sen fuyt, ⁊ hypermestra demoura seulle dolente et esploree iusques au iour q̃ le felon, cruel ⁊ mauuais roy danaus son pere se leua et a tout serges alla chercher en toutes les chambres de ses gendres mors ung a ung et to⁹ les trouua mors excepte ung, cestassauoir linus mary de hypermestra a laq̃lle il demanda q̃lle auoit fait de son mary et pourquoy mort ne luy rendoit cõe les autres. Hypermestra q̃ moult esbahye fut respõdit q̃l sen estoit fuy et q̃ il lauoit mesmes voulu occire. Lors la print le roy par les cheueulx ⁊ la fist mectre en prison obscure et exilla egistus. Et ainsi eut le gouuernemẽt du royaulme, mais aps linus le chassa hors ⁊ le vainquit en arges et de luy fist telle pugnition q̃ a ung traistre appartenoit, et pareillemẽt fist il de toutes ses filles q̃ ses freres meurdris auoiẽt fors sa bõne ampe hypermestra qui de mort garãty lauoit laquelle il traicta moult gracieusement et aymablement.

De piramus et tisbee

Depuis apres peulx veoit les deux amans ausquelz amour fut au commencemẽt doulx et en la fin amer. Et pour bien lentẽdre (cõme recite ouide) il est assauoir q̃ en la cite de babiloine eut iadis deux riches ⁊ puissãs hões de haultesse et de lignage ayans leurs maisons ioingnãtes lune a lautre tellemẽt que ung vieil mur estoit le departemẽt dentre elles. Ces deux hõmes eurent deux enfans dune beaulte ⁊ dung aage lesquelz surmontoient to⁹ autres en toutes choses. Et sentreaymoient ces deux enfans des laage de sept ans, tellement q̃lz ne pouoiẽt durer lung sans lautre, et pource quilz estoiẽt enfans lon ne sen dõnoit de garde, mais quãt ilz vindrẽt a leur aage ilz ne se pouoiẽt mais tenir cõe ilz auoiẽt fait deuant, ains cõuint que ilz se gardassent ⁊ celassent sicõme leur amour leur apprenoit, mais ilz ne se sceurent si bien celer q̃ leur amour ne fust apperceue ⁊ deffendit on a tisbe q̃lle nyssist hors de lhuys ne q̃lle ne entrast en lieu ou veoir peust piramus. Et adonc sourdit par male aduẽture rancune entre les parens des enfans lesq̃lz furent en grãt meschief pour lamour lung de lautre. Les amys de tisbe luy deffendirent expressemẽt sur peine de aspre correction q̃lle ne se monstrast a lhuys ne a fenestre ou piramus la peust veoir. Et pareillement le pere de piramus luy deffendit quil nallast en lieu ou tisbe fust.

Lors les deux enfans pour lestroit cõmandement a eulx ainsi fait par leurs parẽs furent plus angoisseux et estraintz damour que p̃ deuant, car tant plus croissoiẽt ⁊ plus sentreaymoient. Piramus ne scauoit q̃ faire pour lamour de tisbe qui lagressoit. Il muoit souuent couleur ⁊ menoit grãt dueil et cõplaintes piteuses, ⁊ nauoit repos nuyt ne iour. Et en pareil estat estoit tisbe de son coste q̃ tenir ne se pouoit de plorer. Lors piramus estant en laage de quinze a seize ans passe ⁊ descouloure sen alla ung iour au tẽple de venus et tout triste et de melencolie plein se coucha sur une pierre de marbre ⁊ la

Le triumphe.

commencea son oraison priant a la deesse qlle luy voulsist octroyer q̃ en brief peust parler a sa ampe tisbe q̃ dautre part enclose estoit et nosoit yssir hors. Adonc tisbe estant ainsi enclose en grant dueil sen vint vers le mur de la chãbre de piramus, car il ny auoit que vne vieille muraille entre la maison de piram9 et du pere de tisbe comme dit est/ z comme elle aduisa vne fente z creuace audit mur elle print le pendãt de sa ceinture q̃ le mist en celle fente tellement quelle apparoissoit de laultre coste du mur en la chambre de piramus.

Quant piramus reuint a lhostel luy entrez enferme en sa chãbre regarda vers le mur z veit le pendãt de la ceinture de sa ampe apparoir. Laquelle il print hastiuemẽt en disant. O tisbe ma treschiere ampe par vostre enseigne suis je icy venu. Je croy q̃ en vous ne tiendra q̃ ne venez a moy/dont je rendz aux dieux louenges. La pucelle tisbe estoit de laultre coste qui les paroles de piramus escoutoit et mist les yeulx a lendroit de la fente et regarda son ampy auql en fremissant z muant couleur doulcement dist. Treschier amy piramus iay este celle q̃ premierement ay aduise comment nous pourros par cy parler ensemble vers vo⁹ ne me puis ne veulx celer Conseil nous fault trouuer de pouoir icy secretemet venir. Doulx amy pl⁹ ne puis mot dire/souspirs me ostet le pler z les larmes me troublet tellement la veue q̃ plus ne vo⁹ puis veoir/dicy me pars pour doubte/mais demain pour plus longuement deuiser venez icy. Aps ce depart les deux amãs lendemain matin reuindret. Lors dist piramus a tisbe. Helas tresdoulce amye vre amour grieuemet me tormete si pitie nauez de moy q̃ vostre suis. Tisbe luy respondit. Mon amy bien scay q̃ maymez et q̃ maintes douleurs pour moy auez. Apres plusieurs parolles entre eulx dictes ilz conclurent ensemble deulx chascun endroit soy se desrober de nupt z eulx trouuer et rendre a la fontaine dessoubz le meurier es prez ou ninus fut enseuely pour illec a leur aise z a de loisir parler ensemble. Lors la nupt venue que chascun fut endormy tisbe se leua copement de son lict z secretemet sans nulle apperceuance sen alla seullette a la fontaine z la sassist sur le marbre de la fontaine/ z en attendãt come elle veit dune montaigne descendre z courir vng lyon qui plusieurs bestes sauuages auoit estraglees dont encores auoit le museau sanglant z luy en pendoient les entrailles au long de la teste q̃ a la fontaine boire venoit. Toute effrayee z esbahye hastiuemet sefuyt dedãs le boys/mais en fuiãt luy cheut son couurechief q̃ demoura en la voye lequel le lyon deffoulla z ensanglanta de son museau. Lors piramus aps la suruenat q̃ au ray de la lune apperceut le couurechief sanglant z congneut q̃l estoit a tisbe z veit en la pouldre de la terre les traces des pates du lyon/puis trouua la fontaine ensanglantee du museau du lyon q̃ beu y auoit/et regardoit de to⁹ les costez sans pouoir veoir sampe tisbe qui nosoit se oster ne saillir du lieu ou elle estoit mussee Par aspre douleur z merueilleuse et griefue angoisse q̃ au cueur le print cuidãt que le lyon leust deuoree Apres plusieurs lamentables regretz fais delle il tira son espee et leua le couurechief piteusemet le regardant et baisant fondãt en larmes de son espee se ferit

parmy le corps/et tandis q̃l mouroit il baisoit le couurechief. Lors tisbe retournant pour cuider trouuer son amy piram⁹/quãt elle fut pres du meurier elle louyt plaindre z gecter gros souspirs z sanglotz, tirãt a la mort, puis le vit couche en baisãt le couurechief qui cheu de sa teste en fuyãt luy estoit et apperceut la playe qui au corps de son amy estoit gectant grant habondãce de sang de grãt angoisse q̃lle eut se pasma/ z elle reuenue de pasmoison aps merueilleux dueil et douleur/ piteux regretz et gemissemens fais, z quelle se fust enclinee sur le corps de son amy pour le baiser elle print lespee dicelluy sanglante z se gecta si durement dessus que par dessoubz la mammelle parmy la poictrine se transpercea oultre et cheut sur le corps de son amy piramus lequel elle baisa z tint acolle tant quelle eut vie z iusques a la mort ne le lascha Et ainsi eulx deux moururent par amour.

¶ De vlixes/circe et penelope.

CEsluy la q̃ tu vois tant pensif est vlixes roy dytalie seul sa femme chaste penelope attet z le prie quil viengne a elle/mais circe q̃ aymoit vlixes le retient et empesche. Car vlixes tresprudet/sage z eloquet duc roy dytalie q̃ cõioinct p mariage auoit este auec la treschaste/sage z tresnoble dame vertueuse penelope fille du roy ycarus: apres q̃l leut enceincte z engrossie dung beau filz q̃ fut nõme thelemacus elle estant en la fleur de sa ieunesse z inestimable beaulte, il la laissa auec son pere Pour auec menelaus z agamenon freres roys dytalie/z auec les grecz aller en la guerre troyenne Laq̃lle finie cõme les susditz grecz retournerent en grece victorieux de celle guerre de troye ou ilz furet dix ans entiers par tepeste de mer furet separez z transportez en plusieurs estranges pays Entre lesq̃lz estoit vlixes seul apres q̃l eut eschape les maulx perilleux du grãt poliphem⁹/puis de antipha lestrigon/il en uoya huyt de ses cõpaignos vers circe fille du soleil z roy de la terre orietalle Laquelle estoit cauteleuse et industrieuse enchanteresse/lesquelz elle mua en porcs par ses charmes et bruuaiges dont Vlixes sachant la chose eut grāt desplaisance. Lors le dieu deloquēce mercure luy donna vne blanche fleur q̄ auoit grant vigueur τ valleue cōtre telz enchantemens/τ a tout celle fleur alla Vlixes au chasteau de circe τ entra en sa chā bre. Quant elle q̄ les autres auoit enchan tez le veit legierement cuida faire deluy cō me de ses compaignons En luy presentāt pareil bruuaige ou il y auoit du ius de la thos/mais Vlixes refusa le bruuaige et les pee traicte menassa ladicte enchāteresse cir ce pour ses gēs desqlz elle lauoit despouil le Pour laqlle chose elle eut grāt paour de mort/pquoy luy cria mercy luy promettant de luy rendre ses compaignons sil luy vou loit promettre et iurer de demourer auecqs elle τ la prendre pour dame en mariage Ce que facillemēt luy accorda affin q̄ ses gens fussent rendus. Lors elle arrousa dune au tre meilleure τ plus saine poison lesditz cō paignons de Vlixes τ tant fist quelle les re mist en leur premier estat dont Vlixes tres ioyeulx fut lespace dung an auec elle en tou tes delices mondaines τ plaisances char nelles Parquoy la royne circe q̄ le retenoit de non sen aller vers sa femme et chaste a nype penelope cuidoit τ se attēdoit q̄ Vlixes deust touiours sans departir demourer a uecques elle. Mais Vlixes qui sage et pru dent estoit/et qui la nestoit demoure sinon pour luy complaire pour rauoir ses gens τ pour euiter les perilz et dāgiers q̄ la estoiēt que autres nauoiēt peu au parauāt euader Vng iour a vng matin secrettement apres tous ses appareilz fais auec ses gēs entra en mer τ sans prendre conge de circe ne dau tre sen alla et la laissa auecques vng filz q̄ de luy auoit eu nomme Thelegonus. Circe qui toute esbahye fut du secret et soubdain partement de son amy Vlixes qui riēs nen scauoit ne ne sen doubtoit iusques a ce q̄le le veit sur mer en sa nauire et les voilles a plain vent fut moult ennuyee et ne sceut au tre chose faire fors se descōforter τ faire plu sieurs douloureux regretz τ lamentables plainctes τ souspirs telz quon peult penser quelle pouoit faire pour lardeur damours qui son cueur tenoit embrase. Ainsi Vlixes eschappa des mains τ hors la puissance τ vo

lunte de circe qui lauoit auec elle a son plai sir retenu et sen tira droit vers son pays.

Durāt le tēps quil fut hors de sa terre penelope fut merueilleuse ment en grant ennuy. Car elle voyoit que la plus part des no bles grecz estoient en leurs hostelz retour nez τ q̄ toutes les autres dames estoient a leur plaisir a ioye et a repos chascune auec le sien mary fors elle qui seulle estoit sans recōfort τ qui ne scauoit si elle estoit veufue ou nō. Dautre part voyāt sa mere q̄ pour lesperāce perdue du retour de Vlixes sestoit pendue Aussi q̄ ses parēs de iour en iour la pressoiēt τ persuadoiēt de se marier/et pour ce faire luy amenoient plusieurs grans sei gneurs a laqlle chose ne voulut iamais en tendre/car elle fut si prudente/si loyalle/cha ste τ constante que vertueusement resista a toutes leurs suasiōs. Vng iour entre les autres voyant q̄ par quelconques moyens ne les pouoit plus escondire leur demanda τ requist tēps τ loisir dattendre encores sō dit mary Vlixes iusques a ce q̄lle eust par fait τ tissu vne toille de soie laqlle elle auoit mise sur le mestier ainsi que de coustume es toit aux nobles dames de faire/laquelle re queste luy fut octroyee Lors pour alonger son ouurage de nuyt secrettemēt deffaisoit tous les filz q̄lle auoit de iour diligemmēt acoustrez τ tissus. Pour laquelle subtilite elle contenta par long tēps les requerans/ mais la noble dame ne scauoit plus q̄ trou uer pour se deffaire deulx.

Donc en ce tēps Vlixes le xxᵉ an aps ce q̄l estoit party de auec sadicte amye Penelope arriua tout seul au pays incongneu en poure habit et miserable auql il sestoit mis tout a ppos. Et aps q̄ par son porcher nō me Siboces sceut tout lestat et entretien des susdictes choses τ du gouuernemēt de sa fē me penelope il se fist secretemēt cōgnoistre a Thelemacus son filz par le moyen dicellui porchier auql filz il declaira tout son cōseil luy enchargeāt soy retirer vers sa maison et dissimulast sa venue/ce q̄l fist. Lors se y fist mener Vlixes par ledit Siboces Et aps que ledit Vlixes eut tout a loysir veu et ap perceu le gouuernemēt de samye et espouse

penelope & coment sa maison estoit pleine de
gens pourchassans & pressans sadicte feme
de soy habandonner a eulx p mariage/plus
ne peut differer son ire/ains acompaigne De
sondit filz & de ses deux pasteurs/cestassa=
uoir de son porcher et de son gardeur de bre=
bis/il ferma les portes de la salle ou estoiet
a table tous lesditz nobles homes infestans pe
nelope/et les assaillit & mist a mort. Aussi il
occist toutes les femes participans & acquies
sans auec lesditz nobles homes. Et par ce
moyen deliura sa feme penelope des infesta
tions & importunes requestes & persuasions
des dessusditz ausquelz ne pouoit plus resi
ster/laqlle le peut a grãt peine recognoistre
Mais aps qlle leut recogneu remplie de ioye
indicible benignement receut cestuy q par si
long temps auoit actendu & desire Et vesqui
rent le demourãt de leur vie ensemble en par
faicte & tresloyalle amour pacificque.

¶ De leander et hero.

Ueyt et regarde apres leander en
la mer et hero a la fenestre q tãt
elle aymoit Car en la mer heles=
pont estoit vng pays nome habi=
dois en laqlle terre auoit le bel leander sa de=
meure q moult aymoit p amours la damoi
selle hero laqlle demouroit de lautre coste
de celle mer en vng fort chasteau. Quãt lea
der vouloit aller veoir sampe il nageoit oul
tre celle mer affin quil ne fust apperceu Et
quant il faisoit obscur hero se tenoit aux fe
nestres dune tour auec vng flambeau de feu
et leander se adressoit la a celle clarte lesqlz
demourerent longuement ainsi et demene=
rent leur dedupt sans quon sen apperceust.

Ung iour entre les autres tempes=
te se leua sur mer q par huyt ou
neuf iours dura/par quoy estoit
contraint leander se abstenir dal
ler veoir sampe pour le peril de la mer telle=
mẽt qil fut sept iours sans y oser aller/dont
sampe hero faisoit piteux regretz Mais au
huytiesme iour amour pressa tant leander q
sans craindre la tempeste & vagues de la mer
il se gecta dedãs pour nager come de coustu
me auoit & incontinent lorage par trois fois
le fist confondre dedãs la mer/toutesfois il
essaya tousiours a passer pource qil voyoit
a la fenestre sampe hero tenãt le flambeau de

feu ardant q soubdainemẽt sestaignit pour
le grãt vent ql faisoit. Lors ne sceut leader
quelle voye tenir & la tempeste le traueilla tãt
quil fut en peu dheure perille & noye. Hero
estoit dautre part dessus la tour q aps lean
der faisoit le guet en grant mesaise & ennuy
toutesfois elle sendormit Et pource qlle a
uoit en son dormant songe qlle tenoit a son
plaisir leander son amy embrasse: puis luy
fut aduis quelle voyoit vng grãt daulphin
mort et arriue au dessoubz de la tour Dont
dolente estoit & se leua hastiuement et sen
alla au port sur la riue de la mer ou elle veit
dedãs son amy leander noye qui venoit flo
tant sur leaue vers la riue q les ondes ame
noiẽt. Lors de aspresse de douleur esprise co
me toute desesperee saillit en la mer sans co
sideration de nul peril & se gecta sur le corps
de son amy leander et lembrassa si estroictemẽt
quelle se noya & tantost arriuerent les corps
des deux amans mors au bort de la mer.

¶ De hanibal.

Lautre que vois est hanibal filz
de hamilcar lequel en beaucoup
dãs toutes les ytalies et la puis
sance de rome nõt sceu ployer ne
rompre ne vaincre/et vne poure ville fem
melette le prent en poulle & le sp̃e damours.
Car hanibal estoit cappitaine de la gẽt & ar
mee de cartage/aps qil eut par tous moyẽs
et endroitz promeuz & incitez les romains a
guerre contre luy/et quil eust eu es ytalies
plusieurs victoires & conquestes sur les ro
mains. Mesmes quant il eut deffait a cã=
nes paulle emillie & therence auec toute larꝫ
mee romaine ou il y eut merueilleuse occi=
sion de gens tant que pour celle desconfiture
toute la chose publicque romaine chancella
et fut mise en grant branfle il sen alla auec
tout son ost puerner en poulle en la cite de
capue/ou illec ses gens sadonnerent a lasci
uete/a luxure/a opsiuete & a autres plaisan=
ces et ieux/et mesmes le cappitaine hanibal
sen amoura dune belle et ieune dame q en a=
mours tellement le tint qil ne la pouoit lais
ser tant fut delle amoureux laqlle chose luy
porta grant dommaige/car ses gens estoiẽt
apres si mols et nouueaulx aux armes qlz
craignoient beaucoup & leur estoit bien dur
de combatre & retourner en bataille.

B iii

Le triumphe
Du roy mitridates et psicratee.

![illustration]

Elle la qui auecqz ses cheueulx cours et rongnez chemine et passe par tout le monde en querant son doulx seigneur et amy mitridates est la royne de pont psicratee qui duist et abaisse son orgueilleux et pompeux estat feminin et royal en habit seruil bellicqueux viril & penible/car elle qui de grant beaulte estoit & auoit amour incap:ehensible enuers son mary le roy mitridates qui aux rômais faisoit mortelle guerre par bataille diuturnelle et soubz la balance de plusieurs et diuers cas perilleux de fortune Et que iceluy mitridates Selon la coustume Barbaricque eust plusieurs autres femmes & concubines elle embrasee enuers luy de feu damour inextinable le suyuit tousiours en regions loingtaines et estranges en guer res et batailles tresperilleuses. Et quant il vouloit transnager par la mer en quelconques pays luy faisoit iour et nuyt compaignie tresfeable sans point lhabandonner. Par ce quelle portoit aygrement estre dauec luy esloignee extimant que aucune autre personne ne pourroit ainsi songneusement et loyaulment seruir son mary quelle faisoit. Et pource que a si grant oeuure et difficile entreprinse lhabit femenin luy sembloit estre mal afferant et conuenable et non appartenir que femme se deust trouuer aupres du roy son mary homme tant vaillant et tant adonné a lexercite des armes a ce quelle faignist et donnast a croire a ceulx qui la verroient quelle fust homme, elle couppa premierement dunes forces ses beaulx cheueulx iaunes, esquelz les femmes ont de coustume de soy glorifier et prendre singulier plaisir et souffrit son visaige tant plaisant qui estoit la principalle beaulte dicelle estre couuert et affublé dung heaulme et le souffroit estre souillé enordy et enlaidy de sueur de pouldre et de rouilleure des armes. Et osta tous ses ioyaulx dor, ses vestemens de pourpre longs, et iceulx fist acourcir et trencher iusques aux genoulx sur le harnois, et sa tresbelle tendre et blanche poetrine comme albastre fist dune cuyrasse couurir. Elle fist incontinent se houser et osta tous anneaulx de ses doitz et plusieurs autres precieux ioyaulx en lieu desquelz se acoustuma a porter lances et ceindre arcs turquois au lieu des riches tissus. Et conuenablement fist toutes ces choses si que dicelle tendre et delicieuse royne tu eusses cuyde estre fait et deuenu vng ancien et tresexpert cheualier. Et les choses par elle acoustumees come de gesir et soy tenir en chambre et palais royaulx vaguer et estre oyseuse mignote et delicatiue sans gueres hors saillir par elle laissees et oubliees elle commenca a cheuaucher chargee darmes et courir apres son mary par soubdaines et hastiues cources par les plus aspres et difficiles passaiges des montaignes obscures et destroictes vallees en surmontant toutes chaleurs et froidures sans de soy luy chaloir ne tenir compte. Et bien souuent en lieu de ses chambres et lictz royaulx elle estoit contrainte par grief somme soy coucher et endormir sans peur auoir aupres des bestes sauuages. Et fust son mary vaincu futif ou victeur tousiours et en tous lieux luy tenoit loyalle compaignie ayde et secours en tous ses conseilz et labeurs. Elle acoustuma et apprint a ses doulx yeulx pouoir sans horreur ou esbahissement regarder les playes, les occisions et le sang des mors et naurez lequel aucunesfois elle espandoit et faisoit secourir des coups de lance et despee quelle donnoit. Et ses aureilles acoustumees aux doulx et melodieux chantz et son des instrumens elle contraignit ouyr le hannissement des cheuaulx, la tumulte et noise des armes et des coups de ceulx qui se combatoient par terre et par mer sans effrayement de pensee. Apres plusieurs trauaulx peines et dangiers par elle soufferts qui a vng robuste cheualier eussent este bien griefz a soustenir elle suyuit son dit mary. Lors vaincu par gayus pompee et lequel mary sen fuyoit auecques peu de ses amys par montaignes et destroictz par les boys et forestz darmenie, par les vallees, lieux obscurs et tenebreux de la region de pont. Et aucunesfois a son mary afflict et douloureux donnoit recreation et esperance de meilleure fortune. Autreffois lappaisoit et blandissoit par soulas et esbatemens. Et par toutes les choses esquelles elle le congnoissoit prendre plaisir. Certes pour tant de labeurs par elle soustenuz elle en rapporta et eut de luy poure et piteux loyer, car comme luy estant courrouce eust occis vng beau filz qil auoit engendre en elle et que par la contraincte des rommains il se fust retyre en vng sien chasteau auquel il fut assiege par son filz pharnap se rebellant contre luy pour la crudelite et tyrannie dont il vsa vers ses amys et enfans. Icelluy mittridates se voyant assiege et que par quelcomque priere il ne pouoit trouuer pitie en son filz en aduisant la fin de sa ruine affin que la noble psicratee laquelle luy auoit par auant donne tant daydes confors et consolations ne vesquist apres luy, fist icelle auec ses autres femmes et concubines et ses filles aussi mourir deuant luy par venin et poison quil leur donna. Certes lingratitude dicelluy mittridates ne peut diminuer la gloire que ladicte das

G iiii

me sa femme auoit par ses vertueuses merites desseruie/ains viura et demourra son nom perpetuellement par noble renommee

C De Brutus et portia.

Autre que vois la ensuyuant cest portia qui affine et change le fer au feu/laquelle fut fille de marc cathon/τ femme de brutus lequel on dit quil estoit filz bastard de Julius cesar et de seruille seur de cathon. Lequel Cathon apres les reliques de lost de pompee menees par les solitudes de libie en affrique impatient de la victoire de cesar se fist mourir par venin a vtice. Comme doncques le tumulte tant perilleux τ mortel des batailles ciuilles fust cesse τ apaise τ ceulx du party de Pompee de toutes pars par cesar oppressez/et que contre iceluy cesar constitue dictateur perpetuel et affectant lempire des rommains la plus saine part du senat fist coniuracion de la mort dudit cesar entre lesquelz fut Decius brutus mary de portia/cassius et tullius scim brius pour essayer a remettre la chose publique rommaine en sa premiere liberte et franchise contre ledit cesar. Et pource que cestuy brutus congnoissoit lintegrite de portia soy confiant du bon et entier vouloir dicelle luy descouurit le secret de la coniuration susdicte. Or aduint que a vng matin brutus se leua pour sen aller a lexecution de lemprinse coniuratoire auquel iour fut cesar occis par eulx. Portia par industrie quelle auoit print le rasoir de barbier faignant coupper et rongner ses ongles τ laissa cheoir cestuy rasoir sur le pied quelle auoit lors nud τ tresfort se naura dont sortit grant habondance de sang laquelle chose voyant ses chamberieres cuydant quil y eust plus grant playe quil ny auoit sescrierent moult haultement. A la voix desquelles Brutus fut contraint retourner en la chambre et la commenca a tencer. Et portia faignant se retirer a part auecques son mary luy respondit. Mon doulx mary ne pense point que ie me soye follement ne sans raison blecce, car iay voulu experimenter comment iauroye bonne constance a me

mettre a mort quant il te suruiendra quelque fortune pour lentreprinse que tu as faicte contre cesar. La coniuration par eulx mise a execution ne demoura pas impugnie. Car Brutus et ses compaignons qui cesar auoient occis furent condampnez par ceulx du senat et declairez lors patricides et ennemys de la chose publicque. Parquoy Brutus et cassius se retyrerent es parties dorient et assemblerent grant ost a lencontre de cesar et de anthoine/et en macedoine es champs de philipicque les parties de cassius et de brutus furent vaincus et brutus occis. Ceste chose venue a la congnoissance de portia non extimant apres la mort de son mary estre grande chose que de viure, et pensat quelle endureroit aussi bien la mort. Comme elle auoit au par auant endure la playe du rasouer soubdainement conclud essayer le passaige de mort. Lors comme elle fust en la deliberation voulentaire de mettre a fin son propos et quelle ne vit aucun instrument prepare pour ce faire/elle getta auecques ses mains dedans sa gorge des charbons ardans lesquelz dauenture elle auoit aupres delle. Et ce fist elle sans aucune doubte ou paour, car elle aualla lesditz charbons par lardeur desquelz ses entrailles furent arses et bruslees et lesperit vital dicelle consume a mort corporelle et contraint de laisser le corps.

C De pompee et iulie.

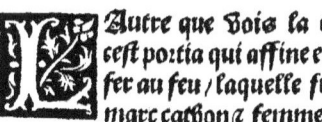

Autre ensuyuant est iulia qui en douleur plaint son mary/mais la seconde flamme lembrase plus que la premiere/laquelle Julia fut entre autres moult noble. Elle fut fille de iulius cesar et de cornelia sa fëme fille de cynue qui quatre fois auoit este consul/et lequel iulius cesar print sa naissance paternelle de ericas tresnoble duc des troyes par moult de moyens de roys et de nobles hões qui dicelluy succederent. Sa maternelle naissance proceda de ancus marcus iadiz roy des rõmains. Et si eut iulius cesar tresnoble renõmee de gloire de bataille/ de triumphes et de perpetuelle dictature. Ceste iulia fut mariee au grant pompee pour cellup temps homme tresnoble entre les romains lequel acquist lamour et faueur du peuple romain et des rops de tout le monde en iceulx vaincquissant et deposant de leurs ropaulmes et en les p restituat de nouueau en subiuguāt les nations estranges et en effaceant et adnichillant les pirates de mer. Il trauailla par toutes terres et mers et layma ceste noble dame tant et si ardamment que iasoit ce quelle fust ieune et lup desia fort vieil et aage que a ceste cause elle se pourchassa la mort long temps deuāt que venir lup deust Car ainsi que pōpee sacrifioit es cormices et assemblees ediliciennes sa robe fut du sang procedant de la plape et incision de la beste qui fort se demenoit toute arrousee et tachee parquop il despouilla icelle robe et la renuopa en son hostel pour lup en apporter vne autre. Or aduint que sa femme iulia estoit grosse denfant et deuant tous les autres de la maison fut celle qui premier rencontra cellup qui la robe portoit. Quant elle apperceut la robe sanglante auant que de mander dont ce procedoit souspeconnant que aucun eust occis ou fait violence a son mary comme si apres cellup mort ne fust licite a elle de plus viure icelle iulia soubdainement frappee dune paour sinistre vaine et mauuaise eut les peulx obscurciz et reuoluz en tenebres et rendit incontinēt lesperit.

¶ De iacob et rachel.

Tourne tes peulx deca au grant pere ancien et chenu qui ne se repent et damour ne lup ennupe de auoir quatorze ans seruy pour auoir rachel. Car psaac filz de abraham et pere de iacob apres la mort (comme il appert en genese au vingt et huptiesme chapitre) beneist selon leur anciēne coustume hebraicque iacob et lup commanda apres quil leut beneist quil ne print fēme de la generation de chanaam/mais quil allast en mesopotamie a batuel son oncle de par sa mere et espousast vne des filles de laban/lequel estoit son oncle frere de sa mere rebeca. Iacob fist le commandement du pere. Lors ainsi quil arriua en mesopotamie aupres dung puys auquel on abruuoit le bestial il se reposa la auecques les pasteurs lesquelz attendoient quil p vint plus grant nombre de bestial pour leuer la pierre de labreuuouer. Lup estant la auecques les pasteurs il leur demanda dc leur estat/lesquelz respondirēt quilz estoient a aron iacob apres leur demanda silz congnoissoient labam lesquelz lup dirent que oup.

Donc comme ilz estoiēt en ces langaiges Rachel arriua auec ses brebis pour les abreuuer/et aussi tost que les pasteurs la virent de loing ilz dirent a iacob. Decy rachel fille de labam qui vient pour abreuuer ses brebis. Lors elle arriuee auecques eulx iacob pour lamour quil lup portoit lacolla et baisa en lup disant quil estoit filz de rebeca et estoit son cousin. Rachel addeques acourut a son pere labam et lup fist a scauoir la venue de iacob de laquelle labam fut si tres iopeulx quil vint a lencontre et lacolla en lup demandāt pour quelle cause il estoit venu. Auquel iacob respondit quil nestoit venu pour autre chose que pour seruir. Labā lup respondit quil demandast quel salaire il vouloit auoir/autrement ne le receuroit en son seruice pource quil estoit son nepueu. Iacob respondit que tout prest il estoit a seruir sept ans et quil ne vouloit autre retribution que rachel pour femme. Cecy pleut fort a labam et firent leur appoinctement de bon accord.

Apres que sept ans furēt passez iacob demanda sāpe rachel a son pere Labam/lequel lup respondit quil estoit trescontent. Et lors vng iour expres entre eulx ordōna labam et appareilla la feste pour espouser. Les nopces faictes et la nupt venue iacob estant prest de coucher auecques sa bōne espouse rachel labam mist coucher auec iacob en lieu de rachel sa seur lpa. Quant ce vint au matin iacob congneut quil auoit couche auecques lpa seur de rachel/laquelle lpa estoit lapde et difforme et non pas auec sa belle ampe rachel. Pour laquelle tromperie il se plaignit dolentement a labam/mais icellup labam sexcusa disant que ce neste it point la coustume du pays de marier les fil

Le triumphe

les puisnees deuant les ainsnees: mais sil vouloit auoir rachel quil demourast encores sept ans en son seruice et lors que il la uroit. Ceste chose ressembla a iacob estre de peu destime et de peine pour la grande et sin guliere amour quil auoit en same rachel. Parquoy il se accorda aux parolles de la ban et fut iacob content et ioyeulx (toutes iniures oubliees) de seruir encores laban sept ans. Lors au bout des sept ans il eut a feme sa bonne ame rachel qui tant il aymoit.

¶ De abraham et sarra, psaac et rebeca

Diue amour q croist en labeur, en langueur et peine. Or regardes le pere de cestuy psaac et son oncle abraham coment tout seul auecques sarra sen fuyt et sen va tout seul hors de sa region et sort de ses plaisances et les oublint toutes pour acomplir le commandemet de dieu. Doncqz pour mieulx entendre ce sur texte il est a entendre que la domination des grans peres patriarches prophetes attribuee a abraham, psaac et iacob eut lorigene et commencement de dieu en parlant a moyse au buisson incombustible comme il appert en exode au troisiesme chap disant. ¶ Vade et congrega oes seniores israel et dices ad eos/ dns deus patrum uestrorum apparuit michi deus abraham deus psaac et deus iacob. Cecy mesmes a este depuis reconferme par iesuchrist en sainct mathieu au xxiie chap et en sainct luc au xxe. quant il dit aux saduciens lesqlz regnioient la resurrection. Et ainsi come iacob est nome grant pere particlement abraham et psaac ont merite estre ainsi nommez. En apres touchant psaac apres q sa mere mourut en la cite de tarbes terre debron en la region de chanaa oncqs puis ne se resiouyt ne print consolation par laquelle il peust oublier la douleur de sarra iusques a ce quil fut contraint par la grande amour quil portoit a sa femme rebeca laquelle luy procura ung seruiteur dabraham en la demandant a bathuel et auoit promis a abraham et iure sur son corps quil ne bailleroit point femme a psaac de la generation de chanaam. Et bathuel estoit cousin de psaac et filz de nachor frere dabraham filz de thara. Et aussi tost que psaac fut conioinct auecques rebeca il layma si ardamment que soubdainement il oublia toute douleur et tristesse quil auoit eue pour la mort de sarra sa mere ainsi quil est escript au xxiie chap de genese. Touchant abraham il est escript en genese au xiie chapitre quant dieu luy commanda qil partist de la terre de promission laquelle estoit habitee de la generation de chanaam il obeyt au commandement de dieu et sen partit et alla au mont de bethleem. Lors il suruint une grande famine par laquelle abraham fut contrainct sen aller en egipte. Et pource quil aymoit souuerainement sarra qui belle estoit sachant que adultere estoit lors ung grant peche et vicieux mal entre les egiptiens et pour nestre point par iceulx mys a mort pour cuider euiter le peche de adultere il pria sarra quelle voulsist dire quelle nestoit point sa femme, mais seullement sa seur. La amour contraignit abraham de mentir, laquelle mesonge nest pas seulement blasmee des theologiens, mais aussi des pecheurs est blasmee, comme dit le philosophe au quatriesme des ethicques ¶ Mendatium est per seipsum improbum ac vituperatione dignum. Cest a dire toute mensonge est vicieuse criminelle et de vituperation et reprehension digne.

¶ De dauid et bersabee.

Egardant ensuyuant comme amour est cruel et mauuais qui a vaicu dauid et la force et costraint a faire loeuure. Dont apres se plaint et pleure en lieu obscur par penitence Car puis sa infime voulente efficace eut insuperable affection damour ausquelles na este possible que les grandes sciences et forces de iherusalem apet peu resister ensemble toutes les ppheties auec les parolles aornees par grace du sainct esperit qui leur estoit donnee. Dauid ayant lors guerre contre le roy amon enuoya contre luy ioab son cappitaine auec larmee et luy il demoura en iherusalem. Lors dauid ung iour allant en sa maison au long des galleries

Damour fueillet. xii

ſaduiſa vne belle ieune femme nōmee berſabee femme dung de ſes cheualiers nomme vrie etheo laquelle eſtoit a vne fontaine ſoy baignant/ lequel fut a la veue delle ſurpris de ſon amour. Et lors la fiſt appeller et coucha auecques elle.

Amour nauoit point encores fait aſſez dont fuſt dauid content/ mais paſſa oultre et fiſt tant qͤl pourchaſſa la mort de vrie eſpoux de celle berſabee/ et commanda dauid audit vrie quil allaſt a larmee/ et reſcriuit a ioab quil miſt vrie ſi auant en la bataille et danger quil mouruſt. Ioab eut les lettres de dauid tenant le ſiege deuant vne ville nommee rabat. Et ceulx de la ville firent vng iour vne ſaillie ſur les yſraelites et en tuerēt beaucoup et eſpecial y fut tue vrie etheo mary de berſabee. Lors quant dauid ſceut les nouuelles de loccriſion il eſpouſa incontinent berſabee. Apres vint le prophete nathā qui luy fiſt congnoiſtre ſa faulte et luy propoſa deuant les yeulx lexemple dung riche hōme qui auoit beaucoup de brebis et il y en auoit vng autre qui nen auoit que vne ſeulle auquel le riche luy oſta celle brebis et apres ce le fiſt mourir/ dont dauid luy meſmes iugea iceluy riche eſtre digne de mort. Nathan luy reſpondit/ ceſt vous le riche et vrie etheo le poure. Adonc par la voulente de dieu nathan luy denonçoit malediction eternelle. Lors dauid ſe repentit et pleura ſept iours a terre iuſques a ce que ſon filz quil auoit eu de berſabee fut mort.

 ¶ De ſalomon et ſes femmes.

Meſſire franciſque petrarche regarde cōment il ſemble que vng ſemblable et obſcur brouillas mue et diminue en partie la fame et renommee de ſalomon le plus ſaige enfant de dauid lequel eſtoit renomme par tout le monde comme ſil euſt eſte vng dieu Car comme il appert dauid lors eſtant roy de iheruſalem eut de pluſieurs femmes pluſieurs enfans deſquelz il ny eut celluy qui neuſt quelque don ſingulier de nature ou de vertu. Entre leſquelz il y en eut vng de la dicte berſabee femme de vrie nomme ſalomon lequel fut tant plain de ſapiēce autant quil eſt poſſible a nature humaine. Et apres la mort de dauid ſon pere fut roy et ne ſouffroit pour riēs ſes ſens de nature prendre plaiſir extericuſement ne interieuſemēt ainſi que luy meſmes afferme en lecclleſiaſticque au ſecond chapitre Mais la choſe la plus deteſtable en luy et ou il a plus perdu de ſa bonne renommee fut que pour acompliz ſon plaiſir charnel il eut ſept femes roynes concubines egyptiennes/ moabites/ aſmaintides/ ydumees/ ſydoines et epheres. Leſquelles il ayma ſi deſordonneemēt quil deuint ydolatre. Car au plaiſir des femmes ſydonnes il adora la deeſſe athartes/ laquelle eſtoit adoree deſdictes ſydoines. Et pour contenter les amaintides il adora la deeſſe molchidole quelles adoroient/ par laquelle choſe il ne pert point ſeullement renommee/ mais auſſi diſoit on que en luy nauoit nulle raiſon ne entendement.

 ¶ De amon et ſa ſeur thamar.

Mais regarde vng autre nomme amon q̄ tout en vne meſme heuve ayme et nayme plus et ſa ſeur thamar auprès de luy Qui plaine de pre et de grant courroux ſe complaint a ſon frere abſalon/ car dauid eut dune meſme femme deux enfans vng filz nomme abſalon et vne fille nommee thamar remplis dune merueilleuse beaulte. Il eut aussi du ne autre femme vng autre enfant nomme amon, et comme il est escript en lunziesme et douziesme chapitres du second liure des rops le dessusdit Amon fut grandement amoureux de sa seur Thamar, mais il craignoit et auoit honte de la pourchasser damours. Et pource que en son cueur il taisoit et celoit son amour sans la oser declarer il deuint tresmalade. Laquelle chose voyant ionadas filz de senna frere de dauid qui estoit beau ieune filz et saige cousin dudit amon demanda a icelluy amon quelle estoit la cause de sa maladie. Apres que amon eut fait plusieurs difficultez de non se dire audit Jonadas a la parfin luy declara que son mal estoit pour lamour quil auoit en sa seur Thamar et luy demanda secours. Lors ionadas luy conseilla quil faignist estre plus malade quil nestoit et quil demandast a dauid quil luy laissast sa seur thamar pour le penser et que la il feroit son plaisir. Ce conseil pleut fort audit amon et mist en execution ce que deuant auoit entrepzins. Dauid vint veoir amon auquel amon demanda sa seur thamar pour le penser. Lors dauid qui ne pensoit pas a la faulcete de son filz luy consentit sa requeste. Et pource thamar vint pour penser sondit frere, lequel quant se virent seulz commenca la prier de coucher auec elle et luy declaira lardante amour quil luy portoit. Thamar qui congnoissoit le grant peche que cestoit fist grande resistance et luy dist doulcement quil la fist demander a dauid pour femme affin que sans peche il iouyst delle. Toutesfois il ne la creut point, mais vsant de force la violla enflamme damour, et incontinent quil eut fait delle a son plaisir et acomply sa meschante voulente toute lamour quil luy portoit fut estainte et se tourna en hayne. Parquoy thamar voyant ceste iniure se plaignit a absalon son frere, lequel vng iour apres quil eut dissimule il fist vng Banquet auquel il semonit tous les enfans du roy ses freres entre lesquelz fut amon lesquelz arriuez absalon par vengeance de thamar sa seur fist tuer amon son frere. Ainsi fut pugny amon de son mauldit et inicque peche quil auoit violentement commis auecques sa seur thamar, laquelle il eust eue en paix sil eust voulu.

¶ De sanson et dalida.

Egarde vng peu deuant ceste thamar sanson plus fort q saige qui par parolles met et encline sa teste au giron de sa femme dalida. Car comme il est escript au liure des iuges au treziesme chapitre sanson fut filz de manuel iuge du peuple ysraelite, lequel arriua vng iour en la compaignie de son pe

te en vne ville nommee tamnata terre de iu
risdition des philistiēs la ou il veit vne bel-
le ieune fille laqlle luy pleut moult tāt quil
leut en mariage ¶ fut quelque peu de temps
auec elle. Puis sen alla dehors a lesbat et a
son retour en regardant dedans la teste du
lyon quil auoit par auant mis a mort en la-
dicte cite de tamnata au premier assault quil
luy dōna il trouua quen celle teste les mou-
ches a miel auoient fait leur nid et procree
grant quantite de miel Duquel il en print et
en mangea ¶ en dōna a son pere et a sa mere/
mais il ne leur declaira point le lieu ou il
auoit prins ledit miel.

Peu de temps apres son pere luy
fist vng bancquet qui dura sept
iours ainsi quil estoit de coustu-
me/ auquel les bourgeois de la
ville esleurent trente hōmes pour tenir cō-
paignie a sanson. Lors vng iour sanson fist
gaigeure ausditz trente hōmes q̄ si dedans
lesditz sept iours durant ledit bancquet ilz
ne scauoient souldre vne question quil leur
demanderoit qlz payeroient tous ensemble
trente chemises ¶ trente robes. Aussi silz la
scauoient souldre q̄l leur en payeroit autant
lesquelz furent de ce contens ¶ q̄l proposast
sa demande/ leq̄l leur dist ainsi. De ore eden-
te exiit cibus ¶ de forti egressa est dulcedo.
Cest a dire/ de celluy q̄ mangeue est la vian-
de sortie ¶ du fort aigre procede ¶ vient doul
ceur. Considerant doncq̄s ceulx de tānata
la question de sanson ne pouoient trouuer
maniere desposer les parolles susdictes et
sen allerent a la femme de sanson en luy di-
sant quelle priast par doulces parolles son
mary quil luy declairast celle question quil
leur auoit faicte ou autrement ilz la met-
troient a mort ¶ tous ceulx de sa maison ¶
bouteroiēt le feu dedans. La femme de san
son qui eut grant paour en plorant pria son
mary sanson quil luy voulsist dire le secret
de la question quil auoit faicte a ceulx de
tamnata. Sanson ny voulut pour riens
consentir/ mais par longue priere de sa fem
me laqlle se monstroit estre si troublee pour
la contenter luy declaira le secret. Et elle
incontinent le reuela a ceulx qui sen auoiēt
requise.

Quāt le .vii. iour fut venu san-
son demāda la solution de sa que
stion/ a laqlle ilz respondirēt ain-
si. Quid dulci9 melle: quid for-
ti9 leone. Cest a dire/ est il riēs plus doulx
que miel/ ne riens plus fort que vng lyon.
Lors sāson leur replicqua en disāt. Si vo9
neussiez parle a ma fēme iamais ne leussiez
sceu dire. Adōc tout trouble contre sa fēme
la laissa ¶ sen alla a la maison de son pere a-
pres q̄l eut paye les trente chemises et trēte
robes/ lesq̄lles il auoit despouillees de trēt-
te hōmes lesq̄lz il tua a ascalon. Apres q̄ san
son fut party dauec sa femme sa belle mere
voyāt quil sen estoit alle a la maison de son
pere par courroux cuidant q̄l eust repudie ¶
laisse sa fille trouua vng autre ieune filz les
quel elle aymoit biē auq̄l elle bailla sa fille.

Peu de tēps apres q̄ sanson eut
passe son courroux il retourna
a la ville de tānata pour cuider
veoir sa femme. Et quāt il fut
en la maison du pere de sa femme comme il
cuidoit entrer en sa chābre ou il auoit de cou
stume de coucher auec sadicte fēme son beau
pere larresta en luy disant quil lauoit rema-
riee a vng autre a cause quil sen estoit alle ¶
party courrouce dauec elle. Sanson lors
dist en ceste maniere. Doresenauāt ie seray
excuse ¶ feray mon deuoir de faire le pis q̄
ie pourray aux philistiēs. Adōc sanson sen
alla ¶ sen retourna. Et venue la saison de
laoust ¶ que les blez estoient meurs sanson
print trois cens regnars ¶ leur attacha aux
queues vng baston auq̄l il mist vng brādon
de feu ardant et les laissa aller parmy les
chāps des philistiens lesq̄lz bruslerēt tous
les blez des enuirōs. Quant les philistiēs
sceurent q̄ sanson auoit ce fait ilz coururent
en la maison du beau pere de sanson ¶ mirēt
le feu dedans et bruslerent luy et tout son
mesnaige/ de laquelle chose sanson aduerty
pour lamour quil auoit parauant porte a sa
femme se delibera den prendre vengeance.
Parquoy luy se tenant en vne cauerne fai-
soit beaucoup de dōmage aux philistiēs les-
quelz le vindrēt assaillir pour le lyer ¶ q̄ il
consentit pourueu q̄lz iureroient de ne loc-
cire point quant il seroit lye. Lors cōme ilz

le menoiẽt ainsi lye a ūng lieu nōme mapitsla les philistiens descouurirent ūne embusche et Voulurent tuer sanson. Quant sanson se Veit en tel dāgier il rōpit ses lyens et trouua ūne machouere dasne ꞇ en tua mille et les autres se mirent en fupte.

stume/tellement que sanson sendormyt, en son giron/ꞇ luy ainsi endormy elle print des forces ꞇ lui couppa ses cheueulx. Et les philistiens Vindrent a grant puissance. Et ainsi sanson qui plus nauoit sa force acoustumee fut par iceulx prins. Auquel ilz creuerent les yeulx. Depuis sanson Vesquit en grant peine et misere iusques a ce que ses cheueulx furent creuz.

Pres ces choses sanson se trouua en ūne Ville nōmee gaza ou il Veit ūne fēme lubricque de laquelle il eut compaignie/dōt les philistiens aduertys lenfermerent dedans ladicte Ville. Et quāt Vint la mynupt sanson se leua pour sen cupder aller/et lors que il trouua lesdictes portes de la Ville fermees il les desbarra et les chargea sur ses espaules ꞇ les porta sur ūne montaigne de la Vallee Debron. Apres fut sanson amoureux dune nommee Dalida dont les philistiens furent aduertys Et lors procurerent a dalida en luy promettant grans Dons et presens si elle pouoit trouuer maniere de mettre sanson entre leurs mains. Dalida ainsi subuertie par auarice Demanda a sanson quelle estoit la cause principalle De sa force Ce que sanson luy celoit ꞇ pour riēs ne luy Vouloit Dire Parquoy dalida en plorant et continuāt son mauuais Vouloir se pourchassa De telle sorte que Sanson luy Dist que toute sa force gisoit en ses cheueulx. Adoncques dalida Vng iour luy mōstra plus Beau semblant damour quelle nauoit acou

Dant sanson sentit que sa force luy estoit reuenue ūng iour q̄ on faisoit le sacrifice au tēple la ou estoit tout le peuple Des philistiens il entra dedans ledit tēple. Et quant il y fut pource ql estoit aueugle il marchoit de ca et dela et ne scauoit ou il alloit. Il hurtoit contre ūng mur/puis contre ūne table puis contre ūng pillier ꞇ trebuschoit et tumboit par terre Dont chascun rioit. Mais il fist Vng autre ieu Duquel on ne se gardoit Car apres quil eut apperceu quon se moscquoit de luy Le sang se meut quil auoit autour de son cueur ꞇ bouillonnoit. Il cōclud en sa pensee de sen Venger disant quil les occiroit tous/ꞇ affin que nul neschappast luy mesmes demoureroit auec eulx. Adonc il pria courtoisement ūng seruiteur qui de la prison lauoit la amene ql le Voulsist mener cōtre le pillier q̄ soustenoit tout le faix de la salle affin de se reposer ūng peu Ce q̄ fist le seruiteur q̄ nul mal ny pēsoit. Lors sanson

Damour   fueillet. xiiii

se appuya contre vne coulonne/z en taſtant autour de luy il en trouua vne autre ſi pro-
chaine qſ les pouoit toutes deux embraſſer
Adoncques ſon oraiſon faicte a dieu il em-
braſſa les deux coulonnes a dextre/z a ſene-
ſtre/z diſt a haulte voix. O meure mainte-
nant ſanſon auec les philiſtiés. Et en ce di-
ſant il ſerra les bras par ſi grande force quil
fiſt ioindre z hurter les deux pilliers lung
contre lautre/ par quoy tout ledifice cheut
ſur eulx/z ainſi luy auec eulx mourut.

❡ De iudich et holofernes.

ntre ſi grande habondance des
pees z de laces regarday vne ieu-
ne dame veufue/laquelle auec
beau viſaige z les ioes poſties a
vaincu le trespuiſſant z fort Holofernes z
auecqs vne ſeulle chamberiere ſen retour-
na en ſa cite/ et a mynupt emporta lhorrible
teſte dudit holofernes en rendant louenges
a dieu. Car cõme il eſt eſcript au liure de iu-
dich quant nabugodonoſor roy des aſſiriés
eut vaincu z ſuppedite vng roy nõme arpha-
ſar il print en luy plus grant couraige et fut
delibere de ſubiuguer tout le monde a ſon em-
pire/pour laquelle choſe faire il eſleut Holo-
fernes pour eſtre chief z cappitaine a conduï-
re le fait de ſon armee z luy commanda quil
menaſt et fiſt aſpre guerre contre tous les
roys z princes de ſon empire a luy ſubgectz
ce qſ ne pardonnaſt a villes ne a chaſteaulx
a luy rebelles. Holofernes fiſt le commande-
ment du roy z principallement il print toute
la cilice et meſopotamie/et fiſt tant par ſes
iournees quil arriua au champ damaſcene
ou il eſpouenta tellement les circonuoiſins
que a luy venoient ambaſſades de toutes
pars pour eulx rendre ſes ſubgectz. Opdas
doncqs les enfans diſrael telles nouuelles
eurent grãt paour/z ſe preparerent premie-
rement vers dieu par le moyen du ſacerdot he-
lyachin/ z apres firẽt grant pouruoyance de
viures par la cite z de bien fortifier z garder
leurs murailles/meſmemẽt ou ilz apperce-
uoient les plus dangereux z foibles lieux.
Et apres pour plus amplement occuper le
paſſaige a holofernes a ce q il ne deſtruiſiſt
point hieruſalem ne le temple ilz firent moult
dautres prouiſiõs. De laqlle choſe quant
holofernes fut aduerty il fut trescourrouce
lors il appella auec lui les moabites ceulx
de la region de amon leſqlz eſtoiẽt de leſtat/
condition z ſorte du peuple diſrael en leur di-
ſant quil eſtoit eſbahy comment eulx tous
ſeulz entre toꝰ les autres vouloiẽt reſiſter
contre luy. Achior fiſt la reſponce lequel eſ-
toit conducteur du peuple de amon en com-
ptant leſtat des enfans diſrael z en luy di-
ſant qlz eſtoiẽt de telle condition que ſi leur
dieu eſtoit contre eulx courrouce que facile-
ment il pourroit auoir victoire/mais que ſi
leur dieu les vouloit deffendre que en vain
il chercheroit de les ſubiuguer et quil nen
pourroit venir a bout.

c ii

HOlofernes fut fort despit de la responce de achior et luy dist quil sen allast dire aux enfans disrael quilz experimentassent sil y auoit aucun dieu plus puissant q̄ le roy nabugodonosor et quil se mist auecques eulx pour les deffendre et se donnast garde q̄l ne tumbast entre ses mains et que il le mectroit a mort auec toute sa prophetie. Lors holofernes fist commandement a ses gens quilz se conduysissent a Bethulye cite disrael et quilz le laissassent la. Et cōme les gens de holofernes menoient achior il saillit de la cite de Bethulye aucuns auantcoureurs dont les gens de holofernes eurent paour et lyerent achior a ung arbre. Puis la arriuerent les enfans disrael qui le desslierent leur compta lintencion dholofernes. Lesquelz eurēt grant paour et cōmencerent ceulx de la cite de Bethulye a faire grans pleurs lamentatiōs eulx aprēs recours a dieu auec deuotes oraisons prieres. Quant holofernes vit la disposition de la cite il trouua que leaue dont ilz estoiēt nourris entroit dedās la ville par conduytz par quoy il trouua maniere de leur oster. Apres q̄ ses Bethuliēs eurent perdu leur eaue ilz furēt en grāt souffrette tant quilz tindrēt conseil/ou q̄l fut dit quilz aymoiēt mieulx eulx mectre a lauēture de cōbattre leurs ennemys et saillir dehors au dangier de perdre la bataille q̄ de mourir de soif dedās la ville. Lors cōe ilz estoiēt deliberez de saillir hors ung prestre nōme ozias les retint et arresta en leur disant q̄lz attendissent cinq iours seulemēt/et si dedās les cinq iours dieu ne leur enuoyoit aucun secours quilz sortissent et feissent leur voulente. En ce temps y auoit en Bethulye une belle ieune dame veufue nōmee Judich qui auoit este femme dung nomme Manasses laquelle entendit bien les parolles dozias et luy dist q̄ en ce faisant ilz prouocqueroiēt plus tost lire de dieu q̄ autrement/car il sembleroit que en prenant cinq iours de terme que dieu seroit contrainct en ces cinq iours leur dōner secours/dont pour cela ilz en deuroient crier mercy a dieu. Lors iudich ouurit incontinent son esperit pour auec layde de dieu trouuer maniere commēt elle pourroit secourir le poure peuple/auq̄l elle commanda quil se mist en oraison pour elle. Ce la fait apres q̄ la bōne iudich se fust humblement et en grāt deuotion recōmandee a dieu elle se alla lauer deaues tresodoriferantes et precieuses et se reuestit et para des plus Beaulx/pōpeux ioyeulx habillemens quel se peut trouuer/et ainsi habillee saillit hors la ville. Et incontinent quelle fut hors et se fut prinse du guet des assiriens et luy demāderent q̄ elle estoit auq̄lz elle dist quelle estoit hebraique q̄lle sestoit mise hors de la cite pour la grande pourete/pytie ruyne qui au dedās de la ville estoit et quelle vouloit parler a holofernes pour luy declairer et enseigner la maniere plus facille pour prendre ladicte ville. Judich fut incontinēt amenee deuant holofernes qui linterrogua auquel elle fist semblable et pareille respōce cōme aux autres auoit fait. Quant holofernes la vit si belle soubdainement fut surprins de son amour et la vouloit faire manger auecques luy a sa table. Mais elle luy pria quil eust encores pacience q̄l lui pleust permettre de la laisser aller dedans la ville prier dieu et retourner quant elle vouldroit holofernes luy ottroya sa demande commanda a ses chābellans quilz la laissassent entrer saillir de sa chambre et de la ville a tout son bon plaisir fust de iour ou de nupt Le quatriesme iour ensuyuant holofernes fist aprester ung grāt bācquet dist a lung de ses chambellans nōme adnago quil fist toute sa puissance dēhorter iudich q̄ la nupt elle voulsist coucher auec luy/laq̄lle chose il fist iudich luy respōdit q̄lle estoit contente **A**D iour assigne dudit bancquet iudich se presenta deuāt holofernes plus belle et plus gorriere que iamais nauoit fait et mangea et beut auec luy ioyeusement en luy mōstrant tous semblans damour dōt holofernes se tenoit trescontent et ioyeulx. Quāt vint la nupt heure de coucher holofernes se coucha. Et incontinēt q̄ holofernes fut couche il sendormit/car il estoit yure. Lors les varletz de chambre fermerēt la chambre et sen allerent coucher. Quant iudich vit q̄ holofernes estoit au plus fort de son somme et quelle auec une femme chamberiere estoient seulles en la chābre iudich se mist a genoulx en priant dieu deuotement quil luy pleust donner secours z la garder z conduyre en cest affaire pour le salut de son peuple.

Apres que Judich eut parfaicte son oraison z quelle veit son point et lheure opportune de acoplir son entreprinse z dexecuter son intention Elle pleine dug hardy z audacieux courage print lespee mesmes de holofernes z apres qlle leut tiree nue couppa la teste dudit holofernes/z aps qlle en eut essuye le sang mist lad teste en vng pannier auec ses acoustrem̄es de nupt esqlz elle lenuelopa puis la bailla a sa chāberiere pour emporter auec la dicte espee dōt elle auoit fait ceste executiō.

Quant iudich eut bien ordōne secrettement et saigement parfait cest ouuraige elle auec sa chāberiere sen partit z sen allerent ensemble tout au trauers de lost z armee de holofernes/les vngs dormans/les autres veillans z sans ce que personne diceulx les arrestast ne leur demandast riens Et auec ce le guet de lost q pres de la ville estoit les laissa entrer en la ville sans ries luy demāder/car holofernes auoit cōmande q on les laissast aller z venir fust de io² fust de nupt. Quāt elles furēt dedans la ville de bethulye tout le peuple acourut au deuant delle pour scauoir des nouuelles. Auql elle mōstra et bailla la teste de holofernes auec sespee dicelluy dōt elle luy auoit couppe le col. Et lors cōmanda aux citoyēs q subitement saillissent hors en armes. Apres q la teste de holofernes eut este mise en vne lāce sus le portail a la veue de lost q estoit deuant bethulye Lors auec grande puissance au plus matin saillit le peuple sur les assiriens Lesquelz quant ilz congneurent la teste de holofernes se mirent tous en fupte. Et beaucoup diceulx firēt compaignie a holofernes leur cappitaine/car ilz y moururent et tout par la vertu de la noble dame iudich.

⁋ De sichen et dina.

Egarde apres ledit holofernes sichen plein de sang qui est mesle de la circoncision et de la mort z triste occision de son pere et du peuple efface z mis a fin Cecy lui a fait vne amour subite et forte. Car cōe il est escript en genese au xxiiiie chap Apres que iacob fut retourne aueqs ses enfans il habita au quartier de scoth en la region des psicones et en la cite de silen. Apres quil fut party de mesopotampe sa fille nommee dina saillit hors ladicte cite pour aller a lesbat visiter les dames circonuoisines du pays. Lors par cas de fortune cōme sichen filz de emor prince de la prouince la veit z luy sembla si belle il la rauit et coucha auec elle et pria son pere quil la luy fist auoir a femme Emor alla a iacob z a ses enfans leur demander qil luy pleust donner dina pour femme a sichen et quilz louyssent cōmunement de celle region et quilz se apparētissent ensemble en prenāt les filles les vngs des autres comme on a acoustume faire en mariage. Jacob moult courrouce z ses enfans aussi pour le rauissement de sa fille dina/apres qil eut entendu les parolles de emor ilz pensseret a trouuer le moyen de prendre vēgeance de celle iniure a eulx faicte/z respondirent audit emor quil nestoit possible que telle chose se peust faire car ilz tenoiēt autre loy z nestoient point circoncis/mais silz se vouloient faire circoncire z estre semblables a eulx q leur demande leur seroit octroyee. Celle responce pleut bien a emor z a sichen a cause de lamour q le stimuloit a faire ce que leur dist iacob Par quoy ilz enhorterēt le peuple q chascun fust circoncis/laqlle circoncision faicte la blesseure creut en eulx douleur. Lors symeon et autres freres de dina se mirent en armes z pour prendre vengeance de leur seur entrerent au pays de emor le tuerent z sichen auec tout le peuple/et pour plus grande vengeance pillerent toute la cite/z monstrerent par effect cōbien de mal z de punition appartenoit a sichen pour son amour desordōnee.

⁋ De assuerus et hester.

Oy z regarde apres assuerus leql peulx apperceuoir en quelle maniere il quiert son amour en mendiāt affin qil le porte en paix. Il se deslye dung neu z se lye a vng autre/ceste malice na point dautre remede ne plus ne moins cōme dung hays de boys on oste et arrache vng clou auec vng autre Et pour mieulx lentēdre il est escript

Le triumphe.

au liure de Hester que assuerus fut vng roy trespuissant et bien estime leql dominoit en Inde la mineur iusques en ethiope/entre lesquelz pays y auoit.xx vii. prouinces toutes subgectes a luy. Ledit assuerus auoit vne tresbelle femme nomee Vasti laqlle il aymoit tresardamment. La troisiesme annee de son regne assuerus fist vng grat banquet z noble aux princes de perse/de mede et a tous ceulx des autres prouinces/ouql coup il conuocqua le peuple de metropoly q estoit a luy Et ordonna que ledit banquet dureroit sept iours selon leur anciene coustume. Le. vii. iour le roy assuerus estant plus ioyeulx ql nauoit acoustume pour monstrer la beaulte de sa femme Vasti aux princes dudit banquet assistans lenuoya querir par ses escuyers / mais elle respondit qlle nyroit point Pour laquelle responce fut le roy courrouce et demanda conseil a ses ducz de perse z de mede lesquelz se nomoient darsena/sethare/carsise/adamata/mares/marsana z mamicha disant quil estoit de faire de la royne Vasti qui ne luy auoit voulu obeyr. Mamicha respondit affin q les autres femmes de perse et de mede a lexeple de la royne Vasti ne se ingerassent de desobeyr a leurs marys Que son iugement estoit pource que ladicte royne nauoit pas seullemet offense le roy/mais aussi tous les princes assistans audit banquet

quelle fust priuee et dechassee du royaulme/ et que iamais ne fust plus presentee au roy et quen sa place on y mist vne autre. Ceste sentence pleut au roy assuerus laquelle fut mise a execution. Et pource q les chambellans du roy scauoient bien que silz ne trouuoient le moyen de luy trouuer vne autre femme quil ne se passeroit point daller veoir la royne Vasti pour sa grant amour ql luy portoit A ceste cause fut p le roy esleu egeo premier chambellan ql allast chercher par tout le royaulme et senquerir de qlque belle fille qui fust suffisante pour contenter le roy.

Lors ainsi que le dessusdit egeo alloit par tous endroitz et lieux du pays cherchant il arriua en vne cite nomee susis en laqlle il trouua vne moult belle fille pleine de toutes bonnes meurs et vertus nomee Hester/ laqlle nauoit ne pere ne mere fors vng sien pere grat appelle mardochee qui la gouuernoit. Apres q egeo leut bien veue si belle et si bien morigince il parla a elle et a son pere grat en luy declairant la charge z commission quil auoit et le plaisir du roy assuerus/a laquelle chose a grant difficulte se consentit Hester pour la petitesse du lignage dont elle estoit. Touteffois egeo lemena z la presenta audit assuerus/leql quat il la veit si belle et si humble et de si doulx maintien il commencea a laymer z oublier lamour de Vasty Et peu apres quelle fut mise auecques autres filles vopat assuerus la grande humilite/beaulte z gracieuse contenance de Hester tant luy pleut quil lespousa z fist royne/par quoy totallement en peu de temps il oublia toute la grande amour q parauant il auoit eue en la royne Vasti. Et pource est il bien dit q le roy Assuerus queroit son amour en mendiant parce quil enuoya egeo par tout son royaulme chercher et trouuer vne fille suffisante pour luy par laquelle il se desy dung neu qui estoit de lamour de sa femme Vasty pour se lyer a vng autre neu q estoit a lamour de la belle z treshumble Hester/et ne trouua autre remede de oublier Vasty q den prendre vne autre Et par ce il chassa et osta hors vne amour par vng autre amour Tout ainsi que vng manouurier auec vne

Damour   fueillet. x vi.

cheuille ou vng clou de fer oste ou arrache
vne autre cheuille ou clou fische et cache en
vne piece de bois. Car ainsi que dit aristo-
te comme par la diuersion dung fleuue qui
sespand en plusieurs ruisseaulx/lung se di-
minue pour lautre et les derniers appetis-
sent et asseichent les premiers. Semblable-
ment De plusieurs voulentez assemblees
les dernieres font oublier les premieres.
¶ De herodes et herodiade.

Veulx tu veoir en vng Cueur
plaisāce et ennuy/doulx et amer
Regarde le fier et cruel herodes
qui tient et assiege cruaulte et a-
mour/voy commēt il art damours. Puis
dire et dorgueil/et apres se ronge et se deult
par repentance tardiue et en vain appelle la
personne quil aymoit/mais il ne loit point.
Car il lauoit fait mourir. Pour mieulx en
tendre ce texte et ce que ie dis tu dois scauoir
cōme il est escript en sainct mathieu au qua-
torziesme chapitre et en sainct marc au cin-
quiesme que herodes tetrarcha roy de gali-
lee ayma souuerainement et ardamment he-
rodiade femme de philippes son frere dont
il auoit plusieurs fois este repris par sainct
iehan baptiste pour lesquelles reprehensiōs
herodiade hayoit sainct iehan baptiste Car
elle congnoissoit bien que par ses admoni-
tions et remonstrances le roy herodes qui
sainct iehan aymoit et craignoit estoit deli-
bere et auoit propose se retyrer de lamour
de elle parquoy ladicte herodiade faulce et

mauldicte fist tant auecques Herodes par
prieres et larmes quil fist mettre ledit saict
iehan en prison et chartre obscure.

Peu de temps apres herodes fist
celebrer vng solemnel conuy et
sumptueuse feste au iour de sa
natiuite ainsi quil auoit de cou-
stume faire tous les ans /en laquelle feste
la fille de herodiade dancea mignonnement
deuant le roy herodes. Laquelle fut fort a
son gre et y print grant plaisir et en fut si
ioyeulx quil dist a ladicte fille quelle deman-
dast tout ce quil luy seroit aggreable et quil
luy ottroyroit/et luy iura de ce faire. La fil-
le voyant la promesse du roy ne scauoit que
demander. Pource sen alla a sa mere luy
scauoir ce quelle demanderoit. Herodiade
luy dist quelle demandast la teste de iehan
Baptiste. Alors la fille retourna deuant le
roy herodes et luy demanda quil luy dōnast
en vng bassin la teste de iehan baptiste. De
laquelle demande fut herodes estōne et des-

c iiii

plaisant Touteffois pour tenir sa promes
se z sermēt il enuoya trēcher la teste a sainct
iehan Baptiste z la donna le Bourreau a ladi
cte fille laquelle incontinēt la porta a sa me
re. Herodes porta depuis en grant desplai
sance et courroux la mort de sainct iehan en
son cueur. Et se reprenoit moult de soffen
ce par luy faicte, car alors quil auoit souue
nance des bōnes operaciōs de cestui sainct
et quil recordoit les bonnes admonicions
dicelluy souuent en pleurant et souspirant
appelloit iehan baptiste/ mais il ne loyoit
point, car il lauoit fait occire pour a sa folle
plaisance complaire et obeyr.

Il y a encores au texte susdit vne
autre interpretation/ et le poethe
messire francisque petrache ce
semble en sondit texte entend de
herodes ascalonita filz de antipater procu
reur de iudee lequel fut marie auecques ma
rianes femme hebree fille de aristobolle roy
des iuifz z de la royne alexādria fille du roy
hircam laquelle marianes estoit resplendis
sante de merueilleuse beaulte pour laquelle
souueraine beaulte herodes se glorifioit et
se vantoit destre seul en tout le monde pos
sesseur de beaulte supernaturelle. Et pour
ce que herodes auoit fait occire aristobolle
frere de marianes il fut contraint daller en
egypte deuers le roy anthoine q sauoit man
de luy dire les causes de aristobolle luy es
tant absent. Cyprienne mere de herodes
suborna ung sien bouteiller a ce quil accus
ast marianes de lauoir souuent prie luy
bailler vne poison pour donner a herodes.
Et luy retourne fut ainsi accusee. Puis sa
sonie seur de herodes laccusa enuers luy di
sant quelle auoit trouue son mary couche a
uecques marianes. Par quoy herodes es
meu dyre commanda que sans aucun delay
sa femme marianes eust la teste trenchee, le
quel commandement fut incontinent execu
te. Peu de tours apres herode cognoissant
que iniustement et sans cause auoit fait tuer
marianes qui tant pleine de beaulte estoit
souuent la regrettant et pleurant et souspi
rant appelloit marianes/ mais elle ne loy
oit point. Car elle estoit par son comman
dement morte.

De cephalus et procris

Regarde apres trois belles da
mes surprinses damour qui sōt
honnestemēt amoureuses. Cest
assauoir procris/ arthemise et
deidamie. Et affin que tu entendes leurs
cas procris fut fille de pādion roy dathenes
et mariee a cephalus filz du roy eolus laqle
le aymoit souuerainemēt son mary en bōne
et honeste amour, et son mary sēblablement
laymoit tellement ql en oublia aurora la
quelle estoit amoureuse de luy. Celle auro
ra congneut et apperceut clerement lamour
que portoit cephalus enuers sa femme procris
A ceste cause ladicte aurora proposa aduis
ser les moyens pour retirer ledit cephalus
de lamour quil auoit enuers sadicte femme
Et quelque iour ladicte aurora qui estoit
de grant beaulte dist a cephalus quil se desi
stast et destournast de lamour de procris et
quelle nestoit pas telle cōe il cupdoit Mais
que sil venoit aucun amoureux vers elle q
luy promist or et argēt elle feroit son plaisir

Quant Cephalus eut ce oup en
souspirant pour les parolles de
aurora et pensant a lhoneste a
mour de sa femme procris de la
quelle nauoit eu iamais desfidence il fist en
tendre quil luy estoit de necessite de sen aller
en loingtain pays po[ur] ses affaires/ et pour
ce il se absenta pour aucun tēps/ et par perso
ne interposee au nō de quelque amoureux
voulut esprouuer la constance de sadicte fē
me procris, car il luy enuoya de tresbeaulx
dons en la solicitāt et industāt ql luy pleust
faire plaisir en amours a cellup qui ses dōs
enuoyoit q estoit noble riche et prudēt, auql
messagier ladicte dame procris fist rude res
pōce et ne peut estre vaincue du premier sault
quelque promesses et dōs qūo luy promist
ou enuoyast Ledit cephalus perseuera a lui
enuoyer plus beaulx ioyaulx et plus riches
dōs q deuāt, et par ce tāt fist q le courage de
ladicte dame se prit a vaciller et fut vaincue
et assigna pour terme la nupt ensuyuāt po[ur]
coucher auec elle au moyen de ce quon luy li
uroit sor q luy auoit este promis Ce fait le
dit cephalus se presenta deuāt elle triste et es
ploure en disāt a lad procris qlle lauoit des
ceu p friuole et deceptiue amo[ur] soubz vmbre
de loyaulte et q pas nestoit telle qil cupdoit

Ladicte dame procris ces parolles ouyes deuint si honteuse triste et melencolique pour raison de la faulte par elle commise que elle sen alla es forestz esquelz lieux fut longuement auec diane. Cephalus qui auoit congnoissance de la bonte de ladicte dame de lamour de laquelle il estoit si esprins que oublier ne la pouoit la fist chercher pour icelle rappeller et reuocquer en son premier estat, ce quelle refusoit. Touteffois finablement par les prieres dudit cephalus elle retourna en grece. Apres son retour elle donna a cephalus vng dard et vng chien que diane luy auoit donne. Et pource que cephalus aymoit la chasse luy estāt a chasser procris qui tousiours auoit vng remors en sa pensee q̄ sondit mary ne laymoit point loyaulment et se doubtoit quil fust abuse de ladicte dame aurora / a ceste cause elle espia cestuy cephalus son mary estant a la chasse pour esprouuer et experimenter par elle sil proit vers ladicte dame aurora et poursupuit secretement sōdit mary par mōtaignes et par vallees. Or y auoit il la vne vallee en laquelle estoit vng estang plain de roseaulx et de buissōs esquelz ladicte dame procris se mussa quant elle sentit approcher sōdit mary lesquel aduisa lesditz roseaulx et brāches des buissons remuer. Et cuydant que ce fust vne beste sauuage getta son dard a lendroit ou elle remuoit les brāches z la ferit a mort Quāt cephalus eut apperceu et vit que cestoit sa femme procris quil auoit mortellemēt attaincte et nauree il fut moult dolēt et irrite et en lacollant pleuroit tendrement. Lors elle tendant a la mort luy pria pour toutes requestes que apres son deces il ne espousast point aurora par laquelle elle disoit auoir eu le coup de la mort. Et tout soubdain apres rendit lesperit et ainsi mourut.

De mansolus et arthemisia.

Pour congnoistre le fait de la bonne dame arthemisia tu dois entendre que arthemisia fut royne de la gent carienne en la terre dasie femme de grant et vertueux couraige laquelle donne exemple perpetuel aux aultres nobles dames qui viendrōt apres elle de tressainct z trescher amour enuers leurs maris et dentiere et non violee viduite laquelle fut femme du trespuissant roy mansolus roy de carye prouince en la terre dasie et lequel elle ayma tant en sa vie que apres sa mort ne se peut iamais oublier. Car apres que ledit mansolus son mary fut trespasse elle celebra ses funerailles et esleua son corps par honneurs exquis et ne souffrit pas que ledit corps apres quil eut este brusle a la maniere des anciens que les cendres en fussent mises en vng vaisseau dor extimant quil ny auoit vaisseau souffisant ne cōgru pour mettre lesdictes cēdres fors seullement la poictrine en laquelle les flammes et ardeurs de lamour ancienne quelle auoit a sondit mary estoiēt plus embrasees apres la mort dicelui quelles nestoient parauant. A ceste cause elle fist recueillir lesdictes cendres des os de mansolus sondit mary et les mist et mistionna auecques du breuuaige lequel elle beut et incorpora en son estomach en consacrant et dediant le demourant de sa vie a larmes perpetuelles iusques a ce quelle peust par mort ioyeusement aller apres sondit mary.

Veritablement elle estant ieune et veufue elle fist de grādes choses et tresdignes de memoire. Car les nobles hōmes anciens auoient de coustume de eriger et esleuer haultz z magnificques sepulchres aux roys et princes seculiers apres leurs deces. A ceste cause ladicte dame arthemisia voulāt monstrer que le sepulchre lequel elle proposa faire edifier et construire fust egal a lamour quelle auoit a sondit mary Elle excogita (toute auarice hors mise) vng sepulchre sumptueux, triumphant et esmerueillable. Et pour ce faire et acomplir non contente des ouurages et ouuriers communs elle manda quatre maistres macons souuerains et excellens ouuriers de tailler marbre Cestassauoir brises, scopa, thimotheus et leocares lesquelz pour le temps on reputoit en grece les meilleurs ouuriers du monde, selon lordonnāce et aduis desquelz maistres elle fist faire par iceulx vng sepulchre de pierres de marbre bien taillees et appropriees affin que par icelluy sepul‍chre le nom de sondit mary mansolus fust eternel si autrement estre ne le pouoit. Le‍quel sepulchre pource que tant par art que par subtilite sumptuosite et richesse dont il estoit il excedoit presque to⁹ autres edifices et a este longuement repute lung des sept merueilles du mõde ne nest pas chose absur‍de den auoir fait singuliere mention. Car la renommee des ouuriers en fleurira et se‍ra honnorable et la magnificence de ladicte noble dame en sera de plus grant renõmee.

Es maistres de ceste oeuure edifierent du commandement de ladicte royne cestuy sepulchre aupres de aicarnaise principalle cite de carie. En forme quarree et regardãt les faces et figures de ladicte sepulture en‍uers les parties de midy et de septentrion. Ilz menerent ledit oeuure en longueur de soixante et trois piedz. Et les autres par‍ties firent plus courtes/et fut esleue loeu‍ure en la haulteur de cent quarante piedz et affin quil fust tout enceint ilz lenuironne‍rent de trente six coulompnes de pierre de marbre. Lesquelz maistres en taillant les estatues et ymages les hystoires et autres choses plaisantes et solacieuses a loeuure appartenans expresserent et efforcerent par si grande solerce et subtilite les forces de leur engin chascun deulx couuoitant en sa maistrise et science les autres preceder que des pierres de marbre il sembloit quilz eus‍sent amene et fait visaiges tous vifz Ce qui a este autreffois de ceulx qui lont regar‍de veritablement creu.

¶ De deidamie.

I tu veulx scauoir lestat de dei‍damie la troisiesme des dames sufdictes. Tu dois entendre que deidamie estoit fille de lico‍mede a laquelle en habit de femme thetis sa mere auoit enuoye achilles. Car ainsi quil fut couche auecques elle deuint grosse de phiro/et apres le partement de achilles elle estoit contente non changer damour ne onc‍ques puis ne voulut consentir a auoir aus‍tre mary/mais delibera tant que achilles viuroit quelle se nourriroit seullement a penser a luy Et apres quil fut mort demou‍rant veufue elle layma autant que sil eust este en vie.

¶ De semiramis.

N apres regarde trois autres dames hardies et plaines de sce‍lerite/cest semiramis/biblis et mirrha et semble que chascune delles ayt hõte de leur chemin oblicque non pas octroye/mais du tout prohibe. Et af‍fin que mieulx entendes ce que en briefues paroelles ie te dis quant est du fait de semi‍ramis tu dois scauoir que semiramis fut royne des assiriens tresnoble et tresancien‍ne/laquelle selon les poethes fut fille de ne‍ptunus dieu de la mer le filz du grant dieu saturne/touteffois a la verite elle descen‍dit de grans et nobles parens. Laquelle se‍miramis fut mariee au noble ninus filz du roy bellus premier roy des assiriens/du‍quel ninus elle conceut vng seul enfãt qui fut aussi nomme ninus quart roy desditz assiriens. Le pere de ce ninus mary de ladi‍cte dame semiramis auoit vng appetit des‍ordõne de regner et seigneurier sur ses voi‍sins/et tant fist quil submist a luy toute la terre dasie/et finablement fut miserable‍ment occis dune saiette laquelle le transper‍cea et mist a mort. A ceste cause demoura la dicte dame semiramis veufue en lardeur et beaulte de sa ieunesse.

Dant la susdicte Royne se vit ainsi veufue voyãt que son filz ninus estoit encores moult ieune et que ce seroit chose perilleuse de bailler vng royaulme a gouuer‍ner si grant si ample et si triumphant cõme estoit non pas seullement le royaulme de sy‍rie/mais auecques ce se gouuernement de toute lempire de orit a vng enfant si ieune et de si petit aage Elle pensa en elle mesme ce quelle auoit affaire. Apres toute diligen‍ce deliberation eue et prinse en son propre et singulier conseil elle fut de si grant et ver‍

tueux couraige quelle entreprenoit par son industrieux engin regir et gouuerner soubz sa main toute la terre de asie et empire dorient. Lequel son dessusdit mary ninus auoit par sa ferocite et puissance darmes a luy submis et assubgecte, car par grande et excogitee astuce feminine elle conuocqua lost et excercite de son mary trespasse. Et pour icelluy ost et armee conduyre et mener (chose assez merueillable) elle se habilla en habit de homme belliqueux en disant a ses gens darmes quelle estoit le filz dudit ninus sondit mary. Ce peut elle plus facilement faire pource quelle auoit les lineamens et traictz de la bouche et des yeulx presque semblables a sondit filz et sembloit estre a luy egalle en aage, et si estoit sa voix feminine consonante a la voix de son filz qui encores estoit ieune et tendre, mesmement ny auoit que petite ou presque nulle difference en la quantite corporelle de ladicte semiramis et celle de sondit filz ninus. Elle usoit dune grant barrette de fine migraine toute paree et aornee de perles et pierres precieuses laquelle luy couuroit tousiours le chief et ney voyoit on riens que le visaige descouuert, et auoit aussi les bras et cuisses continuellement couuers, et pource que icelle maniere dhabillement nestoit pas usite ne acoustume enuers les assiriens elle commanda a ses subgectz quilz se habillassent selon celle forme et maniere ce quilz firent.

Ainsi soubz umbre et simulation du sexe faint et simule semiramis parfist tresdiligemment par force et vertu darmes plusieurs grans choses et surmontoit plusieurs fors robustes et vertueux hommes, car iamais on ne la vit lasse pour labeur quelle prinst et si ne doubtoit peril ne de voye ne de passaige tant fust il dangereux. A ceste cause elle pensa quelle auoit vaincu et suppedite lenuye de tous ceulx qui contre elle vouldroient mal parler et ne doubta point dire et declairer deuant tous qui elle estoit et pour quelles causes et raisons elle auoit ce fait et simule. Par ce voulant manifestement donner a entendre que le sexe nest pas seulement conuenable pour empire royaulme ou seigneurie tenir si le couraige ny est, car constance et vi-

rilite de courage precede et vainc toutes choses. Et certes si les voyans furent esmerueillez de veoir et ouyr telz faitz. Ilz louerent encores plus et eurent en plus grande admiration et reuerence la glorieuse maieste imperiale de ladicte dame semiramis de ce quelle precedoit en vertu non pas seullement toutes autres femmes, mais auec ce les hommes, car apres ce quelle eut prins nom de roy pour nom de royne elle ne deffendit pas seullement par vertu darmes lempire lequel sondit mary auoit acquis, ains entra dedans le royaulme des ethiopiens lequel par aspres et dures batailles elle conquista lespee et le adiousta et vnit a lempire et royaulme des assiriens. Et ce fait elle dirigea et adressa ses batailles a lencontre des indes contre lesquelz iamais homme fors alexandre le grant nauoit ose mener ne guider bataille ne en icelle terre nauoit entre a force darmes. La dessusdicte royne semiramis oultre et par dessus toutes les choses dessusdictes fist faire et bastir plusieurs citez et villes et parfist plusieurs beaulx et celebrables effectz lesquelz sont tumbez en oubly pour la grande antiquite et longueur de temps quelle regnoit.

Certainement si ceste royne semiramis a eu plus que autre femme renommee de louenge et de vertu aussi entre toutes les autres femmes elle fut plaine et replie de toute libidineuse et ardante luxure en telle maniere quelle se exposoit et habandonnoit pour estaindre lardeur de sa concupiscence au plaisir et voulente de plusieurs hommes. Entre lesquelz choses plus bestialle que humaine est nombre sondit filz ninus lequel estoit entre tous autres iouuenceaulx de noble et elegante forme et de indicible beaulte. Au temps que ladicte semiramis print habit dhomme et quelle trauailloit a lexcercite des armes en grant labeur et sueur sondit filz ninus estoit demoure en vne chambre oysif en acoustrement dune femme come sil eust mue et change le sexe viril en femenin et quil fust royaulment deuenu femme. Ainsi semiramis qui chaste a uoit este entre les angoisseuses tristesses et diuers assaulx de batailles fut au temps de paix infame et attainte de libidineuse luxure. Pour laquelle renommee charnelle abolir et du tout extirper elle fist et ordonna vne loy laquelle fut par son commandement publiee entre ses gens & subgectz par laquelle il estoit permis a sesditz subgectz faire et acoplir loeuure de la chair tout ainsi et en telle forme et maniere que bon leur sembleroit auecques telles et quelsconques personnes quilz vouldroient.

A dessusdicte royne semiramis ainsi voluptueuse par embrase desir de luxure doubtant qlle ne fust fraudee par ses damoiselles et chamberieres de chambre de la plaisance charnelle & atouchement impudique quelle auoit acoustume prēdre auecques son filz ninus par auant que iamais personne eust este de ce inuēteur fist faire des brayes quelle fist chausser et vestir a sesdictes femmes Et ainsi q dient aucuns q ont par desa hante les femmes des egiptiens & mesmement les manans & habitās de la terre dasie ont garde et gardēt encores de present la coustume desdictes brayes. Lors affin que ladicte semiramis couurist et celast ses adulteres et villes luxures faisoit mettre a mort toº ceulx auec lesqlz elle acōplissoit sa cōcupiscēce apres ce qlle en auoit fait son plaisir. Et affin q les dessusditz adulteres ne fussent en trop grant obprobre et vitupere enuers ses subgectz elle fist publier la loy susdicte par tout le pays dorient. Et cōbien que ladicte loy fust aucunemēt mitigatiue de loprobre et adultere ainsi cōmis par ladicte semiramis & que ses luxures nen fussent pas en si grāt esclandre enuers lesditz subgectz Touteffois ce ne peut finablemēt effacer ne abolir lindignacion dudit ninus filz de ladicte semiramis ne la hōte qlauoit de linceste par luy cōmis auecqs sadicte mere considerant par luy ql ne suffisoit pas a ladicte royne cōmettre ledit inceste seullemēt auecqs luy si elle ne sabandōnoit a plusieurs autres hōmes, par quoy ninus pour totalle ment effacer celle libidineuse vergōgne occist et mist a mort sadicte mere semiramis.

De cannus et Biblis.

Our venir au fait de Biblis il te conuient entendre que vng riche homme noble & du grāt parente du

Dieu appollo nōme milet lequel ne daigna par orgueil de riens seruir minos, combien quil tint de luy tout son heritage ains en despit de luy se partit de crete et delaissāt sa terre passa la mer, et tāt exploicta quil vint en asie et la fōda vne cite laquelle il nōma milette de son nom. En ceste terre print milet vne moult vaillāte dame de laquelle il eut deux enfans vng filz nōme cannus & la fille qui tresbelle estoit eut nom Biblis, laqlle Biblis ayma son frere oultre mesure. Et si ignorante estoit q pas ne cuydoit mal faire dacoller et baiser son frere, et mōlt ioliemēt se contentoit et paroit pour lamour de luy. Trop le desiroit a veoir et grant cure mettoit a estre gaye et gēte pour luy cōplaire, et si quelque autre lestoit plus qlle enuie en auoit. Pour lamour de son frere estoit mōlt esprinse En dormant elle songeoit quelle voyoit et tenoit embrasse sōdit frere cānus et faisoit auec luy toº ses desirs tant que en son reueil sesbahissoit du songe quelle auoit veu pensāt en son cueur dōt celle vision luy pouoit venir. Et lors en souspirant disoit Certes mon frere cānus est mōlt bel & gracieux trop follement le regarde et me plaist bien, ie vouldroye bien sauoir en mariage si sa seur ne fusse. Certes ie croy que la visiō de la precedente nupt nacheuerons iamais mōlt me plairoit si tousiours le veoye quāt ie dormiroye. Grāt delectation euz en la vision et ne la sceut nul fors q moy Il est mon frere et iamais plus pres ne me peust estre. Bien voy q̃ ia nauray ce que mon cueur desire tant. Les dieux (disoit Biblis) voulurẽt espouser leurs seurs cõme ie desire mon frere cannus. Saturne espousa bien sibelle sa seur. Neptune fist de sa seur prin ainsi que si elle eust este sa propre femme. Et iupiter sa seur iuno eut a fẽme et plusieurs autres. Toutesfois ie congnois q̃ cest grant mal par quoy me fault gecter hors de mon couraige la folle amour q̃ massault et retraire mon cueur de ceste vergongeuse amour. Veu q̃ par aduenture ne vouldra il pas ce q̃ ie veuil/ains croy que sil le scauoit il me tiẽdroit a grãt desdaing. Las si mon frere cannus fust de pareille et semblable amour cõme ie suis premier requist mon amour et se ainsi estoit en moy hatif alleigement de son mal trouueroit. Certes mon mal lui feray scauoir et pource que force damour me constraict a ce faire ien seray excusee/ et si ie crains par honte de lup reueler de bouche plus hardiement luy reueleray le vouloir de mon cueur par escript affin quil ait de moy pitié. Apres q̃ Biblis eut bien en elle mesmes ruminé les choses susdictes moult luy aggrea sa derniere voulente et deliberation/ et cõclud en elle mesmes la mectre a execution. Et pour ce faire print plume papier et encre et en tremblant cõmencea a escrire/ laquelle tant doubteuse estoit q̃ par nul bout ne scauoit cõmencer car amour la tenoit en si grãde peine et ardeur quelle ne scauoit quelle deuoit faire/ toutesfois tant fist elle parachenua ses lectres dont la teneur sensuyt.

Cannus salut et toy tenuoye celle qui par toy ne peult estre recõfortee cest tamye. Et si tu son nom veulx scauoir et q̃lle chose elle veult, cest celle q̃ iamais de sa voulente ne fist son nom scauoir se par aucune maniere elle ne peust son desir acomplir. Son dueil peulx scauoir et congnoistre par la couleur muable de son visaige a ses yeulx plorans/ aux doulx et saueureux baisiers q̃ point ne semblent de seur aux souspirs aux embrassemens et accollemens ampables. Certes tost la feroit fouloyer langoisseuse amour quelle sent si a elle toutesfois mise son entente et son couraige a soy retraire de ceste

desordonnee amour mais force ny a valu cõtre lestincelle damour na peu force auoir lieu/ amour la vaincue car elle ne peult endurer les aspres assaulx q̃ nuyt et iour luy fait amour. Si requiert a toy qui es le mire guerison et mercy et toute en ta voulente se met. Tant te desire et ayme que riens ne couuoite en ce mõde fors que a toy puisse estre ioincte cõme le desire. Bien auons assez mẽt et espace de faire nostre plaisir et de demener le ieu damours sans hõte et sans aucune crainte. Bon et debonnaire pere auõs sa par luy nen aurons empeschement ne cõtredit ny mectra et ne sera par aucun reuele chose q̃ ensemble faisons. Plus ne nous reste que ta voulẽte de ce faire car assez pourrõs couurir le fait pour loccasion de la parente. Jay bel aduantaige de parler a toy voyans tous et en couuert et en appert ia ne sera demande et enquis pourquoy. Et si ie tembrasse ou baise on ne me tiendra pas pour folle ne nul ny pẽsera mauuaistie aucune. Ayes mercy de ceste lasse qui ia ne ten priast si ce ne fust pour la grande angoisse damours qui la contraint tellement que si en brief na aide mourir la conuiendra. Me soye dõc cause de sa dolente mort ie te prie et luy enuoye prochainement ayde et secours.

Apres q̃ Biblis eut escript la lettre elle la ferma et seella en souspirant tremblant et plorãt puis la bailla a vng sien seruiteur en q̃ elle se fioit et luy dist Amy tu porteras ceste lectre et la presenteras a mon frere cannus auq̃l me recõmanderas. Quãt le messaiger eut receu la lectre de la main de Biblis il la presenta aus dit cannus q̃ louurit et leut le contenu tout du long mais quant il congneut la deshonneste amour de sa seur Biblis il deuint triste et eut le cueur dolent et par mal talent gecta la lectre par terre et a peu q̃ ne tua le messaiger et luy dist plusieurs iniures. Adonc le messaiger tout honteux sen retourna vers Biblis et luy racompta au long la dure resp̃once que son frere cannus luy auoit faicte. Quant Biblis se veit refusee plus froide q̃ marbre deuint et perdit de dueil sang et couleur tant q̃lle se pasma puis elle retournee commencea a se desconforter en disant.

Le triumphe.

Povre miserable certes cest a bon droit quil ma refusee Comment osay ie comme folle descouurir le grief mal de mon cueur et le noncer par escript. Si saige et prudente eusse este deuant que le requerir ie luy eusse gracieusement demande sil me vouloit aymer ou non Et auant que en la mer me mettre ie deusse auoir essaye si les vens fussent appaisez premier que y entrer/mais dedans me suis mise sans aucunemēt auoir esprouue ne fons ne riue dont est ma nef effondree et perillee en ma grant honte et villenie: car auant q̃ tel messaige eusse baille a faire ma tnour et ma folle pensee deusse auoir essaye petit a petit. Je luy eusse trop mieulx dit De bouche que de luy auoir mande par lectres/ et auec ce il eust veu mon triste visaige/par lequel il eust bien apperceu que ce neust este faincte. Et la cause de la douleur qui le cueur me serre et destraīnct bien eust congneu et si pitie neust eu de moy si meust il veu semblable a mort. Et crop que quāt il verroit mes pleurs/ma grande douleur/ mes plainctz & mes parfondz souspirs quil nauroit ia si dur cueur quil ne samolist Et pource encores le vueil essayer de bouche, car tant que ie soye viuāte ne laisseray ceste entreprinse iusques a tant q̃ iauray de luy mon plaisir puis q̃ iay si auant poursuyuy.

Insi parloit & respondoit biblis comme doubteuse q̃ trop estoit discordante en sa pensee/moult se repentoit de ce que tant auoit mespris/ne q̃ oncques telle chose auoit encommencee/mais puis que ainsi estoit ia ne lairroit la chose entreprinse, ains voulut encores essayer se par aucune maniere elle pourroit amollir le cueur de son frere. Lors alla biblis a sondit frere cannus lequel elle pria & requist de son amour. A laquelle cannus remonstra le vitupere et deshonneur q̃ a cause de cellup cas auiendroit parquoy il lescondit/mais tant plus il lescondissoit tāt plus elle le requeroit sans cesser. Cannus qui plus ne peut endurer les gemissemens les plainctes/les pleurs/les prieres et les incitemens que sa seur assiduellement luy faisoit de son amour yssit hors de sa terre et

sen alla en estrange contree/dont en biblis doubla peine et destresse et fut plus triste et plus angoisseuse & plus forcenee que par auant nauoit este Pour ce refuz biblis rompit sa robe/batit sa blanche & tendre poictrine/detordit ses mains et fist autres descons fortemens/deuant tous elle recongnoissoit sa folle amour/par quoy par grant rage ou biblis estoit elle laissa sa contree et plus ny daigna habiter/ains sen suyt dolente et esploree & toute escheuelee alloit apres son frere pour scauoir nouuelles de luy. Par plusieurs & diuerses contrees le chercha & mesmes parmy la terre de cimene. Et quant elle eut passe la montaigne elle se trouua si lassee & trauaillee quelle cheut a terre toute pasmee et illec plora tāt sans cesser que par habondance de larmes fut muee en vne fontaine decourant soubz vng chesne en vne vallee qui a nom biblis. De ceste nouuelle fontaine fut la renommee grāde par tout le pays denuiron.

C De cynara & mirrha sa fille.

Affin que amplement tu saches et congnoisses le fait de celle mirrha que tu as veue/tu dois scauoir que en lisle dicte paphe nasquit cinara roy et seigneur Dicelle terre qui fut trespuissant homme leq̄l eut vne femme de hault paraige en laquelle il engendra vne belle fille nommee mirrha/ laquelle mirrha pour sa grande beaulte et pour sa richesse fut de plusieurs barons requise a mariage/mais cure nen auoit/car ailleurs auoit tourne sa pensee & son entente. Elle aymoit tant cinara son pere oultre mesure q̃ a autre amour nentendoit pour la vehemente amour q̃ en ardeur la tenoit enuers sondit pere dont retraire ne se pouoit pour peine quelle y mist En son cueur debatoit raison auec entendement a lencontre de follie/car folle amour latisoit et esmouuoit a tel forcenement/et luy mectoit au deuant la beaulte de son pere/et raison len chastioit et reprenoit en luy deffendāt dentreprendre si honteux affaire. Mais folle amour luy mectoit au deuāt des yeulx toutes plaisances charnelles, toutesfois mirrha laissa et habandonna raison et entendement et obeyt et se rendit subgette a folle et ville amour.

Pres q̄ mirrha eut en son cueur ramene plusieurs bōnes et mauuaises pensees et q̄ tant se cōplaignoit pleuroit et sou spiroit et tāt auoit mis sa cure et pensee pour trouuer les moyēs de pourchasser de paruenir a la conjunction charnelle de son pere. Souuēt trēbloit de froit, puis tressuoit de challeur, et ainsi tressailloit et fremissoit, mais de tout ce ne scauoit riēs son pere cinara q̄ ne pēsoit que a la marier haultemēt. Ung iour appella cynara sa fille deuāt luy et elle estant en sa presence luy nōma et dist ceulx q̄ lauoient requise a mariage et q̄lle choisist de tous cestuy q̄ mieulx lui plairoit et elle lauroit. Mirrha q̄ son pēser nosa dire cōmenca a baisser hōteusement la chiere a fremir, a souspirer tendremēt et a regarder les yeulx de son pere, et tāt plus le regardoit plus senflāboit de son amour. Mais le pere de riēs ne sen appercuoit, ains cuidoit simplemēt q̄lle craignist a prēdre mary cōe par coustume sont les ieunes filles pucelles hōteuses, et q̄ pour celle cause plorast et souspirast. Si luy essuya la face et ses larmes. Lors mirrha luy respondit. Certes mō pere si en moy estoit de choisir mary, Ung en vouldroye de telle beaulte de telles meurs et de telle ressemblance cōme vous estes et moult laymeroye. Quāt le pere ouyt ce dit point nentendit la significāce de telles parolles, ains cuyda q̄ pour bien et a son honneur le dist, dont il la print moult a louer, et alors la baisa dōt elle fut tresioyeuse. Amour tenoit mirrha en telle ardeur et angoisse q̄ si par iour auoit mal encores pis de nuyt, car trop luy greuoiēt les pensemēs quelle faisoit au lict a part soy, et cōme celle qui plus y pensoit et estoit angoisseuse Damours dormir ne pouoit ne reposer. Elle se remuoit en souspirāt et se tournoit ca et la et sailloit hors de son lict puis se recouchoit.

Pres q̄ mirrha eut bien este longuemēt en telles peines pour lardeur et flambes damours q̄ son cueur embrasoit voyāt q̄ elle ne pouoit trouuer moyen pour paruenir a son entente et iouyr de son plaisir elle proposa et delibera en soy pour guerir sa douleur, de se pendre et occire. Adonc pour mectre a execution sa conclusion elle print et attacha en hault a ung banc sa ceincture dont elle fist ung laz courant pour sestrangler. En ce faisant et apprestant souspiroit haultemēt et ploroit tendrement. Et comme elle vouloit mectre le laz en son col sa vieille mere nourrice q̄ lauoit en sa ieunesse nourrie et gardee et qui pres de la chābre delle gisoit laquelle ouyt les plaintz, pleurs et souspirs q̄ faisoit mirrha se leua toute effrayee et ouurit la chābre ou hastiuemēt entra comme elle veit le laz ou mirrha estoit preste de se pendre soub dainemēt le rompit et print mirrha entre ses bras en la baisant et accollant. Puis luy demanda pourquoy elle se vouloit desesperer. Mais mirrha eut si grant honte pour la venue de sa nourrice q̄lle ne luy peut mot dire. Lors la nourrice la pressa par promesses et par belles parolles en luy remonstrāt q̄ en elle se pouoit seurement fier et que en toutes choses que ce fust luy donneroit conseil, cōfort et secours et q̄ saige et industrieuse estoit en tous affaires pour ce faire fust en ditz et en faitz. Quāt mirrha entendit le bon confort et asseurees promesses q̄ luy faisoit sa nourrice elle commencea a prēdre cueur et courage, et lors tout honteusemēt en fremissant et plorant luy dist et declaira la cause de sa douleur et ennuy en disant q̄ si en brief temps nauoit compaignie de son pere et couchast auec luy charnellemēt a son plaisir q̄lle se mectroit a mort par quelque maniere q̄ ce fust. Lors la nourrice voyant que pour quelconques remonstrances quelle luy fist ny auoit remede de la destourner de ce fol pēsement et ardant et embrase desir luy promist et iura sur tous les dieux q̄lle la feroit coucher tout a son plaisir et voulēte auec le roy cinara son pere et que son desir charnel auec luy acompliroit, de laq̄lle promesse fut mirrha toute ioyeuse et grandement reconfortee mais trop luy estoit long le temps et moult luy ennuyoit que ia ne tenoit a son mauldit et libidineux vouloir sondit pere couché auecques elle et entre ses bras accolle comme apres elle fist.

d ii

Apres les promesses et iuremens par la nourrice faictes a ladicte mirrha aduint vng iour que en icelle contree fut vne grande feste celebree a la deesse ceres renommee deesse des blez. A laquelle solennite alloient les preudefemmes du pays et y portoient au sacrifice chappeaulx despis de ble et tandis que on faisoit les sacrifices qui duroient neuf iours/les dames se abstenoient de la compaignie des hommes. A ce sacrifice estoit allee la mere de mirrha/p quoy eut la vieille nourrice espace et temps de rendre et paracheuer ce quelle auoit promis a la fille. Et pour deceuoir plus seurement cinara elle print vne poison dherbes de vin et de pigmēt destrempez ensemble quelle donna a cinara a boire pour lenyurer/lequel ignorant la deception en beut tant que enyurer le conuint et tellement q̄ de luy ne scauoit aucun maintien. Quāt la vieille le veit en tel point elle laraisonna et cōmencea a parler damours en luy disant que veu que la royne estoit absente se il vouloit elle congnoissoit bien vne damoiselle la plus belle dessoubz le ciel laquelle estoit merueilleusement esprinse et embrasee de son amour/et estoit daage de corsaige et de beaulte semblable a sa fille mirrha. Lors il respondit quelle la fist venir. Et la vieille luy dist que la nupt la luy feroit auoir entre ses bras.

Accord fait auec cinara la vieille sen alla a la fille mirrha a laquelle elle dist Ma belle fille resioupe toy ceste nupt sās plus attendre auras le desir q̄ tant as souhaicte. Quāt mirrha ouyt ceste parolle moult fut resioupe. Lors quant la nupt fut venue que chascun estoit endormy la vieille print la fille par la main et secretemēt la mena en la chābre du roy cinara qui couche estoit/auql la vieille dist. Sire veez cy vostre ampe q̄ ay amenee vo9 ay faictes delle a vostre plaisir. Ce dit la vieille sen alla et les laissa a to9 deux en vng lict. Adonc le roy cinara apres plusieurs embrassemens et baisiers mirrha qui pucelle y entra fut de son pere defloree et retourna violee et enceinte. Au .iiii. iour ou nuptee cinara eut grant desir de veoir sampe q̄ de si aspre amour laimoyt/et pour

ce apres quil eut fait apporter la lumiere il cōgneut cōment sa fille mirrha lauoit deceu dōt il deuint tresdouloureux/et luy remply dyre et de courroux print vne espee pour occire myrrha/mais elle luy eschappa. Car elle voyant le dangier en quoy elle estoit sen fuyt secretement par lieux obscurs pour la nupt/et elle ainsi eschappee sen fuyt par sa terre darabe. Apres que cinara eut perdu la veue de sa fille mirrha et quil congneut le grāt forfait q̄ auec elle il auoit cōmis par le moyen de la vieille nourrice pour soy venger il fist prendre ladicte vieille et cruellement occire. Quāt mirrha eut assez este en la terre darabe au neufuiesme moys ensuyuant elle vint au pays de sabe. Lors estoit elle tāt lasse et grosse que plus ne se pouoit soustenir dōt fut contraincte illec sarrester La tendrement ploroit mauldissant sa naissance et cryant mercy aux dieux. Adōc myrrha fist son oraison aux dieux et elle finee la terre la transgloutit et furent tous ses os muez en bois/son sang mue en liqueur/ses bras et ses doigs en raminceaulx et sa peau en escorce. Ainsi soubdainement fut transmuee en vng arbre de son nom q̄ est myrrhe

☞ Du roy artus et cheualiers errans

Vy en apres ceulx qui emplissent les escriptures de songes/cestassauoir lancelot/tristan et les autres cheualiers errās/au tour desquelz il conuient que le monde lanssguisse pour les diuerses oppinions des escriuains des faictz diceulx. Apres ie vy genieure et ysota et grāt compaignie dautres amoureuses. Car affin que tu entendes bien lhistoire de tristan/lancelot/rolland/regnault et autres nest point du tout vaine et faulce. Et aussi selon la plus grant part des oppinions des autres du tout vraye a cause que la forte et fatalle disposicion diceulx est follement escripte de gros entendemens de gens q̄ vont par les places paissant le peuple de fol et vain lāgaige. Mais bien est vray ainsi que escript singisbert galicus et guillaume de maulgis du tēps q̄ le roy artus roy bretaigne estoit de cueur et de fait donne aux armes il vouloit auoir compaignie de cheualiers semblables a luy

Damour   Fueillet .xxi.

[illustration]

Et quant il en trouuoit a son gre il les rete
noit/ ᷣ pour monstrer quil les vouloit hon͞
norer egallement non plus lung que lautre
quant il se venoit seoir a la table elle estoit
toute ronde/et par ainsi ny auoit point de
hault bout q̃ lung ne fust aussi hault monte
que lautre. Et quant le roy artus alloit en
guerre il excitoit ses cheualiers a la guerre.
Et quant il ny auoit point de guerre affin
quilz ne feussent point oyseux il les experi͞
mentoit en diuers excercites militaires.
Ainsi de la ilz prindr̃t le nom de cheualiers
errans Entre tous les principaulx furent
tristan du leon/lancelot/gauuain/troyan et

galasse/lesquelz communement ainsi quilz
furent vaillans aux armes aussi furent ilz
bien aymez du roy ᷣ de la royne genieure sa
femme laquelle lancelot aymoit et elle luy.
Et tristan ayma ysota femme du roy marc
de cornouaille/pour lesq̃lles chascun deulx
fist de merueilleux faictz darmes.

 Insi en fist charlemaigne filz de
pepin roy de france lequel par sa
vertu fut fait roy des romains
et empereur de tout le monde co͞
me tu verras plus a plain au triuphe de re͞
nomee et auoit la protection de luniuerselle
chrestiente Car il assembla en sa court les
                                                d iii

plus puissans et expers cheualiers q̃ il peut trouuer lesquelz il tenoit tousiours logez auec luy en son palais Et les auoit en grãt priuaulte et amytie. A ceste cause furent nõmez pers de france, entre lesq̃lz estoiẽt milson dengle et son tres vaillant filz rolland/ regnauld de montauban, emon de bauieres turpin euesque de reims et plusieurs autres auec lesq̃lz il fist plusieurs guerres et subiugua infinies prouinces cõme assez appert.

¶ De paule et francoise.

Ay regarde ensuyuant ensemble le couple de rimene qui võt faisant vng triste et dolẽt plaint Car le seignr̃ de rimene estant De la maison de male teste eut deux enfans lung nomme anciota et lautre paule. Anciota espousa vne tresbelle et noble fille nommee francoise Laquelle voyant paule frere de son mary tresbeau, plaisant et gracieux, et cestuy paule voyãt et regardant ladicte francoise luy sembla merueilleusemẽt belle, tellement que incontinent furent ferus et embrasez damours et secretement amoureux lung de lautre, touteffois ilz tenoiẽt si bonne contenance tous deux q̃ilz no soient lung a lautre dire ne declairer le secret de leurs cueurs et de leurs pensees, mais seullement sentremonstroient aucuns gestes et signes damours et se faisoiẽt plusieurs amoureux regardz Aduint vng iour pource que on ne se doubtoit point deulx veu que parens estoient quilz demourerent tous seulz, alors se prindrent comme est la coustume des seigneurs a lire aucun liure pour passer tẽps, leql̃ liure estoit nomme galeot cõpose et faisant mẽtion du proces de lamour de la royne genieure et de lancelot son vray amoureux et comme ilz furẽt en vng chapitre recitant dung baiser que dõna lancelot a ladicte royne Lors paule print courage et sapproucha de sampe francoise et en tremblant de crainte quil auoit et dardeur damours qui le tenoit se print a baiser doulcement sa belle sampe francoise, pour lequel baiser elle fut si ioyeuse et esmeue que le cueur amoureux delle embrase du feu renflambe damours commencea a trembler et fremir et par tous ses membres cõme la fueille en larbre. Apres que paule eut donne cestuy baiser a sampe il congneut a sa chiere et changeante couleur quelle estoit aussi biẽ que luy ou plus esprinse et attainte damours, par quoy il print hardiesse de poursuyure oultre. Et lors luy declaira entierement toute sa pensee et comme long temps y auoit quil laymoit et nosoit le luy dire, et q̃ tous les regardz et signes q̃ assiduemẽt il luy faisoit ne procedoiẽt q̃ de force et ardeur damours q̃ se tenoit et que iamais nauoit ayme ne naymoit autre quelle.

Dant la belle frãcoise eut entendu les doulces parolles et amoureuses prieres de paule cognoissant quelles nestoiẽt point faintes luy respondit que sil laymoit aussi faisoit elle beaucop plus luy et que toutes les doulces oeilladdes que en tous lieux luy faisoit nestoit que pour luy donner a congnoistre lamour quen luy elle auoit. Paule dõcques oyant la respõse de frãcoise lembrassa et baisa et deslors fist delle a son plaisir, et en celle heure prindrẽt cõmencement de la iouyssance de leurs amours. Apres que paule et sampe francoise eurẽt ainsi iouy de leurs desirs lardeur et chaleur de leur amour embrasa plus ardãmẽt leurs cueurs, tellemẽt que lung ne lautre ne auoient constance aucune, ains a toute heure et iournellement estoiẽt tousiours ensemble et sentrefaisoiẽt plusieurs mines, regardz et amoureux ris et souuent sentrebaisoient eulx, dãs quon ne se doubtast de leur cas. Anciota frere dudit paule et mary dicelle francoise prenant esgard aux continuelles gestes et maintien de lung et de lautre souspecõna et pensa en luy mesme q̃l ny auoit point de fiance et q̃ ce ne faisoient point sans cause. Par quoy il delibera de les y prẽdre et faire le guet et les espier. Et tant fist q̃ vng iour a vng matin quil se feua faignant aller a la chasse il trouua paule couche entre les bras de sadicte femme faisant leur plaisir. Alors anciota surprins dyre et merueilleux courroux tira son espee et sans tenir long parler les ferit si rudement q̃ dung seul coup tous deux ensemble les tresperca doultre en oultre, puis les laissa la ainsi a la veue dung chascun affin de congnoistre leur vilennie. Ainsi moururẽt par folle amour deshõnestemẽt.

Damour   fueillet. xxli

uant en vne mesme heure et en vng mesme temps ie vy et consideray la haultesse et preudhommie des dieux et des hommes au monde prins pour amour en tant de diuerses facons ie prins exemple de leur estat miserable et a mon vtilite affin que au dommaige dautruy ie peusse prouffiter en cõseil a mes douloureux cas pource que iauoie veu phebus et le ieune abido frapper dune saiette desquelz lung estoit dit dieu et lautre hõme mortel et plusieurs autres aussi ainsi que par cy deuant est declaire.

⁋ De dido et sicheus.

E vy en oultre ce ieune homme tant ioly et dido que lamour de son mary mist a mort / mais non pas pour enee ainsi que le peuple le dit vainement. Car dido qui fut fille de bellus filz de phenix roy de phenicie apres que son pere eut vaincu / a luy submise lisle de cipre tãtost fina ses iours et par son testament auant son trespas ladicte dido laquelle estoit vne petite vierge demoura en partie royne du pays et son frere nomme pigmalion roy en chief. Et iceulx mys en la garde et tutelle des pheniciens lesquelz apres la mort de leur roy mprẽt pigmalion au siege royal de son pere et lesleuerẽt pour roy et donnerent ladicte dido qui estoit encores ieune et tendre et dexcellente beaulte a sicheus lequel estoit prochain du roy et constitue en hault estat et dignite tresriche et puissant dor et dargent. Ledit sicheus et dido vesquirent longuemẽt ensemble en tres bonne et chaste amour.

d iiii

Edit pigmalion frere de ladicte dido roy desditz phenitiens estoit sur tous autres auaricieux et couuoiteux dor et dargent/et ce voyant ledit sicheus qui estoit trespecunieux et riche doubtant que ledit pigmalion ne luy voulsist oster le sien mussa ses pecunes en certaines fosses et concauitez de terre/mais pource il ne peut pas oster ne estaindre le desordonne appetit que auoit icelluy pigmalion de auoir lor dudit sicheus/car pigmalion remply du feu dauarice esperant dauoir les tresors dudit sicheus loccist et mist a mort fraudulleusement. Et ce venu a la congnoissance de dido elle fut si desplaisante et triste que a peine peut elle auoir patience.

Pres que ladicte dame eut longuement pleure et lamente la mort de sondit mary Sicheus et fait toutes les imprecations et maledictions a lencontre de sondit frere que femme peult faire pour la mort de son mary de son propre mouuement et conseil delibera de partir et sen fuyr hors de la terre et pays de sondit frere doubtant que lauarice de sondit frere ne fust cause de la faire mourir Ainsi quil auoit occis par auarice sondit mary. A ceste cause ladicte dido habandonna et laissa toute plaisance competente a nature feminine et print couraige de homme Vertueux pour raison de laquelle chose elle fut appellee dido Car par auant elle se nommoit elissa Et vault autant a dire dido conuerty de langaige phenitien en latin come Virago. Cest a dire faisant et executant operations viriles et appartenantes a hommes. Ladicte dame pour venir a fin de ce quelle auoit entrepris se tyra enuers aucuns princes et seigneurs principaulx de la cite lesquelz auoient en hayne et indignation pigmalion et les persuada que silz vouloient partir et aller auec elle quelle estoit deliberee de laisser sondit frere qui auoit tresinhumainement occis et mys a mort sondit mary sicheus. Et leur dist la maniere comment elle auoit intention de proceder et lopportunite de prendre et auoir les nauires de sondit frere lesquelles estoient toutes prestes sur le port pour aller en quelque lieu auquel pigmalion auoit propose les enuoyer. A la persuasion de laquelle dame lesditz princes et seigneurs se accorderent. Et pource elle leur commanda que lesditz nauires fussent la nuyt ensuyuant garnies de gens et de viures. Et fist alors tyrer et emporter tous les tresors de sondit mary, lesquelz elle fist secrettement porter dedans lesditz nauires/et mesmement print des tresors de sondit frere ce quelle en peut auoir.

Ladicte dame dido voulant contenter les compaignons qui menoient les nauires q ne scauoient riés de ladicte entreprinse et auquelz elle scauoit estre Dur De laisser leur pays fist par grande astuce Remplir plusieurs vaisseaulx de sablon et les fist mettre dedans lesdictes nauires en disant que ce estoient les tresors de son mary sicheus. Et quant elle auec ses gens furet montez en mer faignât aller quelque part et que les nauires furet a flote et bien auant hors les haures dido commanda en pleurant que on gettast en la mer lesditz vaisseaulx plains de sable lesquelz elle disoit estre plains dor. Lors dist aux compaignons et gouuerneurs des nauires en pleurant. Puis la mort de mon feu mary ie nay peu trouuer opportunite et maniere de me faire mourir iusques a present/ce que iay presentement trouue par ce que iay gette les tresors dicelluy en la mer Toutesfois en ce faisant iay grande pitie de vous non pas de moy. Car ie suis seure se nous retournons enuers pigmalion mon frere que par sa crudelite/tyrannie et auarice il nous fera tous escorcher et mourir miserablemét pour les tresors par moy ainsi gettez. Mais si auecques moy voulez venir et me suyure par tout ie ne vous fauldray point et vous feray des biens si largement que tous deurez estre contens. Ce oup par lesditz mariniers ia soit ce quil leur fist grant mal de laisser leur pays toutesfois pour crainte et doubte de la mort ilz furent contens de suyure ladicte dame en exil Et lors seuerent les ancres des nauires et myrent les voilles au vent et nagerent tant quilz vindrent en cypre. Eulx arriuez audit lieu de cypre ilz trouuerent grande quantite de petites pucelles lesquelles faisoient sacrifice a la deesse Venus au riuaige de la mer selon la coustume du pays, pour consolation de leur ieunesse et pour estre plus fertilles et pleines de lignees, lesquelles ladicte dido print et rauit et les fist mettre dedans ses naui̇res. Elle emmena aussi le prestre et euesque du temple de iupiter auecques toute sa famille, lequel elle receut pour compaignon de sa peregrination et fuite, et lequel prestre predit et annunca que grans choses estoient a aduenir par le moyen et cause de celle fuyte.

Ladicte dame et ses naui̇res auoient ia laisse derriere eulx le pays de crete et sicile a la dextre quant elle fist adresser les dictes naui̇res pour tyrer vers le pays dafricque Et apres quilz eurēt nage par aucun teps elle fist arrester les dictes naui̇res en certains portz et stations lesquelz luy sembloient agreables affin que ses gens qui estoient trauaillez de nager longuement peussent prendre aucun repos. Lors vindrent de toutes pars les gens du pays desirans veoir les forains et estrangiers esperans quilz acheteroient quelque chose de eulx et quilz feroient quelque marchandise par eschange dune a autre silz auoient riens de nouueau Et lors parlerent ensemble tellement que en parlementant ne trouuerent dune part et dautre que toute amytie et doulceur.

Apres que les gens dudit pays eurent eu pour agreable que la dicte dame dido et ses gens resi̇dassent et demourassent aimyablement auec eulx ladicte Dame doubtant que son frere pigmalion ne luy voulsist inferer et faire quelque iniure, aussi affin quil ne semblast aux habitans dudit pays que ladicte dame voulsist occuper leur pays par force ou vertu darmes ne entreprendre quelque rebellion ou vsurpation ou autre grande chose sur eulx, leur enuoya ses orateurs pour impetrer et requerir quil leur pleust vendre a elle autant de terre sur le riuage de la mer comme elle pourroit circuire et enuironner dung cuyr dung beuf pour edifier quelque logis pour elle et pour ses gens Quant les habitans du pays eurent celle requeste receue non pensans a la voulente de celle dido facillement la luy octroyerent et luy liurerent lendroit du lieu quelle demandoit. Apres que dido eut impetre sa demande elle excogita en soy vne singuliere astuce digne de louenge. Car elle fist trēscher par estroictes courroyes ledit cuyr et en circuyt et enuironna plus grant pays quon ne pourroit croire ne ymaginer et dont les vendeurs furent esmerueillez.

Apres que ladicte dame dido eut enuironne si grāt circuyt de terre elle trouua audit lieu vne teste de cheual belliqueux. Lors print signe et pressaige que la cite nouuelle seroit belliqueuse. Et a ceste cause fut nommee cartaige/cest a dire cite nouuelle. Et eut ladicte cite deux noms/car elle fut appellee cartaige et brisa qui vault autant a dire comme cupr de beuf. Et apres quelle eut ce fait elle desplopa les tresors quelle auoit couuers et celez a ses gens qui en furent ioyeulx et prindrēt espoir que bien leur viendroit de leur fuyte. Ladicte dame fist incontinent besongner pour eriger et faire les murs et fossez de ceste nouuelle cite/et fist faire tēples/palais et edifices publicques et priuez pour loger et habiter tous ses subgectz et y fist bastir et esleuer vng grant et fort chasteau. Apres que ladicte cite fut ainsi edifiee et erigee dido bailla et ordōna loix a ses subgectz et maniere de viure/et tellement creut et augmēta sa cite que la renommee tresglorieuse de la beaulte inestimable de ladicte damē de sa vertu et chastete/mesmement de sa tresbelle et ample cite vollerent par tout le pays daffricque tellement que en brief temps eut en icelle cite de cartaige grande multitude de peuple et de habitans riches et puissans.

Pour les choses dessusdictes par dido faictes hiarbas roy trespuissant supuant la nature de la region daffricque auquel les hōmes sont tresluxurieux fut meu et vint en la concupiscence de ladicte dame et enuoya gēs enuers les gouuerneurs et princes dicelle dame affin quilz persuadassēt leur dame et maistresse de auoir et prēdre en mariage ledit roy ou quil leur feroit guerre et destruiroit la cite laquelle nouuellement auoit este ediffiee. Et pource que lesditz princes congnoissoient le ferme propos de leur roy dido lequel elle auoit de garder son veufuage chastemēt et aussi que lesditz princes doubtoient et craignoient que silz refusoient ledit roy hiarbas quilz fussent assailliz et opprimez par guerre ilz ne oserēt exposer a leurdicte royne dido ce que cellup roy hiarbas leur auoit mande et penserēt quilz

diroient a la royne autre chose que ce que ledit roy demandoit esperans finablement la faire consentir a la demāde dicellup/et pour ce ilz dirent a dido que le susdit roy vouloit changer et muer ses meurs estrāges et barbares en plus humaines meurs. Et pour ce faire mādoit et faisoit a scauoir a ladicte royne quelle lup enuoyast gens habilles lettrez et bien suffisans et instruictz/lesquelz par leur doctrine peussēt instruire ledit roy en meurs plus humaines et gratieuses/ mais ilz estoient en doubte lesquelz dentre eulx vouldroient entreprendre ceste charge et laisser le pays et cite de cartaige pour aller demourer auecques vng roy si cruel et si inhumain comme estoit ledit hiarbas. La dicte royne dido napperceut point la cautelle de ses subgectz princes et citoyens/ains leur dist. Nobles citoyens nous sommes nez non pas po² nostre priue prouffit/mais auecques ce pour le prouffit et vtilite de noz parens et pays/et ne peut et ne doit proprement cellup estre appelle citoyen qui nest prest de mourir quant le salut de la chose publicque le requiert sans auoir esgard a quelque priue dommaige qui luy puisse aduenir A ceste cause mes chiers citoyens allez enuers ledit roy ioyeusement et par vng petit et legier dangier auquel vous pourrez mettre/mettez toute la chose publique de vostre pays a seurete et hors du danger destre destruicte et bruslee par guerre Lesditz citoyens ouye par eulx la sentence et exhortation de leur dame penserent en eulx mesmes quelle acquiesceroit et entendroit voulentiers audit mariage pour sauuer sa cite et citoyens. Et pource ilz descouurirent et reciterent a leurdicte dame toute la vraye legation et voulente dudit roy hiarbas. Apres que la royne dido eut entendu la verite du cas elle se doubta bien que par sa response par cy deuāt a eulx faicte elle approuuoit assez ledit mariage ainsi demande/dont elle fut triste et desplaisante. Mais pource quelle ne voulut aucunement aller encontre ce que elle auoit approuue elle dist aux orateurs et messagiers dudit roy quelle estoit contente de lespouser au moyen de ce ql lup donneroit terme competant auquel elle se peust acoustrer et appoincter pour aller

par deuers luy comme enuers son mary.
Ce qui luy fut accorde. Et pourtant ladicte royne laquelle tousiours demouroit en son propos immuable trouua soubdainement conseil en elle mesmes de ce quelle deuoit faire.

N ce temps(ainsi que dict aucuns)eneas vint en cartaige fuitif de troye lequel fut aussi grandement amoureux delle combien que iamais ne leust veue. Lors celle dame ayant ferme et delibere propos de plus tost endurer la mort pour lamour de son mary sicheus que froisser son veufuaige et chastete se deulbera de faire quelque chose laquelle elle ne diroit a personne. Et pource commanda a ses subgectz que on luy fist vne piramide et assemblee de bois sur la plus haulte montaigne qui fust au pays pres de la cite sur laquelle elle se disoit vouloir purger lame de son mary sicheus a la maniere des anciens payens ce qui fut fait. Et lors comanda a tous ses citoyens quilz la supuissent et allassent tous au sacrifice quelle deuoit faire. Adonc ladicte dame se vestit de habillemens de dueil et en la presence de tous ses subgectz elle monta au plus hault de ladicte piramide au monceau de bois la teste couuerte dung voile noir. Apres quelle eut fait plusieurs cerimonies et diuers sacrifices de bestes occises et sans ce quon sceust quelle vouloit faire ainsi que tout le monde la regardoit et quelle eut fait et acomply tout ce que bon luy sembloit elle tyra vng couteau quelle auoit muce soubz sa robe et le presenta plusieurs fois contre sa chaste poictrine en appellant plusieurs et diuerses fois le nom de son feu mary sicheus/puis elle tenant la poincte du couteau cotre sa blanche et chaste poictrine dist ausditz citoyens. Mes tresbons citoyens et subgectz ie men vois a mon mary ainsi que iay promis. Et ce dit incontinent se donna dudit couteau au trauers du corps et se occit et trespassa auecques grande effusion de son trespudicque et chaste sang dont tous ses citoyens et subgectz demenerent grans pleurs cris et plaintz piteux.

C Comment apres que lacteur messire francois petrarche a reduit a memoire ses faitz/signes et parolles et autres manieres de faire amoureuses de ceulx et celles par cy deuant nommez et monstrez qui ont este espris et enflambez du feu damour et attains de ses saiettes et poignans dardz il conclud et fait la fin de son premier triumphe qui est damour en se mettant au ranc des susditz amoureux et amoureuses comme apres appert disant de soy.

Insi que ie parloye a partmoy come vng home qui craint le mal aduenir en lappercevant et presuoyant/et treble deuāt la trompette et ya pensant le mal quil ne sent pas encores iauoye la couleur dung home tyre dune tombe quant ie vy de coste moy vne belle ieune fille clere resplendissāte/pure et plus blanche que vne colombe laquelle me print. Et moy qui eusse bien iure me deffendre dung home arme de tout harnois de parolles et signes ie fuz lie et prins. Cecy certes est vng incident qui surmonte tout autre pour voller par dessus les cieulx par les choses mortelles qui sont eschelles au facteur qui bien les estime Car en cherchant toute heure quantes et combien grandes estoient les vertus de celle dame Esperans ce dung en autre semblant qui me mõstroit fiance dune chose puis dune autre/et elle se print a recorder la raison premiere/et lors la dicte dame dist a celle esperãce Deceue suis Lors respondit esperãce Or ma il mise en oubly auecques celle dame que ie lui dõnay pour ferme coulonne et pillier. Puis me dõna vng grant cry lachrimal par sa lenite.

Donc cõme il me semble auoir souuenance mon amy sapproucha plus pres de moy (en cryant dõt iauoye plus grãt douleur) me dist tout bas en loreille. Il est temps et te conuient parler en toy mesmes cõme il te plaist entrer au champ damours/car nous sommes tous deux prins et gluez dune poix Jestoie lung de ceulx la a q plus il desplaist de veoir le bien dautruy que de son mal lequel mauoit en paix et en liberte prins. Et comme apres le dõmaige ientens bien tard que de sa beaulte en faisoye ma mort en bruslãt et ardant damours/de ialousie et denuie/ie ne ostoye point mes peulx de dessus son visaige tant bel ainsi que vng homme malade de qui appete et desire aucune chose qui est doulx au goust et contraire au salut et sante de la personne. A tous autres delictz et plaisances iestoye aueugle et sourt en ensuyuant ceste cy par pas doubteux. Je tremble encores toutes les fois que ie men recorde Car en cellup tẽps iauoye les peulx mouillez/humides et abaissez a terre/le cueur pensif/et queroye logis solitaire entre les fontaines/les prez/montaignes/rochiers/les bois et les bledz. Lors quant ie fuz en celluy point depuis le tẽps iemplissoie tant de papiers de pẽsees/de souspirs et de larmes q̃ les prez nõt point acoustume estre mieulx arrousez de ruysseaulx et petis fleuues.

Pres ces choses ie scay que on fait en cloistre damour/que cest que illecques lon craint/quon y esperoit/a qui cest lire ie le monstre en mon front. Puis regarday celle orgueilleuse/fiere et cruelle aller qui ne tint cõpte de moy ne de mes paines/laquelle de sa vertu et de mes biens et despouilles se pare et sen orgueillist. Et dautre part si ie y

ay bien aduise ce seigneur qui force tout le monde il la craint et ieu suis hors desperance. Car cellup en qui iesperoye il la flatte et differe a la ferir de sa saiette et moy et les autres il les a escourtez et naurez cruellement. Ceste cy il nya homme qui la contraigne petit ou assez/elle a acoustume estre si sauuage et rebelle des enseignes damour quelle va tousiours toute seulle. Et veritablement elle est entre les estoilles vng soleil. Elle a tant singuliere maniere et tant propre maintien que nulle autre nen approche/son ris et son courroux est moulst/et noble/doulces/souefues et amyables sont ses parolles. Les cheueulx dorez a respandus au vent. Les yeulx dune celeste lumiere enflammez en telle maniere que ie suis content de ardre.

Qui est cellui qui pourroit sa coustumãce angelicque appatier en parlant delle et par quelconque stille proferer parolles a sa vertu et beaulte consonantes. Ainsi ien fais similitude que comme vng petit fleuue nest a comparer a la mer/aussi ne sont toutes vertus a approcher delle. O nouuelle chose/nouueau spectacle. Je nen vy iamais point de tel ne nespere veoir/que vne fois pour delle dire verite toutes langues seroient faictes muetes. Je me trouuay ainsi prins et elle desliee/et iour et nuyt ie prie ainsi. O estoille inicque. Et elle a grant peine de mille motz nen escoute vng. La loy damour est dure et moult oblicque touteffois la conuient il ainsi garder Car elle a ioinct a ce quelle est anticquement vniuersale du ciel en terre. Je scay comment elle desioinct le cueur dauerques soy et comment elle scait faire guerre et trefue et couurir la douleur quant vng autre le point. Je scay comment en vng point elle se deslie et puis si respant par le visaige le sang sil y aduient quil y ayt paour ou honte. Je scay comment le serpent est cache entres les fleuues comment il sesueille souspeconneux et dort et cõment sans mourir on se meurt et languist. Je scay de mon ennemye chercher la trace craignant de la trouuer. Je scay en quelle maniere lamoureux se transforme en laultre aymant. Je scay bien faire longs sousp pirs et briefz ris et iamais nauoir repos auecques voulente et condition et souuent changer couleur viure en cueur lame separee de luy. Je scay comment lamant est deceu, et mille fois le iour me trõper moy mesmes. Je scay comment quelque part que ie suye ne ou/suyt mon feu/Brusler de loing et ardre et au pres mourir de froit et morfondre plus froit que glace. Je scay comment amour trouble, et obnubilist la pensee et lempesche. Je scay comment amour heurte sur vng amant et comment apres il dechasse et deboute toute raison. Je scay en quantes et quelles manieres le cueur est tourmente et destruict. Je scay comment amour frappe de saiecte et gecte ses dardz et comme ca et la souddainement volle. Je scay comment il frappe et a tort et a trauers fiert et fierement menace. Je scay de combien peu de charneure se lye vne ame gentille quant elle est seulle et nya qui face aucune deffence pour elle/et comme elle a peu de solulas quãt elle ne peult parler auec cellup ou celle quelle desire. Je scay cõment amour prent par force et desrobe. Je scay comment les roes de son chariot sont instables, et comme esperance y est doubteuse. La douleur certaine, et comme les promesses y sont vaines de leur nature. Je scay comment le feu est muce, et cele es os de lamant et es veines. La playe occulte, et secrette dont la mort en appert et lembrasement est manifeste. En somme le scay comme la vie des amãs est inconstante, vaine, paoureuse, et hardye, et de peu de doulceur estre, et de beaucoup damer. Je scay les indignatiõs des armans, leurs souspirs, leurs chantz, leur basse loquence et enrouee, leur soubdaine silence, leur rys brief et long plainct. Et scay bien quel est le miel trempe et mesle en alupne ou absinthe qui est herbe moult amere.

¶ Cy fine le premier triumphe de messire francois petrarque. Et ensuyt le second qui est du triumphe de chastete.

Le triumphe.
Pudicitia vincit amorem.

Lacteur.
Ie ne me dois pas douloir si vng autre ma vaincu moy ieune ignorãt tout seul ⁊ si mon ennempe amour ma mps a destroit et contrainct treffort a aymer/ mais encores tout cecy nest pas assez grant raison de dueil et cause suffisante de me lamenter/cõplaindre

et douleur quât ie pense en mon cueur la fortune des autres/ Car ie vy amour en habit tel q̄ ien pleuroye/ & les armeures luy furent ostees/ & apres sen volla. Jen ay rumeurs & noises en ma poictrine telles quil semble q̄ pour limpetuosite & fureur/ deux spōs fiers et deux fouldres ardantes descendantes du ciel qui fendent & rompent tou⁹ autres obstacles oppositez soit au ciel ou en la terre ou en la mer. Et lors ie vy amour auec tous ses argumens se mouuoir contre celle de qui ie parle lesquelz se donnerent plus fiers & merueilleux assaulx & plus grāt fut le bruit et tumulte de lassault grief doubteux damour fait a laura que nest cellup du mont ethna lequel est a ceste heure plus esmeu du geant ancellado/ et q̄ le bruyt regorgeantes des eaues de sille caribdis quant ilz se monstrēt bien courroucees. Ainsi fist vng bruyt et tonnoirre si grant & terrible que a peine le pouoit on endurer ne soustenir duql iestoye si doubteux que ie nen pouoye rire/ chascun a part soy se retiroit en hault pour mieulx veoir lerreur de lentreprinse/ & les cueurs et les peulx estoient faiz & renduz cōe pierre de plastre tant estoiēt fischez a regarder cellup vaincqueur/ cest assauoir cellup amour qui estoit vers elle venu pour la vouloir naurer/ seql tenoit en sa main dextre la flesche et larc en la main senestre & la corde tendue & loreille preste a descocher. Une bische ne court point si legierement deuant les chiēs qui la suyuent/ ne se separt des/ne de sa chaine et frāc es forestz ne semble pas si moins paresseux ou tardif cōme vint amour prōpt a la ferir auec des flambes au visage desql les il brusle tout. Lors combatoit en moy prōptement amour auec pitie et desir q̄ mestoit doulx en telle cōpaignie/ mais maintenāt mestoit bien dure a veoir en telle maniere celle dont parle petir. Mais vertu q̄ ne habandōne les bons & ne deslongne iamais ceulx monstra a ceste heure la cōme a grant tort q̄ lhabandonne en se plaignāt dautruy. Car iamais vng bon ioueur despee ne fut si cault/ si prōpt & si habille a se garder et euiter le coup de cellup q̄ ioue auec luy/ ne maistre de nauire nest si soubdain a tourner sa nef entrāt en vng port pou² fuyr les rochiers comme auec prudence humble & honneste ce

beau visaige incontinent se couurit dung coup bien aigre plein de lyens/ & comme elle rendoit larc & les saiettes damour Et moy a toutes mes armes las & vain: car le beau regard asseure, gracieux & honeste dicelle dame laura/ cest a dire pudicite deffend le dangereux coup damour plein de lyens a ceulx qui sont essaye & q̄ lessayent. Jestoye alors fische en pensant quelle fin pourroit venir de ceste amoureuse bataille esperāt la victoire du coste damour comme souuent aduient pour nestre iamais delle party ne separe. Et en ceste esperance estoye cōe vng hōme qui a oultre mesure vng grant desir et vouloir de faire aucune chose et a escript deuant quil commēce a parler/ cest assauoir que on sapperçoit aux signes de ses peulx et a son front ses parolles. Alors ie voulu prier amour & luy dire. Sire si tu obtiens victoire contre ceste cy si ie te semble digne de ce don ie te prie que auec elle tu me lyes & ne crains point q̄ iamais ie me departe ne deslye de si doulx neu ne voluntaire seruitude. Quāt ieux ce dit a amour ie vy amour si plein dire et de desdaing que a le vouloir racompter tous les entendemens des plus grans & excellens poethes a grant peine le scauroient mesmement vng tel et si bas engin comme le mien y demoureroit confus/ car les saiettes dorees damour et roussourees de iaulne a la plaisance damoureuse beaulte estoient desia estainctes a leffect de gecter & de tresfroide honnestete.

¶ De camilla royne.

Iamais camilla royne des volsquins ne penthasilee royne des amazones auecq̄s sa mammelle gauche entiere neurent vne dragme de vertu/ de vaillance & hardy couraige/ ne Julius cesar a la bataille derniere contre son gendre pōpee ne fut si desirant et affectueux et ardant en thessalye cōme lors eut laure de vigueur auec vne doulce ire cōtre son ennemy cupido qui vainct et gaigne des hommes lasches leurs cueurs & couraiges et desmaille et desassemble leurs harnois quāt ilz se rendent a luy pour vng simple assault sans faire aucune resistance.

e ii

Le triumphe

Et affin q̄ mieulx entendes le fait des deux susdictes roynes et de cesar tu dois entēdre q̄ camilla vierge et royne des volsquins fut fille du roy methabus et de casmilla sa femme, laquelle casmilla mere de camilla incontinent apres quelle eut enfante ladicte camilla elle trespassa de douleur et angoisse du traueil quelle eut a cellup enfantement. Pour laq̄lle mort methabus osta vne lettre du nom de sadicte feue femme casmilla/ cest assauoir. s. et par grande et singuliere amour nōma sa fille camilla/ affin que le nō susdit de casmilla sa fēme trespassee lui fust a memoire et perpetuelle consolation.

Bien tost apres le trespas de ladicte casmilla mere de camilla le roy methabus son pere par vne soubdaine sedition et cōspiration esmeue de son peuple et citoyens fut p iceulx priue et deboute de son royaulme et enuoye en exil, lēq̄l ainsi cōtraint de sen fuyr en exil de to⁹ ses biēs ne peut emporter aucune chose fors ce q̄ plus chier il auoit cestoit sadicte fille camilla laq̄lle il aymoit, prisoit et cherissoit sur toutes choses. Quāt methabus se veit ainsi cōtraint il sen alla tout seul a pie audit exil sa fille entre ses bras. Et quāt il fut arriue sur le bort et riuaige dung petit fleuue nōme damasanus leq̄l pour les grādes pluyes qui auoiēt este le iour de deuant il estoit excessiuemēt creu et enfle, cellup poure et miserable roy ainsi empesche et charge de son enfant ne peut passer oultre et ne scauoit quel conseil prendre voyant ce fleuue q̄ lup estoit moult contraire a sa fuyte. Adōc ledit roy methabus apres quil eut longuement pense il print des escorces des arbres et enueloppa sadicte petite fille camilla dedans et ce fait sa lya a vng dart ou iauelot quil tenoit en sa main et proposa quil lanceroit ainsi sadicte fille au trauers dudit fleuue, mais premierement il la voua et dedia a la deesse dyana lup promectant q̄ sil lup plaisoit de la garder et mettre hors de peril elle seroit sa religieuse par perpetuelle virginite. Et ce fait il lancea de toute sa vertu et puissance sadicte fille ainsi lyee cōme dit est tout au trauers dudit fleuue, et soubdainement se mist en leaue et nagea tellement quil passa a sauuete de lautre coste. Apres ce quil

eut apperceu et trouue que sadicte fille estoit sauluee il fut entre ses miseres tresioyeulx et lors la print entre ses bras remerciāt auec grande grace la deesse dyane qui preseruee de peril lauoit et sen alla et entra dedans les lieux secretz des boys et forestz esq̄lz en grāde misere et labeur il nourrit et alimenta sadicte fille du laict des bestes sauuaiges.

Apres q̄ celle vierge camilla fut venue grande et en aage parfaicte elle commenca a couurir son corps des peaulx des bestes lesq̄lles elles tuoit a la chasse, car elle se print a gecter dars aux bestes, a tendre les arcz et gecter pierres auec sa fonde, porter saiectes et carquois et a suyure cerfz et bisches a la course et a surmōter tous labeurs et peines et a fuyr toutes impudicitez et mallices femenines et garder sa virginite entiere sur toutes autres vierges et contemner et despriser toutes folles amours des iouenceaulx et tous mariages de haulx et nobles barons. Et en effect se determina au seruice et religion de dyane, a laquelle son dessusdit pere lauoit par auant vouee comme dit est. Par telz excercices ladicte vierge camilla fut de clere et celebrable renōmee et la rappellerent ses subgectz au gouuernemēt et regime du royaulme de sondit pere auquel elle garda fermement sondit propos sās vioser sa virginite. Apres et durāt toutes ces choses eneas venant de la bataille de troye en ytalie espousa lauinia fille du roy latin pour laquelle chose fut grosse guerre entre ledit enee et turnus roy des rutilliens/ car lesditz princes eneas et turnus enuoyerent querir ayde et secours dont ladicte royne camilla soustint le party dudit turnus et pour icellup secourir partit de son royaulme auec grande quātite et excercites des volsquins pour secourir et donner ayde audit turnus contre ledit eneas. Ladicte royne vierge camilla fist plusieurs faictz darmes dignes de memoire tant que par vne fois elle se gecta diuersement en bataille en faisant grande occision de troyens, et finablement en ladicte bataille elle choisit vng nōme corebus prestre et ministre de la deesse cibelle, lequel estoit gentement arme de tresbelles armeures pour la couuoitise desquel les elle suyuit ledit prestre toute eschauffee et lassee des grans labeurs quelle auoit euz cel luy iour/touteffois tant fist quelle attaingnit celluy prestre corebus lequel elle occist et mist a mort. Quant elle eut fait celle occision et quelle poursuiuoit encores plus oultre ung hardy troyen en combatant luy tyra une saiette laquelle la naura a mort soubz la mammelle duquel coup elle cheut a terre morte.

¶ De la royne penthasilee.

Pour congnoistre le cas de laultre susdicte dame nommee penthasilee royne des amazones Tu dois scauoir selon trogus et iustinus que en scithie furent deux ieunes hommes lung nomme colenos et lautre scolopites/lesquelz par conspiracion de leurs vassaulx furent dechassez de leurs royaulmes et en fuyant une grant compaignie de ieunes gens scithiens les suyuirent. Quant ilz furent arriuez a la region de capadoce il occuperent en ce lieu et prindrent ung hault pays Mais en peu de temps ilz singererent a faire guerre aux regions et prouinces voisines tant que a la longue furent tous de leurs voisins occis. Quant les femmes virent tous leurs hommes mors et demourez en douleur perpetuelle elles se mirent sus et ne se deffendoient pas seullement de leurs voisins mais a tous les peuples des enuirons faisoient grant guerre. Elles subiuguerent plusieurs de leurs voisins et les mirent virillement soubz leur subgection/seigneurie et puissante dominacion/et touteffois ne vouloient point auoir dautres maris. Mais affin que leur nombre et generation ne deffaillist et ne se abolist point elles sen alloient ung moys tout les ans en ung lieu expres par elles institue et ordonne habiter auec leurs voisins les iouuenceaulx lesquelz se rendoient et se trouuoient audit lieu depute/lesquelz auec elles durant et tout du long dicelluy moys ensemble charnellement frequentoient. Et lors ledit moys passe les dessusditz iouuenceaulx sen retournoient en leur region et celles amazones sen alloient grosses en leur pays. Quant ce venoit le temps de leur enfantement et de acoucher si elles acouchoient denfant masle elles le tuoient/et si elles auoient fille elle estoit nourrie et chierement gardee/mais apres que leurs dictes filles estoient hors denfance lesdictes amazones leurs meres leur brusloient la mammelle dextre/affin quelles fussent plus expertes a la bataille de la main/de lespee et de la lance. De ces susdictes amazones qui vault autant a dire comme roynes des dames qui nont que une mammelle fut penthasilee royne/laquelle fut en son temps vierge tres celebrable et belliqueuse/car elle laissa et habandonna toute mollice delicate appartenant a nature et corps feminin et se vestit darmes a la maniere des anciennes roynes amazoniennes/lesquelles auoient par auant elle este et domine. Elle portoit ses beaulx cheueulx iaulnes et dorez soubz ung heaulme. Elle auoit sa trousse au coste/larc au poing et montoit fierement sur chariotz et sur cheuaulx Et sur toutes les autres roynes qui au parauant et apres elle ont este et regne elle se monstra hardye et merueillable par force de corps et discipline des choses concernantes et appartenantes au fait et excercite des armes Et certes elle auoit de mesmes engin subtil/inuentif et tresactif pour bien executer ses entreprinses Elle trouua lusaige des haches lequel auoit au parauant este incongneu aux hommes.

Ladicte dame ainsi que dient aucuns apres ce quelle eoupt parler

de la vertu du tresnoble et vertueux cheualier Hector filz de priam roy de troye elle sayma si ardamment par couuoitise de conceuoir de luy aucune noble lignee pour succeder apres elle ou royaulme des amazones quelle assembla une grande multitude de ses femmes belliqueuses pour aller secourir ledit Hector a lencontre des grecz lesquelz tenoient le siege deuant ladicte cite de troye. Veritablement la clere et fameuse renommee de la puissance des grecz ne peut espaourer ladicte dame penthasilee quelle ne sefforcast plaire audit Hector non pas seulement pour sa singuliere forme et beaulte/mais auec ce par les grans et vertueux faictz darmes et vertu corporelle que lors elle monstroit/car elle entroit souuent en la bataille et gectoit par terre a coups de hache ce quelle rencontroit/et fendoit les bas

e iii

tailles a coups despees de ceulx qui deuant
elle resistoient Et souuenteffois elle chas
soit les cõpaignies de gens darmes supas
deuant elle a coups de flesches lesqlles elle
tiroit tresuertueusemẽt apres ceulx q̃ tour
noient les dos Et en effect elle faisoit des
faitz darmes si virillement ⁊ en si grant nõ
bre que ledit hector estoit grandemẽt esmer
ueille. Ung iour ladicte dame se arma et
voulut se monstrer deuãt ledit hector plus
q̃ elle nauoit acoustume telle quelle deuoit
estre aymee de luy, car elle se lanca en la ba
taille au plus perilleux quartier ouquel a
pres grandes occisiõ par elle faictes ⁊ plu
sieurs de ses femmes occises et en uertueu
sement excercitant tout ce qui compete ⁊ ap
partiẽt en guerre a loffice dung noble prin
ce, sadicte dame penthasillee fut blecee et na
uree a mort et fina ses iours au meillieu de
ses gens ⁊ des grecz ses ennemys. Iacoit
ce que aucuns ont uoulu dire et escriuent q̃
ladicte royne uint audit lieu de troyes aps
la mort dudit hector.

Q̃uãt est de cesar dessus allegue
tu dois scauoir que iulius cesar
beau pere de põpee par sa nature
fut assez hũble, piteux ⁊ clement
leq̃l en la bataille pharsalique quil fist auec
les pompeyans il abastardit son courage ⁊
sa coustume, car comme ses gens darmes
estoiẽt desia en ordonnance pour combatre
et assaillir pompee ⁊ les rõmains il cõman
da q̃lz fussent promptz a bien ferir ⁊ mectre
a mort tous ses ennemys et oncq̃s puis ne
parla durant ladicte bataille, mais tous
iours sexercitoit cõme ung bon cappitaine
⁊ chief fort puissant en bataille Et en la fin
apres q̃l demoura superieur et uictorieux il
fut las ⁊ ennuye de la grande occision par
quoy il dist haultement a ses cheualiers.
Parcite ciuibus. Cest a dire ne tuez plus
les citoyens apres mercy deulx.

Vaincu doncq̃s ⁊ dechasse le tres
fort atheleta cupido par ma da
me laura dicte chastete ⁊ auec el
le furent par armes toutes les
cleres et singulieres uertus. O combien
estoit noble ⁊ glorieuse celle compaignie, el
les se tenoient par les mains deux a deux ⁊
alloient auec elle, entre lesquelles les deux

premieres, cestassauoir honnestete ⁊ uergon
gne alloient deuant cõme une auantgarde
ueritablement celle compaignie represen
toit bien une noble enseigne de uertu diui
ne qui faisoit digne et extollee ceste dame
laura entre autres fẽmes. Apres ces deux
estoient fiance ⁊ attrempance ⁊ deux autres
circonuoisines en ung habit delectable fis
che ⁊ ferme en son cueur ⁊ couraige, cestoiẽt
perseuerance ⁊ gloire qui fut reseruee en la
fin pour louẽge, honeur et excellence. Bel
acueil, humble maintien, saige entendemẽt
et prudence marchoient noblement en leur
ordre. Puis furent tout au tour delle cour
toisie, purite, crainte dinfamie, ardant desir
dhonneur, pensee chenue a aage iuuenille, a
laq̃lle semble par propre nature repugner ⁊
le peu de concorde que on uoit au monde et
tresgrande beaulte et uint auec entiere et in
uiolable pudicite.

Insi la dame laura acompai
gnee de si dignes et singulieres
uertus si admirable procedoit ⁊
uenoit contre amour auecques
elle faueur du ciel ⁊ des ames bienheurees
tellement resplendissantes que la ueue et
yeulx des mortelz neussent peu souffrir en
tendre ne porter lamplitude ⁊ põderosite de
si tresdigne maieste ⁊ tresexcellente seigneu
rie. Adonc ie vy a amour mille fameuses ⁊
cleres sommes auec force de main, de laq̃lle
luy toinberent mille dignes uictorieuses ⁊
cleres palmes en signe de clere ⁊ noble ui
ctoire obtenue par luy au regard de ceulx q̃
auoit en sa puissance subiuguez par auant.
Le cheoir et ruyne de hanibal ne fut point si
subit ne si estrange apres tant de uictoires
obtenues et ne fut gisant uaincu en la ual
lee si courrouce, ne si uaincu ne fut le grant
philistien (auquel tout ysrael donnoit les es
paulles) a la premiere pierre dung garcon
hebrieu, ne citus en sitie ou la fut ueu aueu
gle, ne ung homme sain qui chiet en mala
die subite nest point si fort mine et affoibly
comme estoit celluy dieu damours qui de
paour, de douleur, de honte et de pre estoit
plain comme il apparoissoit en son uisaige.

C De hanibal

De chastete   fueillet. xxviii

A Ceste fin que mieulx entẽ-
des ceste matiere que hani-
bal filz de hasdrubal cartha-
ginois pour mettre a exe-
cution le iurement fait par
le commandement de son
dit pere sur lautel au temple des dieux, cest
assauoir de obseruer et entretenir et pour-
suyure la hayne perpetuelle contre les rom-
mains. Apres la mort dudit hasdrubal ha-
nibal print vne grosse armee et sen alla met-
tre le siege a vne cite nommee sagunte en es-
paigne, laquelle estoit aliee des rommains
Alors comme il tenoit le siege les rõmains
luy enuoyerent leurs ambassadeurs luy re-
monstrant quil leuast cestuy siege selon et
en ensuyuant les premieres promesses fai-
ctes a la guerre punicque. Hanibal ne vou-
lut point donner audience ausditz ambassa-
deurs, mais demourant en son propos don-
na aucunes griefues condictiõs de paix aus-
ditz sagũtins vaincuz lesquelz ne les vou-
lurent point accepter. Touteffois a la fin
il les contraignit en telle sorte quilz estoiẽt
deliberez de leur propre voulẽte se tuer eulx
mesmes. Apres que hanibal eut fait sa vou-
lente de ladicte cite il ne fut point encores
assez content sil nalloit molester les rom-
mains en ytalie Et pource il delibera mar-
cher plus auant, adonc il arriua aux alpes
alpennines la ou se termine lytalie lesquel-
les ayant par force de vinaigre et de feu rõ-
pues il descendit en ytalie. Quant il fut ar-
riue entre le pau et le rin il se rencontra con-
tre publie scipion pere de scipion laffricain,
et lors combatãs ensemble scipion eust este
tue en la bataille si neust este la vertu de sci-
pion laffricain son filz, lequel combien quil
fust ieune il deffendit si bien son pere des en-
nemys quil pouoit donner a entendre com-
me a la fin deuoit estre en luy le salut de la
chose publicque rommaine. Touteffois
hanibal emporta victoire cõtre ledit publie
scipion et ses gens.

A Pres ceste victoire obtenue ha-
nibal tyra a trebie la ou il trou-
ua titus sempronius lequel com-
batit et eut bataille contre ledit
hanibal. Touteffois hanibal gaignaz eut
la victoire contre ledit sẽpronius auecques
grande occision des rommains. Tout ce
ne fut point encores la fin des victoires de
hanibal et perte des rommais, car hanibal
allant plus auant sur le lac appelle trans-
miene combatit contre claudius faminius
ou auecques grande quantite de ses gens
darmes par art et fraudes inusitees il
mist a mort ledit claudius et plusieurs rom-
mains. Apres ceste desconfiture hanibal sen
alla au royaulme de pouille et la furent en-
uoyez contre luy paulus emilius et therẽce
varro consulz, lesquelz combatans, auec-
ques lui a cannes fist si tresgrande occision
des rommains que son fier courage ne pou-
oit plus souffrir lhorreur du sang respan-
du ou il en y eut tant de tuez que hanibal pre-
nant seullement vng anneau de chascun rõ-
main mort et occis en celle bataille canneus-
se il en emplit deux muis et plus, lesquelz il
enuoya a carthaige par son frere hamilchar
pour les presenter au senat carthaginois.
Apres ceste desconfiture de cannes sur les
rommains faicte par ledit hanibal les rom-
mains estonnez et espouentez furẽt renduz
a si grande pusillanimite que non seulle-
ment estoient deliberez peu deffendre la cho-
se publicque rommaine, mais aussi de las
bandonner se conseilloient.

L Ors se leua a Romme si tres-
grande paour, tristesse et gemis-
semens lesquelles vindrent ius-
ques aux oreilles de lexcellen-
te vertu de scipion laffricain et principal-
lement iusques a la maison de metelle nu-
midicque que scipion auecques lespee nue
en la main vint audit metelle luy remon-
strant et affermant q̃ sil y auoit aucun vou-
lant estre et iurer pour deffendre le pays rõ-
main quil se offroit consul et deffenseur de
romme contre hanibal. Pour laquelle cho-
se le senat rommain le decreta et constitua
cappitaine en la prouince de affricque, les-
quel incontinent apres quil eut prins gros-
se puissance et armee nauale et maritime il
sen alla premieremẽt recouurer le pays des-
paigne et apres passa en Affricque et assie-
gea carthaige laquelle il trouua assez four-
nie de gens et dautres choses. Ceulx de car-

e iiii

thaige lors voyans les durs et impetueux assaulx de scipion reuocquerent et rappellerent hanibal et le contraignirent laisser et habandoñer le pays dytallie et aller hastiuement a leur secours. Hanibal oyant ceste nouuelle la porta griefuement. Car trop de mal luy faisoit de partir hors dytallie/ et lors en soy mesme congneut ẽ preuit la ruyne ẽ destruction aduenir de lempire et chose publique de carthage. Adonc commenca a faire en son cueur plus q̃ iamais plusieurs douloureux regretz et a se plaindre doublement/cestassauoir de soy mesme et du senat carthaginois. Premierement se plaignoit de soy/car par tant de grandes victoires obtenues et si amples merueilleuses et indicibles occisions et execrables desconfitures par luy faictes sur les rõmains tousiours leur donnoit tẽps ẽ loisir de eulx respirer et renforcer contre luy grosses et puissantes armees dont aduint que apres la iournee et desconfiture par lui faicte a cannes le cappitaine de ses gens de cheual luy dist. Hanibal vincere scis/haud vti victoria. Cest a dire hanibal tu scais bien la maniere de vaincre/mais non pas de supure ta victoire.

Cecy fut alors bien veu en hanibal/car apres ceste grande ẽ merueilleuse desconfiture contre les rõmains par luy faicte a cannes si a la chaulde il eust poursuiuy oultre infalliblement il eust dassault prins totallement rõme sans grãt labeur ne longue resistance. Car pour ceste occision les rõmains estoient de bõs cappitaines ẽ de gẽs si desnuez ẽ estonnez quilz ne scauoient que penser ne quel cõseil prendre. Secondemẽt hanibal se plaignoit aygrement de ceulx de carthaige/car depuis le tẽps quil entra es ytalles iusques apres son departement (esquelles il demoura ẽ les posseda par .xviii. ans ou plus) le senat et peuple carthaginois ne luy enuoyerent pour secours et renforcement ne gens ne argent.

Pres que hanibal eut toutes les choses susdictes ẽ autres bien ẽ au long excogitees ẽ ruminees il fist son apareil pour partir dytallie/ẽ lors tãt fist qͣl arriua au pays daffricq̃ en la ville de therebint. Luy arriue il enuoya demãder ẽ req̃rir scipion de plementer eulx deux ensemble en vng certain lieu par luy assigne et estably/ce que scipion luy octroya. Quant au iour constitue les deux cappitaines hanibal et scipion furent ensemble a pres que hanibal eut longuemẽt regarde et considere la prudẽce/le maintien, laudace et port et le ieune aage de scipion q̃ trẽte et sept ans auoit et quilz eurent eulx deux parle de plusieurs et diuerses choses hanibal esmerueille requist scipion traicter entre eulx de la paix/a laquelle chose scipion respondit quil nauoit aucũe charge de faire et traicter paix mais seullemẽt lui estoit enioinct de faire et mener dure et tresaspre guerre mortelle contre cartaige et tout le pays daffricque. Hanibal oyãt ceste respõce despite et indigne se departit dauec scipion. Lesquelz preparerẽt leurs armees. Et lors la bataille par eulx cõmencee en ladicte vallee de therebint hanibal fut par plusieurs fois gette a terre de tout son long et a la fin fut par scipion vaincu et chasse hors le pays daffricque et par quelque et assez lõgue espace de tẽps. Finablement les rõmains poursuyuãt hanibal luy voyãt sa maison de toutes pars enuironnee et fortement assiegee et estant dedãs enclos pour euiter de non cheoit es mains des rõmains ses ennemys beut le venin et poison que long tẽps deuant il auoit a ce prepare/et ainsi miserablement mourut en laage de soixante et douze ans ia elapsez.

De dauid.

Our cõgnoistre le fait dudit ieune enfat dauid tu dois entẽdre selon quil est escript au .xvii^e. chapitre du premier liure des roys que dauid estãt ieune enfãt et gardãt les brebis de son pere aux chãps a la pasture vng ours rauit vng de ses moutõs et lemporta Dauid courut aps tant qͥl approcha lours et se frappa dune verge quil tenoit ẽ lours laissa sa prinse pour assaillir dauid. Lors dauid qui eut couraige vertueusement print lours par le metõ a vne main et de lautre luy serra la bouche et tellement et si longuement la luy tint ainsi fortement serree quil lestouffa et mourut entre ses mains. En ce tẽps saul premier roy des iuifz faisoit et menoit guerre auec luy les enfãs disrael cõtre les philistiẽs/de la partie desq̃lz philistiens

De chastete   fueillet.xlix

estoit vng geāt nomme goliath lequel seul combatoit dix mille hōmes et auoit de haulteur six coultees et vne paulme / la coultee selon aucuns vault deux pieds et demy/ lequel moult courageux fort et hardy estoit et ne doubtoit homme/ car tellement estoit arme que nul ne luy pouoit nuyre.

ng iour les philistiens estans en guerre contre ledit peuple disrael se tenoiēt auec leur puissance en vne montaigne et les enfans disrael en armes sur vne autre mōtaigne les vngs deuant les autres / entre lesquelles deux montaignes estoit vne vallee et vne belle et large pleine, en laquelle se tenoit et souuent se presentoit cestuy dessusdit geant goliath qui hideusement endommageoit le peuple disrael. Lequel se vantoit et dist que luy seul souffisoit pour combatre tout le peuple disrael et que sans faire et amasser tant de gens darmes saul luy enuoyast to⁹ ses gens lung apres lautre pour combatre contre luy. Et que quicōques le vaincqueroit les philistiens seroiēt du peuple disrael subgectz, z aussi sil estoit victeur les enfans disrael seroiēt subgectz aux philistiens. Cest orgueilleux langaige dura et perseuera longuemēt / mais homme ne fut si hardy de respondre et dire mot.

N cestuy temps dauid ieune enfant et adolescent estoit a lhostel demoure auec son pere po' le seruir et garder les bestes Car ses trois freres ainsnez estoiēt en larmee auec saul. Le pere moult ancien qui pour sa vieillesse estoit demoure en sa maison dist a dauist. Prens vne mesure de ble cuyt et dix pains et les portes en larmee a tes freres auec ce prens dix petis fromages et les presente au cappitaine soubz lequel tes freres sont ordōnez affin quil les ayt pour recommādez et me rapporte des nouuelles de larmee et de tes freres. Dauid en hūble obeissance fist le cōmandement de son pere et sen alla en lost. Et comme il approcha de lost il ouyt grant bruyt. Et quant il apperceut que autre chose nestoit que la deffiāce et assault de goliath comme dit est dauid a qui le couraige fremit et commencea son sang aesmouuoir laissa tout son fardeau / bled/ pain et fromaige au premier homme quil trouua et sen alla en sa bataille. Quant dauid vit que nul ne sosoit presenter pour combatre goliath il dist quil se cōbatroit Saul oyant celle nouuelle luy voulut rompre sētrepinse en luy remonstrant. Comment mon filz combatras tu goliath qui est vertueux homme et puissant, et fait en armes et tu es vng

enfant fans barbe qui ne vis onc espee tirer Lors dauid respondit a saul en disant Comment noseray ie soubz la fiance de dieu combatre vng philistien qui blaspheme/iniurie et despite lost et larmee de dieu qui ay ose assaillir lours et le lyon et de mes mains les ay suffocquez et occis. Or prenez que cestuy philistien q̄ lon fait si terrible soit lours ou le lyon. Quāt le roy saul vit la vertueuse constance de lenfant dauid il le voulut vestir de ses habitz royaulx et armer de ses armeures/mais dauid voyant lempeschemēt et pesanteur des armes les laissa et luy en son habit pastoral acoustume et son baston en son poing mist cinq pierres en sa pannetiere et vne fonde de cordes en lautre main. Et ainsi en point sen alla deuāt le geant goliath pour le combatre. Lequel en champ arme de son dur et merueilleux harnois fierement appuye sur vne lance la grande espee au coste et son escu pendant au col attendoit quelque homme disrael pour combatre.

Dant goliath vit ainsi dauid hardy deuant luy il luy dist par grande arrogance. Suis ie vng chien que tu viens a moy a tout vng baston pour me chasser. Au iourdhuy donneray ton corps a manger aux bestes. Dauid luy respondit Ne te vantes/tu as blaspheme lost et larmee de dieu le tout puissant ie viens en ce nom te deffier et donneray au iourdhuy aux oyseaulx du ciel et aux bestes de la terre ta charongne a manger. Et non pas de toy seullement/mais de toute la cōpaignie. Et ce dit incontinent dauid tyra de sa pannetiere lune de ses cinq pierres et auecques sa fronde si vertueusement la getta contre goliath que la pierre qui lattaignit au front entra si auant en la teste quil cheut tout plat la face contre terre. Dauid voyant ainsi son ennemy goliath couche de tout son long estourdy sans soy remuer print et tira lespee toute nue dudit goliath mesmes et luy couppa la teste. Ce voyant les philistiens qui regardoient les deux combatre et que goliath le plus fort deulx ainsi estoit desconfit et mort ilz en eurent telle frayeur que tous se mirent en fuyte/et furent par le roy saul et les enfās disrael mis en desconfiture/subiuguez et vaincus.

¶ De la royne thamaris.

R maintenant te fault auoir lintelligence de celle veufue royne thamaris que iay en celle compaignie dessusdicte monstree. Tu dois congnoistre et scauoir que selon les hystoires/ciasaris roy des medoys eut vng filz nomme astrages/lequel astrages apres la mort de son pere fut huytiesme roy des medoys dont le premier roy fut nomme arbatus qui osta a sardanapalus le royaulme des assiriēs et le conioignit aux medoys Cestuy astrages roy de tout le pays dasie

estoit deuāt tous les autres roys et les precedoit en honneur en richesses et puissances mōdaines, lequel auoit vne belle fille nommee mandanes ou gisoit toute son esperāce mais en vne certaine nupt il songea deux songes, lung estoit quil lui estoit aduis que mandanes sa fille pissoit si largement et habondammēt que de leaue de son orine elle mouilloit et arrousoit cōe vne riuiere tout le pays dasie qui contiēt la moytie du mōde. La secōde vision quil eut fut quil vit en songe vne vigne qui se leuoit et faisoit de la naturelle partie de sa fille mādanes et que celle vigne auoit si grande quātite de brāches et de fueilles quelle obumbroit toꝰ les peuples dasie. Pour ces deux songes fut astrages esmerueille quil assēbla toꝰ les diuinateurs de son pays et leur cōpta les deux aduisiōs dessusdictes lesquelz luy respondirent que de sa fille mādanes naistroit vng enfāt masle qui debouteroit le roy astrages de sō royaulme et occuperoit et prēdroit pour soy a force darmes tout le pays dasie. Astrages oyant celle chose doubtāt et pensif pour cuyder corrompre celles aduisiōs pensa de non marier sa fille a hōme de noble lignee, mais il la maria a cābises hōme innoble et de moyen estat du pays de perse, pensant astrages que la petitesse de lignage du pere ostast a lenfāt qui naistroit la grandeur du courage que le lignage de la mere luy pourroit dōner. Ainsi astrages cuydāt estre bien seur pour la petitesse du mariage de sa fille et sachāt quelle estoit grosse denfāt si tost ꝗ ledit enfant fut ne qui fut vng beau filz nōme cyrus, astrages cōmanda que on lui apportast lenfant, et quāt il leut il le bailla a arpagus roy de birtanie luy cōmandant quil lenuoyast mettre en quelque exil poꝛ faire deuorer aux bestes sauuaiges. Apres ꝗ ledit roy arpagus eut receu cellui petit enfant il doubtāt encourir lindignation de la mere si elle venoit a succeder au royaulme pquoy il bailla ledit enfant a vng de ses bergiers poꝛ le faire mourir affin que autre que luy en eust le blasme. Quāt cellui bergier eut lenfāt il le mist et le habādōna tout seullet en vne ysle aupres dune riuiere affin ꝗl fust deuore aux bestes puis sen retourna en sa maison et racōpta a sa fēme tout le cas. Elle qui vng peu par a-

uant auoit enfante vng filz pria tant a son mary quil alla querir ledit enfāt cyrus et le luy apporta. La ou il trouua vne lisse sauuage qui bailloit a teter audit enfant cyrus et le gardoit si songneusemēt des bestes sauuages quelle abayoit aux oyseaulx et bestes et les mordoit pour le deffēdre. Et quāt ledit bergier lemporta lad lisse le suyuit par tout

Quant la fēme dudit bergier eut cellui enfant entre ses bras elle le trouua si beau quelle grandement sayma, et poꝛce elle le nourrit songneusement cōe le sien propre. Celle fēme dudit bergier nōmee sparges nourrissoit ledit enfant cyrus cōtre la deffēce du roy astrages pere dudit enfant cyrus, car cellui roy menassoit de pugnir ceulx ou celles qui saulueroient lenfāt. Ainsi donc fut nourry lenfāt cyrus lequel cōbien quil fust de petit lignage quant a son pere toutesfois il auoit couraige hault et noble, car luy estant auec les autres enfās qui faisoient toꝰ les ans vng roy tousiours luy aduenoit la royaulte et luy estāt roy il chastioit et batoit les autres enfans, dont la plaincte des peres diceulx enfās vint iusques a la congnoissāce du roy astrages Lequel pour se informer de la verite du cas fist venir deuāt luy cyrus auquel il demāda sil estoit ainsi quon disoit. Cyrus luy respondit que ouy en lui disant franchement ꝗ a luy appartenoit de ce faire. Astrages sesmerueilla de celle respōce et de la constāce dudit cirus ⁊ cōsiderant laage et croissāce dicelluy cyrus souspeconna que ce stoit lenfant de sa fille quil auoit a arpagus baille pour faire deuorer aux bestes dont astrages print grāt indignation cōtre cellui roy arpagus. Et pour soy veger de luy il fist secrettemēt occire le filz dudit arpagus et lui fist māger. Apres ꝗ arpagus cōgneut le barat et la cruaulte dastrages ꝗ auoit tue et cuyt son enfant pour se venger dastrages congnoissant que cyrus estoit ia grant et se monstroit habille de faire grās faitz et choses notables pour la prouesse et hardiesse qui en luy apparoissoit arpagus declaira a cyrus la mauuaistie de sō ayeul le roy astrages en luy cōptant tout le cas cōment de lui il estoit aduenu et luy offrist ⁊ promist de luy donner ayde faueur et conseil pour se mouuoir et faire guerre contre astrages. Cyrus oyant toutes ces choses fut moult esmerueille/et pource que vne nupt il songea que vng sien varlet nōme Cibarus luy seroit tres prouffitable τ loyal a mettre a fin τ executer telles entreprinses cyrus print cestuy cibarus pour compaignon

Dant cirus vit le temps conuenable τ oportun il assembla grās de puissance de gens darmes du royaulme de perse cōtre le roy astrages. Lors astrages oubliéux τ dessouuenāt de sa cruaulte cōmist τ ordonna ledit arpagus pour la charge τ gouuernemēt de la bataille cōtre ledit cyrus. Affin dōc q arpagus vēgeast la mort de son filz que astrages auoit fait occire et māger tout cuyt/aussi affin quil tint promesse a cirus arpagus donna soy mesme et toute la puissance De ses gens darmes a layde dudit cyrus et luy fist serment de feaulte contre astrages τ les siens. Apres que arpagus τ ceulx de sa partie eurent desgarny de gens le roy astrages il rassembla grandes compaignies de gens darmes du royaulme de mede contre arpagus et cyrus/et astrages mesme auecques son ost descendit en bataille. Apres longs cōbatz faiz les vngs contre les autres aucuns des medois furent contrains de laisser le chāp τ sen fuyr τ les autres furent occis τ deboutez a force darmes des persois τ des hircaniens/et entre autres fut prins astrages par cyrus apres la bataille desconfite/puis fut priue de sa maieste royalle τ de tout son empire. Ainsi Dautant que le roy astrages auoit este au par auant puissant τ riche il deuint plus meschant τ poure/car cyrus non voulant totallemēt le degrader de tout honneur ne le faire mourir luy donna la dixiesme partie du royaulme de hircanie/et ainsi fina ses iours.

Yrus non cōtent des choses susdictes voulut augmenter sa seigneurie τ pour ce faire entreprit de cōquerre le royaulme τ pays de sichie parquoy il assembla grosse puissance De gens et entra es finites De sichie. Quant thamaris lors royne et veufue et dame dudit pays de sichie sceut la venue dudit cirus elle ne fut pource espouētee/mais elle assembla grant cōpaignie de sichiens et print elle mesme la charge de conduire la bataille/et souffrit le roy cyrus passer le fleuue arases auec tout son ost et entrer dedans son pays. Apres q cyrus fut au pays de sichie thamaris cōmist a vng sien seul filz la tierce partie de ses gēs darmes et cōmanda quil allast en bataille cōtre ledit cirus. Lors cirus considerāt les lieux et la maniere des gens diceluy pays et sachāt que le filz de la royne thamaris venoit cōtre luy ordōna ql le vaincqueroit plus par barat q par armes Et pource cyrus fist garnir ses pauillōs et tentes de vins et de viādes et dautres delices q les dits sichiēs nauoiēt encores hātees puis faignit ql sen fouist et q de paour laissast ses pauillōs. Apres q ledit iouuenceau fut auec ses gens entre dedās les tētes du roy cyrus il cuyda estre vaincqueur cōe celluy q pēsoit et estimoit auoir chasse son enneny dōt il fist ioye et feste et les sichies auec luy et nētendirēt point au fait de la bataille mais se amuserēt a la gourmādise des vins et viādes tellemēt qlz furēt prins de sōmeil et de repos paresseux. Et ainsi que le filz de thamaris et les sichiens dormoiēt cyrus auec ses gens darmes suruint a despourueu et mist a mort ceūlŷ filz et toº les sichiens.

Pres ceste descōfiture cyrus cuydant bien estre certain de victoire proceda plus oultre en menāt son ost dedans le pays de sichie/mais la royne thamaris q ouyt cōpter loccision de son filz et de ses gens cōbien quē fust moult troublee et principallemēt poȝ la mort de son filz. Toutesfois elle ne se adōna point a larmes ne a pleurs selon la nature des fēmes/ais cessa et retraignit ses douleurs et prenāt le demourāt de ses gēs pēsa q par tel art et cautelle q son filz auoit este tue elle defferoit cirus parquoy elle cōgnoissant les lieux et les passages dangereux de sichie faignit de sen fouyr poȝ paour du roy cyrus qui apres elle cheuaucha/lequel quāt il fut entre les montaignes horribles plaines de neiges et De gelees et ou il ny auoit viures pour hōes ne poȝ bestes il fut la enclos entre les buissōs et landes des mōtaignes ou il fut descōfit par les gēs de sichie. Quant cirus fut deffait thamaris ne print

print a rancon ne a mercy cyrus ne ses gens car elle fist cruellement mourir ledit cyrus Puis comanda que la teste luy fust trẽchee et fist emplir ung petit toneau plein de sang des cheualiers persois mors et print la teste dudit roy cirus laquelle elle mist dedans le dit toneau plein de sang en disant. Roy qui fuz cirus saoulle toy de sãg ou ton chief baigne dõt tu as eu si grãt soif/car ton chief ne ton corps nest digne dauoir autre tumbeau Ainsi fut cyrus enseuely.

Eritablemẽt la mer ne fait pas si grãt bruit ne ne sesmeult point tant quant elle se courrouce contre les vens/ne la montaigne de marine quãt le geãt tipheus pleure et mont gibel quãt ancelado souspire ne fremissent point tant cõme faisoit cellup dieu damour vaincu. Je delaisse et taiz beaucoup de choses grandes et glorieuses que lors ie vy faire a ma dame laura et a dautres ses compaignes mineurs et de moindre dignite que ie nose dire. Ce iour que ma Dame et ampe laura eut victoire glorieuse contre Cupido dieu damour elle auoit vne robe tresblanche et en sa main portoit ung escu de cristal leql medusa veit a son dõmage: car elle perdit sa cite. Celle laura auoit encores vng pillier dyapre au meillieu de iaspe/auquel auoit vne chaine picine de dyamãs et de topazes Et la auoit vng tresdigne lyen tel q̃ au mõde na point le semblable/auql ie vy lyer et attacher cellup dieu damour ou il endura telle extorcion et telles et si grandes peines quelles peuẽt bien estre cõparees a mille autres vẽgeances et tormẽs quãt on les vouldroit choisir et desirer/pour laquelle chose ie nestope pas cõtent ne rassasie de veoir Certes ie ne pourroye la magnificence De ceste saincte et Benoiste vierge expliquer ne en rime ne en prose Ne calliope ne clio auec toutes les autres muses ne seroient trouuees souffisantes a ce pour le dire.

De lucrece.

Vy adõc sur celle riue aps les enseignes de vraye honnestete la belle chaste dame penelope a qui larc et les saiettes et le son des doulces aesles damour firent autreffois grant bataille dont elle eut victoire/et auec elle estoit la belle lucrece/laqlle fut duchesse de toute la pudicite rõmaine et femme de tarquinius colatinus leql auoit assiege la cite De ardea ouql siege estoient to⁹ les nobles iouuenceaulx de rome et eulx retournez sextus tarquinius filz du roy de romme iecta ses yeulx impudicqs sur lhõnestete et beaulte de la chaste dame lucrece Et luy embrase du feu et challeur de luxure il disposa en luy mesmes par taisible cõseil que sil ne pouoit iouyr De ladicte lucrece par amour quil la predroit a force et en feroit a son plaisir. Lors quant le mary De lucrece fut retourne en guerre auecques lesditz iouuenceaulx ledit sextus tarquinius vint en la maison de celle lucrece ainsi embrase et ardant De acomplir son execrable luxure. Apres quil fut arriue leans et quelle leut receu benignement comme parent et consanguin De son mary colatinus et quelle leut couche et traicte honorablement/et que ledit sextus apperceut et sentit que chascun estoit couche et endormy il se leua de son lict lespee nue au poing et tant fist q̃l entra en la chambre de lucrece a laquelle il dist et declara son couraige en la menassant quil la mectroit a mort si elle disoit mot et quelle ne voulsist acquiescer a sa voulente. Aps quil eut apperceu quelle ne vouloit faire ne consentir a sa demande et q̃lle ne doubtoit la mort il se aduisa dune grande fallace en luy disant. Dame se vo⁹ ne le faictes il ya ceans vng seruiteur auquel ie coupperay la gorge apres que laura mys dedans vostre lict puis vous tueray pareillement/et diray a tout le monde que ie vous ay trouuez ensemble/et pour ceste cause ie vous ay tuez tous deux et en ce ny aura point de faulte. Ladicte dame lucrece opãt celles paroles fut moult espouetee et grandement troublee Et considera que si ledit sextus la mectroit en telle sorte a mort quil ny auroit persõne qui peust purger son innocence ne cõgnoistre le cas au vray dont a iamais elle encourroit note et renom de perpetuelle infamie. A ceste cause pour son honneur garder et saulver saccorda non pas de son bon gre/mais cõtre son vouloir a faire ce que ledit sextus demandoit. Apres que ledit Sextus eut estainct sa challeur et

Le triumphe

satiffait a sa volupte par autāt de fois quil voulut se leua au point du iour et laissa la dicte Lucrece triste en son couraige pour le peche par elle oultre sa volunte cōmis. Laquelle apres que son mary fut retourne elle manda son pere/son mary & generallement toꝰ ses parens et amys quilz fussent a vng certain iour par elle assigne en sa maison. Quāt lesditz parens & amys furēt arriuez elle leur compta en plorant le cas ainsi quil estoit aduenu/et cōment ledit sextus lauoit de nupt forcee contre son gre et voulente. Pour laquelle cause elle delibera de se occite. Lesditz parens et amys la reconforterēt et consolerent le plus quilz peurent luy promettant de la venger de ceste iniure. Et neantmoins elle tyra vng couteau que muce auoit soubz sa robe en leur disant. Si ie me absoulz de mon peche ie ne me deliure pas pourtāt du torment lequel est deu pour mondit peche. Apres ce quelle eut ce dit elle fischa ledit couteau en sa poictrine et es presences de tous les dessusditz elle cheut morte dont ilz menerent merueilleux dueil et gemissement.

⁋ De Virginee.

Pres celle dame lucrece ie vy in continent ensuyuāt celle doulce et belle vierge Virginee que son pere print p armes & par cruaulte/laqlle fut cause de mettre lung et lautre en liberte/car elle estoit fille dung nōme an lus Virgineus hōme treshōneste qui la pro mit a mariage a Lucius actilius de sordi

des tribuns Et pource que Virgineus intz
litoit dauenture en lexpedition de la guerre
entreprinse en algide par les rõmains il a
uoit delaye les nopces de sadicte fille. Du
rant ce temps apius claudius deuint mer
ueilleusement amoureux et enflãbe du feu
de luxure de ceste Virginee/laquelle estãt en
cores tendre regecta les blandices dicelluy
et ne tint compte de ses grandes prieres ne
menaces/car son couraige estoit de nectete
et chastete/au moyen dequoy ledit apius fut
embrase De telle fureur que apres quil eut
tourne et reuolue sa pensee chancellante et
considere que inferer force publicque a ladi
cte Vierge ne seroit pas chose seure/et pour
ce il pensa que pour sauoir par fraulde il se
roit tant que marcus claudius son affran
chy rauiroit et prendroit ladicte Virginee/la
quelle aucuneffois passoit enuiron le mar
che et la meneroit en sa maison cõme sa ser
ue et mãcipe fugitiue si tost quil trouueroit
occasion temps & lieu de ce faire/et si aucun
vouloit empescher ce fait quil le fist citer
par deuant luy.

Pres que ledit apius claudius
eut audit marcus claudius des
claire ceste susdicte frauduleuse
entreprinse et commande et re
quis de lexecuter ledit marcus par vne pre
sumptueuse hardiesse print ceste Vierge ain
si passant disant quelle estoit sienne Laquel
le sescria et de toute sa puissãce resista a len
contre de lui/et les matrosnes auec lesquel
les elle alloit luy aydoient a leur pouoir.
Lors soubdainement y acourut grant ha
bondance dhommes. Entre lesquelz y sur
uint actilius son mary. Lors apres plusieurs
parolles dictes dung coste & dautre la chose
vint a telle fin & cõclusion que Virginee fut
amenee au pretoire deuãt le iuge apius qui
delle estoit amoureux. Au iour assigne du
iugement Virgineus pere de ladicte Virgi
nee qui venu estoit de larmee ou il estoit al
le comparut auec sadicte fille deuãt le frau
duleux iuge apius claudius deuant lequel
marcus claudius demanda auoir Virginee
donnant a entendre quelle estoit sa mancipee
et serue. Laquelle par le president luxurieux
susdit apius claudius non voulãt ouyr Vir
gineus fut adiugee cõme serue fugitiue au
dit marcus claudius. Quant marcus la
voulut prendre et q̃ Virgineus son pere eut
dit plusieurs parolles en vain il fut finable
ment obtenu par ledit Virgineus quil peust
parler a ellez a sa nourrice affin que par ad
uẽture la verite trouuee de lherreur il peust
a sa moindre honte a marcus sa mancipe de
liurer Parquoy apres ql se fut retyre auec
elle emps les tauernes cloatiues a la veue
de la court tyra vng couteau lequel il auoit
muce et luy dist Ma treschiere fille ie des
fendz ta liberte par telle voye cõme tu vois
et tant que ie puis Et ce dit il bouta tout le
taillant du couteau dedãs la poictrine de sa
fille Virginee a la tresgrant douleur et pitie
de tous ceulx qui la regardoient. Duquel
coup la poure vierge cheut a terre voyant
tous les assistãs et la respandit son ame a
uec son sãg. Et par ce moyen la tresorde es
perance entreprinse du luxurieux apius fut
adnichillee par la mort de linnocẽte. De ce
sensuyuit la seconde discẽtion et discorde du
peuple rõmain par laquelle les dix hões des
susditz a ce contraintz delaisserẽt leur empi
re et au peuple rõmain sa liberte. Bien tost
apres le tour fut assigne a apius claudius a
la requeste de Virgineus lors tribun du peu
ple. Quãt apius fut venu pour dire sa cau
se il fut par le commandemẽt de Virgineus
mene en prison et lie de chaines Et affin
quil euitast la honte et deshonneur qʼl auoit
desseruy et que le pecheur et coulpable du
mal purgeast lame innocente de Virginee il
fina sa sa vie miserablement/et son sergent
inique affrãchy plora son crime en exil & les
biens de luy et de apius furent confisquez.

⁂ De la chaste hyppo.

Out au plus pres de ceste sus
dicte Vierge Virginee ie vy en
doulx et constant maintien ceste
veufue hebree iudich noble da
me/saige/forte & chaste de laquelle a este fai
cte ample mention en son hystoire par cy de
uant prealegant de holofernes auquel elle
trẽcha la teste pour la deliurãce de la cite de
Bethulie et du peuple de dieu cõme il appert
au triũphe damour. Apres ensupuãt ie vy
ceste grecque hippo qui pour mourir nette
saulta en la mer/car elle fut fẽme grecque
natiue dathenes/belle & entre les autres sai

f ii

ge et bien formee et proposa garder l'honeste
te de son corps par perpetuelle chastete et cō
tinence. Et telle constance et vertu en elle
print que iamais ne souffriroit estre violee
Ung iour par aucun cas dauēture et de for
tune ladicte dame hyppo fut prinse et raupe
des ennemys pirates larrons de mer. Et
voyant par elle que sōdit propos ne pouoit
estre garde entieremēt que par mort et q̄ ses
ditz pirates et larrons de mer estoiēt delibe
rez faire leur plaisir charnel de son corps de
uant quelle voulsist attendre ladicte violen
ce elle se precipita et se gecta en la mer ou in
continēt fut de vagues et ondes submergee
et noyee. Et la ainsi mourut por sauluer et
garder l'honneur et purite de son corps, et ay
ma mieulx mourir honnestement que de vi
ure en hōte. Apres ce que le corps de ladicte
dame eut este tourne et demene ça et la par
les vagues et ondes de la mer Ledit corps
arriua et fut gecte par lesdictes vagues au
riuage et en bien assez pres du lieu ou ladicte
dame s'estoit gectee Et par ce que lesditz pi
rates qui l'auoiēt ainsi par force rauie firēt
bruit de cestuy cas et de la maniere et cause
de sa mort elle fut noblement tumulee et en
terree oudit riuaige ouqĕ on luy esleua ung
grant et magnificque sepulchre richement a
coustre et aorne en tesmoing de sa pudicite
et chastete bien gardee pour perpetuelle me
moire et pour l'exēple des autres femmes.

De theosenne.

Apres cestedicte dame hyppo ie vy
la noble dame thessalienne fille
de berodite prince de thessalye au
tēps que philippes filz de deme
trius regnoit sur les macedoniens, laquel
le eut une seur nōmee archo. Apres ce que
ledit roy philippes par sa crudelite et tyran
nie eut premierement occis les peres desdi
ctes deux dames Certain tēps apres elles
furent par icelluy philippes (desloyaulte a
se le persuadāt) priuees de leurs maris. Et
a chascune d'elles demoura de leursditz ma
ris ung seul filz. Elles estās veufues ar
cho fut la premiere mariee a ung prīce de cel
le gent nōme poride duquel elle enfāta plu
sieurs enfans Et theosene sa seur de plus
cōstant courage par plusieurs nobles hōes
requise en mariage plus longuemēt garda

son veufuaige. Quant sadicte seur archo
fut par mort soustraicte theosenne ayant cō
passion de ses neputux a ce dīs ne veinssent
es mains dune leur marastre ou q̄ par leur
pere moins curieusemēt fussent nourris et
esleuez affin quelle les esleuast cōe ses pro
pres enfans elle se conioignit par mariage
a icelluy mesmes poride, car nulle loy en ce
temps ne les gardoit et print lesditz enfans
en telle amour cōme si elle les eust enfātez
pour dōner a cōgnoistre q̄ plus por l'amour
et prouffit deulx q̄ pour son prouffit elle s'es
toit mariee a poride. En cestuy tēps philip
pes roy de macedoine prepara faire guerre
contre les rōmains parquoy il euacua pres
que toutes les citez marines des anciēs ha
bitans leur cōmandant qu'ilz a grādes cōpai
gnies passassēt en peōnie une region situee
au meillieu de sa seignerie q̄ depuis fut ema
thie nōmee Puis cōceda et octroya aux tra
ces gēs habilles et cōuenables a la guerre
future qu'il entēdoit faire habiter icelles citez
ainsi vuydees de leurs habitās. Et cōe les
dessusditz habitās ainsi departās ledit phi
lippes mauldissoiēt il pēsa q̄ autre chose ne
luy seroit seure s'il ne faisoit pareillemēt
occire les enfās de ceulx qui cōe cruel auoit
parauāt fait mourir les peres. Et pource
il commanda les prendre soubz bōne garde
pour iceulx faire mourir l'ung apres l'autre

Dant theosenne ouyt ledit com
mandemēt du tresmauuais roy
et memoratiue de la mort des ma
riz d'elle et de sa seur pensa aussi
qu'on demāderoit son filz et ses neputux, et
elle extimāt que lesditz enfans ne seroient
pas seullement ramenez en la derision et
cruelle forcenerie dudit roy, mais que par
necessite ilz seroient submis a l'arrogāte do
mination de leurs gardes Pour ceste chose
euiter elle ficha son couraige soudainemēt
en ung trescruel fait et osa dire a sō mary pe
re des enfās que plustost les occiroit toº de
sa propre main quelle les souffrist venir en
la puissāce du tyrāt philippes. Poride ayāt
en abhōminatiō le vouloir de sa fēme pour
la conseiller et sauluer ses enfans se offrit
transporter iceulx dehors et les bailler bien
tost a aucuns ses feables amys et aussi des
tre son cōpaignon en ceste fupte en laquelle

chose ne tarda de ce faire, car il faignit de sen vouloir aller de thessalonicq en la cite de enee aux sacrifices et solennitez chascun an il ser fais p enee fundateur de ceste cite. Du ql lieu apres ql eut consumme cellup iour en cerimonies, coduitz et mangiers auec sa feme et enfans tandis q tous les autres dormoient il partit lup et ses gens celeement de nupt et monta en une nef come sil vouloit retourner en son pays, mais il lup aduint autrement ql ne tendoit, car il nauoit encores gueres eslongne le riuage de la cite de enee quant par les tenebres de la nupt se leua ung vent contraire qui se retira et mena maulgre sop au lieu dont il sestoit party oultre le gre des mariniers, tandis le iour apparut ql leur monstra quilz estoient pres du riuage. Les gardes du rop du port voyas celle nef extimans icelle prendre la fupte enuoyerent incontinent une legiere barque armee pour prendre ceste nauire et lamener au port. Dorride congnoissant le peril auql lup, sa femme et enfans estoient voiāt celle barque armee venir puissamment a eulx ne sceut quel conseil prendre. Ce voyat theosenne ql ny auoit remede de salut ne de seurete retourna soubdainement au crime par elle precogite, et fist et coula ung bruuage venimeux et appresta aucūs glaiues en disant a ses enfās. La seulle mort nous peult a tous doner vengeance et sauluement, ces glaiues et bruuaige sont les voyes de nre mort, lorgueil du cruel roy philippes doit par nous estre euite par lune de ces deux voyes laqlle q mieulx plaira, donc mes bons iouuēceaulx excitez voz nobles couraiges. Ia leurs ennemis approchoient et celle feme actrice de celle mort persuadoit et par ses parolles contraignoit lesditz iouuenceaulx paoureux et doubtās de receuoir la mort, lesqlz consumez les ungz par glaiues les autres par poison encores demp vifz et sop remuās elle fist getter dedās la mer. Quant elle eut ce fait elle embrassa son dit mary dung tresnoble et constant couraige leql encores faisoit ses prieres et come son compaignon a la mort le tira auec sop et icellup fist cheoir dedās le profond de la mer affin qlle ne fust veue auoir garde en elle la seruitude laqlle aux autres elle auoit dissuade, considerant q trop mieulx lup valoit frāche mourir q en viuant enuieillir

et finer ses iours languissant en seruitude.

¶ De la femme orgeagonce.

Drenc ensupuant ioingnant la dicte theosenne iapperceu clerement audacieusement marchant aucunes autres dames cleres. Puis vy triūpher icellup cesar q vaincquit tout le monde. Et aps lup vy la feme orgeagonce q de son giron laissa cheoir a terre la teste du centurion pour garder sa chastete, car ceste feme dot est le nom incongneu fut feme et espouse de orgeagonce ung petit roy de gallogrecz. Et pource q le grant roy dasie et de syrie nome anthiocus eut este vaincu p les romains soubz le duc scipion aps q a maulius torquatus fut par sort escheue la prouince dasie affin q en vain ne fust veu p auoit transporte ses multitudes de gens darmes, et quil ne tenist ses cheualiers oyseux. Cellup maultus conduisit et mena son oste es monstrueuses et mussees regios dasie ou il infera guerre et bataille tresaspre a lencontre desditz gallogrecz peuple de barbarie pource qlz auoient aide a anthiocus contre les armees romaines et auoient souuent trouble toute asie. Quant les gallogrecz q ia se deffioient de resister eurent delaisse leurs villes et lieux et sen fussent allez auec leurs femes, enfans et autres biens es summitez et haultesses de montaignes fortes et deffensables par la nature du lieu. Touteffois finablement partie diceulx vaincus par la puissāce des romains maulius en brief eut deux victoires. Entre iceulx gallogrecz auoit une moult grande multitude de prisonniers de tous sexes baillez en garde a ung centurion, lequel voyant la femme dudit orgeagonce de ieune et comparante aage et de tresgrande beaulte de corps et de visage lup prins de la concupiscence dicelle non ayant memoire de lhonnestete des romains congneut charnellement ladicte dame a force et malgre elle, ce que ceste dame porta par si grande indignation quelle ne desiroit point tant sa deliurance et liberte come elle faisoit la vengeance de cellup cas. Mais moult caultement et saigement dissimula son vouloir et intention en temps moult conuenable. Quant la finance de

f iii

la redemption des prisonniers fut apportee selon lappoinctemēt fait lire renouuella en la chaste poictrine de celle dame. Et lors elle premeditant quelle chose estoit par elle a faire aussi tost q̄lle fut mise et deliuree hors des fers auec les siens se tira a part et commanda en son langaige (aux rōmains incōgneu) a ses subgectz quilz meissent a mort le centurion et q̄ incontinent apres luy trenchassent la teste. Laquelle chose fut executee Et ce fait elle print la teste dudit centurion et la mpt en son giron. Et elle venue en la presence de son mary orgiagonce luy recita comme elle estant prisonniere on luy auoit fait celle iniure par force et violence, et en ce disant elle gecta la teste a ses piedz q̄lle portoit comme si elle eust apporte le pris du deshonneur a elle fait et la purgacion de ce.

¶ De Vesta et Herfilee.

Apres celle dicte femme ie vy la Vierge piteuse et deesse Vesta q̄ de necte et bonne pensee courut au tibre (t pour se purger de toute infamie porta au tēple de seaue dudit fleuue plain vng crible donnāt a cōgnoistre publiquement quelle estoit vierge, chaste (t pure. Et auec elle de coste a coste estoit Herfilia auec ses compaignes sabines telle que de son nō sont emplis tous les liures. Car apres que romulus eut eu plusieurs victoires grādes cōpaignies dhōmes de tous costez se trouuerēt a romme, mais luy ne ses gens nauoiēt aucunes femmes (t si nauoit entour eulx nation q̄ se voulsist alier a eulx par mariage. Quant le roy romulus veit quilz ne se pourroient marier pour crainte ne y amour il fist crryer vng tournay et vne grande feste pensant que les dames denuiron viendroiēt a celle assemblee pour elles esbatre. Et ainsi pourroient ilz choisir et prēdre fēmes a leur plaisir qui que se courrouceast. La feste fut a rōme a laquelle vindrent maintz vaillans barons et maintes belles dames riches (t puissātes pour veoir celluy tournoy. Herfilee fille de cassius le fort roy de sabine y vint a tout grant cōpaignie de belles et nobles pucelles. Quant romulus la vit tant belle et aduenāte il fut incontinent surpris de son amour. Lors laissa (t fist cesser le tournoy, (t sen alla vers ladicte Herfilee laq̄lle il print et la mist sur son cheual et cōmanda a tous ses gens que chascun deulx print et rauist la sienne, ce q̄lz firent et les emmenerēt iusques en la ville Pour lequel rauissement fut cassius tresesbahy et cupderent celle honte venger. Par quoy ilz assaillirēt fieremēt les rommains lesquelz se deffendirent vigoureusement. Tarpee la folle laq̄lle auoit les clefz dune tour voyant les ostz des sabins gentemēt armez les mist dedans la ville. Contre lesquelz romulus et ses gens bien armez vindrent, et la eut grande occision dune part et dautre. Lors les dames et damoiselles sabines qui auoient este rauies furent dolentes de celle meslee Car les aucunes delles auoient ia conceu et les autres auoient enfans. Lesquelles sassemblerent au temple de iuno et parlementerent ensemble, et premieremēt dist Herfilee. Trop dure est ceste guerre qui menee est pour nostre rauissemēt si faisons mal que pitie ne nous en prent, ie loue que par nous y entremettre nous ayōs paix. Car si la bataille longuement dure de quelque partie que ce soit il nous pourra mescheoir, si noz maris vaincquent noz peres et noz parens en auront du pire, et si noz seigneurs perdent nous y aurons plusgrant perte. Lors herfilee destia ses cheueulx (t les autres peillement, puis se vestirēt de draps noirs, et ainsi sen allerent tristes et dolētes et leurs enfans portans dessus leurs bras en la place ou les deux ostz se vouloiēt assembler pour cōbatre. Quāt les dames veirēt les deux batailles prestes a ferir elles sagenouillerent en terre et prierēt aux peres et a mys quilz feissēt paix, et les enfās que les meres tenoient entre leurs bras crryoient. Dont iceulx parēs et amys les voyās en tel estat grāt pitie en eurēt parquoy amyablement laisserent la guerre quilz auoient entreprinse et longuement maintenue. Et lors sentreaccollerent a baiserēt et ainsi fut la guerre appaisee et firent entre eulx paix par telle condition que cassius tant quil viuroit auroit son regne et regneroit sur les sabins, et apres sa mort romulus gouuerneroit lung et lautre royaulme et obeyroient les sabins a luy cōme a leur roy et seigneur

¶ De deyphile.

De chastete | fueillet .xxxiiii.

Pres lesdictes sabines ie vy celle dame estrâgiere qui pour son amy et loyal mary non pas pour enee se voulut mettre a mort/ et pource se taise le peuple ygnorant qui croyt que pour vaine amour de enee se occist. Je dis dido royne fondaresse de cartaige laquelle auons dessus assez monstree au triumphe damour. Auecques celle dido estoit la belle vierge almathea autrement dicte deiphile laquelle aucuns dient auoir este fille de glaucus et lune des dix sibiles laquelle regnoit au temps de la destruction de troye et vesquit si longuement quelle peut veoir le roy tarquinus en son temps roy des rommains tresancien/ et fut de si grande virginite que non obstant ladicte diuturnite de temps au quel elle auoit regne longuement iamais ne corrompit son integrite virginale/ car ia soit ce que les poethes dient quelle fust aymee du dieu phebus lequel luy donna pour salaire diuturnite de vie. Touteffois on ne doit pas croire quelle ayt receu lesperit de prophetie ne diuturnite de vie dautre que du vray soleil qui est de dieu le createur lequel illumine toute personne viuante en ce monde. Dient aussi les aucteurs que ceste dame sibille auoit vng lieu aupres du lac de auernus auquel elle donnoit responce a ceulx qui des choses aduenir luy demandoient conseil. Apres elle sen alla a romme et porta audit roy tarquinus neuf volumes et liures de propheties et secretz diuins Et pource que ledit tarquinus luy refusa donner le pris quelle en demanda elle en brusla trois en sa presence Et le iour du lendemain ledit tarquinus luy demanda combien elle vouloit vendre les six volumes qui restoient Elle respondit autant comme elle eust vendu les neuf et quelle estoit deliberee den brusler en ce iour trois et le lendemain les trois autres. Ce oup par ledit tarquinus il luy en donna ce quelle en demandoit/ et furent iceulx liures mys aux tresors desdits rommains. Et fut trouue par ceulx qui apres sont venuz que lesditz liures contenoient tous les faitz notables et fortunes diceulx romains. A ceste cause lesditz rommains garderent les dessusditz liures songneusement et auoient recours ausditz liures comme a la respônce et reuellation des dieux/ car par iceulx ilz auoient conseil des choses aduenir. Ladicte dame fina ses iours en la terre de sicille.

De anthonia la mineur.

Dant ieu bien en celluy coste dextre regarde ie vy de lautre anglet anthonia laquelle pour exposer son cas fut fille de anthoine et de octauie/ et fut celle anthonia surnommee la moindre pource quelle auoit vne seur plus aagee de ce mesmes nom. Celle anthonia fut mariee a drusus frere de tybere neron et nepueu de octouian auguste duquel elle conceut et enfanta germanicus et claudius qui depuis fut empereur auguste/ et vne fille nômee liuille/ lequel drusus comme il vacquast en la guerre des germanies (comme aucuns maintiennêt) perit par venin que son frere tybere luy fist bailler. Apres la mort duquel ia soit ce quelle fust en aage florissant et de tresgrande beaulte consideria que assez deuoit suffire a vne femme honneste auoir este vne fois mariee. A ceste cause ne peut par aucun estre conuertie a se remarier/ mais tout le surplus de sa vie en lhostel de son sire es limites de sa chambre et lict de son mary tellement et si chastement et sainctement vesquit quelle surmonta par sa noble vidupte les louenges de toutes autres femmes.

De lauinia.

Nsuyuant celle anthonia ie vy tout dung ranc deux belles et nobles dames pures et aussi blanches q̃ fin cristal et dyamant desquelles la constance et maintien estoit moult gracieuse a veoir et tresdelectable. Cestoit lauinia femme du bel et gentil eneas et argla fille au roy adrastus lesqlles tout dung mesme accord et assentement se tenoiêt par les mains côme associees et amyablement en celle noble côpaignie conioinctes ensemble. Car affin que apres la notice de leurs chastes et publicques faitz tu dois scauoir que ladicte lauinia fut vne noble dame royne de la cite de laurentium et fille vnicque du roy latinus et femme du bel et gentil

f iiii

eneas duc des troyens. Ladicte dame lauinia pour cause de sa beaulte ensemble pour raison du royaulme de son pere auql come seulle heritiere elle sembloit succeder, estoit demandee en mariage par turnus lors roy des rutiliens qui estoit en la fleur de sa ieunesse et qui laymoit damour indicible, car il estoit son cousin filz de la seur de amata mere de ladicte lautnia, mais ledit roy latinus qui estoit expert en la science de diuination et congnoissoit les choses aduenir eut par responce des dieux q̃ sadicte fille seroit mariee a vng duc et prince estranger. A ceste cause il ne se hastoit point de donner sa fille audit turnus. Quant ledit latinus eut entendu q̃ eneas estoit fugitif de trope et quil estoit arriue es parties dytalie tant pour cause de lancienne noblesse dudit eneas q̃ pour raison de la susdicte responce et admonnestement des dieux apres que ledit eneas luy enuoya ses orateurs pour luy demander et requerir q̃l luy pleust le receuoir en son amytie et grace il ne leur promit pas seullemēt ladicte grace et amytie, mais auec ce promist donner en mariage sadicte fille lauinia audit eneas de trope. Au moyen et pour laquelle promesse guerre mortelle fut suscitee entre lesditz eneas et turnus. Apres ce q̃ lesditz princes eurent eu entre eulx plusieurs batailles et grādes occisiōs faictes dune part et dautre ledit eneas eut la victoire et espousa ladicte dame lauinia. Apres ce que ladicte amata pour indignation de ceste victoire se fut pendue et deffaicte miserablement combien que aucuns ayent voulu dire que ladicte guerre cōmencea pour raison du mariage ia parfait entre eneas et lauinia, mais en quelque maniere que ce soit il ny a point de doubte que ladicte lauinia conceut vng filz dudit eneas, lequel eneas auāt que lauinia eust enfante se noya dedās vng fleuue nomme numittus. Ce voyant lauinia et doubtant q̃ son fillastre ascanius filz dudit eneas ne luy voulsist faire qlque oultrage se retira dedans les forestz et la enfanta vng beau filz leql fut appelle siluius pour ce quil auoit este ne es forestz, et touteffois ledit Ascanius traicta sa marastre lauinia plus humainement que autres nont acoustume de faire, car il laissa voulentairemēt le royaulme des latins a ladicte lauinia et se retira en certain lieu a part auquel il fist edifier la cite de alba en laquelle il regna et mist ses loix, seigneurie et empire. Et ladicte lauinia ayant en sa pensee lancienne noblesse de ses possesseurs tint et posseda son royaulme et vesquit en si grande honnestete et chastete que sans macule de infampe iamais prince ne autre par promesses ne aucunes menasses ne la sceut oster hors de sa viduite ne destourner ne changer son chaste pur et pudicque courage et propos.

¶ De argia.

Quant est de la dessusdicte argia tu dois sçauoir quelle descendit de la lignee des nobles et anciēs roys des argins et fut fille du roy adrastus et pour sa merueilleuse et grande beaulte elle fut tresdesiree de tous les nobles laquelle espousa polimites filz de edipus roy de thebes. Lequel polimites par sa fraulde et malueillance de son frere ethiocles fut deboute du droit quil pretendoit audit royaulme de thebes. Car sondit frere rompit ledict par lequel auoit este appoincte que lesditz deux freres regneroient chascun son an. Et que pendant le temps q̃ lung regneroit lautre seroit absent et sans gouuernement. Ledit polimites sōma plusieurs fois son frere ethiocles de se departir du royaulme et que il le laissast regner en son tour selon et ensuyuant les pactiōs entre eulx passees. Ce que ledit ethiocles refusa. Car il fut si embrase du feu de charnelle concupiscence en la beaulte de ladicte argia femme de sondit frere polimites que par plusieurs fois la requist et pria damours en luy promettant totalement et a perpetuite renoncer a la part que il auoit au royaulme et en laisser toute la iouyssance a elle et a sondit mary polimites. Argia oyant enuis cestes infames et deshonnestes requestes et promesses elle qui auoit le cueur pur et nect et le couraige loyal, chaste et pudicque ne voulut consentir au vouloir inique et lubrique de ethiocles ains le refusa doulcemēt le reprenant de sa folie et luy monstrant le desshonneste fait et grant pechie que cestoit ethiocles indigne et despit pour icelluy refus pensa que autrement procederoit et mettroit peine de la prendre au lict seulle par quoy vng iour il espia son frere polimites son mary qui bien matin sestoit leue pour aller a la chasse et auoit laisse sa femme argia au lict. Incontinent quil fut party ethiocles qui le guet faisoit entra secretement en la chambre de argia laquelle il pria et pressa de acomplir son mauldit vouloir. Et pource quelle le refusa il la menassa de la prendre a force et de la tuer si elle crioit. Et incontinent il sefforca de toute sa puissance de la forcer auquel elle resista de tout son pouoir. Et pource que plus nen pouoit pour garder de nestre de luy violee elle ne craignit ne menasses ne mort/ains commenca a sescrier comme lasse qui plus ne se pouoit deffendre. Auquel cry lung de ses chambellans suruint en la chambre qui demanda que cestoit. Et ethiocles voyant quil estoit surprins laissa argia et comme vng loup rauissant escumant son espee nue au poing se getta sur ledit chambellan et lui perca le corps tout oultre dont il cheut mort. Et argia en ce pendant qui de paour trembloit se getta en la chambre de ses femmes qui de la siene estoit assez pres. Ce voyant lesdictes dames toutes effrayees commencerent a elles escrier par quoy en toute la maison se leua grant esmeute de gens. Ethiocles pre et comme tout enrage sortit hastiuement hors de la maison et se retira a ses gens. Incontinent apres Polimites arriua qui vit toute sa maison troublee et entra en sa chambre ou il trouua en la place sondit chambellan tout roide mort estendu auecques grant effusion de sang/ puis regarda son lict tout foulle et que sa femme argia ny estoit point dont fut lors moult esbahy et ne sceut que penser. Et comment il ouyt en lautre chambre ses femmes plorer et demener grans plaintz entra dedans ou il trouua sa femme toute esuanoupe et comme demye morte/ et luy vit sa belle et blanche chair chaste tendre et delicate toute deffiguree et meurtrie en plusieurs endrois de son corps du visaige et des membres pour la resistance et deffence quelle auoit faicte aux durs et violens efforts de ethiocles. Pour laquelle chose polimites moult estonne et tresdesplaisant fut.

Apres que Polimites eut bien longuement regarde la pitie de sadicte femme argia il senquist ausdictes femmes dont venoit ce / mais nulle destre elles ne luy en sceut dire certaine verite. Et pource apres que ladicte argia fut retournee de pasmoison elle compta audit polimites son mary ce que luy auoit fait son frere ethiocles pour la cuyder violer. Et comme a son cry ledit chambellan suruint auquel ethiocles se getta pour le cuyder tuer et que ce pendant elle sestoit sauluee en celle chambre de ses femmes/ et apres sen estoit ledit ethiocles fuy & ainsi estoit eschappe de ses mains. Quant polimites entedit celluy effort et iniure fait par son frere ethiocles enuers sadicte feme argia il fut merueilleusement desplaisant. Lors pensa que pour auoir meilleure occasion de soy venger il sommeroit de rechief ledit ethiocles qui hors de son tour estoit de sortir hors du royaulme et que en son refus luy infereroit mortelle et hayneuse guerre. Argia sachant lentreprinse de son mary polimites qui ia preparoit ses armees contre ethiocles qui refuse auoit ladicte sommation rescriuit subitement a son pere adrastus tout le cas et iniure dudit ethiocles & lentreprinse dudit polimites et supplioit sondit pere quil luy pleust donner secours en cest affaire tant pour venger ladicte iniure que pour luy ayder a recouurer son droit du royaulme contre le dessusdit ethiocles.

Adrastus roy des argins apres quil eut leu et entendu le contenu des lettres de sadicte fille argia voyant et congnoissant que la requeste dicelle estoit trop iuste et raisonnable il assembla grant ost de gensdarmes du pays de grece lesquelz assiegerent la cite de thebes deuant laquelle y eut plusieurs et diuers assaulx/ grans meurtres et occisios dune part et dautre. Et apres plusieurs assaulx et combatz fais et que les ducz et cap pitaines du roy adrastus et de polimites furent par les gens de ethiocles mors et deffaitz et icelluy roy adrastus desnue de ses gens et demy chasse et vaincu lesditz deux freres polimites et ethiocles sentretuerent De laquelle mort mesmes de celle de polimites ladicte argia ayant congnoissance incontinent gecta a terre tout son triumphant habit et estat royal et laissa la mollice et plaisance de sa chambre sans auoir egard a la debilite et foiblesse de son corps. Et partit acompaignee daucunes de ses femmes pour aller au lieu de la tuerie et chercher le corps de son loyal espoux polimites qui parmy la charongne des autres corps gisoit la occis La bonne et loyalle dame argia pleine de chastete et pudicque amour ne doubta point le danger des chemins des bestes et oyseaulx qui poursuyuoient lesdictes charongnes Aussi ne doubtoit point ledict du roy creontes, lequel auoit fait crier que sur peine de la hart on ne mist la main a ceulx qui estoient mors pour les enterrer Mais sans aucune doubte elle entra dedans ledit champ a heure de mynuyt, et dung grant et asseure couraige remuoit lung apres lautre les corps qui ia estoient infectz pour scauoir si elle pourroit choisir sondit mary. En laquelle chose faisant elle eut puantes et tresinfectes odeurs et ne cessa point iusques a ce quelle eut trouue ledit corps de son mary polimites duquel la face estoit demy mangee deffaicte et plaine de pouldre et de sang figee. Touteffois ce ne peut empescher ladicte argia quelle ne le congneust et baisast en plorant tendrement et parlast au corps en faisant piteuses lamentations et douloureux plaintz et regretz. Apres que ladicte argia eut par layde de ses femmes transporte le corps de sondit mary polimites hors de ce lieu infect et quelle leut par tous endroitz laue et nettoye, doulcement embrasse et baise et fait tout ce que personne piteuse remplie de chastete et loyalle amour peut et doit faire au corps de son amy affin que ladicte dame ne obmist aucune solemnite elle fist vng grant feu auquel elle brusla ledit corps selon la coustume ancienne des grans Et ce fait elle mist les cendres dicelluy dedans vng riche vaisseau dor lequel secretement elle garda sans iamais autre mary auoir. Car combien quelle fust lors ieune elle vsa le demourant de sa vie si chastement que oncques puis ne corrompit son veufuaige et entiere et pure chastete.

De spurina.

Celluy beau noble et deificque triumphe estoit en vng lieu ou les vndes sallees de la mer frappent et flottent a la riue des beaulx et medicinables baings de baye ou la ou est tout temps liuer doulx et leste attrempe et arriua a main dextre et a terre ferme entre le mont barbe et le mont auerne q̃ est la maison de sibille. Puis passa oultre et auecques toute la compaignie sen allerent tout droit au chasteau de linterne a vne ville sollitaire et meschante en laquelle estoit celluy grant homme qui se nomme dafricque Cestassauoir scipion qui premierement eut auec le fer despees et lances et a force darmes print et ouurit celluy passage en allant conquerir espaigne, lequel par honneur et de fait magnificque fut deuant les yeulx de tous aggreable et plaisant. En laquelle victoire il ennoblit grandement le temple de chastete. Au triumphe dautruy lui despleut suyuir et aller luy qui a la creance non vaine est ne seullement pour triumphes et pour empires. Ainsi arriuerent a la cite souueraine au temple piteux que supplicia dedia a chastete ou souloit estre embrase le cueur gentil de honnestete non pas de la gent plebeyenne, mais des patriciens il desploya la les glorieuses despouilles et desposa la belle vaincqueresse de ses victorieuses et sacrees palmes pour les offrir et presenter ainsi comme raison estoit a la deesse de chastete. La ie vy le ieune tuscan qui ne cacha les belles playes de son visaige qui le firent suspect dont il fut baille en garde encontre son ennemy comun. Cestoit le beau iouuenceau spurina ne du pays de tuscane lequel entre tous autres iouuenceaulx estoit dexcellente et merueilleuse beaulte de visaige et de corps tellement que il attrapoit a luy a son amour les yeulx, les cueurs et les pensees de plusieurs nobles

De chastete

femmes Lors le saige et honneste iouuen
ceau spurina sentit et apperceut quil estoit
suspeconne enuers les maris et parés des
femmes tuscannes et pour remedier a ceste
suspition il confondit et effaca la beaulte de
son visaige par diuerses et grandes playes
dōt il se decouppa et ayma mieulx que la dif
famete et laidure de son corps portast foy et
tesmoignage de la chastete preudhōmie et
sainctete de luy que la beaulte et singuliere
formosite de son visaige esmeust ou attrast
les estranges femes a delectatiōs charnel=
les et plaisances deshonnestes et lubriques

De ppolite.

Aecques celluy spurina leu vp
beaucoup dautres dont les nōs
daucuns par ma guyde me fu=
rent diz lesquelz auoient fait au
dit amour cler despit, entre lesquelz ie con
gneu et vy le beau ieune ppolite sur la riue
de la mer lequel les cheuaulx effrayez du
monstre marin la suruenant et apparoissāt
rompirent et briserent en pieces et loppine
auec le chariot auquel ledit ppolite auoit es
te mys. Et affin de cōgnoistre leffect chaste
et tresloyalle preudhōmie dudit ieune ppo
lite il est a entēdre que theseus eut vng beau
filz nōme ppolite lequel estoit entre autres
de merueilleuse beaulte et corpulēce. Apres
que ledit theseus eut par le moyen adriane
conquis, vaincu et mys a mort le minotau
re et quil eut emmenee ladicte adriane et sa
seur phedra auecques elle iusques en lisle de
chios a laquelle adriane il auoit promis la
prendre en mariage et lespouser. Apres que
eulx estans hors de dāger en ladicte ysle de
chios il eut fait tout a son plaisir de ladicte
adriane, elle estant endormie il print sa seur
phedra et lemmena auec luy en son pays ou
il lespousa, et ainsi laissa seullette la poure
desolee adriane en celle ysle de chios laquel=
le le dieu bachus la suruenant emmena.

Eu de tēps apres ledit roy the=
seus mary de ladicte phedra es=
tant hors le pays de crete phe=
dra voyāt la singuliere et inesti
mable beaulte dudit ppolite fut surprinse

Fueillet. xxxvi

charnellement du feu damours tellement
quelle par sa conduicte et entreprinse seulle
auec luy franchement luy declaira son cou
rage et par expres le pria de son amour et qͤ
voulsist coucher auec elle, et tellemēt le per
suada qͥl ne scauoit en quelle maniere se def
faire delle. Touteffois il la refusa dont el
le se trouua bien cōfuse et honteuse. Et par
vengeance et indignation elle faulcement
luy mist sus qͥl lauoit voulu violer et pren
dre a force. Pource le roy theseus son mary
venu pour le prauissime despit quelle auoit
du refus et poͬ doubte destre accusee et blas
mee tourna sur linnocēt ppolite tout le mes
fait et vouloir adultere delle disāt audit the
seus que luy estant hors son filz ppolite las
uoit voulu efforcer. Lors le pere theseus
qui pas ne scauoit la verite creut trop legie
rement la mensonge inicque et frauduleux
rapport de sa feme phedra dont il mescreut
sondit filz a tort et iniustement. Parquoy
preusement theseus fist mettre ledit ppolite
lye en vng chariot en le bannissant de son
pays et le fist par gens expres a ce commis
cōduire ainsi et mener en exil. Lors ainsi es
tant lie audit chariot estāt au long de la riue
de la mer entre phace ꝗ le trogōne sur la mer
de corinthe soubdainemēt cōmenca la mer a
sesmouuoir et brupre tellemēt que les mon
stres marins sapparoissoient faisant de to⁹
costez grās bruitz. Entre lesquelz se appa
rut et se monstra hors iusques aupres du
vētre vng merueilleux horrible et espouen
table monstre ayant la forme dung thoreau
lequel auoit museau large grant et tout ou
uert dont il vomissoit leaue de la marine a
grandes vndes. Quāt ceulx qui le conduis
soient virent celluy espouentable monstre
de paour quilz eurent senfouyrent et laisse
rent ppolite seul, et les cheuaulx qui menoi
ent ledit chariot auquel estoit ppolite lie et
assis furent si effrayez pour celluy monstre
quilz senfouyrent contre et au hault dung
mont traisnant le chariot par les rochiers
tellemēt quen brief espace de tēps le chariot
fut cōtre les pointes des grosses pierres ꝗ
des roches agues et poinctues tout brise et
mis par morceaulx ꝗ loppis chascun cheuaᶩ
en traisnant sa piece, et par ainsi ppolite qui
lye ꝗ garrotte estoit audit chariot ne se sceut

aucunement fauuet quil ne fuſt auecques le chariot tout deſmembre. Et en grant angoiſſe et martire mourut le beau et noble iouueceau ppolite filz dudit theſeus roy dathenes et de ppolite royne des amazones. ¶ Les poethes recitent que ariadne ou dyane Deeſſe De chaſtete enuoya audit ppolite ainſi deſmembre et mort le ſouuerain medecin eſculapius ou autrement dit pan lequel auec ſes herbes et medicamens miſtionnez reſſoulda et remiſt tous les membres Dudit ppolite/et que ainſi le guerit et reſſuſcita et le fiſt reuiure malgre pluto qui es enfers detenir le vouloit. Et pource que ceſte deeſſe Diane ne vouloit pas que ledit ppolite fuſt recongneu et quil euſt enuie de le voir reſſuſcite dune immenſe obſcurite luy couurit et donna autre forme de viſaige et figure. Puis luy changea et oſta le nom Dppolite et luy impoſa le nom De virbius. Ceſt a dire deux fois fait homme.

Pur parler a la vraye hyſtoire ceſt choſe veritable que theſeus emmena adriane et phedra et laiſſa ladicte adriane en une yſle a la quelle il auoit promis mariage et emmena auecques luy ſa ſeur phedra laquelle il eſpouſa en athenes pourquoy adriane mourut par grant aſpreſſe de douleur et pource que ppolite filz de theſeus ne voulut obtemperer aux lubricques prieres de ſa maraſtre phedra elle eſmeut les atheniens contre ledit ppolite lequel fut en bataille naure preſque a mort. Touteffois vne matroſne le guerit Puis ſen alla Demourer au pays a luy eſcheu de par ſa deſſuſdicte mere ppolite royne des amazones.

¶ De ioſeph filz de iacob.

Apres celluy ppolite ie vy et congneu clerement le loyal et chaſte ioſeph filz de iacob lequel tout a la fin et le dernier de toute ſa compaignie eſtoit donnant la ſentence et expoſition de deux ſeruiteurs. Et pour bien entendre au long le fait de celluy ioſeph tu dois ſcauoir que ſelon quil eſt eſcript en Geneſe au xxx vii. et dixneufieſme chapitre que ioſeph filz du patriarche iacob eſtant en laage de ſeize ans gardoit les beſtes es paſturages auec ſes freres et viuoit encores lors ſa mere rachel. Celluy ioſeph ſongea vne fois quil luy ſembloit que luy et ſes freres ſpoient des gerbes en vng champ et que la gerbe de ioſeph ſeſleuoit en hault et que les gerbes De ſes freres qui eſtoient tout autour adoroient la ſienne/ lequel ſonge il declara a ſes freres. Leſquelz luy demanderent ſil ſeroit donc ques leur roy ou ſilz ſeroient

subgectz a sa seignrie. Ceste cause de ces son
ges z de ces polles leur causa z donna nour
rissemēt de haineuse enuie Aps ce ioseph re
corda de rechief a sesditz freres Vng autre son
ge par lup songe disant ql auoit Veu par son
ge q le soleil z la lune et Vnze estoilles ladoz
roient. Quāt il eut ce songe signifie z recoz
de a son pere et a ses freres son pere le blas
ma en lup demādant q ce pouoit signifier le
songe ql auoit Veu. Ong iour les freres de
ioseph demourerēt longuemēt en sichen en
paissant les bestes de leur pere. Lors israel
enuoya ioseph Vers eulx leur porter a man
ger et Veoir quilz faisoient z que de tout lup
racomptast certaines nouuelles.

Quāt les freres de ioseph le Virēt
Venir de loing deuāt ql fust pres
deulx ilz se pēserēt qlz loccirioēt
et dirent lung a lautre. Decy le
songeur q Viēt Venez si loccirōs z le mectrōs
en Vne cisterne, z dirōs q Vne mauuaise bes
te la deuora Et lors Verra len q le songe lup
a profitte. Quāt lung diceulx freres nōme
ruben ouyt ceste polle il cherchea le moyen
de le deliurer de leurs mains en disant. Ne
locciōs pas ne ne souillons noz mains De
son sang/mais gectons le en ceste cisterne, q
est en ce desert. Ce disoit ruben pource ql le
Vouloit oster de leurs mains q rēdre a son pere
Adōc incōtinēt q ioseph arrīua a ses freres
ilz le desuestirēt de sa robe z le mirēt en Vne
cisterne ou il ny auoit poit deaue. Alors ru
bē se partit de la z alla querir pastures meil
leures Et les autres freres demourerēt la
lesqlz Veirēt trois marchans hismaelites q
Venoiēt de gabaad auec leurs chameaulx q
portoiēt espices aromatiqs. Dōc dist iudas
a ses freres. Que no9 profitera se no9 occi
ons nre frere z si respandons son sang, il
Vault mieulx q le Vendons sans q nous en
souillōs noz mais/cest nre frere z nre chair
Lors saccorderent les freres aux polles de
leur frere iudas Si tirerēt ioseph hors ladi
cte cisterne, z eulx cōuenuz auec lesditz mar
chās le Vēdirēt trēte deniers en figure z pres
saige de la Vēdicion de limmaculle aignel ie
suchrist ainsi cōme auoit predit amos le pro
phete, z zacharie au secōd chap en disāt. Et
apprehenderūt mercedē meā triginta argen
teos. Cest a dire Mes gēs mes ōpaignōs

et aliez ōnt prins apprecie z Vēdu la marchā
dise de mon corps trente deniers dargent.

Pres q lesditz marchās hismae
lites eurēt acheté ioseph ilz le me
nerēt en egipte, z ce pendāt rubē
reuint a la cisterne pour cuyder
trouuer lenfāt ioseph son frere z le deliurer
de la. Quāt il ne se trouua point il pensa ql
fust mort. Lors de desplaisir deschira ses ro
bes en signe de dueil z alla a ses freres aus
qlz il dist. Lenfant ioseph napparoist point
a la cisterne Et les freres lup dirent ql Vis
uoit. Lors prindrēt la robe de leurdit frere
ioseph z la souillerēt au sāg dūg bouc qlz oc
cirēt z gecterent entre eulx sort lesql la porte
roit a leur pere. Adōc celluy q la porta dist
au pere iacob. No9 auōs trouué ceste robe.
Et quant le pere la Veit il la cōgneut z dist.
Cest icy la robe de mō enfāt ioseph/Vne be
ste trescruelle z mauuaise a deuoré mon filz
ioseph. Lors il deschira ses Vestemēs z se Ve
stit de haires z plora son filz moult lōg tēps
 Quāt les dessusditz marchās his
maelites furēt en egipte ilz reuē
dirent ioseph a puthifar maistre
de la cheualerie du roy pharaon.
Et pource q nre s9 estoit auec Joseph il es
toit bien faisant en toutes choses de bien et
de prosperite. Ainsi trouua grace ioseph en
uers son s9 /et tellemēt le seruoit quil estoit

Le triumphe

sur to[9] les autres de l'hostel prochain de son dit seigñr puthifar/car puthifar q̃ le croyoit de tout luy bailla toutes ses choses en garde et le fist principal gouuerneur de sa maison Joseph q̃ estoit plein de grãt beaulte τ doulx plaisãt τ amiable a regarder q̃ a nulle mau uaise oeuure ne pẽsoit iamais Dint τ entra en lamour de la fẽme de puthifar sa dame la quelle fut tellemẽt embrasee de son amo[r] q̃ par plusieurs fois elle se pria de gesir auec elle charnellemẽt/leq̃l ny voulut iamais ẽ tẽdre ne si accorder/et tousiours luy faisoit refus τ remonstrãces honnestes τ sainctes mais tãt plus il la refusoit et moins elle se laissoit en paix. Lors ung iour fut faicte vne feste ou les fẽmes deuoiẽt estre/mais la fẽ me de puthifar faignit estre malade pour a uoir meilleure excusacion et opportunite de parler a ioseph τ le prier. Lors en cellui io ioseph q̃ en mal ne deshonestete ne pẽsoit en tra en la chãbre de sad̃ dame/laq̃lle se print p̃

le mãteau en se priãt de se coucher de coste et le. Ce q̃ voyãt ioseph sensuyt τ la demoura son mãteau entre les mais de sadicte dame laq̃lle se voyãt deboutee τ cõfuse de hõte ses cria. Puthifar son mary retourne elle lup mõstra le mãteau q̃lle auoit retenu en lui di sant q̃l auoit ung seruiteur hebrieu q̃ lauoit voulu deshonorer. Et quãt elle sescria il se fuyt pquoy luy estoit son mãteau demoure Quãt le s[r] puthifar oupt ce il le creut trop de legier τ fut si courrouce q̃l fist mettre io seph en la chartre τ prison ou les prisoniers du roy estoient gardez. Ia fut auec eulx en s clos. Et nr̃e s[r] fut auec ioseph τ eut mercy de luy τ luy dõna grace deuãt la garde de la chartre/car il luy bailla en sa main tous les prisoniers/et toutes les choses q̃ on faisoit estoiẽt faictes par luy/ne le chartrier ne sca uoit riẽs de sa chartre ne de ses prisoniers car il croyoit du tout ioseph/et nr̃e s[r] estoit auec ioseph q̃ adressoit toutes ses oeuures.

Ioseph estant ainsi en prison a uec luy estãt le bouteiller τ le pã netier du roy pharaon Joseph a ung matin voyant iceulx deux seruiteurs tristes τ melencoliq̃s leur de manda dõt venoit ce q̃lz estoiẽt tristes plus quilz nauoiẽt de coustume Lesq̃lz respondi rent q̃ la cause de leur tristesse estoient deux songes quilz auoiẽt songez. Adonc ioseph demanda q̃lz songes cestoient. Lors le bou teiller luy declaira le sien en disant. Il me

sembloit q̃ ie veoye deuant moy vne vigne tost croistre de petit a petit τ fleurir et faire raisins meurs τ tenoye'en ma main la coup pe du roy pharaon. Lors ie pris les raisins et les estraignis dedans celle dicte couppe. Adonc ioseph luy respondit. Ton songe si gnifie que dicy a trois iours se recordera le roy pharaon de toy τ de ton seruice et te met tra en ton premier estat et le seruiras de ton office cõme tu souloye faire. Dõc ie te prie quil te souuiegne alors de moy τ prie a phã raon qͥ ait pitie de moy qͥ suis en ceste prison iniustemēt z innocētemēt mis sās nul mesfait p monsʳ puthifar. Quāt le pannetier vit ioseph auoir si saigemēt exposé le songe du bouteiller/il luy declaira le sien disant quil luy estoit aduis qͥl portoit trois corbeillons sur sa teste z qͥ en cestuy de dessus auoit de toutes viādes en pastisserie z q̄ les opseaulx en māgeoiēt. Adōc ioseph luy respōdit. Les trois corbeillons signifiēt que apres trois prochais iours passez le roy te fera pēdre en croix z les opseaulx despecerōt z mangerōt ta chair. Le tiers iour ensuyuant q̄ le roy festoit le iour de sa natiuite luy souuenant de son bouteiller z du pannetier les enuoya querir/et lors remist le bouteiller en son office z fist pendre le pānetier au gibet/mais le bouteiller en sa prosperite oublia du tout ioseph son expositeur estāt en ladicte prison

Vng tēps apres le roy eut en sōge qͥl estoit sur vng fleuue ou il y auoit sept belles vaches z grasses meruicilleusement qui pasturoiēt en vng chāp z sept autres vaches sortans dung fleuue ordes z maisgres z pasturoient larene du fleuue en lieu d'herbe verdoyāt. Adōc se sueilla pharaon esbahy puis sendormit et veit vng autre songe/cestassauoir qͥl voyoit sept espis croissans meruieilleusement pleins z beaulx/et en vit sept autres maisgres z secz z croissoiēt de coste les autres q̄ toute la beaulte des autres plantureux denoroiēt. Lors pharaon esueille fut de ce moult esbahy et enuoya querir to9 les diuinateurs z to9 les saiges degipte ausq̄lz il racōpta ces sōges/mais nul ne les pouoit interpreter/par quoy se remembra le susdit bouteiller de ioseph/z dist au roy cōmēt luy et le pānetier estans en prison songerēt chascun son sōge Et auec eulx estoit vng beau iouuēceau hebrieu seruant de puthifar auq̄l apres quilz eurēt recite leurs dictz songes il les leur interpreta/car il leur dist que apres trois iours le bouteiller seroit remis en son office z le pannetier pendu cōe il est aduenu Lors cōmanda le roy quon amenast ioseph deuant luy. Luy venu le roy luy dist. Iay veu songes et ny a nul qui les me expose. Adonc luy racōpta pharaon sesdictz songes auq̄l ioseph respōdit. Sire voz deux sōges

sont tout vng z signifiēt vne mesme chose. Les sept vaches grasses et les sept espis pleins signifient sept ans de grāt plante de biēs sur terre/les sept vaches maisgres et sept espis secz demōstrent sept ans de famine aduenir q̄ viendront par telle ordre. Les sept ans de plante viendrōt premieremēt en toute la terre degipte/et apres viendrōt sept ans de famine z si grande faulte de biens q̄ toute lhabondance de deuant sera oubliyee/car ladicte famine gastera toute la terre z la grandeur de sa chierte destruira la grādeur de la plante. Doncq̄s pouruoye toy dung saige hōme qui soit apres toy souuerain de ta terre auec puissance planiere de cōmettre preuostz en chascune prouince q̄ face assembler la quinte partie de tous les fruictz qui croistront dedans sept ans de plante q̄ premieremēt viendront z q̄ tout soit mis soubz ton pouoir en bonnes et seures gardes par diuers lieux affin q̄ il fournisse contre les sept ans de famine q̄ destruiront le pays degipte. Ainsi ne sera point la terre gastee ne destruicte. Ce cōseil pleut moult a pharaon et a to9 ses gens/leq̄l voyant la saigesse de ioseph en q̄ lesperit de dieu habitoit cōsidera que il ne pourroit trouuer hōme plus ydoine que ledit ioseph pour faire telle oeuure. Parquoy luy dist. Tu seras sur toute ma gēt z tout le peuple obeyra a ta parolle/ie seray dessus toy seul/et telle obeyssance/puissance et domination ie te establis sur toute la terre degipte. Ces parolles dictes pharaon osta lanneau de son doy z le dōna a ioseph en signe et tesmoing dauctorite/puis le vestit de draps de soye z luy mist vne chaine dor au col z le fist mōter sur vng char et fist crier deuāt luy q̄ to9 feissēt hōneur a ioseph et le receussent cōme preuost z souuerain de toute la terre degipte. Ce fait ledit roy pharaon dist a ioseph. Sās ton cōmandement nul ne mouuera la main ne le pied en toute ma terre. Lors lui mua son nō z lappella en langue egiptiēne Sauueur du mōde Puis dōna audit Ioseph la fille puthifar euesque de ethiopoleos et le plus grant degipte.

Oseph ainsi cōstitue et mys en telle et si grāde auctorite z noble dignite enuirōna toutes les terres degipte/puis quant vint la

g ii

grant plante & habondance des sept premieres annees fertilles il assembla les blez de gipte en granches/& fut par toutes les citez merueilleuse habondãce de tous biés. Deuant le tẽps q̃ la famine fust venue Joseph eut deux filz de sa femme/desqlz il nomma laisne manasses & lautre effraim. Quant les sept ans de la chierte & famine furent cõmencez que par tout le monde creut famine tout le peuple se print a crier a Pharaon en luy demandant a manger. Lequel leur dist. Allez a ioseph & faictes tout ce q̃l vo⁹ dira. Chascun iour croissoit la famine par toute la terre. Lors ioseph ouurit toutes les grãches et vendit des blez aux egiptiens dont toutes les regions venoient en egipte vers ioseph pour blez auoir cõme le bruyt estoit.

Jacob pere de ioseph ouyt dire q̃ on vendoit viures en egipte. Lequel commanda a ses filz y aller pour acheter du ble. Pource dix diceulx enfans allerent en egipte et iacob retint Beniamin en sa maison pour doubte que par les chemins ne print a lenfant aucun mal. Dõc les dix enfans de iacob auec plusieurs autres de canaam venus en egipte se presenterent humblement deuãt leur frere ioseph q̃ seigneur et gouuerneur estoit de tout le pays Lesquelz ladorerent non le congnoissant/mais luy qui les cõgneut les appella plus rudement q̃ les autres estrãges et leur demanda dont ilz estoient venus. Lesq̃lz respondirent qlz estoient de la terre de canaam. Lors ioseph a qui il souuint de ses songes susditz leur dist quilz estoiẽt venus pour espier les plus foibles lieux degipte pour les occuper. Les freres respondirent qlz estoient soubz son obeissance cõme seruãs venuz acheter viures & estoiẽt douze freres filz dung seul hõme desquelz le plus petit estoit demoure en la terre de canaam auec leur pere nõme iacob/et q̃ lautre estoit mort. Joseph leur respondit. Maintenãt ie voy q̃ estes espies/et pource enuoyez lung dentre vous querir cestuy petit frere que dictes/car les autres ne bougeront dicy iusques a ce quil soit amene Et ce dit les fist mectre en prison/puis au tiers iour ensuyuant il retint aucun deulx & enuoya les autres auec leur ble deuers le² pere iacob leur cõmandant de luy amener leur petit frere et retint lung deulx affin qlz luy amenassent. Et lors ilz recongneurent leur peche commis par eulx en la vendition de leur frere ioseph leq̃l ilz ne congnoissoient point encores/dont ilz auoient grant peur q̃ la verite sen trouuast & quilz en fussent pugnis. Joseph auoit fait mectre tout leur argẽt a chascun en son sac de ble quilz emporterent. Et pource quant eulx estans sur les chemins lung ouurit son sac pour donner a mãger a sa beste & trouua tout son argẽt dedãs ce q̃l dist a ses freres dõt ilz furẽt moult esbahis Et eulx arriuez cõpterent a leur pere iacob tout le cas comment ilz estoiẽt contrainctz mener leur petit frere beniamin pour deliurer leur autre frere en egipte detenu/pour laq̃lle chose iacob fut moult triste et en plorãt dist. Joseph est mort & vous me voulez tollir beniamin. Lors ruben respondit. Occis mes deux filz si ie ne te le ramaine et le metz entre mes mains. Jacob ne le vouloit laisser aller/touteffois pource q̃ la famine croissoit de iour en iour il fut contraint renuoyer sesditz enfans en egipte & leur bailler ledit beniamin pour mener/et par eulx enuoya a ioseph des meilleurs fruitz du pays comme rosine/miel/storach & autres/et renuoya double argent pour rendre cestuy q̃ on auoit trouue ausditz sacz.

De chastete			fueillet. xxxi

uant lesditz freres furent arriuez deuant ioseph & quil les vit & Beniamin auecques eulx il commanda a son despensier de appareiller vng grāt bancquet & les fist māger a table auecques luy ou grant honneur luy firent en luy offrant les dons que iacob luy enuoyoit et le cuyderent adorer/ mais il les releua doulcement en leur demandant. Est vostre pere le vieillart en bonne disposition dont me deistes lautre fois? Lesquelz respondirent. Nostre pere ton seruāt vit et est en bon point/ puis senclinerent deuant luy. Adoncques il leua les yeulx et voyant Beniamin son frere qui estoiēt seulz natifz dune mere demanda si cestoit celluy enfant quilz disoiēt. Lesquelz respondirent que ouy. Apres ce Ioseph leur fist emplir leurs sacz de ble et commanda a son despensier quil mist son hanap dedans le sac du petit Beniamin et largent de chascun en leurs sacz. Lors que les freres ensemble furent vng peu a chemin ioseph enuoya son despēsier apres eulx pour les ramener. Quant ilz fut vers eulx il les arresta en les accusant que ilz auoient desrobe le hanap de son seigneur et tout largent/ ce quilz nyerēt Lors fut trouue largent en leurs sacz et le hanap dedans le sac du petit beniamin dont ilz furent moult esbahys/ pource furent ramenez vers ioseph lesquelz se gecterent tout a ses piedz luy criant mercy Lequel les reprint rigoureusement/ & ilz sexcuserent Et apres plusieurs parolles et misteres entre eulx fais ainsi quil est amplement contenu oudit liure de genese ioseph se fist recōgnoistre a ses freres/ et apres quil les eut accollez il enuoya par eulx querir son pere iacob. Ainsi a Ioseph merite par sa sainctete/ chastete et preudhommie estre mys a ce tresnoble et sacre triumphe.

¶ Cy fine le second triumphe de messire francisque petrarque Et ensuyt le tiers q est le triūphe de la mort.

¶ Francisci petrache poete clarissimi triumphus tercius videlicet triūphus reformidandeq; mortis

¶ Qui legeris memento.

g iii

Le triumphe
Mors vincit pudicitiam.

Lacteur.

Il sont bien instables et muables les choses q̃ soubz la mortelle vie se conduisent. O comment universellemẽt nul ne pourroit mectre les variabletez et en ung moment les soubdains changemens des subgections corporelles ⁊ du monde. Veritablement apres q̃ celle tresnoble dame doulce et gracieuse et debonnaire remplie de uine prestāce et beaulte merueillable et plaine de purite et nectete nōmee chastete qui est toute spirituelle et coulōpne de toutes vertus et de valleur ia sen retournoit glorieusement victorieuse de sa bataille quelle auoit obtenue et gaignee en plain chāp tresioyeuse auec se tresgrant honneur et inestimable louenge quelle en rapportoit de son tresgrāt et impitoyable ennemy et cruel Cupido le dieu damour et estainct toutes ses flāmes lequel par son deceptif engin par auant espouentoit tout le monde. Elle lauoit vertueusement vaincu et subiugue soubz sa puissāce non point auecques autres armes que auec le harnois de chaste/nect et pudicque cueur. Auecques lespee de vertueux et seur regard/auecques la lāce de droicte pensee ferree du fer acere poinctu/trēpe et emoulu de sapiente eloquence et couuert de lescu cristalin pur et net de ferme honestete Certes ce seroit nouueau miracle de veoir les chariotz dorez et tous enflābez Les armes ardantes damour/larc/la trousse plaine de saiettes et de flesches agues et les grans dards poignans et les autres despoulles en la bataille prinses et victorieusemēt conquises ensemble innombrable multitude de gens de son ost et de sa compaignie de tout sexe/de tous estatz et de chascun aage depuis puerilite iusqs a decrepite/les vngs mors les autres fuitifz et les autres prins et detenuz prisonniers. Ceste tresbelle et amyable dame auecques le demourāt de ses compaignies esleues en retournant pacificquement de leur tresnoble victoire auecques leur tresclēr triumphe estoit ioinctes et ensēble couuertes et encourtinees soubz vng beau et riche drap dor Peu de nombre y estoient/car vraye gloire de chastete se treuue a tard et en peu de gens/mais chascunes delles a la paucite des esleuz assistans entre plusieurs appellez estoit par soy digne de toute excellence et destre glorieusemēt a perpetuite escriptz en clarissimes hystoires et poetherie. Leur banniere et enseigne victorieuse blanche et nette comme neige estoit a merueilles digne destre de tous par honneur regardee laquelle estoit de lētresigne et merque dhermines blāches/candides et luysantes en chāp de verd Celle dame auoit vng

collier de fin et pur or plain et seme trespessement de marguerites/dyamans/rubis/esmerauldes ioyeuses/topaces et de cent mille autres diuerses pierres precieuses indicibles et incredibles et tout a lentour doublement borde de grosses et riches perles orientales. La maniere et belle cōtenance de leur alleure nestoit point humaine/mais haultaine supernaturelle et diuine/le parler estoit tressainct et benoist. O que heureux fut celluy q estoit ne/destine triumpher en si noble et deifice cōpaignie De les veoir ainsi ornees et parees sēbloient estoilles tresclēres et que au meillieu delles apparust le lumineux et resplendissant soleil q toutes les autres enluminoit et nullement noccupoit ne nobfusquoit la veue dicelles. Toutes couronees estoiēt de roses blāches et vermeilles tresbelles q de toutes autres singulieres fleurs odoriferātes et tresaromatiques/et chascūe tenāt en la main dextre la palme victorieuse de virginite ou de chastete q en laultre main vng beau rainceau vert de laurier glorieux/et tout ainsi q vne belle cōpaignie qui a par ses vertueux faitz merite receuoir honneur triumphant Ainsi en noble et plaisāt maintien sen venoient les susdictes tresbelles dāes auec grāde ioye chātans hymnes et cāticques armonieusemēt. Alors subitement ie vy et apperceu vne grāde baniere tenebreuse triste et noyre et incōtinēt aps vne fēme enueloppee q vestue dune robe noire q laqlle auoit la figure si espouētable/le port si furieux et le regard si atropiste/aspre et cruel que ie croy que iamais on ne pourroit veoir le sēblable. Helas ceste hideuse et impitoyable fēme a ce q ie cōgneu estoit nōmee la mort laqlle en lieu de palme triumphāte et glorieuse tenoit en ses mains vne grāde et mortelle faulx ague et trenchāte de laqlle elle sās mercy/pitie ne rācon abatoit toutes manieres et sortes de corps mortelz/lors celle cerbericque fēme se arresta q dist en telle maniere a la dessusdicte dame chastete.

¶ La mort.

Top belle dame q chemines en triumphāte beaulte et de ieunesse munie auec ses autres belles de ta cōpaignie q de ta briefue vie ne scais le terme et la maniere de ta fin con

gnois ⁊ soy q̃ ie suis celle qui cloz ⁊ metz a
fin tous les faictz prosperes ou aduersaires
de ceste variable ⁊ dãgereuse fortune. Regar
de q̃ ie suis celle q̃ vous tous appellez impor
tune cruelle/ souffarde ⁊ impiteuse ⁊ de chas
cun crainte ⁊ degectee ⁊ aueugle sãsdaigner
regarder sur q̃ / cõment ne a q̃lle heure elle
fiert mortellemẽt Jay mene ⁊ cõduit a fin la
gẽt grecque ⁊ troyẽne et la rõmaine auecqs
mon grãt glaiue fauchãt duql sans pitie ie
treche a toit ⁊ a trauers. Jay destruict ⁊ aba
tu plusieurs peuples tãt priues / estrãges q̃
barbares subitemẽt / les vngs en langueur
les autres sãs'mot dire. Jay rõpu maintes
pẽsees ⁊ vaines entreprinses et diuers affe
ctez desirs et maintenãt puis q̃l vous vient a
plaisir de viure ensẽble doulcemẽt ⁊ retour
nez riãt chãtant melodieusemẽt toutes dũg

accord vous resiouyssant grandemẽt de ces
te victoire par vous obtenue cõtre le incen
se et ardãt fol dieu damours et que pour cel
le glorieuse conqueste auez entreprins ainsi
triumphant viure en repos il est expedient
que fortune entremette aucune chose damer
en vostre lyesse et que apres elle ie face sur
vous mon impetueux tour et assault.

℄ Lacteur.

Dant celle plutonicque femme
eut ainsi fierement et en grant re
bellion parle la belle et doulce cõ
paignie toute effrayee et espouẽ
tee en fremissant cessa son melodieux chant
Lors la gratieuse dame chastete qui toute
piteuse deuint laquelle auoit triumphe pos
sa victoire respondit doulcemẽt et trescour
toisemẽt a la mort en disant.

De la mort · fueillet. xli

Chastete.

Elas dame tu nas nullement cause iuste ne raison de toy douloir et auoir faulsement enuie de si tant petites despouilles et victorieuses conquestes et louenges aymables que en ce mien noble triumphe iay rapporte de nostre dure et griefue bataille. Certainement ie suis celle de qui tu auras peu de proufit, ains en acquerras plus tost dueil et douloureux regret. Car plusieurs sont qui deppendent de ma vie et de mon regime le salut desquelz est par moy administre et donne a qui men supt, et ce mest gracieuse chose que telz me suyuent.

Lacteur.

Tout ainsi que quelque vng lieue ses yeulx en hault pour veoir aucune chose nouuelle et non veue et quil voit commencement mauuais et autrement quil ne cupde et espere de la chose quil en sesmerueillant considere et attent ou se repent et luy desplaist de la veoir telle au contraire quil ne iugeoit. Ainsi estoit celle cruelle et horrible femme qui tant estoit mauuaisement et despiteusement enuieuse encontre la pudicque et benigne dame chastete ainsi triumphant. Mais quant celle mort se fut vng peu appaisee et tut aucunement repris ses esperitz elle dist que bien congnoissoit que quant il plairoit a dieu immortel elle pourroit mordre et abatre celle belle dame ainsi quelle auoit fait les autres triumphans. Adoncques apres auecques vng visage (ce sembloit mue et change) et chiere non si troublee, noire ne si hideuse que deuant elle commenca a dire a celle belle dame chastete laquelle par la main a impassiblement tenoit ma dame et mampe.

La mort.

Top belle dame qui meines et conduitz et adresse celle autre belle dame et qui te monstres estre delle princesse et duchesse ne apperceuz tu iamais ne sentis tu en aucune maniere mon dur dart, ma griefue venue, mon douloureux et angoisseux depart, et la poincture et trencheure de mon dur baston dont ie puis top et elle et tous autres ferir et frapper Mon.

Lacteur.

Lors suruint fortune la diuerse volletant par lair qui a ma dame dist en ceste maniere

Fortune.

Si tu te veulx es miens conseilz soubzmettre que ie te puis donner ilz sont tant purs et tant bons que en les tenant tu pourras euader moult de miseres et griefz ennuys, car ie suis certainement disposee a te faire tel honneur et plus grande doulceur que ie nay de coustume faire aux autres mortelz et feray que tu passeras la mort sans paour et sans aucune douleur.

Lacteur.

Ainsi comme celle deputiue fortune cupdoit par ses blandicieuses parolles et falacieuses promesses abuser ma bonne dame et ampe pour sa doulceur elle neut pas si tost finy sa parolle que ie vy illecques arriuer par le coste de derriere vne grande compaignie pleine de mort telle et si piteuse et execrable que engin ne le pourroit reciter ne bien comprendre, ne langue monstrer ne dire, ne oeil veoir, ne main mettre a descrire en prose ou en rime. Il y en auoit de iudee et de cataye ou sont les geans de mauritaine, despaigne et tous les endrois et parties de la terre et regions maritimes veritablement le champ estoit tout plain et au meillieu et es costez de celle grande mortifere compaignie. Et y estoient plusieurs lesquelz estoient ditz et nommez heureux comme papes, prelatz, roys, empereurs et autres de grandes dignitez, auctoritez et offices lesquelz maintenant sont ditz miserables et mendians et languissans poures et nudz, difformes et laidz, et ne treuue ne ne voy difference de leurs corps mors putrifiez et ia ressoubz en pouldre aux autres corps des poures, si non que les corps des plus grans et riches sont pour leur maniere delicate de viure en changemens et diuersitez de viandes et par trop estre ayses plains de luxure et dautant sont plus puās et infectz que les corps des petites et viles personnes vsitez a macerations a ieusnes et a endurer faim et soif Helas telz simples et poures corps eussent este facillemēt esseuz a veue doeil dentre les autres susditz corps dont en cestui champ auoit a plante comme on pourroit congnoistre perles fines entre grains de pois.

Ou sont maintenant les richesses/ou sont les boubans/ pompes et honneurs. Ou sont les conuiz et bancquetz/ou sont les ieux/dances/instrumens et ioyeulx chantz. Ou sōt les gemmes et pierres precieuses Ou sont les mittres papales episcopales et de prelature/ ou sont les croix triples et autres spirituelz bastons pastoriaulz: Ou sont les ceptres et couronnes/ ou sont les couleurs et draps de pourpre dor et dargent ou sont les diuersitez et nouelletez dhabillemens cōtrouuez: Ou sont les bāquetz et chappeaulx de roses et odorantes fleurs Helas/mais ou sont ne en quel point sont deuenuz tous ceulx et celles qui en toutes telles choses ont prins vsaige amusement et total plaisir. Veritablement a ce que ie appercoy et congnois ilz sont comparez a vng grant brouillatz qui bien matin empesche le soleil en orient et la clarte du serin du iour et obnubile et obscursist lair et en vng instant ne appercoit on point quil est deuenu/ou sil monte aux aers/ou sil chiet a terre Telz ressemblent la belle rose/laquelle est au matin belle fresche et entiere et au soir est fanee et deffoullee par terre et ny treuue len plus que le bouton tout terny.

Le miserable qui met tout son espoir et son cueur es choses mortelles et transsitoires/ car en la fin sen trouuera deceu et frustre O que abuse est qui applicque son couraige et plaisir a telles mondanitez au corps et a lame nuysantes. O aueuglez Tout le laborieux trauail de vostre aage/ toute vostre cure et negociation vient de terre et en fin en terre retourne Celle est lancienne mere de vostre nom qui est de lhomme.

Riens ou bien peu napparoist ou demeure de nulle de voz fatigations estudes/solicitudes et penibles oeuures mōdaines/a peine en demeure vne qui ne soit manifestemēt apparēte de pure vanite des vanitez. Que vous vault ou prouffite subiuguer plusieurs roys/faire la gent a vous tributaire et auoir le couraige ententif et ardant a son dommaige et a la foulle de voz subgectz: Dont vient cela que les labeurs perilleux et vains qui sōt maintenuz et executez par sang et peril de vie/en conquerant terres ou tresors est vie plus doulce aux mortelz que le pain ⁊ repos corporel: Certes a bien grant peine le puis comprendre.

℄ Le poethe.

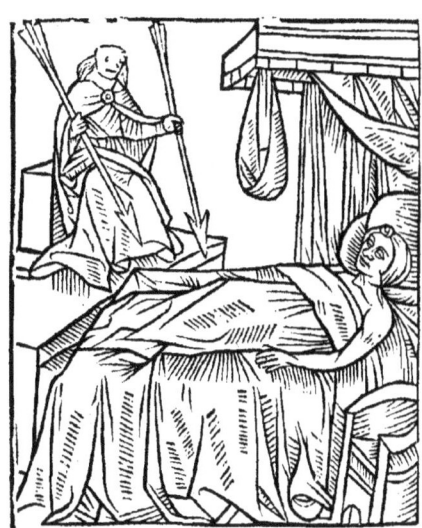

Afin que ie ne face point trop prolixe et ennuyeux theume il est temps que ie retourne a mes premiers ditz et propos Iauoye dit en ceste heure que lheure de la mort est extreme fin de toutes choses mesmes de cestuy glorieux triumphe de madame chastete qui ne pouoit ca bas en terre prendre fin que par mort. Car alors ie apperceu que le douteux pas de celle horrible mort lequel tout le monde en tresgrant tremeur merueilleusement craint et doubte conioinct auec icelle dame digne de toute valeur laquelle combien que plusieurs assaulx impetueux eust souffert ne estoit point encores lame dicelle separee de son corps. Touteffois elle entēdoit que celle femme obscure par impetracion de grace luy seroit piteuse doulce et debōnaire a celle angoisseuse separacion de vie mortelle. Toute la noble susdicte cōpaignie q̄ la assistoit en douleurs plaintz et pleurs durs souspirs et griefz regretz fondant en larmes attendoit purement veoir ꝑ contemploit la fin dicelle belle dame a qui il conuient mourir ꝑ non point plus que vne fois. Toutes ses amies/ses compaignes et toutes ses circōuoisines estoient tout au plus pres delle pour la seruir chascū en son endroit selon leur equalite et degre en ce qui luy estoit mestier. Lors ie vy celle espouentable fēme dicte la mort laquelle auecques sa cruelle main osta ꝑ arracha vng cheueul dor de la teste ꝑ sūmite du chief de celle tresreuerēde ꝑ pure dame chastete. Et ce ne fist pas par haine ou rancune/mais affin quelle luy monstrast que au mōde nauoit point plus belle fleur que celle quelle portoit en la teste. Et touteffois elle auoit puissance en icelle qui estoit chose tant excellente ꝑ tāt haulte. Helas celluy cheueul dor q̄ sa mort arracha a la doulce dame chastete ne estoit autre chose que sa belle/clere necte et benoiste ame dediee a estre portee au ciel laquelle la mort dessembla et separa d'auec le corps dicelle pudicque affin que ladicte ame fust eternellement couronnee de laureolle et de couronne diademate de toute saincte et purite auec les ames bienheureees.

Quantes et combien grandes lamentions ꝑ quelz douloureux plaintz et quelle habondance de larmes furent a lors espādues dont estoient les beaulx yeulx de chascun baignez de larmes comme ruisseaulx de fōtaines decoullans tout ainsi comme par longue espace de temps chantassent piteusement vng chāt de plaint et dexcessiues douleurs et faisans et mettans hors tant de souspirs comme si le cueur deust fendre et partir en deux/mais taisant seulle se seoit sans aucun mouuement ne aspiration la dame dicelles. Cestassauoir chastete/lesquelles recordāt la maniere de sa bonne vie passee auecques laquelle elles auoient cueilly

deuotement le doulx fruict sauoureux de chastete parquoy elles tout dung assentement et accord par la voix de lune dentre elles dirent. O tu mortelle deesse que tant auons assocyee/prisee/aymee/honnoree et seruie va ten en paix. Est ce le bien que tu nꝰ promettoyes Helas nas tu point de puissance a resister contre la mort et de euader le coup de son furieux baston. Que fera elle doncques des autres trop plus que toy moindres sans quelque comparation puisquelle te vainc et te subiugue soubz sa puissance en te rendant matte/foible et vaine en tant dobumbratiōs. O poures et simples humains combien est vostre esperance faulse et vaine et loing degettee hors de vostre propos et intention.

Lors fut la terre toute baignante et arrousee de larmes pour la pitie de celle ame gētille qui bien veoit tout le fait et elle pensiue escoutoit Lors estoit la premiere heure du sixiesme iour dauril que ia mennupoit recorder et rememorer telz faitz et estoỹe fatigue et lasse de sentir et apperceuoir et congnoistre cōment fortune mue son stille et facon de faire qui de la seruitude penible et diuerses importunitez des mortelz iamais ne se deult en cōmuniquant liberte et ostant subgection. Puis ostant subgection et donnāt liberte. O combien fut grande la douleur et la pitoyable tristesse qui la fut veue qui nullement ne pourroit estre extimee ne iugee et laquelle auec grande et intollerable peine ie oste de mon penser tant que de ce ne se plus parler ne mot dire. La vertu mouroit/beaulte sestaignoit et la estoient toutes ses sodalles amyables et priuees compaignies lesquelles estoient tout autourpī celle belle dame et pres de son lict plain de toute purite et se maintenoient tristes et doleūtes. Lors en mon cueur fatigue et esperit de pitie vexe sans parler ie diz: Helas que ferons nous de nꝰ mesmes/qui pourra iamais veoir en dame oeuure et fait si parfait. Qui orra iamais parler de tel couraige noble et nect et dung tel cueur et sens remply de sapience. Auecques chant melodieux et plain de simphonie et dilection ange

licque lesperit de celle dicte dame chastete estoit prest a sen aller et sen partir dauecques le corps. O que le Dire de la Verite estoit trespur et beau auecques ses Vertus tant delectables et saluberrimes en elle reposãs Le ciel fut alors tresserain cler et resplendissant en celle partie. Nul des aduersaires de lesperit ne fut si hardy de soy apparoistre tãt soit peu ne approcher au lict de celle saincte Dame auec le Visaige obscur iusques a ce que limpetueux sault de la mort fut totallement fine et estaint. Plaintz, pleurs et souspirs auecques paour estoient delaissez puis en Vng moment delayez et reprins. Chascune des susdictes dames Vertueuses auecques beau et begnin regard estoiẽt attentiues a la mort, et par desesperance de Vie procedant de la mort seure et trop prochaine se tenoient en estant, mais celle desesperance estoit telle quelle estoit coustumiere de contẽter lame tout ainsi que vne flamme qui est par force embrasee, mais par elle mesme se degaste et se cõsomme et sestaint A la semblance dauqune lumiere dont le nourrissemẽt ou liqueur est petit a petit consomme. Ainsi sen alla ladicte dame chastete a la fin. Et apres la mort nestoit point ladicte dame plus palle que neige blanche et pure qui sans vent est ressoulte au hault dune montaigne, et sembloit estre couchee ainsi que vne personne dormant. Ainsi doulcement se monstroit par ses peulx son esperit diuisé hors delle, et sa mort apparut et se mõstra belle en la regardant.

 Combien est a noter et gouster celluy horrible cas de la mort. Apres quelle eut enuers ladicte noble dame chastete sans quelsconques operation pitoyable parfait ⁊ finy son assault. La nuyt sest incontinent ensuyuie qui de pres regarde le soleil lequel reposoit au ciel. Et lors iestoye cõme vng homme esbahy qui estoit demoure aueugle, et adonc estoit esparse la doulce gelee du gracieux et attrẽpe puer par les aers et la blanche et candide amye et sodalle de titon qui est du soleil, cestassauoir qui donne dormir confus et brusle et abbat la couuerture du chief espandoit doulce et plaisante rosee par les champs et prez tellemẽt que les petites

herbes et fueilles verdoyantes en estoient toutes couuertes, consolees et resioupes. Lors ie vy et apperceu vne singuliere dame souuerainemẽt belle laquelle ressẽbloit a vne chose diuinement faicte, enuironnee et paree estoit de gemmes orientales et de toutes autres diuersitez de pierres precieuses, elle estoit aussi resplendissante que vne marguerite pure et parfaicte orientalle et couronnee de mille diadematees et deifiques couronnes, laquelle en soy doulcement mouuant se vint begninement et amyablemẽt seoir et reposer au coste et au plus pres de moy. Et monstrant tel maintien quil sẽbloit quelle eust affectueusement desir et voulente de soy arraisonner et parler auecques moy comme si ieusse este son familier et amy congneu. Et tout ce me monstra a congnoistre en souspirant tendrement dedans soy mesmes dont eternelle et perdurable doulceur se engẽdroit et naissoit en moa triste cueur. Et en to⁹ mes sens et esperitz ie congnoissoye adonc en mon cueur celle qui a de coustume de nous faire et rendre tristes et melencolieusemẽt pensifz et qui no⁹ fait passer malgre par celle commune et publicque voye contre laqlle tout ieune cueur se courrouce et porte hayne perpetuelle et infalible, laquelle estoit dominant en son piteux et horrible triumphe trop les humains espouentãt, mais ceste tresclere plai

ante et tresresplendissante dame q̃ iay cy de
uant ramenee a memoire estoit pensifue en
ait acte humble/simple et courtoise en ha
bit et constance/tousiours ainsi soy mainte
nãt se vint asseoir en vne riue Et en ce lieu
naissoient doulce/fresche recõfortatiue vm
bre vng beau et grant laurier verd/odorife
rant et aromaticque vng plaisant cerisier
charge de fleurs de fruictz escartellez. A
dõc ie me prins p grande admiration a dire.
Helas cõgnois ie point ceste diuine corpu
lence et prestante beaulte. Ie disoye a moy
seul cestes parolles tout ainsi q̃ vng hõme
qui pleure et parle tout ensemble. Lors ie
prins audacieusemẽt courage de hardiesse
renforceant consolant mon trouble cueur
commencay a linterroguer en disant ainsi.

Pure dame ie te prie requiers
dy moy a la verite es tu femme
morte ou viue. Adonc me dist
tout bas et gracieusement.

¶ Chastete.

¶ Ie suis viue tu es maintenant encores
mortel seras tousioᵘs tant q̃ vienne la der
niere heure q̃ te oste de terre/mais le temps
est brief nr̃e voulente est longue/car toy q̃
es encores corporellemẽt sur terre au mõde
mourãt chemines en lãguissant a la mort q̃
te guette en vne secrete et subite embusche
pour tatrapper ne scez ou/quãt/ne cõment
dõt tu ne vaulx nõplus q̃ vne legiere vmbre
et pource sa vie mortelle nest point vie/car
vie est eternellemẽt viuãte en gloire sempi
ternelle ioye celestielle en laquelle mainte
nãt ie vis par durablemẽt/pourtãt ie vis et
tu meurs/touteffois ie tadmõneste q̃ tu es
troictemẽt retires refraignes ton vouloir
tu vois q̃ ia le iour sapproche nous est voi
sin tresprochain. ¶ Lacteur. ¶ Alors hũ
blement ie luy dis. Ie tresbenigne dame et
doulce ame te prie qui es nõmee vie comme
par experience ie le scay dy moy si a mourir
et au pas de la mort a si grãt peine angois
seuse douleur cõme on dit. Adõc gracieuse
ment me respondit ainsi en disant. ¶ Cha
stete. ¶ Si tu veulx ensuyure la cõmune
oppinion du peuple q̃ est tresaueugle et dur
et si bien tu entendz ce q̃ les populaires en
tendent de la mort tu ne seras iamais heu

reux. Car affin que tu le saches Mort nest
autre chose q̃ la desturãce fin dune chartre
et prison obscure en laq̃lle lame gentille et
noble est hayneusemẽt detenue/car le pense
mẽt la cure des mortelz est toute misere et
calamite. Et ie te dis et le crois q̃ si tu exti
mes iuges mon mourir auoir este angois
seux et ennuyeux si sentoyes et apperce
uoyes la millesime partie de la ioye tu se
toye merueillemẽt ioyeulx te tarderoit
beaucoup destre par mort dissoulz pour es
tre auecq̃s nous Car cõme assez as veu et
leu le corps mortel nest q̃ vne prison obscu
re/ville et miserable en toutes choses con
traires a lame laquelle est dedãs emprison
nee en ce monde mortel/lequel sans elle ne
peult auoir mouuemẽt/sentement ne viue
aspiration. Le corps ne tend q̃ a toutes va
nitez/plaisances charnelles et a toutes de
lices et aises de la chair qui sont grant em
peschement nuysance a lame pour ley gar
der de retourner au diuin lieu dont elle est
venue/car lame qui est faicte et formee a la
diuine et immortelle ressemblance de dieu
tousiours tend aux choses celestielles et le
corps a choses mortelles/parquoy quãt el
le est purement et nectement gardee et entre
tenue quant la mort la separe du corps ou
elle estoit emprisonnee elle sort dune mer
ueilleuse prison ville et obscure et sen va
ioyeusement en la ioye inestimable et indici
ble qui est des cieulx.

¶ Lacteur.

Ainsi parloit a moy doulcemẽt et
amyablement celle belle noble
dame a present nõmee vie laq̃lle
auoit tousiourˢ les yeulx fischez
et posez au ciel tresdeuotement fermemẽt
Aps ses belles leures fresches vermeil
lettes cõme roze viue en doulce silence im
poserent mirẽt fin a leurs tant plaisantes
et gracieuses parolles. Et adõc ie dis. O
tu silla marius et le second neron ou sont
maintenãt voz cruaultez? estes vous de
celle doulce mort comme ma dame morz?
Non/ains pour les grãdes cruelles dou
leurs que auez faictes aux autres honteu
sement de mort tresamere estes morz/car
vous scilla marius tresfameulx citadins
de rõme quant lung contre lautre feistes et

seuasses bendes & cõpaignies hayneuses et mortelles. Vous souuient il q̃ par vengeance, ire, hayne & despit de lung & de lautre cruellement meistes a mort tous ceulx q̃ se party de vo9 ne vouloient tenir tant q̃ en somme feistes occision de romains tant grãs q̃ petis, telle si grande et si piteuse q̃ par toutes les maisons de rome couloit a grans ruysseaulx le sang des mors & nautrez dont aps fustes angoisseusemẽt occis cõe par raison et droit et par voz ignominieux faitz auiez iustement merite & desscrup. Et vous trop plus q̃ cruel neron fuz tu point impiteux tirant quãt pour ton oultrecuidãce & orgueilleuse mescõgnoissance toy reputãt dieu & te extimant estre procree & descendu des dieux et non point de lignaige & origine naissance mortelle lors quãt par vng felon & tirannique que courage fiz viue occire ta mere qui tant doulcement et en si grant soing et labeur te auoit porte, enfante, nourry et garde et la feiz cruellemẽt ouurir pour veoir le lieu et le conduit ouql te auoit conceu en son vẽtre et par neuf mops dedãs porte. Quel loyer en as tu eu fors q̃ par tes excessifz et execrables faitz tu fuz villemẽt chasse et en la fin côtraint miserablement te occire toy mesmes de tes propres mais pour euiter plus cruelle mort qui te estoit pour tes merites droitctement preparee. Lors madicte recreatiue dame ainsi mescoutant me replicqua et dist
¶Chastete. Mon amy quant est de ceulx que tu allegues & dautres que apres tu verras ie ne puis nyer que le labeur de cestuy a q̃ celle mort linfere ne soit grandement douloureux & angoisseux, mais plus leur deult la peine & tourment du dõmaige eternel, car il est dit que de telle & pareille mort mourra amerement cestuy q̃ se delecte et vsite a occision et sang humain et les oeuures de telz eternellemẽt les suyuent, mais quant lame se reconforte en dieu iustement et que le las cueur de lhõme iuste se recline et remect du tout obeyssant, humble et seruiable a luy, quest ce autre chose de mort sinon que vng brief souspir. ¶Lacteur. Ainsi q̃ madicte dame me disoit ces paroles iauoye ia le dernier pas prochain q̃ ie apperceuoye & prest que sentoye la chair malade & lame encores prompte & preste quant ie oup dire auec vng

chant triste & bas. O q̃ meschant & miserable est qui cõpte les iours des moys affin quil viue par mille ans & tousiours comme ce a viure cõme si iamais ne pensoit yssir de ceste vie et cuidãt pardurablemẽt en felicite y demourer en apãt son cueur & sa pẽsee plus tost en terre plustost vaguant par la mer, et ayant tousiours diuers stiles de viure. Tousiours pense de ses oeuures et de ses singuliers & particuliers prouffitz et de ses choses acquises il parle et escript dicelle, autre cure ne prent & met la poure ame du tout en oubly. O cõment le bon iuste et trespascient iob a bon droit sexclamoit quant il disoit. Homo natus de muliere breui viuens tpe repletur multis miseriis. &c. Cest a dire lhõme q̃ est ne de la femme est mortel et vit brief tẽps, et est destine a souffrir et estre rẽply de plusieurs & diuerses miseres, malheuretez & calamitez. Lequel cõme vne belle et fresche fleur au monde sort & naist et incontinent est fene & amorty et fuyt & se passe aussi tost q̃ vne legiere vmbre & iamais en vng estat ne demeure. A ce propos disoit aussi senecque. ¶Numerus dierum hominũ vt multũ centum anni quasi gute aque maris deputati sunt. Cest a dire le nõbre des iors ordonne aux hõmes est tout au plus de cent ans, et semble ce beaucoup, touteffois ilz dechaient, ilz sen vont et se passent tout ainsi comme goutes de leaue de la mer.

Dõc ie tournay mes yeulx languissans vers & a lendroit decelle ptie dõt celle dicte voix venoit et de rechief ie vy celle hydeuse mort dont ieuz frayeur a la regarder si espouentable laq̃lle fierement & haultemẽt disoit. ¶La mort. Je suis celle sãs aduiser esgard qui ay de coustume tenir lung en suspẽs & languissant et lautre rabas du tout & subittemẽt a despourueu ou autrement il ne men chault. ¶Lacteur. Alors ma treschiere dame & amye debonnaire q̃ nullement ne craignoit celle mort comẽca a me dire ainsi. ¶Chastete. O tu amy q̃ crains ce que ne peulx euiter & qui crains la chose q̃ te conduira et mectra au lieu ouquel tu as a estre eternellement, resueille ton esperit endormy et assomme de vigilante fatigation & formidant ennuy. Te souuient il quant iestoye en tresbon et bel estat de ma verte ieunesse et fleur de beaulte laquelle aage te sembloit moult chiere ainsi q̃ tu as donne occasion a plusieurs de le dire q̃ ma vie testoit aucunement plaisante et delectable/debonnaire et doulce au regard de celle la mort tant soit doulce de laquelle la doulceur est bien clere semee aux mortelz/ ne scez tu pas q̃ autresfois iap eu de toy singuliere pitie.

℄ Lacteur.

Tout ainsi quelle eut dit ces gracieux motz ie luy prins a dire. Ma dame po' celle foy q̃ de toy a este et a tous hões manifestee ie te prie puis q̃ tu regardes et vois toutes choses auec ton gracieux visaige q̃ tu ayes pitie et mercy de mon long martire auq̃l tãt ie languis et ne laisse point a poursuyure ce que tu as encõmence/iacoit q̃ entre toy et la mort soiet doulces et pacificqz indignatiõs plaisante ire et infaillible paix cõme en ton front sẽble estre escript. Ne laisse pas mon desir par longz ans en doubte et mon pẽser dubieux. Iauope a peine ce dit q̃ ie ouy et entrevey vng beau ris doulx et souef q̃ fut en grãt cõsolation a ma vertu q̃ estoit affligee et ennuyee/seq̃l ris procedoit de la virginalle/pure et chaste bouche de madicte noble dame/puis en souspirãt ie luy dis. Or maintenant ma dame ie voy et appercoy cleremẽt que tu me separes et depars diuiseemẽt de auec toy/mon cueur tay tousiours dõne et iamais ne te rõpy ma foy/mais loyaulmẽt la iay tenue et gardee/tellement ta flãbe pudicq̃ ma embrase le visaige q̃ mon cueur attrẽpe et ma pensee amoderce vouldroiẽt et desirẽt q̃ fussiõs en estat a sentreaymer toy et moy en nr̃e ieune aage. Certes(ce croy)nul ne pourroit estre trouue plus debonnaire et plus paisible/et il me semble q̃ ay souuẽt pense en moy mesmes q̃ tu ne maymois pas veritablement cõbien q̃ tu me monstrasses grant affection par dehors et par semblant/ ainsi est maintenãt expediẽt q̃ tu pouruoyes enuers moy en ceste chose et affaire. Mais pour certain ie croy q̃ tu y pouruoyras bien tard et mal/cõe ainsi soit q̃ en partie tu crais et en partie tu aymes et desires. Je voy certainement bien cler ce qui est par dehors/ mais ie ne cognois point ce q̃ caches en ton

cueur par nulle fois. Tãt plus ie me plaingnope et plus sesmouuoit ire en mon visage pour amour q̃ mon cueur incitoit tellemẽt touteffois iamais elle nẽpescha q̃ raison en nostre affaire ne dominast. Alors ma dame benignement me dist.

℄ Chastete.

Tu scez q̃ souuent tay veu vaincu de douleur Et quant ainsi te veoye piteusemẽt et par grãt beniuolence sur toy ie adressoye et trãsportoye mes yeulx par soueefue et amyable pẽsee en sauuãt ta vie et hõneur. Iauoye grãt cõpassion en mon visaige et en ma voix quant mon cueur sesmouuoit a te sauuer. Plustost estoye po' toy paoureuse plustost dolente/et mes ars et engins ont tousiours este telz auec toy. Tu scez bien tout ce q̃ las escript en maintz lieux et en plusieurs lieux de tes liures poeticques. Iay beaucoup de fois veu tes yeulx plains de larmes q̃ iay bien cõgneu et dit Cestuy est triste et ne quiert et ne desire la mort/ains en toutes choses il la fuyt. Alors ie te pouruoyoye dhõneste secours et congnoissoye et apperceuoye q̃ pour coups desperons dont ie te poingnoye ie esmouuoye ta pẽsee a vouloir ce q̃ parauãt tu voulois/mais touteffois ie disoye en moy mesmes. Il fault q̃ cestuy sente vng plus dur mors aussi aucuneffois choses chauldes/autreffois froides/maintenãt rouges maintenãt blanches Et pource ie te administroye aucueffois choses tristes et le plus souuent ioyeuses affin que ainsi te conduysisse sauf. Telle chose mestoit vne grãt ioyeusete et singulier plaisir.

℄ Lacteur.

Alors ie luy respondy comme celluy qui cognoissoye bien la verite de mon cas cõme elle amplement me declairoit en luy disant. O ma dame parfaicte ie scay et congnois bien q̃ cestuy ton don mestoit vng tresgrant fruict/ Mais que ainsi fust que tu faisois ou cuidoyes faire telles choses a ceste fin. Adoncques celle me dist.

℄ Chastet.

Petite foy seroit en moy si toutes telles choses me feusse ingeree faire sans q̃ ie pẽsasse q̃ ce ne fust a ton proffit Et si ce nestoit

b ii

vray pourquoy mon bon amy le te eusse ie dit z afferme certainemēt ieusse este iniuste/ car saiches q̄ tu mas tousiours grandemēt pleu pour ceste chose pour laq̄lle iay eu et retins le doulx neu de ta memoire en mon cueur/car ton beau nō ma grandement pleu leq̄l long tēps a que iay ouy z en ay eu la fameuse renōmee acceptable auec la facon de tes ditz vulgaires et latins par lesquelz tu me querois. Et saiches que enuers toy iamais ne quis autre chose de ton amour que ta belle maniere de parler Car la chose qui soubz ta facon de dire estoit enclose z tappie nestoit q̄ obscure et vaine pierrerie riche et pcieuse seullemēt adresste aux industrieux pour la mettre en declaration. Et pour celle cause aucuneffois ie me apparoissoye a toy et a tes tristesses/affin q̄ ie te mōstrasse que la chose dōt tu parloyes z la maniere de la rediger z escrire en tes liures est tousio⁹s a adresser a cestuy tout puissant que ie voy tousiours z q̄ tout le monde tiēt z gouuerne La est et repose mon amour auec leq̄l est la cōcorde de toutes les autres choses q̄ vraye et pure amour ioinct auec nous : mais que honnestete y soit par attrēpance. Egalles flambes ont este en toy et en moy quant en amours ou bien pres/car ie me veoye participant en partie de ton pudicque feu/et ce q̄ lung embrassoit lautre estraignoit. Apres iay souuentesfois considere que en criāt tu estoye bien souuent enroue en chose vaine z en matiere sans fruict iacoit cōme iay dit q̄ la maniere de ton dire mestoit tousiours aggreable. Se pleut daucun ou le dueil nest point moindre quāt il est deffoulle ou mussé en escriuant/ne la chose nest point plus haulte ne plus excellente quant par fiction aucun lamente z pleure. Et pource ne soit point nostre amour rompue ne maintenāt diuisee par diuerses ou doubles parties Chante en tes vers veritablemēt et dy choses vrayes/ou de nostre amour ne dis iamais riens et nen fais mention aucune en tes chantz ne escriptz. Car affin q̄ tu le saches iay tousiours este auecq̄s toy en mon cueur iacoit que ie declinasse aucuneffois mes yeulx de toy/et lors disoye a part moy que moult te douloyes de telle departie/touteffois mes yeulx nestoiēt du tout ostez de

toy/car plus de mille z mille fois ie les reduisoye a toy z auec pitie les cōtournoye/ et tousiours les eusse eu reposez z trāsquilles sur toy si ie neusse doubte ta perilleuse fragilite. Et pource ie te vueil aucune chose dire deuant que dauec toy ie me departe q̄ sera pour cōclusion de cestuy nre departemēt/laquelle chose te sera p auēture agreable et a ton proffit vtille/cest. En toutes choses ie suis de toy bien cōtente/mais certes vne chose y a q̄ trop grādemēt menuye z moult me desplaist/cest q̄ iay este nee en trop hūble et basse terre z ay grāt dueil z grandement me cōplains en moy mesmes dung regreteux cueur tellemēt q̄ a peine me puis recōforter Pourquoy ie ne fuz nee plus pres du pays tresflorissant fructifiant et opulent q̄ est de tuscane/mais touteffois le mien pays ma este et est assez suffisammēt bel et me plaist puis q̄l ta pleu q̄ te vīt a plaisir Que meust valu ne prouffite auoir toutes autres choses que mon cueur desiroit et q̄ ie te fusse incōgneue sinon que ieusse este moins clere et de moindre renomnee.   ¶ Lacteur.
¶ A telle parolle ie ne peuz riēs respondre/ car si haulte z parfait amour mesleua tellement q̄ iamais ie ne pēsay auoir repos/touteffois soubdainement me replicqua en me disant.   ¶ Chastete.
¶ Iay eu de toy beaucoup dhōneur leq̄l me suyt z sen vient auec moy/mais ie ne pleray gueres plus a toy/tu vois q̄ lheure trop sapproche: touteffois mon amy ne prens point de tristesse demeure en paix.   ¶ Lacteur.
¶ Aps cestes parolles ie vy ceste belle dame monter q̄ pour sen aller mōta en vng celestin chariot do: dōt ie demenay grāt dueil car ses doulces pctes me furent trop briefues. Helas iestoye en grāt pensee a scauoir si tost ou tard ie la suyuroye.

¶ Sensuyt la seconde partie de ce present triumphe de la mort ou lacteur messire francisque petrache reduit z rameine a memoire plusieurs gisans mors soubz le dolent char de la mort.

Melliflues parolles z doulces remōstrāces/mon cueur estoit lors plein de clere doulceur en pensant en mon cueur z recapitulāt

De la mort

les choses que iauoye oupes de ceste impēne et doulce ampe de laquelle ie nay pas seulemēt retenu les parolles, mais aussi auoye entendu la maniere de son parler plus clere et resplendissante ayāt la face que nest le soleil luysant, par quoy ie pēsoye merueilleusemēt a part moy et vouloye ainsi dire. O mes esperitz tristes et sentz sur toutes autres choses deuez estre resioups et ioyeulx pour la tresgrāt splēdeur de la saincte ame luysante dōt yay consolation auōs eu. Ja le soleil auoit oste la ceincture humide et noire par le circuit de la terre laqlle est le repos a la gent mortelle et malade. Et a peine sestoient disparez de moy toutes ces choses q iauoye veues deuāt quant auec vng cueur lasche et las ie vy cōmencer vne autre guerre des mortelz. O tu polimia ie te prie ayde moy et acōpaigne mon stille qui es appareillee de relater et reduyre a memoire maintes et diuerses choses. Adonc ie remēbray les hōmes et leurs treschiers faitz esquelz tout se iour sera exploicte tellemēt quil ny aura nulle partie moyenne ne derniere qui soit obmise en ces presens nos ditz.

⁋ De iules cesar et autres.

Ie vy alors vne haulte, noble et grande assemblee de gēs soubz la banniere dune royne que chascun aime, hōnore, reuere et craint estoit chose diuine a la veoir, laqlle estoit nommee magnanimite, et tenoit de sa main dextre cestuy grant rōmain qui fist grāt destructiō en germanie, en france et autres lieux lequel fut nōme iulles cesar. Aps quil eut conquis tant de victoires, et mesmes quil at tribua particulierement a luy lempire romain le senat enuieux de ceste dominatiō la plus part diceulx coniurerent et machinerēt sa mort, de laquelle coniuraison furent cassius et brutus principaulx et maistres entrepreneurs, et pource mieulx et plus seuremēt faire et executer aduiserent que ce seroit en la court de pōpee ou le senat deuoit estre assemble aux ydes de mars qui est le quinziesme iour dudit moys. En cestuy iour ainsi assigne cesar pour le troublemēt quil auoit des songes a luy aduenus fut en doubte de aller a la court ou non, mais ledit brutus q le vint querir le y mena en luy disant q lesse-

fueillet. xlv.

nat lauoit longuement actendu a la court. Donc se mist Cesar en la voye pour y aller, et ainsi qil fut au chemin vng homme luy vint a sens contre qui luy bailla vne lectre ou toº les aguetz et faictz, estoient contenus et escriptz, mais il ne samusa point a lire la dicte lectre, ains la mist auec les autres requestes pour lire a la court. Quant il fut entre en la court il se assist en son lieu et toº les autres aps chascun en son renc et ordre. Adonc soubdainement vng dentre eulx nōme cimber cullinus fist semblant de vouloir faire quelque demande, mais cesar luy fist signe quil ne se offrist de luy riens demander. Lors ledit cimber cullinus vint furieusement contre cesar et le print a deux mains p la togue sur les espaulles. Quāt Cesar veit ce il sescria a la force. A ce cry vint cassius q ferit cesar dung glaiue parmy la gorge, et cōme cesar se cuida despescher de ces deux brutus qui griefuement le ferit larresta. Quant cesar veit que tous de toutes pars les glaiues toº nudz au poing luy couroiēt sus et congnoissant que eschapper ne pouoit sans mort il enuelopa son chief et sa face de sa togue pour cheoir plus honnestement. Ainsi mourut cesar apres tant de victorieuses cōquestes et glorieuxtriūphes

⁋ Apres cestuy cesar ie apperceu les deux scipions freres lung nōme laffrican pour la conqueste par luy faicte de la region daffricque, et lautre surnomme dasie lesquelz hors de dignitez et doffices moururet villement en lieux chāpestres. ⁋ Le grant pompee q mal veit thessalie estoit tout ioignant couche tout de son long mort estendu lequel fut trahistreusemēt occis en egipte par les satalites du ieune roy ptholomee ainsi que par cy dessus appert au triūphe de chastete. Aupres de luy gisoit brutus lequel apres la mort de cesar fut miserablement occis en macedoine contre anthoine et octouien, lequel octouien y fut aussi tue.

⁋ De maulius cappitollanus

Puis y fut marcus maulius noble citoyen de rommēe lequel par vaillance darmes gaigna plusieurs colliers dor, couronnes et

B iii

autres despouilles de ses ennemis dont par ses merites fut nōme et esleu par trois fois consul de romme. Il trebuscha z̄ mist ius les francois lesquelz par force darmes auoient prins rōme/ et par eschelles estoiēt ia montez sur le mur du cappitolle dōt il fut surnōmme cappitollanus en signe de perpetuelle memoire q̄l auoit sauue et seurement deffendu le cappitolle. Non content de cest honneur il voulut monter plus hault par quoy luy enuieux contre camillus lors florissant en gloire pour occuper le gouuernement de la chose publicque rōmaine esmeut en romme plusieurs z̄ diuerses rumeurs et discentiōs entre ceulx de la cite. En ce tēps vng noble rōmain nōme cornelius cassus dictateur qui lors estoit au pays de toscane fut mande pour venir a rōme/lequel retour ne apres aucunes parolles contemptieuses quil eut auec maulius en le reprenant couuertement des discentions quil auoit esmeues a romme fist prēdre et mectre en prison par mandemēt expres ledit maulius/pour laq̄lle chose le peuple commencea a murmurer, tant que plusieurs mesmes des plus grās dignitez de cestuy emprisonnemēt porterent robes de dueil et de plein iour allerent en visaige plorant sans tondre leurs barbes et veillerent par nuyt a lentree de la chartre en laquelle estoit ledit Maulius. Peu de temps apres aduint que ledit dictateur cornelius camilus desconfist les toscans desquelz il eut pleine victoire/mais incontinēt apres fut oste hors de son office par quoy le peuple voyant ce commencea a enuironner la prison ou estoit maulius chascun menassant de rompre ladicte prison si maulius nestoit mis hors et deliure. Ce que voyāt les senateurs pour obeyr au desir du peuple cōmanderent q̄ maulius fust deschaine z̄ mis hors de la chartre et rendu au peuple q̄ le requeroit Maulius pour cause de son long emprisonnement fut eschauffe z̄ courageus semēt enuieux et enfle dorgueil/et pource il commencea plus ardamment soy efforcer a pour supurer tant q̄l peust les choses par luy deuant encommēcees et de faire toutes choses vallables a acquerir pour soy le gouuernement du royaulme de romme Les senateurs z̄ tribuns apperceuans ce que faisoit maulius ne le porterēt pas bien paciēment par quoy eulx tous dung semblable cōsentement assignerent iour audit mauli⁹ pour veoir et ouyr faire et dire la punicion z̄ vengence des choses quil auoit oultrageusement entreprinses. Auquel iour ledit maulius vint z̄ cōparut en iugemēt ort et brouille sans cōpaignie daucūs nobles hōmes ne de aulus ne de tyt⁹ ses freres/ains vint seulement acōpaigne daucune quātite dhōmes populaires. Adōc maulius ainsi estant en iugement deuant les senateurs et tribuns dist plusieurs choses cuydant quelles feussent vallables a sa deffence/et apres se desuestit en monstrant sa poictrine q̄ auoit este ennoblie par les playes q̄lle auoit receues en cōbatant auec lesditz francois. Dautre part monstroit la tour du capitolle quil auoit gardee destre prinse/puis requeroit en son ayde les hōmes z̄ les dieux. Ainsi maulius par sa doulce cōplainte tellement amolit les cueurs du peuple rōmain q̄l ne peut estre condāne par sentence iusques a ce quil fut mene hors la porte frumētelle q̄ est vng lieu dont on ne peult veoir la tour du cappitolle. Et en ce lieu fut condāne mauli⁹ par sentence q̄ il qui estoit deuenu mauuais et couuoiteux seroit trebusche de la roche nōmee trapeya autrement carmenton dedans leaue du tybre/de laq̄lle roche par auant il auoit trebusche et gecte ius les frācois quāt ilz escheilloient le capitolle. Tantost apres la sentence donnee z̄ prononcee contre ledit maulius il appella plusieurs fois en son secours les dieux et le peuple/mais riens ne luy vallut. Car il fut gecte z̄ trebusche du hault au bas de ladicte roche trapeya dedās le tybre. Et ainsi a sa grande confusion et honte il esprouua miserablement le torment et mort quil auoit par auant fait souffrir aux susditz francois.

¶ De hamilcar.

Apres cestuy mauli⁹ ie vy gisant le noble duc de cartaige hamilcar perpetuel ennemy des rōmains q̄ iura aux dieux pardurable haine z̄ guerre leq̄l apres la p̄miere prinse de la ville de cartage/ et q̄ par les rōmains fut en plusieurs et diuers lieux le feu mis en ladicte ville ledit hamilchar mourut miserablement et sa femme voyant ce se getta auecques ses deux enfans au meillieu dudit feu. Et la finit et consomma douloureusement ses iours auecques sesditz enfans.

¶ De hasdrubal.

Aprecques cellup hamilcar estoit son gendre hasdrubal et claudius neron qui presenta la teste dudit hasdrubal a son frere Hanibal duc de carthaige ennemy iure et promis des rommains. Lequel hanibal voyant celle teste de douleur/horreur et commiseration quil eut tourna le visaige de lautre coste. Car hanibal cappitaine et ducteur de larmee carthagienne menant dure et aspre guerre mortelle contre lesditz rommains estant au pays dytalie assist son ost en vne vallee pres dung fleuue nomme tamis pour attendre son frere hasdrubal qui auecques grosse puissance de gens darmes venoit vers luy pour renforcer son ost contre le consul claudius neron chief et ducteur de larmee rommaine/lequel auoit de lautre coste dudit fleuue mys ses tentes et son armee tout au droit de lost de hanibal le fleuue seul entre eulx deux. Claudius neron sachant la venue de hasdrubal dont il fut par aucunes espies aduerty pensa et estima que sil attendoit ledit hasdrubal estre ioinct et assemble auecques ledit Hanibal quil auroit plus a faire a deux que a vng. Et pource il considera que expedient seroit et le plus seur mettre peine de deffaire ledit hasdrubal deuant quil entrast plus auant en ytalie/laquelle chose il conclud de faire. Adonc claudius neron laissa en garde son ost ses tentes et pauillons au cappitaine de la cheualerie et lui commanda de non mouuoir ledit ost. Puis print claudius la plus grant part de son armee mesmes la fleur et lesliteet tous les principaulx et secrettement sans faire aucun bruit auecques celle compaignie ainsi par lup esleue sen partit de nupt et sen alla pacifiquement au deuant dudit hasdrubal lequel auec merueilleuse puissance de gens darmes venoit des parties de france et ia estoit passe le mont arpennin A la descente et au pied duquel mont il estoit/et la ledit

claudius le rencontra ayant son armee sans ordre quelconques et la plus part de ses gens desarmez/car ledit hasdrubal neust iamais cupde ne iuge quil eust eu aucun rencontre ne affaire contre personne deuant que estre paruenu a lost de sondit frere hanibal. Claudius neron qui auoit ses gens en tres bonne ordre assaillit ledit Hasdrubal tellement et si vertueusement que les gens dudit hasdrubal neurent aucun loisir deulx arrenger et mettre en ordre. Touteffois hasdrubal courageusement se deffendit et combatit contre ledit Claudius/mais finablement fut hasdrubal occis et tous ses gens deffaictz et vaineus et plusieurs prins prisonniers. Et furent bien trouuez de mors cinquante et six mille hommes. Apres celle desconfiture Claudius neron auecques toute diligence sen retourna secrettement victorieux en son ost et enuoya vers hanibal tous les prisonniers de hasdrubal/ et fist mettre et apposer la teste dudit hasbrubal deuant et a lentree du pauillon de hanibal. Hanibal non sachant la mort de hasdrubal voyant les prisonniers et celle teste fut moult esbahy et perturbe, et eut aussi en merueilleuse admiration la cauteleuse astuce dudit claudius neron qui ainsi lauoit deceu/car lon dit q̃ hanibal sceut plus tost la grande occision et desconfiture de hasdrubal et de son armee quil ne fist du partement et du retour dudit claudius neron. Et fut aussi hanibal publicquement et en priue grandement triste et dolent de ce quil congnoissoit que claudius luy auoit fait et rendu presque pareille perte et dommage de gens darmes telle que par auant il auoit infere et fait aux rommains a cannes.

Tout au plus pres de cellup hasdrubal iapperceu curius fabricius/les deux nobles et vaillans chatons/et cellup torquatus qui par grant pitie occist son filz. Puis fut horatius dautre coste tout seul contre toute la gent tuscane lequel ne lance/ne espee/ne escu ne le peurent iamais flechir ne destourner de sa vertu. Et pres de luy estoit valere qui pour le peuple rommain destruisit et consomma toute sa substance.

B iiii

¶ De apius claudius et autres.

Pres les dessusditz ie vp et congneu le desloyal iuge appelle apius claudius qui de chaines sestrangla en vne prison lequel fut de la lignee des claudies laquelle lignee premierement vint a romme dung chasteau des sabinoys appelle orgisson apres que les roys furēt boutez hors de romme pour loultrage que fist le filz du roy tarquin lorgueilleux quant par force il corrōpit la treschaste lucresse. Ceste lignee des claudiens vint a romme pour euiter vne sedition et discord qui lors estoit entre les citoyens sabinoys de laquelle lignee estoit le conducteur vng sergent appelle accus claudius qui depuis fut nomme appius claudius. Ceulx de ceste lignee furent receuz et escriptz es liures des nobles hommes rommains et dicelle nasquirēt en diuers temps plusieurs hōes nommez Appius qui tous furent ennemys et cōtraires au menu peuple rommain. Quant le temps fut venu deslire les dix hommes iuges pour escrire en langaige latin les loix couenables pour gouuerner la cite et le peuple, ausquelz iuges estoit baillee auctorite de cōfermer les loix par le consentement des trois estatz de romme et puissance de congnoistre et iuger de toutes choses sans appeller deulx ne de leur sentence. Cestuy appius claudius par merueilleuse presumption osa soy mesmes eslire et nōmer lung desditz iuges. Apius claudius ainsi esleu fist vne autre desordonnance, car ceulx qui au parauant auoient este en tel office souloient faire porter deuant eulx lung apres lautre entrechangemēt banieres de leur seigūrie, mais cestup apius voulut quilz portassent banieres chascun par soy et aussi grant nombre cōme ilz souloient tous ensemble, et par ainsi en lieu de douze sergens qui par auant portoient haches et banieres deuant eulx furent ordonnez six vingtz a estre en la court pour aller deuant eulx tellement que le peuple et les nobles de rōme eurent paour de veoir tant de varletz armez. Apius doncques fut moult orgueilleux & esleue tant pour sa malice comme par la souffrance des citoyens de romme et par le grant nombre de ses sergens armez fut tel quil ne sembloit point estre iuge publicque, mais mōstroit mieulx estre roy. Fortune qui les petis esleue et les orgueilleux abaisse abusa tellement apius quil ne luy chaloit de bien ou mal iuger, dont entre ses faulx iugemens luy embrase de lamour charnelle de la belle vierge virginea fille de virgineus pour en iouir ladiugea serue de sō seruiteur marcus maulius, mais virgineus son pere la tua ainsi que plus a plain appert deuāt au triumphe de chastete en lhystoire de ladicte virginea. Apres que ce vint au renc de virgineus a estre iuge il fist conuenir ledit appius et incontinent le fist honteusement enchainer et villement trainer en prison. Et pource que ledit appius affin que plus il ne infamast ne soy ne son lignage par la cōdampnation quil attendoit auoir par virgineus homme ignoble en la puāteur de la prison des chaines dont il estoit lie il sestrangla soy mesmes et ainsi villement mourut.

Pres cellup appius claudius ie vp cellup victorieux camille qui fut habondant en or et en richesses et lespee aupres de luy auecques sa baniere perdue. Et ainsi q̄ ie tournoye mes yeulx dung coste et dautre ie vp cellup fort dictateur emilius qui estoit riche et plain de despouilles de ses ennemys. Et tantost apres se apparurent a moy les autres de humble nature rectulius et Volumnius et le grec philo fais par la Vertu des armes haulx et gentilz. Suyuant iceulx estoit Vaspasien que ie congneu a sa face benigne et plaine de prudence auecques son beau et gracieux filz titus qui furent clers pour la haulte oeuure par eulx faicte, cestassauoir par la Vengeance de la mort du saulueur iesuchrist qui fut par eulx deux accomplie et parfaicte en mettāt a ruyne et destruction la cite de iherusalem qui fut la pugnition executer que iesus predist comme on le menoit crucifier au mont de caluaire disant aux femmes de iherusalem quil Veoit plorer. Femmes ne plorez point sur moy ne pour les maulx que me Voyez iniustement porter, mais plorez sur Vous et sur Voz enfans, car ie Vous dis que Vng temps Viendra que les femmes seront bienheureuses qui nauront point porte denfans.

De domitien et autres.

Pres eulx estoit domicien empereur de romme qui se monstroit estre tout plain de pre et de courroux et grandemēt indigne quil nauoit pas Vraye gloire, mais estoit mort honteusement, et aussi pource quil estoit monte en hault empire par adoption et non pas par la Vertu de luy ne de ses predecesseurs. Lequel domitien apres la mort dudit noble titus son frere succeda a lempire huyt cens Vingt six ans apres la fondation de romme et se adonna a toutes mauuaistiez et Vices. Tellement quil osa entreprendre de destruyre toute leglise de Jesuchrist qui desia estoit moult par tout le monde florissante et creue, et pour ce faire comme cruel donna mandemens a ses satalites pour faire celle persecution, et cheut en si tresgrant orgueil quil Voulut quon ladorast comme dieu et seigneur de luniuersel monde. Et fist occire cruellemēt aucuns des nobles senateurs et enuoya plusieurs en exil ou il les fist la meurtrir et occire. Puis fut si tresdissolu en luxure tellement quil en estoit tout deshonte et print plaisir a Veoir espandre le sang humain tant des siens que des autres et mesmes des chrestiens, qui fut leur seconde persecution apres celle de neron. Il enuoya aussi en exil en lisle de pathmos iehan le tresbenoist apostre et euangeliste. Il fist enquerir des iuifz tous ceulx qui estoient du lignaige de dauid et commanda quilz fussent tous occis affin que aucun de celluy lignaige ne Voulsist occuper pour soy lempire. Apres toutes telles cruaultez et tyrannies faictes par celluy domicien il fut cruellement tue en son palais par ses chambellans, et la charongne de luy fut mise en Vng cercueil Vil et pourry et porte tresVilement enseuelir par robeurs et pillars.

Traianus estoit tout ioignāt et adiaçans de luy couche. Ensuyuant ie Vy theodose qui ne sestoit espargne de bien faire et qui mist les fondemens en la cite de albe Vne montaigne estrange, et apres le nouueau roy agripa. Je nestoye encore point las de regarder quant Vne partie du champ me sembloit Vmbreuse et enuironnee de fumee dont mon regard estoit fait tenebreux et nocturnal, et Vers celle partie ie Vy les premiers roys dytalie, saturius, picus, familius, lauinius et pres deulx estoit pensif camilla turius. Dautre coste estoit lorgueilleux holofernes couche mort en son lict dedans Vne tente et la belle hebree iudich laquelle auecques Vne sienne chamberiere presentoit la teste dudit holofernes aux nobles citoyens de bethulie lesquelz rendoient graces a dieu et louenge a ladicte dame.

De hanibal.

Ource que gloire en toute partie et en tout lieu et nation fait les hommes clers et nobles ie Vy oultre Vng grant ruisseau et palut le grant carthaginois cōtre la memoire duquel ptalie bataille, lequel en mon pays de tuscan perdit loeil dextre entre les mōtaignes pour le temps excessiuement froit. Lequel apres quil eut plusieurs grandes Victoires contre les rōmains obtenues il fut Vaincu en affricque par le consul rommain scipion laffricayn. Cestoit le

noble duc de carthaige Hanibal filz au duc hamilchar surnomme barcque. Apres celle desconfiture faicte par ledit scipion contre hanibal & que cestuy scipion eut subiugue & reduict la ville de carthaige et tout le pays daffrique aux loix/coustumes & subgectiõs des rommains et que aucun temps apres hanibal aduisa q̃ le consul gapus seruilius estoit de par les rommains enuoye a carthaige pour procurer la mort de luy hanibal print secrettemẽt toutes ses richesses puis se mist en une nef et sen alla vers anthiocus roy dasie et de surie qui se apprestoit faire guerre contre les rommains/lequel anthiocus receut benignement hanibal tellemẽt quil lappelloit a toꝰ ses priuez conseilz mais enuie sen reculla. Apres ce que ledit anthiocus fut vaincu par ledit scipion laffrican et que paix fut entre eulx deux traictee et passee hanibal se destourna et souyt en lisle de crethe auecques tous ses tresors lors il emplit de plõb certaines cruches de terre saigement estouppees et les bailla a garder aux officiers du temple de dyane cõme si dedans fust tout son tresor affin que les habitans de crethe neussent aucune suspection encontre luy & quil peust illecques plus seurement viure auecq̃s eulx. Apres ce il fondit tout son or et le mist en ymaiges creuses quil portoit auecques soy comme si se fussent les dieux quil adorast. Apres toutes ces choses hanibal se aduisa que prusias roy de bithimie qui estoit ennemy des rommains deuoit estre compaignon et alie a la bataille que le roy anthiocus aprestoit contre eumenes roy de pergame autrement dicte frigie la petite estant au pays dasie/lequel eumenes estoit cõpaignon & bien vueillant des rommains/hanibal vint deuers le roy prusias et luy donna plusieurs et diuers conseilz et cautelles de batailles par quoy prusias souuentesfois desconfit ses ennemis en terre et en mer. Apres ce que prusias fut par eumenes vaincu par terre hanibal se aduisa dune subtille et cauteleuse inuẽcion de auoir victoire par mer/car il appresta plusieurs grans cruches de terre esquelles il fist enclorre force de gros venimeux serpens et au meillieu de la bataille il commanda quelles fussent gectees dedans

les nefz du roy eumenes/ce qui fut fait. Tellement que par la confusion et habondance des serpens hanibal qui combatoit pour le roy prusias eut victoire sur ses ennemis. Laquelle chose fut racomptee aux rommains qui encores doubtoiẽt la vie de hanibal non point pour sa puissance/mais pour ses deceptiues cautelles. Peu de tẽps apres titus familius consul rommain qui fut enuoye vers prusias traicta et fist paix auec icelluy prusias par tel cas que prusias luy liureroit hanibal entre ses mains/par quoy prusias enuoya gensdarmes pour en uironner la maison de hanibal en laquelle il sestoit retyre. Hanibal qui se doubtoit de la mauuaistie dudit prusias se voyant ainsi assiege de tous costez se cupda saulner par ung petit guischet/mais il le trouua occupe. Quant il congneut que en luy remede nauoit de eschapper il print et beut le venin que de long tẽps il auoit appreste pour soy garder de la main des rommains/et ainsi miserablement mourut et fut enseuely en une cite de bithimie nommee libissa.

¶ De prusias.

D plus pres de cestuy hanibal ie vy son desloyal fraudulateur prusias/lequel prusias apres la mort de hanibal cõme dit est quil eut par mort perdu sa premiere fẽme de laquelle il auoit ung filz nõme nicomedes il espousa une autre fẽme de laquelle il eut aucuns enfãs/lesquelz enfãs ledit prusias voulut prouueoir de la successiõ de son royaulme pource quil aymoit mieulx celle secõde de fẽme que la premiere qui ia morte estoit. Et pource il entreprint et delibera de faire tuer son filz nicomedes q̃ pour lors nestoit point au pays de bithimie Le iouuenceau nicomedes par aucuns de ses amys fut secrettement aduerty de lentreprinse du roy prusias son pere tellement quil fut audit nicomedes mande quil se gardast saigemẽt et quil ne retournast au pays. Les amys dudit nicomedes porterent mal patiemment liniquite et iniure dudit roy prusias par quoy nicomedes assẽbla toutes ses forces en armes et assaillit par guerre et bataille son pere le roy prusias tellement que en brief temps ledit nicomedes chassa son pere prusias hors de son royaulme. Lequel prusias sen alla comme banny auec peu de gens qui apres le delaisserent tout seul. Et apres ce quil eut bien vague pourement par le moyen nicomedes son filz a la fin le mist a mort.

De marc anthoine

Autre coste ie vy le noble consul marc anthoine qui se plantoit au ventre le mesmes cousteau dont son seruiteur sestoit a ses piedz occis. Lequel anthoine fut le second heritier au testament de son pere iulius cesar adopte, car par droicte lignee anthoine et son frere octouien nestoient que ses nepueux. Touteffois cesar les adopta pour filz legitimes et les institua ses vrays heritiers. Adonc pource que octouien premier escript succeda a lempire et luy fut donne le nom de Cesar et le droit chief des armes anthoine de ce indigne et despit comença a esleuer bataille contre octouien adolescent. Et alors ledit marc anthoine espousa fuluia vne femme de mauuais gouuernement qui fut mere de capulina femme de iulius cesar. Ceste fuluia enhorta son mary anthoine de faire guerre contre ledit octouien laquelle gouuerna la seigneurie de romme tandis que octouien guerroyoit en estrange pays et mist espies contre octouien qui la dechassa dytalie en grece auec son mary anthoine qui lors y estoit. Apres que ledit anthoine fut par ses forfaictures et par celles de sa femme iuge par les senateurs estre ennemy de romme il trouua maniere de rentrer en la grace de octouien qui benignement le receut. Et quelque peu de temps ensuyuant anthoine fut tellement vaincu et desconfit par les parthois que en grant peine misere et labeur et merueilleuse souffrance peut gaigner la cite de antioche. Anthoine estant en celle cite fut surprins et embrase de lamour de cleopatra royne degypte qui pour lors mignotte et dissolue estoit. Et tellement fut anthoine eschauffe de luxure quil se habandonna totallement a la paillardise et aux plaisances et delectations charnelles de celle cleopatra tellement quil lespousa et laissa sa noble seconde femme octauia seur dudit octouien q il luy auoit par amytie donnee en mariage. Apres que cleopatra eut fait tuer sa seur asiure elle ne cessa de inciter son mary et ribault anthoine de vsurper et occuper pour soy contre octouien lempire rommain, ce que anthoine accorda. Et pour ce faire amassa grosses puissances de gens oultre le gre de plantus noble cheualier romain et appresta soixante et dix nefz bien equippees. Touteffois octouien qui luy vint a lencontre incontinent le vaincquit, tellement que anthoine auec sa dame cleopatra fut contraint sen fouyr et eulx retirer auec ses gens dedans la ville de alexandrie ou il se fortifia. Mais octouien qui de pres le poursuyuoit lassiegea tellement que ceulx de la ville furent oppressez par famine. Et lors anthoine voulut traicter paix auec octouien laquelle luy fut refusee. Ce que voyant anthonius demanda a vng sien seruiteur nomme Erus vng glaiue pour soy tuer, ce que opat le seruiteur print le glaiue et lui mesmes sen donna dedans le ventre et cheut mort aux piedz de son maistre. Anthoine voyant ce fait tyra le cousteau du ventre de sondit seruiteur erus et par enrage courage sen frappa furieusement dedans son ventre et tantost apres de cellui coup mourut. Cleopatra voyant la mort de son adultere mary cuyda attirer a elle ledit octouien par blandissemens, mais elle fut de par lui mise en seure garde pour son triumphe. Touteffois ne sceurent les gardes si bien faire quelle ne se retirast dedans vne secrette chambre ou la elle oingnit son corps de diuers oignemens precieux et odorans et se vestit de topaulx et de vestemens royaulx, puis entra dedans le tumbeau ou son mary gisoit mort. Et lors a ses deux costez mist deux serpens venimeux lesquelz enuenimerent et succerent tout le sang de son corps ainsi quelle mesmes se aydoit en ouurant ses veines a force pour sa mort plus tost auancer, laquelle en ceste facon mourut et donna fin a son auarice et embrasee luxure, combien que octouien fist oster les serpens des playes pour la garder en vie sil eust peu. Lors ledit octouien commanda que les sepulchres qui auoient este faiz auctentiquement pour elle et marc anthoine fussent solennellement parez et eulx deux ensepulturez en grant honneur lung au pres de lautre. Par ainsi pource q̃ le dessusdit Marc anthoine esleue en orgueil presumoit aucunes choses trop dignes au regard de luy et esperoit que fortune luy donnast seigneurie du monde quil nauoit pas Desseruie fut abuse de son orgueil comme bien auoit merite/et sa sub:ique royne cleopatra toute adonnee aux delictz charnelz et ardante et couuoiteuse en luxure qui contente de sa propre chose nestoit/mais par luxurieux embrassemens auoit a plusieurs iouuenceaulx prestez ses membres fardez De tous delices de la chair/elle en la fin voyante/viuante q̃ sentante fut enuironnee de serpens venimeux qui lui succerent le sang du corps quelle auoit nourry Des succemens des ieunes hommes dont elle mourut miserablement q̃ honteusement par ses dessertes et merites.

⁋ De masinisse, amincas q̃ autres

ENsuyuant fut celle feminine co̅paignie Cestassauoir panthasilee royne des amazones/ppolite, ho:itie et grant nombre daultres femmes belliqueuses lesquelles ladicte panthasilee leur dame mena au siege de trope contre les gregeois pour secourir son amy hector/mais luy/elle et toutes ses autres femmes y moururent. Apres ie vy le roy cirus plus couuoiteux de sang humain que ne fut crassus do:/mais lung et lautre furent en la fin tellement remplys de ce en quoy ilz furent auaricieux et ardans quil leur sembla amer comme Dessus appert. Philopomenes q̃ fut tant instruict en lart de guerre y estoit/et puis ie apperceu le roy numidien masinisse auecques sa dame qui du tout croit en lui/car lui qui pour la crainte du roy siphax sen estoit fouy es boys q̃ es mo̅taignes fut long te̅ps repeu de racines q̃ dherbes. Et le roy xerces q̃ dautre coste se estoit aussi musse endura plusieurs calamitez tant q̃ par asperite de soif il fut co̅traint pour estancher son extreme soif boire du ruisseau tout mesle du sa̅g de ses cheualiers qui la Dedans couroit. ⁋ Je y vy aussi amincas roy De macedoine qui fut pere De philippes pere du grant alexandre lequel amincas eut de sa femme erudice quatre enfans, cest a scauoir alexandre, perdicas, phelippes pere du grant alexandre et vne fille nommee brionne. Auecques ce ledit amincas eut dune autre femme nommee cingne trois filz Cestassauoir arcelaus, arcideus et menelaus et fut cestuy pays de macedoine premiereme̅t nomme amathie pour vng roy Dit amathius qui premier y regna Apres fut et est nomme macedoyne par vng roy qui y regna appelle macedo qui fut nepueu du roy Deucalion vng ancien roy De thessalie. Duquel royaulme et prouince de macedoine fut cestuy amincas roy, lequel apres ce quil eut par puissa̅ce darmes resiste contre deux peuples De trace, cestassauoir illyrois et les olimpiois erudice sa femme qui saccointa dung ribault no̅me arguesta coniura la mort de sondit mary amincas et mist espies a le faire mourir affin quelle baillast audit arguesta le royaulme de macedoine, car elle luy promist quelle luy liureroit son mary le iour des nopces dung sien gendre. Ce quelle eust fait si brionne sa fille neust reuelle et descouuert le cas a son pere amincas. Lequel paoureux et angoiseux et ennuye de celle deslopalle entreprise mourut. ⁋ Aupres de luy ie vy ses deux filz alexandre et perdicas, lequel alexandre apres la mort de sondit pere amincas succeda au royaulme De macedoine Et pource que cestuy alexandre se vouloit alier de ses voisins il fist paix auecques les illirois et apres auecques les atheniens auecques lesquelz il se reconsilia et se mist en leur grace et pour seurete de ce il leur bailla son frere philippe lors iouuenceau en ostaige. Peu De temps apres erudice leur mere comme cruelle et sans pitie ne amour naturelle fist mourir le roy son filz alexandre par vne si secrette et couuerte maniere que peu de ge̅s le sceurent. Apres cestuy alexandre succeda au royaulme de macedoine son frere perdicas, mais sa mere erudice le fist aussi cruellement mourir comme son frere alexandre.

De la mort

De ptholomee roy degipte.

Je vey aussi a part en celle piteuse assemblee ptholomee roy Degipte q̃ neut la paciẽce dattẽdre la successiõ paternelle a luy aduenir, mais il occist sõ pere, sa mere et sa seur germaine, puis il sadõna a luxure tellemẽt et a lexẽple de luy nõ seullemẽt ses amys et partes, mais aussi ses cheualiers laisserẽt la discipline des armes pour ensuyure leur roy ptholomee en celle orde vie gloutõne et luxurieuse. Anthiochus roy de surye aduerty du gouuernemẽt dudit ptholomee et de ses gens courut a baniere desployee sur ledit ptholomee tant q̃ par soubdaine bataille il cõquist plusieurs citez en egipte. Et mesmes oppressa la principalle ville de tout cellup pays. Aps q̃ ptholomee eut recouuert ses villes et fait paix auec anthiocus et q̃l se fut remys a sa premiere ordure de luxure il occist erudice sa fẽme et sa seur. Puis print po̱ cõcubine vne folle fẽme nõmee agathodia et vsoit toutes les nuytz en ribauldyes et innouoit plusieurs viãdes friãdes po̱ plus sesmouuoir a luxure. Celle agathodia auoit vng frere nõme agathos des dont ptholomee abusoit en lieu de fẽme pource q̃l estoit de merueilleuse et excellente beaulte. Ces deux agathodia et agathodes auoiẽt vne mere nõmee oenanthe q̃ par les ordz delictz de ses deux enfans tenoit tellement le roy ptholomee subgect q̃ eulx trois gouuernoient le royaulme degipte et disposoiẽt des offices et dignitez. Finablemẽt ledit roy ptholomee cõtinua et fist tant dexces en ses ordes paillardises q̃ vng iour il mourut meschãment ou giron de sa cõcubine agathodia. La mort duq̃l fut longuemẽt cellee et incõgneue aux egiptiẽs, car agathodes et sa mere oenanthe et sa seur agathodia en ce pendãt desroberẽt le tresor et to̱ les ioyaulx du roy, mais apres q̃ les egiptiẽs congneurent la mort de leur roy ilz vindrent en grãt multitude de gens armez au palais royal et illecq̃s occirent agathodes et sa mere et sa seur furent a vng gibet pendus.

De cadmus.

Auec les dessusditz ie cõgneuz clerement le noble cadm⁹ q̃ faisoit sõ demes a la cite de thebes, car aps q̃ iupiter roy de lisle de crete eut rauy et pris

Fueillet xlix

par force europa fille dagenor roy de la cite de thir q̃ est au pays de phenice pour leq̃l rauissemẽt cõmanda agenor a son filz cadm⁹ q̃l quist sa seur europa, et q̃ iamais ne reto̱nast au pays de phenice sãs lamener. Dõc aps q̃ cadm⁹ fut mõte sur mer allant en uys chercher vne fẽme laissa celle cõmission et auec ses cõpaignõs par luy esleuz arriua en grece. Peu de tẽps aps cadmus se partit de la cite de delphos et aps q̃l eut appaise les assaulx q̃ luy faisoiẽt les gẽs de ce lieu, et q̃l eut aussi reboute les espartaĩs q̃ les empeschoiẽt de loger Il ediffia et fonda vne cite la q̃lle il nõma thebes. Quãt cadmus roy de celle nouuelle cite de thebes par la splẽdeur de sa sciẽce eut trouue et baille aux grecz la figure et facon des lectres et q̃l eut donne aux gẽs de grece (q̃ encores estoiẽt folz et rudes) doctrine et loy de viure pour plus seuremẽt cõuerser ensemble ledit cadm⁹ print a fẽme hermiõne noble de beaulte de corps et de lignage au tẽps q̃ gothomel successeur de iosue gouuernoit le peuple disrael. Aps q̃ cadmus eut de sadicte fẽme hermionne quatre filles, cest assauoir semele, anthone, puone et agane, il les donna en mariage a quatre iouuẽceaulx dõt ilz eurẽt plusieurs enfans Touteffois marys fẽmes et enfãs p aucũ laps de tẽps piteusemẽt peritẽt. Et cadm⁹ ta vieil et ancien fut gecte hors de son royaulme auec hermiõne sa fẽme p la malice de ses propres citoyẽs, ou (cõme on dit) par lentreprinse de amphion q̃ apres cadmus obtint le royaulme de thebes. Ainsi cadm⁹ chasse poure et gemissãt sen alla mucer au pays de grece en illirie et illec mourut poure et miserable

Drasar⁹ estoit aussi la de tout son

long estendu leq̃l fut roy de sophin et auec luy estoit tout de coste cõme cõpaignon adadus roy de syrie et de damas lesq̃lz furẽt en bataille descõfitz et occis p dauid roy Des iuifz empres le fleuue eufrate.

De artabanus.

Artabanus estoit la tout au pres noble preuost de perse q̃ en esperance de occuper le royaulme de perse tua le roy xerces et faignit artabanus q̃ cestoit son filz daire q̃ auoit occis xerces son pere affin que cellup daire ne peust venir ne succeder audit royaulme De

perse. Puis artabanꝰ admonesta arthaxer/
ces doccire son frere daire a q̃ il mettoit sus
dauoit tue son pere xerces. Parquoy artha
xerces enuoya gens armez en la maison de
son frere daire que on trouua dormãt ⁊ illec
fut occis. Peu de temps apꝭ artabanꝰ voyãt
q̃ arthaxerces estoit demoure seul filz pẽsa
cõmẽt il pourroit vsurper le royaulme. Ad
dõc les nobles du royaulme de perse furent
assẽblez a cõseil/entre lesq̃lz vng nõme vas
carius descouurit au roy arthaxerces toute
la malicieuse cautelle ⁊ trahyson de artabãꝰ
et encoꝛes lup dist q̃ cellup artabãꝰ espioit
cõmẽt il pourroit occire luy mesmes. Quãt
arthaxerces cõgneut les choses susdictes
craignãt artabanus pour la puissãce de ses
sept filz q̃l auoit le lendemain fist arthaxer
ces assembler ⁊ cõuenir en armes deuãt lup
cõme pour cõbatre toꝰ les nobles du pays
affin q̃l cõgneust le nõbꝛe de ses cheualiers
Entre les cheualiers de celle assẽblee fut
presẽt artabanꝰ arme. Loꝛs le roy le voyãt
faignit q̃l eust court haubergeon si lui dist q̃l
vouloit chãger a lup. Artabanꝰ ignoꝛãt de
la chose desceignit son espee poꝛ desuestir sõ
haulbergeon. Loꝛs led roy arthaxerces loc
cist de sõ espee mesmes en se desabillãt ⁊ les
sept filz furẽt incõtinent pꝛins ⁊ illec occis.

℄ De cresus roy des lidois.

O Cõbien estoit abhoꝛꝛãt cellui pi
teux spectacle. En cupdãt oster
mõ regard ⁊ ma veue mes yeulx
vindrent cheoir en vng aultre en
dꝛoit ou il y eut moult grande cõpaignie de
gẽs moꝛtelz entre lesq̃lz ie vy helareus au/
tremẽt dit heleartus lequel vsant de tirannie
fut par tiẽnes ⁊ leonides miserablemẽt occis
Puis ie y cõgneuz cresus roy des lidois q̃
sẽbloit a son visage estre moult courrouce/
car il auoit songe vng songe q̃ le troubloit
tout. En cellup temps vit nouuelles au pays
de lidie q̃ pꝛes du mõt olimpꝰ estoit vng poꝛc
sanglier de merueilleuse cruaulte ⁊ de gran
deur q̃ degastoit gẽs/bestes ⁊ fruitz de terre
Ceste montaigne olimpus est en grece ou
pays de macedoine q̃ est si haulte quelle sur
mõte les nues ⁊ depart macedoine du pays
de tharcye. Poꝛ laq̃lle chose les nobles iou/
uẽceaulx de lidie sassẽblerent de aller en ma
cedoine pour pꝛẽdꝛe cellup sanglier. A laq̃lle

le assẽblee cresus dõna cõge a son filz athis
dy aller auec les aultres. Et fut ledit athis
baille en garde ⁊ cõduicte a vng gẽtil hõme
escuier/lequel escuyer sen alla a la chasse du sã
glier ⁊ pꝛint en sa main vng long espieu quil
mist cõtre le poꝛc ⁊ faillit a lenferrer/dõt ad
uint q̃ le coup de lespieu attaint cõtre athis
lenfãt du roy q̃ du coup cheut moꝛt. La nou
uelle de la moꝛt athis fut aspꝛe ⁊ dolente a en
durer au roy cresus. Apꝭ vng peu de tẽps
cyrus roy de perse entrepꝛint ⁊ meut guerre
cõtre tout le pays et la gent dasie/et mettoit
tout a feu ⁊ a sang. En especial fist cirus as
pꝛe guerre cõtre balthasar roy de babiloine
auec lequel cresus fist aliance ⁊ lup dõna ayde
cõtre le roy cirus q̃ descõfist balthasar. Loꝛs
seschauffa cirus ⁊ mena guerre cõtre le roy
cresus pource q̃l auoit donne secours audit
balthasar. Cresus se mist en deffẽce/mais
pou lup valut/car toꝰ ses gẽs furẽt descon
fiz et lup pꝛins par cyrus. Et estoit auec lui
vng sien filz muet/lesq̃lz cirus fist estroicte
ment lyer de chaines et empꝛisonner. Et a/
pꝛes cõmanda cirus que deuãs la pꝛison on
couppast la goꝛge audit cresus et a son filz
qui muet estoit/car cirus ne se pouoit saoul
ler de veoir espandre le sang humain.

℄ De cambises roy dasie.

A Pꝛes cellup cresus fut cãbises
roy dasie ⁊ son frere mergus filz
dudit roy cirus succeda au royau
me dasie/puis cõquesta cãbises tout le pays
degipte/⁊ apꝛes q̃l eut fait destruire/piller ⁊
robber tous les tẽples de libie ⁊ degipte vne
nuyt il vit p songe q̃ son frere mergꝰ regne
roit apꝭ lup ⁊ seroit son successeur. Dõt cã
bises espouẽte de ce songe entrepꝛint de fai
re tuer son frere mergus/mais en ce pẽdãt
cãbises deuint enrage tellemẽt q̃ de son es
pee se perçea la cuysse dõt incontinẽt il mou
rut. Tout aussi tost q̃ le magicien q̃ chargea
uoit p cãbises de occire mergꝰ sceut la moꝛt
dudit cãbises il tua ledit mergus deuãt q̃ le
bꝛuit fut plus grãt de la moꝛt dudit cãbises
Ainsi les deux freres cambises et mergus
moꝛs ledit magicien mist son frere oꝛpastes
au gouuernemẽt du royaulme. Peu de tẽps
apꝛes les nobles du pays se assẽblerent ⁊
tuerẽt tous les magiciẽs et le roy oꝛpastes
qui frauduleusement auoit este fait roy.

De cicero rommain.

Puis ie vey cestuy noble et eloquent cicero q̄ mesla son sang auec la genealogie des rõmains duq̄l mon stille ne suffiroit a dire maintes grãdes choses de luy/touteffois aps q̄l eut fait tant de nobles faictz sa mort fut coniuree par lepide/anthoine z octouian ennemys de la chose publicq̄ rõmaine. Lesquelz cõmirent certains satalites pour mettre a mort ledit cicero leq̄l saichant ceste cõiuration sen fuyt de romme en esturie ou laiceulx satalites le trouuerent sur le riuage de la mer. Et quant cicero les veit venir il cõmanda q̄ on mist sa lictiere et les regarda venir sãs lamentacion ne gemissemẽs/ains acoustroit sa barbe auec sa main senestre cõme de coustume auoit. Et fut ainsi occis diceulx meurtriers lan. lxiiii. de son aage.

Mort horrible combien sont espouentables tes faictz z tes oeuures impiteables. Que prouffite il a lhõme auoir eu triumphes hõneurs/gloires/louẽges en miseres/calamitez z labeurs soucieux glorieusement vescu z regne/puis q̄ en la fin tu destruictz et abolis tout/touteffois est il q̄ tu peulx effacer le corps de lhõme/mais non pas la gloire et perpetuelle memoire de ses oeuures vertueuses. Cõme ainsi est entre autres de remus z de romulus lesq̄lz ie vy par toy ruezius soubz ton mortifere chariot triũphãt en tristesse z douleur. Desq̄lz cõbien q̄ lhystoire soit vng peu grãde/touteffois il ne mest licite de les passer oultre sans faire ample memoire diceulx po² les haulx faictz desq̄lz tãt dacte²s ont este empeschez pour escrire.

De remus et romulus.

Oncq̄s est il q̄ apres la mort de eneas de trope son filz ascanius delaissa a lauinia sa maratre le royaulme de la cite lauinium q̄ ledit eneas fonda en ytalie apres la destruction de trope/z depuis ascanius en vne des sept mõtaignes q̄ sont enuiron rõme fonda vne cite q̄l nõma albanie/pource q̄ telle mõtaigne blanchoye en laq̄lle est la cite situee. Et du nom de celle cite furẽt nommez les roys des albanois iusques au tẽps du roy messius suffitius/z ou tẽps diceluy fut la cite dalbanie destruicte z mise soubz la seigneurie des rõmains. Amilius donc frere de munitor pour couuoitise de plus ample seigñrie tua sondit frere munitor. Lesquelz deux freres lors auoiẽt vne seur nõmee rea laq̄lle son frere condãna z contraignit a garder perpetuelle virginite z ne voulut q̄lle se mariast affin q̄ delle ne saillist aucun enfãt masle q̄ par aduenture vengeast la mort de son frere munitor. Dõc pour plus couuertement et honnestement faire ledit amilius fist sa seur nonnain z prestresse ou tẽple de la deesse vesta laq̄lle cõtrainte non voulãt desobeyr a son frere amilius se laissa rendre au tẽple de ladicte deesse. Ainsi rea deuenue nonnain fut enclose oudit tẽple qui estoit dedans vng boys consacre au dieu mars/touteffois peu de tẽps apres rea deuint grosse et enfanta deux filz le nom du pere desq̄lz est incongneu. Apres q̄ amilius sceut ceste aduẽture il cõmanda q̄ les deux enfans fussent gectez aux chãps pour deuorer aux bestes sauuages z aux oyseaulx et que rea leur mere fust emprisonnee/laquelle mourut en prison pour le desplaisir q̄lle print de la villennie faicte a elle et a ses deux enfans.

Apres du lieu ou furent gectez les deux enfans estoit vne louue laq̄lle auoit nouuellemẽt eu des petis et iceulx desrobez par les chasseurs ceste louue rencontra lesditz deux enfans ausquelz elle dõna a teter plusieurs fois z par aucun temps les nourrit. Apres aduint que fasculus bergier du roy amilius trouua ces deux enfans z les porta a sa femme laurẽce q̄ delaissa ses propres enfans pour ces deux estranges nourrir et alaicter tant q̄lz deuindrent grans dõt lung fut appelle remus z lautre romulus lesq̄lz depuis tuerẽt le roy amilius leur grãt pere et oncle. Et apres romulus tua sõ frere remus cõme amplement appert. Car apres que iceulx deux freres remus et romulus eurent este long tẽps nourrys en la maison dudit fasculus bergier ilz se acõpaignerent des autres bergiers du pays latin et soubz vmbre de garder les brebis ilz se adonnerent a rober z tollir et poursuyuit z tuer les passans. Remus trouua premierement lusage de la lance quon appelle quirtis en gree dequoy ledit remus fut autrement appellé quirin. Ces deux freres firent aliance auec larrõs/meurtriers z autres mauuais hommes de vicieuses meurs. Lesqlz deux freres iumeaulx remus et romulus apres les deshonestes mors de leurs oncles amilius et munitor cõmencerent premierement ceindre z enuironner de murs la cite q est maintenant nommee romme. Apres ce chascun deulx desiroit a part soy auoir la seigneurie mais ilz nauoient tiltre ne cause de dominer non plus lung que lautre/car ilz estoient iumeaulx/z nestoit point certain lequel estoit ne le premier. Lors ilz saccorderent que par augure des oyseaulx ilz enquerroient quel nom auroit la cite/et lequel des deux seroit premier z souuerain par ainsi q chascun dentre eulx deux monteroit au sommet dune montaigne z cellup qui plus tost et en plus grant nombre verroit par dessus soy vollester des oyseaulx cellup donneroit le nom a la cite z seroit seigneur souuerain.

Chascun des deux freres endroit soy mena auec luy vne partie du peuple pour veoir z iuger la chose selon ce quelle aduiendroit. Et premierement sapparurēt a remus six vaultours par dessus le mont appennin ouql remus auec son peuple estoit alle. Et dautre coste apparurent douze vaultours a romulus Debat eut entre eulx/touteffois romulus demoura roy et obtint luy seul toute la seigneurie/z de son nom il denomma la cite Lors romulus cõmencea a enuironner toute la cite de romme de fossez et de murs. Et apres fist romulus vng edict que le premier qui passeroit les fossez et tressailliroit les murs pour entrer ne pour yssir sinõ par les lieux deputez z ordonnez seroit mis a mort. Or aduint q remus qui vint regarder les fossez z murs et q riens ne scauoit de ledict de son frere romulus passa les fossez z tressaillit lesditz murs. Lors cõmanda romulus quon tuast remus. Parquoy vng sien cheualier appellé fabius auec vng rateau ferit z occist remus. De la mort dudit remus se treuuent plusieurs z diuerses oppinions/touteffois toutes saccordent que remus mourut ou par le pourchas ou par le consentement de sondit frere romulus.

Emus dõc mort romulus considerant que sa cite estoit petitement peuplee ordõna z fist vng lieu de refuge pour sauluer toꝰ malfaicteurs quil appella asile. Apres que la cite de rõme fut grandement peuplee et q romulus y eut mis plusieurs loix/constitutions z ordonnances pour le gouuernemēt de si noble z ample cite et pour lentretien et seurete du peuple dicelle il institua cent nobles senateurs du peuple dezechias roy de iherusalem q regna apres la creation du mõde quatre mille quatre cēs quatre vingtz et huyt ans. Puis romulus cheut en mauuais soufpecon du peuple z des senateurs rõmains tellemēt q par plusieurs fois faillirēt a le tuer. Ce q voyãt romulus q iour et nuyt estoit continuellement en ceste doubteuse paour et crainte de mort et qui tant de paine et de soing auoit a toutes heures de soy seurement garder de ses subgectz et cytoiens qui faisoient sur luy le guet pour loccire laissa sa tresnoble cite de rõme et sen alla simplement en pays estrange cõme exille et peu apres mourut. Touteffois la maniere et facon de sa mort nest point veritablement et certainement trouuee.

❡De demostenes et micheas

Pres ces deux freres susditz ie vey et congneu les deux nobles ducz atheniens demostenes z micheas miserablement par mort abatus/car demostenes auec son ost tant en mer q sur terre descõfit par les siracusains lacedemonois z autres tellement que toute sonarmee fut detrenchee ou prinse/mais tellement il se garda quil ne fut point ne occis ne prins/car il de son plain gre se occist luy mesmes/mais le duc micheas par enhortement ne fist pas cõme auoit fait son compaignon demostenes/car micheas fist telle folle poursuyte quil fut prins prisonnier et estroictement lye de chaines en chartre en laquelle pourement il mourut.

❡De alcibiades.

Dignant ces deux gisoit cellup athenien qui pour sa beaulte fut de plusieurs ayme cestoit alcibiades ne dathenes qui fut merueil leusement resplendissant en eloquence & ingenieux a toutes sciences comprendre. Luy estant ieune enfant son oncle pericles fut en grant ennuy et pensif comment il rendroit compte dung tresor publicque dont il auoit eu ladministracion pour faire les mises necessaires au bien publicque. Alcibiades dist lors a son oncle pericles. Ne penses pas comment tu rendras compte/mais enquiers par quelle voye tu ne seras contrainct de rendre raison ne compte. Apres que alcibiades fut parcreu et deuenu grant de tout le consentement des atheniens il fut constitue grant gouuerneur & cappitaine de larmee nauale/laquelle fut par luy enuoyee des atheniens pour donner secours aux cathemois contre les siracusains qui guerroyoient les ungs contre les autres. En laquelle bataille alcibiades receut grant honneur/mais incontinent apres ledit alcibiades fut par enuie oste & rappelle de sa cappitainerie ou il receut grant confusion & honte. Par quoy luy esmeu de grant courroux & desdaing secretement partit dathenes et sen alla en une cite de grece nomee elide ou illec il demoura/& ce pendant fut aduerty que les atheniens pour le grant courroux quilz auoient contre luy auoient promis aux dieux de leur sacrifier sa teste/dont alcibiades despit & indigne du cruel propos de ses atheniens sen alla en lacedemonye une puissante cite de grece en approchant athenes ou la il fut acertene que les atheniens auoient este presque deffaitz sur mer en lisle de cecille contre les siracusains. Alcibiades voyant ce fist tant par belles parolles que agides roy des lacedemonois consentit de pourchasser la destruction des citoyens dathenes. Et pour ce faire apres quil eut emprunte les armees des nauires dudit roy agides il se transporta en aspe en estat de duc/et combien que les atheniens eussent alcibiades priue de dignite son auctorite fut de si grant renom que legierement il tira a soy plusieurs citez tributaires et compaignes des atheniens lesquelz estans en sa puissance & domination il les ioingnit a lamitie et aliance des lacedemonois qui sen esiouyrent. Finablement alcibiades pour la gloire de son hault renom cheut en lenuie des lacedemonois mesmes entre les princes & nobles homes dudit pays tellement quilz mirent espies

pour loccire secretement/mais la femme dudit roy agides auec laquelle alcibiades souuentesfois couchoit laduertit de celle embusche parquoy il sen sauua. Apres alcibiades print hayne contre les lacedemonois & deuint piteur enuers son pays dathenes Par quoy il se transporta deuers thesiphones a qui le roy daire auoit commis la charge de faire la guerre contre les atheniens lequel daire estoit allye aux lacedemonois. Et pource alcibiades fist tant quil acquist lamytie et familiarite de thesiphones & le destourna de son entreprinse/puis alcibiades secretement aduertit les citoyens dathenes des choses par le roy daire & par les lacedemonois contre eulx entreprinses. Apres plusieurs honneurs & glorieux faitz aduenus audit alcibiades les athenies retournans a leur precedente cruaulte par gens a ce esleuz firent brusler alcibiades dormant en son lict/et apres quil fut mort & ainsi ars son corps fut gecte aux champs.

C Du roy saul.

Ung autre anglet et lieu digne et sainct a part des autres ie vy quatre nobles roys sainctz & deuotz qui au coste dextre du dolent et triumphant chariot de la hydeuse mort estoient a plat de terre piteusement gisans/ desquelz estoit saul qui fut premier roy des iuifz oingt & sacre par les mains du bon prophete samuel de lordonnance de dieu Et apres celle unction fut saul receu come prophete en la compaignie des autres qui prophetisoient Apres que saul eut subiugue plusieurs roys/ royaulmes & prouinces il mena son ost contre les philistins es montaignes de gelboe oultre le commandement du prophete samuel En laquelle bataille quant saul veit de tous costez ses hommes meurtrys & deffaitz par ses ennemys & quil apperceut Ionathas/aminadab et melchis estre de lance mortellement naurez et luy mesmes feru blece a mort il pria ung sien cheualier de loccire Ce que le cheualier refusa Et pource que saul craignoit tumber entre les mains de ses ennemys & estre vif prins prisonnier pour euiter les lyens des chaines il se gecta couraigeusement sur la poincte de son espee et se percea tout en oultre & la miserablement mourut.

i iii

Le triumphe

⁋ Du roy dauid (iudas machabeus.

Pres de luy estoit le roy dauid qui chantoit vers et dictons celestes. Car comme dessus au triumphe damour est recite aps ce quil eut fait mourir vrye et espousa sa feme Bersabee auec laqlle il auoit parauant comis adultere luy recongnoissant son mal et son peche fist tresaspre penitence et apres composa plusieurs pseaulmes en requerāt mercy a Dieu. ⁋ Aussi estoit la iudas machabeus filz de mathathias/leql iudas fut gouuerneur et cappitaine du peuple des iuifz homme tresnoble et tresexpert en fait de guerre. Et fist de meruelleuses choses encōtre le roy de sirye anthiochus/car le roy anthiochus amassa toute la puissance des terres a luy subgectes pour assaillir iudas machabeus et pour mettre a feu et a sang tout le pays de iudee. Mais iudas machabeus q̄ de ce ne seffraya deffist en la fin toute larmee dudit anthiochus. Apres autant en fist contre demetrius filz de selencus et fist amptie et aliance auec les rōmains. Fīnablement en cōbatant contre bachida chief et principal ducteur de lost dudit demetrius virilement iudas machabeus fut en la bataille occis. Et ainsi auec gloire mourut.
⁋ De Iosue.

[illustration]

A aupres y estoit Iosue a q̄ le soleil & la lune estant deuenus immobilles seruirēt & luy obeyrent ⁋ Car iosue capitaine/chief & gouuerneur du peuple de dieu osa entreprendre de combatre la puissance de cinq roys lesquelz vindrent pour destruire les gabaonisciens aliez dudit iosue. Et comme il est con

tenu en son dixiesme chapitre ces cinq roys furent nommez lung adonisedech roy de hierusalem Obyan roy de Bron/pharan roy de hermuch/raphye roy de lachis et Daba roy de eglon,lesquelz cinq roys auecques toute leur puissance vindrent pour destruire la cité de gabaon. Quant iosue le sceut il marcha auant pour aller donner secours a ladicte cité de gabaon. Et comme il trouua lesditz cinq roys aux champs tous ensemble trescourageusement leur liura la bataille sans regarder la grosse puissance et multitude de ses ennemys. Et pource que longuement ensemble combatirent et que la nupt estoit ia prochaine et que la victoire se apparoissoit venir audit iosue/cellui iosue doubtant que le iour luy faillist et quil neust pas temps assez long pour deffaire ses ennemys en celluy iour craignant que le lendemain ilz se renforcassent contre luy il pria Dieu quil luy pleust luy donner temps et loisir quil les peust consommer et destruire. Dieu voyant la iuste querelle et constance courageuse et hardie de ce noble prince iosue luy exaulcea sa priere et tint et arresta le soleil au meilleu du ciel tout ainsi quil estoit a midy vingt et quatre heures sans bouger ne se mouuoit auant ne arriere tellement que la nupt fut transmuee en iour et ce pendant iosue mist en telle ruyne ses ennemys que les puissances de ces cinq roys se myrent en fuyte/et les roys mesmes furent contrains eulx musser en vne cauerne quilz trouuerent en vne roche Ce qui fut annonce a iosue lequel ne courut pas aux roys qui se muffoient mais ordonna que on mist de grandes pierres trespesantes au trou de celle cauerne ou ilz sestoient mys et quilz fussent bien gardez quilz nen eschappassent/et pendant ce temps il poursuyuit ses ennemys qui fuyoient et les mist en desconfiture. Apres celle victoire obtenue il fist ces cinq roys amener deuant luy et en les mesprisant et contempnant ne les voulut garder prisonniers ne mettre a rancon ne en querir richesse ne cheuance desquelz il en eust eu inestimablement/mais il fist tous les princes de son armee marcher des piedz sur les colz desditz cinq roys puis les fist pendre chascun a vng gibet ou ilz demourerent vng iour entier. Apres les

fist despendre et remettre en la cauerne en laquelle ilz sestoient muffez et ycelle estouper de grandes pierres Puis mourut ledit iosue vieil et plain de iours.

C De diocletien et maximien.

Autre coste estoit diocletien extrait de dalmacie vne des sept prouinces de grece lequel de son premier oeuure et mestier estoit courtillier,cest a dire laboureur de choulx et poireaulx,mais il delaissa celle vile vacation pour se appliquer aux armes et tant fist que par fortunez moyens il fut esleu par les cheualiers romains a succeder a carus trentedeuxiesme empereur de romme. Laquelle election fut faicte mille quarante et vng an apres la fondacion de romme et trois cens et douze ans apres la natiuite de iesuchrist. Incontinent que dioclecien fut empereur cree il tua de sa main vng cheualier nomme aper pource quil auoit occis Mimerianus lung des filz de lempereur carus/puis vainquit et surmonta par armes carinus filz aussi dudit carus. Apres ce diocletien institua en gaulle son lieutenant vng cheualier nomme Maximien lequel appaisa tout le pays des gaullois. Ledit maximien fut par diocletien fait empereur tellement que Dioclestien seigneurioit en orient et maximien en occident. Lesquelz tous deux dung mesme accord commanderent par messagiers expres et par lettres patentes tant en orient que en occident quon degastast et destruisist les eglises et quon persecutast par occisions les chrestiens. Ceste persecution fut la dixiesme apres celle de lempereur neron et dura ceste cruelle et tirannicque persecution par dix ans tellement que les eglises furent arses les hommes innocens bannis de leurs pays Ceulx qui tesmoignoient la foy de dieu estre bonne estoient martirez et occis par diuerses manieres de tourmens. Ceste persecution fut la plus cruelle et la plus longue de toutes les autres neuf. Durant le second an de ceste persecution les deux empereurs diocletien et maximien concurent et accorderent ensemble quilz vseroient le demourant de leur vie et fineroient leur vieillesse en priuee opsuete sans soing et sans labeur et mettroient au gouuernement de lempire et de

i iiii

toute la seigneurie rommaine aucuns nobles hõmes plus ieunes. Apres quilz eurent ce fait Diocleciẽ sen alla tenir et faire opseuse residance en la cite de nicomedie qui est en la prouince de Bithimie Et maximien print sa demeure en la cite de millan en lombardie. Ce voyant constancius et gallerius qui premiers estoient instituez cesariens / cest a dire vicaires de lempire diuiserent en deux parties entre eulx deux ledit empire Car gallerius obtint pour luy le pays de grece/dasie et de orient. Et constancius retint ytallie/affrique et gaulle. Peu de tẽps apres celluy constancius fist et esmeut guerre contre dioclecien qui viuoit en lasciuete cuydant estre du tout en paix et en repos/dõt dioclecien eut telle paour et fut si effraye qͤ print plaine vne tasse de venin et de poison et le beut dont il mourut.

Maximien qui a millan en opsiuete dautre coste estoit saichant la mort de dioclecien voulut prendre couraige et recouurer pour soy lempire rommain/mais ledit gallerius nomma et esleut a estre lieutenant de lempire maxence filz dudit maximien/lequel maxence tellement et si vaillamment se porta quil fut par les nobles et cheualiers rommains esleu empereur de romme. Maximien saichant son filz maxence estre par dessus luy en telle dignite constitue pensa que par cautelle il occuperoit ledit empire/mais il fut frustre de son entreprinse. Car apres quil fut deboute hors du pays ditallie il sen fouyt en gaulle et se retyra dedãs marseille en laquelle il fut par constãcius occis. Et ainsi la mourut pourement et miserablemẽt

℃ Du grant roy alexandre

Dres ces deux empereurs dioclctien et maximien estoit alexandre le grãt roy de macedoine qui subiugue tout le monde vniuersel auoit fors les parties occidentalles lesquelles il disposa de subiuguer/mais il fut preuenu de mort/car luy estant en laage de vingt ans succeda apres la mort de philippe son pere au royaulme de macedoine/lequel alexandre apres quil eut subiugue toute la grece et le roy daire mort il fut roy de toute asie et apres de inde. Et tellemẽt augmenta et acreut son empire et seignũrie quil posseda et tint en domination plus de cinq mille que royaulmes que prouinces. Et luy venu en babiloine auoit ia conquis pres que la mer occeane/mais il fut preuenu de mort parquoy son entreprinse de la conqueste des parties de occident fut rompue et demoura imparfaicte.

℃ De didier roy des lombars.

Ey vy assez loing de la vng noble et gentil roy qui roy et seignũr de mon pays estoit. Helas cestoit didier iadis roy des lõbars filz de agisulphe aussi roy dudit pays apres la mort duquel succeda son filz didier au royaulme. Lequel recordant les persecutions belliqueuses que ledit agisulphe son pere auoit eues par pepin roy de frãce pource que celluy agisulphe auoit fait plusieurs oppressions et tors au pape lors regnant et vsurpant sur leglise les droitz audit pape appartenans Didier pour effacer celles iniures donna au pape et a leglise de romme fauence tresnoble et opulante cite auecques vng chasteau estant sur la riuiere du tibre quon dit le chasteau sainct ange/et la duche de ferrare qui est sur le riuage du po Apres didier se mõstra fauorable et beniuole a vng chascun. Toutesfois il luy creut en couraige vne enuie de agrandir sa seigneurie en soy repentant des terres quil auoit liberallement donnees a leglise de romme/parquoy luy sachant que le roy pepin estoit mort et que les francois estoient en guerre au pays de gascongne soubz le roy charlemaigne en horte fut didier par vng cheualier francois nomme anglaire dentreprendre bataille contre ledit roy et leglise Pour laquelle admonition le roy didier rompit les aliãces quil auoit auecques le roy de france et contre le pape/et commenca persecuter par feu et par glaiue tout le pays dytalie.

Drian lors pape de romme fut grandement espouẽte pour celle insultation et pour les guerres dudit roy didier et pour les continuelles complaintes quil auoit des miseres et calamitez des ytaliens que leur inferoit didier. En celluy temps les empereurs rommains estoient contens dauoir nom et tiltre imperial, et pource le pape a= drien par prieres et requestes appella en son ayde et secours le grant charles roy de france. Le grant charles comme vray deffenseur de leglise vint de gaulle en ytalie auec grant ost et passa les mons et vint es pleines de lombardie. A lencontre duquel vint Didier et se combatirent ensemble. En laquelle bataille fut le roy desconfit et dechasse par le roy charles tellement que ledit didier sen fouyt a pauie ou la le roy Charles lassiegea. Et pendant ce temps que le siege estoit deuant pauie le roy charles conquist plusieurs citez et subiugua les tuscās. Et apres ceulx de pauie furent par famine contrains eulx rendre auecques leur cite audit charles parquoy le roy Didier et sa femme furent prins prisonniers auec leurs enfās. Et eulx ainsi liez furent menez a paris ou la il fut condampne a prison perpetuelle, en laquelle il mourut en sa vieillesse.

¶ De henry roy et federich empereur.

Combien fut triste mon cueur et mes yeulx larmoyans et de pitie esplourez quant en tel estat ie apperceuz aucuns Roys ytaliens, certes ie ne pouois oster mon regart quant ie vy tout ius abatu le noble roy des rommains henry filz de lempereur federic premier de ce nom, lequel federic fist plusieurs molestes au pape en vsurpant les biens de leglise de romme Et pource que son filz qui pour lors estoit roy des rommains auoit horreur de telles cruelles entreprinses doulcement et courtoisement remonstra a sondit pere sa faulte. Parquoy federic esmeu de courroux fist emprisonner sondit filz henry tellement quil mourut en celle prison par desplaisance. ¶ Tout au plus pres dudit henry ie congneu ledit federic son pere ia vieillart lequel apres quil eut fait plusieurs cruaultez tant enuers le pape que enuers ledit henry son filz il comensa vser de desloyaulte enuers manfroy roy de puille, mais celluy manfroy constraignit tellement ledit empereur federic quil en paour de sa vie et desquissant en miseres miserablement mourut. Puis ledit roy manfroy incontinent apres la mort dudit federic mourut.

¶ De charles roy de iherusalem et de cicille.

Pres ie vy en autre place obscure et vmbrageuse le noble vieillart qui sembloit que celle mort eust estainct et aboly sa gloire et renommee auecques la vie et le corps dicelluy Cestoit le noble charles roy de iherusalem et de cicille et frere de loys roy de france. Lequel luy estant arriue a romme auecques son armee pour secourir le pape Clement que le roy manfroy persecutoit et opprimoit fut constitue chief du senat romain. Apres ce il alla assaillir manfroy iusques en son pays tellement que en plain champ de bataille il occit ledit manfroy et descōfit tous ses gens et print possession du royaulme de cecille. Peu de temps ensuyuant vne guerre suruint soubdainement contre charles, car contradin filz de conrad par auant roy de cicille cuydant que manfroy eust occis conrad son pere voulut recouurer le royaulme de cicille qui auoit este a son pere conrad Pource contradin descēdit sur les frontieres du royaulme de cicille auec tresgrāde compaignie de souldoyers allemans. A cestuy Conradin fauorisoient les rommains aussi faisoit le roy henry lors senateur de romme filz de federic roy de castille. Quant Charles aduisa que aucuns ciciliens flechissoient leurs couraiges et que plusieurs citez sestoiēt ia tournees a la partie de conradin Il vint auecques toute sa puissance contre ledit cōradin, mais il se preuint dedans le royaulme de cicille, et pres dune place nōmee tigliateze eut entre charles et conradin merueilleuse et aspre bataille en laquelle Charles obtint victoire par lastuce et subtilite dung de ses anciens cheualiers dict alard. Apres ceste desconfiture conradin sen fouyt pour mettre peine de prendre la possession du royaulme de cicille, mais luy et aucuns de ses princes furent prins et ledit conradin prisonier lie de chaines fut mene audit charles lequel incontinent commāda quil fust occis affin que les hommes de sueue perdissent toute esperance de succeder audit royaulme de cicille. Certes ceste occision de conradin tourna a grant honte et diffame dudit roy charles, car le cueur de lhomme magnanime se tient content et luy souffit quil ayt vaincu et suppedite son ennemy et tellement subiugue ql na pouoir ne puissance de luy nuyre. Et la plus belle vengeance qui soit est de pardonner a celluy quon tient en sa subgection ce que lon peult pugnir ou occire ou faire du tout a son plaisir. Apres la mort dudit conradin charles demoura paisible possesseur dudit royaulme de cicille. Peu de temps apres marie seulle fille de estiēne roy de hongrie fut ioincte par mariage a charles le boiteux filz dudit roy charles en esperance que par succession le royaulme de hongrie escheust audit charles le boiteux. Et la princesse de la moree fut ioincte par mariage a philippes secōd filz dudit roy charles. En celluy tēps hugues roy de cipre et la dessusdicte marie plaidoient sur le droit du royaulme de iherusalem lequel droit fut adiuge audit roy charles et par ce il posseda autant de pays enuiron Iherusalem comme les chrestiens pour lors en tenoient/et par ce il augmenta la chrestiente de moictie. Apres aduint que loys roy de france frere dudit roy charles fist guerre contre les egyptiens et plusieurs autres roys chrestiens sesmeurent contre ceulx qui occupoient plusieurs terres appartenātes au royaulme de iherusalem/et tellement firent ledit roy et les autres roys quilz reduyrent carthaige et toutes les terres denuiron le riuaige de la mer daffricque et les rendirent tributaires audit roy charles et le royaulme de thune qui est de present par sarrasins occupe. Mais par aucun temps apres philippes filz dudit roy charles et prince de la moree fut empoisonne et mourut par venin et ne laissa aucuns hoirs de luy et de sa femme de laquelle chose fut le roy charles dolent. Apres ce les francois demourans auecques ledit charles deuindrent si luxurieux et luy auecques eulx quilz firent plusieurs insolences aux femmes de cicille tellement que vng francois corrompit et viola la femme dung noble cicillien nōme iehan prophite lequel porta mal patiēmēt ce cas parquoy il esmeut tous les cicilliens et mist en vng mesmes accord les courages des princes de cicille et de lempereur de constantinoble et de par le

roy darragon et de nicollas pape de romme lesquelz enuieulx de pugnir la luxure dudit roy charles et des francois conclurent et accorderent ensemble que en tout le royaulme de cicille en vng mesme iour par eulx ordonne seroit fait vng tumulte et vng cry en la cite de pauoine parquoy tous les cecilliēs semouueroient contre les francois/laquelle chose fut faicte/car ilz tuerent tous les francois sans en laisser vng seul/et affin quil ne demourast aucune lignee des francois en cicille les femmes enceintes par les francois furent auecques leurs enfans occises. Apres ce pierre darragon fut requis et appelle par les cecilliēs lequel print pour soy toute lisle de cicille et la seigneurie dicelle. Charles oyant toutes ces choses fut moult estōne/car apres quil eut perdu lisle de cicille le roy de thune luy osta le truage quil auoit acoustume luy payer/parquoy apres que charles eut fait grās appareilz en armes contre son ennemy le roy de thunes luy qui estoit continuellement deceu de son propos delaissa lentreprinse de combatre. Apres ce celle partie du royaulme de iherusalem quil auoit long tēps possedee fut audit charles par les egyptiens ostee et tous les chrestiens qui y estoiēt chassez et banniz. Puis fut apporte audit roy charles que ledit charles le boiteux son filz estoit sur mer desconfit auecques toute son armee et que celluy charles estoit detenu prisonnier par vng cheualier nomme roguet cappitaine et gouuerneur de cicille et que toutes les forteresses de calabre sestoient rendues aux cicilliens. Ledit roy charles estōne et esbahy de toutes les choses dessusdictes tout ennupe sen alla de napples a brandis ou illecques de courroux et douleur quil print en son couraige il cheut en vne forte et griefue maladie dont il mourut.

Du roy artus

Ensuyuant celluy roy charles ie vy artus dolentemēt mourir dedans vne ysle Artus apres la mort de son pere vter surnōme pendagron roy de lisle de bretaigne a presēt dicte angleterre succeda au royaulme/et cōme heritier obtit le gouuernemēt de celluy pays

De la mort   fueillet. liiii

Apres qʼil fut en aage virille il amaſſa groſ
ſe puiſſance de gens darmes et conquiſt les
yrlandois/nouergue dannemarche / les or
chadois/hollande et autres prouinces. Et
pource que apres ces conqueſtes il ſembla
a artus quil auoit aſſez augmenté ſon roy
aulme et la gloire de ſon nom⁊ qͤ ſe voyoit
a repos affin que luy ne ſes cheualiers ne
fuſſent par oyſiueté laſcifz artus par le con
ſeil merlin ordōna vne table ronde a laquel
le il inuitoit et aſſembloit cōme a vng grāt
manger les plus nobles hommes quil con
gnoiſſoit les plus vaillans et expers en ar
mes leſquelz il tenoit comme ſes compai
gnons priuez et amys familiers. Et lors
entre eulx tout dung commun accord et con
ſentante deliberation firent certaines loix
et ordonnances cy apres enſuyuantes. Leſ
quelles furent par eulx iurees et promiſes
tenir et garder Ceſtaſſauoir non mettre
ius les armes de deſſus le corps fors pour
le brief repos de nupt. Querir aduentures
merueilleuſes. Deffendre de toute leur
puiſſance les hommes foibles en leur droit

Non refuser iuste ayde silz en sont requis. Ne faire violence a persone. Ne faire dommage ne offence les vngs aux autres. Cōbatre pour le salut de ses amys. Exposer et despēdre sa vie pour son pays. Non pour chasser aucun bien ou prouffit particulier fors honneur ou honneste tiltre. Non rompre la foy promise et iuree pour cause ou occasion quelcōques. Et plusieurs autres constitutions honnestes qui furent entre eulx faictes. En cestuy temps fut artus requis de par les rommains payer aucun tribut acoustumé payer par ses predecesseurs dés le temps de iulius cesar Ce que voyant artus cōsidera que seruitude imposee par violence de bataille se doit oster deffendre et recouurer par resistance darmes. Et pource quil aduisa quil auoit si grāt et puissāt nombre de nobles et vaillans cheualiers cōpaignons feaulx et aliez parquoy il refusa du tout aux rōmains leur payer cestuy ancien tribut. Affin doncques que artus tint son royaulme en liberte et lafranchir De cestuy truage il assembla toute sa puissance et armee laquelle il mena en gaulle/ puis descendit en bataille a banieres desployees contre le consul rommain Lucius par les rōmains enuoye pour ledit tribut demāder/ lesquelz sentrerencontrerēt et fut entre eulx dure et aspre bataille en laquelle artus obtint victoire contre ledit Lucius Puis proceda oultre artus a occuper pour soy et conquerre plus grandes seigneuries. ¶ Pendant cestuy temps que le roy artus estoit esdictes gaulles Mordrec vng sien filz quil auoit eu dune sienne concubine et auquel ledit roy artus son pere auoit laissé et commis en garde et deffence de son royaulme tandis que artus estoit absent cestuy mordrec ieune hardy et courageux fut ardant de la couuoitise du royaulme de bretaigne. Parquoy il pēsa que en labsence dudit roy artus son pere facilement il trouueroit moyen de occuper cestuy royaulme deuāt la venue de son pere et quil entreprendroit en chasser sondit pere.

Mordrec pour executer son entreprinse cōmenca a esmouuoir les anglois et les enhorter de recouurer entre eulx la franchise que artus leur auoit tollue. Et tāt fist mordrec enuers eulx toꝰ quil les atyra a luy par promesses et folles et abusiues remonstrāces et fault donner a entendre en se monstrant tresbegnin affecté et fauorable a eulx si au temps aduenir il estoit leur roy. Apres que mordrec eut laliance et foy promise des princes et barons dangleterre il cōmenca a faire grosses garnisons et fortificatiōs es villes et chasteaulx et places dudit royaulme par gens darmes fauorables a luy. Puis assembla tous ses amys et aliez desquelz il fist grosse armee et puissance. Et apres arresta et engarda toutes prouisions estre a son pere artus enuoyees. Ces choses ainsi faictes par mordrec pour mieulx entretenir ses gens en sa rebellion il monstra ausdits princes dangleterre vnes faulces lettres contenās que le roy artus estoit mort et occis en bataille. Lors cōmenca a se faire nōmer et appeller roy et print armes et enseignes royaulx. Toutes lesquelles choses vindrent a la congnoissāce dudit roy artus lors estāt es gaulles. Ledit roy artus oyāt et sachant ces nouuelles tout esmerueillé et esbahy en son couraige leua son ost du lieu ou il estoit et fut contraint retourner en bataille en son propre pays a lencontre de son filz mordrec et tant fist quilz sentrerencontrerent sur le riuage dāgleterre auquel lieu ilz sinfererent bataille lung contre lautre. En laquelle bataille les cheualiers cōbatirent si longuemēt dune part et dautre veue loccision des deux costez quon ne scauoit a qui seroit la victoire/ car la moururent presque toꝰ les cheualiers du roy artus/ et pource que artus porta mal paciemment la mortelle occision de ses cheualiers et quil voyoit mordrec qui decouroit de tous costez cōme sil eust refreschy ses forces de sa bataille entāt que par sa puissance il eust peu occuper la victoire/ lors ledit roy artus oublia et mist hors toute affection paternelle et seschauffa par courroux cōtre son filz mordrec cōtre lequel artus courut si roidemēt la lance au poing quil plāta tout le fer de sa lāce dedās la poictrine de sondit filz mordrec. Mordrec sentant ce coup esmeu de mortelle douleur donna si grāt coup despee sur la teste de son pere artus quil entama et blecea le cerueau Lors artus de toute sa force retyra et arra-

De la mort

ſa ſadicte lance hors du corps ⁊ De la poi‐
trine de ſondit filz mordrec par ſi grãde an‐
goiſſe que incontinent quelle fut tirée hors
ledit mordrec cheut tout mort. Adonc le roy
artus ſentant la fin de ſes iours et la mort
luy eſtre prochaine pour celluy mortel coup
incurable que ſon filz luy auoit dõné ſe fiſt
porter en liſle daualon et la tantoſt apres il
mourut regreteuſement.

¶ Du roy Charlemaigne.

Duant celluy roy artus ie
vy celluy noble et grant roy
francois qui pour ſes belli‐
queux ⁊ victorieux faictz rẽ‐
pliſt tãt de liures ⁊ oſta tant
de ſaiges eſcriuains hors de
oyſiueté en les empeſchãt a eſcrire Ceſtoit
le bon ⁊ vaillant Charlemaigne empereur
des rommains/ſeigneur de toutes les pro‐
uinces ⁊ des allemaignes tant hauſtes que baſ
ſes/dominateur de tout loccidẽt/ſubiugua‐
teur/enneiny perpetuel ⁊ perſecuteur des in‐
fidelles/caſtigateur des rebelles de la foy
chreſtienne/deuot augmentateur de legliſe
de dieu/garde/deffenſeur/diligent ⁊ tresaffec
cté protecteur du ſainct et ſacré ſiege apoſto‐
licque/tresdigne roy par droicte ligne et ſuc
ceſſion paternelle Lequel fut filz de pepin
ſurnomme grant iadis roy de france. Cel‐
luy charlemaigne apres qͥl eut cõquis tout
le pays dacquitaine il tira a Baniere deſ‐
ployée en ytalie ⁊ luy paſſe les mõs comba‐
tit ⁊ vaincquit deſidere roy des lombars et
le contraignit rendre au pape lors regnant
tout ce quil auoit vſurpé ſur ledit pape ⁊ ſur
legliſe de rõme. Ce fait ledit charlemaigne
ſen alla viſiter la cité de Pauie/en laquelle
les citoyens a luy renduz honnorablement
le receurent/leſquelz benignement ⁊ liberal‐
lement il traicta. Et de la ſen alla pour la
premiere fois a romme ou il fut par grande
amptie ⁊ en merueilleux honneur receu tant
du pape que de tout le ſenat ⁊ de tout le peu‐
ple rommain tant grant que menu. De la
charlemaigne ſen alla auec toute ſon armée
en eſpaigne/lequel tant fiſt que a force dar‐
mes il conquiſt toutes les eſpaignes a lens‐
cõtre des infidelles leſquelz il chaſſa/⁊ lors
il reduyſit et conuertit tout celluy pays a la
foy chreſtiẽne/⁊ la edifia ⁊ fonda pluſieurs

fueillet. lv

nobles egliſes en laugmentacion de la foy
chreſtienne ⁊ en lhonneur de dieu/leſquelles
il para ⁊ aorna richement ⁊ y donna de grãs
reuenus Entre leſqͤlles eſt la noble ⁊ ſain‐
cte egliſe que lon dit ſainct iaques en galice.
Apres que charlemaigne eut conquis eſpai
gne il alla contre les bretons ⁊ anglois/leſ‐
quelz ſans grant reſiſtance il ſubiugua.
Puis marcha vers les Allemaignes quil
conquiſt et rengea ſoubz ſa puiſſance et do‐
mination Et ce fait ſen tira pour la ſeconde
fois a rõme ou il fut fait roy de tout le pays
des enuirons. Quant charlemaigne veit
ainſi ſa ſeigneurie accreue et q̃ ſon glorieux
nom ia floriſſoit et eſtoit craint par tout le
monde il marcha auecques ſon armée cõtre
le duc de Boniuent qui auoit fait mouuemẽt
de guerre et ſeſtoit rebellé contre le pape/le‐
quel duc fut par ledit charlemaigne vaincu
Puis alla charlemaigne contre le duc de
Bauiere quil dechaſſa. Et apres ce charle‐
maigne vaincquit toutes les parties de la
grant mer/et ſuppedita les hunnes qui eſt
en ſithie vne maniere de gent cruelle ⁊ aſpre
Et apres que il eut auſſi cõquis par armes
le pays de hongrie il ſen alla pour la troi‐
ſieſme fois a romme. Au deuant duqͥl tout
le ſenat et peuple rommain auecqͥs les egliſ
ſes allerent en grant triumphe et honneur
iuſques dehors romme. Le pape leon qui
lors regnoit voyant le zele et diligente affe‐
ction ⁊ deuotion que Charlemaigne auoit
enuers legliſe auec les biens a elle par luy
fais/et conſiderant les vaillantes et cou‐
raigeuſes proueſſes dicelluy du conſente‐
ment et commun accord de chaſcun ledit pa
pe leon conſacra ⁊ fiſt ledit Charlemaigne
empereur de romme. Charlemaigne eſtãt
empereur fiſt pluſieurs autres grãdes cho‐
ſes a plein contenues en ſes croniques les
volumes deſquelz ſont ineſtimables. Fi‐
nablement eſtant en laage de .lxxii. ans il
mourut auec ſouueraine gloire.

¶ Cy fine le troiſieſme triumphe de
meſſire franciſque petrache q̃ eſt de la
mort. Et ſenſuyt le quatrieſme triũ‐
phe qui eſt le triumphe de renommée.

Le triumphe.

⁋ Le poethe.

Dres que ceste impiteable et ad﹐
uersante mort par sa victoire cō﹐
tre chastete obtenue eut glorieu﹐
sement triumphe sa sienne fois en
sa gēt ie fuz tout seul mis ⁊ exēpt pour lors
de son triumphe entre tous les mortelz/la﹐
quelle sen alla despite ⁊ coulpable/passe/in﹐
iuste/horrible ⁊ orgueilleuse tāt que pour la
veoir fuz si terriblement et grandement es﹐
pouente q̄ ien deuins tout foible/matte ⁊ de
bile. Et ie q̄ estoye certainement gisant sur
les herbes vertes cōme sur celles dung pre
visiblement vy ⁊ apperceu venir et apparoi
stre de lautre coste du chāp celle deificque da
me q̄ tire et mect hors les hōmes vertueux
de leurs sepulchres et les conserue et garde
en vie pardurable en diuulgāt ⁊ manifestāt
leurs faictz et actes plus haultement q̄ a la
trompette. Cestoit renōmee laquelle estoit
triūphāte sur vng riche et precieux char/leq̄l
estoit mene et conduyt par elephans noble﹐
ment enharnachez. Et audit chariot soubz
les piedz de sadicte dame estoit la mort lyee

et vaincue. Et tout ainsi que la belle/clere
⁊ ioyeuse estoille aurora splendissante en la
partie et region orientalle au matin ⁊ a laus
be du iour attent ⁊ va deuers le soleil ⁊ a sa
venue aporte ⁊ produit lumiere en se adioin
gnāt auec le soleil En ceste maniere venoit
ceste beatifiq̄ ⁊ lumineuse dame. Et alors ie
desiroye grandemēt q̄ daucune partie ou de
quelque escosse il y eust en ce lieu vng hōme
scientifique ⁊ doct auec moy/leq̄l en simple
sermon ⁊ cōmun langaige prīst le labeur et
diligente estude de descrire et mettre par me
moire tout ce que veoie ⁊ clerement apperce
uoye au triumphe dicelle venerable dame.
Le ciel alors estoit de tous endroitz ⁊ costez
serain/cler et pacifique dont mon cueur ar﹐
doit de desir ⁊ mes yeulx estoient ouuers af
fin quilz se peussent rassasier et saoulser en
si belle et necte veue/lesquelz estoient tous
esblouyz a regarder ceste clarte ⁊ serenite du
ciel si splendissant. Les nōs de ceulx qui en
suyuoient le chariot noble et triumphant de
ceste deifique dame renomee estoient in﹐
sculptez et escriptz. Dor et ainsi comme de

¶ Fama vincit mortem.

eaulx taillez en leurs frötz comme se ilz / quelz plusieurs estoient de ceulx que iay de
ssent este effigies ou simulachres/toutes / uant recensez et commemorez q̃ par amour
ls viuans estoient ilz par icelle dame et / auoient este prins et lyez aucunesfois.
rins de honnorablete et valeur. Des̃

Doncques ainsi q̄ ie retour noye mes yeulx a la dextre du chariot triumphal dicelle glorieuse dame ie apperceu q̄ pres de soy auoit triumphans deux tres vertueux hommes: cestassauoir cesar et scipion, mais lequel des deux estoit le plus fort prise et mieulx chery de elle a peine le pouoit on iuger. Lung estoit serf de vertu et non pas damour, et lautre militoit entre amour et vertu. ¶ Apres me fut monstre le beau et tresglorieux prince renōme exercite darmes q̄ curieusement les entretenoit. Illecques estoient gens armez de toute valeur ainsi que anciennement ilz souloient estre armez en camp tenans au siege dicelle dame, aucuns par voyes sacrees et sainctes, les autres par voyes et chemins publicques et larges estans tous a lentour delle, entre lesquelz le nepueu de lung ensuyt la glorieuse et renommee vie, et le filz de lautre qui fut seul au monde sans egal.

¶ Ceulx q̄ apres les ensuyuent sont deux peres armez auec leurs trois filz, lung desquelz precede et les autres vont apres.

Onsequemment ie vy cestuy q̄ auec conseil et main armee ioinct et vnyt toute ytalie a la grāt oeuure, ie dis claudius qui taisant et la nupt veillant purge ytalie et seme bōne semence en chāp rōmain. ¶ Cestuy ensuyuoit vng vieillart q̄ par son art repreuue et refrene hanibal capitaine carthaginois Et deux autres y estoient, cest assauoir les deux catons lung nōme censoriƞ et lautre vticense, les deux paules paule emilie le pere et paule emilie le filz. Les deux brutus, lung nōme iunius brutus et lautre marc⁹ brutus Et deux marcelles, claude marcel et licynie marcel. ¶ Puis vint marcus actilius regulus qui moult ayma romme et de laymer si peu sennuya q̄ entre plusieurs romains il fut premier duc qui passa en affricque. ¶ Apres vy arriuer vng curius et vng fabrici⁹ beaucoup plus beaulx et clers en leur miserable pourete q̄ ne furent oncques midas roy de frigie et marcus crassus auecq̄ leur or et richesses pour lesquelles ilz furent rebelles et contrarians contre vertu.

Nsuyuant les dessusditz ie congneuz clerēmet cincinatus auec leql̄ se trouua camille q̄ plustost se lassa de viure que de bien cōtinuellement et vertueusement ouurer tant q̄ le ciel tellement le sortit et mist en si digne et hault degre dexcellence que sa clere vertu le ramena glorieux a rōme. ¶ Apres eulx venoit torquatus lequel frappa et fist mourir et occire son filz et souffrit et tollera en estre veufue toute sa vie et voulut plus tost mourir aueugle et en grant douleur q̄ la noblesse demourast aueugle a cause de linobseruāce de ses loix, et pour lamour de cheualerie. ¶ Apres torquatus venoit en rene lung et lautre decius, lesquelz ouurirent auec leur poictrine et leur dure mort les batailles des ennemys dont fuz contrainct crier apres disant. O fier et piteux veu lequel conduysit et offrit le pere et le filz a vne mesmes mort ¶ Suyuant lesquelz venoit marcus curius non moins deuot et aimateur de la prouince que furēt les autres et emplit le terrible mirouer de soy et de ses armes leql̄ sapparut a rōme saultant au meillieu du pertuys suyde et ouuert, lequel trou se apparut dedans romme quon ne sceut iamais emplir ne cōbler sinon que par oracle fut congneu q̄l ne se pourroit faire fors q̄ celle fosse vouloit celle chose par faqlle les rommains estoiēt plus puissans. Laqlle congnoissance sceue marcus curius qui scauoit q̄ les rommains nestoient puissans q̄ par habondance dhommes, par armes et par leurs vertus incontinent sen alla armer le plus gorrier q̄l peut et mōta ioyeusemēt a cheual et sen alla geter dedans ladicte fosse laquelle incontinent fut comblee et toute pleine.

Decꝭ curius estoit menius leuinius et actilius, et en leur compaignie titus flaminius lequel auec les forces et industrieuses subtilitez rōmaines vaincquit et suppedita toute la nation et peuple grec, mais encores plus auecq̄ pitie et clemence que par force darmes. ¶ Ie vy aussi cestuy nomme marcus pōpilius qui vaincquit anthiocque roy de sirye et lenuironna et ceingnit dung grant et magnanime cercle par le front et par la langue et par son auctorite le contraignit a debuoir consentir a sa voulente et plaisir, car sedit popilius estant par les rommains envoye vers anthiocus qui guerre faisoit contre rome couraigeusement dist audit anthiocus quil se mist dedans vng rondeau et cercle quil fist auec tous ses amys et adherans disant audit roy quil nen saillist point hors iusques a ce quil luy declairast sil vouloit paix ou guerre aux rommains. Pour laquelle chose ledit roy eut si grant paour et frayeur que subitement fist responce que en toutes choses il vouloit obeyr au senat rommain, et en ceste maniere se regea aux rommains.

⸿ Apres suyuoit cestuy tout arme qui seul deffendit vne montaigne dont apres il fut degecte par ses ennemys cestoit maulius capito Manus seql deffendit si virillement le capitolle de romme contre les gaules se nois de nuyt quil les en rebouta a force darmes, pour laquelle victoire il fut surnomme capitollin, mais depuis il entra en telle estation si orgueilleuse et fist tant de insolances que a la fin par iugement et sentence du senat il fut precipite du plus hault de la montaigne du capitolle dedans le fleuue du tybre ou il mourut deshonnestement et villement.

⸿ Ensuyuant fut cestuy qui seul deffendit le pont du tybre contre tous les tuscans lesquelz estoient assemblez a le vouloir prendre, ce fut horatius cocles, lequel sachant la venue du roy porsenna qui pour la querelle de tarquin venoit assieger romme et ia estoit arriue a grosse puissance darmes au pont suble, ce q voyant horatius se mist ou meillieu du pont et commanda a spurius lertius et a terminius que a force de fer et de feu ilz rompissent et abatissent le pont, ce pendant quil soubstiendroit lassault des tuscans lequel combat il soubstint si virillement que apres que le pont fut derriere luy abatu il se gecta tout arme dedans la riuiere et a nager se saulua.

⸿ Decques cestuy horatius estoit vng autre qui estant seul au meillieu de ses ennemis esmeut a bataille sa digne main qui faillit a son entreprinse, laquelle mesmes main il brusla et ardit, et tant fut ire et courrouce en soy mesmes et en son courage quil ne sentit point la brusseure ne la douleur du feu. Ce fut capus mutius, lequel voyant lextremite et necessite en quoy le roy porsenna auoit mys les rommains entreprint de aller tuer ledit roy. Et pour ce faire alla dedans son ost ou il trouua le principal cappitaine de larmee. Et pour ce quil estoit bien et richement acoustre mutius cuydant que ce fust porsenna tua icelluy cappitaine. Apres laquelle occision fut mutius mene prisonnier deuant le roy porsenna, et lors cognoissant quil auoit failly a tuer le roy et auoit prins lung pour lautre luy mesmes en presence du roy porsenna brusla la mesmes main dont il auoit tue ledit cappitaine et ce fait sen retourna a romme ou il fut honnorablement receu. Et voyant et considerant porsenna tel cas si vertueux de doubte quil eut fist appointement et paix auecques les rommains.

⸿ Apres le vy cestuy duellus cappitaine rommain q le premier esmeut bataille en mer contre les carthaginoys et les vaincquit ainsi qlz vouloient donner secours a la cite de siracuse laquelle contre messine estoit.

⸿ Puis ensuyuant le congneuz apius claudius auec ses yeulx priuez de lumiere lequel deuant quil deuint aueugle vaincquit en bataille les samnites, les oscenes et autres gens barbares, et apres qil fut aueugle pirrhus roy des epirotes assaillit les rommains, lesquelz voulans faire auec luy appoinctement icelluy claudius se fist porter au senat pour le persuader de non faire aucun appoinctement et tellement fist que par son conseil les rommains eurent paix auec ledit roy pirrhus.

⸿ En apres venoit vng autre nomme pompee le grant auec semblant doulx et constance mansuete, seql si neust este que sa lumiere et sa gloire faillit a la fin, par aduenture eust este le premier entre les hommes fameux. Mais touteffois si fut il tel que tous ces trois ensemble furent en thebes. Cestassauoir bacchus, hercules et epaminondas. Et a veritablement conformer la gloire au trop long viure se treuue assez souuent le pire, lesquel pompee eut legierement acquis renommee des la fleur de son ieune aage.

¶ Suyuant ie vey lucius cornellius scilla lequel dautant quil se monstra aspre & cruel aux armes cellup qui le suyuoit se apparoissoit estre en sa face begnin et courtoys/et ne scauoye discerner & iuger lequel estoit meilleur et plus suffisant ou duc ou conducteur ou cheualier combatant ¶ Cestoit ledit pompee qui se replicqua tenir compaignie audit scilla pour monstrer cruaulte et humanite ensemble contraires lung a lautre/ et auec eulx estoit aussi valerius coruinus q aussi doulx & mansuef estoit tenāt ordre auec pōpee

¶ Apres lesquelz venoit lucius voluminus moult digne dautre tresexcellente louange et gloire vertueuse/seql en bien ouurant oppressa et vexa la maligne tumeur qui paruenoit du sang corrompu/car estant la cite de romme assaillie de peste lucius conseilla au peuple dauoir recours aux dieux pour laquelle chose faire les rommains enuoyerent a Esculapius aucuns ambassadeurs Le premier desquelz estoit lucius Et eulx arriuez au temple & offert leurs offrandes et prieres a lymage de Esculapius saillit vng serpent ayant maintien plus honnorable que horrible/lequel cheminat pas a pas vint aux nauires des rommains ou il se couchea ou tabernacle dudit lucius voluminus Et les nauires arriuees a ostie ledit serpent sortit hors de sadicte nauire et entra en vng grant boscaige Et lors les rommains edifficierent vng temple en lhonneur de esculapius & incontinent la pestilence cessa qui fut par le conseil dudit voluminus.

¶ Apres lequel venoient cossus philonus et rutilus les membres desquelz estoient tous cassez et rompuz/car cornelius cossus estant tribun soubz cincinatus en la guerre des veientins occist le cappitaine telunnius duc des fidenates/et en la fin les deffist Et philonus estant auec titus emilius mamertinus fut fait consul et vaincquit auecques discipline militaire les antiates et depuis auecques Liuius cornelius lentulus alla en grece dont il rapporta grant gloire et triumphe au peuple rommain. Et rutilus vaincquit les samnites tellement quilz furent contraincts a eulx rendre aux rommains et apres desconfit les herniciens.

Apres ie vey trois cheualiers a part separez et diuisez des lumieres espesses et habondātes de noblesse & des hommes fameux lesquelz cheualiers auoient leurs mēbres rompuz & leurs armeures toutes desmaillees et froissees/et a leur veue ilz monstroient estre trois soleilz et trois fouldres de guerre Lung estoit lucius dentatus Laultre marcus sergius Et lautre cessius sesna centurion de cesar. ¶ Suyuant lesqlz estoit marcus lequel a force darmes en pleine bataille rua et mist ius iugurtha roy de Numidie et les cimbroys/et abolit et estaignit la fureur tudesque qui tant dennuy & de vexation auoit infere aux rommains.

¶ Consequemment ie vy fuluius flaccus lequel ouura dindustrye & art a ce quil peust extirper les ingratz/car apres quil eut contre hannibal prins la cite de capue qui ingrate estoit aux rommains il fist trencher la teste a tous les senateurs qui cause estoient dingratitude. ¶ Puis vy arriuer marcus fuluius plus noble qui ensemble auecques ledit flaccus suyuoiēt le chariot triumphal de renommee/seql marcus fuluius estant consul de romme vaincquit en grece les etholes & les orchains/et a la fin alla contre philippe de macedoine et les ambraciēses lesquelz il contraignit a eulx rendre aux rōmains/et triumpha diceulx.

Apres ie congnuz tiberius graccus qui vaincquit les celtiberiens/les sardes et autres nations tresbelliqueuses desquelz glorieusement et victorieusement il triumpha dedans romme. ¶ Auecques luy estoit cellup catulus qui tant de foys & en diuerses sortes et manieres sans aucun repos inquieta & molesta le peuple rōmain. ¶ Puis apres eulx venoient ceulx qui ressembloient(quant aux extremes delices) ioyeulx et bien heureux/touteffoys ie ne laf ferme point de moy. Car en cueur parfond/secret et enclos ie ne les vy clers/cest assauoir Metelle le pere/son filz et son nepueu lesquelz par leurs vertus de macedoine/de numidie/de crete et despaigne

De renommee fueillet.lviii

amenerent tresgrans pillaiges et souueraines seigneuries a la chose publicque rommaine. ⁋Suyuant iceulx ie apperceuz le tresfameux Vaspasien et son beau z bon filz titus soubz lesquelz fut iherusalem destruicte et la mort iniuste de iesus redempteur du monde vengee. Apres lesquelz venoient les nobles princes nerua et traianus empereurs rommains, lequel nerua estant garny de toutes vertus regna vng an tout seul a lempire quil administra en bonne iustice, et apres sa mort succeda vulpius traianus estant espaignol lequel gouuerna lempire en grant equite et raison et reconquesta toutes les terres et royaulmes que ses predecesseurs empereurs auoient perdues par leurs tyrannies et cruaultez. ⁋Apres estoient helius adrianus et anthonius pius et descendant apres par belle et treslouable succession suyuoit marcus anthonius lesquelz neurent pas moins le desir naturel que la voulente de regner tous empereurs rommains.

Jnablement quant en celluy ordre et degre ce pendant que ie estoye ioyeulx et solacie de la veue precedente en procedant oultre et allant par diuers lieux de ce champ en regardant ca et la ie vy venir le grant fondateur de la cite de romme, cestassauoir romulus auecques cinq roys qui succederent a luy. Lung desquelz estoit numa pompilius premier roy de romme apres romulus. Lequel numa estant au chasteau de sabine et homme de vertueuse et honeste vie diuisa lan en douze moys en y adioustant ianuier et feurier lequel auoit a femme Egera reputee pour lors deesse. Et pour la sainctete de vie dicellui nul ne luy fist guerre et mourut vieil et pacificque et moult regrette des rommains. Le second roy fut tulius hostilius homme tres vertueux qui fist guerre contre les albanois. Le troisiesme roy fut aucus martius filz de numa pompilius lequel martius vaincquit les latins et adiousta a la cite de romme deux mons, cestassauoir le mont martien et le mont auentin. Le quatriesme roy fut taquinus priscus filz de maratus de corinthe, lequel tarquinus inuenta plusieurs loix nouuelles et vaincquit les sabi

nes et les latins et enuironna les sept montaignes de la cite de romme de bonne et forte muraille. Apres par trahyson il fut cruellement occis. Le cinquiesme roy fut tulius seruillius qui demoura en terre deffoulle et oppresse de trop grant charge ainsi que souuent aduient a ceulx que vertu desempare et delaisse et lequel vaincquit plusieurs fois les tuscans, et en romme ediffia grant nombre de temples et donna deux filles en mariage quil auoit aux deux filz de son predecesseur tarquin lesquelz a la fin tuerent cellup roy seruilius affin de posseder le royaulme de romme.

⁋Sensuyt la seconde partie du triumphe de renommee.

LE plain dinfinie et noble et souueraine admiration estant surprins dung grant desir louable de regarder et considerer le grant peuple et cheualiers de mars dieu de Bataille de lexercicte rommain en telle sorte et maniere que ce croy au monde nen fut iamais vne telle et semblable famille. Lors ie assembloye ma veue auecques capers liures et escriptures auctenticques des poethes et hystoires ou sont descriptz les haultz noms et haultes excellences et souueraines pueres et dignes faitz des grans princes plains de louenges et de gloire. Et en ceste telle oeuure ie congnoissoye mon dit que iauoye aultrefois chante et escript des rommains entre autres belliqueux dont il deffailloit grant partie de ce que ie desiroye, cestassauoir des hommes et des gestes diceulx comme peult estre bien cler et assez congneu a qui a hante et leu lhystoire, la ou en ceste pensee ce pendant que iestoye arreste en la consideration des rommains passez il me vint a plaisir de tourner mes yeulx vers celle partie et endroit ou les estrangiers cheminoient qui en suyuoient le chariot triumphal de renommee par grande cure et diligente estude, dont ie fuz desuoye et oste de ceste pensee par la vie des nobles pelerins et hommes externes. Desquelz ie congneuz le premier estre hannibal duc carthaginois, des faitz duquel nous auons assez amplement parle es trium

h iiii

phes precedens. Mais apres quil fut party dytalie et vaincu par scipion luy estāt fugitif retyra auecques le roy anthioque scipion laffricain son victeur fut par le senat rommain enuoye embassadeur vers ledit anthioque ou il trouua hanibal. Auquel il demanda lequel il estimoit z reputoit auoir este le plus digne et louable empereur z capitaine qui fut oncques. Lors hanibal luy respondit que en premier lieu il tenoit le roy alexandre de macedoine, pource que auecqz bien peu de commencement il auoit vaincu innumerables excercites z paruenu a la fin de conquerir tout le monde. En secōd lieu il mettoit pirrhus roy des epirothes, car il auoit este le premier q̃ apprint et monstra lindustrie et art de cōduyre en ordre vne armee et la loger, et iamais homme ne sceut mieulx eslire lieu au plus grant aduantaige pour logeis et pour batailler. Et au troisiesme lieu il se mettoit luy mesme, dont scipion lui dist en soubzriant. Que dirois tu si tu me eusses vaincu? Hanibal luy respōdit. Certainement ie me fusse prefere et mys tout le premier deuant alexandre z pirrhus. Pour lesquelles causes et autres magnanimes gestes ledit hanibal a este colloque le p̃mier de ceste bende au chariot triumphal de Dame renommee.

Apres cestuy Hanibal estoit le grant duc lequel chanta en vers pour mieulx excerciter ses cheualiers a la bataille. Cestoit Tudibrius souuerain poethe et boiteux autremēt nomme cirtheus lequel estant duc dathenes combatant contre les messenes pour les lacedemonois lesditz messenes trois fois furent victorieux et vaincquirent les lacedemonois en telle facon et maniere quilz furent contrains a armer leurs esclaues et leur donner liberte et franchise et ciuilite en leur offrant les femmes de ceulx qui en la bataille mourroient. Mais voyant le roy des lacedemonois les messenes auoir tousiours este ainsi victorieux ne vouloit plus essayer la fortune de combatre, mais plus tost sen retyrer et prendre la fuyte. Ce que voyant cirtheus chantāt vers poethiques commenca a enhorter ses cheualiers quilz

se exposassent a la bataille, et tellement fist quil leur donna courage tant que incontinent se armerent et allerent a lencontre des messenes en les combatant si aygrement que iceulx lacedemonois demourerent superieurs et les vaincquirent. Suyuant ensemble cirtheus estoit achilles qui eut souueraines et grandes louenges et merueilleuses condicions de renommee lequel fut filz de peleus filz de eaco et de thetis fille de neueus. Laquelle thetis mere de achilles congnoissant par les oracles diuins que sondit filz deuoit et estoit predestine a mourir en la guerre troyenne le mena en habit femenin ieune enfant en lisle de sciro au roy licomedes qui le tint et nourrit entre ses filles et couchoit ordinairement auec vei·desmia laquelle en la fin engrossa, de laquelle nasquit pirrhus roy des epyrothes. Et quelque temps apres que les grecz allerent en la guerre troyenne pour le rauissement de helene fut achilles contraint dy aller, pource que les diuinateurs disoiēt que les grecz ny pourroient auoir victoire contre les troyens si ledit achilles nestoit en leur armee. Et luy estant deuāt troye auecques les grecz voyant que son amy patroclus auoit este occis en la compaignie de hector filz de priam, ledit hector ung iour estant alle a lencontre de la royne panthasilee qui venoit du royaulme des amazones au secours des troyens pour lamour de hecto: achilles lattendoit au retour au passaige du fleuue xantus et illec lassaillit et loccit. Et apres a force de prieres dudit roy priam par grande quantite dor et dargent ledit achilles rendit le corps de hector a sondit pere priam qui en grans pleurs et lamentatiōs linhuma et ensuelit.

Apres achilles ie vy suyure les deux clers troyens par tout le monde renommez, cestassauoir hector et eneas, lequel hector cōme dit est mourut en la guerre troyenne par la main dudit achilles. Et eneas apres la destruction de troye demoura long temps auecques la royne dido et depuis sen vint en ytalie. Et les freres de hector se retirerēt en lextreme germanie ou ilz edifficerēt la cite de ficambre et a la fin en multipliant la lignee de francion filz de hector eurent le commencement les dignes roys de frāce. Et eneas qui filz estoit de anchises et qui sestoit virilement deffendu contre achilles diomedes et aiaces, tellement furent ses faitz congneuz desquelz nous auons par cy deuant parle quil est meritoiremēt colloque au renc de renommee. ¶ Puis suyuant luy sapperceu deux tresnobles persiens/cestassauoir philippe roy de macedoine et son filz alexandre le grant courans par maintes et diuerses regions/ Desquelz les liures sont emplis descriptures et hystoires/ car eulx errans par toutes les mers et terres auecqs grande velocite vaincquirent et subiuguerent a leur dominatiō diuers pays.

Apres cestuy alexandre de macedoine ie cōgneuz vng autre alexandre courant et vaguant parmy le monde cōme lautre premier/mais non pas si legieremēt/ car il eut autre rencontre et empeschemēt/ et en mescriant et faisant complaincte de fortune disoyt. O cōbien tu diuises et depars vray bonneur par ton ouuraige de ceulx lesquelz tu gouuernes et tiens soubz ta puissance. Lequel alexandre regnāt en albanie les brutes guerre faisoient aux tarentins lesquelz luy demanderent secours et ayde dont il fut tres ioyeulx estimant que par ce moyen il cō querroit lempire occidental et possederoit ytalie/ cicille et affricque/ perse/ mede et toute la partie dorient. Doncques apres quil eut prinse grande congnoissance et amytie auecques les neapolitains et rommains il alla a lencontre des susditz brutes et lusquains et apres plusieurs guerres entre eulx faictes a la fin en combatāt aupres de la cite de pandosie il fut tue. ¶ Suyuant icelluy alexandre ie vy clerement trois thebains Cestassauoir hercules duquel lhystoire est assez vulgaire et de plusieurs sceue. Le secōd estoit bachus filz de iupiter qui engendra cadmus roy de thebes/ et fut icelluy bachus autrement nomme liberus. Lequel procedāt cōtre les indois les vaincquit en bataille/ et apres ceste victoire pour

eternelle memoire edifia en inde sur le fleuue de inde la cite de iffisia et fist autres sumptueux faitz dont il acquist perpetuelle gloire. Le tiers diceulx thebains estoit epaminundas lequel bailla secours a ceulx dathenes contre les lacedemonois et obtint victoire par sa mort du roy alexandre de macedoine soubz la conduicte duquel et bōne aduenture auoient este vaincus ceulx dathenes. Parquoy icelluy epaminundas ayant obtenu ceste victoire alla a lencontre de la ville de lacedemonie. Laquelle a la fin il vaincquit et subiugua/ et depuis iceulx lacedemonois reuoltez cōtre luy et faisāt guerre aux archadiens epaminundas alla au secours de archadie ou il fut naure par les lacedemonois tellemēt que peu apres il mourut. ¶ Apres ces trois thebains arriuerēt deux aiaces et apres eulx vindrent dyomedes et lautre vlixes qui eurent trop grant desir de veoir et de chercher le monde. Lung desquelz aiaces estoit thelemonius filz de thelemon roy de salamine et de exione seur du roy priam et fille de laomedonte roy de troye lequel thelemonius osa bien tout seul resister a la bataille contre hector/ et ayans vne fois eulx deux long temps cōbatu ensemble a la fin se recongneurēt cōpaignons et ainsy parquoy hector luy dōna vne espee et aiaces thelemonius donna a hector vne massue qui furēt dons fatalz Hector ayant ceste massue fut occis de achilles et aiaces se tua depuis de ceste espee. Lautre aiaces fut aiaces oylus roy des locres hōme tresbelliqueux lequel retournant de la bataille de troye ce pendant quil estoit sur mer naufragant par force de tourmēt et de vens impetueux vindrent frapper pmy les rochiers euboicques tant que estans leurs nauires rōpues a la fin mourut et fut noye. Dyomedes aussi apres la guerre et victoire de Troye par les grecz obtenue voulant retourner en son pays ouyt dire que egiates sa femme auoit commis adultere auecques celibetus filz de scilenus parquoy il se delibera de non plus retourner a elle et sen alla en ytalie ou il edifia vne cite nommee spontus et vne autre dicte arpin. Et les ethosles qui auecques luy estoient edifierent la cite de brunduse et a la fin apres que icelī uy diomedes paruint a la mort il fut de son peuple repute dieu. ¶Olixes semblablement party de troye apres la desconfiture dicelle voulant sen retourner en son pays vers sa bonne et loyalle femme Penelope fut transporte par vens tempestueux maritains et vagues et oraiges en plusieurs perilz et dangiers desquelz a grant difficulte il eschappa. Et non point sans grant trauail et labeur du corps et de lesperit, et mesmement du lieu de ciclops. Puis arriua en calipse ou il trouua la royne circe auecques laquelle il fut aucun temps tant quil lui en gendra vng beau filz nomme thelegonius, et apres se desroba delle pour sen aller ou il fut encores en plus grans dangiers desire nope auecques toutes ses nauires. Mais tant fist par layde des dieux quil eschappa non point sans perte de ses gens et de nauires. Et tellemēt fist que apres quil eut nauige par diuers pays comme en salamine, en crethe et autres lieux il arriua en son royaulme ou il fut ioyeusement receu de sa femme peneloppe ainsi que plus a plain appert en son histoire par plusiturs aucteurs auctentiques escripte et commemoree.

Dingnant et au plus pres des susditz estoit en ordre nestor qui vesquit beaucoup oultre lusaige commun et sceut tant par cōgnoissance scientifique et par grande experience des choses mondaines, lequel estant filz de neptunus vesquit vng tresnoble et long temps et iamais ne fut vaincu en bataille contre qui que ce fust quil combatist, combien q tout le long de sa vie il fust tousiours belliqueux. Et luy estant ieune fist la guerre a ceulx de thessalie lesquelz il vainquit et occit grant quantite diceulx. Et fut auecques theseus et pirotheus cōtre les centhaures, et assista a lune et a lautre guerre auec hercules et iason contre laomedon et tellement se applicqua aux armes quil luy en demeure eternellement gloire. ¶Apres celluy nestor furent les roys agamenon et menelaus lesquelz furent tresmalheureux en leurs femmes qui seurs estoient tāt que par icelles furent engendrees grandes tribulations et noyses et cruelles batailles et occisions au monde, car le roy menelaus ayant espouse la belle helene pour le rauissement dicelle par paris fut toute la noblesse de troye destruicte et mise a totalle ruyne par la guerre des grecz. Et agamenon qui auoit espouse la seur de helene nommee clitemestra apres quil fut victorieux retourne de la guerre de troye luy estāt en sa chambre auec sa femme fut par egistus le ribault delle par trahyson occis pour laquelle mort fut guerre suscitee entre ledit egistus qui voulut occupper le royaulme et le filz dudit agamenon. ¶Suyuant icelux deux roys ie vy leonida spartanus qui alegre et ioyeulx en sa veue ordonna et appareilla vng tresdur disner a ses cheualiers et amys en leur denonceāt vng terrible et merueilleux soupper et en petite place dung tres angoisseux lieu fist choses merueilleuses en armes, lequel auecques quatre mille cōbatans gregeois es lieux angustieux et estroictz de thermopile se mist a lencontre de xerses roy de perse qui grant nōbre de gens auoit en laquelle bataille qui dura trois iours plusieurs persoys furent des grecz occis, et le quattriesme iour voyant leonidas que xerses auoit occupe le hault dune montaigne enuoya tous ses gens garder leur pays et seullement auecques sept cens hommes voulut experimenter cōmune fortune. Et le lendemain au matin il appresta vng beau disner ou il fist venir ses cheualiers lesquelz il admonnesta de vertueusemēt assaillir les logeis des persois ce quilz firent tellemēt que par le grant bruyt quilz faisoient le roy xerses de paour sen fouyt auecques ses gens, et estans les spartains las et trauaillez a la fin furent tous occis auecques leur cappitaine et ducteur leonida.

Pres ie apperceu Alcibiades qui souuent oppressa et vexa la cite dathenes, ou il luy plaisoit la tourna et retourna plusieurs fois auecques sa doulce eloquence et langue diserte et auecques sa veue ioyeuse et face clere et reluysante, car luy estant acompaigne de nicia et lamacus alla prefect de larmee das thenes contre les siracusains ou guerres ne fut que les atheniens incontinent le revocquerent et senuoperent en exil par leur ingratitude. Parquoy il se retyra vers les laces demonois lesquelz il esmeut contre les atheniens/ depuis sen fouyt a psaphernes prefect de darius filz de xerses auquel il suada de faire guerres aux atheniens et lacedemonois. Ce que voyant les athenois renoyerent querir alcibiades qui fist leur appointement. Et apres vaincquit les lacedemonois/ et de la sen alla en asie ou il fut vaincu des asiens pour laquelle desconfiture luy mesmes sen alla en exil au pays darthaxerses. Ou la luy estant les lacedemonois qui avoient vaincu les atheniens ordonnerent trente hommes au gouvernement dathenes lesquelz ayans doubte que ledit alcibiades ne remist encores le pays en liberté senuoperent occire/ et pource que ses persecuteurs estans en perse ne povoient trouver moyen de ce faire imprent le feu en sa chambre ou il fut tout ars et brusle et ainsi miserablement mourut. ❡Tout au plus pres ensuyvant estoit milciades lequel tollut le grant ioug de grece et avec luy son filz thimonus lequel avecques vraye et parfaicte pitie se lia vif et deslia le mort/ lequel milciades avec dix mille atheniens et mille compaignons platensez se mist en bataille contre le roy darius tellement quil le vaincquit et mist a mort deux mille persons et pppa qui avoit este cause de celle guerre. Puis peu de temps apres thimonus filz de milciades estant duc de larmee dathenes combatit contre xerses filz de darius/ et tellement le vaincquit et gaigna tant en bataille de mer que de terre quil contraignit xerses sen fouyr et retourner en perse. Et apres toutes ces victoires milciades qui fut par singratitude des atheniens condampne a mourir en prison requist que apres sa mort fussent ses funerailles faictes et celebrees et quon luy ordonnast une sepulture/ laquelle chose il obtint par ceste condition que son filz thimonus portast sur soy toutes les chaines desquelles son pere milciades estoit lye iusques a la sepulture. De laquelle chose le bon filz fut content et en portant lesdictes chaines acomplit le desir de son pere.

fueillet. lx

Au plus pres des susditz alloit themistocles et theseus et aristides lequel fut en vertus et contenance ung vray fabricius grec et a tous ceulx cy fut egallement interdicte la sepulture et le pays. Et avec eulx estoit photien athenois lequel fut mort et dechasse de la terre mesmes/ sa lui fut moult diverse et contraire la remuneration et salaire receu de ses oeuvres dignes et excellentes. Car themistocles en la bataille susdicte contre darius et milciades combatit si vertueusement et par telle prudence que combien quil fust ieune daage touteffois lhonneur de la victoire luy fut attribuee. Puis apres luy estant duc dathenes tous les peuples grecz tant ioniens que autres se suruoient en la bataille contre xerses en laquelle il usa de telle prudence que xerses avecques toute sa puissance fut par luy vaincu et sen fouyt vilainement. Apres laquelle victoire themistocles retourne a Athenes pour le merite de si grant bien par luy fait fut banny de la cite et contrainct daller en exil en perse avecques ledit roy xerses quil avoit vaincu. Ce que voyant xerses le receut gracieusement avec grant honneur/ et voulant xerses pour vengeance de ce faire guerre aux atheniens fist son cappitaine general Themistocles/ mais luy non voulant aller contre sa province ne decevoir xerses print et beut une poison dont il mourut et ille hors de sa region. ❡Puis theseus combien de dignes faitz il fist pour le bien publicque dathenes assez appert par cy deuant en son hystoire au triumphe damour. Neatmoins il ne sceut tant fouyr leur enuye quil ne fust dechasse en exil et contraint de miserablement vivre et mourir en lisle de squiro. ❡Aristides qui fut grant philosophe et homme tresdigne en faitz darmes par son seul fait saulua toute la grece de deux cruelz tyrans. Lung desquelz estoit pansanias qui voulut oster toute la liberte de la grece/ et pour ce faire en escrivit au roy xerses quil luy donnast faveur et secours/ laquelle chose descouverte et sceue par la diligence de aristides fut icelluy pansanias enuoye en exil. Et apres icelluy aristides vaincquit ledit roy xerses Touteffois ledit aristides fut a la fin des chasse de la prouince a qui il auoit tant fait de biens et dhonneurs auquel exil iceulx atheniens le firent cruellement mourir/et apres commanderent que ses os fussent portez aux champs et les laisser la sans enterrer. En laquelle terre phocionus auoit aueuc grande vertu et saincteté sans faire iniure a personne tresbenignement vescu.

Apres les prenommez ie vy pirrhus roy des epirothes qui moult sembloit a son maintien estre triste et plain de melencolie, lequel estant encore ieune enfant fut secrettement caché pour le sauluer des molosses qui occirent tous ses parens et amys et le chercherent pour le mettre a mort, toutesfois il fut transporte au roy glacia qui le receut et fist nourrir en sa maison. Et apres que icelluy Pirrhus fut en aage virille il print a femme la fille dudit roy glacia auec le secours duquel il recouura a force darmes son royaulme de epirothe et moyennant la faueur et ayde de demetrius filz de anthigonus roy de macedoine qui auoit a femme depdempa sa seur tousiours acreut son royaulme. Puis aucun temps apres demetrius ayant guerre contre ptholomeus selencus et lismacus gendres du roy Alexandre le grant demanda secours a son beau frere pirrhus qui a grosse et puissante armee y alla et luy ayant oublie toute parente et benefice receu pirrhus corrompit les gens de demetrius et le dechassa et print pour luy macedoine et comenca a occuper ytalie et esmeut guerre contre les rommains en aydant aux tarentins ou il vaincquit Aulus albinus en lucanie cappitaine rommain. Apres laquelle desconfiture les rommains renuoyerent contre icelluy roy pirrhus marcus leuinius qui fut aussi vaincu par lhorrible effroy des elephans de pirrhus, mais en lautre bataille luy ses macedoniens et tous ses gens furent vaincus. Parquoy il cuyda faire appoinctement auec les rommains lesquelz le refuserent par lauctorite de apius claudius marcus curtius et fabricius lesquelz le vainquirent en bataille et le contraignirent de partir hors dytalie et sen fouyt en lisle de cicille laquelle il occupa toute. Et apres plusieurs autres conquestes par lui faictes en lieu destre humain il deuint cruel et sen alla en grece pour la posseder ou il assiegea long temps anthigonus. Et ainsi quil donnoit lassault a la cite et que la bataille estoit la plus aspre estant pirrhus desia au portail et voulant occire ung macedonien sa mere dicelluy qui estoit sur la muraille getta une tuille sur la teste de pirrhus tant quil cheut a terre ou il suruint incontinent ung cheualier filz de anthigonus qui couppa la teste audit roy pirrhus et auec grant ioye la porta a son pere anthigonus.

Durant celluy pirrhus estoit le bon roy Masinissa lequel sembloit receuoir grant tort de nestre point nombre ensemble auec les autres rommains et ne pouoit ioyeusement viure sans la compaignie et grace diceulx. Lequel masmissa fut filz de calaus apres la mort de son pere succedant au royaulme se conioignit auecques les Rommains soubz le cappitaine scipion et vainquit le roy siphar. Apres laquelle victoire icelluy masinisse print a femme sophonisbe, dont il fut tellement reprins de scipion quil empoisonna ladicte Sophonisbe et la fist mourir, et voulut tousiours quereller pour les rommains pour lamour quil auoit en eulx tant quil fina ses iours en leur societe.

Apres en regardant deca et la ie apperceu autour de Masinissa celluy ihero tyrant Siracusain filz dune chamberiere qui fut long temps nourry dung panier de mousches a miel et luy deuenu grant fut fait roy de toute la cicille. Et fut vaincu par le cappitaine rommain apius claudius tellement que apres icelluy roy ihero deuint permanable en lamour et foy des rommains. ¶ Suyuant Ihero ie vy le cruel hamilchar moult loing separe des deux susditz masmissa et ihero et diuise de la beniuolence du peuple rommain. Lequel hamilchar pere de hanibal fut si grant ennemy des rommains que auant sa mort il fist iurer a sondit filz hannibal guerre et inimytie perpetuelle contre les rommains Et disoit quil nourrissoit quatre petis lyons. Cest assauoir ses quatre filz hanibal, hanon, hasdrubal et mago au deshonneur et dommage de lempire rommain Lequel hamilchar fut touteffois vaincu par Actilius colunnius cappitaine rommain et apres occis. Et ainsi mourut miserablement. ¶ Apres hamilchar ie congneuz cellup roy de Lidie estant aux gens manifeste exemple qui art au feu et scet par experience comment vault peu toute deffence et resistance contre fortune Cestoit cressus lequel apres quil fut vaincu du roy cyrus sen fupt en vne cite nommee sardy laquelle cyrus assiegea et la print dassault et print prisonnier cellup roy cressus Et apres qlleut prisonnier il fist faire vng pillier de fer tout creux soubz lequel il fist faire du feu/et sus cellup pillier estoit vng eschaffault de fer sus lequel il fist mectre ledit roy cressus auecques douze des plus grans de ses gens ou il les fist illecques angoisseusement et publicquement mourir/et en mourant fist plusieurs douloureuses complainctes contre fortune. ¶ Apres ie vy le roy Siphax qui quasi estoit venu a semblable et pareille exemple dune egalle fortune/car luy voulant experimenter fortune print le party des carthaginois contre les rommains et vint au pays daffricque en Bataille a lencontre de capus lelius et contre masmissa ou il fut vaincu auecques les carthaginois et demoura prisonier. Et apres par ledit capus lelius fut au triumphe condupt et mene dedans la cite de romme et en la fin condamne par le senat a estre perpetuellement es prisons dalba ou il mourut pourement et miserablement. ¶ Suyuant siphax estoit Brenius soubz la conduicte duquel trebuscha grant peuple/et apres paruint a la mort desoubz le temple delphicus, car los peuples des gaules estant fort multipliez partirent de leur region et conquirent plusieurs prouinces comme ptalie, siricque, hongrie et autres, lesquelles se rendirent tributaires a eulx, excepte ptholomeus roy de macedoine lequel auecques les dardanes alla en bataille contre belgius duc des gaulfois quil

occist en Bataille et deffist les gaulfois. Ce que sachant Brenius lautre duc desditz gaulfois partit de grece pour aller piller le pays de macedoine. Et luy estant en cellup pays mist en fupte les macedoniens. Apres laquelle victoire il sen alla piller le temple du dieu apollo qui estoit situe pres la cite de Delphos sur le mont pernasus. Lors luy estant la ceulx du pays laisserent les villes et places bien fortiffiees et garnies de victures, et eulx en Bataille rengee et en Bon ordre assaillirent les gaulfois tellement quilz les vaincquirent, et Brenius se voyant blece par asprete de douleur quil sentoit se gecta dedans le temple delphicus ou luy mesmes dung poingnart se tua.

Ors en la compaignie des gens par auant connumerez fut moult gros et multiplie nombre en diuers habitz la ou dressant mes yeulx en autre part ie vy vne generation de personnages. Le premier desquelz estoit cellup qui vouloit faire le grant logis a dieu par le moyen duquel il habitast en terre entre les hommes Cestoient les iuifz desquelz estoit dauid roy qui voulut faire le grant tabernacle ou logis a dieu, car luy ayant conquis plusieurs victoires contre les philistins, les assiriens et plusieurs autres peuples, il porta larche de dieu en la cite de hierusalem, et fist edifier plusieurs maisons et mesmement la sienne toute faicte de Boys de cedre qui luy auoit este donne par suronus roy de thire Et ce fait soy voulant disposer de edifier vng sumptueux lieu pour lhabitacion de ladicte arche Lup vint reuelation diuine que lung de ses enfans feroit le temple que dieu vouloit estre pour luy esleu Par quoy le roy dauid cessa de plus poursuyure louurage par luy encommencee et entreprinse. ¶ Apres icellup roy dauid venoit cellup qui mist a execution et parfist ce que le premier auoit encommence Cestoit le saige salomon filz dudit dauid et de bersabee qui ediffia et fist bastir sumptueusement le tempse de Dieu ainsi quil est aniplement contenu en la bible. ¶Suyuant lequel estoit cellup Moyse qui fut tant familier et amp de dieu que auecques lup parloit face a face de laquelle chose oncques depuis ney ent autre au monde qui sen peust vanter. Auquel moyse dieu donna en la montaigne de sina les tables ou estoient escriptz les dix commandemens de la loy. ¶Et apres ledit Moyse estoit cellup Josue le quel auecques sa puissante langue fya le soleil comme vne beste seullement pour attaindre la trasse de ses ennemys fuyans. Car lup estant en bataille contre cinq roys voyant que la nupt approuchoit et que victoire sur ses ennemys lup estoit manifeste pria a dieu que il lup pleust retarder le soleil / a la priere duquel le soleil demoura en lair tellement que il ny eut point de nupt et ce pendant Josue poursuyuit de si pres ses ennemys que il les conuainquit.

¶Apres Josue venoit en renc nostre pere Abraham auquel il fut dit quil partist de la terre ou il estoit Cest assauoir de chanaam et que il allast au lieu esleu de dieu pour le salut humain qui estoit a la terre de promission ou dieu nasquit, mourut et de la monta es cieulx, en laquelle terre ledit abraham alla et mena auecques lup sarra sa femme et loth filz de aaram. ¶Auecques lequel Abraham estoit le filz et le nepueu a qui fut fait le feu des deux espousees de dina et rachel Cest assauoir psaac filz de abraham et Jacob son nepueu Lequel psaac pour complaire au commandement de dieu porta le boys pour estre lup mesmes sacrifie / Mais dieu voyant lobeyssance du pere et du filz sauua le filz psaac de limmolation Et iacob seruit quatorze ans pour auoir Rachel sampe ainsi que a plain par ce deuant appert au triumphe damour.

¶Consequemment ie vy le saige et chaste Joseph seslongner vng peu de son pere Jacob, lequel ioseph fut gouuerneur de toute la terre degipte soubz le roy pharaon ainsi que nous auons declaire en la fin du triumphe de chastete.

Et apres en estandant ma veue tant que possible mestoit et regardant au lieu ou loeil ne peult passer oultre ie vey le iuste roy ezechias et le grant et puissant sanson. Lesquel ezechias roy de iudee filz de Atham et de abissa au commencement de ses dignes oeuures destruisit les ydoles et le serpent eneus de moyses. Et apres combatant contre sennacherib les vainquit / mais la nupt deuant lange de dieu vint contre les assiriens desquelz il occit neuf vingtz cinq mille hommes, par quoy ledit sennacherib sen suyt et demoura ezechias du tout victorieux. Et sanson se porta enuers les philistiens et mourut en la facon et maniere q dessus est escript au triumphe damour.

¶Suyuant lesquelz ie apperceuz cellup q fist larche si grande. Et pareillement laultre qui construict et ediffia la haulte et souueraine tour babel, laquelle fut tant chargee de pechez et derreur. Cestoient lung Noe ¶ lautre Nembroth, lequel nembroth fut le premier inuenteur de lediffication de de la tour de Babiloine auecques les enfans iaphet au champ sennaar. ¶Apres lesquelz estoit cellup bon iudas auquel les paternes loix ne se peurent oster, lequel par lobseruace du iuste desir et voluntaire bien courut a sa mort. Car icellup iudas machabeus vainquit en bataille le cappitaine et duc Gorgias auecques toutes ses armees. Et lisia aussi qui a toute grosse puissance estoit contre lup venu. Apres lesquel les victoires il fut occis en bataille par demetrius roy de Sirie. Laquelle mort Simeon et ionathas ses freres dignement et auecq3 moult grande effusion de sang vengerent contre les assiriens.

Apres la veue de tant excellens hommes prenommez le miendesir de veoir ¶ entendre estoit presque las quant vne veue ioyeuse et tresdigne me fist plus gay de regarder que iamais nauope este. Car ie vey vne moult grande compaignie de aucunes dames prestantes et dignes entre lesquelles estoit anthiope et la belle orithia toute armee, et ypolite triste de son filz ypolite τ pareillement menalipe toutes roynes du royaulme des amazones, et chascune estoit en la veue plus gaillarde et gentille es armes en telle sorte experte que au grant hercules fut grant gloire de les auoir vaincues quant pour merite de la victoire il eut vne seur et theseus lautre Lesquelles anthiope et orithia seurs estantes roynes des amazones le roy euristeus enuieux de leur gloire commanda a hercules de les combatre. Lequel arriue au royaulme ou estoit celle royne Anthiope qui de guerre ne se doubtoit la trouua desarmee et despourueue de armes tellement que il la print et menalipe sa seur et ypolite Desquelles hercules eut la premiere, mais il la rendit a sa seur et print pour eschange le harnoys de la royne. Et theseus eut ypolite pour sa femme de laquelle nasquit ypolite Duquel elle eut mainte douleur et tristesse ainsi que dessus appert au triumphe damour. ¶ Lors en celle mesme compaignie ie vy la veufue thamaris laquelle auecques grande asseurance veit son filz mort et Duquel elle fist telle clere vengeance que elle en occit Cyrus et de present elle en occit la renommee dicelluy. Car en voyant la mauuaise fin de luy et mort ignominieuse il semble que tous les iours il meure τ par sa propre coulpe mesmes tāt il perdit son honneur le iour quil fut vaincu par celle Thamaris ainsi que tresamplement est euident et apparoissant par cy deuant au triumphe de chastete. ¶ Apres Thamaris venoit celle qui mal veit trope pour elle. Et ensemble auecques les autres ie congneuz vne vierge latine laquelle en ytalie donna assez dennuy aux troyens. La premiere de ces deux fut pensthasillea royne des amazones laquelle estant allee au secours de hector en la cruelle guerre troyenne fut par Achilles occise et mise a mort auecques toutes ses femmes belliqueuses. Lautre vierge latine fut camilla fille de Metabo de laquelle nous auons parle au triumphe de chastete assez amplement.

Apres ie vy celle moult courageuse et tresmagnanime royne laquelle auecques vne tresse, cest a dire la moytie de ses cheueulx enuelopez τ lautre espanduz τ espars sur les espaules courut a la prinse et rapine de babiloine Cestoit la royne semiramis qui succeda au royaulme apres la mort de son mary, et non seulement le garda, mais tresgrandement laccreut τ augmēta de plusieurs autres grans royaulmes. Laquelle apres quelle eut conquise babiloine estant retiree en son pays ainsi q̄ elle peignoit ses cheueulx et ayant la moytie diceulx tressonnez, τ lautre moytie encores espandus sceut nouuelles que la cite de babiloine sestoit retournee contre elle Laquelle incontinēt en lestat quelle estoit se fist armer de toutes pieces τ ayant ses cheueulx acoustrez auecques vne moult grosse armee alla en babiloine, de deuant laq̄lle cite ne partit iamais iusques a ce quelle leut prinse et subiuguee soubz sa puissance et domination. Mais a la fin elle estant a repos fut si tresimpudicq̄ quelle eut la congnoissance τ cōpaignie charnelle de son propre filz qui apres loccist ¶ Suyuant celle Royne semiramis estoit cleopatra et chascune autre qui fut arse de digne desir et feu, car lappetit de auoir domination embrasa tout son cueur par concupiscence auecques laquelle estoient conioinctes arsiure sa seur agripine femme de clodius et mere de lempereur neron et autres. ¶ Apres elles ie congneuz en ceste dance τ renc des femmes arses de digne feu zenobia laquelle fut assez plus chiche de son honneur que ne fut cleopatra qui estoit belle et en son aage fres τ fleury Et de autant q̄lle se trouuoit en plus grande ieunesse et beaulte dautant il sembloit quelle se attribuast et accreust plus de louenge. Car le cueur feminin de celle Dame zenobia fut de si tresgrande resistance τ fermete que son beau vīsaige τ ses cheueulx fist deuenir en timeur qui par nature a de coustume despriser les petis Cest assauoir lempire rommain que elle gaigna a force darmes combien que a la fin elle fust au triumphe ytalicque Laq̄lle zenobia royne de palmerini et femme du prince adonetus alterent eulx deux ensem

f ii

ble en armes contre sapozus roy de perse qui fut par eulx vaincu. Et apres Adonetus fut par ung sien cousin occis & auec luy son filz Herodes, ce que sachant sa femme zenobia print le gouuernement du royaulme et alla en bataille contre lempereur rommain aurelianus, mais a la fin fut desconfite et prinse par ledit aurelianus qui la mena a romme deuant son chariot triumphal.

¶ Apres vint en renc la bonne veufue Judich laquelle pour son salut et de sa prouince fist son fol aymant Holofernes vuyde de chief deuant la cite de bethulye, de laquelle nous auons assez amplement traicte et escript au triumphe de chastete.

¶ Suyuant laquelle ie remply de merueille dys en moy mesmes. Comment laisse ie que ie ne racompte le fait de cestuy duquel est ordoye au commencement toute humaine hystoire et pareillement son grant successeur, lorgueil duquel apres vaincu fut conduyt a la bestiale acoustumance et maniere. Ce fut ung roy des assiriens nomme ninus qui fut le premier qui fist la guerre a ses circonuoisins. Et apres quil eut prins tout le pays de sirie et en icelle edifie la grande cite de Niniue il print et posseda toute lempire dorient Lequel apres quil sceut entre ses mains il esmeut guerre a zoroastre roy des bretons quil vaincquit en bataille. Et finablement ninus allant a lencontre des egiptiens fut en bataille occis dune flesche Le successeur duquel fut nabugodonosor roy de babiloine qui pilla et brusla toute la seigneurie de iudee et print hierusalem et le roy joachin et toute sa famille et plusieurs autres, entre lesquelz estoit le prophete daniel lesquelz il emmena auec luy prisonniers. Et apres plusieurs insolances et orgueilleuses facons de faire comme soy voulant reputer et faire adorer comme dieu A la fin apres ung songe par daniel a luy declaire icestuy nabugodonosor en sen fuyant sen alla par les boys et forestz ou il fut sept ans auec les bestes saulnaiges viuant comme elles iusques a ce quil recongneut le treshault dieu en luy cryant mercy et rendant louenges et graces.

pres nabugodonosor. demoura zoroastes qui fut inuenteur de lart magicque lequel estoit roy de bactrina homme tresexpert en armes, mais encores plus en lettres & en habitz speculatifz, et fut grant philosophe. Et entre autres oeuures inuentent des artz magiques, et la mesme heure quil nasquit il rit, laquelle chose fut merueilleuse dont escript plinius. Mais en la fin il fut occis par ledit roy Ninus.

¶ En quel lieu demeurent ceulx lesquelz firent le mauuais gouuernement des nostres endurer appert que en dur et malheureux hardement passerent le fleuue euphrates, laquelle chose fut fischer emplastre aux douleurs et griefues passions ptalliques. Car il est a entendre que estant lempire de romme demouree en la puissance de ces trois hommes, cestassauoir cayephompee, lucie cesar marcus crassus icestuy crassus a cause de lauarice qui estoit en luy et voyant lhabondance des richesses des parthes suscita guerre contre eulx et auecques vnze legions de rommains passa le fleuue euphrates et alla contre les deux capitaines silates & firenas, lequel occist crassus en bataille et fut toute larmee rommaine mise a totalle destruction et desconfiture. Laquelle occision fist aussi grant perte aux rommains comme cesar et pompee combatans lung contre lautre. ¶ Suyuant les dessusditz venoit le roy mitridates perpetuel ennemy des rommains. Lequel estant roy de pont ne senfermoit iamais en ville muree ne close, et fut le premier qui vainquit et surmonta les siriens, et apres en la conqueste de lempire dasie se conioingnit auecques nicomedes roy de bithinie, lesquelz ensemble allerent combatre paflagonia que les rommains tenoient en garde & tutelle. Lesquelz rommains preparerent guerre contre ledit mitridates. Lequel sachant la mort dudit nicomedes occupa son royaulme de bithinie, et apres se alia de tigranes roy darmenie, lesquelz allerent contre aquilie et maulie capitaines rommains qui furent par eulx vaincus auecques larmee rommaine. Et a la fin fut ledit roy mitridates vaincu par pompee et contraint a sen fuyt. Et luy arriue en son royaulme beut du Benin dont il ne peut mourir. Lors farnacus son filz qui sestoit rebelle auecq̃s le peuple a lencõtre de son pere voyant quil ne pouoit par poison mourir luy enuoya vng seruiteur nomme sithocus lequel occit ledit roy mitridates Et ainsi mourut enne= my des rommains.

Mais ou puis ie auoir laisse le roy artus et trois augustes cesars, Desquelz lung fut daffricque, lautre despaigne et lautre de lo= thoringue, lequel Artus filz du roy vter= pandragon roy de bretaigne a present nom= mee angleterre aps la mort de son pere par diuin mistere fut roy de bretaigne ⁊ se voyãt en celle dignite il assembla auecques hoel côte de la mineur bretaigne a force darmes et apres quil se fut venge des saxonnes il conquist Hibernie, flandres, normandie, dacie, touraine, aniou, poictou, gascõgne et vne partie du royaulme de france, pour les= quelles victoires aussi pour ses vertus il fut moult ayme de tous peuples Et ainsi que auons par auant dit il ordonna la table ronde des cheualiers errans dont il de= uint en grande reputacion et renommee.
⁋Au regard des trois cesars augustes le premier qui fut africain estoit seuerus filz dung nõme getta Et estant adolescent fut nourry en affricque, et apres fut a romme receu de plusieurs grans personnages Et tellement fut instruict en lectres et en ver= tus q̃ apres plusieurs offices ou senat rom= main par luy excercees fut constitue consul en affricq̃ ⁊ en sicille Puis cree questeur en espaigne et en crete ou il fist de vertueux et merueilleux faictz. ⁋Le second fut seuer9 fescennius espaignol parent du susdit seue= rus, lequel fescennius apres la mort de iu= lien qui en ytalie fut occis demoura empe= reur de romme, et apres conquist sirie, les anthiocq̃s, les partes, les arabes, les iuifz les sarmates, ⁊ a lyon sur le rosne occist al= binus auecques grande multitude de gau= lois Et apres luy retourne a romme mou= rut pacificque Empereur et fist plusieurs grans biens et edifices en romme. ⁋Le troisiesme et dernier cesar lothoringien fut

charles le grant filz du roy pepin de france, lequel vaincquit desidere roy des lombars et arichise duc de boniuẽt, et rendit au pape adrian toutes les terres quilz auoient par force vsurpe sur luy et sur le bien de leglise de rõme. Et regnant constantin empereur de constantinoble ledit charlemaigne a son mandement alla vers luy: lesqlz ensemble allerent a la conqueste de la terre saincte et prindrent syrie ⁊ iherusalem. Duq̃l voya= ge charlemaigne rapporta auecq̃s luy plu= sieurs dignes ⁊ sainctes reliques, lesquel= les on peult encores de present veoir en la cite de paris. Et aps remist en son siege le pape leon successeur de adrian que aucuns rommains rebelles de la foy auoiẽt chasse. Puis edifia florence. Et finablement mourut paisible empereur de romme.

Apres les trois susditz sI= gnes cesars augustes ie vy proceder seul le bon duc Godeffroy lequel fist la saicte entreprinse et le iuste aller auecques les pas de salut. Car regnant vrbain pape second et henry quatriesme a lempire rommain en lan nostre seigneur mil quatre vingtz et treize Belzetus roy de turquie vint en grece ou il fist tresgrant occision de chrestiens, pour laquelle chose la plus part des princes chre= stiens esleurent pour leur duc et cappitai= ne de toute larmee chrestienne le noble go= deffroy de buillon. Et eulx arriuez en gre= ce au long du fleuue farsar ou estoient cou= ruz les turcs godeffroy venant en bataille contre eulx les vaincquit et fist tresgrande occision. Et de la alla en romanie ou il oc= cist grande quantite de turcz, puis sen alla retourner en sirie ou il print plusieurs citez et expugna iherusalem par force. Apres les quelles victoires to9 les princes chrestiens esleurent dung commun accord godeffroy roy de iherusalem ou il fist plusieurs sainctz edifices ⁊ dignes habitacles au mõt de sion ou est au iourdhuy le sepulchre de iesuchrist. Et considerãt ceste chose ie feiz a part moy vne exclamation exhortante a lencontre de la paresse des princes chrestiens.

Esse exclamation faicte ie me trouuay a la fin du champ affin que ie veisse les hommes esleuz et comme ilz marchoient dordre en ordre/ mais ie ne vy aucun qui faillist en haulte renommee. Neantmoins vers la fin des susditz hommes fameux ie vy ung puissant sarrazin qui fist a noz chrestiens assez de honte & ung tresgrief et grant dommage Cestoit le grant souldan de babiloine bongodar lequel apres que il ouyt dire que les chrestiens auoient prins constantinoble par la conduyte dung roy de france et des venitiens il sen vint en syrie en lan de nostre seigneur mil deux cens .lx v. ou il fist grande effusion du sang des chrestiens/et print la prouince darmenie. Et apres la prinse dantioche par luy faicte ainsi que il retournoit contre les syriens qui sestoient reuoltez contre luy il fut naure en vne bataille et porte a damas ou il mourut. Auquel succeda ung autre souldan malethsaich qui fist grande occision des chrestiens tellement qil contraignit le demourant diceulx a eulx enfuyr de Iherusalem & de syrie parquoy il fist grant vergongne & domage aux chrestiens. ⸿ Suyuant icelluy venoit salladin et le duc de lenclastre lequel duc es prochains temps auoit este aspre & dommageable voisin au royaulme de france. Et celluy salladin souldan de babiloine vint en iudee mectre le siege deuant la cite de thiberie en lan mil cent quatre vingtz et sept ou il desconfit le roy guy de iherusalem auec son armee ou furent occis grant nombre de chrestiens.

Pres la veue de ces deux derniers ie regardoye deca et dela en la facon et semblance dung homme qui seslieue hault sur le bout de ses piedz a ce quil puisse veoir et regarder par dessus les autres sil suyuoit plus dhommes fameux en armes. Lors iapperceu deux lesquelz sestoient partis de prochain de ceste region mondaine & vie mortelle dont le bruyt estoit encores recent/lung desquelz estoit le bon roy robert de sicile/lequel par subtilite dengin entendit en hault et par prudence veit de bien loing tant que veritablemēt il fut ung second argus. Et de lautre part estoit Estienne colonoys qui fut tresmagnanime/constant & seur en chascune sienne opperation qui faisoit fin apres les hommes renommez en armes.

⸿ La derniere partie du triumphe de renommee.

E ne pouoye encores oster mon cueur dune telle veue ne destourner mes yeulx dune si ioyeuse spectacion de tant dignes et si excellens hommes fameux quant moy estant en ce pensement ie ouy dire telz motz. O messire francisque or regarde a laultre coste de lhumaine generation/car tu verras que encores se peult acquerir renommee et bon heur autrement que par le moyen et exercite des armes. A laquelle parolle et en celle entrefaicte ie me retournay pour regarder en celluy mesmes endroit qui mestoit enseigne ou ie vy platon philosophe lequel en celle compaignie des hommes speculatifz alla et approcha plus pres au signe de lhumaine intelligence auquel signe il a ioinct et vny celluy qui luy est donne et permis du ciel/ lequel platon fut dathenes filz dung nomme aristanus et de peritonia qui descendit par paternelle generatiō de solonus. Ledit platon doncques parauant surnomme aristocles fut par son pere donne a socrates pour linstruyre es lectres/et encores luy petit enfant aucunes mousches a miel luy vindrent distiller le miel en sa bouche en signe de son eloquence mellisflue. Lors luy estudiant deuint si treseloquent quil obscurcit tous les disciples et auditeurs de socrates puis alla en egipte ou il apprint arismetique et astrologie/et de la en ytalie & passa en Sicille pour contempler la montaigne de Ethna et son feu/et apres sen retourna en Athenes pour mieulx vacquer aux choses speculatiues ou il esleut le lieu dit lacademye non point seullement lieu desert/mais aussi pestilencieux/et ce fist il affin que par les assidues cures de maladie la chaleur de sa charnalite se mortifiast & sestaingnist/ et tant fist que il fut nomme le dieu des philosophes/lequel par son oppinion soubstenoit dieu estre createur de tout le monde et tresparfait et immuable, et disoit estre vng nombre se mouuant de soy mesmes eternel et de tressubtille nature et quelle est cause du mouuement du corps. Et apres quil eut escript plusieurs dignes sentences et notables il mourut en laage de quatre vingtz ans en la treiziesme annee du regne de philippes roy de macedoine pere dalexandre le grant. ¶ Apres platon estoit socrates plain de treshault et notable engin lequel estoit filz de sophonisque lapidaire et de phanarete ne en vng chasteau de la iurisdition dathenes, et luy deuenu grant fut tresexcellent es lettres tellement quil cheut en enuie de plusieurs atheniens lesquelz laccuserent disans ql nestimoit point dieux ceulx que la cite dathenes reputoit et honoroit pour dieux, mais quil introduisoit autres nouueaulx dyables et quil corrompoit les iouuenceaulx et les attiroit a ladoration diceulx. Pour lesquelles accusations faulses il fut iniustement condampne et mys a mort. ¶ Apres luy estoit xenophon tresardant aux sciences et cestuy homerus a qui furent les muses tant ampres, lesquel xenophon prestant philosophe fut filz dung nomme grillo ne en vng chasteau dit archeus prochain voisin a la cite dathenes et de sa iurisdition, et fut cestuy xenophon tresbeau de corps et merueilleusement ardant aux estudes, lequel en allant par vng estroit chemin a Athenes rencontra socrates qui luy demanda a quelle intention il vouloit paruenir, a laquelle demande respondit xenophon quil vouloit deuenir et estre tresscientificque et tressouuerain homme es sciences litterales. Lors socrates luy dist quil le suyuist, ce que fist de bon gre xenophon qui tāt estudia quil fut non point seullement excellent philosophe, mais aussi souuerain orateur et facondissime. Et entre autres vertus il fut tresconstant et magnanime et grant obseruateur de iustice. Et vne fois en sacrifiant en Corinthe luy fut rapporte que son filz estoit mort en bataille laquelle chose il porta auec tresgrāde patience et ne cessa point de son sacrifice, mais seullement osta vne couronne quil auoit sus sa teste, et apres quil eut congneu comment son dit filz virillement et vertueusement combatant contre ses ennemys auoit este au meilieu deulx occis xenophon reprint sa couronne et pour la vertu de son filz et du digne nom de renommee quil auoit acquis neut plus si grant regret de sa mort. Et apres icestuy xenophon mourut en corinthe le vingtneufuiesme an de son aage louable. ¶ Apres estoit homerus qui fut tresexcellent poethe et le plus grant qui fust en grece, la dignite duquel facilement peult estre cōgneue en consideāt plusieurs pays en grece se guerroyer lung lautre seullement pour lamour de homere affermant et soustenant chascun pays quil estoit son citoyen comme les Colophoniens disoient que cestuy estoit leur citoyen lequel ilz auoient acquis. Les salamines le repetoiēt et redemandoient et les smirniens disoient et affermoient quil estoit a eulx, pour lesquelles causes ilz se debatoient par armes. Et vne fois ainsi quil estoit alle sur la riue de la mer pour passe tempz il trouua aucuns pescheurs lesquelz luy proposerēt ceste sentence. Ce que nous auons prins nous nauons pas, mais ce que nauons point prins nous auons. Lors Homerus pensant en ce pource quil ne se peut soubdainement comprendre en son entendemēt ne leur rendre la responce promptement il fut si despit quil mourut de dueil et de pre en lan de son aage cent et huptiesme.

¶ Suyuant les susditz ie voy aristote et Pithagoras qui le premier fut humblement par digne nom appelle philosophe lequel aristote fut de la ville stragire et filz de nicomachus expert en lart de medicine et de pestia de sa femme. Aristote doneques paruenu en laage de dixhuit ans estoit en Athenes soubz sa discipline et lectures de platon ou il deuint tresexcellent philosophe et eloquēt orateur tellement quil fut precepteur de alexandre, pour laquelle chose il acquist grant auctorite tant enuers le roy philippes pere dudit alexandre que au royaulme de macedoine. Et apres q̄ icestuy aristote eut entre autres operations vertueuses fait et compose trois cens liures et volumes il mourut en laage de soixante et trois ans. ¶ Et pithagoras fut de lyfle de samo filz dung marchant nomme maratus/lequel pithagoras sen alla en egypte apprendre les sciences mathematiques et apres passa Babiloine pour apprendre astrologie/puis retourna en macedoine et en crethe pour contempler les loix de licurgus/de minos et des autres prouinces de grece et de la sen alla en ytalie laquelle il remplit de philosophie et se adonna totallement a la vie contemplatiue. Et oppinoit de lame quelle estoit composee de nombres et quelle separee du corps estoit immortelle et se transmuoit en diuers corps. La ou de luy mesmes disoit que autreffois il auoit este euforbius cheualier troyen qui fut occis en la cruelle guerre troyenne/et depuis auoit este par transposicion de son ame ung empereur q gouuernoit tout le monde vniuersel auquel iamais le peuple ne vouloit repugner/et que consequemment il estoit deuenu tel quil estoit alors. Entre autres enseignemens il endoctrinoit ses disciples a se exposer lung pour lautre a la mort p vraye et loyalle amytie. Aussi voyant Pithagoras que en son temps on nommoit les estudians homes saiges et que le nom luy sembloit trop arrogant il les appella philosophes/cest a dire amateurs de scieces lequel nom a este depuis tousiours entretenu. Et apres plusieurs dignes œuures par luy faictes il mourut en methapontus.

Apres venoit main a main le mantuan Virgille qui au stille heroique iousta auecq ledit homere de pareille eloquence/inuencion et fantaisie poethique. Lequel Virgille filz de marcus Virgilius citoyen de mantoue vacqua aux estudes a Veronne/a millan et a naples/et tenoit par ses oppinions estre ung dieu seullement/et que luniuersel monde et nostre ame estoient eternelz comme il monstre au second des eneydes. Et enhorta les enfans a la souueraine reuerence paternelle/et escript tous ses liures sur le fondement des gestes de vertu/et mourut la tarente en laage de cinquante ans. Et apres sa mort furent ses ossemens a sa grant gloire portez a naples. ⁋ Suyuant cestuy virgille ie vy venir cestuy orateur auquel lhon

neur florissoit p la voye ou il passoit/et cestuy est marc tulles cicero auquel se monstre clerement quelle soit la faculte deloquence aux fleurs et encores aux fruictz/et luy ensemble auecques Virgille sont les yeulx et la lumiere de nostre langue latine/lequel cicero fut de arpinas filz dung nomme tulles et descendu par anticque naissance de tulle roy des vosques et de olbia sa bien aymee et chere dame. Lequel en commencement de son ieune aage se adonna tellement a lexercite des estudes quil paruint en telle gloire et reputation que raisonnablement il conquit la palme deloquence. Et luy estant en athenes pour apprendre les lettres grecques soubz plusieurs maistres et apres venu a rhodes/appolinius molo philosophe et orateur grec lexaulcea en langue grecque dont tous auditeurs furent moult esmerueillez. Apres quil eut este longuement a romme et quil eut exerce plusieurs dignitez de lordre du senat il fut consul cree auquel office il fist pugnition des coniurateurs aliez de cathilina qui auoient machine et entrepris mettre le feu en romme et occire tous les bons citoyens rommains/pour laquelle deliurance de si grant peril il fut de tous surnomme pere du pays et protecteur du peuple. Et apres cesar faisant guerre contre pompee pour la conqueste de lempire de romme il apres la mort de pompee rescriuit vnes lettres a Cicero par lesquelles il le prioit de ne luy nuyre en son entreprinse et quil ne fust point au moins ne pour luy ne contre luy. Apres laquelle conqueste Cesar estant seigneur et dominateur de lempire rommain eut en grant amour et reuerence ledit Cicero pource quil nauoit point voulu prendre la charge de larmee nauale des rommains contre cesar que cathon luy vouloit bailler pour lequel refus il auoit este en grant dangier destre occis. Et apres quil eut fait plusieurs auctenticques liures apres la mort de Cesar anthoine/lepide et Octauien machinerent la mort dudit Cicero et le firent tuer et occire par leurs meurtriers et satallites entre la mer et la ville nommee formian estant en laage de soixante et quatre ans.

Onsecutiuement ledit Cicero venoit demostenes plain de fureur et de despit en deffendant le premier lieu pource quil nestoit pas content du second honneur et sembloit a le veoir que ce fust vne fouldre toute plaine de feu. Lequel Demostenes orateur fut filz de demostenes surnõme macheropius et demoura ledit orateur demostenes orphelin de son pere en laage de sept ans qui touteffois quant il fut grant fut excellent en la langue et science oratoire et eut grant peine a amender les vices de sa pronunciation en perorant tellement que a playdoyer il surmonta tous les orateurs de son temps/et estoit facecieux en ses plaidoyries et constant et vertueux en toutes ses oeuures/tellement que contre laffection du peuple athenien il fist par iustice pugnir Anthiphote pource quil auoit promis au roy philippe de luy bailler tous les appareilz de mer dathenes Et apres que les atheniens eurẽt fait preparation de guerre contre ledit philippe roy de macedoine Demostenes fist grosses aliances des autres citez circonuoisines aueques les atheniens comme de amboye/achaye/corinthe/megare/lencadie/corigie et plusieurs autres dont il acquist merueilleux bruit et honeur. Ainsi demostenes soy confiant aux armes des grecz les enhardist dentrer en bataille contre ledit roy philippe qui les vaincquit/et demostenes sen fouyt en gettant ses armeures. Et apres celle victoire saichant Demostenes que celluy roy philippe estoit mort subitement en vint dire les nouuelles au senat dathenes/lequel senat ordonna couronne a pansanie qui auoit occis ledit roy philippe. Et aucun temps apres regnant alexandre filz dudit philippe demostenes pour la crainte daucune sentence sen fouit en exil en egine et en trizine. Et apres la mort dudit roy alexandre il fut honorablemẽt rappelle de son exil par les atheniens et receu a athenes. Lors quant les nouuelles furẽt venues a athenes que antipatre et cratere venoient en armes contre la ville et cite dathenes/demostenes et tous ceulx de sa bande sen fouyrent hors dont ilz furent par le peuple condampnez a peine et supplice cappital. Et saichant antipatre la fuyte de demostenes et ses alliez le fist poursuyure par archie et sa bende. Lequel archie saichant que icelluy demostenes sen estoit fouy en calabre et pour refuge et frãchise sestoit mis au temple de neptunus Il entra dedãs ledit temple ou il cuyda persuader a demostenes de aller seurement auec luy deuers antipatre/ce que ne voulant faire demostenes archie luy dist quil le tyreroit hors par force sil ne sen yssoit parquoy demostenes luy pria dattendre iusques a ce quil eust escript quelque chose a ses domesticques. Ce que archie luy octroya. Lors demostenes entra en la plus interieure et secrette partie du tẽple/et apres quil eut prins vng liure comme sil eust voulu escrire il mist vne plume en sa bouche laquelle il tint longuement en la mordant entre ses dens et par icelle sempoisonna dont il mourut dedans le temple/de laquelle mort furẽt tous les assistans esbahiz/car il auoit de long temps enuenime et empoisonne celledicte plume pour sa fin.

Pres celluy Demostenes ie vy venir Eschines qui pouoit bien sentir combien pres de son bruyt il sembloit desia estre enroue. Lequel Eschines fut ennieux de demostenes et fait citoyen dathenes pour auoir seullemẽt compose vne tragedie/et pource quil y eut quelque disputation entre luy et Demostenes en la cause de thesiphontus en laquelle fut Demostenes superieur eschines par desdaing partit dathenes et sen alla a rhodes ou il escriuit plusieurs ditz notables et apres mourut en asses longue vieillesse.

Et pource que apres cestui eschines ie vy vne grande tourbe de philosophes suyuans audit triũphe de renommee en telle sorte et maniere que ie ne peuz bonnement plus scauoir ne escrire lesquelz alloiẽt premiers et lesquelz suyuoient derniers/maintenant ie delaisse en ce lieu den plus traicter aussi a cause que celle tourbe ainsi ensemble veue me causa doubte et ygnorance/mais cy a

Le triumphe

pres en lexposition des faitz de ceulx qui sont en la derniere partie dudit triumphe de renomee ie traicteray desditz philosophes ce que plus oultre ien peulx congnoistre et apperceuoir. Et retourne a declairer et exposer plus a plain les parolles premises touchant les oeuures et faitz de ceulx qui cy deuant sont premiers nommez estre suyuans dame renommee. Et premierement exposant les parolles qui sont telles comme ilz sensuyuent.

⁋ De iulius cesar empereur.

Donc ainsi q retournoye mes peulx a la main dextre du chariot triumphal dicelle dame renommee ie vy que aupres de soy elle auoit triumphans deux tres vertueux hommes/cestassauoir Cesar et scipion/ mais il estoit difficile a iuger lequel des deux estoit delle plus fauorise. Touteffois ilz es

toient excellemment fameux, mais diuersement renommez. Car lung estoit serf et mancipe de Vertu et non point Damour, et lautre militoit entre Deux, cestassauoir entre amour et Vertu Scipion suyuant Vertu tenoit et combatoit pour lamour Daustruy. Cestassauoir pour le bien commun et chose publicque De romme, mais cesar tout au contraire auoit la Vertu par laquelle il tenoit et combatoit pour lamour de soy Cestassauoir quãt il applicqua et conquist a soy particulierement cõtre la chose publicque de romme lempire rommain. Et affin de declairer amplemẽt de leur estat et maintien Premierement touchant Cesar il esta entendre que iulius cesar fut filz de lucie cesar et de aurelia tresbonnestes et nobles citadins de romme, lequel iulius cesar quant il fut paruenu en laage de seize ans luy estant de royalle indolle et tresagreable esigie et forme de beau maintien et virille corpulance fut grandement du consul cornelius scilla bay et merueilleusement en uye, principallement pource que par affinite et amiable aliance Marius ennemy de scilla auoit espouse et prins a femme iulie seur du pere de cesar, de laquelle ledit marius eut ung beau filz aussi nomme Marius lequel fut ioinct compaignon auecques son cousin cesar. Aussi scilla fut despit que en toute sa puissance par crainte ne par faueur ne par quelconques autre esperance ne peut faire que cesar repudiast et delaissast cornelie sa femme fille du dictateur cinua bayneux dudit scilla. Pour laquelle chose scilla par vengeance voulut pourchasser la mort de cesar et en plain conseil delibera et proposa sur celle mort. A laquelle proposition emilius et aurelius et plusieurs autres beniuolens et amys de cesar affermerent que ce seroit chose inique, cruelle et iniuste de occire tel enfant, et pource requeroient et demandoient pardon a scilla pour lenfãt cesar. Ausquelz scilla respondit (comme escript plutarque) Vos amentes estis nisi in hoc puero multos inspiciatis marios. Cest a dire Vous estes tous hors du sens de soustenir cellup enfant cesar si vous ne regardez en luy plusieurs marius. Cestassauoir que combien que marius et toute sa lignee ennemys de

la chose publicque De romme eust fait aux rommains plusieurs oppressions, meurtres et occisions, touteffois cellup cesar quelque fois feroit pis aux rommains que toꝰ les marius ensemble. Quant cesar sceut celle chose il fut contraint se mucer et cacher par lieux secretz auecques les Sabines, et par chascune nuyt luy apast la ficure quarte luy faillioit et de necessite estoit changer logeis pour les cheualiers scilla qui cherchoient pour trouuer et occire cesar. Lors comme cesar se transportoit de maison en autre il cheut entre les mains de Cornelius ducteur et cappitaine desditz cheualiers de scilla lequel en donnant deux talens audit cornelius et a ses compaignons eschappa de leurs mains. Et incontinent cesar monta sur mer et sen alla en Bithinie vers nicomede, et de la voulant en Bretaigne aller vers lisle de pharniacuse fut Cesar prins des pirates larrons de mer auecques lesquelz fut trente iours attendant les pecunes de sa rançon. Et en les desprisant et se mocquant deulx souuenteffois leur disoit par maniere de derision que vne fois il les feroit tous pendre au gibet, ce quil fist. Car apres que cesar eut paye cinquante talentz pour sa redemption et quil fut hors de leurs mains il assiegea par mer tellement iceulx pirates quil les vaincquit et conquist tous les leurs despouilles, et tous les prisonniers par luy prins fist a Pergame pendre a gibetz ainsi que par auant en se iouant il leur auoit dit.

Apres que scilla fut mort et que la chose publicque rommaine se commenca a chãger et troubler et que les gens de scilla estoient les vngs mors et les autres appaisez Cesar retourna a Romme ou la il voulut essayer sa fortune en honneurs et dignitez comme en loffice de edillien, preteur, euesque et consul principallement, quant luy estant preteur auec son armee il alla en sa prouince despaigne a luy decretee et adiugee. Laquelle il conquist et la ioignit a la domination et seigneurie de romme. Et apres celle conqueste et victoire obtenue il retourna a romme au temps quon eslisoit les con fulz. Et pource que a ceulx qui deuoient triumpher nestoit permis ains deffendu de non entrer en comme deuant le triumphe fait Cesar aussi congnoissant que la coustume estoit que ceulx qui vouloient demander le consulat failloit quilz fussent presens en personne en ladicte demande laissa et obmist le triumphe pour aller demander la dignite de consul. Et pource que en cestuy temps le gouuernement et la cure de la chose publicque rommaine estoit commise et totallement reduicte en marc crassus et caye pompee par lamytie diceulx que cesar trouua frauduleusement maniere de acquerir. Cesar fut constitue consul et fut auec ce decrete chief et capitaine en la prouince de gaulle et des allemãs ou il fut cinq ans administrateur. Apres que cesar eut vaincu et suppedite les gaules, les germains, les allemans, les saxons, les bulgares et plusieurs autres peuples cõme il est escript en ses commentaires il retourna a rõme pour demander le second consulat et la prorogation du temps de lelection de cestuy office, laquelle chose par loperation de pompee, de cathon, de bibule et de marc marcel luy fut denyee et refusee. Quant cesar sceut celle resistance par eulx faicte il dist a ses amys. Hic ensis quidem prorogabit. Cest a dire Certes ce glaiue prolonguera doncques.

Veritablemēt dist bien cesar ceste parolle, car bien peu de tēps aps quil assēbla toutes ses armees et amassa la plus grāt puissance de gens quil peut des pays et prouinces par luy cōquises il mist son ost en bataille cōtre les rōmains tellemēt que tout le senat et la plus part du peuple rōmain esbahy et estōne sen fuyt auec pōpee a Brandufe. Et apres q̄ cesar eut cōtrainct le senat partir de Brandufe et sen fuyt en egipte et pompee en diracbie Cesar sen alla a rōme pacifier la cite disāt aux citoyens q̄ iasoit ce quil eust prins dassault la cite de romme si vouloit il gardet et deffendre leur liberte et franchise. Aps ce il poursuyuit son ennemy pompee tāt que ou champ pharsalicque Pompee fut de cesar vaincu cōme dessus appert es triumphes precedens, et par ainsi vertueusement cesar premier fut empereur de rōme. Deuant sa mort il fist beaucoup dautres grandes choses ainsi que plusieurs ont de luy et de ses vaillans faitz escript, mais en la fin il fut villement occis cōme il est cy deuant contenu en ramenant a memoire sa mort.

Quant est de scipion laffricain il est assez notoire q̄ apres que hanibal capitaine cartbageniē eut passe les mons et fut entre dedans le pays dytalie cōtre rōme, et q̄ publie cornelie scipion son filz scipion auec luy fut enuoye par les rōmains a lencōtre dudit hanibal. Bataille entre eulx faicte en laq̄lle ledit publie presque vaincu par hanibal fut en danger de mort, mais ledit scipion laffricain son filz estāt en laage de xviii. ans par si grant et vertueux couraige en combatant deffendit son pere publie q̄l losta hors des mains et de la puissance de ses ennemys et le mist seurement hors de la presse auec ses gēs. Et pource il fut dit q̄ puis q̄ le iouuenceau Scipion auoit en sauuant son pere de mort este le salut et cause de la victoire de la premiere guerre punicque des rōmains cōtre hanibal qu'il seroit pressaige du salut et de la victoire de la derniere guerre dentre les rōmains et les carthaginots. Apres donc q̄ hanibal cōbatāt tousiours de plus en plus cōtre les rōmains et q̄l eut tant de victoires obtenues cōtre eulx et que scipion laffrican estant deuāt cartage eut contraint hanibal laisser le pays dytalie pour aller hastiuemēt secourir sa ville de cartage ainsi par les rōmains assiegee, et que scipion eut vaincu et chasse hanibal et suppedite tout le pays daffricque et rendu cartage a la subiection des rommains, ledit scipion sen retourna victorieux a rōme ou il eut triumphe par luy merite et acquis de la prouince daffricque ainsi que cy dessus aux autres triumphes amplement appert et est au long contenu.

Apres q̄ scipion fut esleu consul le senat le voulut renuoyer contre le roy anthiocus auec lequel hanibal sen estoit fuy, mais scipion le refusa, ains pria que ceste charge fust decretee et donnee a son frere aisne lucius cornelius scipion, et quil seroit voluntairement collegue et cōpaignon auecq̄s luy en celle charge, laquelle responce et requeste fut par le senat louablement approuuee et accordee. Et pource eulx auecq̄s leurs ostz partis de rōme et sans disparer leurs armees lune dauec lautre arriuerēt ensemble en sirye, et facillement suppediterent et vaincquirent ledit anthiocus et hanibal qui sen refuit a prusias roy dangleterre. Celle victoire obtenue par les deux freres scipions ilz sen retournerent a rōme ou ledit Lucye scipion eut le triumphe pour la prouince dasie par luy contre le roy anthiocus conquise. Peu de tēps aps aucuns enuieux firēt contraindre et couenir lesditz deux scipions par deuāt le senat Ausquelz fut commande q̄lz exhibassent et mōstrassent les papiers des comptes receptes et mises q̄lz auoiēt expendues en leurs charges et cōmissions a eulx adiugees. Lors scipion laffrican indigne et despite en son couraige estāt ou capitolle deuāt tout le senat se despouilla son corps tout nud et dist audacieusement deuant tous. Je nay rapporte de la guerre daffricque pour tous gaingz et prouffitz q̄ le surnom qui ma este impose q̄ est affrican auec les playes q̄ par les endroictz de mon corps et de ma poictrine present pouez veoir dont ie vo⁹ fais compte et raison. Quant est de mon frere en ladministracion quil a eue de asie il en a eu seullement cōme moy le surnom qui est asiaticq̄. Ces choses ainsi veues et ouyes par le senat furēt laissez les deux scipions en paix, touteffois quelque peu de tēps apres ilz refurent encores par enuye qui sur eulx croissoit cōtraincts a mādez pour ceste cause mesmes deuant ledit senat, ausqlz furent demandez les deniers par eulx receuz du roy anthiocque desqlz ilz nauoient point au tresor publicque cōmuniquez ne exhibez Et pource q lenuye fut sur eulx ardāte scipion lasiaticque fut tenant vng liure de cōptes prins des serges par la sentence du senat pour estre mene en prison. Lors scipion laffrican venāt de linterne rencōtra son frere scipion lasiaticque q estoit ainsi villainement traicte Parquoy scipion laffrican lingratitude des rommains voyāt fut en son cueur a courage bouillant si despit a esmeu que par force et violence il osta son dit frere lasiaticque dentre les mains des sergens puis luy arracha hors des mains ledit liure quil tenoit. Adonc les tribuns accuserent deuāt le senat scipion laffrican de crime dauoir ainsi oultre a par dessus la sentēce du dit senat raup des sergens ledit asiaticque, a laquelle accusation lung des tribuns du peuple nomme tiberius gracus amp de scipion laffrican contre loppinion de tous excusa a soubstint tellemēt ledit affrican q ses ennemys furēt tous vaincus a espouentez Aucuns aucteurs escriuent que deuāt que laffrican fust alle a linterne il auoit ia oste hors des mains ledit liure de compte a sondit frere lasiaticque seūl il exhiboit au senat et quil ne feist point ce par fraulde ou arrogance, mais par celle mesmes fidēce de couraige par laqlle aucuneffois il auoit contre a enuers les questeurs use quāt contre les loix il demanda a print les clefz du coffre du tresor affin q a la necessite de la chose publicque il peust subuenir. Tout incōtinent apres scipion estant deuant le senat fut de rechief accuse et interrogue des receptes et mises de largēt dudit anthiocus Par quoy scipion voyant telle enuye ne se pouoir estaindre luy pourueu dune prudente astuce dist deuāt tous par grāt hardyesse de courage Je me recorde que a tel propre iour comme il est au iourdhuy a toutes peines et labourieux trauaulx ieuz noble et ample victoire contre hanibal a subiuguay et gaignay lem

pire de cartage a tout le pays daffriq soubz la puissance et aux loix a subiections de lempire rommain Pour laquelle chose toutes choses noiseuses et odieuses delaissees et hors mises. Je suis daduis que pour telz faitz a gestes tresheureux a la chose publicq que soyēt maintenant aux dieux immortelz rendues graces a louenges. Ce dit publie scipion laffrican se partit et ne alla seulement au capitolle, mais aussi a tous les temples de la ville a cite de romme et toute lassemblee, et compaignie q au capitolle estoit le suyuirent tellement que le senat demoura la tout seul confuz a cōtrainct de suyure scipion et tout le peuple.

Pres toutes ces choses faictes a que Scipion eut marie ses deux filles, cestassauoir lune a publie cornelie nasicien, et la plus ieune a tiberi⁹ gracus Scipion considerant lingratitude et enuye des rommains qui pour tant de biens a eulx par luy faitz, luy pourchassoient a vouloient mal pour bien, pour euiter tous telz enuyeux discordz il laissa et habandonna tous honneurs et dignitez a se retira a linterne auec sa femme emilie ou ilsec ayant .liiii. ans daage il mourut et la fut par son ordonnance enterre.

Pres me fut monstre le beau et glorieux principe a cōmencemēt de ceste triuphante cōpaignie. Lors ie vy vne noble assemblee de gent de grant valleur et de vertus tout en la propre maniere et similitude cōme au temps ancien ou capitolle de romme ilz auoient chascun a leur heure de coustume venir armez, les vngs par voyes sacrees et sainctes, les autres par voyes publicques et larges. Certes ie les apperceuz estre en telle ordre comme ie vy tout a lentour de celle dame renommee Ausquelz front desquelz lung ensuyt le nepueu et lautre le filz qui fut seul au monde sans auoir a luy aucun esgal. Celluy nepueu estoit Paulus emilius filz de Lucia nommee emilia fut donnee en mariage a scipion laffrican, lequel scipion nauoit que vng filz qui ne fut pas de grande prestance ne de vertu. Lequel paulus emilius nepueu dudit scipion laffrican fut grandement florissant en gloire et en vertu des son ieune aage, car lup lors estant ieune, combien qʼil eust .xii. competiteurs qui autresfois auoient este consulz il eut lofsice de edilien, et apres fut fait augur ou il se gouuerna par grande experiêce et diligente estude tellement qʼil acquist grant gloire honneur et louenge. Aps durant la bataille contre ledit Anthiocque Paulus emilius fut enuoye chief et cappitaine en ybernie, no point auec six preteurs comme les autres auoient de coustume auoir, mais auec douze sen alla contre ses ennemys, lesquelz il vaincquit et en occit enuiron trente mille, laqlle victoire il obtint par sa prudente industrie et conquist bien deux cens cinquante villes.

Pres ceste victorieuse conqueste que paulus emilius eut faicte il sen retourna a rome ou il espousa papiria fille de nason hoe consulaire, laqlle il repudia long temps apres, combien qʼil en eust eu de belle lignee. Peu ens supuant emilius consul cree, et aps qʼil eut espouse une autre femme dôt il eut deux filz et deux filles, les deux filz lung adopte par fabie le grât, et lautre adopte p scipion laffrican et qʼil eut marie ses deux filles, lune au filz de marc cathon, et lautre a tubero, il fut enuoye en bataille cotre les ligures homes tresbelliqueux qui estoient en nombre bien .xxx. mille. Leql paulus emilius auec seullement huyt mille homes deffist et mist en fupte ses enuemys, lesqlz sen fupret et se mussret par les boys. Puis ceste victoire obtenue paulus emilius fut de rechief esleu consul et enuoye en macedoine ou il obtint victoire, et la fut occis des macedonies .xxv. mil, et des romains tent homes, et lup retourne a rome eut le triumphe a lup deu seql fut de merueilleux spectacle et de tresgrât et tresnoble appareil. Aucun temps aps que les quatre enfans dudit paulus emilius furet mors et qʼil eut aporte et exhibe ou coffre du tresor publicq des conquestes p lup faictes grâde et inestimable quâtite dor, et dargêt, et dautres innumerables richesses. Et aps qʼil eut fait tant de nobles vertueux et vaillâs faitz lup retoʼne a sa maisô deuât qʼil sen tist aucun mal il fut aliene de son entêdemêt e deuit fol et incêse, et trois ioʼs aps il mourut et fut honorablement tumule et enseuely.

Dant est de lautre qui est le filz cestoit capus octauianʼ qui succeda a lempire de rôme apres son pere cesar, seql octauianus par prospere et aspre dure guerre desconfit et occit deux meurtriers dudit cesar, comme amplement appert cy dessus au premier et troisiefme triumphe. Et apres quil eut ceste noble victoire obtenue il sen retourna a rôme ou il fut honorablement receu de chascun, ou la il se disposa gouuerner et entretenir la chose publicque romaine auecqs grâde de iustice et singuliere modestie. Apres il vaincquist la guerre dalmaticque, cantabricque, et par ses legatz conquist acquitaine, liricque, gaule alpina, germanie, sueuie, sicambrie et plusieurs autres nations et principallement les barbares. Il fut treserudit en lectre latine et grecque. Apres quil eut par plusieurs ans possede tout le monde et mis en paix. Lup estant en laage de .lxxvi. ans il mourut au moys daoust auecques tresample et grande gloire.

Eulx qui apres supuoient les deux dessusditz estoient deux peres armez acompaignez de trois filz desquelz lung precedoit et alloit deuant, et les deux autres le supuoient et alloient apres. Le premier pere estoit hasdrubal auec son filz hanibal cappitaines cartageniens ennemys perpetuelz de pere en filz iurez des romains, et lautre pere estoit publie scipion auec ses deux filz scipion laffrican et scipion dit lasiaticque desquelz a este cy deuant en diuers lieux assez au long traicte.

Pres ie vey cestuy vertueux qui auec meurs et prudent conseil et main armee ioingnit toute italie a esperance de bon heur et destruction des ennemys des romains. Ie parle de claudius neron qui pacifique et en se taisant et la nupt veillant purgea ytalie de malheur et sema bonne semence ou champ romain. Cest assauoir quant ledit claudius comme dessus est dit enuoye contre hanibal laissa de nupt secretement son ost et en six iours alla cotre hasdrubal frere de hanibal lequel hasdrubal fut par claudius vaincu ainsi quil a este deuant recite.

A ii

Oncques apres que Valere eut predict et iuge cathon estre de grande dignite & puissance cathon fut premierement tribun des gens darmes & apres fut fait questeur. Cathon de plus en plus florissant en vertu, en gloire et honneurs proposa en soy mesmes pour exemple densuyure les meurs & la vie de quinte fabie le grant comme estant le plus beau exemple pour bien viure. Et pource que ledit fabie precedoit tous les primatz de la ville en gloire, en choses & oeuures vertueuses & en puissance cathon se dedia et totallement se submist a luy. Et pource que cathon pouoit beaucoup en eloquence communement les rommains lappelloient demostenes. Apres que cathon fut cree preteur il obtint la prouince de sardynie, a lexpedition de laquelle il fist ses appareilz en si grande despence que ceulx qui au parauant luy auoient exerce loffice preturienne furet grandement esmerueillez. Luy estant en sardinye facillement conuertit & ioingnit a lobeyssance des rommains toutes les villes et places de celle region. Et luy glorieusement et victorieusement a romme retourne peu apres il fut fait consul & auecques valerius flaccus, de lamptie et consuetude duquel tressamillierement vsoit, il alla en espaigne ou il mist soubz lobeissance des rommains plusieurs peuples lesquelz treshumainement il traicta & associa auecques luy les celtiberes finitimes. Apres cathon en vng iour fist & rendit egaulx les murs de toutes les villes situees & assises a lentour du fleuue Betin et de anue, lesquelles estoient tresgarnies de multitudes de gens darmes. La il print plusieurs villes, & des captifz par luy prins de ses ennemys ne prenoit riens que ses viures, car il aymoit mieulx auecques vertu auec les bons hommes mener guerre que pour la cupidite et auarice de aucun gaing et particulier prouffit. Et non seullement se abstenoit de practiquer, mais aussi engardoit & deffendoit a ses gens de tous pillaiges. Cathon vacquant heureusement et victorieusement es choses susdictes scipion le plus grant par vng ennemy courage se ingeroit dinferer toutes choses contraires a cathon, lequel cathon auecques cinq cohortes & compaignies de gens darmes et cinq cens auxiliaires de cheualiers vainquit les sacentaines et six cens diceulx reduictz entre ses mains les fist mourir. Pour lesquelles choses fut scipion indigne. Touteffois combien que ledit scipion infestast et proposast plusieurs choses a lencontre de cathon le senat ordonna quil ne permuast, changeast ou abrogeast aucunes des choses par cathon constituees. Apres que cathon eut obtint en romme triumphe par luy merite & gaigne a cause de ladministracion & conqueste despaigne par luy faicte il tint autre maniere de viure que tous les autres. Lesqlz non pour vertu, mais pour cause de gloire contendent a tel honneur et quant ilz ont obtenu les triumphas consulatz et honneurs ilz se conuertissent a toute volupte & opsiuete, mais cathon ne contendoit que a vertu et a estre diligent et songneux par grant labeur & cure pour la chose publicque tant que par vacquer a la defece des causes & aux laborieux exercites de la gedarmerie il acquist beaucop damys des citoyens. Ledit cathon fut enuoye legat au secours de tibere & de sempronie consulz q conduysoient la guerre vers histrie et trace lesquelz vertueusement il secourut et leur aida. Et apres auecques manne acilie tribun des gens darmes contre le grant roy antbioque vint en grece Lequel antbioque espouenta autant les rommains que nul autre apres Hanibal. Cestuy cathon en sa legation estant acquist et subtugua aux rommains les Corinthes, les patrenses et les egmensois. Ce fait cathon passa par athenes ou la fut sa vertu vers les citoyens eue en grande admiration par la souenge de postumius albinus grec quil fist dudit cathon. Apres cathon sen partit de la pour tirer contre antbiocque qui auoit clos et fermez tous les estroictz chemins des persies comme oppinant auoit desia seure victoire de bataille contre les rommains. Quant cathon apperceut ce il print aucunes compaignies de gens darmes & de nupt marcha vers celles parties ainsi par antbiocus oc

cupées et moult fortiffiées. Le iour venu cathon appella a soy les siruuans desquelz il auoit vse de leur perpetuelle foy et de prõpte et diligente oeuure ausquelz il dist. Il est de necessite que prenez aucun de noz ennemys et que vif le me amenez entre mes mains qui menseigne ausquelz gens est la uantgarde des ennemys donnee/quel nombre ilz sont dennemys/quelle disposicion est entre eulx tou9/quel ordre ilz tiennent et quel appareil ilz ont pour nous assaillir. Apres que cathon eut ce dit les siruuans firent impetueuses courses par les mõtaignes aux guectes des ennemys et tellement les inuaderent que les guectes qui de ce ne se doubtoient eurẽt telle paour que en fuyant se dispperserent ca et la tant que lung deulx fut prins arme et amene deuant cathon lequel par cathon enquis de lestat de anthiocus respondit que la plus part des gens estoiẽt es lieux estroitz auec le roy/et six cens Etholiens la deleguez et esleuz estoient qui les extremitez des montaignes tenoient et gardoient. Cathon desprisant la negligence et paucite diceulx ses ennemys soubdainemẽt apres quil eut cõmande sonner les bucines et trompettes auecques grãt clameur et esmeute de bruyt premier luy estant prest esmeut tous les siens/lesquelz estans ia es summitez des mõtaignes regardans leurs ennemys fuyans aux tentes du roy ilz les espouenterent tous par tremeur et tumulte que a leurs ennemys faisoient.

Endant ce temps que Cathon faisoit tel insult a ses ennemys maulius auec la compaignie de sa cohorte par le coste dembas cõbatit. Lors anthiocus dung coup de pierre quil eut contre la bouche grissant et estraignant les dens de accerbite de douleur se tourna daultre coste. Et son armee qui de nulle part q̃ ce fust ne pouoit soustenir limpetueuse puissãce des rommains print par lieux fangeux la fuyte/et les rõmains qui les suyuoient par les lieux estroitz les myrent a desconfiture. Celle victoire par cathon obtenue le consul maulius encores ardant & ioyeulx de celle victoire aucuneffois embrassoit cathon et par singuliere ioye de clere et haulte voix testifia que luy ne luy

uerset peuple rommain neussent peu par lui mortelz et tresgrãs biens remunerer la grace et louenge meritee par cathon. Peu de temps apres que cathon eut enuoye a romme vng certain messagier aduertir le senat des choses susdictes aduenues et exploictees cathon auec prospere et heureuse nauigation sen alla a brunduse et de la en vng iour fut a tarete/puis en cinq iours de lheure maritine arriua a rõme et le premier nõcea la victoire susdicte aux rommains parquoy par toute la cite de romine furent fais grãdes ioyes et beaulx sacrifices. Aucuns temps ensuyuant le peuple rõmain voyant les merueilleux effectz dudit prince cathon desina cathon censeur et flache auec luy. Et pource que le senat constitua ledit flacche collegue tresamyable le principal cathõ eut celluy flaccus en grant honneur et beniuolence. Cathon apres reuocque edifia le portam basilique qui fut tresaggreable au peuple/et quant cathon y eut appose vne statue en forme de consul au temple dicelluy il nescriuit point ses prestures ne ses imperialz ne son triumphe/mais il escriuit ce tiltre. La chose publicque rommaine desia sen va abolissant et en pis se tournant. Cathon apres cree censeur vsa de institucions tresmodestes/de tresbones meurs et de anciens droicturiers commandemens par celle maniere des le commencement il desprisa les ambicieux dhonneur. Car cõbien que les rommains eussent tresbõnestes et belles ymaiges chascun endroit soy/toutesfois cathon nen voulut iamais auoir dont le peuple eut grande admiration. Cathon aussi ayant vng filz ne voulut point que pour la faicter il eust autre nourrice que la mere dudit enfant sa femme/et que toutesfois celluy venu en aage eust en sa grãmaire le maistre chillo cathon voulut luy mesmes enseigner et endoctriner sondit filz es lettres. Tellement instruit cathon son filz quil fut trouue apparãt en vertu. Et pource q̃ se monstroit auoir le corps par sa nature plus mol et debile que suffisant a labeur cathon son pere luy baslla loix et maniere de viure estroicte pour chastier renforcir et dominer ceste foible et delicate complexion du corps combien que il eust le cueur grãt. Et

A iiii

pour ce q̃ de telle nature il estoit touteffois par soigneuse estude τ industrie en la chose militaire fut si aspre τ si actif que en celle bataille en laquelle paulus emilius contre perseus estoit auecques grande louenge cestui filz combatit. Et come en frapant vng coup po˛ la sueur de sa main son glaiue luy cheust de sa main luy par tristesse afflige a ses familliers retourne en cryant haultement auec se gecta entre ses ennemis. Lors par grande bataille τ force apres grande occision faicte ses ennemis reboutez et vaincus et la place vuyde a toute peine peut ledit adolescent filz de cathon trouuer sondit glaiue entre les armeures et les corps mors. Quant paulus emilius fut de ce aduerty auecques grande admiration se resiouyt τ se delecta. Apres ce luy encores adolescent espousa la troisiesme fille de paulus emilius seur de scipion, lequel monstra auoir en luy expectacion de telle vertu quelle estoit en son pere cathon.

Lusieurs serfz achepta son pere cathon des enfans captifz principallement affin que plus conuenablement et facillement ainsi que petis chiens et poulcins il les peust a son plaisir nourrir et endoctriner selon τ en ensuyuant sa nature. Entre autre documens il les incitoit en la sobriete de bouche pour les maulx et infamies qui de gulosite procedent en leur disant. Indecorum enim est ventris aut gule causa graues lites et controuersias cum pueris et ministris habere. Cest a dire Cest laide chose et deshonneste pour cause de gulosite et gourmandise de ventre et pour la gueulle et pour puresse auoir et prendre grosses noises et questions et controuersies auecques ses ministres / seruiteurs, enfans et moindres que soy.

En cellui temps carneades, academicus et diogenes stoiciens philosophes legatz dathenes enuoyez vindrent a romme affin q̃ leur cite dathenes delturassent de cinq cens tales pour lesquelz elle auoit este impulsee des siconiens par la postulacion des cicropiens. Lors to˛ les adolescens pour veoir et saluer iceulx legatz vindrent lesquelz en disputant auecques louenges τ admiration les extolloient. Cathon voyant ce eut honte que a celle humanite fut la iuuentute rommaine conuertie Parquoy fit tant cathon que lesditz philosophes furent mys et enuoyez hors la ville. Puis eut et fit auoir les medecins en tresgrant hayne pource q̃lz ne sceurent trouuer moyen de guerir et sauuer de mort sa femme et sondit filz disant que iceulx medicins ne guerissoient point les malades, mais que cestoit cas dauenture parquoy leur fait ne leur dit nestoit que fol abus pour gens ignares. Apres que cathon eut par mort perdu sa femme τ son filz estant encores fort et ferme de corps et de virille complexion il fut longuement si prospere et heureux de valitude et sante quil se monstroit estre tressuffisant a vne femme pour encores engendrer et auoir lignee, et pour ceste cause nonobstant son grant aage il se delibera prendre femme. Lors pource que et apres quil eut donne a son filz en mariage vne autre des filles de paule seur de scipion luy se voyant destitue de femme souuenteffois frequentoit charnellement et couchoit auec vne certaine ieune fille Laquelle chose fut facillement apperceue. Quant le filz de cathon entendit et congneut que celle fille estoit allee coucher auecques son pere il ne dist mot, mais come luy afflige de chose vile et deshonneste plus griefuement et en courroux il gecta ses yeulx sur elle. Laquelle chose congnoissant cathon sans senquerir ne faire semblant de rien en sa chiere de visaige ne par autre inconstance ne monstra apperceuance ne douleur, mais comme il fust en la place du marche il appella Salobe solonius qui auecques les autres le y conduysoit et luy demanda sil auoit point mariee sa fille a aucun homme. Lequel respondit quil ny auoit point encores pense ne riens fait et que riens nen feroit sans son conseil. Adonc cathon luy dist. Je me voy certes ydoine et suffisant estre trouue ton gendre si tu ne repudies la grandeur de laage toutes autres choses comme iespere facillement tu approuueras. Lors salonius enhorta cathon pour quelle cause il auoit mis sa pensee en sadicte fille. Cedit salonius bailla sa fille en la seruitude de cathon pource quil auoit a faire τ besoing de la grace de la roy et des faictz dicelluy cathon. Ce fait sans plus tarder cathon monstra quil vouloit prendre ladicte fille en mariage Pour laquelle chose salonius neut point premierement ne au parauant moindre paour come apres grandement se resiouyt. Donc combien que laage de cathon fust si grande quelle preferoit et passoit les dignitez de consulaires et de triumphes touteffois il espousa ladicte ieune fille et fist sumptueuses et publicques nopces. Quant celle chose fut venue a la congnoissance du filz de cathon il vint auecques ses compaignons deuers son pere et luy demanda et requist pardon sil auoit riens perpetre ne commis doffence enuers luy pource que luy courrouce et dolent se veoit auoir vne marastre. Auquel cathon respondit. Mon trescher filz ou mieulx. Certes toutes ces choses me font et rendent ioyeulx au regard que ie te vueil le hayr ne nuyre il nen est riens/mais de ceste chose que iay faicte iay prins conseil. Car ie desire auoir plusieurs enfans. Et te laisser apres ma mort plusieurs citoyens qui soient semblables a toy pour en remplir et peupler le pays en memoire pardurable de la mienne et de la tienne lignee. Ne as tu pas eu la congnoissance que au temps passe que le tyrant des atheniens nomme pisistratas estant en aage presque decrepite. Touteffois encores robuste et fort de corps voyant ses enfans en puberte craignant sa lignee faillir se maria en sa vieillesse et print a femme theinonase agricolle de laquelle il eut plusieurs enfans entre lesquelz furent iaphon et thessalus. Toutes ces parolles et remonstrances faictes par cathon contenterent grandement cathon son filz Ledit cathon eut peu de temps apres en sa vieillesse vng filz de sadicte ieune femme lequel enfant fut a cause de sa mere surnomme salonius et lappelloit on marc cathon salonius. Et lautre grant et premier filz desusdit mourut excerceant loffice et dignite de imperateur sa mort duquel cathon son pere souventeffois remembra en ses liures/touteffois il le porta trespatiemment. Les deux dernieres et extremes choses que fist cathon furent que pour la premiere il fist leuersion et desolation de la cite de cartaige. Et tous teffois combien que scipion leust suppeditee et vaincue/touteffoyes par le conseil de cathon la bataille et guerre fut entreprinse et faicte contre ladicte cite de cartaige. Et apres fut Cathon enuoye aux cartaginoys pour oster celle controuersite pour laquelle ilz se debatoient et par armes combatoient contre masinisse roy de numidie pour les limites de leurs terres. La il trouua ledit masinisse qui estoit des le commencement studieux et attentif enuers le peuple rommain/mais les cartaginois apres les desconfitures par le cappitaine scipion faictes qui les vaincquit estoient regreteusement ennuyeux des stipendes et tribuz quilz estoient contrains payer aux rommains/touteffois cathon appaisa le susdit discord et controuersie. Apres ce fait peu de temps apres en vne autre bataille par les rommains contre les carthaginois faicte de laquelle fut cause et aucteur cathon il y mourut et laissa son susdit filz marc cathon surnomme salonius quil auoit eu de sadicte ieune femme/lequel filz cathon salonius mourut excerceant la dignite de imperateur et laissa viuant apres luy vng sien filz nomme marc cathon lequel administra la dignite et office consulaire qui fut moult resplendissant.

De marc cathon vticense.

Quant est de marc cathon vticense que auecques lautre marc cathon censorien ie vy meritoirement triumpher par renommee. Il est assez notoire que marc cathon vticense fut de pere et de mere laisse orphelin auec vng sien frere nomme scipion et vne seur nommee porcia et seruille seullement sa seur de mere lesquelz estoient tous nourriz auec leur oncle liuie druse home tres eloquent et en sapience prestantissime lequel estoit en celluy temps prince de la cite. Cestuy cathon auoit oultre son aage merueilleuse force de corps Il estoit aspre et rigoureux aux adulateurs tardif a rire gueres ne se courroucoit/mais sil aduenoit quil fust fort courrouce difficille estoit a appaiser Pour apprendre science enuers ses maistres il estoit bien tardif/mais ce que vne fois il apprenoit merueilleusement le recordoit et retenoit/mais en toutes choses moult estoit labourieux. Son maistre en litterature estoit nōmé serpedon homme tres doct lequel cathon tellement en son adolescence en toutes sciences florit que tous les autres enfans ses cōpaignons luy portoiēt honneur et le conduysoient tous ensemble par amytie iusques au logis De son dit oncle liuie druse. Pource que entre les ieunes enfans estoit vne coustume faire aucuns ieux et esbatemēs/et pour celluy temps lucius sylla estant de lordre equestra leur inuenta certain ieu et esbatement belliqueux appelle troia duquel ieu apres quil eut ordōné deux principaulx gouuerneurs/cestassauoir le filz de metelle femme de scilla et lautre nommé sextus nepueu de pompee il leur demanda quel chief et ducteur ilz desiroient auoir. Lesquelz tous dune voix respondirent a scilla quilz ne vouloient autre que cathon, laquelle chose fut accordee. Mais scilla mist auec cathon ledit sextus/car scilla estoit amy de cathon. Parquoy il appelloit cathon et son frere et les auoit en tresgrande amytie et leur inferoit plusieurs honneurs et seruices. Laquelle chose Sarpedon eut moult agreable estimant grandement par telle amytie estre chose hōnorable conduyre ainsi les iouuēceaulx en telle seurete et honneur parquoy souuenteffois ledit serpedon les conduysoit a scilla Pour lors cathon auoit quatorze ans et voyant les testes des nobles hōmes et citoyens quon apportoit a scilla dont les assistans secretement auoiēt compassion demanda a serpedon pourquoy personne ne tuoit et mettoit a mort tel hōme Lors respondit le maistre dudit cathon que la cause estoit pource quon craignoit plus scilla quil nestoit hay. Cathon appliqua apres tout son esperit et engin a eloquēce tellement que pour sa prudence et pour son aorné langaige et facon de bien dire chascun lauoit en grant admiration. Sa parolle ne se monstroit point estre iuuenille, mais elle estoit anticque droicte plaine forte et ferme et en la briefuete dicelle estoit cōtenue grande sentence, et aucuneffois en perorāt et faisāt ses oraisons et harēgues il entremesloit en son eloquent langaige quelque parolle honneste et ioyeuse pour laquelle les escoutās y prenant plaisir estoient esmeuz a soubzrire par maniere de ioyeusete et de resiouyssāce. Il auoit la voix habondāte et non point aspre ne escriante, mais doulce et posee laq̄lle rendoit vng ton incorrumpu, et aucunesfois q̄l auoit parle au plaidoyer tout le lōg du iour sās cesser il ne se trouuoit point lasse ne ennuye et sa voix ney estoit nullement corrūpue ne entouee. Il exercita tousiours son corps a merueilleux trauaulx et intollerables labeurs, et pour aller sur chāps por extremes chaleurs ne pour froidures ne neiges iamais ne couuroit sa teste ne ne alloit a cheual, mais tousiours a pied. Et quant ses amys qui ensemble auec luy alloient estoient a cheual il estoit a pied. Et sans cesse en cheminant parloit q̄ auec eulx deuisoit Pour ses intollerances et importables peines il estoit de tous en grande admiration. Toutesfois il fut prins et oppresse Dune fieure, et lui estant malade estoit et se tenoit tout seul et ne vouloit souffrir que personne fust et assistast auecques lui iusques a ce quil sentist que la fieure le laschoit Quelque fois de lheritaige Du nepueu audit cathon il suruint audit cathon par succession cent talens/ et luy ayant receu ceste pecune il sa presta sans en prēdre aucun prouffit ne vsure a tous ceulx quil congnoissoit en auoir indigence et souffrance. Apres que cathon vit et congneut que temps et saison estoit quil se mariast luy qui au par auant ce temps nauoit iamais eu congnoissāce charnelle de femme il espousa lepide laquelle auoit este par auāt femme de scipion. Mais scipion sa renonceant et payant les peines De fide iussion en ce mesmes elle auoit este franche et luy aussi. Quant cathon eut espousee ladicte lepide Scipion se repentant De lauoir laissee De rechief la reprint, et pour laquelle chose Cathon grandement commeu et vehementement courrouce et offence auoit Decrete et propose de parolles Diffamatoires se venger De liniure a luy par scipion faicte en cellup iour Des espousailles. Toutesfois dissuadans ses amys il se abstint, mais incontinent apres ardant et embrase Dire et De ieunesse il escriuit et composa Des vers iambicques mordans et picquans en lasciuete. Ce fait cathon espousa et print a femme actilie fille de sara nus. Et comme on dit elle fut la premiere femme que iamais cathon cõgneut charnellement. Et apres ce il milita soubz galius preteur pour lamour de son frere scipiõ qui en cellup excercite estoit tribun du peuple, lequel scipio pource quil estoit laisne ne sceut soubz cellup Ducteur faire apparoistre la Vertu quil cupdoit et auoit proposee monstrer par dessus son frere cathon Et cõbien que cellup scipion monstrast auoir force, audace et noblesse, touteffois il ne fut point apparoissãt en toutes ses choses estre plus ancien que son frere cathon, mais quant gelius preteur pour la Vertu qui en cathon florissoit Dit cellup cathon se maintenir si Vertueusement et que le temps Vint deslire les offices a romme apres plusieurs oraisons par les contendans faictes et leloquête harengue de cathon par grant silence ouye et entendue Lors cathon fait et cree tribun du peuple fut p le senat en macedoine enuoye a rubzius preteur, lequel departement de cathon comme il fut Veu sa fême actilia se porter bien grief et que (ainsi quon dit) elle porcelle cause pleurant munatius lung des familiers principaulx de cathon pour la reconforter lup dist quelle eust et print bonne esperance et quil prendroit en garde son marp cathon ausquelles parolles Dictes ledit cathon estoit present. Et pource ung iour apres comme ilz estoient sur les chemins cathon en se soubzriant appella munatius et lamonnesta garder la fop et promesse quil auoit faicte a sadicte femme actilia.

Cathon party de rõme estant sur les chemins auoit auec munatius quinze seruiteurs deux affranchiz et quatre bons amps qui le suyuoient lesquelz comme ilz fussent et allassent par les champs a cheual cathon estant et cheminant a pied parloit et diuisoit tousiours auecques eulx tout familierement ainsi que leur priue compaignon. Quant ilz furent arriuez en lost et armee dudit preteur rubzius cathon mist toute peine et curieup labeur de faire et rêdre ses cheualiers et gensdarmes a lup pareilz et semblables en les chastiant et rengeant a lup non point par crainte, mais par doulces et amyables parolles et par raisons peremptoires. Il est doncques difficille a dire et scauoir si par Discipline quil apt fait iceulx Cheualiers et gês darmes plus humains ou plus fors ou plus cruelz et rebelles ou plus iustes. Car il les rendit plus cruelz et aspres enuers leurs ennemps, plus humains enuers leurs compaignõs et amys plus craintifz et timides a inferer iniures et promptz et ententifz a acquerir louenge et glorieuse et Vertueuse renommee Mais la chose que moins il queroit lup aduit quil acquist souueraine grace de tous les cheualiers et gens darmes de lost, car estãt laborieux et songneux et Vsãt plus que ducteur et chief de Vestement humble et de Viure occultement et secretement grandemêt il concita enuers lup lamour et beniuolêce de toute la cheualerie et armee. Ueritablement le zelle de Vertu nest point fait sinon par la beniuolence et hõneur du donnãt, mais ceulx qui souent ses bons sans amour ont en reuerence la renommee diceulx et nesmerueillent point la Vertu ne ne lensupuent. Durant ce temps cathon opãt le bzupt de anthenodus surnomme cordillion homme de discipline ciuille demourant a pergame et desla sur son Vicil aage qui euitoit et fupoit les familiaritez et amytiez des autres rops et princes Cathon ne doubta point par lettres et messaigiers experts mander et faire assauoir audit cordillion quil le Vouloit aller Veoir. Lors deux mops apres cathon alla en aspe Vers cellup cordillion et flechit et rengea a son oppinion tellement son courage que cordillion se supuit et alla auecques lup en larmee. Cathon fut pour celle cõuersion et conqueste Dudit cordillion ioyeulx comme sil eust acquis une grande et noble palme de Victoire et plus excellente et glorieuse renommee De Vertu que pompee ou luculle qui en cellup temps auoient subiugue et domine tous les rops et nations de luniuersel monde. Ung peu apres Vindrêt nouuelles a cathon de la maladie de son frere scipion estant a trace. Et combien que la la mer fust grosse et de Vagues enslee et ql neust point nauire suffisante de grandeur. Touteffois auecques une petite nef apãt auecques lup deux de ses familiers et trois seruiteurs monta sur mer et nagea en thessalonique et gueres ne fut loing de distance de la ville quil cuida cheoir en la mer/toutesfois par aucuns cas de fortune il se saulua de cellup grant peril. Lors cathon arriue il trouua son frere mort/laquelle chose il porta griefuement. Et non point seullement auecques lamentacions/plaintz et pleurs et tristesse/mais auecq̃s grãs despens de funerailles et precieux vestemens il brusla et mpt en cedre le corps de sondit frere scipion et lup fist faire et edifier vng sumptueux et riche sepulchre. Ce fait les habitans et citoyens de toutes les citez et les plus riches et puissans des pays de la entour enuoyerent a cathon tresamples dons pour lhonneur du deffunct. Lors cathon refusa et laissa toutes les pecunes et seullement print et receut les encens et aornemens qui estoient propices a lhonneur et decoration des funerailles. Et quant ce vint a departir les heritaiges a lup escheuz et a sa niepce fille dudit scipion cathon ne voulut point deduire ne ramener a compte les fraiz et mises quil auoit emploiez et despẽduz aux funerailles de sondit frere. Le temps de cathon finy sortant et allant hors de sa prouince auecques larmes et insaciables embrassemẽs les cheualiers et gens darmes se suruoient estendans robes et vestemens par les lieux esquelz il deuoit aller et cheminer a pied et lup baisoient les mains/laquelle maniere dhõneur nestoit point acoustumee de faire en cellup temps aux imperateurs et a bien peu de gens. Aps toutes ces choses cathon de libera et proposa en soy deuãt que retourner a la chose publicque rõmaine de se transporter en asie et les meurs des hommes et les puissances et forces des prouinces cõgnoistre/et que aussi il reuisitast le roy de iotare. Cathondillecques party passa par le pays de syrie. Lup estãt la lup fut fait vne chose ridiculeuse et digne de rire/car les anthiochiẽs approchãs il perita et courrouca la grãde multitude q̃ hors de la porte estoit allee au deuant de lup. Les souuereaulx sãs barbe estoiẽt dung coste auec beaulx mãteaulx et les enfans en vng autre ornemẽt separemẽt assistoient a part. Les prestres et magistratz auec pures robes et aucuns diceulx portoiẽt chapeaulx et couronnes de fleurs

Adoncques cathon oppinant et iugeant cellup hõneur lup estre fait et prepare pour cause de son magistrat cõmenca a le porter griefuement et a increper et reprendre ceulx quil auoit deuant enuoyez pourquoy ilz nauoient engarde et prohibe de faire telles choses. Lors commãda a ses familiers de descendre de dessus leurs cheuaulx et quilz cheminassent auec lup a pied / lesquelz comme de plus pres ilz approchassent lung de ceulx qui sa tourbe et grande compaignie des anthiochiens disposoit et conduysoit lequel estoit homme de grant aage et le plus grãt de lignage portant et ayant a la main vng baston et vne couronne de fleurs rencontra cathon et alla au deuant de lup sans lup faire aucune reuerence ne honneur/mais seullement demanda et senquist ou estoit demetrius et sil estoit loing absent deulx. En cellup temps presque de tous les hõmes retournez et affectez a pompee demetrius son seruiteur (pource quil auoit grãt puissance auctorite et credit enuers lup) estoit tenu en grant et souuerain honneur. Pour celles choses les compaignons de cathon furent tant esmeuz et excitez a rire quilz ne se peurent en nulle maniere contretenir de rire entre si grande multitude de cheminãs / mais cathon grandement et vehementemẽt commeu seullement dist. O miserable cite/et autre chose ne parla. Au temps ensupuant cathon auoit de coustume de rire quant il se memoroit et recitoit celles choses dessusdictes qui lors lup estoient aduenues. Certainement les hommes qui par ygnorance lauoient desprise tantost apres en grande admiration dicellup furent par pompee couertis. Car quãt cathon vint en ephese et quil alla faire sa reuerence et salut a pompee pource que cellup pompee estoit plus grant que cathon de lignaige et dauctorite et dignite apres que pompee seut regarde et apperceu il ne souffrit ne neut la patience datendre que lup estant assiz cathon vint iusques a lup/ mais en se leuant soubdainement comme a quelque vng plus grant que lup alla au deuant et a lencõtre dudit cathon/ et apres quil lup eut donne et presente (en signe damptie) la main dextre plusieurs choses en allant apres le departement de cathon pompee dist et recita publicquement en la louenge et vertu dudit cathon tellement que tous ceulx qui telles choses escoutoient se retournoient et conuertissoient a cathon apres en grande admiration les choses que ung peu deuant ilz auoient desprise/cest assauoir la mansuetude et magnanimite dicelluy cathon.

Apres toutes ces choses cathon sen alla en asie vers le roy deirtaire/leql roy lauoit mande pour luy recomander ses filz et ses filles et come celluy roy eust a cathon presente et enuoye plusieurs grans et nobles dons cathon fut de celle chose si comeu et irrite q̃ luy q̃ estoit sur le vespre vers le roy arriue des le lendemain enuiron les trois heures sen partit/et luy sen allant et cheminant par ung iour entier luy estant arriue en la ville de pessinunte les citoyens q̃ lattendoient luy offrirent aussi et presenterent plus grans et riches dons dont cathon fut merueilleusement courrouce et irrite Ensemble luy fut presente lepistre dudit roy deirtaire par laquelle il prioit cathon q̃ sil ne vouloit iceulx dons receuoir q̃l permist au moins et les laissast prendre a ses amys estans et deambulans en sa compaignie/lesqlz pour lamour de luy auoient bien merite et desseruy telz dons et remuneratios/mais cathon ne voulut permettre q̃ luy ne que aucun de ses amys print le moindre diceulx dōs affermant toute largition estre couuerture dhonnestete. Quãt cathon retournoit en ytalie et q̃l eut decrete et ordonne porter auec soy les cedres de son frere scipion ses amys le suadãt de laisser les reliqes et ossemés du corps de sondit frere/cathon respondit q̃l aymeroit mieulx et souffriroit plustost que on separast son ame dauec soy mesmes. Et dit on q̃ la nauire en quoy il estoit fut surprinse de grant peril/sans ce q̃ nulle des autres fussent empeschees daucun danger. Apres ce cathon retourne a rome tout le temps estoit ou a la maison auec anthenodore ou a la place publicq̃ auec ses familliers. Puis luy fait et cree questeur ne voulut point prendre la possession dicelle dignite et office q̃ premierement il ne leust tout au long et amplement entendist toutes les loix et ordonances questoriales/et q̃ toutes sans une seulle obmettre il ne cogneust et sceust de ceulx q̃ la science

et notice dicelles auoient droictement et par ordre. Ainsi aps q̃l fut entre en la iouyssance et administracio de celluy office de questeur il fist grande couersion des ministres et scribes q̃ en celluy ordre estoiét muez et changez lesquelz come ilz eussent entre leurs mains les loix et escriptures publicques les hões adolescés q̃ celluy magistrat administroiét auoient de coustume de tellement le gouuerner comme silz fussent pleinement le magistrat mesmes/mais cathon voyãt ce que la chose plus que le nom ou lhõneur pour suuoit il cõtraignit les scribes de tenir le lieu des ministres redarguant les fraudes et deceptions diceulx/et aux pechans et delinquans par ignorance leur monstra quilz auoient a faire/mais quant il les trouuoit deshontez et quilz nauoient aucune honte ne vergongne de leur faulte/et que les autres colloguez sefforcoient par adulations et flateries de gaigner cathon et de le ioindre et renger a eulx et enuers luy repugnoient.

Premierement cathon comme pour crime et pour coulpe de fraulde condamna certaine partie et value des biens des dessusditz deshontez estre mise et applicquee par heritage et cõioincte au coffre et tresor publicque de romme et lung diceulx comme coulpable de fraulde en lheritaige a vraye soy baillee et commise et comme desloyal au tresor public que il debouta et mist hors/et lautre ainsi comme inutille et negligent il accusa/leql quant luctacius catulus lors censeur homme de grant auctorite et amy de cathon le deffendit et cuida soustenir Et que apres luy vaincu par raisons et argumés appertement postulast et requist que celluy coulpable luy fust donne Cathon se despitant deuant to⁹ dist Catulle telle chose est layde et deshonneste que toy q̃ es constitue censeur/et qui de noz meurs deurois estre moderateur veulx garder et empescher grauite et iustice enuers noz ministres. Ces parolles cathon proferant daudatieux et indigne courage Catulus le regarda comme pour luy respondre Mais tant par yre que par honte esprins il se teut Touteffois par celluy iugement de cathon ne fut pas seullement oste celluy scribe/mais quant auec luy plusieurs on condamnast plus quon ne absouloit marcel lollius collegue de cathon qui pour qͤque maladie quil auoit estoit absent pour lamour de ca﹅tulus il alla en sa littiere iusques au lieu du tresoꝛ/et la par sa sentence il deliura le sus﹅dit scribe:mais on ne sceut iamais faire cõsentir cathon quil vsast de loperation di﹅cellup scribe/ne quil lup payast ses gaiges/et ne fut point doppinion que cellup sossius fust receu au nombꝛe des iuges.

Pource que plusieurs auoient prins pecunes et argent de lu﹅cius scilla pour les citopens oc﹅cis et tuez Lesquelz il auoit ap﹅paisez par dons. Et combien que tous les eussent en hapne et fussent extimez estre pol﹅lus du sang ⁊ meurtre des occis/touteffois nul ne se osoit entremettre de les pugnir. Mais cathon dindignatiõ ensemble de rai﹅son commeu ⁊ detestant cellup impetueux et cruel fait il repeta ⁊ fist rendre largent de tous ainsi comme chose indeue. Celle pecu﹅ne restituee incontinent fut desia veu et ap﹅parant le iugement fait et presque ceulx con﹅damnez en la cause dhomicide estoient mon﹅strez. Loꝛs le peuple rommaiꝛ applaudant cathon reputa cellup scilla estre veu condã﹅ne et comme tprant digne destre reboute ⁊ chasse hoꝛs de la ville. Lassiduite ⁊ diliges﹅ce de cathon attira et gaigna a sop grande﹅ment le peuple/car nul des colleguez ne ve﹅noit le pꝛemier au coffre du tresoꝛ/nul ne sen alloit le dernier/nulle cõpaignie ne nul habit du senat np assistoit q̃ cathon ne fust et demourast tousiours pꝛesent craignant que les hommes par grace et amour et par faueur ne departissent et sentredonnassent pecunes et tributz. Apꝛes que cathon eut ainsi purge de calumpnpes le tresoꝛ public﹅que et remply de pecunes il enseigna ⁊ mon﹅stra licitement a la chose publicque auoir pe﹅cunes sans aucune iniure Et combien que au commencement de son magistrat il fut hap daucuns colleguez/touteffois il fut a﹅pꝛes de tous apme. Marcellus familier de cathon des sadolescence estoit en ce ma﹅gistrat son collegue Et le dernier iour de leur magistrat finy cathon auecques grãde compaignie des citopens reconduict et re﹅mene en sa maison oupt dire aucuns puis

sans familliers ⁊ marcel estre cõuenus en﹅semble au lieu du tresoꝛ publique ⁊ auoir re﹅quis ⁊ demande audit marcel que gracieu﹅semẽt il voulsist pꝛescrire/cest assauoir quel que chose par aucune espace de temps enpos﹅sedant acquerir. Loꝛs hastiuement cathon retourna audit lieu du tresoꝛ publique/⁊ la il repꝛint marcel qui par pꝛieres vaincu a﹅uoit toutes les demandes des dessusditz ot﹅tropees. Adonc cathon se despitant deman﹅da les tables ou estoient escriptes laccoꝛd ⁊ cõsentement desdictes requestes. Et quãt il les eut vopant marcel icelles et sop tai﹅sant en sa pꝛesence cathon les effacea. Et touteffois pour ceste chose la familiarite et amptie dẽtre marcel et cathon nen fut point desioincte/et iamais marcel nen fist aucune complainte contre ledit cathon. Le magi﹅strat de cathon finy comme publius claudiᵒ homme plain de troubles accusast les vier﹅ges du temple vesta/entre lesquelles estoit fabie therence seur de therence et femme de ciceron/laquelle estant deuant le peuple ac﹅cusee cathon pꝛenant la deffence delle ⁊ des autres telle honte fist et infera a leur accu﹅sateur claudius qui le contraignit laisser et habandonner la cite. Pour laquelle chose quãt marc ciceron voulut remercier cathon cathon lup dist quil ne lup deuoit point ren﹅dre graces/mais a la chose publicque q̃ cau﹅se estoit de ce fait. Apꝛes ce plusieurs enhoꝛ﹅toient cathon de demander le tribunal du peuple/ce qͥl fist. Et pource lup cree tribun sen alla pour la chose publique en lucanie a﹅uec ses affranchiz et familliers/et en cellup office fut metelle son collegue. Et loꝛs ci﹅ceron estant consul faisoit toutes choses se﹅lon la voulente de cathon/en toute maniere de viure sensupuoit et obseruoit toᵘˢ ses iu﹅gemẽs/car cellup cathon estoit en chaiere ⁊ siege de dignite grãt/terrible et dꝛoicturier/ protecteur de iustice/mais en toutes autres cõdicions ⁊ meurs estoit tresdoulx ⁊ treshu﹅main. Deuãt q̃ cathon print la charge ⁊ ad﹅ministratiõ de loffice de tribũ il fist plusieᵘˢ choses au pꝛouffit de la chose publiq̃/mais lup estãt tribun il fist vng fait digne de me﹅moire/cestassauoir quãt luciᵒ cathilina fut par le cõsul ciceron vaincu destre lung des pꝛincipaulx coniurateurs de la destruction de ronime & de toute la chose publicque romaine, & que pource il se absenta de la ville et que lentulle cetegue et autres ses alliez comme acteurs qui demourez estoient en leurs maisons pour brusler & ardre la ville et qui comps et appareillez estoient par leurs rebellions & batailles concitees destruire et abollir lempire. Iceulx apprehendez fut mis la cause deuāt le senat pour scauoir que lon feroit deulx. Le cas recite il fut daduis a silanus quon les deuoit pugnir a mort, laquelle sentence tous les autres supuoient, mais cesar couuoiteux de nouuelles choses estoit doppinion quon ne les deuoit en quelconque maniere iuger ne condamner a mort, mais les garder seurement en certaines et fortes prisons. Celle sentence de cesar par doulce & composee oraison explicquee auoit tellement fleschy les couraiges de tous et si auoit fait au senat telle crainte que la premiere oppinion & sentence de sillanus fut presque renuersee et celle de cesar adiugee, et fut la conuersion & controuersie des sentences en grant trouble iusques a ce que Cathon se leua lequel en reprenant en sa harengne lorayson dudit silanus infera suspition a lencontre de cesar. Adoncques le senat se arresta a la sentence de Cathon laquelle fut approuuee tellement quil fut decrete que par iugement seroient les coniurateurs pugnis et liurez a mort. Lors entre Cathon & cesar pour le supplice de mort des coniurateurs fut grande contention, & ainsi q̃ le senat vniuersel leur commandoit silence certaines lectres furent en pleine court apportees a cesar, ce que sachant Cathon reputant et estimant celles lectres estre enuoyees par quelcun des coniurateurs commencea haultement a dire et requerir que publicquement lesdictes lectres fussent leues. Lors cesar les luy bailla a lyre affin que publicquemēt ne fussent leues pource que seruilie seur de Cathon rescriuoit lesdictes lectres a cesar traictans damours et de matieres impudicques. Quant Cathon eut leu le contenu dicelles soubdainement les reiecta a cesar en luy disant. Jurongne et abuseur repriens tes lectres.

Certainement Cathon ne fut gueres bien fortune quant a la pudicite des femmes, car sa seur seruilia fut par cesar corrompue, et de laultre seruilie sa seur ne fut point meilleur bruit & dautres de ses femmes, de lune desq̃lles il eut vne fille qui fut mariee a bibulus dont il eut deux filz, laq̃lle mere qui estoit nommee martia pource q̃ mal se gouuerna fut par son mary Bibulus repudiee, mais hortensius qui grandement laymā la demanda pour femme, et tant fist q̃l lespousa seulement en esperance dauoir lignee, laquelle quāt il la print a femme estoit grosse denfant. Apres que cesar se trouua vaincu de sa sentence contre lesdictz coniurateurs, et q̃l corrompit plusieurs contre la chose publicque Cathon persuada au senat estre au peuple romain eslargy laumosne, cest a dire vne despence annuelle de mil. cc. cinquāte talentz. Aps ce cathon contraignit metelle sen fuyr vers Pompee en asie, leq̃l metelle vouloit p auctorite et force darmes publier certaine loy par luy imposee dommageable au bien publicq̃ de rōme, dont pōpee voyant lauctorite & vertu dudit cathon voulut recōseiller Cathon a soy & latirer a son amytie et pource pl9 facillement faire il enuoya vers Cathon munatie luy prier quil luy donnast en mariage lune de ses niepces et laultre a son filz, laquelle chose a Cathon par munatye relatee, Cathon respondit a munatye que sans dilation il sen retournast et dist a pompee que il ne le pourroit prendre par femmes et que femmes ne dominoient point sur la vertu ne couraige. Mais que sans cela il auoit bien aggreable lamytie dudit Pompee, mais que droicte elle fust. Peu de temps ensupuant Cesar voulant promulguer vne loy par laquelle il ordonnoit presque toute la champaigne estre aux prouinces diuisees. A laquelle nul ne contredist fors cathon parquoy Cesar se fist oster hors de son siege & commanda le mener en prison, mais Cathon pour ce ne se osta de son opposition, et riens ne demist de sa pensee et propos: mais en cheminant disoit non estre a soubstenir ceulx qui en telle maniere destournoient et degastoient la chose publicque.

B ii

Ainsi donc q̃ l'on menoit cathon en prison tous les bons citoyens ensemble auec l'uniuersel senat en grande et merueilleuse tristesse taisiblement et afflictz le supuoiet et conduysoient ce q̃ voyant cesar appetãt gloire desiroit q̃ cathõ fist aucunes prieres/mais il cogneut bien q̃ cathon n'estoit point coustumier de ce faire et quil n'auoit point si mol et blandiant cueur Lors cesar plein de honte persuada a aucun tribun du peuple qĩl ostast cathon et ne le souffrist et permist mectre en prison/ce q̃ fist ledit tribun. Aprés ce fut par le senat aduisé q̃ nul d'entre eulx ny auoit plus ydoine pour estre enuoyé en cipre que cathon/a laq̃lle chose cathon differoit et cõtredisoit affermant q̃ non point par honneur/ mais par cõtumelie et cautelle on luy pourchassoit celle charge. Lors claudius trop orgueilleux dist a cathon q̃ sil ne le vouloit/ touteffois cõtrainct et dolent il y iroit. Et incontinent il ferma la commission dudit cathon Et pour l'appareil du partemẽt d'icelluy claudius ne luy baïlla ne nauire ne ges d'armes ne aucun ministre fors deux scribes desqlz lung estoit larron et l'autre varlet de claudi. En telle necessite partit cathon/leq̃l enuoya son familiier canidie vers ptholomee le suader q̃ sans contêcion et bataille ilz parlassent ensemble et q̃l luy feroit auoir la faueur et aide du peuple romain. Ainsi alla canidie a son message et cathon demoura a rhodes pour l'attẽdre. En ce mesmes tẽps ledit Ptholomee auoit este par ses citoyens degecté tant q̃l fut cõtrainct laisser alexandrie et nauiger a romme soubz esperance d'estre remis en son royaulme par les armees de cesar et de pompee. Ptholomee oyant le rapport dudit canidie s'en alla a rhodes vers cathon/lesquelz aprés qĩlz eurent longuemẽt et familierement parle ensemble et q̃ cathon luy eut fait plusieurs remõstrances ptholomee se cõsentit et se accorda de nager et aller auec cathon a romme/ se soubzmettre soubz la puissãce des rõmains et leur requerir secours. Ainsi ceulx arriuez a rõme cathon retourna en grãde amitie du senat leq̃l cathon fist lors tãt par ses doulces et elegantes harengues q̃ le senat du cõmun assentemẽt reuocqua et rappella a rõme le loquẽt et noble marc tulles ciceron de l'exil ou iniuste

ment par claudie il auoit este enuoye. Aprés fait trebonius homme fier et audacieux promulgua une loy touchant les prouinces consulaires cõme ordonnant a lung espaigne et affrique et a l'autre sirie et egipte/ et cõe tous les magistratz desesperez de non pouoir resister se rassirent en leurs sieges sans y pouoir contredire cathon se y voulut opposer et a toutes peines lui fut ottroye le tẽps de deux heures pour dire la cause et raison de son opposicion. Et cõme il eut recite et alegue plusieurs choses ne lui fut plus permis de riens dire/mais ainsi que encores il parloit lung des ministres le print dont plusieurs furent troublez/et de rechief par ung licteur apprende fut cathon gecté et tire hors de la place publicque et lieu iudicial/et sa luy delaisse encores retourna tout eschauffe de courroux audit lieu iudicial ou l'assemblee des magistratz estoit et la auecques grãde vociferacion et clameur admonnestoit les citoyens quilz ne souffrissent estre telle chose faicte. En ceste maniere comme le plus souuent de celluy lieu osté et emmene il retournoit tousiours trebonius prenant ce a despit commanda q̃ cathon fust mene en prison/ce qui fut fait. Et cõme la grande multitude des citoiens le supuoit celluy cathõ en cheminãt ne cessoit de les enhorter et admonester cõtre ladicte loy/et pource trebonius pour celle chose espouẽte delaissa cathon/et ainsi celluy iour passa en vain. Mais es iours ensuyuãs partie par menaces et partie par largitiõs et dõs lung des tribuns du peuple nõme aquilius deboute par force d'armes et cathon hors dudit lieu iudicial degecté plusieurs autres blessez et naurez et aucuns diceulx occis par force et violence publiereẽt la loy. Laq̃lle chose fut par les bõs citoiens en si grande indignacion portee q̃ aucuns abatoient les statues de pompee/ mais cathon deffendit de ce faire.

En ensuyuant q̃ cathon fut cree preteur souuenteffois nudz piez et sans togue il venoit a la place publicque iudiciaire/ et les causes capitalles des nobles hõmes entendoit cognoissoit et plaidoit. Et quant le peuple rõmain par largitions de dons corrompu usoit de suffraiges comme doneraiges de marchãdise cathon persuada au senat de decreter & decerner tous ceulx qui ainsi designez estoiẽt silz nauoiẽt point daccusateur. Touteffois quilz fussent cõtrainctz de respondre en iugement et rendre raison. Ainsi le lendemain que cathon retourna a ladicte place iudiciaire la multitude des hõmes fist grant impetuosite contre luy cryant le detestant et frappant & tellemẽt loppressant que a toutes peines peut entrer dedãs lauditoire/mais quãt il fut dedans par grande grauite & auctorite il pacifia ladicte multitude & tourbe et appaisa les clameurs/et son oraison commencee fut par grande silence ouye et tout le troublement hors de leur entendement osta. Pour laquelle chose quant il fut loue du senat cathon dist. Certainement ie vous loue bien peu q̃ moy preteur auez en si grant peril delaisse. Lors ceulx qui magistrat demandoient quant tous furent des largitions & dons espouentez ensemble cõuindrent & mirent chascun douze mille dragmes dargent faicte entre eulx fideiussion q̃ cellup qui par dons magistratz demãderoit perdroit cellup argent. Et en ceste chose ilz esleurent cathon pour arbitre/auquel ilz ordõnerent bailler ledit argent en garde/mais cathon ne voulut point receuoir ledit argẽt touteffois il receut les fideiusseurs. Quãt vint le iour deslire les offices cathon repint lung des fideiusseurs q̃ estoit asse contre ladicte conuenance/lequel cathon condãna et bailla aux autres son argent. Mais ceulx ayans en admiration la iustice & integrite dicellup cathon remirẽt la peine audit apprehende estimans que ce luy estoit assez grande peine imposee destre par cathon condãne. Mais celle chose causa audit cathõ grande enuie ainsi que si le senat lup eust arrogamment acquis la force & puissance des iuges et magistratz. Certainement il nya nulle vertu q̃ plus attire ne engendre enuye que iustice. Car puissance et foy des peuples grandement lensupuent. Pour celle cause tous les puissans et nobles auoient enuye sur cathon/et premierement pompee qui cupdoit p̃ sa puissance nuyre a la gloire de cathon. Et pource tousiours il mectoit certains calumpniateurs cõtre cathon desquelz estoit lũg publius claudius qui audit

Cathon inseroit & proposoit plusieurs crimes/disant q̃ lup mectãt sus quil auoit desrobe grant argent en cipre. A laquelle iniuste cathon respondit q̃l auoit autant rapporte dargent sans aucune equite et sans aucun gendarme cõme pompee de toutes ses batailles et triũphes nen auoit point apporte. Aucun temps apres cathon alla demander la dignite de consul ainsi comme si tout incontinent il deust prendre et auoir les armes de cesar/mais cellup cathon eut deux competiteurs/par lesq̃lz lup vaincu ne peut obtenir cellup consulat. Et apres de rechief demanda la dignite de preteur: mais cathon fut par ciceron repins pource quil estoit venu a lauditoire auecques ses familiers sãs souliers & sans robe. Et apres ce pource q̃ cathon pourchassa de oster larmee a cesar qui guerre menoit cõtre les allemans & germains. Cesar escriuit au senat vne epistole en laquelle il mist plusieurs grandes iniustes en mal disant de cathon. Apres que cathon leust leue et quil se fut leue sans aucune pre/mais par subtil engin et raison monstra les crimes par lup dictes estre vne maniere de ieu/et lors commencea a louer et glorifier les faitz de cesar.

Quãt cesar infera guerre cõtre les rommains pour acquerre & appliquer a soy particulieremẽt lempire/les peres senateurs se retirerent vers pompee & cathon pour conseil demander. Ausquelz cathon respondit q̃ silz eussent creu ce quil leur auoit predict ilz ne craignissent personne/mais puis que le cas estoit aduenu quon dõnast toute puissance imperialle a põpee pour deffendre la chose publicque cõtre cesar/& pource quil ny auoit nul appareil a romme de gens darmes põpee sen fupt et partit hors de la ville de romme. Et apres que cathon eut decrete de supure pompee cathon ayant deux filz enuoya le plus ieune en brutie vers munitius & mena le plus grant auecques soy. Et pour lamour de sa maison & de ses filles pour leur laisser gouuernement il reprint as femme martia laquelle estoit lors veufue q̃

Delaissee heritiere de hortensius Laquelle chose cesar saichant grandement reprenant cathon sefforca moult de le blasmer dauarice disant si cathon estoit necessiteux pour quoy la receuoit il sinon quil auoit des le commencemẽt mis celle femme comme viande apprestee, et la laissoit ieune affin q̃ vng autre la print et enrichist, et apres cathon la reprint riche. Cathon pour tout ce ne se esmeut et nen fist aucun compte. Apres que cathon eut espouse celle Martia et quil luy eust commys et baille en garde la cure de toutes ses choses comme de sa maison z de ses filles il suyuit Pompee Et comme on dit depuis cestuy iour il ne fist ne osta ses cheueulx ne sa barbe, mais et tousiours en celle maniere porta z garda en son cueur tristesse et pleur pourtant de la chose publicque, ou quilz vaincquissent ou fussent vaincus. Lors luy party de sicille il alla en siracuse, et quant il ouyt que Asinye polyon auerq̃s plusieurs gens darmes estoit marche vers messane Et que aussi il cõgneust le fuyte de Pompee hors dytalie grandement en soy mesmes se guermẽta. Et combien quil peust destourber ledit Asinye de lisle, touteffois affin quil nesmeust sicille a guerre il print conseil de sen partir apres quil eut admonneste les siracusains que ilz pourueussent au salut de leur cite Puis de diracbiel il nauigea vers pompee, et quant il fut paruenu z arriue en larmee tousiours fut et demoura en celle sentence et oppinion quil luy sembloit deuoir estre la bataille et guerre retiree affin q̃ par longue espace de temps les ardãtes pres z courages eschaufez et enuenimez se mitigassent Aussi ne reputoit point estre bon ne vtille que le peuple rommain se guerroyast et oppressast luy mesmes par guerre mortelle et a espees.

Cathon aussi suada que Pompee et tous les principaulx hommes regardassent z ordonnassent que aucune cite compaigne z ampe du peuple rommain ne fust demolyne destruicte, ne que aucũ citoyen rõmain hors de la bataille fust occis. Par ceste humanite cathon cõuertit et rengea plusieurs a la partie de pompee. Apres ce cathon enuoya en Asie haster et faire diligenter les gens darmes et lappareil z armee des nauires. Il amena auecques luy sa seur seruilie et lenfant Lucukke fille dicelle seruilie, laquelle apres la mort de son mary sestoit submise en la puissance de sondit frere Cathon, et de son bon gre le suyuoit affin quelle effaceast z estaignist la mauuaise renommee de impudicite quelle auoit: touteffois cesar nespargna point cathon. Et en toutes autres choses cathon nauoit aucun affaire. Car ceulx qui par pompee estoient enuoyez nauoient auecques grande diligence parfait ce que il leur estoit encharge z commis. Doncques cathon seulement esmeut les rhodiens par son auctorite et oraison et laissa la Seruilie et Lucukke puis sen retourna a Pompee auecques grandes et grosses armees tant maritimes que terrestres. Apres que cathon eut donne couraige et bonne esperance aux rommains de combatre luy mesmes ploya la fortune du pays et detestant ambicion regarda plusieurs bons et vaillans citoyens cheoir entre espees et glaiues. Apres que Pompee fut venu en thessalie et quil eut en dirachie laisse en plusieurs lieux g̃s darmes z grãt nõbre de pecunes Cathon fut fait duc et garde de tous, et luy fut donne quinze cohortes par pompee. Car pompee moult craignoit la presence de cathon. Peu de temps apres cathon rencontra le plus ieune filz de pompee nomme Sextus lequel racompta audit Cathon la mort de son pere pompee Et comme tous portassent griefuemẽt celle mort et ne voulsissent autre ducteur auoir que Cathon il print la charge dentre eulx tous z comme chief et cappitaine il sen alla a Cirene. Et quant il ouyt la et sceut scipion estre receu enuers le roy Juba z que appius Varro prefect dasie estoit auecques ledit scipion Cathon en temps dyuer alla a pied en affricque z mena auecques soy grosse armee et grant quantite de prouisions. Puis partie par la priere de ceulx de Vtisence, et aussi par la sentence de Scipion Cathon print et receut la garde de Dtisence, laquelle cite estoit situee en lieu tresopportun z habondamment munie de toutes choses. Touteffois elle fut plus asseuree pour cathon, lequel ordonna et commist les citoyens chascun en sa garde et en uoya en larmee armeures/pecunes et fromment et suadoit tousiours a scipion quil ne donnast aucun signe a ses ennemys de combatre ains dissimulast pour attendre son aduantaige/mais scipion desprisa le conseil de cathon et se mocqua de luy/tellement que cesar vaincquit scipio et iuba/lesquelz sen fuyrent auec peu de gens/et le demourant de leur armee fut totallement desconfite. Ce que oyant les citoyens de vticense furent tellement espouentez que a peine ilz sosoient tenir au dedans des murailles. Cathon de ce aduerty il conforta et conseilla tous les citoyens leur donnant a entendre quil ny auoit pas tant de maulx ne si grant perte ne dommaige come on auoit rapporte/mais quon auoit adiouste la plus part des nouuelles. Touteffois cathon ne peut tant asseurer ses gens quilz ne vacillassent en plusieurs et diuers conseilz. Ce que cathon oyant ne fist aucun semblant de riens en scauoir/mais il rescriuit a scipion et a iuba quilz ne veinssent point a vticense. Lors par une compaignie de gens darmes furent enuoyez trois legatz a cathon lesquelz auoient diuers mandemens/car les ungs requeroient cathon se retyrer par deuers iuba. Les autres demandoient cathon pour capitaine et ducteur et les autres vouloient aller a vticense/mais ilz craignoient. Cathon oyant toutes ces choses commist macus rubrius pour prier les tribuns des gens darmes quilz fussent loyaulx aux consulz/mais rubrius luy rapporta quil y auoit esmeute en la ville/laquelle chose ouye la plus part des assistans conuertis a larmes et a lamentations cathon les cupda asseurer/mais en ce pendant suruint messaigiers des tribuns des gens darmes lesquelz disoient quilz ne vouloient pour salaire quelconques supure iuba/ne q en nulle maniere ne craindroient cesar silz auoient cathon pour ducteur et cappitaine. En ce disant come cathon ouyt nouuelles que cesar a tout son ost venoit vers vticense cathon admonnesta les consulz de pourueoir et penser a leur salut ce pendant que les gens darmes estoient encores en force. Et toutes les portes closes fors une qui estoit deuers la mer/il ordonna ses nauires estre toutes prestes et aux indigens et soufreteux donna grant quantite dargent. Et apres fist partir tous les principaulx des gens darmes. Et tout ce fait tous ses familiers et les magistratz de vticense souperent auec luy/et apres le soupper fut entre eulx grande et ioyeuse disputation. Et lors que aucunes questions de philosophie furent proposees comme le bon home seul peult estre franc/et tous les mauuais estre serfz ausquelles questions cathon tellement parla que tous souspeconnerent quil faisoit fin de sa vie et que de brief il mourroit pour les choses humaines. Apres toutes ces disputations cathon se leua du souper et se retyra en sa chambre et en se departant de la compaignie il embrassa plus quil nauoit acoustume son filz et ses amys. Et luy entre dedans sa chambre il print entre ses mains le liure de platon de anime/et quant il en eut leu la plus grant part et quil ne vit point despee en sa chambre pource que son filz lauoit occultement emportee cathon appella ung sien seruiteur auquel il demanda qui auoit oste son espee/dont le seruiteur riens ne respondat cathon commanda que on la luy apportast. Ce que le seruiteur ne faisant et que ce pendant cathon eust tout au long leu ledit liure de platon il appella tous ses autres seruiteurs et plus asprement leur demanda son espee et despiteusement donna a lung diceulx ung coup de poing duquel coup come sil se fust aspremēt blesse au bras desia portant griefuemēt celle chose commenca a crier que luy desarme estoit de son filz et de ses scruiteurs trahy/a laquelle voix son filz auec ses amys vint tous ensemble pleurans moult piteusemēt pourre que cestuy filz se doubtoit bien que son pere cathon ne demandoit que a se tuer soy mesmes pour euiter les mains de cesar. Dant cathon apperceut son filz accōpaigne de ses amis fondans en larmes cathon se regarda de trauers en luy disant Mon filz me cuydes tu ou estimes estre fol & hors du sens qui me refrains non point par raison mais par force. Pourquoy ne me dyes tu q suis ton pere ou si longuement me tiens en lyens iusques a ce que moy occupe cestuy vienne auquel en nulle maniere resister ne

B iiii

puis/mais trop moy ꝫ tu ne craindras riẽs
ne doubteras de moy cõgnoissant certes
q̃ ie nay point de necessite despee a la mort/
car si ie me veulx estouffer ou contre les mu
railles frapper et froisser ma teste ien puis
mourir. Apres quil eut ce dit le filz en pleu
rant sen alla/et tous ses autres amys se re
tirerent en leurs chambres fors appoloni
de et demetrie qui en la chambre De cathon
demourerent. Ausquelz cathon par plus
doulce voix dist. Cuidez vous thõme ney
de grant lieu estre ainsi a retenir ꝫ en se seãt
aupres de luy le garder. Auez vous point
aucune raison par laquelle puissez mõstrer
estre laide chose a cathon demander a son en
nemy salut/q̃ ne arguez vous a moy. Cer
tes il me conuient faire ce que iay propose
de moy mesme ainsi que verray les choses
a faire. Et pource dung bon couraige allez
vous en ꝫ admonnestez mon filz quil ne in
fere point de force a son pere.

Lors eulx riens ne luy respon
dans/mais en pleurant sen alle
rent. Et quant ilz sen furent al
lez cathon print son espee qui lui
fut remise et la mpt hors du fourreau et la
regarda puis dist. Or suis ie maintenant
en mon liberal arbitre/et ce dit il remist les
pee au fourreau et recommenca a lire ledit
liure de platon/ꝫ quant il leut acheue de lire
il sendormit si fort q̃ ceulx q̃ hors de la cham
bre estoiẽt lopoiẽt bien facillement ronfler.
Quãt ce vint lheure de minuyt il appella ꝫ
fist venir a soy cleantus medecin et vng au
tre nõme butus lesquelz estoiẽt ses asstan
chitz ꝫ lors il enuoya but⁹ au port de la mer
veoir si to⁹ les gẽs darmes ꝫ nauires estoi
ent partiz/ꝫ au medecin il mõstra celle na
ureure ꝫ blesseure q̃l sestoit fait au bras en
frappãt du poing lung des dessuditz serui
teurs/pour laq̃lle blesseure la fieure lauoit
prins. Tantost apres butus retourna qui
dist a cathon que tous estoiẽt partiz ꝫ seure
ment nageoient fors crassus q̃ par aucuns
empeschemens estoit detenu ꝫ que la mer es
toit osuppee dennemis. Ce que oyant ca
thon commenca a souspirer/puis cõmanda
a butus quil fermast la porte/lequel laissa
cathon couche en son lict cuydant quil voul
sist reposer et dormir.

pres que butus sen fut alle ca
thon incontinent print son espee
toute nue et sen frappa au tra
uers de la poictrine/mais pour
ce q̃ a cause de sa main malade il fist le coup
et la playe mortelle au dessus de la poictrine
il ne rendit pas si tost lame/mais en languis
sant et tyrant a la mort vng geometrien nõ
me abacus qui pres du lict de cathon estoit
soupt souspirer/lequel entra en la chambre
de cathon et le trouuant estendu sur son lict
ou il se mouroit celluy abacus commenca a
sescrier. Au cry et a la piteuse voix duquel
le filz de cathon tous ses amis et familiers
accourrerent hastiuemẽt en ladicte chambre
Eulx entrez voyant le sang de cathon qui
en grant habondance se respãdoit et quil es
toit encores viuant lors le medecin arriue
essaya a clozre ladicte playe/mais cathõ qui
en son sens retourna repoulsa et debouta
celluy medecin et sefforcea tellement dentre
ouurir sa playe que la incontinẽt il mourut
Tout incontinent cathon mort le cry et cla
meur sesmeut que le port ia estoit plain de cy
toyens rõmains et que tout luniuersel peu
ple y estoit arriue. Et les vticensiens qui
la mort de cathon ygnoroient sachans cesar
estre pres dentrer en la ville croyent en ap
pellant cathon. Quant les citoyens sceu
rent et congneurẽt cathon estre mort(pour
lamour quilz auoient en luy)crainte ne la
grace du victeur cesar/ne les seditions qui
entre eulx estoient ne les empescherẽt ne en
garderent quilz ne rendissent lhonneur deu
a cathon/car ilz celebrerẽt et firent ses fune
railles auecques tresriche et aorne appareil
et auec treslongue et magnifique pompe et
lenseuelirẽt honnorablemẽt en sumptueux
sepulchre sur le riuaige de la mer. Les fune
railles parfaictes et honnestemẽt acõplies
affin de requerir salut sen retournerent.
Quant cesar congneut la mort de cathon il
dist. Je suis enuieux et regreteux de ta mort
cathon/car pour ton salut tu as eu enuie sur
ma gloire. Ainsi mourut cathon en lagge
de quarante et huyt ans et son filz ne sa fa
mille neurent aucun mal ne greuance de ce
sar ains benignement et doulcement les re
ceut auec tous les citoyens de vticense les
quelz se rendirent a luy.

Ainsi entre tous les cathons desjus nommez il nest pas difficile a congnoistre ces deux cathons tant renomez pour leurs haulx faitz lesquelz iay veu par leur vertu triumpher au chariot triumphal de renommee. Touteffois comme on doit entendre le premier et ancien marc cathon surnomme censorien exceda grandement en faitz et exercites darmes ce dernier et le plus ieune cathon dit vticense, car il est certain que soubz lauspice de Cathon censorien furent subiuguez aux rommains les suedes luy estant preteur et en la dignite de consulat ensemble auecques titus maulius il gaigna et vainquit les celtiberiens. Et apres ayant este tribun dessoubz marcus actilius glabrion il estaignit en grece les augustes de termopille, et fist oeuures tresglorieuses et dignes en armes Ainsi que descript plinius et appianus alexander. Touteffois que il fust merueilleusement excellent et singulier acteur il se monstra egallement tresdiligent a lespee A la main la lance et la hache au poing et la langue a deuiser et ordonner prudemment comme hardy et vertueux en bataille. Laquelle chose par sa faconde et discretion et prudent et preuoyant conseil il obtint apres la tierce bataille pugnicque par laquelle lenuieuse cite de cartaige fut precipitee a ruyne. Lautre cathon dit et surnomme vticese combien quil fist innumerables dignes et singulieres operations comme dessus est dit et quil sadonnast a sexerciter des armes, touteffois il eut plus tost renommee et disposition destre appelle cheualier que empereur ne cappitaine, car il nauoit pas telle faconde et industrieuse conduicte darmes comme ledit cathon censorien Auquel cathon vticense furent commis le demourant des gens darmes de pompee, mais ainsi que dit est apres que cesar eut en vng iour vaincu en affricque titus labienus scipin et Iuba, et a cause que Cathon nestoit point encores arriue en celle bataille et que ses gens sen fouyrent en vticense attendant la victoire de Cesar cathon luy mesmes se mist a mort tant eut de despit en son grant couraige quil failloit quil eust pardon de cesar ainsi que escript sainct augustin. Primo de ciuitate au vingt et deuxiesme chapitre. Doncques meritoirement ces deux glorieux cathons triumpherent auecques renommee apres fabius.

Au tiers lieu dudit triumphe de renommee estoient les deux aultres, cestassauoir paulus emilius le pere et Paulus emilius le filz. Donc pour scauoir et congnoistre les causes pour lesquelles ilz ont merite ainsi triumpher par renommee il est a entendre que apres que le cappitaine de carthaige hanibal fut passe les alpes et entre dedans les ytalies et que entre autres occisions des rommains il eut gaigne et deffait celle memorable bataille et horrible a cannes et estant finy le consulat de quinte fabye le grant Le senat rommain estant consul ledit paulus emilius et Therencius varro lesquelz furent enuoyez capitaines contre hanibal au champ salernitem en vne vallee estant entre passilien et le mont casticulle ou estoit hanibal presque reduict en vng desespoir, lequel fabius mist en memoire audit emilius que sil vouloit suppediter et vaincre hanibal que pour riens du monde il ne changeast son ordre. Emilius doncques congnoissant laffaire suyuoit et entretenoit le commandement et aduertissement dudit fabius, car il nentendoit point en quelque maniere que ce fust de combatre ne dassaillir hanibal, mais son compaignon et collegue therentius varro homme trop hardy et non congnoissant la fureur affriquaine blasmant et desprisant le conseil de fabius et de emilius rescriuit au senat que paulus emilius ne vouloit point combatre, de laquelle chose le senat aduerty voyant la hardiesse de therencius commanda ausditz deux consulz que sans plus de dilation ilz apprestassent leurs armees et inferassent bataille et combatissent Hanibal. Paulus emilius au pourchas dudit Therentius ainsi contrainct appresta ses batailles, et quant vint le iour de lassault les carthagiens estans contrains de vaincre ou de mourir firent vng trescruel rencontre et conflit des rommains, et tellement combatirent dung coste et dautre que les carthagiens obtindrent la victoire, et telle occision fut faicte quil y mourut bien quarante et quatre mille rommains et autant de ceulx du nom latin/et fut naure a mort ledit Paulus emilius. Et therentius Varro auecques grande frapeur et paour plain de lascheté de courage et de vain et mol cueur sen fouyt et se sauua. Et paulus emilius ainsi blece mortellement estant assis sur vne pierre vng des tribuns nomme cayus cornelius lentulus luy dist quil se reconfortast et print vng cheual et montast dessus et quil le garderoit de toute sa puissance et se conduyroit et meneroit en lieu seur. A ces doulces et reconfortatiues parolles & piteuses benignement auec grande prudence respondit ledit consul paulus emilius en disant quil sen retournast et quil estoit temps deuader la fureur et chaleur des ennemys et quil dist aux rommains que iamais ne singerassent ne fussent si hardis de assaillir hanibal, et ql youloit la mourir auec ses gens darmes qui en sa cōpaignie mors et occis estoient. Grant moleste et trauailleux ennuy donna et causa la mort de paulus emilius au senat et peuple rommain.

Dies paulus emilius son filz amena meilleur fortune aux rōmains/car ainsi que escript plutarque durant la bataille des rommains a lencontre du roy antiochue, et que plusieurs hommes tresexpers et excercitez a la guerre et chose militaire y furēt commis et que vne autre grosse guerre de hesperie suscitee les esnemieniēs suscitez en yberie paulus emilius fut en celle guerre de yberie enuoye et non point seullement comme les autres auecques six preteurs/mais auecques douze compaignies a ce que en luy redondoit et apparoissoit par grāde resplendeur toute dignite consulaire et imperiale. Apres que ledit emilius fut arriue en yberie auecques telle puissante auctorite et quil eut assailly les yberiens en deux batailles seullement il les vaincquit et y fist telle desconfiture et occision quil en tua bien enuiron trente mille et manifestement apparut celle victoire auoir este obtenue et conquise par la seulle industrie et prudente conduicte et ordonnance dudit paulus emilius puis receut en lobeissance des rommains deux cens cinquāte villes/et apres quil eut laisse la prouince paisible il sen retourna et incontinent il se maria et print a femme papiria fille de nason homme cōsulaire laquelle apres quilz furent long temps ensemble il la repudia/combien quil eust eu delle tresbelle et honneste lignee. Celle papirie auoit enfante celluy tresglorieux scipion se grant

Apres ce que paulus emilius fut fait et cree consul et enuoye faire et mener guerre contre les liguriens hommes tresbelliqueux et peuple treffier. Et pour la vicinite et prochaineté des rommains estoit cellup peuple tresperit a bataille. Paulus emilius la arriue en peu de temps les conuainquit et contraignit a eulx rendre a sa voulente. Lequel les ioignit et vnit en la subiection des rommains auecques toutes leurs seigneuries et naiures et armees terrestres et maritimes. Ces choses ainsi victorieusement faictes au premier consulat digne de memoire par paulus emilius il demanda au temps ensuyuant souuenteffois lautre consulat, mais riens ne lui fut respondu a propos de sa petition et requeste ains luy fut monstré semblant quon le desprisast. Et pource luy se voyant ainsi deboute et expulse de son attente il se disposa et proposa en soy de se adonner a repos et estre entantif a enseigner et endoctriner ses filz a la discipline rommaine. Aucun temps ensuyuant il fut par le senat auecques grosse armee faire guerre enuoye en grande diligence contre perseus roy de macedoine filz de philippes, lequel perseus oppressoit par grande infamie les cappitaines par les rommains vers luy enuoyez et les desprimoit tellement que chascun disferoit aller contre luy. Ung peu deuant les rommains contraignirent le roy anthiocus deboute oultre le fleuue de thaure et enclos en strie de faire paix auecques eulx moyennant la somme de quinze mille talentz. Et encores deuant ce lesditz rommains affligerent et vaincquirent en thessalie Philippes roy de macedoine et auoient deliure les grecz de la domination et subiection des macedoniens. Et pource apres toutes ces victoires obtenues Perseus qui succeda au royaulme de macedoine selleua et se rebella contre les rommains lesquelz enuoyerent a lencontre de luy publius licinius qui premierement entra en macedoine et tellement combatirent ensemble que ledit roy perseus desfist toute larmee et puissance dudit publius licinius consul et cappitaine rommain et occit des rommains deux mille cinq cens, et en print de vifz prisonniers six cens. Et en

uers la partie de Oceus il print par force vingt grandes et riches nauires. Et apres les pourfuyuant contre les dardanes il tua bien dix mille rommains et pilla sur eulx grant quantite de proye. Apres toutes ces occisions et conquestes par perseus contre les rommains faictes ledit perseus concita les galathois qui estoient gens tresbelliqueux mesmes a cheual, puis mist peine de conioindre a soy les ylliriens par le moyen du roy genthius. Puis fut rumeur que les barbares amenans des marchandises par les inferieures parties de galatie iouxte la mer adriatique auoient inuade ytalie.

Toutes les choses dessusdictes furent noncees et rapportees a romme lesquelles firent aduertir et admonnester dy enuoyer homme ydoine et souffisant pour conduyre larmee rommaine contre tant de cas aduenuz. Lors estoit a romme ledit paulus emilius desia vieil et en laage de soixante ans, mais il estoit fort et robuste de corps et aype de ses filz et de plusieurs ses amys, lequel emilius fut par grant faueur du peuple cree consul auec grande esperance et souueraine voulente du peuple rommain, auquel fut incontinent adiugee et decernee la prouince de macedoine. Mais quant vint le temps ainsi que la coustume estoit que ceulx qui estoient designez consulz rendissent graces au peuple benignement parlant ledit paulus emilius deuant toute la congregation du senat et des magistratz et assemblee du peuple dist par grande grauite et constance quil auoit eu et acquis par la grace de soy mesmes le premier consulat, mais le second luy estoit adiuge par la grace du peuple rommain, parquoy il ne se sentoit point tenu den rendre graces, car silz eussent estime aultre meilleur po^r celle guerre mener que luy de ioyeulx couraige le luy eussent commis. Pour ceste audatieuse et non adulante parolle paulus emilius acquist grande faueur et souueraine grace tant enuers le senat que enuers tout le peuple rommain. Ainsi fut ledit paulus emilius en la deuxiesme guerre contre les illyriens peuple treffel et chevalereux, lesquelz en bien peu de temps il contraignit a eulx rendre auec toutes leurs seigneuries et nauires. Et vaincquit les dessusditz illiriens en deux batailles tellement quil y mourut trente mille personnes Apres luy estant enuoye contre perseus filz de philippes roy de macedoine incontinent luy arriue vaincquit milion duc et prefect de perseus auecques presque toute son armee qui forte et puissante estoit/et en suyuant apres sa victoire en tres bonne ordre fist si tresaspre poursuyte de guerre quil print la femme et les enfans de perseus et les mena prisonniers a romme deuant son chariot triumphant/mais fortune luy fut bien contraire en ceste gloire/car il auoit quatre filz masles/deux nommez scipion et les autres fabius/desquelz lung mourut en laage de seize ans cinq iours auant son triumphe et lautre trois iours apres en laage de douze ans/laquelle mort il porta prudemment. Apres que ledit paulus emilius eut triumphe il fut fait censeur puis cheut en vne longue maladie et par le conseil des medicins se fist porter en ydea qui est vne petite ysle doulce et plaisante assez pres dytalie en laquelle apres trois iours quil y fut arriue ayant fait sacrifice aux dieux priant quil peust recouurer sante il mourut regreteusement. Oultre ces deux dessusditz paulus emilius il y eut vng autre paulus emilius au temps de cesar lequel estoit en ce temps la seul tribun du peuple rommain duquel ne de tous ses faitz Suetonius transequilius ne fait point de mention.

¶ De liuius brutus.

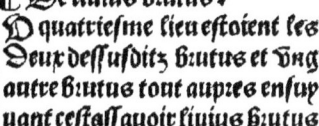
Au quatriesme lieu estoient les deux dessusditz brutus et vng autre brutus tout aupres ensuyuant cestassauoir liuius brutus marcus brutus et decius brutus. Pour scauoir les faitz desquelz dont ilz ont merite estre en si haulx et noble honneur colloquez come au triumphe de renomee auquel glorieusement ie les vy triumpher Il est a entendre que apres que sextus taquinius eut corrompu et violentement prins a force la belle et chaste lucresse come dessus appert assez amplement et q̄ les coustumes statuz et ordonnances de tarquin lorgueilleux et fier roy des rommains furent par le senat de romme adnichillees demolies et declarees nulles brutus par sa haulte et vertueuse entreprinse chassa et expulsa hors de romme tarquin et luy osta toute sa domination et non content de ce consequemment voyant que le nom de tarquin estoit en merueilleuse hayne de tout le peuple rommain tarquinus collatin mary de ladicte chaste et honneste lucresse et consul rommain pour euiter la fureur et hayne du peuple il partit et sen alla hors de rōme, car il estoit descendu des tarquins cestassauoir il estoit ne de la seur dudit tarquin lorgueilleux et fier. Celle fuyte venue a la congnoissance de tarquin le fier il enuoya a rōme ses ambassadeurs demander au senat tous ses biens par luy laissez a romme. Lors ce pendant que iceulx ambassadeurs estoient dedans romme vng grant bruyt et murmure se leua entre les ieunes hommes de rōme pour rappeller ledit roy tarquin entre lesquelz furent pour ce faire esleuz deux enfans de brutus. ¶ Quāt celle chose fut manifestee au consul brutus par vng seruiteur nomme venditus brutus fist prendre ses enfans et leur fist trencher les testes/ et a son seruiteur il fist donner grande quantite dargent par ce fait sa liberte fut ioincte auecques la bourgeoisie et ciuilite et des lors il fist renommer la grant vengeance. ¶ Tarquin doncques voyant son entreprinse faillie et rompue publiquement esmeut son fier couraige, car luy estant demis de lost et armee priue de son royaulme rommain dont il auoit la conduicte et contraint de sen estre fouy en exil auecques toute sa famille, cest a scauoir tous ceulx qui estoient du nom et du lignage des tarquins/ mais on ne trouue point par hystoire en quel lieu ne en quelle partie sen alla la royne tullia mauldicte et desloyalle fēme dudit roy tarquin Mais il est assez certain que tarquin sexte filz dudit tarquin lorgueilleux se retyra par deuers vne gent dytalie appellee les sabiniés et tarquin son pere pour cuyder recouurer son royaulme assembla toute sa puissance auecques layde et le secours de porsenna roy des elusinois et aussi des latins. Lors liuius brutus auecques valerius publicol la son compaignon virillement semploya a deffendre la liberte rommaine tellement

que en cōbatant en la cruelle τ aspre bataille cōtre tarquin brutus τ armictus filz de tarquin sentretuerent tous deux. Puis tarquin le fier voyāt celluy armicus mort τ q̄ aps on luy rapporta q̄ son autre filz tarquinius sextus τ son gēdre mamilius octaue duc des latins estoient occis luy ia vieillart se retira en la cite de cānes/τ la auec aristomenes tirāt de ceste cite meschāment finit ses iours.

¶ De marcus brutus.

POur entendre τ congnoistre lestat de marcus brutus/il est assauoir cōme descript plutharque en son second liure des vies des illustres hōes q̄ marc cathon vticense auoit vne seur nōmee seruilie/laq̄lle cesar entretenoit charnellemēt τ estoiēt amoureux lung de lautre tellemēt q̄ leur amour fut assez publiquemēt congneue mesmes par vnes lettres quelle escriuit audit cesar contenāt tous motz damours/laquelle elle luy enuoya en plein senat/ce que voyāt cathon cuidant q̄ ce fussent q̄lques lectres contraires τ nuysantes a la chose publicque requist q̄ publicquement fussent leues/mais cesar se leua et la gecta audit cathon pour les lire Et apres q̄ cathon les eut leues il les regecta a cesar en lappellant puragne. Les amours dudit cesar τ de ladicte seruilie se monstrerent encores mieulx τ furēt plus manifestees et congneues Car elle engendra τ eut de luy vng beau filz q̄ fut nōme marc brutus dont est a present question/leq̄l estant grant τ merueilleusemēt bien endoctrine et appris tant es lettres τ sciences que en lart de militie et de cheualerie fut par ledit cathon mene a vtice auec sadicte mere seruilie pour plus seuremēt estre contre cesar q̄ dure guerre menoit aux rōmains tellemēt que tout le senat sen estoit suy hors de romme. ¶ Apres q̄ cesar eut en thessalye deffait les rōmains vaincu et chasse pōpee en laquelle descōfiture estoit ledit brutus son filz bastard/leq̄l brutus sestoit de nuyt secretemēt sauue par lieux fangeux τ boueux Cesar estant ioyeulx de ce il escriuit audit brutus q̄ ampaublemēt τ a asseurāce il se diligentast de soy retirer τ aller par deuers luy/ce q̄ fist brutus. Lors luy artiue non seulemēt luy dōna pardon τ mercy cesar/mais aussi par sur tous autres q̄ pres autour de luy estoient cesar eut brutus en tresgrāt τ souuerain honneur Et pource q̄ cesar ne autre de ses gens ne pouoit scauoir en q̄lle partie sen estoit fuy pompee/et q̄l se doubtoit bien q̄ brutus en pourroit scauoir quelque chose Cesar en cheuauchant auec brutus interrogua familieremēt τ en cōseil brutus τ luy demanda sil scauoit point ou sen estoit fuy ledit pōpee. Lors brutus luy respōdit q̄l estimoit τ iugeoit ledit pōpee sestre retire τ fuy auec sa femme cornelia en egipte vers le ieune ptholomee roy dicelluy pays. Adōc quāt cesar par aucunes raisōs et coniectures congneut brutus auoit bien iuge de la fuyte de pompee il print le chemin degipte Et brutus fist tant enuers cesar q̄l receut benignemēt en sa grace cassius amy τ familier de brutus. Auec ce cesar estāt en grāt ire τ apat en indignation odieuse le roy de libie τ eust en grāt horreur la magnitude de ses crimes brutus prenant la cause τ querelle dentre eulx deux tant par doulces pries tes τ benignes supplicatiōs que par excusatiōs il fist lappoinctemēt et accord/tellemēt que par le moyen de brutus cesar receut celluy roy en amour auq̄l il bailla en garde grāde quātite de lempire. Apres ce cesar tira auec toute son armee en libinie a lencontre de scipion τ de cathon/τ cōmist brutus τ cassius a la garde des ptalles/lesquelz entre tous les preteurs eurēt lors grant τ merueilleux hōneur/mais ce leur causa grāt enuye τ hayne entre eulx deux/combien q̄lz fussent affins car cassius auoit espouse iunie seur de brutus/touteffois eulx irritez et embrasez de courages furēt constituez a batailler. Brutus batailloit par gloire et vertu τ auec resplendissante strenuite: τ cassius au cōtraire touteffois fut cassius declaire second preteur/mais brutus eut autant q̄l voulut de puissance enuers cesar. ¶ Peu de temps apres aucuns calumniateurs sefforcerent mectre en souspecon brutus et cassius enuers cesar ladmonnestant se donner garde dudit brutus. Certainemēt brutus griefuemēt portoit la domination de cesar/mais cassius hayoit le dominateur. Ainsi auoit cesar auecques luy recueilly et receu en sa compaignie ces deux cōme ses familliers/lesquelz estoient ses ennemys mortelz.

C i

Le triumphe

Pres toutes ces choses Brutus et cassius pourchasserẽt la mort de cesar/et pour ce faire attirerent a eulx quintus ligarius/labeon faon/picureus et plusieurs autres du senat ausquelz declaira a estre conducteur et lors ordonnerent q̃ leur execcution seroit par eulx mise q̃ faicte dedans le capitolle au iour des ides de mars ce quilz firẽt comme dessus appert. Quant cesar fut par la conduycte de brutus q̃ entreprinse des autres coniurateurs mys a mort/et que les cõsulz prindrent amytie lung a lautre Anthonius tira a soy cassie en vng bãcquet q̃ lepide brutus q̃ ainsi des autres. Et apres ensuyuãt ilz se entreordonnerent les prouinces Cest assauoir a brutus fut la region de crete adiugee/a cassius libie/a trebonius asie/a cinibre bithime q̃ a lautre brutus gaulle iouxte eridane. Apres ce cõme il fut question du testamẽt de cesar et des funerailles de son corps et que anthonius auec ses amys et beniuoslens estimassent q̃ fussent doppinion celluy testamẽt estre manifestemẽt recite q̃ le corps de cesar estre apporte/non point occultemẽt et sans decoration affin que par ce ilz appaisassent les couraiges du cõmun populaire irritez pour la mort de cesar/cassius contredist a ceste oppinion et brutus apres/toutesfois le testament de cesar fut publicquemẽt leu. Et apres fut prins le corps de cesar et honnorablement porte par le meillieu de la place publicque de romme/q̃ la anthonius selon la coustume profera et dist louenges amples de cesar. Et quant il vit a son oraison grande multitude de peuple estre attentif il esmeut et fleschit par son sermon tous les assistens a misericorde q̃ a compassion. Et aps il print la robe q̃ togue de cesar toute maculee de sang la monstrant manifestement a tous q̃ les coups q̃ la multitude des playes dudit corps/seq̃l fut en grãt hõneur et põpe mys en cendre q̃ inhume q̃ enseuely.

Ors fut telle esmeute du peuple q̃ brutus auec les siens alrez deboutez furent contraincz partir et sortir hors de la ville/car le peuple auoit occis q̃ mys a mort cimia amy et famillier de cesar cuidant q̃l fust du nombre des cõiurateurs q̃ meurtriers Et pour ce sen alla brutus a naples q̃ escriuit a cesar quil voulsist estre et vacquet a toutes les choses q̃ affaires appartenantes a son office de preteur en son absence. En ce temps adonc vint en la ville de rõme le plus ieune cesar lequel estoit filz de la fille de cesar empereur susdit/lequel cesar lauoit par soy testament adopte pour filz et heritier.

Qvãt ledit ieune cesar fut arriué a romme sachant la mort dudit cesar son ayeul il tira premierement a soy et gaigna lamour et faueur du peuple, et prenant et attribuant a soy le nom de cesar en diuisant et distribuãt aux citoyens largent a luy par ledit testamẽt delaisse. Plusieurs et la plus part diceulx q̃ souloient militer soubz iulius cesar il soustrahit. Apres q̃ ciceron par la hayne de anthoine fauorisoit au costé dicelluy cesar, brutus de ce estonné escriuit a cicero qͥl se voulsist aduertir des entreprinses dudit cesar, lequel brutus apres qͥl eut en soy proposé laisser ytalie il tira en lucanye par terre et laissa le chemin de la mer pour plustost et plus seurement paruenir a ung lieu nõmé eleay, et de la sen alla a athenes la ou il fut dune sienne certaine acoustumee hostesse receu honorablement. Puis antistius donna a brutus cinquãte mille pieces dargent, et toꝰ ses gens darmes qui de lexercite de pompee estoient en thessalie vaguans se retirerent et rengerent a brutus et en osta bien cinq cens de ceulx de cynnia q̃ estoient menez en asie a dolobelle. Et auec ce acquist lamour et alliance des roys et princes circonuoisins. ❡ Capus anthonius sachant telles cõpaignies de gens darmes sestre rendues audit brutus, et q̃ les appoloniés aussi suyuoient celuy brutus il laissa la ville en laquelle estoit et sen alla a toute diligence a buthrote, et en allant il perdit trois cohortes de gens darmes q̃ furent par brutus deffais et mys a mort, et apres seffoicent de surmonter et vaincre les lieux lesquelz enuiron la vallee beskide auoient esté deuant occupez il rencontra cicero, lesquelz eurent ensemble dure et aspre guerre et bataille, mais en la fin cicero le vaincquit. Apres ce que capus fut totallement desnué et desgarny de gens darmes et qlz eurent en appolonye appellé brutus. Brutus dist que ceste chose nestoit point selon q̃ en suyuant la coustume des rommains, mais qͥl leur couenoit aller au prince et luy demander pardon, et des choses qͥlz auoient ꝑpetrees excuser les delictz et criminelles faultes, ce q̃ sachãs lesditz gensdarmes vindrent vers ledit brutus et luy requirent pardon, lequel leur pardonna. Quant

brutus eut tout ce fait comme il estoit prest daller en asie il eut de romme par ung certain messager nouuelles que dedans romme y auoit grande mutacion et changement des choses, et q̃ le ieune cesar sefforçoit a lencontre de anthonius, lequel apres quil eut desgecté et chassé hors dytalie se monstra desia auoir paour. Et pource cesar voyant le senat poͬ toutes les choses dessusdictes griefuement molesté et regrettant moult en plourant labsence de brutus. Et auec ce quil vit que toutes sentences et prouinces a brutus estoient par le senat cõfermees cesar craignit encores plus fort. Et pource hastiuement il enuoya vers anthoine, et fist tant q̃ il le prouocqua a son amytié. Et apres ce encores adolescent et non daage parfaicte, mais ayant vingt ans il fut fait et creé cõsul. ❡ Ce fait cesar se prepara et disposa a lencontre des conspirateurs et perpetrateurs de la mort dudit Julius cesar. Lors il constitua pour accusateur de brutus ung nommé lucie cornifice, et contre cassius agrippe. En laquelle cause et accusation nul pour eulx respondant les iuges furent contrainctz prononcer les sentences. Apres ce trois des hommes consulaires, cestassauoir cesar, anthoine et lepide diuiserent entre eulx les prouinces et firent les prescriptions et mort de deux cens hommes, entre lesquelz Cicero fut occis. Quãt ces choses furent recitees en macedoine brutus rescriuit a hortense q̃ anthoine fust tué en vindication de laultre brutus et dudit cicero, puis enuoya en syrie vers cassius en le rappellant degipte. En icelluy temps nestoit point brutus si congneu pour sa puissãce comme il estoit pour ses vertus, lequel auoit escript a atticque que luy victeur deliureroit la chose publicque rommaine ou en mourant il euaderoit seruitude. Dautre costé anthonius se ioignit et alia auec octauie. Et cassius cõtraignit les rhodiés de chascun endroit soy luy apporter argent, et tant en eut quil amassa bien huyt mille talens et en publicque il auoit condamné la ville de luy bailler et fournir cinquãte talens. Des liciens il receut cent cinquante talens sans leur faire aucun tort ne iniure, et apres sen alla en asie, et luy est[oit] auec brutus pource que brutus a lin-

C ii

Le triumphe

stance des sardians auoit criminellement condamne faonius infame cassus portant griefuemẽt ce fait reprint brutus luy disant qͥl estoit trop austere et cruel en icelluy tẽps auqͣl ilz auoient de necessite et besoing dhumanite et de clemence. Auec ce il admonnestoit qͥl eust en memoire ͛ recordast les ides de mars esquelles ilz auoient occis cesar. ¶Apres ce cõme brutus et cassius sortoiẽt hors dasie et q̃ brutus voulut faire de nuyt marcher son armee estāt enuiron lheure de minupt q̃ leur lumiere trop resplendissante nestoit pas/mais obfusquee/et que en tout lost estoit pacifique silence brutus veillant veit vne horrible ͛ mõstrueuse ymage ayāt corps cruel et terrible/laqͤlle sapparut a luy sans aucun mot dire ¶Touteffois brutus fut si ose et hardy de linterroguer en luy disant par grande audace ͛ fermete de courage asseure Qui es tu ou des dieux ou des hõmes/que veulx tu ͛ pour quoy es a nous venu? Laquelle ymage luy respondit. ¶Tu me verras qͣlque fois et scauras qui ie suis ¶Ce dit elle seuanouyt deuant les yeulx de brutus/seql nen fist autre estime ne compte Comme les cheualiers saillissent aux premieres enseignes auec grande impetuosite contre les gens de cesar En laqͤlle bataille peu sen faillit(pource q̃ cesar par maladie estoit absent)que brutus ne print les compaignies des gẽs darmes de cesar/si anthoni' auec petite demourance ͛ incredible diligence ne les eust secourus contre ledit brutus. Mais dix iours apres ensuyuāt cesar vint disperser ͛ ordonner son ost/cestassauoir anthonius contre brutus ͛ luy contre cassius. Les chāps ou ilz estoient les rõmains les nommeret ͛ appellerent philippes ͛ la toutes les forces ͛ puissances des rommains les vngs cõtre les autres conuindrent ͛ se assemblerẽt. Veritablement la multitude des gens darmes de brutus nestoit gueres moindre a larmee de cesar/mais en aornemens et armeures estoient ceulx de cesar plus resplendissans que ceulx de brutus Tellement que par leurs sumptueuses richesses ilz se monstroiẽt tresaspres silz eussent mys amour et fidence en leurs armes ¶Cestassauoir en bataille cõme ilz faisoient en pompes et richesses.

Inablement apͥs plusieurs rencontres par eulx les vngs contre les autres faictes brutus et cassius sen allerẽt en grece et la brutus esmeut vne grant guerre a Trace (combien qͥlz en reuinsent garnys de bien peu de felicite)et luy ayant recueilly et rassemble le demourant de son excercite ͛ armee ͛ quil eut renouuellee ͛ renforcee icelle armee il conduysit ͛ ioingnit a soy tous ceulx de la terre ͛ de la mer/lesqͣlz faisoient grans appres̄tz a lencontre de anthoine ͛ de octauie son alye Et pource que brutus estoit le principal chief et ducteur de larmee il fist son fier vouloir tellement que a la fin il demoura vaincu/et incontinent luy mesmes se occist pour mourir en frāche liberte. Pour laquelle chose on le doit deuement reputer magnificque/magnanime ͛ digne de louenge/et mesmement quil a este desireux non point seulemẽt en lectres ͛ en sciẽces/mais aussi quil fut vertueusement ententif ͛ laborieux de subleuer liberte prestine ͛ acoustumee en la chose publicque rōmaine/a laquelle subleuation et poursuyte il mourut.

Emblablement decius brutus a laisse memoire et perpetuelle souuenance de luy/mesmement que luy tenant le party de ciceron quant il enuoye en la bataille luy seul par sa prudence resista a la fureur dudit anthonius/lequel decius apres la terrible et cruelle mort de iulius cesar vouloit estaindre celle puissance de la chose publicque rõmaine/mais apres fut condamne du senat. Parquoy quelque peu de temps apres il fut tue par vng cheualier nõme cappeno par le cõmandemẽt ͛ ordõnance dudit anthonius.

¶De marcus marcellus.

O cinquiesme lieu venorent deux Marcelles desquelz le premier estoit nomme simplement Marcel lequel principalement estans les Gaulles et les Insubriens venus en armes et grosse puissance darmes contre les rommains soubz la conduycte de viridomare leur prince et du cteur qui contre lesditz romains alloit apres aucunes aspres batailles les vngs contre les autres faictes a la fin il les gaigna par dures et aspres guerres tellement que marc marcel fut par viridomare occis. Et lors virgille consacra a iouis toutes ses belles et riches despouilles.

Pres ce suruenant la grāt guerre de hanibal qui auoit presque tout prins la chāpaigne de rōme Marcus marcellus estant a risuolle vng iour entre autres quil eut protection de la ville assaillit couraigeusement hanibal lequel luy tenoit le siege Et adonc cōbatans les vngs contre les autres marc marcel auecq̄ si peu de gens quil auoit demoura victorieux de hanibal, mais en cōtinuant par hanibal le siege le preteur marcel pourchassa si griefuemēt et en tant de diuerses sortes les affricās que hanibal fut contraint a sen fupr. Adonc marcellus fut le premier de toꝰ les rommains qui en poursupte de bataille vit le dos de hanibal en fupte et qui dōna meilleure esperance au peuple rōmain dauoir victoire contre les affritans. Peu de tēps ensupuant marc marcel souuent pourchassant hanibal estant q̄lque fois vaincu des carthaginiens, et tuez enuiron deux mille sept cens des rōmains, entre lesquelz furēt occis deux tribuns et quatre centurions marc marcel reprint couraige et enhorta ses cheualiers si vertueusemēt quilz luy cryerent tous a vne voix quilz estoient deliberez faire sa voulente en luy disant quil trouuast aucun moyen par leq̄l ilz peussent franchement assaillir hanibal, laquelle chose marcel se delibera et fut dilligēment studieux de ce faire. Parquoy lautre iour ensupuāt tous ses gens mys en bōne et competente ordre il vint assaillir hanibal si asprement et si cruellement quil desfist hanibal et son armee. Et illec mourut enuiron huypt mille carthaginiens et cinq elephans. Pour celle victoire obtenue par ledit marc marcel hanibal retourne en ses tētes et pauillōs dist a ses cheualiers de marc marcel. Trop grande chose vous est auec cellup nostre ennemy q̄ ne scet soubstenir ne conduyre bonne ne mauuaise fortune ne ne peult, et touteffois il vainc aspremēt. Du rant cellup tēps estant presque toute la sicille entre les mains des carthaginiens, marcus marcellus y alla auec toute son excercite et armee, la il assaillit la ville de siracuse, et en brief temps il conquist toute ladicte ysle et la remist a la domination des rommains. Apres ce q̄ quintus crispinius cree consul fut enuoie contre hanibal auec marc marcel lequel fut aussi constitue consul ilz ne laisserent vng seul iour reposer hanibal tant le pourchasserent de pres. Lors il aduint que ces deux consulz allerent pour leuer le siege ou estoit hanibal et menerent bien peu de gens, et ce pendant il sen retournoit vne partie des affricains a leurs logis lesquelz rencontrans les rōmains les assaillirent si vigoureusement que en combatāt fut marcus marcellus occis et les rōmains mis a descōfiture, les aucuns mors les vngs prins et les autres en fupte.

Autre marcꝰ marcellus fut celluy qui estoit cōsul au temps de cesar et ensemble auec pompee, cathon et bibulus, lequel marcellus fut moult expert a la guerre contre ses ennemys, et pource q̄l sexcercita au fait des armes a lencontre de cesar il a bien merite estre au triūphe de renōmee, touteffois aps quil fut par cesar contraint de soy rendre cesar vsa enuers luy de grande clemence et benignite. Lors marcus marcellus fist a cesar vne harengue et oraison par laquelle il remercioit cesar pour celle clemēce quil luy auoit monstree et plus pour icelle que pour quelconques autre operation quil vsast enuers luy. Peu de temps apres marcus marcellus grandement exaulce et esleue en athenes, ainsi que cesar a linstāce et requeste du senat le rappella et luy conceda et ottropa le retour, marcus marcellus estant enchemin cupdāt ioyeulx retourner a romme fut par magus ciltōn son ennemy rencontre lequel loccist et mist a mort.

Il y eut encores vng autre claudius marcellus ainsi q̄ escript liuius au .iiii^e. liure, et cōme aussi le recitent lucius et florius, lequel claudius marcellus ensemble auec lucius furius vaincquit et supedita propriet et surmonta les boyens, les subriens et les

Le triumphe.

gaulles lesqlz de nouueau oultre ce q̃ auoit
fait Viridomarus auoient assailly les rom
mains Et de cestes Victoires et dessusditz
peuples cõquis et subiuguez aux rõmains
claudius marcellus triumpha a romme.

⁋Apres fut Ung Licinius marcellus au

tẽps du premier marcellus/ leq̃l licini⁹ fut
tribũ z milita soubz marc⁹ marcell⁹ dessus
nõme/leq̃l mourut en ceste grãde z aspre ba
taille quãt marcellus fut vaincu p̃ hanibal

⁋De marcus actilius regulus.

De renommee　　　　　　　　　　fueillet. xvi

Aintenant en ce liure me fault au long traicter de marcus actilius regulus lequel comme dit est ap ma plus homme quil nayma soy mesmes. Et pour congnoistre comment et en quelle sorte q̃ les causes pour lesquelles a present il triumphe par renommee. Il est a entẽdre que combien que marcus actilius regulus ne fust pas quant a sa naissance ex traict ne venu de noble lignee, touteffois il fut de treshonneste lignaige qui vesquit et sentretint en ioyeuse et delectable poureté, cestassauoir sans souffrir trop grãde neces sité de biẽs temporelz et sans aussi en auoir excessiue habondance. Certainement il fut tel de soy que par ses faictz il a a bon droit merité estre au triumphe de renõmee affin que par elle le nom dicelluy demoure cele brable en tout temps et la memoire de luy soit honnoree et prisee. Cestuy donc̃s mar cus actilius regulus nauoit pour tous biẽs de ce monde seullement q̃ sept tournaulx de terre en une cõtree de rõme appellee popina Et de ce p̃ son labouraige continuel il four nissoit et subuenoit aux necessitez de la vie de soy, de sa femme et enfans et de toute sa famille. Par tresgrande diligence et labo rieux soing actilius labouroit plus a entie re loyaulté et a toutes autres vertus quil nestoit curieux a labourer ne cultiuer sa ter re et son champ. Adoncques fist tant acti lius et tellement prospera en vertus q̃ sem bloit plus q̃ se monstroit mieulx estre ung grant prince extraict de toute noblesse quil ne faisoit estre laboureur de terre. Lors les rommains voyans et considerans la ver tueuse constance et noblesse de vertu dudit actilius regulus le senat lappella et en pre miere dignité fut fait et cree consul. Adonc les rõmains prenans possession dytallie et ayans guerre contre les salaritiniens Re gulus estant consul y fut enuoyé lequel les vainquit et luy retourné a romme il trium pha deulx mesmement pource que cestoit la derniere victoire pour la conqueste dytallie En celluy temps les cartaigiens meurent et appresterent contre les aliez et amys des rõmains une cruelle bataille q̃ fut la plus pesante et griefue de toutes celles qui apres leur aduindrent, car les siracusains alyez des carthaginois estans en lisle de sicille fi rent grosse guerre contre les vecinenses a liez et amys des rommains. Et pource les ditz siracusains demanderent secours aux carthaginois, lesquelz leur enuoyerẽt gros se armee et puissance de gens darmes. Et voyans les rommains laffaire de leurs voisins et aliez de vecinenses et estre par eulx requis a secours et ayde Considerãs aussi les rommains estre saisiz de toute y talie et ayãs deux mers a lentour de leurs confins voulans et desirans experimenter les fortunes de la mer La guerre des sira cusains et des vecinenses fut la cause mo tiue de supure et mettre a execution et a la uenture leurdicte entreprinse. Et pource ilz enuoyerent ledit consul marcus actilius re gulus et maulius auecques luy pour colle gue vers les vecinenses. Et fut ceste cho se lorigine et commencement de la premiere guerre punicque dentre les carthagiens et les rommains, a laquelle estoient ia allez trois ducz rommains Cestassauoir apius claudius, capus ductus et actilius collatis nus. Ainsi doncques pour le quatriesme y fut transmis marcus actilius regulus, le quel entre plusieurs autres rommains fut le premier duc qui passa en affricque. Alors actilius mõta sur mer auecques ledit mau lius ayans nauires deuement appareillees et garnies de gens, de viures et de toutes autres choses necessaires pour guerre. Et actilius par auant laboureur des champs deuint tresexpert et magnanime cappitaine darmee maritime et naualle. Adoncques luy estant en la mer daffricque auecques son compaignon Maulius pour leur pre mier assault osterent aux siliciens deux ysles grandes et nobles. Cestassauoir lip peia et melita. Et apres la conqueste de ces deux ysles actilius et maulius par bataille faicte sur mer combatirent hamilchar chief et cappitaine daffricque et haymon auec ques luy. Et la tel assault et impetueux se donnerent les ungz contre les autres que actilius et maulius vainquirẽt hamilchar et haymon et a force darmes conquirẽt sur eulx enuiron quatre vingtz et quatre naui res carthaginiẽnes. Et apres ceste digne victoire nuualle descendirent en terre et

C iiii

transporterent leurs nefz en affrique ou il les q̃ prindrẽt par force vne moult noble et puissante cite nõmee clipee. Et consequemment en brief temps prindrent et se rendirẽt a eulx bien trois cens chasteaulx affricains et subiuguerent enuiron deux cens mille hõmes a lempire de rõme/et les places qui ne se voulurent rendre actilius les fist destruire et desmolir. Veritablement il sembloit que non pas seullement regulus combatist contre les hommes/mais aussi contre les dieux comme apres sensupt.

Pres celle victoire et conqueste dessusdicte les rommains consideran s les tresnobles et prouffitables besongnes que faisoit le vaillant actilius firent par le decret des senateurs prolonger le temps de son cõsulat/ lequel apres ql eut baille a son compaignon maulius sa nauire chargee de la proye et des despouilles quilz auoiẽt conquises sur les affricains actilius demoura seul sans compaignon en affricque auecques toute larmee rommaine/puis commãda audit maulius quil menast a rõme ladicte nauire auec toutes les despouilles. Lors ainsi que actilius dur et importun pour suyure contre ses ennemis entendoit auecques son ost victorieux mener sa bataille a aucune fin derniere et trãspassoit tout le pays daffrique nouuelles luy suruindrent de la mort du mesnoyer a qui il auoit commis et baille en charge la diligẽce de labourer son champ et soustenir et gouuerner sa femme et ses enfans et si ouyt nouuelles que le varlet mercennaire qui auoit este substitue au lieu de son mestoyer estoit party de son pays. Actilius doncques oyant telles nouuelles qui nullement nestoit orgueilly du noble estat quil auoit tãt par sa dignite de consul cõme pour ses victoires par lettres expresses demanda et requist aux senateurs et au peuple de romme quilz enuoyassent en affrique aucun autre cõsul en lieu de luy pour excercer son office affin quil peust sa fẽme et ses enfans nourrir de son priue et propre labeur cõme il auoit de coustume et non point du tresor publique. Certes ce fut tresiuste pensee a actilius de refuser le consulat qui estoit lune des souueraines seigneuries de romme affin quil ne fust cõtraint dõner a sa femme et famille aucũ deshõneste subside/mais le senat prit la cure de gouuerner sa maison et mesnage dudit actilius et luy commanda quil poursupuist la chose par luy glorieusement et heureusement encõmencee et faicte.

Oncques apres que Actilius par sa laborieuse diligence eut accomply et parfait toutes les choses appartenãtes a son ost il ferma et mist ses pauillons assez pres dung fleuue appelle Bragada en affricque/pres duquel fleuue en celluy mesmes temps estoit vng tresmerueilleux et horrible serpent lequel contaminoit lair et endommageoit moult les rommains/car il estoit de si terrible et espouetable grandeur que homme de lost de actilius ne autre ne osoit approcher du fleuue/car ledit serpẽt auoit ia blece plusieurs de lost des rommains et si auoit le cuir si dur et espes que nul glaiue ne le pouoit percer. Lors actilius voyant quil nauoit plus a qui combatre se delibera dassaillir celluy serpent/et pource il fist tyrer a lencontre du serpent maintz poignantz dars et aguz iauelotz et getter force de grosses pierres et autres instrumens de traict tant et si souuent que le serpent fut occis. Et apres quil fut escorche actilius enuoya a rõme le cuir et peau Dicelluy qui de longueur auoit bien six vingtz piedz. Apres celle occision du serpẽt actilius resplendissant par toute affricque a qui il ne restoit plus autre chose que de conquerre la ville et cite de carthaige/laquelle cite voyant tout leur pays conquis et eulx estre ainsi vaincuz de actilius demanderent secours a tous leurs alliez/et ce pendant les carthaginois enuoyerent a lencontre dudit actilius deux cappitaines tous deux nommez hasdrubal auecques tresgrande puissance dhommes darmes et autres choses necessaires a bataille contre lesquelz hasdrubalz Actilius regulus combatit si vigoureusement quil fut en celle bataille victorieux.

Elle victoire obtenue les carthaginois manderent et enuoyerent querir leurdit Cappitaine hamilchar lors estant en sicille

tequel luy seul estoit plus aspre en armes que les deux autres hasdrubalz. Contre lequel hanischar actilius regulus par semblable maniere victorieusement batailla et le conuaincquit, et tellemēt froissa et amoindrit les forces des carthaginois quil les cōtraignit presque comme vaincus demander et requerir paix et aliance auecques les rommains. Ainsi actilius qui auāt le tēps de son consulat auoit este ententif a labourer ses terres desseruit par ses belliqueux faitz haulte gloire et honneur de triumphe, car en lieu de la houe et du rasteau quil souloit porter pour labourer il auoit a toutes heures la lance ou lespee en la main, tellement que par grādes et magnificques oeuures les rommains en signe de glorieuse victoire luy auoient ia appreste pour son triumphant retour la couronne de laurier qui gardee estoit a romme au temple de apollo. Aussi luy estoit appareillee la robe dor que les rommains gardoient au temple de iupiter. Car les rommains auoient actilius en grande estime et amour, lesquelz lui preparoient aussi le beau et noble chariot triumphal a quatre cheuaulx blancz auecques les autres honneurs et atours appartenans au triumphe, mais fortune renuersa bien tout au contraire.

Ource que les loix que actilius donna aux affricains ennemys des rommains semblerēt estre trop dures et incomportables les affricains se tournerent a querir estranges souldoyers en leurs aydes, et entre les autres capitaines les affricains receurent zantipus duc des lacedemonois qui pour les affricains fut ordonne chief cappitaine et principal ducteur de leur armee pour conduire la guerre contre ledit Actilius et les siens. Lesquelz se combatirent ensemble si aspremēt quil desconfit actilius et fist tres grande occision des rommains. Et auecques ce il print prisonnier marcus actilius regulus auecques toutes ses enseignes et bannieres et le bailla aux carthaginois lye estroictemēt de chaines de fer en leur ioyeus se monstre, lequel actilius ainsi mal acoustre fut mys et enclos en une prison obscure et longue ou il endura plusieurs mesais

ses. Lors pource que les rommains porterent grieuement celluy emprisonnemēt du dit marcus actilius regulus, tandis et pendant ce temps quil y estoit ainsi enclos les affricains fors et trespuissans en armes et en richesses furent tourmentez et oppressez par les rōmains soubz diuers autres capitaines plus tost en affricque et lautre fois en sicille tellement et en tant de sortes que les affricains entre eulx ordonnerent quilz demanderoient paix et accord aux rōmains Et pource que les affricains estoient desireux affectez et cōtraintz de demander paix et accord aux rommains pour la couoitise de recouurer la fleur et la plus part des iouuenceaulx de carthaige que les rommains tenoient prisōniers par deuers eulx, adonc les carthaginois entre eulx par accord ordonnerent que marcus actilius regulus ia par cinq ans prisōniers entre leurs mains procureroit auecques les messagiers de carthaige quant arriuez seroiēt a romme la desliurance de soy mesmes moyennant que les ditz iouuenceaulx de carthaige seroiēt franchement renduz aux carthagiēs. Aussi que actilius promettroit et iureroit par serment retourner a carthaige prisonnier au cas que les rommains refusassent et ne voulsissēt tenir cellup appoinctement. Apres que toutes les choses susdictes furent promises et iurees par ledit actilius il fut enuoye ambassadeur et luy arriue a rōme il ne fist poit semblant destre rommain, et quant il fut deuant le senat et quil eut aux senateurs expose et declaire son messaige et la cause pour laquelle il estoit venu a eulx. Il leur dist en ceste maniere Messeigneurs depuis sept ans ou enuiron vous me fistes consul de ceste noble cite de romme et pour accroistre lempire et la seigneurie dicelle vous mistes en moy la principalle conduicte de voz cheualiers pour guerroyer cōtre les ennemys de romme, et ie selon la faueur des dieux et moyennant la sagesse force et prudente conduicte de mes compaignons ay conquis plusieurs citez, pays et gens et icelles ramenees soubz lempire de rōme, touteffois par fortune ie qui auoye par long temps este vainqueur suis vaincu, et ie qui auoye este franc suis serf et prisonnier, mais il est ainsi que tant par mes victoires que par vous aultres auez la plus grande partie des iouuenceaulx daffricque prisonniers. Parquoy voz ennemys affricains sont moult affoiblis de ieunes hommes côme ceulx qui nont plus gueres que hommes vieillars et inhabiles a endurer et supporter les pesans faix de bataille pour ceste cause desirent les affricains faire paix auecques vo9 soubz celle condition que vous leur rendiez lesditz iouuenceaulx francs et quittes et en lieu de eulx ilz me rendront a vous. Celle harengue ainsi par Actilius faicte les senateurs luy prierent que selon son aduis il dist et proposast sa sentence sur les choses par luy recitees. Lors actilius delaissant le propre salut de soy et de son singulier prouffit, et pour uoyant au bien publicque de rôme dist quil ne appartenoit point a la chose publicque de rôme que lon rendist ces fors iouuenceaulx de carthaige pour la deliurance de luy qui estoit vieillart et consomme. Et si ne appartenoit pas donner paix ne accord a une cite lassee et espuisee de force comme estoit cartaige qui pource les requeroit de paix. Ceste sentence de actilius fut grant exeple dentiere loyaulte, mais apres il fist chose plus grande, car il acomplist luy mesmes la sentence quil auoit dicte et prononcee contre soy et pour le bien publicque de romme affin quil monstrast que sa foy estoit plus en fait que en parolle.

J actilius eust voulu obtemperer et obeyr aux requestes de ses amys et enhortemens de ses parens qui tous luy donnoiêt conseil de demourer Il pouoit sans retourner en prison mocquer et deceuoir ses ennemys les carthagiens, mais le noble actilius de tout ce ne voulut riês faire ains perseuera en sa constance de son couraige et promesse iuree. Sa fême vint aussi vers luy pour la coller cupdant le retenir, mais il la rebouta et lors sen partit et ayma mieulx retourner en la prison des cruelz carthagiens que enfraindre sa foy. Actilius donc retournât de romme a carthaige en la prison se fist lier es chaines dont il auoit este deslie et affranchy Apres ce que les carthaginois congneurêt que luy mesmes auoit empesche lappointement dentre eulx et les rômains eulx pour ce embrasez de rage et de courroux pourpenserent vne trescruelle mort pour actilius, car ilz commanderent aux bourreaulx quil fust en telle sorte et maniere acoustre de ses yeulx quil perdist le dormir. Lors lesditz bourreaulx luy coupperent les paupieres et sourcilz de ses yeulx affin que par cestuy tourment et ennuy et par la peine côtinuelle quil souffriroit il mourust en languissant en prison. Apres que les paupieres furent trêchees au vieillart actilius les cartagiês le firêt lier sur vne table de bays bien poliz et aplaniez laquelle estoit toute plaine de gros aguillôs et de cloux pointuz haultz et esleuez. Et apres que actilius fut sur celle table couche et lye on luy mist dessus luy vne autre pareille et sêblable table. Et par le continuel tourmêt de ces deux tables ferrees de gros cloux aguz et poignâs qui persoient ses veines, chairs et nerfz dont le sang a grans ruisseaulx degouttoit et coulloit de son corps en grant angoisse et tourment Marcus actilius regulus mourut. Pourtât a bon droit ie diz de luy quil ayma beaucoup mieulx le prouffit de la chose publicque de romme quil ne fist soy mesmes.

C De marcus curius

Pres cestuy marcus actilius regulus ie v9 noblemêt triûpher pompeusemêt au chariot triumphal de renômee vng curius et vng fabricius plus beaulx que la leur miserable poureté et de plus digne renômee ayant este celle voluntaire poureté q ne fut mydas le roy de phrigie et marcus crassus rommain auec or et richesses la ou ilz furêt rebelles a la perpetuelle et singuliere vertu Dôc pour bien entêdre ceste chose il est bien conuenable que ainsi que marcus curius et gaius lucinius fabricius furêt confonnes en voulêté et en oeuures que sêblablement tous deux precedent audit triûphe, parquoy fault entendre que quant les rômains eurêt conquis vne partie dytalie les sannites lesquelz estoient trespuissans peuples qui portoient grât enuye et greuance aux rômains esmeurent et susciterêt guerre ausditz rommains ou il y eut de grande variete, a lexpedition de laquelle furent enuoyez de la partie des rommains plusieurs consulz, cestassauoir gapus Veturius, lucius papirius, cemione cursore et autres, et toutesfois pour tous ceulx la ne furent point lesditz samnites subiuguez, mais eulx renforcez recommencerent de nouueau la guerre. Parquoy les rommains enuoyerent marcus curius dentatus, lequel non pas seullement vaincquit les samnites, mais de tous costez et a lentour diceulx iusques au bort de la mer il subiuga et soubmist tous les pays des enuirons a lempire des rommains. Durant celle guerre ceulx de Sabine sestoient rebellez contre les rommains a lencontre desquelz curius auecques toute son armee alla et tellement fist quil les supedita et eut sur eulx victoire et les remist obeissans et tributaires a lempire et seigneurie de romme. A ceste cause et pour ces grans des et memorables victoires curius triumpha par deux fois a romme. Lune pour la conqueste des samnites et lautre des sabinois tout en ung mesmes consulat. Oultre toutes cesdictes victoires curius subiuga les lucans et pirrhus roy des epirothes et le dechassa du tout hors dytalie. Apres quil fut retourne a romme et que les rommains eurent congnoissance que sil neust prins et conquis tant de pays a grant peine eussent sceu viure a cause de la multitude qui estoit en romme et quilz fussent mors de fain Curius apres son retour sen alla demourer et habiter en sa petite maison. Ung iour entre autres curius estant aupres de son feu qui cuysoit une raue les ambassadeurs des samnites arriuerent la, lesquelz recongnoissans la begninite et courtoysie dont curius auoit enuers eulx vse luy apporterent et presenterent une grande quantite et somme dor. Lors incontinent que curius eut apperceu cellup present pecunieux il refusa tout et dist pour responce ausditz ambassadeurs ces parolles. Malo infelicitatibus meis esse et aurum habentibus imperare, cest a dire iayme beaucoup mieulx estre et demourer es moyennes felicitez et auoir la puissance et auctorite de commander a ceulx qui ont et possedent lor. Ceste digne responce faicte par le rommain curius tant vertueux lesditz ambassadeurs esbahiz et

estonnez sen retournerent et emporterent toutes leurs pecunes. Aucun temps apres ce curius fut accuse deuant le senat quil auoit eu et receu grant butin en la guerre samnitique a laquelle accusation curius comparu deuant tout le senat monstra luy mesmes au peuple ung calice de boys auecques lequel il sacrifioit aux dieux, affermant par serment que nulle autre chose de biens ne dor ne dargent il nauoit eu ne emporte de tout le butin et despouilles desditz samnites fors seullement cestuy calice de boys. Lors celle responce oup̃e curius fut du tout absoubz de celle accusation et demande, et ainsi fut laisse en paix & demoura auecques le petit de bien quil auoit.

C De gapus licinius fabricius

Pareille pourete et semblable continence fut celle de gapus licinius fabricius lequel non ayant monstre estre en luy moindre congnoissance du fait des armes en la guerre, laquelle eurent les rommains a lencontre de phiro et auec le peuple de tarente que fist marcus curius dentatus. Et aussi a la guerre de sanites et des lucans desquelz il rapporta ung glorieux triumphe et se voulut pareillement monstrer en se comparant audit curius par une autre vertu de pourete voluntaire. Car comme les samnites offrirent et presenterent audit gapus grant quantite dor et dargent ainsi quilz auoient par auant fait audit curius Ledit gapus voyant cellup tresor a luy presente en la presence des ambassadeurs samnitiens sans mot dire il se batit tous ses membres et ce fait il se retourna vers eulx leur monstrant par semblant quil nestoit point content de telz dons et pource par grande indignation il les refusa. Semblablement estant fabricius une fois alle ambassadeur de par les rommains vers le roy pirrhus pour rachepter certains prisonniers. Lors pirrhus qui en la guerre congnoissoit fabricius luy offrit donner la quarte partie de son royaulme, laquelle chose desprisa et refusa fabricius dont pirrus en fut en grande admiration, mais encores fut il plus esbahy quant ledit fabricius alla consul mener guerre a lencontre de luy et estans leurs deux armees les unes pres

des autres prochaines et voisines appres‑
tees pour combatre tirãnes medecin de pir‑
rhus prenant vne mortelle poison partit se
cretement de lost pirrhus ⁊ sen vint de nupt
vers fabricius en lui offrant la mort de pir
rhus et luy monstrant ladicte poison/et pro
mist cestuy medecin a fabricius quil donne
roit et mettroit celle poison meslee auec le
boire ⁊ le mãger dudit pirrus fabriciꝰ plain
de cueur magnanime voyant liniquite ⁊ tra
hison dudit tirãnes medecin refusa et eut en
horreur telle offre/et pource fabricius fist
prendre ⁊ lyer cestuy medecin et le reuoya au
dit pirrhus en luy escriuant et le aduertissãt
quil se donnast garde a son boire et manger
mesmes de son medecin tyrãnes/et touchãt
cest affaire autre chose ne luy manda ne des
claira. Pirrhus voyant telle chose et oyãt
le message de fabricius il eut en grande ad‑
miration et merueille la preudhõmie et ver
tu dudit fabricius/par quoy il dist de luy tel
les parolles. ⁋ Ille est fabricius qui dificil‑
lius ab honestate ꝙ sol a cursu suo auerti
potest. Cestuy la est fabritius lequel est
plus difficille a destourner dhonestete que
le soleil de son cours. Ce fait pirrhus pour
lhonestete de fabricius leua son ost ⁊ se par
tit hors dytalie et sen alla en secille. Pour
raison de ceste cause furent ditz et escriptz
telz vers de fabricius. O bon fabricius ꝙ
plus tost as voulu iouyr de pourete en ver
tus que de grandes richesses en vices. Ain
si doncques comme ces deux excellens hom
mes fabricius et curius ont este notables
et beaulx en leur honnestete et simple poure
te Aussi pareillement auarice et ardante cu
pidite insaciable fist sembler laitz et infa‑
mes crassus et le roy mydas auecꝗs leurs
richesses.

⁋ De lauarice marcus crassus

Il est a entendre ꝙ marcus cras
sus fut tresriche et puissant Ci‑
toyen de romme et auoit vng
tresgrant tresor tellement quil
en eust bien nourry de sonargent content tou
te larmee des rommains et estoit tresauari
cieux ainsi que dit cicero. Lors aduint que
estant le peuple de romme redupt a cesar/a
pompee et a crassus il aduint que les par‑
thes esmeurent grant guerre contre les rõ‑
mains et saichant marcus crassus les par
thes estre fort riches seullement par ardeur
dauarice et cupidite de pillaige il se fist faire
consul en ceste expedition/la ou apres quil
eut passe le fleuue de eufrates et conduit lar
mee rommaine en mesopotamie il combatit
contre les parthes lesquelz auoient deux
princes lung nomme silates et lautre sira
nas/en laquelle bataille fut crassus vaincu
et auec vng sien filz sen fouyt et se demou
rant de son armee auec luy sur vne puissan
te montaigne assise en vng fort lieu. Lors
les parthes voyans crassus auoit gaigne
cestuy effort saichans la nature auaricieuse
dudit crassus luy enuoyerent aucuns mes‑
sagiers faignans quilz luy vouloient don‑
ner grant quantite dor et dargent pour fai‑
re paix entre eulx. Adoncques crassus at‑
tentiuement oyãt telle promesse nayant nul
regard a chose du monde que a singuliere et
particuliere auarice et pour son seul prouffit
descendit du fort de la montaigne sans nul
le discretion tellement que si neussent este
les tribuns qui des parthes congneurẽt la
tromperie et deception les parthes leussent
alors prins prisonnier parquoy commence‑
rent la bataille asprement les rommains
mieulx aymans mourir belliquesement et
en bataille que estre si meschantement vain
cus et demourez prisonniers. Adonc la ba
taille esmeue entre les rõmains et les par‑
thes fut grãde et merueilleuse et si domma‑
geuse et infortunee aux rommains quilz fu
rent desconfitz et vaincus/et y fut leur aua
ricieux cappitaine occis auecques grant nõ
bre de rommains. Ceste victoire par les
parthes obtenue et les rommains ainsi des
faictz et occis lesditz parthes prindrent le
corps de crassus et premierement luy coup‑
perent le bras dextre et apres la teste ensuy
uant/et en signe de mocquerie et derrision
de son auarice luy coulerent de lor en sa
bouche en luy disant ces parolles. Aurum
sisti/aurum bibe Cest a dire/tu as eu soif
dor doncques boy or. Pour ceste villipen
dee auarice fut dit de crassus quil scait bien
de quel goust est lor. Et pour ceste villai‑
ne mort ainsi par auarice receue furent abo
lies et estainctes toutes les dignes oeu‑
ures faictes au par auant par crassus a ses

contre spartacus a la guerre des seruiens et des gaulles et des germains/la ou il occist bien enuiron trete cinq mille personnes auec leur duc nomme ganicus. Et encores auoit orcis spartacus et soixante et dix mille de ses gens qui senfuyrent.

¶ De lauarice du roy Midas.

Midas aussi roy de phrigie fut merueilleusement auaricieux come il appert par son hystoire laqlle est digne de memoire. Et cobien q le cas dicelluy midas soit en hystoire fabuleuse/touteffois fut ce hystoire veritable, car bachus dieu du vin estant irrite τ indigne contre les femmes de cyconie pour le mal qlles auoient fait a orpheus dieu des songes qui les sacrifices de bachus grandemet exaulcoit/ τ apres q icelluy dieu bachus eut prins vengeance desdictes femmes lui auec petite copaignie laissa celle contree ou le meurtre dudit orpheus auoit par lesdictes femmes cyconiennes este fait. Et lors il soubstrait ses sacrifices τ se translata aux vinobles de thimolus et en panthaso ou a luy arriue grat quantite de prestres τ prestresses honnorablement le receurent τ venerament le seruirent τ honnorerent. Encores ny estoit point le vieillart silenus/car en ce temps il estoit demoure en phrige chancellant de vin τ de vieillesse, la le trouueret les laboureurs du pays q le prindret et le lyerent τ le menerent a leur roy midas q diligemment senquist dont il venoit ou il alloit τ dot il estoit/quil queroit τ pour quelle cause il estoit prins. Adonc ledit roy midas trouua q celluy vieillart silenus estoit le principal de ceulx q festoyent τ cultiuoient le sacrifice du dieu bachus q est dieu des vins. Pource q midas susdit roy degipte tenoit τ faisoit tressolennelle feste en sa region τ seigurie τ honnoroit bachus le dieu du vin ainsi q au par auant luy auoit enseigne τ monstre ledit orpheus. Dot quant midas sceut que celluy silenus estoit lung de ceulx q celebroient la feste du dieu bachus il le fist desluyer τ le receut honnorablement et ioyeusement et le festoya dix iours et dix

nuytz en lhonneur du dieu bachus son seigñr. Et quat ce vint a le .xie. iour le roy midas vint sans plus darrest ou bachus se tenoit et demouroit/et la en grant honneur τ reuerence midas rendit a bachus ledit vieillart quil auoit auec luy amene. Lors le dieu bachus voyant son maistre silenus fut moult ioyeux/et en remerciat le roy midas luy dist que pour lhonneur q pour lamour de luy il auoit fait audit silenus il requist τ demandast ce qil vouldroit τ il luy promectoit le luy octroyer τ donner. Adonc le roy midas qui ouyt ceste promesse a luy faicte par le dieu bachus fut tresioyeux come celluy q moult auaricieux τ ardammet couuoiteux estoit et qui dauarice auoit le cueur plein τ embrase. Lors par son insaciable cupidite requist au dieu bachus q tout ce quil tiendroit τ toucheroit deuint pur et fin or. Lequel bachus luy octroya sa demade τ requeste moult voulentairement/combien qil lui greuoit beaucoup quil nauoit requis autre demande meilleure τ plus prouffitable. Midas ayant cestuy don asseure se remist en la voye pour sen retourner en sa terre τ il desiroit fort qil veist par vraye experience sa promesse apparue/τ pour les prouuer cueillit a vng bas chesne vng rameau fueillu leql deuint or incontinet. Pour celle chose sesioupt le roy midas oultre mesure/τ tant sesmerueilla qil ne scauoit sil dormoit ou sil veilloit tant auoit le cueur embrase τ ardant a auarice. Lors midas venu a son logis cuidant q ce fust songe ou fantosme pour essayer encores la chose print vne pierre laqlle tantost deuint or/ apres print vne gerbe q aussi tost deuint or/ et luy mesmes cueillit des blez lesquelz deuindrent or. Il print dung arbre vne pomme qui deuint or. Puis essaya aux potz τ vaisseaulx de son palais lesqlz deuindrent tous dor. Pour abreger tout ce q le roy midas tenoit par son seul atouchement deuenoit fin or/mesmes leaue ou il lauoit ses mains, et aussi ses vestemes. Le roy midas fut fort ioyeux du riche don q bachus luy auoit fait et par ce bien cuidoit tout le monde valloir pour le grant τ merueilleux monceau dor q de tous costez luy habondoit τ grandement se delectoit en lor quil auoit τ y prenoit grant plaisance. Mais il fut surprins de faim τ de

D i

soif: car quant midas pour manger fist courir ses tables, laqlle chose fut prestement faicte ainsi q̃ a vng tel roy appartient. Midas se seant a table pour manger print vng pain q̃ tantost deuint or si dur q̃l nen pouoit vser. Dont il se trouua bien fol et musart. Quant il veit q̃ pour tout son argent ꝛ or il ne pouoit auoir a manger. Il print apres sa tasse dor pour boire, mais subitement le vin deuint or en sa bouche. Moult fut Midas dolent quãd il vit q̃ pour richesse nulle il ne pouoit alleger la grãde destresse quil auoit de faim ꝛ de soif, et qui tousiours de plus en plus luy croissoit sans y pouoir mectre aucun remede. Lors midas voyãt toutes ces choses a bon droit congneut bien quil estoit cheut en celle malle aduenture pour son insatiable auarice ꝛ mauuaise couuoitise. Et pource il print a hayr et mauldire son or, et voulentiers se il eust peu sen fust suy pour laisser lor qui luy ennuyoit se repentant de sa folye. Souuent vers le dieu Bachus se humilioit qui a sa requeste luy auoit cellup don donne, ꝛ luy prioit q̃l luy pardonnast sa folye ꝛ le desliurast par sa pitie du villain dõmage quil auoit et le laissast viure.

Dãt Bachus vit la douloureuse repentance ꝛ le grief ennuy de midas qui en soy humiliant congnoissant et confessant sa folye cryoit mercy ꝛ luy prioit quil luy pardonnast son malfait ꝛ remist au premier point ꝛ estat Le dieu Bachus esmeu de pitie dist ꝛ cõmanda audit roy midas q̃ pour soy lauer et purger de ce grief mal ꝛ dõmage il allast contremont la riue du fleuue panthalon ꝛ son chemin tenist iusques au chief, ꝛ la se plõgeast corps et teste. Le cõmandement du dieu Bachus fait le roy midas alla audit fleuue, et sans arrest se plongea en leaue cõe enioinct luy auoit este Et leaue tira a elle sa force de nature de la doreure, ainsi midas en demoura pur et munde. ¶ Il est bien chose veritable q̃ le roy midas fut si tresauaricieux q̃ iamais son cueur ne peut estre rassasie dor ne dargent ne des richesses de ce mõde tant fut insatiable ꝛ couuoiteux parquoy pour le cõtinuel pensement quil auoit en ceste auarice il ne pouoit auoir appetit de boire ne de manger, et en laissoit le repos et oublyant toute honnestete et vertu. Mais quant a sa longue il congneut ꝛ apperceut son mal par lad uertissemẽt de raison il dispersa son or aux indigẽs ꝛ poures, ꝛ retira son cueur hors de celle insaciable auarice qui luy empeschoit le boire et le manger, et ainsi fut remis a repos et a son aise. ¶ Doncques a bon droit ay fait mention des deux personnaiges desfusditz, cestassauoir dudit crassus ꝛ dudit roy midas, lesquelz pour leur insaciable cupidite et auarice ont este rebelles et contraires a vertu. Car cõme dit le philosophe au quatriesme de ses ethiques Auarice est fondement et origine de tous vices et bannissement et empeschement de toutes vertus. Aussi a ce propos se cõferme la sentence de bayas disant que par iuste cause lhõme vicieux nest point digne de louenge quant par la possession de ses richesses il deuient vicieux. Par quoy au contraire curius ꝛ fabricius sõt a iuger auoir este assez plus beaulx et dignes de louenges auecq̃s leur pourete que crassus et midas auec toute lhabondance de leur or ꝛ argent et tresors. Aristote a ce propos recite et dit. Indignũ hominem non laudes propter diuitias Cest a dire On ne doit hõme louer qui pour lauarice de ses richesses est fait indigne de louenge pource q̃ delaisse toutes vertus pour totallement mettre son cueur en or et en tresors.

¶ De cincinatus seranus

Veritablement cincinatus seranus ne va point vng seul pas sans ces deux cõsulz susditz vertueux ꝛ elegans, cestassauoir curius et fabricius. Et pour congnoistre cõment il est a entendre que lucius quintus, lequel par sa grande beaulte et quãtite de cheueulx, et qui aussi par son exercice et vsage de semer eut le surnom de cincinatus seranus et digne citoien de rõme. Lors les rõmains ayans de cellup tẽps grande guerre cõtre les eques ꝛ les sabiniẽs Vng iour les sabiniẽs soubz le duc ꝛ capitaine de claudi[us] gracus vindrent piller ꝛ firẽt grosses courses et escarmouches iusques aux portes de rõme, pour laqlle chose les rõmains furent fort espouentez mesmes a cause que leur cõsul quintus munitius estoit assiege de gra cus sur la haultesse et summite dune fon montaigne nōmee algido. Pour laq̄lle chose les rōmains ne apas nulle autre esperance esleurent dictateur ledit cincinatus seranus lors estant en trastibie ou il labouroit et semoit la terre. Doncq̄s apres quil fut ainsi esleu τ cōstitue en celle dignite τ si grāde auctorite cōme de dictateur sen retourna a rōme par le mandement du senat. Et aps quil eut prins la possession de dictateure, et quil eut ainsi que cōmande lui estoit, assemble toute larmee rōmaine et luy party de rōme auec si grande puissance alla a lencontre desditz sabiniens contre lesq̄lz asprement il combatit, τ fist tant que a force darmes a la fin il vaincquit τ contraignit leur orgueil a demander pardon τ mercy τ appointement auec les rōmains. Et ainsi garda le cappitaine cincinatus seranus que minutius ne fust occis, τ le deliura du peril en quoy il auoit este luy estant assiege en ladicte mōtaigne. Apres celle memorable victoire cincinatus retourne a rōme refusa la dignite de consulat qui par le senat luy fut presentee et offerte. Et pource quil eut ceste victoire en quinze iours des le seiziesme iour il quicta a loffice τ dignite de dictateur, et incontinēt apres quil leut laissee il partit simplemēt de romme τ sen retourna aux champs acheuer ses semailles et labouraiges.

¶ De marcus furius camillus.

LE grant furius camillus succedoit ledit cincinatus seranus, lequel camillus se trouua plustost las de viure q̄ de bien cōtinuellement et vertueusement ouurer et faire, car le ciel le sortit et mist en si hault et digne degre dexcellence que sa clere vertu le ramena glorieux a rōme leq̄l par auāt vne aueuglee rage denuie lauoit oste τ separe hors dicelle gloire. Donc ie dys que digne et glorieuse renōmee raisonnablement se doit attribuer a camillus lup estāt vaisseau de tant de singulieres vertus. Car les rōmains lors eslas assiegez des veiētins lespace de dix ans pendant ce temps se leua plusieurs discentions et rumeurs entre les tribuns du peuple rōmain lesq̄lz estoient desia reduitz a desespoir, τ non point seulement nesperoient pouoir auoir victoire de leurs ennemis, mais aussi estoient en branssle et quasi pres de laisser et habandōner rōme a cause des courses et pillage q̄ leur faisoiēt leurs ennemys iusques aux portes de rōme qui faisoiēt grant dōmaige τ troublemēt aux rōmains. Lors iceulx rōmains cōme pour toute leur derniere esperāce firent τ creerēt dictateur marcus furiꝰ camillus leq̄l incōtinent fist τ amassa grosse et puissante armee auec le secours des latins et des hermiciēs lesquelz de leur propre voulēte sestoiēt offerts venir en guerre a la faueur et ayde des rōmains. Adonc toute celle armee assemblee camillus chief et ducteur dicelle saillit hors de rōme τ vertueusemēt assaillit aupres de nepe les capenates τ les falisdes, puis ceulx de sidene, lesquelz furent tous par luy desconfitz τ vaincus. Apres toutes ces victoires camillus marcha et paruint a veios, laquelle cōbien que fust vne grosse τ forte ville, touteffois il la vaincquit et subiugua vigoureusemēt et par ses conquestes τ victoires obtenues camillus osta τ leua le siege lequel par dix ans auoit oppresse τ grandemēt endommaige les rommains. Apres que camillus fut victorieux retourne a rōme ou il fut de tout luniuersel senat τ de tout le peuple rōmain honnorablement receu, il sans aucune dilation alla satisffaire a appoline. Et la dixiesme partie du pillaige et despouilles de ses ennemys en acomplissant le veu par luy fait pour gaigner les batailles dessusdictes luy offrit et donna.

APres q̄ camillus eut triumphe a romme pour les dessusdictes conquestes τ glorieuses victoires par luy obtenues il fut de nouueau par pareille charge renuope a sens contre des falisdes, lesq̄lz tenoient le camp pour resister a furius camillus: mais camillus leur infera si aspre et si impetueuse bataille ql les desconfist τ pilla tout leur cāp tellement qlz furet contrainctz eulx retirer par legiere τ hastiue fuyte dedans leur cite ou la camillus les assiegea. Durāt et pendant cellup siege vng maistre descolle q̄ auoit la charge des petis enfans dicelle ville cuidāt faire quelque seruice agreable audit camillus vng iour faignit de mener lesditz enfans a lesbat aux champs iouer τ les conduisit hors de la cite de fullerte, τ les mena

D ii

si auant quilz paruindrent iusques au lieu ou estoit lost & armee des rommains. Et luy estant deuant camillus luy dist quil donnoit tous ses enfans pour prisonniers par lesquelz il pourroit facillement auoir la victoire de la cite de brief. Camillus auquel tous vices estoient souuerainement desplaisans et principallement tromperie et trahison voyant la mauuaistie dudit maistre descolle le fist prendre et lyer les mains derriere le dos tout nud/& fist bailler a chascun desditz enfans vne poignee de verges en luy disant. Pource quil te semble q̃ vertu & force soyent en moy deffaillis que ie ne puisse gaigner & vaincre mes ennemys que par sa trahyson et inuentiue cautelle tu yras en tel estat en la ville racompter aux citoyens que les rommains nont point de coustume de vser en leurs glorieux faictz de vice et de fraulde. Apres que camillus eut ce dit il commanda aux enfans q̃ chascun sur peine de la mort sefforceast de le batre iusques au sang courant. Et apres que les enfans leurent son guernement batu camillus se renuoya en telle maniere lye a faleria/et fit conduyre les enfans auecques luy iusques dedans la ville Quant les citoyens virent ce fait & cogneurent la grande vertu & constance du cappitaine rommain camillus par meur conseil et delibere aduis conclurent ensemble quil valloit mieulx et plus seur et prouffitable leur seroit obeyr a telz iustes/loyaulx & vertueux princes & obseruateurs de telle foy et clemence comme estoient les rommains que de eulx soubzmettre a daultres ou de prendre gouuernement deulx mesmes. Lors incontinent esleurent ambassadeurs expres/ lesquelz furent enuoyez vers le senat a romme pour eulx rendre & leur bailler la domination et gouuernement de leur cite pour du tout en faire a leur plaisir & voulente. Les ambassadeurs doncques arriuez a romme firent au senat leur ambassade & charge declairant que pour la seulle vertu & constance de camillus ilz se rendoient obeyssans & subgectz aux rommains voulans eulx gouuerner par telles loix & coustumes que le senat leur vouldroit bailler et ordonner. Cestuy message par lesditz ambassadeurs fait le senat les receut & leur commanda viure selon les loix acoustumees des rommains. Apres ceste victoire par camillus obtenue et q̃ luy retourne a rome a grant ioye receu de tout le peuple eut honnorablement fait et accomply a delphos le veu du senat en cestuy temps se leua vne grant discorde entre le senat & le peuple/car le peuple vouloit dechasser aulus virginius et quintus pomponius/lesquelz auoient este tribuns deux ans passez. Et a cause quilz estoient innocens & iustes et nauoient fait aucune faulte en ladministration de leur office/les anciens peres et le senat les vouloient absouldre & deffendre mais a la fin lyre et commotion du peuple eut plus de puissance que la clemence des peres senateurs. Parquoy pomponius et virginius furent condamnez en grant quantite & grosse somme dargent pour laquelle chose ledit camillus blasma moult le peuple Ce fait vng nomé lucus apuelius fut cree tribun/lequel incontinent conceut grant pre contre camillus tellement quil le fist condaner en .xv. mille grains de metail en disant quil scauoit bien quil les auoit vsurpez en la guerre veiectane. Lors camill' non puissant de telle somme payer fut contrainct de senfuyr en ardea et la viure en exil. En ce mesmes temps les gaulles senons passerent en toscane et mirent le siege deuant vne nomee quinsy/tellement q̃ les quinsiens qui bonnement ne se pouoient plus deffendre deulx mesmes demanderent secours aux rommains. Apres que les rommains se furent sur ce conseillez ilz enuoyerent ambassadeurs aux gaulles leur commandant quilz leuassent leur siege et se retirassent paisiblement. Quant les ambassadeurs furent arriuez au champ des gaulles et fait et expose leur message lesditz gaulles respondirent qlz croyoient bien q̃ les rommains estoient bien fors & puissans/et pource quilz se deliberassent de secourir leurs ampz lespee au poing Touteffois ilz ne renoncoient point faire la paix auec eulx moyennant q̃ les rommains leur donnassent autant de terre en laqlle ilz peussent demourer. Quant les rommains ouyrent ceste responce & demande moult furent courroucez/et pource se mirent en armes a lencontre des gaulles et delibererent leur faire et liurer grosse guerre.

De renommee fueillet.xxi

Quant les gaulles virēt les rōmains se auoir preparé la guerre iceulx gaulles despitz τ enuenimez leuerēt leur ost de quinsy et prindrent leur chemin vers romme/cōtre lesqlz les rōmains voulans de toute leur puissance resister enuoperent certain nōbre de legions a lencontre τ au deuant diceulx gaulles au fleuue nōme allia auec bien peu dordre τ petite prouision. Lors les gaulles rencontrerent la les rōmains lesquelz sentrelivrerent bataille les vngs cōtre les autres/τ tellemēt combatirent q les rōmains furet vaincus τ desconfitz par les gaulles. Et tout incontinēt ceste desconfiture faicte les gaulles marcherent droit iusqs a rōme par telle impetuosite τ soubdainete qlz prindient romme dassault Et eulx voyans les senateurs de romme au cōmencement leur firent grāt honneur autant que aux dieux τ apres ilz les tuerent tous τ tout lautre peuple excepte ceulx q sestoient retirez au capitolle lesquelz se deffendirent Et combien q par plusieurs fois les gaulles assaillissent le capitolle/touteffois les ieunes rōmains qui au dedās estoient se deffendirent et les rebouterent si bien q les gaulles laisserent τ habandonnerent lassault du capitolle τ se applicquerēt a courir le pays aux villes circōuoisines tant qlz arriuerent et vindrent iusques a la ville de ardea en laquelle estoit camillus en exil/laqlle chose voyant les citoyens de ardea requirent camillus qlles voulsist deffendre contre lesditz gaulles q si impetueusement les assailloient. Lors le dit camillus print le plus quil peut de ceulx de sa cite/et auec petite quantite de citoyens saillit hors la ville a lencontre des gaullois sur lesquelz il fist tresgrāt dōmaige τ tuerie Adonc tout subitemēt sortit en armes grāt nombre de peuple hors de rōme τ de veiecte qui estoient circonuoisins de rōme/lesquelz tous dung commun accord esleuerent camillus pour leur ducteur et cappitaine. Apres doncqs que camillus eut fait grosse assemblee de gens darmes il assaillit les gaulles en telle sorte τ maniere quil les deffist τ les mist presque tous a mort. Par celle victoire τ occision des gaulles camillus non poit seullement fist ce grant bien a la cite de rom

me/mais aussi a cause q les gaulles auoiēt mis a feu et a sang presque toute la ville de rōme les rommains par vng cōmun desespoir estoient deliberez de habandonner ladicte cite τ aller demourer en aueios. Lors camillus par sa vertueuse constance les fist retourner habiter et renforcer ladicte cite de romme. Et en ensupuant les guerres des citez q estoient rebelles contre les rōmains il subiugua les eques/les volces/les latins/les herniciens/les nepesiens et plusieurs autres citez et regions. Apres quil eut ioinct τ conquis beaucoup de nations aux rommains τ quil eut grandement augmente et esleue de grosses puissances lempire τ seigneurie de romme il mourut. Pour les causes susdictes camillus a merite estre glorieusement colloque τ mis au triumphe de renommee et est digne entre les autres destre dignement loue/car ainsi que enuie lauoit dechasse faulcement hors de romme/aussi vertus et noblesse de courage luy ont remis gloire/louenge τ triumphe.

C De maulius torquatus.

Apres les deux susditz cincinnatus τ torquatus venoit τ de pres les suyuoit torquatus leql frappa et fist mourir son propre filz/ et voulut plustost mourir aueugle τ en grāt douleur q la noblesse demourast aueugle a cause de linobseruance de ses loix. Donc pour entendre son cas il est assauoir q maulius torquatus fut filz dung lucius maulius/leql a cause quil se monstroit dur dentendement le pere lauoit fait mener au vilaige dont maulius fut accuse dung nōme pomponius Et sachant cecy torquatus retourna a rōme et contraingnit pomponius lespee en la main a iurer τ promettre par serment qlse deporteroit de ceste accusation laquelle contre sondit pere auoit faicte. Aprs ce les rommains desirans dechasser hors dytalie le demourant des gaulles creerent celluy torquatus dictateur comme maistre de noblesse/leql parauant se nōmoit titus maulius/leql ainsi dictateur alla auec larmee rōmaine contre vng gaulle τ toute son assemblee/lesqlz ainsi qlz cōbatoient ensem

D iii

ble maulius tout seul entre les cheualiers rõmains vint rigoureusement assaillir cel-luy gaulle q̃ prouocateur estoit de la batail-le Et eulx deux combatans ensemble mau-lius osta par force du col du gaulle vne pier-re et bague quil portoit et la mist a son col/ pour laq̃lle chose il gaigna et acquist le nom de torquatus. Ceste victoire ainsi obtenue par torquatus luy retourne a rõme fut cree et fait consul/ et incontinent enuoya son col-legue contre les latins/lesquelz par grant rebellion inferoient et faisoient dure et aspre guerre aux rommains. Et pource q̃ mau-lius torquatus estant principal/chief et du-cteur et gouuerneur de celle bataille voyãt et consideråt q̃ entre les latins y eust grant prudence et vertu de seigneurie A ceste cau-se il cõmanda que nul quelconques ne fust si hardy ne ose daller en la bataille sans son conge. Adonc son propre filz voyant quil pouoit seurement ruer sus les vieures de leurs ennemys et leur faire grant dommai-ge ayant sa compaignie a sauantgarde tou-te preste/et voyant vne grant compaignie des ennemys asses pres de luy/De laquelle compaignie estoit chief vng nõme metius genimius q̃ estoit tuscan leq̃l fist tant quil esmeut titus maulius filz de torquatus a combatre en luy disant parolles iniurieuses tellement q̃ titus maulius ne peut plus en-durer telles grosses parolles iniurieuses. Parquoy luy indigne et despite en son cou-raige alla contre cestuy cappitaine si impe-tueusement quil le vaincquit et le tua sur le champ Et ce fait titus maulius sen retour-na a tresgrãt ioye vers son pere torquatus Auq̃l il racompta la maniere et cause pour laquelle il auoit assailly et occis ledit metius genimius duc et cappitaine des latins ses ennemys. Le pere torquatus oyant ceste cho-se irrite et desplaisant remonstra que cestoit que de lempire et dignite des consulz rom-mains/et de la transgression des comman-demẽs diceulx consulz/et les peines qui sen aduiennent/mesmes es affaires de la chose publicque rommaine. Apres que torquat9 eut fait a sondit filz telles remonstrãces et responces il fist appeller vng bourreau au-quel cõmanda en sa presence coupper la tes-te de son filz titus maulius.

Quelle digne ordonnãce est cel-le des loix pour le bien publique constituees et establies cõbien q̃ ceste ordonnance susdicte fust tri-ste et tresdure/touteffois elle est vtille/mes-mes quãt au fait de la guerre/car maintes fois faulte dobseruer et garder les edictz et commandemens fais lon pert vne bataille qui sera cause de perdre tout vng pays. Et pourtãt cicero a ce propos au premier de ses offices dit. Atzin re publica maxime con-seruanda sunt iura belli. Cest a dire Cer-tainement les loix/droitz et cõmandemens fais es batailles sont a obseruer et garder/ mesmement quant cest pour la chose publi-que/tout ainsi que vne chose qui est la plus necessaire au salut commun.

De publius decius.

Pres cestuy Torquatus ie vy lung et lautre decius/lesquelz ou-urirent auecques leur poictrine et dure mort les batailles des ennemys/et pource a plaine et haulte voix ie criay en disant. O fier et piteux veu leq̃l conduisit et offrit le pere et le filz a vne mes-me mort comme sensuyt.

Durant la guerre et bataille lati-ne la estans consulz titus mau-lius torquatus et publius deci9 collegue auec luy/il aduint que vne nuyt tous deux songerent q̃lz veoient vng grant hõme et dune grande reuerence lequel leur disoit par la part des dieux que leur intenciõ estoit q̃ a la plus prochaine ba-taille dung des costez estoit mort le consul. Et de lautre estoit vaincue et deffaicte lar-mee. Quãt le matin fut venu que les deux consulz furent ensemble ilz se declairerent lung a lautre les songes quilz auoient son-gez. Et pource apres que ilz eurent fais leurs sacrifices ilz delibererent de ne donnt occasion a leurs gens dauoir aucune crain-te quãt ce viendroit le iour de la bataille. Et auec ce conceurent et aduiserẽt que la core et aesle dung des deux consulz se cõmence-roit a esmouuoir et auec toute sa compai-gnie en se recommandant aux dieux entre-roit en la bataille. Apres ceste cõclusion en-tre les deux consulz faicte le iour de la ba-taille venu les armees dung coste et dautre estans prestes de combatre le signe se monstra du coste de decius. Lors decius incontinent en se vouant aux dieux se getta au meillieu de ses ennemps la ou il vit quil y auoit la plus grande presse et foulle. Auquel lieu il combatit vertueusement. Adoncques les rommains voyans leur cappitaine estre si vertueux et hardy chascun seuertua endroit soy de faire son deuoir/touteffois fut ledit decius si oppresse et enuironne de ses ennemps qui mourut en la bataille et en mourant quil laissa la victoire a son compaignon torquatus.

Pareil et semblable exemple suyuit son filz publius decius lequel ayant triumphe de la victorieuse conqueste des samnites par luy faicte. Apres quil eut consacre les despouilles diceulx samnites a la deesse ceres fut fait itere consul auec fabius maximus et tous les deux enuoyez a la terrible guerre laquelle eurent les rommains a lencontre des gaulles/samnites/cimbroiz et tuscans lesquelz auoient coniure tous ensemble inferer guerre mortelle et destruction au peuple rommain. En laquelle bataille publius estant voyant les rommains fuyas considerant que par quelconque maniere par parolles ou par autruy moyen il ne pouoit ses gens rassembler/et quil eut entre soy mesmes conclud combatre il appella marcus liuius et luy dist que par le commencement il se vouoit aux dieux. Doncques apres ce dit publius decius auecques grande soubdainete et impetuosite se retourna rudement a lencontre de ses ennemps et en combatât virilement et faisant grans et merueilleux faitz darmes gaigna et eut la victoire et fut occis en la bataille et laissa honneur a son compaignon fabius maximus.

De marcus curius

Druant apres ces deux dignes et tresdeuotz consulz decius estoit marcus curius non moyen deuot et amateur de la prouince que furet les autres dessusditz. Lequel emplit le terrible mirouer de soy et de ses armes/lequel sapparut a romme saultant au meillieu du pertuys vuyde. Et pour venir ou fait oudit marcus curius il est a entendre que deuât laspre et cruelle guerre des herniciens il sapparut a romme vne tresgrâde ouuerture en terre laquelle le peuple de romme sessaya plusieurs fois a emplir ce que iamais ne sceurent faire/mais au côtraire de iour en iour croissoit. Pour laquelle chose le senat demanda conseil aux diuinateurs/lesquelz faisans prieres et requestes aux dieux de leur monstrer et declairer ce quilz auoient a faire en ce cas affin que ladicte fosse fust replie. Lors a celle supplication fut aux diuinateurs respondu par vne voix incogneue que celle fosse vouloit et signifioit celle chose par laquelle les rômains estoiêt plus puissans que les hommes les armes et les vertuz. Se doubtant doncques le peuple rômain de celle responce marcus curtius reprint les rommains en leur disât et declairant que les rommains nauoiêt nulle chose par laquelle ilz fussent fors sinon que les hômes/les armes et leurs vertus et incontinent sen alla armer le plus triumphant pompeux et gorrier quil peut et monta a cheual aussi ioyeusement côme sil deust aller auecques les dieux et sen alla getter au meillieu de ladicte fosse/et aussi tost quil fut dedans la fosse fut plaine et close. Et ainsi par la mort de curius rôme fut sauuee

Apres cellui curius estoient numinius lauinius et actilius et en leur côpaignie titus flauinius lequel auecques les puissances rômaines et subtilitez vaincquit le peuple grec/mais encores plus auec pitie et clemence/car durât la guerre sabiniêne numinius fut fait consul et par le senat enuoye contre les sabins/lequel apres quil eut long têps tenu siege a lencôtre deulx il leur liura si impetueuse bataille quil les desconfit et luy retourne victorieux triumpha dedâs rôme/laquelle conqueste et victoire par ledit numinius faicte porta grât prouffit et hôneur au peuple rommain/mais plus grâde encores fut celle quil fist par sa prudêce et eloquence quant a la premiere esmeute qui fut entre le senat et le peuple rômain Et quilz estoient desia venuz iusques aux armes il les pacifia et mist paix et accord entre eulx auec vng tresdoulx et beau langage pour laqlle chose par droit et vraye raison on le doit nômer

D iiii

conseruateur et côfirmateur de la chose publicque rommaine. Et par ainsi ledit numinius demeure fameux et plain de bonne renommee et mesmement par sa grande contenance, car sil eust voulu il auoit eu le moyen plusieurs fois de senrichir, mais quât vint a sa mort il nauoit dequoy se faire enterrer ne enseuelir et fallut que le peuple le fist enterrer. Aucuns autres veulent dire que ce ne fut pas numinius dont nous venôs de parler et que cestoit nemius disans que lucius numinius fut cellui qui fut enuoye consul contre ceulx de achaye lesquelz il vaincquit et de celle victoire il eut tant de pillage et de richesses que toutes les ptales sen sen tirent et y eurent gaing et prouffit excepte seullement la maison de lucius numinius lequel les auoit vaincus et suppeditez comme escript cicero en ses paradoxis et iustin? au vingt et quatriesme de bellis laquelle oeuure fut moult vtile et grandemêt prouffitable a la chose publicque de rôme et donna cause a lucius numinius de fameuse et perpetuelle renommee et vertueuse gloire.

⁋ De marcus lauinius.

AV second lieu des susdits estoit marcus lauinius. Et pour congnoistre son fait il fault entêdre que les rômains faisans guerre contre les tharêtins pirrhus roy des epirotois vint au secours de tharente contre lesdits rômains et amena grant nôbre de gens de guerre et de elephans auec luy. Lors les rommains voyans telle puissâce a lentontre deulx enuoyerêt ledit marcus lauinius contre cellui pirrhus. Et quant lauinius auec larmee rômaine fut aux champs le centurion considius qui collegue et côpaignon estoit de lauinius contraignit en telle sorte larmee de pirrhus que si ne eust este lesmeute des grans elephans par lesquelz les batailles des rômains furêt troublees et empeschees et leurs cheuaulx espouetez leurs ennemys les rommains neussêt point este occis et descôfitz, mais côbien que pirrhus demourast au champ superieur, touteffois dautant quil appartenoit aux cheualiers rômains ilz firêt si noblemêt leur deuoir que ne en gaignant ne en perdât iamais ne tournerent le dos pour fouyr, ains apres et en

oultre ceulx qui demouroiêt mors ilz monstroient a leur visaige grande ferocite.

⁋ De actilius colatinus.

AV tiers lieu ensupuât ledit actilius amena meilleure fortune q̃ cestui lauini? a la cite et seignirie de rôme, car en continuât la premiere bataille punicque et estant lisle de sicile donnee a la faueur et societe des carthaginois, ledit actilius collatinus fut enuoye cappitaine de larmee contre les carthagiês. Et apres quil fut arriue en sicille il gaigna principallement ethua, drepana, lilibeo, arigento et panorme noble et puissâte cite principale de lisle q̃ les mist soubz la iurisdition des rommains. Et apres venât côtre larmee de hamischar duc des carthaginois lequel amenoit auec luy vne grâde quâtite de nauires a la bataille le gaigna et vaincquit pour laquelle victoire fut toute lisle de sicille redue subgecte aux rômains. ⁋ Oultre cestuy actilius eut vng autre marcus actilius glabrion côe escript titus liuius au sixiesme liure de bello macedonico. Et iustinius au .xxxi?. Cestuy actilius glabrion vaincquit le roy anthiocus et racctosus de grece recouurât les citez par luy occupees. Et apres ce il vaincquit les etheoles, la ou de anthiocus et des etheoles il rapporta triumphe, car non seullement pour vne telle oeuure il fist et acquist grande vtilite et prouffit, mais auec ce il adiousta au bien publicque rommain grant gloire et honneur.

AV dernier lieu apres les dessusnômez estoit quintus flaminius lequel apres la grande fureur de la guerre punicque fut côstitue et cree consul. Et pource que en cellui têps philippes roy de macedoine se estoit esmeu et auoit esleue guerre aux rommains flaminius fut par le senat enuoye ducteur et cappitaine et principal chief de larmee rômaine contre le roy philippe et habida tyrant des lacedemonois. Lors incontinent que flaminius fut arriue en grece il côtinua guerre long têps contre lesdits deux princes et a lencontre de plusieurs lesqlz sestoient aliez et vnis auec ledit philippes et habide voulans plus tost soustenir linimitie des grecz q̃ lamytie des rômains quintus flamini? demoura côtre eulx tous vaincqueur tant des ungs que des autres. Apres quil eut subiugue ledit roy philippes il congrega les principaulx citoyens de toutes les citez de grece lesquelles il auoit vaincues et conquises et leur commanda quilz comparussent tous a ung iour certain par luy assigne et ordonne pour ouyr la voulente du senat, lesquelz apres quilz furent au iour determine arriuez et venuz a romme auecques vne moult grande crainte attendans la sentence du senat par la voix du consul flamine Ainsi que escript Valere au septiesme chapitre de son quatriesme liure Apres que flaminie eut fait faire silence il prononca telle sentence. Senatus populusqz romanus et titus quintus flaminius imperator omnes grecie vrbes que sub dictione philippi regis fuerunt liberat, cest a dire. Le senat et le peuple rommain et tite quinte flamine empereur met a plaine deliurance et liberte toutes les citez lesquelles ont este soubz lauctorite et domination du roy philippes. Ceste sentence plaine de grant clemence et de pitie ne fist pas seullement confermer les couraiges des grecz a la foy et obeyssance des rommains, mais encores il fut diuulgue par tout le pays de grece en telle sorte et maniere que toute luniuerselle grece voulut estre dessoubz le gouuernement des romains. Pour lesquelles oeures flaminius retournant a rome raisonnablement receu a grant honneur et ioye glorieusement triumpha trois iours entiers.

¶ De pompilius.

Apres cellup titus quintus flaminius le vy triumpher au chariot de renommee cellup lequel ceignit le roy de sirie dung grant et magnanime cercle, et apres auecques sa langue et auecques son front et auctorite le contraint et mena a sa voulente. Et pour entendre lexposition de ce ainsi que dit iustinus au trente et quatriesme de bellis extremis. Anthiocus roy de sirie ayant esmeu la guerre contre le peuple rommain Ptholomeus roy degypte son nepueu ne de sa seur et allie et compaignon des rommains enuoya audit roy anthiocus son oncle par vng embassadeur luy dire quil se deportast de la guerre degypte et que sil estoit entre au roy

auline quil sen retournast en arriere. Quant pompilius eut expose son ambassade audit roy anthiocus voyant que le roy luy auoit dit (pour prolonger le temps) quil sen conseilleroit a ses amys pompilius fist vng grant cercle dune verge quil tenoit et commanda a anthiocus quil se mist auec tous ses amys dedans cellup cercle et luy rendist briefue response Lors anthiocus fut si remply de paour quil se declaira vouloir obeyr au senat et subgect aux rommains.

¶ De maulius capitolius.

Tout au plus pres en supuant cellup pompilius estoit cellup qui arme tout seul deffendit vne montaigne, de laquelle il fut apres par ses ennemys gette et suspendu. Ce fut Maulius capitolius lequel ayans les gaulles senons prinse la cite de romme par le conseil des vieulx peres senateurs Tous les ieunes hommes de romme coururent a la deffence moult virillement. Lors aduint que vne nuyt les gaulles assaillirent ledit lieu auecques force deschelles, adoncques grande quantite doysons qui la estoient oyans le bruict sesmeurent a crier. Pour laquelle chose maulius sesueilla et diligemment se arma auec beaucoup de rommains Et saillit aux deffences et combatit asprement contre les gaulles et fist vng grant meurtre et occision diceulx. Pour laquelle chose il fut grandement loue et luy fut incontinent donne vne maison dedans le cappitolle. Et pour cest affaire fut nomme maulius capitolius. Apres que maulius eut receu tant de bien et dhonneur il fut surprins dorgueil tellement quil cherchoit les moyens de se faire seigneur de romme. Lors incontinent quon congneut son secret il fut prins et mene en prison. Et apres pour la faueur du peuple il en fut mys dehors. Neantmoins il estoit tousiours obstine en son propos. Pour laquelle chose quant ce fut sceu p marcus et quintus publius qui lors estoient tribuns du peuple ilz le firent mourir, comme plus amplement il appert au triumphe de mort en lhystoire dudit maulius. Apres la mort duquel lesditz tribuns firent abattre sa maison quoy luy auoit par auant baillee et contraignirent les maules de iurer que ia mais nul de la lignee ne se feroit nommer de la maison capitolius.

¶ De oratius cocles

Apres cestuy cappitolius iapperceus cestuy lequel souloit deffendre le pont du tybre contre tous les tuscains lesquelz estoient assemblez pour vouloir prendre cestuy pont. Cestoit le vertueux z hardy oratius, car au temps que furent dechassez les tarquins hors de romme par brutus (ainsi que aues dit par auant) tarquin lorgueilleux sen fuyt a porsenna roy des tuscains lequel regnoit lors et tenoit sa residence en la cite de quisy, et venu a luy auecques prieres et plusieurs raisons lesmeut a luy ayder a faire la guerre aux rommains. Car porsenna consentant z se accordant a tarquin fist une grande assemblee de gens de guerre et alla contre les rommains lesquelz il trouua despourueuz, et pource les mist en si grant paour qlz nauoient quasi autre refuge que de eulx en fouyr. Et ainsi quilz estoient en ceste grande guerre et crainte porsenna et tarquin arriuerent auecques leur armee, et de premiere face assiegerent romme quasi deuant que les rommains sen apperceussent, et lors a lauenture se trouua a la garde du pont sublice (lequel maintenant est rompu dessoubz le pont sainct angel) ung rommain nome oratius cocles auecques ung nombre de gens darmes lesquelz aussi tost qlz virent leurs ennemis commencerent a eulx enfouyr eu gectant leurs harnois. Ce que voyat oratius et quil ne pouoit plus soustenir la bataille a cause de ses gens q ainsi sen fuyoiet commenca a dire a deux qui estoient auecqs luy lung nomme spurius lertius et lautre terminius quilz trouuassent maniere auecques du fer et du feu de rompre ledit pont et que luy tout seul autat que possible seroit a resister touchant ung homme soustiendroit la bataille et limpetueux assault des tuscains. Adonc il se mist auant au bout du pont et commenca la bataille et combatit tresvertueusement tant que ledit pont fust rompu et abatu. Et apres quil congneut par signes fais par les rommains que ledit pont estoit rompu il sen retourna arriere et se gecta dedans le tybre et se saulua et les rommains auec luy par sa hardiesse.

¶ De mutius caius.

Apres oratius ie vy ung autre qui auecques vie et art louable et engin au meillieu des compaignies ennemies en vain esmeut sa digne main et apres ceste mesmes il brusla si fort courrouce en soy mesmes et en son couraige ql ne sentit ne brusleure ne la douleur. Et pour mieulx lentendre il est assauoir que apres que oratius nageat par le tybre retourna a romme porsenna mist le siege autour de romme et commanda que le dit siege fust entretenu et cotinue, et pource quil fut la long temps rome vint en grande necessite de famine par laquelle chose ilz estoient contraintz dedans rome ou de mourir de faim ou quilz se rendissent en la mercy de porsenna. Estans donc les rommains en ceste grande necessite ung ieune homme rommain nomme caius mutius se delibera mourir et tuer le roy porsena pour deliurer la prouince et demanda conge aux romains quil peust aller au champ des ennemys, et que luy fut octroye. Et pource il sortit hors de romme et sen alla au champ diceulx ennemys la ou il vit le scribe et le grant prestre du roy porsenna vestu de pourpre et cuydat que par le beau et riche habillement que ce fust ledit roy il se approcha de luy et incontinent le tua. Pour lequel meurtre mutius fut incontinent prins et mene deuant ledit porsenna. Lors le voyant si ieune luy demanda qui il estoit. Adonc mutius sans estre aucunement effroye lui dist telles paroles. Je suis citoyen rommain que lon nomme Caius mutius et moy ton ennemy ay voulu tuer mon ennemy et iay failly, mais il ya apres moy grande compaignie de tous ceulx qui sont de ceste entreprinse iuree et promise. Le roy prosenna doncques esbahy et courrouce pour ces paroles craignat le fist enuironner de gens darmes en le menassant de le faire mourir par tourmens sil ne declairoit les trahysons lesquelles il disoit luy estre appareillees. Lors mutius estendit sa main au feu qui la estoit appreste pour faire sacrifice et la laissa brusler ne iamais ne la retira tant quelle fust toute brus lee. Adonc le roy Porrant celle grande constance du tout craintif laissa et leua le siege et fist appoinctement auec les rommains et donna conge a mutius en luy disãt. Daten seurement ie te laisse pour ta grande vertu franc et deliure. Mutius lors print conge dudit roy porsena et sen retourna a romme la ou raisonnablemẽt il fut en tresgrãt honneur receu de tout le peuple et senat rõmain et le roy porsenna qui auoit veu la constance de mutius fist paix aux rõmains en ostãt toute rancune qui pouoit estre entre eulx et sen retourna auec son armee a quisy dont il estoit premierement party.

C De duellus et quintus luctacius catulus.

Apres mutius suyuoit cellup lequel le premier se monstra estre vaincqueur contre les carthaginois. Et auecques luy venoit mesmemẽt lautre lequel auoit rompu et disperse les naures africaines entre cicile et sardaine. Pour ceste intelligence il est a scauoir que duellus et quintus luctacius catulus doiuent deuement proceder auecques les autres arriués au triũphe de renõmee Car les rõmains ayans auecques les carthaginois propose donner secours a deux citez differentes en lisle de sicile. Cest a scauoir a onessiua et siracusa ou fut le premier commencemẽt de la guerre punicque. Du coste des rommains fut enuoye cappitaine de larmee quintus duellus. Et du coste des carthaginois fut enuoye milconus. Lors sachant duellus que les cartaginois estoient tres puissans par mer ordonna manieres de nauires lesquelles estoient plus fortes et meilleures a la bataille quelles ne estoient belles Auecques ce il fist faire des ancres de fer pour getter dedans les nauires des ennemys pour les enchainer et ioindre quant il viendroit a la bataille. Apres ce il se rencontra auec ses enncmys, lequel fist getter de ces dictes ancres dedans les nauires diceulx ses ennemys. Et lors combatirent long temps ensemble, tellement que duellus demoura victorieux, et furent les carthaginois prins prisonniers excepte la gallee de milconus lequel sen fouyt et retourna a carthaige, et lui arriue il exposa au senat des carthaginois la disposition de larmee des rommains en leur demandant conseil que en se trouuant en tel estat quil leur sembloit que lors il eust deu faire. Adonc les carthaginois respondirẽt que en se trouuant en tel estat il deuoit combatre, et il leur respõdit que ainsi auoit il fait et quil sestoit combatu et auoit perdu la bataille ou il se sauua, car sil eust autrement fait les carthaginois leussent fait mourir selon lordõnance de long temps cõstitue a ceulx qui estoiẽt vaincus en bataille a la mer. Estant apres la premiere guerre punicque longuemẽt duree et par plusieurs ans et diuerses manieres combatu lune partie et lautre voulant chascune des deux puissans essaper dy mettre fin chascune dicelles fist vne tresgrande armee deliberans veoir la fin dicelle guerre. Adonc les rommains preparerent trois cens nauires soubz le gouuernemẽt et charge de quintus luctacius catulus. Et les carthaginois soubz ladministration et conduicte dudit milconus, tantost apres les deux puissantes armees combatirẽt ensemble aupres des ysles de egatte entre sicile et sardaigne, mais a la fin catulus demoura superieur et vaincquit en prenant les naures des carthaginois lesquelz en les menãt estans les hommes prisonniers les Rommains furent moult ioyeulx. Pour laquelle chose les carthaginois furent contraintz de faire paix et appoinctemẽt auecques les rommains et leur laisser toutes les ysles qui sont situees entre ytalie et affricque. Et oultre ce toutes les campaignes et aussi toutes les espaignes lesquelles sont deca le fleuue yberus.

C De apius claudius.

Ensuyuant cellup catulus et les autres susditz ie congneu apius claudius lequel auec ses yeulx habituez et priuez de lumiere furent griefz et moleste a lhumble et instable peuple. Doncques pour mieulx entendre ceste sentẽce il est a scauoir que cellup apius claudius fut ne de sabine. Et dautant quil pouoit il prohiboit et engardoit que les sabinois ne meussent guerre aux rõmains. A ceste cause le peuple de sabine le voulut occire. Pour lequel dãgier euiter il sen fouyt de

Le triumphe.

sabine et sen alla a romme. Tantost apres quil fut la arriue il fut fait citoyen et nōbre entre lordre patricius. Apres ce miraculeusement il deuint aueugle/ car cestuy apius claudius corrompit par argēt deux prestres et fist tant enuers eulx quilz enseignerent aux serfz publicques les cerimonies dhercules. Cestuy donc vaincquit en bataille vertueusemēt les sānites les osernes et autres deuant qˉl deuint aueugle. Et apres qˉl fut aueugle et que ia lōg tēps auoit dure la guerre de pirrhus roy des epirotois voulās les rommains faire appoinctemēt auec luy apius se fist porter au senat ou la vertueusemēt persuadoit aux rōmains les conditiōs de paix baillees par pirrhus. Apius fut encores tousiours moleste et grief au peuple/ car voulāt plusieurs fois le peuple que on cōmuniquast la dignite consulaire apius incessammēt et courageusemēt resistoit. Encores apius est digne de cōmandation de renōmee par le digne ediffice qˉl fist du chemin paue de pierres a Brindis. Et pareillement par les cōduitz des eaues par lesquelz vient leaue du fleuue habondamment en romme.

⸿ De cayus pompeius.

Dignant & au plus pres enſuyuant cestuy apius claudius aueugle supuoit ung autre aueques ſemblant doulx et manſuef leql ſi neuſt eſte que ſa lumiere et gloire faillit a la fin. Par aduenture euſt eſte le premier entre les hommes fameux, mais certainemẽt il fut tel que tous enſemble furẽt ces trois atheniens. Ceſt aſſauoir bachus, hercules et epaminondas. Et veritablement a conferuer la gloire et trop viure ce termine aſſez le pire. Doncques pour entendre et aſſauoir la declaration de ce ientendz de capus pompeius auquel a cauſe des haultaines & ſingulieres vertus qui en luy eſtoient fut octroye & attribue le ſurnom de grant la ou on peult entendre de ſa vie principallement les manieres et manſuetude que eut ledict pompee en deux ſortes, lune par propre nature et condition. Car il eſtoit piteux et tres clement, de laquelle pitie et clemence eſt faicte apparence & clere demonſtrance quant pompee en diracie combatant contre ceſar par pitie ne voulut ſupure ledit ceſar leql ſen fupoit a cauſe que lors il ne occiſt tant de rõmains la ou ceſar iura que pompee ne ſauoit plus vaincre. Lautre manſuete & clemence euidamment eſt par accident, car eſtãt põpee vaincu en pharſalie il eſtoit couenant & expedient quil depoſaſt tout ſon affaire & toute ſa ferocite la ou licitemẽt ſe peut faindre eſtre treſdoulx & ampable. Et q̃ ſil neuſt eſte a la fin vaincu condignemẽt il euſt eſte le premier en gloire, car nul autre rommain (quãt tout ſon affaire ſeroit double) ne fiſt iamais tant de faictz darmes q̃ fiſt pompee tout ſeul. On peult encores dire q̃ pompee auoit eſte tel au bien publicque de rõme que furent a thebes hercules, bachus et epaminondas. Car bachus rẽdoit aux thebains les dieux ſubgectz & les autres peuples. Põpee vaincquit & ſubiugua a lempire de rõme les occidentalles & ſeptentrionalles regiõs la ou eſtant la ſecille occupee des deſſus nõmez de ſcilla ſupuant põpee ſon entrepriſe vertueuſemẽt la recouura deulx. En aps apant põpee domination ung entre les autres deſſus eſcriptz enſemble auec tarbas occupe numida et ottea oſta a maſmiſſe ſon royaulme et retourne põpee a rõme triũpha

deulx eſtant de laage de xxiiii. ans, & enſupuant aps la dure & aſpre guerre de ſertoires et autres proconſulz leſqlz auoiẽt ſupup le party de marius pompee en eſpaigne les dechaſſa et vaincquit. Et en ce temps eſtant grant nõbre de pirates leſqlz pilloiẽt lune & lautre mer en prenãt les viures q̃ venoient a rõme laqſte choſe eſtoit aux rõmains une grande moleſte põpee les contraignit deulx rendre aux rõmains & les vaincquit en quarante iours. Apres pompee ſe tourna vers orient ou il vaincquit le roy mitridates roy de põt & le roy tigrane de armenie et diceulx triũphant a rõme menoit deuant luy le filz de tigrane & les filz de mitridates et ariſtobolus roy des iuifz, auql triumphe iamais on ne veit ſi grãt gorre ne põpe et ſe ſupuoit apres mitridates & les peuples qſl auoit conquis. Il vaincquit apres les albanois, les volques, les herniciens, ſes ſyriens, les fenicies, les caſpes, les boſſerais et les iuifz ceulx q̃ habitoient la mer rouge, la mer arſtabicque & la mer ſicanie. Et fut pompee le premier empereur rõmain qui iamais en ces lieux menaſt les enſeignes rõmaines la ou deuemẽt põpee eſtoit le ſuperieur en la guerre ciuille & ſans nulle doubte ceſtoit le plus fameux & renõme de tout le peuple rõmain. Touteffois qſte fut ſon yſſue, cela eſt aſſez cler & notoire. Par quoy ie dis q̃ le trop long viure eſt pire que le plus brief ſelon et en enſupuant la ſentence de cicero faiſant mention de priamus metellus & capus pompeius lequel quant il fut malade a maples ſil fuſt mort il neuſt point tant encouru de calamitez & de miſeres comme dit tulles en parlant de ceſte maladie en diſant ces paroles. Si ceſtuy homme pompee euſt eſte extaint et fruſtre des bonnes choſes aux maulx neuſt point deffailly, meſmement de miſerabletez. Certainement iulius ceſar voulut mourir en ceſtuy tẽps que pompee fut occis craignant que ſa gloire ne diminuaſt en ſa vieilleſſe.

De lucius cornelius ſcilla.

Apres ceſtuy põpee le vp ung autre leql eſtoit pour laduenir profitable, et eut toſt et legieremẽt renõmee a la fleur de ſon aage

Cestoit lucius cornelius scilla/car luy estant petit en maillot luy apparut vne femme laquelle luy dist. Salut apres tu enfant a toy et a la chose publicque heureux/et incontinēt ces parolles dictes elle seuanouyt. Lesquelles scilla apres verifia bien amplemēt lors quil contraignit marius a mourir par edict perpetuel. Luy mesmes se escriuit et nomma bien heureux. Neantmoins entre tous les surnoms qui se puissent attribuer aux hommes il ny en a nul qui si tost se puisse perdre que felicite estant lhomme subgect a infiniz dangiers/desquelz le moindre qui puisse venir est suffisant a oster tout lestat de felicite. Scilla dōcques estant questeur dessoubz capus marius combatant vaillamment contre Iugurta lequel auoit par la voulente de boccus roy de mauritanie esmeu grande guerre aux rommains A la fin il contraignit Boccus a rendre iugurta prisonnier a Marius. Et mesmement a la guerre cymbrica et des rudesques il se porta si vaillamment cōbatant qil donna occasion quon le reputast homme digne de louenge/et apres il fut esleu contre mitridates lequel il vaincquit et principallement Archislaus son prefect aupres de athenes/q vaincquit pareillement les samnites q alpins: et rendit le royaulme de capadoce ou roy ariobarse. Apres ce vindrent les discrencions ciuilles/comme il soit ainsi que publye suplicie tribun du peuple et a la requeste de marius vouloit reuocquer tous les bannys q deposer scilla de la prouince de mitridates q en son lieu eslire capus marius. A laquelle chose resistant quinte pompisie publie suplice occist le filz de pompilius: leql estoit gendre de scilla et assembla son armee q retourna a rōme. Et apres quil fut entre en la ville il occist Supplicius q chassa hors Marius Et apres que romme fut pacifiee il alla a lencontre de mitridates et le vaincquit Puis sen retourna en ytalie et combatant contre corbanus le vaincquit/q aps dechassa hors dytalie Carbonus/et luy retourne a romme print la dictature perpetuelle. Apres il ordōna la cite de romme et mist la table et la prescription/et cela fait delaissa la dictature q sen alla au royaulme apozute et peu apres il mourut.

Autant que cettuy scilla sest mōstre rude et cruel aux armes celluy qui le supuoit sest monstre vrayemēt en sa face estre bening si quon ne scauoit discerner lequel fut a iuger meilleur ou plus souffisant en duc et cōducteur ou cheualier combatant. Pour entendre la substāce susdicte il est a scauoir quelle fut la grāt cruaulte et seuerite de scilla oultre les tables de la prescription/ ce q plutarque demonstre en sa vie quant il descript vng metellus auoit dit a scilla ces paroles yracundes et plaines de fureur. Qui est cettuy qui sera la fin des maulx a present sur le commun populaire rommain regnant. Auquel scilla respondit quil nen estoit encores point venu le temps. Florus recite q scilla auoit fait mourir en vng iour sur vng chemin huyt mille hommes a grans de cruaulte/entre lesquelz estoiēt tous les prestins et plusieurs nobles des rōmains entre lesquelz fut marius moult honnorable citoyen de lordre patrice. Auql scilla fist coupper toutes les deux mains et les bras les aureilles et le nez/et puist lui fist creuer les deux yeulx. Et apres tous ces tormēs a la fin le fist cruellement mourir dont raisonnablement fut scilla cruel appelle.

⁋ De Valerius coruinus

Valere aussi escript de ceste mesme cruaulte disāt que ayant sarpedon mene Cathon son parent a la maison de scilla pour luy complaire. Et combien que cathon fust ieune et adolescent daage voyant tant de testes dhommes mors a lentree de la maison de scilla il demanda a sarpedon vng baston pour occire scilla en voyant q nul autre rommain nauoit extirpe tant de cruaulte. Secondement il fault entendre que en trois manieres se peult interpreter la sentence des vers precedens. La premiere est que ientens de valerius coruinus lequel militant dessoubz camillus alla en la guerre galicane q lors estāt vng galicien prouocateur a la guerre tout les rommais martins valerius alla a lencontre de luy et en cōbatant vng corbeau se mist sur sa teste/z faisoit grant dōmaige au gaulle en telle sorte q̄ a la parfin valerius demoura superieur/z a cause de cedit corbeau fut nōme cor uinus Et apres croissant en vertus iusq̄s en laage de .xxiii. ans fut fait consul/laq̄lle chose nestoit iamais a nul rōmain aduenue et en cestuy consulat il triūpha en rōme des volsquis des samnites z cāpanes. ¶ Aus si ie dis q̄ titus maulius torquatus et martius valerius coruin⁹ furēt premierement dignes cheualiers z apres tresbōs capitaines disant q̄ par ceste interpretacion ainsi sexpriment mesditz vers/z dautāt q̄ scilla fut dur et seuere aux armes dautant cestuy qui supuoit en ordre dudit triūphe De renōmee/cest assauoir valerius coruinus estoit doulx et begnin/z ne scay sil est a iuger meilleur con ducteur ou cheualier a la bataille. ¶ Lautre interpretacion est quon peult prendre en laage de .xxiiii. ans seullement cheualier et nō cappitaine cōe pompee q̄ alla en afriq̄ contre hiarbas z domitius et lup̄ les ayant vaincuz retournāt a rōme triumpha deulx Et pource ie dys q̄ dautāt q̄ scilla fut cruel aux armes dautant cestuy q̄ le preferoit au dessusdit triūphe/cest assauoir pōpee estoit doulx z begnin et ne scay sil est a iuger meil leur cōducteur ou cheualier ayant triumphe quāt il estoit seullemēt cheualier. ¶ Cōbiē fust grāde la benignite de pōpee on le peult assez cōprendre p̄ luniuerselle beniuolence a luy portee de tout le peuple/laq̄lle fut telle q̄ cesar en ses dignes triumphes ne voulut point porter lymage de pōpee dessus le chariot de paour q̄ le peuple mesmement la iu uentute rōmaine ne sesmeust a lencontre de luy/mais au cōtraire il porta achilles mort pour donner recreation aux rommains.

A tierce z derniere interpretaciō que ientendz aussi cest de iulius cesar Car a cōparer cathon et ce sar Cathon prouocqua a soy la beniuolence des rōmains auec sa rudesse/et cesar auec benignite z clemēce/laq̄lle pareillemēt il monstra en la bataille pharsalicque quāt il cria a ses cheualiers Parcite ciuib⁹ Cest a dire espargnez les citoyens. Et selon ceste introduction dautāt q̄ scilla fut seuere z cruel aux armes Dautant cestuy q̄ le

supuoit estoit doulx z begnin/et ne scay sil est a iuger meilleur cappitaine ou cheualier Et pource cōfermer auec florus lequel es cript de la bataille pharsalicque entre pōpee et cesar disant q̄ cesar fut mortiennict entre imperateur z simple cheualier. Il reste donc et laisse a selection et arbitre De ceulx cy ou des autres susditz. Cōbien quon pourroit dire q̄ ie ayant fait mention en autres passa ges de cesar z de pompee Si entendoye en ce lieu encores en parler ce seroit redicte z su perfluite Ie Dys que non/car ie veulx et en tendz seullement a lexēple de ceulx cy mon strer la grant cruaulte de scilla auoir este si tresgrande q̄lle peult estre estimee plus grā de que lenuieuse benignite de ceulx cy.

¶ De lucius voluminus.

Apres scilla et valeri⁹ coruinus venoit ce noble lucius voluminus digne dautre et excellente louenge et vertu lequel en bien orant oppressa la maligne rumeur laquelle partenoit du sang corrōpu. Pour mieulx donc entendre ce texte il est assauoir que sucius voluminus tresgrant hōme rommain et excellent au fait des armes fut esseu consul contre les samnites et les tuscains Et apṙs ce par son moyen cessa linfluēce pestife re qui en romme estoit Car estant la cite de romme fort assaillie et oppressee de peste sucius voluminus cōseilla au peuple rōmain quil se failloit retourner aux dieux/et pour ce delibererent les rommains denuoyer au dieu esculapius ambassadeurs z en esleurēt dix desq̄lz le premier estoit lucius. Lors que furent lesditz ambassadeurs au tēple z eurēt offert deuotemēt leurs prieres de dessoubz lymage desculapi⁹ saillit soubdainement vng serpent plustost hōnorable en soy que horrible/z en cheminant tout bellement paruint aux nauires des rōmains et la il se coucha au tabernacle dudit voluminus/et apres les rommains retournans auec luy tout aussi tost quilz furent arriuez a hostie le serpent sortit hors de la nauire et entra en vne grande forest prochaine a laquelle ou il sarresta les rommains edifierent vng tēple en lhonneur desculapius Par laquelle chose incontinent cessa la pestilence p̄ tout

E ii

tôme. Et pource ayant lucius voluminus donne conseil de ce faire il luy fut attribue auoir si grant benefice a romme que tous la uoient en grant honneur.

¶ De cossus cornelius.

Apres lucius voluminus suyuoient cossus, philonus et rutilius Car cornelius cossus estoit beau de corps et de couraige et de force semblable a sa beaulté Luy doncques estant tribun dessoubz cincinatus a la guerre des vegentins fut le dernier president a la chose publicque rommaine. Et a cause que les sidenates estoient rebelles aux rommains et aliez auecques les vegentins Et aussi ayant iniustement occis les ambassadeurs rommains les rommains estoient tellement espouentez, et mesmement pour limpetuosite et fureur de Fera telumnius leur duc en telle maniere quilz craignoient certaine et totalle ruyne sur eulx. Lors cossus estant desia pres de ses ennemis voyant que ses cheualiers craignoient la bataille. Et dautre coste voyoit teluminius qui couroit au trauers de son ost Incontinent cossus auecques grant couraige print son chemin par grande impetuosite a lencontre de teluminius et le supuit si vertueusement quil loccist, et les despouilles de luy romulus second les consacra a pheretrius iouis Et en continuät la guerre et vng iour combatant les sidenates auecques leurs visaiges ardans contre les rommains Cossus commanda a ses cheualiers quilz desbridassent leurs cheuaulx et quilz picquassent et courussent a tort et a trauers a lencontre de leurs ennemys, ce quilz firent Et assaillirent si impetueusement que en bien peu de temps ilz les deffirent, et par la vertu de cossus les rommains eurent victoire.

¶ De publius philonus.

Philonus fut fait consul en la guerre a lencontre des antiates lesquelz auecques industrie et auecques discipline militaire vainquit et fut homme tresmagnificque en tant que titus liuius nombrant les principaulx cappitaines, lesquelz estoiët habiles a resister a alexandre de macedoine entre les autres il mect publius philonus. Apres doncques la premiere victoire il fut fait consul auec lucius cornesius sentulus ouquel consulat il sen alla en grece la ou il en rapporta grant gloire et triumphe au peuple rommain, car luy estant arriue audit pays de grece auec puissance imperialle il ordonna ses batailles côtre les grecz lesqlz auoiët vng cappitaine nomme flauius qui par aucunes courses et insidieuses embusches endômageoit moult lost des rômains, lesqlz ne se pouoient nullement donner garde de luy. Ce que voyât philonus vng iour fist le guect et enclost ledit flauius tellement quil loccist et deffit toute larmee des grecz, et luy victorieux retourne a romme triumpha deulx.

¶ De marcus rutilius.

Touchant le fait de rutilius il fault entendre qlz y eut vng marcus rutilius lequel estât la guerre finie en tuscane et les villes de peruse, cortone et arizo par les rômains prinses. A ceste cause les samnites plains denuie esmeurent la guerre contre les rommains. De nouueau fut esleu consul ce rutilius a lencontre diceulx samnites, lequel assembla et ordonna son armee et entra en samnite par force et print presque toutes les terres et villes de sa prouince, en telle facon que en peu de temps les samnites qui plus ne pouoient resister furent côtraintz a eulx redre. Apres ceste victoire il aduint que les herniciens donnoient grât ennuy aux rommains. Lors marcus rutilius alla a lencontre deulx et vertueusement les vainquit et sen retourna a romme et triumpha glorieusement et honnorablement diceulx.

¶ De publius rutilius.

Autre rutilius fut publius rutilius lequel estant consul auec capus mutiorius, cheualiers rômains lesquelz estoient demourez a la garde du pays dasie, laquelle tirant nicquemët infestoiët la ou rutilius la print a deffendre, pour laquelle chose il vint tresgrant enuie de sordônance equestral et print iugement et gouuernemët des deniers qui faisoit reprendre De laquelle chose estant rutilius accuse a la fin fut condamne en exil par lordonnance des gens darmes auquel pays et par laquelle condamnation sembloit que le senat romain eust perdu tout honneur et toute maieste. Et estans ces deux rutilles tresgens de bien Je laisse en arbitre les lisans a eslire lequel quilz vouldront.

De lucius sicinius.

Apres les trois dessusditz ie vy aller a part des lumieres espesses des hommes fameux & seullement trois cheualiers lesquelz auoient leurs membres rompus et leurs armeures toutes desmaillees et fendues, et a leur veue monstroient estre trois soleilz et plustost trois fouldres de guerre, lung estoit lucius dentatus, lautre marcus sergius et lautre cessius scena, et lung de ceulx cy nestoit successeur de la legiere renommee. Doncques pour bien iuger la renommee qui se doit attribuer a ces trois tresdignes hommes Je croy que plustost est a regarder iceulx auoir eu force corporelle que dengin de discipline militaire. Et fault entendre principallement que lucius sicinius dentatus contient en soy quasi toute la gloire qui iamais fut en tous les cheualiers de romme. Car lup ayant este tribun aux armees et en bataille six vingtz fois la plus grande partie des victoires lup estoit tousiours attribuee et donnee a cause de son fort combatre Et oultre combatit a plusieurs iournees il rapporta trente six despouilles des ennemys par lup vaincus. Il eut quarante & cinq playes toutes deuant. Mais par les espaulles iamais ny eut coup. Il fut honore & couronne de quatorze couronnes ciuilles a cause que il auoit par sa vertu garde quatorze citoyens rommains de mort. Il fut pareillement exaulce cent douze fois dautres dons militaires. Et dernierement il suyuit neuf empereurs triumphans, lesquelz par sa vertu auoient rapporte victoire de leurs ennemys.

De marcus sergius.

Marcus sergius dautant quil appartient a sa presence dung homme fut tresouable apres lucius dentatus. Comme il soit ainsi q lup estant aux batailles fut. xxiii. fois blece a la poictrine. Aussi es batailles luy ayant perdu sa main dextre il en recouura vne de fer Auecques laquelle combatant quatre fois pour vng iour tousiours demoura vaincqueur. Pareillement lup ayant este prins de hanibal et este vingt moys es fers il sen fuyt. Cestup sergius en toute et chascune bataille tant horrible et dangereuse fust elle que fissent les romains a lencontre du dit Hanibal tousiours se trouuoit, & au sac transmene et a crebre et a cannes incessamment il fut honore de dons militaires & de couronnes ciuilles, parquoy on le doit reputer glorieux si son successeur et heritier cathilina neust auec la condamnation dexil denigre sa noblesse.

De cessius scena.

Pareillement ou bien peu moins doit proceder par raison cessius scena centurion de cesar auecques ces deux autres dessus nommez Cestup scena estoit loyal fort et attrempe centurion Et ayant cesar assiege pompee a ditrachie & ayant fait autour de la ville. xxiiii. chasteaulx scena laissa la garde a vng de ses gens. Lors pompee saillit hors de la ville et en ce iour combatant contre les cesariens il demoura vaincqueur, et expugna le chasteau lequel estoit en la garde du fort scena. En cest assault & bataille scena vertueusement se deffendit, tellement que en son escu il receut cent trente flesches Et oultre et auec ce grant quantite de dars lup furent gettez par si grant violence q les espaules lup furent percees Et vne flesche lattaignit en vng oeil laquelle il arracha et soeil quant & quant Et eut tant de coups que scena lors appelloit ses ennemys faignant de se vouloir a eulx rendre, lesquelz quant aupres de lup furent venus & q il ne pouoit plus soubstenir les armes auec les dens les assaillit En telle maniere se deffendit tant que vint de ses gens lesquelz le porterent en seur lieu.

E iii

¶ Touchant ce que iay dessus dit en ces motz/mais non successeur de legiere renōmee/se peult exposer en deux manieres/cest assauoir q̄ sung de ceulx cy ne oste de renommee son successeur estāt chascun de ces trois hōmes fameux et dignes de renōmee et ainsi legiere. Lautre interpretacion est q̄ sung: cest assauoir marcus sergius nest pas successeur de renommee.

¶ De Marius.

Apres les trois sus nōmez sup̄uoit marius/leqūl atterra iugurta roy de Numidie et les cymbries q̄ la fureur tudesque/lequel marius fut ne de harpin/et par ses vertus venant a romme consupuit le nom de romain. Lors a la tierce guerre punicque il milita soubz scipion emiliaire/la ou il se porta si vaillammēt quil acquesta le nom de fort cheualier. Et apres luy retourne auecques la faueur de quinte metesse il fut fait tribun succedant apres publius licinius. En celluy tēps fut le pays despaigne vexe de plusieurs larrons/auquel pays fut marius enuoye preteur/lequel en brief temps dechassa iceulx larrons et remist la prouince en paix et bonne seurete. En ce mesmes tēps commencea la guerre de iugurta/et loccasion de celle guerre fut comme escript assez clerement saluste la differēce entre lempsalle filz naturel de micipsa et iugurta son filz par adoption estant par nature filz de gususta/car estant Iugurta par nature plus grant daage q̄ plus ancien que nestoit adherbal se assist ou premier lieu et vouloit oster aucunes choses faictes par micipsa a laage de sa vieillesse/pour laquelle chose lempsale desdaigne par lune et lautre chose dist et declaira en tel forme quil luy vouloit oster et reuocquer son adoption/pour laquelle chose et declaration iugurta ne succeda plus son heritier. Quant Iugurta eut entendu les parolles de lempsale incontinent prins de fureur sur esmeut et suscita la guerre/par quoy adherbal et lempsalus estans en tutelle et protection des rōmains leur demanderent secours. Adōcques les rommains enuoyerent marius a lencontre dudit iugurta et en sa compaignie marius allia auecques soy cornelius scilla. Lors luy estant fait tribun il aduint q̄ estant plusieurs fois iugurta vaincu en la bataille de marius a la fin senfuyt a Boccus roy des maures/lequel estoit son subgect/mais Boccus qui naymoit point iugurta ayant desplaisance de pōpee lequel estoit de son infidelite enuoya a scilla qui estoit son grant amy/et en peu de iours Boccus luy rendit iugurta en vie prisonnier laq̄lle chose fut apres quasi la ruyne de romme. Car retournant marius a rōme en son triumphe menoit iugurta prisonnier deuāt son chariot/et en prenant gloire de la prinse dicelluy Iugurta scilla portoit en paincture en son escu le roy Boccus lequel luy rendoit iugurta prisonnier laq̄lle chose estoit moult desplaisante a marius. Ayant doncques marius eu en sa puissance Iugurta presque en vng mesmes temps arriua a romme ceste bonne nouuelle et vne autre mauuaise/ce fut que les cymbrois et les tudesques venoient contre les rōmains/contre lesquelz Marius fut enuoye lesquelz il vaincquit comme auons dit au triumphe de la mort. En apres Marius vaincquit (Plutarque lescript) les gaulles desquelz en celle bataille en demoura cent mille/ et aps il vaincquit les latins/et puis eut auec scilla guerres ciuiles trescruelles/lequel marius fut sept fois consul et en laage de soixante et dix ans il mourut le vingt et deuxiesme iour de son consulat.

¶ De fuluius flaccus.

Tout ioignāt et apres cestuy marius ie vy ensupuāt fuluius flacus lequel ouura dindustrie a ce quil peust extirper les ingratz/ car aps les rōmains prins q̄lque esperance de leurs batailles/et quil leur sembloit que hanibal fust aucunemēt esbahy ilz creerent consulz fuluius flaccus et publi[us] claudius/et lors ayant este long temps capue assiegee par les rōmains fuluius flaccus arriua en larmee et incontinent ordōna faire a capue plus grande oppugnation. Et desia hanibal faignoit ne tenir compte de capue. Lors flacc[us] fist faire vng cry p̄ tout son ost q̄ sil y auoit aucun cappitaine ou homme de guerre de quelque estat quil fust apat seru hanibal quil peust seurement retourner et que toutes les offeses quil pourroit auoir faictes contre les rommains tant fussent elles grandes luy estoient pardonnees. Touteffois quelque cry et promesse quil peust faire il ny en eut pas ung qui voulust habandonner les carthaginois/ mais plus tost se tournoient a desespoir et une partie de leurs ennemys senateurs sen allerent et les autres plus pusillanimes attendirent leur extreme fortune Lors fuluius flaccus assiegea ladicte cite de capue et en luy liurāt la bataille la print. Et quant il fut dedans moult courrouce il print tous les senateurs et iceulx enuoya prisonniers en deux uilles lune nommee cales et lautre thiane. Et a pres quil eut ordonne en la cite laquelle il auoit prinse ainsi que bon luy sembloit rēdre recompense ou punition aux capues de leur ingratitude il sen alla a thiane et a tous les senateurs capuds qui la estoient prisoniers fist trencher la teste. Et apres quil fut venu a cales il luy vint lettres du senat quil deust pardonner aux capuds/ mais flaccus pour les paper iustement de leur obstinee perfidie leur mist les lettres dedans leur sein desquelles ilz auoient congnoissance et commanda au bourreau quil mist a execution ce quil luy auoit par auant commande lequel a tous les autres couppa la teste. flaccus print apres les lettres en les lisāt et par ainsi il faillit par industrie quil nauoit premieremēt leu les lettres en ne obeissant au senat pour occire les ingratz laquelle est erreur et difficulte de doubte.

⁋ De marcus fuluius.

Fluuius plus noble procedoit auecques flaccus et ensemble eulx deux suyuoient renommee lequel marcus fuluius fut tres noble homme et vertueux en faitz darmes Et estant consul vaincquit en Grece les etholes et les orthans laquelle chose faicte luy retourne a romme en grāde ioye triumpha diceulx. Apres la guerre finye contre le roy philippe de Macedoine et les abraciens ses ayans en icellui temps donne faueur et secours contre les rommains fuluius alla a lencontre deulx et les contraignit si durement par occision quilz furent contraintz a eulx rendre aux rommains. Apres ce il sen alla a lencontre des sephaloniciens lesquelz en bien peu de temps il contraignit et vaincquit et mist la prouince en paix et toute trēs quitte par pitie et clemence et sen retourna a romme portant tous les aornemēs et despouilles de celle victoire et glorieusement triumpha deulx. Doncques cestuy fuluius fut plus noble ou de gestes ou de legance ou de coustumes ou de beaulte de corps. Parquoy ses oeuures furent celebrees de eminius poethe/ lequel en ce temps moult estoit extime digne et excellent poethe.

⁋ De tyberius graccus.

Apres cestuy fuluius iapperceu ung graccus suyuant renōmee et procedoit auecques souueraine louenge et gloire. Pour scauoir le fait duquel il est a entendre que tyberius graccus et gayollus furent enfans de tite sempronie gracque et de cornelie fille de scipion laffricain lesquelz cōbien quen eulx eust de notables qualitez deloquence et darmes touteffois pour auoir voulu occuper le bien publicque et ayant este lung occis de scipion/ et lautre tue par decret du senat de lucius opinus ayāt graccus occupe le mōt auentin et cōtraint a se faire occire par ung seul seruiteur estant la luy dechasse. A ceste cause ie le poluz et soustraiz du triumphe de renommee et seullement ie le nomme pere de tite sempronie gracque et iustement. Car principallement eulx faisans apres esmeute des celtiberiens contre le peuple de romme Tite gracque allant a lencontre deulx les vaincquit/ et a la memoire de luy et des siens il ediffia ung chasteau en la prouince lequel sappelloit le chasteau des gracques. A la fin il fut fait consul contre les sardes lesquelz il vaincquit et en print grande quantite de prisonniers lesquelz il vendit esclaues/ et ceste ignominie a este dicte par vulgaire prouerbe des sardes. Les sardes est marchandise. Cestuy tite gracque ne doit pas seullemēt estre nomme ne comprins auecques renommee pour lexercite des armes/ mais encores par pitie et iustice qui estoit en luy/ laquelle chose ne voulut

E iiii

pas que son aduersaire Scipion asiatique fust mis en prison. Pareillement estãt claudius son compaignon condamne en exil tytus sempronius iura sen aller auecques lui se on ne pardonnoit audit claudius. Pour laquelle chose la sentence fut reuocquee. Apres ce côme gracus trouuant vne nupt en son lict deux serpens lung masle et lautre fumelle il demanda laugure au deuin que ce pouoit signifier. Auquel fut respondu que luy ou sa femme deuoient mourir bien tost Et q̃ sil tuoit le masle il mourroit et que sil tuoit la femelle sa fême mourroit. Gracus opant telle responce incontinent tua le masle, car plustost fut content vouloir mourir que sa bien aymee femme cornelia.

¶ De quintus metellus.

Pres cestuy gracus ie vy trois autres ducz tressinguliers et excellens. Et apres ie vy cestuy qui ressembloit quant aux extremes delices ioyeulx et bien heureux. Toutesfois il ne se abstint de lafferme, car il ne se vit cler comme soit ung profond secret en vng cueur enclos, cestassauoir metellus pere, filz et nepueu, lesquelz acquiret de macedoine, de numidie, de crethe et despaigne tresgrans pillaiges et tresgrande seigneurie a la chose publique rommaine. Adonc pour entendre ceste matiere assez obfusque il est a scauoir principallemêt que entre tous les autres nul par habondance des choses extremes fut iamais a iuger estre plus heureux que quintus metellus, car en celle cite dont il estoit chief et tenoit lempire de tout le cercle et enuiron de la mer occeane Et estoit sorty de tresnobles et bonnestes parens auecques les dôs de grace du corps et du couraige dignes et louables Cestuy metellus eut vne tresnoble et chaste femme et obtint la dignite consulaire et la puissance imperiale. Il obtint tresgrans et tresnobles triumphes, et auecques ce il eut quatre enfans tresexcellês, et de ceulx ien vy trois estre consulz et lautre triumphant. Il eut trois filles tresdignement mariees. Pour lesquelles choses iamais neut cause en son cueur de courroux iusques a la mort et entretenant paisiblement ses treschiers nepueux. Et apres sa mort naturelle fut porte dignement de ses enfans et de ses gendres en grant honneur a la sepulture. Pour raison de laquelle chose on peult reputer tel hôme ioyeulx et bien heureux. Toutesfois ie nafferme cestuy metellus estre pour raison de ce bien heureux et ioyeulx, car toute nostre felicite et repos consiste au couraige de lhomme, et cela nous est incongneu.

¶ De quintus cecilius metellus.

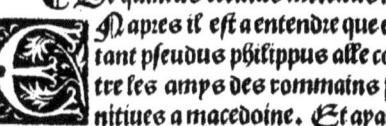N apres il est a entendre que estant pseudus philippus alle contre les amps des rommains sinitiues a macedoine. Et apant oste vne armee laquelle estoit en faueur des rommains et quil eut occis marcus vinentius preteur quintus cecilius metellus fut esleu consul et enuoye a lencontre de luy lequel apres plusieurs batailles le vainquit et occit Et luy retournant a romme obtint glorieux triumphe. Et estoit cestuy philippus de son propre nom premierement nomme andrastus et luy mesmes se nomma philippus. Et a ceste cause il fut surnomme pseudus philippus. Apres ce il aduint que les rommains enuoyerent ambassadeurs aux achees lesquelz furent de eulx cruellement batus a grant iniure du senat de romme Pour laquelle chose il fut côclud a romme que quintus metellus allast a lencontre deulx venger liniure receue, lequel en combatant deux fois a lencontre deulx les vaincquit en telle maniere quil ny demoura riês que sa derniere deffaicte et le triumphe quil en rapporta a romme. ¶ Apres lucius numinius quant il vaincquit Corinthe ou Metellus a la seconde bataille quil fist contre eulx les achees eurent secours de ceulx de boece et de ceulx de caldee la ou teramopile combatit en telle maniere que Critolaus leur duc par desespoir se tua soy mesmes auecques le venin que il beut. Et apres en suscitant nouuelle guerre en espaigne metellus alla consul a lencontre deulx, lequel briefuement les vaincquit en vaincquant particulierement ceulx de arabie et les celtes. Metellus auoit vne coustume que tousiours enhortoit ses cheualiers de recouurer le lieu duquel ilz estoient partis, et fut habille homme dengin en ses oeuures et obseruateur de secret

De renommee / fueillet. xxix

De quintus metellus numidicus

Quintus cecilius metellus numidicus vaincquit les fundibulains hommes quasi silvestres des isles Bellea. Et apres sen alla en numidie contre iugurtha ayant le senat rommain entreprinse la guerre a lencontre de cestui iugurtha a cause de la mort quil avoit pourchassee a ses freres. Lors metellus combatant contre iugurtha par deux fois le vaincquit en bataille & apres courut toute la numidie et la vaincquit. Pour laquelle chose il luy fut attribue raisonnablement le surnom de numidique. Et apres il fut envoye en exil a cause quil ne vouloit point iurer de maintenir les loix graquanes lesquelles vouloit soustenir lucius apuleius saturninus seullement pour la faveur que lui prestoit marius, laquelle chose metellus vouloit plus tost aller en exil que soustenir une chose iniuste Doncques pour celle cause metellus ayant este ainsi en exil aupres de sunrina cite de grece apres la mort de marius fut de galucia son preteur apres revocque a grant honneur et faveur de la cite de romme et de tout le peuple rommain.

De quintus metellus pius

Autre metellus fut quintus metellus pius filz de metellus numidicus lequel fut pius surnommé pour tant de larmes par luy espandues a cause que son pere estoit si longuement en exil et neut ioye tant que de cestuy exil il fut revocque. Cestuy metellus ayant les marses esmeu la guerre aux rommains et estant preteur fut envoye a lencontre deulx lesquelz il vaincquit et tua leur duc lequel se nommoit quintus popedius. Et apres suyvant la guerre sertorienne estant quintus metellus en espaigne envoye consul il vaincquit Lucius herculeus preteur de sertoire avecques presque toute son armee, et apres continuant sertoire la guerre metellus le vaincquit par deux fois en telle maniere quil fut totallement contrainct sen fouyr despaigne.

Autre Metellus fut quintus metellus lequel estant consul alla en guerre a lencontre de ceulx de crete et mist le siege a une noble cite nomee adonia. Et a la fin les vainquit et passa oultre par force et suppedita grant nombre dautres citez entre lesquelles furent rongnouson licium et sidonia de laquelle chose il ne sensuyt pas petite gloire, mais grant reputation et richesse sen ensuyvit au peuple rommain.

Il y a ung autre metellus lequel estant preteur vaincquit en sicille grant multitude de pirates et fut nommé Lucius metellus. Concluant doncques par les gestes et faitz dessusditz les metellus furent hommes tres dignes de louenge, car le pere et les enfans amenerent a romme de grandes richesses. Cestassavoir de achaye, de crethe, despaigne, de macedoine, de numidie et de tous ces vertueux hommes ou partie diceulx fait mencion virgile au septiesme de ses eneides quant il ameine anchises monstrer a eneas tous ses successeurs.

De vaspasien et son filz titus.

Pres les dessusditz metellus ie vy le tres fameux vaspasien et son filz titus non pas le beau et mauvais domitien lequel vaspasien fut engendre de titus flavius petresnius citoyen reatin lequel a la bataille pharsalicque milita saubz capus pompeius et fut son centurion. Vaspasianus doncques fut ne dessoubz augustus au champ reatin en ung petit chasteau nomme falacrine. Et fut nourry dune sienne tante nommee ter

tulia. Et quant il fut grant et quil eut forꝰ
ce dhõme il vint a rõme. Et lors eſtoit em̃
pereur claudius q̃ fut le cinquieſme empeꝛ
reur rõmain. Leq̃l apꝛes q̃l ſeſtoit fait par
la faueur de ſes am̃ps empereur il cõſignit
aucunes dignitez ⁊ pꝛint vne fẽme nõmee
flauia domicilla de laquelle eut vaſpaſien
deux enfans/ceſtaſſauoir titus ⁊ domitiaꝰ
nus et vne fille laq̃lle mourut enſemble aꝰ
uecques ſa mere deuãt q̃ vaſpaſien fuſt par
uenu a lempire. Vaſpaſien doncq̃s viuãt
claudius alla legat en germanie Et apꝛes
paſſa en bꝛetaigne la ou en chaſcune des pꝛo
uinces apꝛes beaucoup de batailles demouꝰ
ra auecq̃s grãt gloire ⁊ triũphe victorieux
occupant en bꝛetaigne vingt chaſteaulx et
vne pſle appellee verte leſquelles il ſoubz
miſt a lempire de claudius. Apꝛes la moꝛt
de claudius ledit vaſpaſien auec ſon filz tiꝰ
tus fut par le cõmandement de lempereur
neron enuoye en lexpedition iuꝛdaique / leq̃l
neron auoit ſuccede a lempire par le deces
dudit claudius. Et apꝛes la moꝛt de neron
gabba ſoꝛ rebellant en eſpaigne fut appelle
empeur des rommains. Apꝛes il aduint
que otho lequel auoit eſte treſgrant am̃ꝑ de
neron occiſt gabba/et les cheualiers romꝰ
mains lappellerent empereur.

ⒺN celluy tẽps eſtoit en germanie
vitelius auecques vne armee et
ſaichãs les cheualiers rommains
la moꝛt de gabba et la ſucceſſion de
otho appellerent vitelius empereur/lequel
retournãt en ptallie combatit auecq̃s otho
tellement quil ſe contraignit a ſoy tuer ⁊ viꝰ
telius demoura ſeul empereur. Adoncq̃s
le huytieſme moys de lẽpire de vitelius les
armees rõmaines leſquelles eſtoient en hõꝰ
grie et ceulx doultre la mer de ſirie et de iuꝰ
dee ſe rebellerent et appellerent empereur
vaſpaſien/lequel retournant en ptallie conꝰ
tre vitelius le pꝛint luy eſtant de paour ſup
aſſez villement/lequel apꝛes que vaſpaſien
leut pꝛins ainſi que vil et indigne pꝛince q̃l
eſtoit le fiſt mourir. Vaſpaſien doncques
fut treſexpert aux armes remply de toutes
autres vertus. Pour laquelle choſe par
droit il a merite que ie face de luy memoire
entre les hommes fameux. Doncques ne
reſte plus que entendꝛe pourquoy iay dit tiꝰ

et non domitianus. Il eſt a ſcauoir de tiꝰ
tus par ſes ſouueraines parolles et ſingu
lieres vertus Meſmemẽt par ſon pere vaſ
paſien le beau et humain que veritablemẽt
tel ſurnom luy eſtoit bien conuenant tant
demonſtroit en luy et en ſes parolles noꝛ
bleſſe / ioyeuſete / humainete et gratitudes
en treſbelles couſtumes et honoꝛables oeu
ures Et meſmement eſtoit en telle manieꝰ
re garny de toute excellence de courage et de
beaulte coꝛpoꝛelle quil apparoiſſoit entre
les hommes digne de ſinguliere renommee
Eſquelles qualitez tres dignes il ſembloit
que ainſi quil croiſſoit en aage que pareilleꝰ
ment les deſſuſdictes vertus creuſſent en
luy. Et touchant le fait des armes titus eſ
tant conſul enuoye en germanie et en bꝛetai
gne merita dauoir ſingulicre louẽge laquel
le choſe peult teſmoigner lymaige de ſarc
triumphal lequel encoꝛes au iourdhuy deꝰ
dans titus eſt deſcript en la cite de romme
meſmement lenſeigne de memoꝛable victoi
re de iheruſalem. Pour laquelle titus fut
nomme de ſes cheualiers empereur et en
ſemble auecques ſon pere il adminiſtra lem
pire roinmain. Titus fut pareillemẽt treſ
piteux et de ſi grande beniuolence que quãt
il euſt eſte vng iour ſans faire quelque bien
moult grandement ſe contꝛiſtoit et douloit
Pour laquelle choſe ſa voix merita a eſtre
loue celluy iour auquel en ſouppant penſãt
que en celle iournee nul de ſes am̃ps nauoit
eſte beneficie de luy quant il diſt. Heu amiꝰ
ci diem perdidi. Ceſt a dire helas mes
bons am̃ps iay perdu ce iour Ceſt a dire
iay paſſe ce iour ſans faire aucun bien a enꝰ
tre vous pour laquelle choſe raiſonnable
ment titus auec ſon pere doiuent eſtre mys
enſemble auec autres au triumphe de renõ
mee. ⁋Ainſi doncques comme titus fut
excellent et vertueux/pareillement domiꝰ
tien ſon frere fut remply de vices. Car il
fut cruel / tyrant / luxurieux/inuſte/auariꝰ
cieux et perſecuteur des chꝛeſtiens et des
iuifz. Et ainſi que auons de luy amplemẽt
monſtre au triumphe de la moꝛt comme il
eſtoit plain de tous vices. Et encoꝛes quil
fut beau de coꝛps touteffois ſa beaulte fut
obfuſquee de vices et de mauuaiſtiez.

⁋De nerua et de vulpius traianus

De renommée

Apres Vaspasien et son filz titus venoient les loyaulx et nobles princes nerua et traianus. Et pour plus a plain congnoistre leurs faitz il est a entendre que le dessusdit Domicien lequel pour ses vices auons exclus de ce triumphe de renommee qui estoit filz de Vaspasien vsant de ses detestables vices a laministration de lempire fut a la fin tue ainsi quil estoit conuenient a sa tyrannie dont apres sa mort precernius et petronius prefectz ses occiseurs sy prent en auant pour faire nerua empereur lequel estoit homme iuste et garny de toutes vertus la ou fut accomply le siege de domitianus lequel fut bien dit de luy que apres son empire il deuoit auoir vng estat monte plus ioyeulx. Nerua donc ainsi constitue empereur regna vng an tout seul a lempire lequel il administra auec si bonne iustice que raisonnablement apres sa mort par deliberation du senat il fut nomme iuste entre les diuins. Apres la mort de cestuy nerua en cestuy an succeda a lempire Vulpius tarianus espaignol la ou estant a la mort de son pere en gaulle aupres de la cite agripine receut en icelle cite lempire par vniuerselle election des rommains, lequel auecques si grande iustice et equite administra ledit empire que non pas seulement a son pere deuoit preceder, mais aussi a tous les autres princes rommains lors regnans. Et a cause des tyrannies et mauuais gouuernemens daucuns empereurs precedens plusieurs prouinces de lempire de romme sestoient rebellees desquelles estoit possesseur augustus thiberius Traianus empereur non pas seulement recoura celles prouinces, mais aussi plusieurs autres. Principallement armenie laquelle auoit este occupee par les parthes. Et apres sen alla en sirie et combatant auec sarnatus roy de sirie le vaincquit et le occit en bataille et receut ceulx de ladicte prouince par foy au peuple rommain subgectz. En apres le roy des berthes, le roy de sarmates, le roy de dare, le roy des boferins et des arabes furent par luy supeditez. Et tost apres il vaincquit et conquist mesopotamie laquelle il fist estre prouince. Et pareillement arabye. Puis domina la mer rouge et en icelle fist appresser larmee pour courir et piller les confins de lindye. Tellement fist et se gouuerna que pour si dignes et excellentes oeuures par lui faictes facilement traianus merita toute gloire qui se peut attribuer a excercite militaire, mais quelque louenge que on sceust dire de luy ne quelzconques belles operations et oeuures quil fist a executast en ladministration de son empire pour cela iamais ne fut surprins ne esleue dorgueil, mais au contraire, car familierement il conuersoit aussi bien auecques les petis comme auec les grans. Et quant il estoit aucunesfois reprins de ses amys en toute humilite il respondoit que combien quil fust imperateur auec ses amys et familiers conuersant. Touteffois il vouloit que familierement ilz le reprinsent et que en secret aymablement fussent sur luy imperateurs.

Traianus fut aussi grant obseruateur de iustice lequel estant tenu vne fois a la guerre contre les pirates il vint vne femme vefue qui le print par la bride de son cheual en luycriant quil luy fist iustice de la mort de son filz lequel innocent auoit este tue et occis. Traianus luy dist quil luy feroit mais quil fust retourne. Lors la veufue luy dist Et si tu ne retournois point qui me satiferoit Ledit traianus luy dist. Ce sera cestuy qui succedera apres moy lequel te satisfiera. Adonc la veufue luy dist. Tu es mon debteur et oblige. A ceste cause il y a grant

tromperie en top de ne me vouloir rendre ce
que en top tu es oblige a moy. Et pource sa
ches que quiconques retient a lautruy iniu
stement iamais ne sera quitte ne absoulz.
Quant Traianus eut toutes ces choses
ouyes et entendues subitement il descendit
de son cheual. Et la premiere chose quil fist
fut de satiffaire a ladicte veufue. Pour la
quelle chose sainct gregoire apres quil fut
meu a compassion de traianus on lit quil
pleura amerement pour la remission de la
me dudit traianus affin quelle fust abso
lue des loix infernalles.

De helius adrianus et anthonius pius

Pres les susdits Traianus et
nerua ie vy supure helius adria
nus et anthonius pius lesquelz
neurent pas moins le desir na
turel que la voulente de regner. Et pour a
uoir plus clere notice des precedens vers il
fault entedre que helius adrianus fut ne en
hadrie et fut filz de helius adrianus cousin
de traianus et de domitia paulina nee de ga
des, lequel helius adrianus estant traianus
mort fut esleu a lempire, laquelle il regit et
gouuerna auec grande iustice et mansuetu
de tant par vertus que de bonnes acoustu
maces desquelles il estoit bien garny. Car
il estoit homme tresexcellet et tresdoct tant
en langue grecque que en langue latine et es
toit merueilleusemet bon medecin, bon geo
metrien, bon paintre et bon tailleur en tou
tes pierres. Et estoit tresabille et specu
latif dentendement, en telle maniere que
tout en vng mesme temps il escriuoit, il ri
moit, il donnoit audience et se resiouyssoit
et prenoit recreation auec ses amys. Tou
chat lexpedition et excercite militaire adrien
fut tresdiligent touchant le fait et conduicte
de son armee et estoit moult liberal et be
nign vers ses gens et pour laquelle chose
il estoit diceulx grandement ayme. Il fut
paoureux en se adonnant au commencement
a la guerre a ceste cause il delaissa les mau
res desarmez et les bacropens et egypte en
disant quil vouloit ensupure lexemple de
caton lequel apres quil vit quil ne pouoit
maintenir les macedoniés lesquelz estoiet

a luy supposillés prononça et les declaira
francz, et les mist en liberté. Et pareillemet
il delaissa par enuie de traianus a cause de
la grat gloire quil auoit eue armenie et me
sopotamie et laissa en liberte et mist et limi
ta le fleuue deusfrates a lempire de romme
Et neut ledit Adrien guerre que aux iuifz
seullement lesquelz en eulx rebellat de lem
pire de rôme auoiet occupe palestine. Tou
tesfois en brief temps il les vaincquit et brus
la du tout iherusalem et apres la redifia.
Et fist plusieurs notables edifices en ro
me, entre lesquelz fut mole adrian au iour
dhuy nomme le chasteau sainct angle. Et
dernierement voulant adrian delaisser le
pays de dace et le faire franc vint en la mal
se grace du senat. Et apres mourant en cha
paigne de romme il ne fut gueres du senat
exaulce, et de cest affaire il eut le surnom de
pius Ainsi mourut adrian en laage de soi
xante douze ans et prospera en lempire en
uiron vingt et deux ans. Et fault entendre
que apres la mort de adrian fut receu empe
reur anthonius pius son filz par adoption,
mais descendu par nature de iulius capito
lius lequel par ses merites fut semblable a
nerua et extime pareil a numina. Et pour
ce tint anthonius lempire en paix auec gra
de iustice et clemence, et fut de grat auctorite
ainsi que estoit capit olius que le roy dara
bie vint plus dignement et auecques plus
grant tribuu le secourir a rôme que nauoit
fait par auant adrian. Pareillement le roy
des parthes faisant guerre a ceulx darme
nie seullement par les simples lettres dan
thoine qil enuoya se reuocqua de sentre prin
se Anthoine ne sexcercita point gueres a la
guerre, mais tousiours vaicquit et se main
tint en paix. Et quant il estoit persuade de
ses amys a faire guerre il respondoit la di
gne sentence de scipion disat. Malo vnum
ciuem seruare q̃ mille hostes occidere.
Cest a dire Je ayme beaucoup mieulx en
tretenir et garder en vie vng bon citoyen q
de occire et mettre a mort mille ennemys.
Et pource a la fin il entendoit plus tost en
richir la commune sans faire iniure a au
cun que de côquerre autres prouinces. Et
ayant tenu en grant transquilite et iustice
lempire enuiron vingt et trois ans il mou

rut en l'aage de.lxxvii.ans/ z fut ensepulture en son village/leql estoit pres de rôme environ douze mille q valêt six lieues Et por ses faitz il fut du senat raisonnablemêt nôbre entre les divins et excellens vertueux.

¶ De marcus anthonius pius.

Pres la mort de cestuy anthonius succeda a l'empire de rôme marcus anthonius puis et son frere lucius annius severus de la nativite duql assez auôs parle paravant au triumphe d'amour par tesmoignage de Julius capitolius/ z estoit ne de anthonius severus z de domitia canila a romme z devenu tresdoct Vint a la grace z amour d'anthonius pius/pour laquelle chose il luy donna faustina sa fille a fême Et mesmement par ses singulieres vertus fut ce matrimoyne ordône et consumme par adrian a ce que par son moyen il peust parvenir a l'êpire. Dôcques ayant Anthonius pius adopte cestuy filz fut en toute parfection de vertus si acôply que raisonnablemêt on le peult mectre au dessus de toº les autres empereurs romains. Et touchant l'expedition militaire principallemêt marcus avec son frere luciº vaincquit les germains/ z ne voulut deulx triumpher apres ql fut victorieux retourne a romme en quelque maniere q ce fust sans son frere lucius. Apres ce esleuât z esmouvât la guerre les parthes a l'empire rômain estant ia mort lucius severus/marcus alla a l'encontre de eulx lesquelz en brief têps il vaincquit. Et partât de la sen alla en sirye ou il combatit glorieusemêt Selencia tresnoble cite en laquelle il print environ trois cês mille prisonniers. Et vaincquit apres marcus mannius z tout le temps situe entre les istriciens z la gaulle. C'est assavoir tatisti/hermonduli semy z autres la ou il môstra sa vertu non moins estre parfaicte aux armes q en philosophie z autres sciences et ars. Ayât donc marcus dessusdit rapporte victoires glorieux et honnorable triumphe obtint. Et peu de temps apres mourut la dixhuptiesme annee du regne de son empire en l'aage de.lxi. Et en luy fina la succession hereditalle des empereurs. Car apres les dit marcus suyuit a l'êpire comodus anthonius vulgairement tenu son filz côbien ql se môstrast plustost estre filz du gladiateur duql avons paravant parle que d'anthoine. Considere la cruaulte/l'orgueil/luxure z avarice q furent en luy/pour laquelle chose ie ne fais plus mention ou triûphe de renômee des empereurs rômains. Parquoy il est a noter q par les vies et gouvernemens dessus narrez z descriptes des dessusditz est la raison manifeste par laquelle les princes dessus nômez neurêt point moins de desir naturel/car toº furêt ententifz aux estudes laquelle oeuvre est naturelle. Car selon la sentence du philosophe. Tous hôes naturellemêt desirent scavoir toutes choses. A ceste cause raisonnablemêt les empereurs dessus nômez ont merite estre celebrez z collocquez au noble triumphe de renommee.

¶ Des premiers fondateurs de rôme.

Pres la glorieuse côpaignie des rommains avec leurs premiers primogeniteurs z roys ce pendât que i'estoye ioyeux de la veue precedente en procedant oultre z regardant de mes peulx consolez ie vy venir le grant fondateur de la cite de romme z cinq roys lesquelz succederent a luy/mais le dernier et sixiesme ie vy estre a terre charge d'ug mauuais poix z d'une tresgrieuve infampe/ainsi côme universellement il advient a toº ceulx qui delaissent vertus et suyvans vices en eulx se delectent. Doncq̃s pour faire mention du commencement de la cite de romme et des anticques rômains il fault entendre que estant la genealogie d'eneas par continuelle succession a la fin parvenue a procurop des albanes luy ayant deux enfans l'ung nomme amulstus et l'autre munitoriº quant il vint a mort laissa a ses enfans tel edict quilz regnassent chascun en son tour/c'est assavoir chascun son an La ou amuliº pource quil estoit le premier cômencea le premier. Et quant ce vint a la fin de l'annee il ne voulut rêdre le royaulme a son frere munitorius/mais le chassa affin que de luy iamais ne sortist aucûe progenie Et fist mourir le filz lequel se appelloit Lausus z sa fil

le nommee Rhea illia laquelle il fist mectre en prison & fist preparer le temple De Veste mens Apres elle estant enceincte De mars au temps Deu enfanta remus et romulus dune Ventree Laquelle chose sachant Amulius commanda quilz fussent gectez dedans la riuiere: mais leaue conduist miraculeusement les Deux enfans a terre Et a cause quilz cryoient Vint Vne louue laquelle les allaictoit et nourrissoit de son laict, tant que suruint la Vng pasteur nomme fastulus lequel esmeu a compassion print les deux petis enfans & les porta a sa femme nommee Laurence, laquelle les nourrit songneusement comme ses propres enfans Estans doncques desia grandeletz Remus & Romulus se mirent a Desrober et piller tellement quilz congregerent grant nombre de pasteurs, lesquelz remus et romulus conduysoient par maniere & sorte Dune armee, et en ceste facon Viuans & eulx maintenans apres quilz eurent congnoissance de leur estre et natiuite ilz Vindrent furieusement a Galba & illecques occirent amulius et getterent Illia leur mere hors de prison, & rendirent le royaulme a munitorius leur oncle Et apres se partirent De galba et sen Vindrent sur la riue Du tibre et en ce lieu edifierent romme, laquelle fut ainsi nommee par romulus pour meilleure aduenture. Adonc estant la cite De romme desia bien creue & multipliee et grandement peuplee Romulus demanda mariage aux citez circonuoisines, laquelle chose pour leur naissance pastoralle luy fut denyee & refusee. Lors romulus ordonna aucuns ieux & esbatemens publicques de cheuaulx et de gens a cheual Pour Veoir lesquelz ieux et esbatemens il Vint beaucoup de gens hommes & femmes de diuers lieux auecques grant quantite de filles mesmement Du pays De sabine. Adoncques romulus Voyant lassemblee Desdictes filles sabines se arma et fist armer tous ses gens et incontinent fist prendre toutes lesdictes filles lesquelles il Distribua a tous ses rommains en les prenant pour femmes Et luy il print la Dame desdictes filles sabines. Pour laquelle cause il se leua entre les rommains et les circonuoisins si cruelles et horribles guerres Et principallement auecques les ceniseses, lesquelz Romulus Vaincquit et occist rone leur duc et de luy il rapporta Victoire, et consacra les despouilles au temple de iupiter. Consequemment apres par semblable cause les sabins lesquelz estoient soubz la duche De titus tacius esmeurent guerre aux rommains, lesquelz par la simple operation dune Vierge nommee trapeya furent deduitz sur le mont De capitolle. Laquelle chose Voyant romulus proceda oultre a lencontre Deulx. Et estant la bataille cruelle fut tue Vng rommain nomme hostilius Vaillant combatant Pour laquelle mort tous les rommains se mirent en fuyte. Ce que Voyant romulus se Voua a iupiter statorius que sil luy pouoit faire arrester son peuple de la fuyte quil luy feroit edifier Vng temple. Lors estans en ceste sorte Vindrent les sabines lesquelles par romulus auoient este rauies et se mirent entre les rommains & les sabins, et par doulces et trespiteuses parolles pacifierent a la fin les rommains leurs marys et les sabins leurs peres, freres et cousins auecques pactions et conuencions Et firent tel appoinctement que les sabins Viendroient habiter a romme, et que les rommains se nommeroient Vaincus De leurs armes. Lesquelles choses faictes romulus demourant seigneur Vng iour lui estant auecques son peuple aux maretz ditz caprea il seuanouyt et ne peut plus Viure entre les mortelz. Lors soubdainement sesmeut sedicion entre le peuple et les peres senateurs lesquelz romulus auoit instituez et ordonnez au senat. Adonc Vng rommain nomme tulius proculus iura et afferma quil auoit Veu saillir romulus iusques au ciel & quil auoit Dit ces parolles, que premierement on ladorast & quon lappellast quirinus et que telle estoit la Voulente des Dieux et quilz se donnassent garde de sedicions. Et que a ceste cause romme Deuoit estre chief de tout le monde par la Voulente Diuine. Lors par les parolles de cestuy iulius incontinent tout le peuple se rappaisa & romulus fut deifie et luy ordonna on Vng temple a la montaigne quirinalle, et tousiours fut Depuis nomme le dieu quirinus.

De numa pompilius.

Pres Romulus le premier roy des rommains fut second roy Numa pompilius filz de pomponius du chasteau de sabina, lequel fut homme de grant religion et tressaint, lequel regnant sans auoir iniure daucun et voyant le peuple de rome dur comme fer institua plusieurs sacrifices pour lhumilier. Il ordonna le temple de la religion de la deesse Vesta et mist le sacerdot. Il crea les flamines et departit lan en douze moys, en luy mectant ianuier et feurier. Il reforma plusieurs loix vtilles et honestes au peuple rommain, et quelque chose quil fist il disoit le fait par instruction et enseignement de egeria sa femme laquelle estoit en celluy temps reputee vne deesse. Pour laquelle chose a cause de sa sainctete et bonte, iamais nul ne luy fist guerre et luy ne la fist a aultre, a la fin il mourut vieil homme et auecques grant honneur et merueilleuse douleur, plaintz et gemissemens il fut des rommains ensepulture au Ianiculle vng lieu sainct ainsi appelle et nomme Et furent tous ses faitz tres celebrables par tout le monde renommez.

De tulius hostilius.

Le troisiesme roy succedant aps ledit numa fut tulius hostilius homme tres vertueux et tresdigne, lequel aussi tost quil fut receu roy il esmeut guerre aux albanois ou estant en alba metius suffetius et apant en la ville trois freres ieunes et fors lung et lautre nommez par ce nom curaces se confiant en eulx dist a hostilius sil luy plaisoit que la guerre qui estoit entre eulx fust finie entre trois romains et trois albanois en telle maniere et conuention que la cite de laquelle les trois gaigneroient la bataille demourast vaincqueresse Celle chose pleut moult a hostilius. Parquoy il appella trois freres romains nommez horaces pour combatre auec les trois de la cite de alba enuoyez par metius. Denans Doncques a la bataille les curaces occirent deux des freres rommains, et le tiers desditz horaces romains qui estoit desmoure vif occit les trois freres curaces, et

ainsi eurent les Rommains la victoire. Dont il aduint pour ceste cause et desconfiture que Metius entra en grande maliuolence et desplaisance des albanois pour auoir ordonne leur puissance et fortune en si petite bataille comme de trois hommes seulement. Lors Metius congnoissant celluy murmure desditz albanois mist peine et pensa de chercher moyen pour recouurer son honneur et lamptie des albanois.

Metius donc pour contenter ledit peuple des albanois et pour estaindre leur sedition et maliuolence esmeut les Veientins et les fidenates a la guerre contre les romains En leur offrant de trahyr la cite de rome Pour laquelle chose lesditz peuples esleurent et infererent la guerre aux romains. Lors hostilius demanda secours au dit metius lequel y alla pour paruenir a lexecution de son entreprinse Adoncques les rommains estans en la bataille a lencontre de leurs ennemys Metius estant sur vne petite montaigne ne descendit point. Mais tousiours actendoit de venir au bout de son vouloir. Lors les rommains demanderent a hostilius pourquoy il tenoit que metius nestoit point encores descendu pour venir a la bataille a leur secours Hostilius congnoissant la tromperie cria a haulte voix que metius faisoit tenir la, car il ne lui auoit pas encore commande de venir a la bataille, laquelle chose oyans les ennemys le grant cry que auoit fait hostilius, eulx doubtans que mestius ne leur voulsist faire trahyson senfuyrent laissans aux rommains la victoire entiere. Vng certain iour apres venant mestius se resiouyr auec hostilius apres q̃ hostilius luy prouua sa trahyson q̃l auoit entreprinse contre les rommains il le fist mectre en quatre quartiers.

℄ De aucus martius.

Le troisiesme roy dapres romulus fut aucus martius filz de Numa pompilius semblable a son oncle de sentẽce & de vertus Cestuy roy martius vaincquit en bataille les latins & adiousta deux montz a la cite de romme, cest assauoir le mont martius ainsi nomme de luy et le mont auentin lequel ensemble auec le demourant de romme fist ceindre & circuyr de muraille. Aucus apres ediffia le pont a la force du tibre et fist beaucoup de forestz estre publicques seullement pour lusage des nauires, et fist pareillemẽt moult doeuures royalles & ordonna entretenir la seigneurie, mais en brief temps estant assailly de la mort il ne peust acheuer ce quil auoit entreprins, touteffois il a este tenu vng prince tresexcellent.

℄ De lucius tarquinius priscus.

Le quatriesme roy fut lucius tarquini[us] priscus filz dũg nõme de maratus de corinthe, leq̃l fuyant la tirannie de grece sen vint a romme, & entrant a romme tarquin veit vng aigle et en vollant print son mãteau lequel le portant en hault se seist sur luy cestuy aigle Lors sa femme voyãt cestuy tour que auoit fait laigle a son mary tarquin dist q̃ cela signifioit que a luy appartiendroit le royaulme de romme. Lors tarquin qui riche estoit estant a romme a force dargẽt acquesta plusieurs amys, et pareillement acquesta grãt familiarite de aucus pour paruenir a aucunes dignitez Et venãt aucus a mort il laissa tarquin tuteur de ses enfans Lors aussi tost que tarquin eut prins le gouuernement desditz enfans il commencea a renouer noises & loix nouuelles et a gouuerner par autorite Et mesmemẽt en se confiant de laus gure que luy auoit expose sa femme, & pour ce il fut constitue roy des rommains Touteffois tant mal se gouuerna quil fut comme dessus est dit chasse hors de romme & miserablement finit ses iours.

℄ De tulius seruius.

Le cinquiesme roy fut tulius seruius, lequel ayant este nourry a la maison de tarquin tanaquille femme dudit tarquin fist tant enuers son mary quil donna vne sienne fille a femme audit seruius. Aucun tẽps apres que ledit tarquin fut mort et que grãt bruyt estoit de celle mort Tanaquille sa femme saillit dehors en disant au peuple que tarquin nestoit seullement q̃ blesse & non point mort, et que la playe quil auoit eue nestoit aucunement mortelle. Et pource elle vouloit et commandoit que pendant le temps q̃ tarquin se guerisoit que tulius son gendre gouuernast son royaulme, de laquelle chose fut le peuple cõtent. Et pource en ceste maniere il obtint la seigneurie de romme, laquelle il administroit bien iustement et fut apres conferme au royaulme. Auquel ce pendant q̃l y fut il vainquit plusieurs fois les tuscans et en romme ediffia plusieurs temples. Et ayant deux filles moult difformes il les donna aux enfans de tarquin lesquelz estoient aussi tresdifformes. Et affin que lung ne lautre ne fussent mal contens sa fille la plus fiere il la donna au filz de tarquin le plus doulx. Et la plus humble il la bailla au filz de tarquin le plus fier la ou il aduint et fut monstre que les semblables se veullent assembler par nature. Car tulia occist son mary et apres fist tant que tarquin le fier occist sa femme, et ce fait se remarieret ensemble Et ne furent point encores contens des homicides scelerez, mais ordonnerent que seruius fust tue. La quelle chose faicte & tulia sentant la mort ordõna que tarquin lorgueilleux succedast au royaulme.

℄ Cy fine la tierce partie du triumphe de renommee et sensuyt la quarte.

De renommee   fueillet. xxxiii

Onsiderant a part moy la treshaulte excellence de renommee laquelle(come dit Virgille)est vng mal legier plus que toute autre chose et q̃ par mobilite regne et a son cours/ et laquelle fait par sa nature τ dignite reuiure les gens vertueux iadis depuis le commencement du monde iusq̃s a present mors Cestassauoir q̃ en oyant reciter τ lire leurs haultz τ nobles faictz il sẽble aux auditeurs que iceulx hommes soyẽt encores a present regnans en vie. Jay este a ceste cause incite et esmeu de commencer cestuy mien second volume des triumphes par renommee/τ p̃ nommer aucuns dignes hommes prestans lesquelz oy estre au chariot triumphant humainement τ en grãt gloire et honneur traictez et entretenus par noble renommee/tellement quilz ne sembloient auoir este mors mais tousiours viuans. Car(comme dit senecque)les hommes ne sont point de soy mors/si non ceulx lesquelz nont fait aucunes oeuures dignes de memoire et nont exercee aucunes vertus pour lesq̃lles on face mention diceulx. Car quãt telz gens meurent leur bruyt τ renom meurt auecq̃s eulx/ tellement que renommee nen fait auoir aucune memoire nõplus que silz neussent iamais este viuans. Semblablement nous voyons que toutes choses qui excedent la nature et engin de lhomme de sa propre extimation se desslieue par propre acoustumance/combien que peult de soy mesmes se cons

duyre a tresgrant merueille. Laq̃lle sentence nous monstre le philosophe. Et pource a ce propos moy separant de la disposition naturelle principallement au present chapitre τ commencement de ce present volume suis esmeu a merueille p̃ la vertu et prestance des precedens rommains recitez en la fin du premier liure. Auquel present chapitre ientendz vniuerfellement traicter des hommes darmes de diuerses natiõs apres les rommains/lesq̃lz pour le salut du bien publicque/ ou pour aucune autre vtilite se sont ou fait darmes dignement excercitez. A ceste cause qui vouldroit cestuy effect dignement racompter ce seroit par aduenture vne oeuure trop lõgue τ prolixe Par quoy en cest affaire ie compriens en brief en ce present chapitre la nation grecque/hebraique τ barbare faisant mẽtion ensemble des hommes et des femmes pourueu que en leurs oeuures nobles ilz ayent ayde au commun salut. Doncques pour donner commencement a ceste presente matiere ie plein dinfinye et tresnoble merueille estant surpris dung grãt desir louable de regarder le grãt peuple de mars de lexcercite rommain tel et en telle sorte que au monde ne fut iamais vne pareille τ semblable famille qui assembloit sa veue auecq̃s les escriptures antiques des poethes et hystoriens ou sont descriptz les haultz noms et haultes excellences et souueraines prieres et dignes louenges. Et en ceste telle oeuure ce pendant que iestoye considerant les rommains passez ie fuz desuoye τ oste de ceste pensee par la veue des nobles pelerins τ dignes de celebrables honneurs desq̃lz ie congneuz le premier estre hanibal carthaginois.

R doncques pour mieulx entendre les choses susdictes il est principallement a scauoir q̃ par trois raisons ie denomme les rommains estre le peuple de mars/premierement par leur premier progeniteur et pere lequel fut mars ayant este pere de romulus et de remus freres iumeaulx et de la sont descendus tous les rommains. La seconde raison est. Car lexcercite des armes lequel est attribue τ donne a mars ne fut iamais

f iii

De tant ne si grande excellence a aucun autre peuple q̄ a este aux rommains. La tierce et derniere raison est. Car selon les astrologues mars se dit le significateur des rōmains la ou par toutes ces choses raisonnablement le peuple de romme est a nommer le grant peuple de mars.

C De hanibal.

E N apres touchant la notice de hanibal comme il soit ainsi q̄ de tous ses faitz glorieux nous auons assez dit parauant en plusieurs z̄ diuers lieux. Touteffois a la congnoissance presente nous suffit seullemēt la nature de hanibal et le tesmoigna de soy mesmes a scipion. Par grant astuce punicque hanibal estant en ptalie entra a tarente par nico et philemeno faisant semblant daller a la chasse q̄ mirent hanibal dedās tarente et son armee. Moyennant ūng boteau frauduleusemēt mis il obtint apres capue Pareillement hanibal auecques son astuce senfuyt et eschappa des mains de quintus fabius en faisant mectre sur les testes des Beufz fagotz de Boys, et mectant le feu des-

dans de nuyt la ou les Bestes a cause du feu par leur ferocite en courant ūers lost de ses ennemis rommains leur fist habandonner le lieu. Et lors hanibal estant en armes auec toute son armee se saulua de cellup lieu ou il estoit assiege au mont callicutte. Long temps apres quil fut ūaincu z̄ chasse par scipion laffrican hanibal se rendit incontinēt a prusse roy de Bithimpe lequel roy fist incōtinent Hanibal cappitaine de larmee maritime a lencontre de eumenes roy dilron. Lors hanibal par grāt astuce z̄ cautelle fist enfermer force dhorribles et ūenimeux serpens en grant quantite de potz de terre bien enclos, z̄ quant ce ūint a lassault que les nauires dung coste z̄ dautre suyuoient et commencerent a approcher. Hanibal fist getter impetueusement les susditz potz pleins de serpens dedās les nauires de ses ennemis pour laq̄lle chose il y eut du commencement grande risee mais apres a la longue par la cruaulte des aspres serpens les dessusditz ennemys se rendirent ūaincus, et confus se remirent en la puissance de hanibal.

Q Uant est du tesmoignage que afferma hanibal de soy mesmes il est tout notoire ainsi q̄ lescriuent titus siuius et plutarque q̄ hanibal estant auec anthioque roy de sirye scipiō laffricain fut enuoye auec autres ambassadeurs ūers ledit anthiocq̄. Lors ūng iour scipion estāt auec anthiocque diuisant de diuerses et plusieurs choses demāda par maniere desbatement z̄ ieu a hanibal leq̄l il estimoit z̄ iugeoit auoir este ou estre le plus excellent et meilleur cappitaine du monde A quoy hanibal respondit En premier lieu iestime alexandre le grāt roy de macedoine: car en bien peu de commencement il a ūaincu innumerables peuples et est paruenu ūictorieux et possesseur iusques a la fin et derniere terre. En second lieu ie iuge Pirrus roy des epirothois, car il auoit este le premier qui auoit apprins a conduyre ūne armee et la loger, et iamais homme ne sceut mieulx eslyre lieu a plus grant aduantaige pour seurete de bataille comme il faisoit, et ie me mectz au troisiesme lieu. Lors Scipion en se soubzriant luy replicqua en disant. Quidnam tu diceres si me vicisses Cest a dire Que dirois tu si tu meusses vaincu. Adonc respondit hanibal. Tunc vero me et ante alexadrum et ante pirrum et ante alios posuissem. Cest a dire Certainement ie me prefererope et me mettrope lors par dessus alexandre et par dessus pirrus et par sur tous les autres. Il se peult doncques clerement conclure par toutes raisons apparentes que hanibal est le premier de ceste cōpaignie digne et excellente laquelle supvoit honnorablement le chariot triumphal de renommee apres les rommains.

¶ De cirtheus poethe

Apres cestuy hānibal estoit le noble Duc lequel chanta en vers pour excerciter ses chevaliers a la sanguinolente bataille. Et pour entendre ce propos il est a scavoir que les messences peuples treffiers au pays de grece constituerent en vng iour certain sacrifice pour veoir lesquelz y courut grant multitude de peuples et entre les autres plusieurs filles vierges de lacedemonie, la ou les messenes les voyans tresbelles de corps les ravirent et forcerent avec grans iniures des lacedemonois pour laquelle chose tresgrāde guerre se leva entre eulx laquelle dura dix ans. Et apres se termina et fut cessee avecques certaines griefves condicions dapointemēt et de paix par les messenes et lacedemonois les vngs avec les autres faictes et accordees. En telle facon et maniere quilz durerent et se maintindrēt paciemment environ quatre vingtz ans. Apres cest accord lesditz messenes esleverent la secōde guerre aux lacedemonois lesquelz envoyerent a leur oracle q divinateur dapolo pour scavoir quelle chose ilz devoiēt faire pour avoir et obtenir victoire. Ausquelz cestuy oracle respondit que silz vouloient vaincre il leur estoit necessaire quilz eussent vng empereur et cappitaine dathenes. Celle responce ouye lesditz messenes envoyerent leurs ambassadeurs a athenes les priant humblemēt quil leur pleust leur envoyer vng duc. Lors ceulx dathenes oyans celle requeste envoyerēt ausditz messenes pour leur duc vng nomme Tudibrius poethe lequel estoit boiteux et pour lors estoit nomme cirtheus lequel combatāt pour les messenes trois fois furent les lacedemonois vaincuz en telle maniere quilz furent contrainctz faire armer et mettre en bataille tous leurs esclaves et serfz et les affranchir et leur donner liberte et civilite en leur offrāt bailler en mariage les femmes et filles de ceulx qui mors estoient ou qui seroient occis en la bataille. Le roy des lacedemonois voyant que sur eulx les messenes avoient tousiours eu victoire ne vouloit tempter la fortune de combatre, mais plus tost se retyrer et prēdre la fuyte proposa et se delibera toute guerre cessee et obmise supporter et accepter les conditions griefves des messenes pour laquelle chose cirtheus commenca en chantant en vers enhortant ses chevaliers quilz se deussent exposer a la bataille. Ainsi il leur donna couraige tellement que incontinent ilz se armerent et allerent a lencōtre des messenes en les combatant si aygrement que des lacedemonois de mourerēt superieurs la ou raisōnablement dautant plus convenablement a cestuy cirtheus appartient louege et gloire ayant par sa propre vertu rapporte victoire.

¶ De achilles.

Ensemble avec cestui Cirtheus procedoit achilles lequel eut de tresgrandes louēges et glorieuses conditiōs de renōmee, lequel achilles fut filz de peleus filz de eacus et de thetis fille de nereus, lequel tout aussi tost quil fut ne fut dōne a nourrir a vng centaure nomme chiron, parquoy achilles fut seulement nourry de viandes silvestres et de bestes sauvaiges, lesquelles il prenoit a la chasse. Par ainsi ne fut achilles nourry des viandes naturelles. Lors thetis sa mere regardant vng iour quelle devoit estre la vie et mort de son filz achilles vit et congneut quil devoit par pressaige mourir et estre occis a la guerre troyēne. Pour laquelle chose furtivement lalla querir en la caverne du dit chiron cētaure et le porta en lisle de scito vestu en habit feminin au roy nicomedes, lequel cuydant q ce fust vne ieune fille le receut et le fist nourrir entre ses filles. Lors achilles devenu grant qui tousiours conversoit et couchoit avecques vne des filles

f iiii

dudit roy nicomedes nommee deidamie len grossa et enfanta pirrhus roy des epirothois duquel auons par auant parle.

Ucun temps apres helene femme du roy menelaus estant rauie et emmenee hors de son pays a troye par le beau paris filz de priam roy des troyens. Et pour cestuy rauissement estans les grecz deliberez et apprestez de faire guerre aux troyens pour venger liniure a eulx et a leur roy Menelaus par paris faicte, iceulx grecz demanderent a loracle deuin quel prouision et chose opportune ilz pourroient faire pour obtenir des troyens victoire, lequel leur respondit entre autre demonstrance quilz donnassét prouision pour auoir et mener auecques eulx achilles. Car sans sa personne il leur estoit impossible que iamais fust troye par eulx prinse. Lors les grecz oyans ceste responce chercherēt en quel lieu achilles pouoit estre et congneurent et sceurēt a la fin quil estoit auecques les filles du roy nichomedes. Parquoy ilz commanderent a vlixes que par son industrie il retirast achilles du lieu ou il estoit et le leur amenast. Adonc vlixes qui ne congnoissoit cestuy achilles faignit quil estoit marchant et print force ioyaulx et autres menues merceries et marchandises appartenantes a femme. Et auecques ce il porta auecques luy ung arc et des flesches et ung beau et riche harnois. Et ainsi habille en marchant auecques toutes ses marchandises sen alla a Sciro et fist signifier quil estoit venu pour marchander. Et lors il fut soubdainement mene au lieu ou estoient lesdictes filles du roy nicomedes auecques lesquelles estoit Achilles habille en fille. Luy venu deuant elles il desploya ses marchandises. Et comme les filles se amusoient a regarder et manier les ioyaulx et aornemens feminins achilles print larc les flesches et les harnois et se amusa seullement a les manier Pour laquelle chose vlixes le congneut. Parquoy il le tyra a part et tant fist vlixes par ses parolles et remonstrances quil le persuada a la fin tellement que secretement et furtiuement achilles se desroba dauecques les filles du dit nicomedes et sen alla auecques vlixes

en larmee des grecz. Adoncques les grecz continuant la guerre troyenne achilles fist en armes beaucoup de glorieux faitz. La ou principallement agamenon, menelaus et vlixes voulds immoler et sacrifier ephigenia affin que neptunus et les ventz fussent adoulciz et appaisez en leur nauigaige suruenant achilles dauenture en ce lieu la ou ilz vouloient faire le sacrifice voyant plorer ceste innocente vierge laquelle tant humblement et piteusement se recommandoit a luy et le suppliant en son ayde par force darmes achilles esmeu a pitie et compassion la saulua hors de leurs mains. Et incontinent apres quelle fut sauluee sapparut la vne tresgrande bische de laquelle achilles fist faire sacrifice aux dieux en lieu de la belle ephigenia.

Eu de temps apres ensuyuant estans les grecz venuz en lisle aulide procederent a lexpedition troyenne, et quant ilz furent arriuez en nusie la ou regnoit vng roy nomme telephus descendu par anticque naissance dhercules si voulurent principallement ses gens deffendre la descente a terre aux grecz. Et apres luy mesmes se mist a celle deffence pour presister de toute sa puissance, tellement que paruenant a la bataille il fut trescruellement blece par achilles. Mais apres quil eut congneu lamytie laquelle il auoit longuement eue auecques les grecz benignement il les receut. Et a la fin par les oeuures dachilles macarius et polidatius filz desculapius rendirent sante a telephus. Apres que les grecz furent arriuez sur larmee troyenne Achilles fist choses merueilleuses en armes tellement que luy tout seul par plusieurs fois soustenoit la puissance des troyens et maintesfois les mist en fuyte. Patroclus singulier et familier amy dachilles en ceste guerre par hector occis apres les longs pleurs et honnorables funerailles de cestuy patroclus par achilles faictes Achilles se delibera du tout den prendre vengeance Parquoy vng iour Hector estant alle a lencontre de la royne panthansilea laquelle royne venoit du royaulme et pays de amazo-

nien auecques grãt nombre de ses femmes amazones femmes tres belliqueuses, lesquelles auecques leur royne pãthasilea venoient au secours des troyẽs pour lamour dhector. Achilles sachant ce attendit hector au retour, la ou au passaige du fleuue zantus estant hector desia en leaue achilles lassaillit et tellement combatit quil loccit. Aucuns dient que ainsi que hector en la bataille emmenoit vng roy des grecz prisonnier estãt hector despourueu de son escu lequel il auoit gette derriere sur ses espaulles achilles le tua. Et apres quil leut tue achilles despouilla le corps de hector tout nud et le fist lyer a son chariot et apres par vengeance de loccision de patroclus le traina autour des murailles de trope et par toute larmee des grecz et le tint en telle maniere plusieurs iours sur le sepulchre de patroclus. Et apres ce par doulces parolles du roy priam auec grande somme dargent achilles rendit le corps de cestuy hector audit roy priam. Apres toutes ces choses les grecz cõtinuans la guerre achilles occit troilus, sarpedon et plusieurs autres des principaulx de larmee des troyens la ou raisonnablemẽt achilles rapporta le nom dung tres fort grec, mais il fut depuis de paris par louurage de hecuba occis et mis a mort au temple dapolo.

¶ Du preulx hector.

Apres cestuy achilles le vy suyure les deux clers troyens, et pour scauoir lesquelz ce sont on pourroit en ce prendre diuerse oppinion, car si nous regardons aux volubilitez variables de fortune non pas seullement priamus passe tous les tresmalheureulx de ce monde. Et si nous regardons a science et poesie de helenus filz de priamus et protheus filz de enforbius philosophes ilz precedent a tous les autres. Si nous entendons la beaulte corporelle de paris ce fut le premier entre les Troyens, mais si nous considerons lart militaire de deiphebus, troillus, polidamus, eneas et hector tous ont merite estre celebrez et louez par renommee. Toutesfois tous iugemens ostez mon intention est de hector et de eneas freres, car hector combatãt par plusieurs fois auecq̃s achilles en singuliere bataille tousiours hector demouroit superieur et par plusieurs fois mist luy tout seul les grecz en fuyte, laquelle vertu et discipline militaire assez clerement se peult entendre par le surnom de hector lequel est nomme saulueur et deffenseur de la prouince. Ceste chose bien appertement monstre virgille au second de ses eneides quant il introduit hector en songe persuader eneas quil se deust partir de la cite de trope. Et quil nattendist plus ne ne mist peine de la vouloir deffendre et sauuer car sa ruyne estoit predestinee des dieux. A ceste cause ne se pouoit deffendre par aucune main dextre de corps humain, car sil y eust eu aucune main dextre qui eust peu trope sauluer celle du vaillant et preulx hector leust sauluee et deffendue et estoit plus puissante et souffisante que nul autre pour procurer son salut. Pareillement ouide le monstre en lepistre de peneloppe quelle escript en son nom a son mary vlixes lors estant auecques les grecz en la guerre troyenne. Par ceste donc tant et singuliere vertu de hector escript homere iupiter auoit commande a appollo quil donnast oeuure en telle maniere que le corps de hector iamais ne fust corrompu, laquelle chose fut faicte par loeuure et cõmandemẽt de priamus moyennant la vertu du bausme et plusieurs autres diuerses mixtions.

Hector se rendit encores cler et fameux a eneas par la digne generation qui descendit de luy ainsi que escript vincentius galicus historien, car apres la prinse de trope a helenus filz de priamus et aux enfans de hector fut pardonne leur vie par les grecz, lesquelz enfans paruindrent iusques a lextreme germanie et la ilz edifficerent la cite de sicambrie. Et a la fin en multipliant de francion filz de hector eurent cõmencement les dignes roys de france De eneas pareillement filz danchises il est assez notoire par le poethe virgile de combien de vertus on la peut iuger et estimer. Parquoy est bien euidente raison que cestuy eneas tant vertueulx soit nombre pour ses glorieux et celebrables faitz en ce triumphe de renommee

Apres les deux dessusditz clers troyens hector et eneas ie apperceu tout au plus pres deulx deux autres tresfamez persies. Doncques pour scauoir qui ilz sont on y peut mettre doubte comme es deux susditz troyens, car plusieurs pourroient iuger de cirus. Pource quil se attribua le nom de grant. Aucuns aussi vouldroient entendre des deux roys xerses et artaxerses et les deux trescongneuz darius. Mais pource que xerses et artaxerses plustost par benefice de nature et de fortune que par aucune leur propre vertu furent grans pour ceste cause ie les obmectz. Pource mon intention est des deux susditz darius. Cestassauoir lung qui fut pere de xerses et lautre qui combatit contre alexandre roy de macedoine.

De darius.

Touchant doncques le premier darius en cellup temps de son regne estant trouble en perse par sceleration de cambises filz de cirus ayant fait occire le frere mergides et Cambises estant cruellement soy mesmes occis vng notable citoyen de presopotis nomme ostanus lequel fort se doubtoit dung tel effect, mais a cause que oropasta estoit tant semblable a mergides en la face que a grat peine on pouoit cognoistre lung dauecques lautre, ostanus nosoit publicquement entreprendre aucune chose. Lors cellup ostanus auoit vne fille laquelle le roy oropasta entretenoit pour dame par amours. Et pource ostanus comanda a sadicte fille que quant elle seroit couchee auecques ledit oropasta quelle print garde et tantost sil auoit point daureilles, car il estoit assez commun que cellui oropasta auoit les aureilles couppees et cuydoit on de lup que ce fust mergides. La fille doncques fist le comandement son pere, car la nupt quelle estoit couchee auecques ledit oropasta elle chercha sil auoit point daureilles et elle trouua que non, laquelle chose elle reuela a son pere. Adoncques pour ceste chose congnoissant que le roy nestoit pas Mergides, mais oropasta magus il se alia auecques les plus grans de perse pour occire oropasta qui frauduleusement sestoit fait et constitue roy. Et telle ment fist ostenes quil assembla sept des plus grans du pays entre lesquelz furent premierement cellup ostanus, zophirus, gobria et darius lesquelz ensemble iurerent de occire le roy oropasta ou de mourir a la poursupte. Apres quilz eurent coniure et conclud la mort dudit roy ilz allerent de nupt a la maison dudit oropasta et assaillirent les mages lesquelz furent occis. Et pource que toute clarte et lumiere fut estaincte et quon ne veoit goutte, gobria se getta sur le roy et le tint estroictement serre et acolle, et doubtant gobria que ses compaignons ne frappassent point sur le roy pour lobscurite de la nupt gobria cria a ses compaignons quilz ne craignissent point de loccire auecques le roy oropasta. Ainsi ostanus auec ses aliez firent tant quilz tuerent oropasta et occirent tous les mages, et en ceste maniere vengerent mergides.

Apres que ostanus et les autres barons eurent execute leur entreprinse ilz delibererent entre eulx de faire et eslire vng roy, pour laquelle chose faire ilz firet telle conuention que chascun deulx montast a cheual et quilz allassent ensemble en vng certain lieu par eulx determine et ordonne, et cellup a qui son cheual feroit semblant dauoir paour au soleil leuant que cellup seroit entre eulx roy. Darius donc le soir de deuant fist mener vne iument au lieu ou ilz se deuoient trouuer, et illec la fit sentir et assaillir a son cheual. Lors au matin que tous les dessusditz furet tous ensemble arriuez audit lieu par eulx ordonne et a lheure assignee quant le cheual de darius fut au lieu auquel le soir de deuant il auoit assailly la iument il comenca a hannir, a saulter et a ruer. Pour laqlle chose les autres assistans voyans ce estimans et iugeans que son cheual faisoit toutes ces pennades et hannissemens pour paour quil eust ordonneret et sacreret darius roy dung commun accord. Ainsi fut darius paisiblement receu roy de perse, et apres quil fut paisible du royaulme pour demonstrer et faire congnoistre sa vertu il print a femme la fille de cirus. Et incontinet auecques grosse puissace sen alla mettre le siege a babiloine estans les assiriens rebelles contre lui Et tellement fist que apres plusieurs batailles a la fin par loeuure et industrie de zephorus il eut victoire et print babiloine. Et apres ql fut enhorte et persuade de pthia athenien il esmeut guerre aux grecz. Touteffois a la fin par la bonne conduicte de milciades et themostecles athenienses il fut vaincu et contraint a sen fouyr. Et apres poursuy uant la seconde guerre il mourut.

Du second darius.

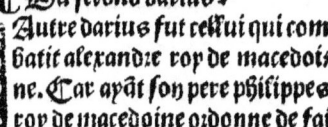Autre darius fut celluy qui combatit alexandre roy de macedoine. Car ayãt son pere philippes roy de macedoine ordonne de faire la guerre persicque et apres estant occis de ses ennemys alexandre son filz succeda a luy, lequel se delibera totallement ensuyure la guerre de perse pour acomplir lordonance faicte par son pere. Quant cestuy darius entendit toutes ces entreprinses se confiãt en ses richesses et a la grande multitude du peuple de perse il se delibera plus tost laisser entrer le roy alexandre au pays de perse que daller au deuant de luy pour lassaillir. Adoncques alexandre auecques grosse armee entra dedãs le royaulme de perse et darius vint au deuant de luy auecques six mille hommes et combatit aux champs de adrastes. Darius fut et demoura vaincu auecques grande quantite de ses gens tellement quil fut contraint a prendre la fuyte. Apres ce darius se monstra nestre point affoibly ne estonne pour la premiere deffaicte, mais par vne autre fois il resist et renforca son armee et alla a lencõtre dalexandre lesquelz combatans virillement darius et alexandre en telle sorte lung contre lautre bataillerent que tous deux pour cestuy iour demourerent naurez, mais encores darius eut le pire. En ceste bataille la mere, la femme et les filles dudit roy darius furẽt par le roy alexandre prins. Lors darius regardant le fait dalexãdre estre comme chose diuine luy enuoya ambassadeurs pour luy supplier et requerir la paix en luy offrãt vne partie de son royaulme et sa fille sil la vouloit prendre et auoir a femme duquel offre alexãdre ne tint compte. Pour lequel refus le roy darius assembla tout le demourant de son armee le plus quil en peut finer se deliberant de rechief de combatre contre le roy alexandrie, et eurẽt de rechief bataille qui fut la tierce en laquelle il fut encores vaincu, et par le cõseil de ses amys et cheualiers il sen fouyt ou par auant il estoit delibere de mourir. En ceste desconfiture et deffaicte moururent plusieurs de ses cousins et parens et singuliers amys et luy mesmes fut occis. Combien que darius sen fouyt deuant alexandre neantmoins il doit estre nombre entre les hommes fameux. Car ce ne estoit faulte de vertus qui en luy fust, mais cestoit la bõne fortune qui fauorisoit au roy alexandre. Darius fut pareillemẽt grãt observateur de gratitude laquelle est tres excellente a vng prince.

Du roy philippe pere alexandrie le grant.

Apres les deux grans persois supuoient philippe de macedoine et son filz alexandre le grant lequel courant par les mers auecques grande velocite vaincquit et submist diuers pays. Pour lintelligence de ce il est a entendre que philippe roy de macedoine fut filz de amintas roy de macedoine lequel eut trois enfans masles de eridice sa femme, cest philippe, a scauoir alexandre, perdicas et cestuy. Apres la mort des deux freres par leurdicte mere eridice procuree ayãt este philippe dessoubz la discipline de pamisnondas quant il fut baille par hostaige de son frere alexandre aux thebains a la guerre illiricq a la fin il fut fait roy de macedoine leql estant en laage de vingt et deux ans fut constitue roy, et incontinẽt apres fist la guerre contre ceulx dathenes lesquelz en brief temps il vaincquit et print prisõniers et lung et lautre peuple il assembla auec son armee. En cestuy temps ledit roy philippe print olimpia pour sa femme laquelle estoit fille de neptolenus roy des mollossiens et le roy arcula son cousin espousa tirodea seur de olimpias. Lequel tenant le siege iniustement a vne cite nommee mathona luy fut tyre vne flesche qui luy creua vng oeil Et apres renouuellãt la guerre les phocenses contre les thebains dessoubz lauspice de othomacus lequel estoit leur duc Philippe entreprint de secourir les thebains,

Mais ceulx dathenes eulx doubtans que si philippe entroit en grece quil ne occupast toute leur liberte firent leur effort quil des mourast aux augusties demopile et quil ne passast oultre. Touteffois en vain firent leur entreprinse Car philippe passa et mist plusieurs citez de grece en ruyne et mesmes ment celles qui sestoient rendues soubz sa foy / entre lesquelles estoit la grande capadoce laquelle il print a force. Apres que philippe fut passe de grece en cedit royaulme il alla apres contre les olimpices, lesquelz en brief temps il assembla et ioignit auecques son royaulme ensemble auecques les phocenses et dardanes en leur vsant de tres grandes cruaultez et mauuaistiez. Et apres ayant ledit philippe illicitement abuse de alexandre frere de olimpia lequel estoit vng tresbeau ieune homme fut dispose de le faire roy. Dont laquelle chose il esmeut guerre a Arriba roy de phiro lequel estoit prochain parent de sa femme et tellement fist quil le dechassa de son royaulme et le bailla audit alexandre. Apres ce philippe sen retourna devers grece et a la fin il vaincquit et subiuga ceulx dathenes, les thebains, les trebales et plusieurs autres peuples la ou toute la grece vint dessoubz la seigneurie et puissance dudit roy philippe.

En celluy temps les scites furent bien aduertiz de la violence que faisoit philippe. Car il entra a force dedans leur pays de scitie et de la il en emporta grans tresors. Et apres quil eut ordonne les choses et estat de son royaulme il repudia olimpia mere dalexandre le grant et print a femme cleopatra seur dung sien prefect lequel se nommoit athalus auquel ensembl auecques parmenione et aminctas auoit Philippe commis la cure et charge de la guerre, laquelle il auoit propose en brief de faire contre les persiens et bailla la fille de cleopatra a son filz alexandre. Et lors aduint que en faisant vng noble et solemnel banquet auquel estoit celluy athalus lequel eschauffe de vins et de viandes print a force vng tresbeau et ieune garson macedonien nomme pausamia qui la estoit auec lequel athalus vsa illicitemēt

le deshonneste et infame peche de sodomie. Et non pas seullement luy seul y print sa plaisance et villaine delectation, mais auecques ce il suada et fist prendre et acomplir cellup peche a plusieurs de la compaignie qui audit banquet estoient. Pour laquelle chose ledit pausamia soy complaignant au roy philippe, lequel ne sen fist que rire pausamia pour se venger de ce villain cas vng iour secrettement et insidieusement tua ledit roy philippe.

C Du grant roy alexandre.

Apres la mort de celluy philippe succeda au royaulme de macedoine son filz alexandre lequel estoit en laage de vingt ans. Lors estans les macedoniens espaourez et merueilleusement troublez pour la mort de leur roy philippe alexandre voyant diuerses opinions et rumeurs estre esmeues parmy son armee dignement et vertueusemēt leur dist en ceste maniere quilz ostassent toute crainte et neussēt aucune doubte. Pour ceste parolle tous les macedoniens prindrent si bon couraige que tous dung commun accord luy promirent foy et iurerent loyaulte et seure obeyssance luy tenir. Doncques voulant alexandre donner commencement a son intention et haultes entreprinses caramus son frere ne de cleopatra se opposa a la succession du royaulme de macedoine en faisāt a alexandre tresgrās empeschemēs. Pour laqlle chose alexandre le fist occire/ et apres ce fut alexandre amyablement receu duc de toute la grece faicte ceste election p̄ luniverselle conclusion de tous les peuples grecz.

Apres que alexandre fut mys en si haulte puissance et gouvernement en peu de temps ceulx dathenes et les thebains par la persuasion de demostenes se rebellerent contre la domination du roy alexandre/leql auec grosse armee alla a lencontre deulx lesqlz en brief tēps il vaincquit et mist tout en ruyne la belle et puissante cite de thebes en pardonnant a ceulx dathenes/et ceulx de lampsacus par la persuasion de anaxinarie furent par Alexandre mys en totalle ruyne et destruction. Apres toutes ces choses alexandre proceda a lencontre de darius roy de perse leql il vaincquit par trois fois comme prochainemēt par cy devant avons monstre/ou a la troisiesme bataille fut darius occis de bessus et de nabarzanus/par quoy Alexandre esmeut ses chevaliers a en faire la vengeance/tellement que les deux susditz occiseurs furent contraintz a eulx mesmes occire. En telle guerre ayant alexandre prins la mere/les filles et la femme du roy darius il ne les tenoit point a moindre reverence et honneur comme si ce eust este sa propre mere/femme et enfans. Et dautant que sicambris avoit sourvescu darius comme son successeur a cause quelle estoit sa mere et apres ce quelle veit alexandre mort elle mesmes se tua de dueil considerant la grāt clemence qlle avoit receu dudit roy alexandre. Car comme escript Justinus alexandre ne usa point moins de liberalite aux prisonniers de darius que silz eussent este ses propres alyez. Car courtoisement il les renvoya tous audit darius.

Une fois estant alexandre malade pource ne laissa a faire la guerre/ et quelcun luy dist quil se reposast iusques a ce que il fust guery dōt il ne tint compte/mais eut de celle guerre victoire. Apres les victoires par alexandre contre darius obte‍‍nues Alexandre alla mectre le siege a la cite Gordonius situee ou meillieu de phrigie/ pource quil avoit entēdu estre en icelle vng certain neu lequel quiconques leust desnoue il estoit dit par Augure que cellup la devoit estre seigneur et dominateur de toute asie. Et partant de la il alla en syrie laquelle il vaincquit/ et apres il suppedita la grant cite de Tyto et Rodo et la silicie/egipte et alexandrie. Et pour briefvement racompter les peuples par luy subiuguez Alexandre vaincquit et conquist/les illiriques/les achees/ceulx de trace/sparte/de helesponte/et recouvra la region de beloyda laquelle estoit des barbares occupee. Pareillement il vaincquit carie/lidie/capadoce/phrigie/paphlagonie/pamphilie/fenice/armenie/perse/media/les parthes et beaucoup dautre peuple a lentour de la montaigne Cancasus. Dernierement alexandre vaincquit porrus roy de indie lequel demanda de combatre en bataille contre ledit alexandre/et lors en combatant Alexandre le vaincquit et le print prisonnier. Apres q ale_andre eut obtenu celle victoire gracieusement rendit audit roy porrus son royaulme et luy donna sa vie. Et affin que porrus eust perpetuelle memoire de alexandre ledit alexandre edifia deux citez en indie/cest assavoir nicpe et Bucefale. Alexandre ne excercea point moins loffice dung bon chevalier que dempereur. Car tousiours en la bataille il estoit le premier a frapper dedans et en prenant citez et chasteaulx et en passant rivieres il estoit tousiours exemple aux autres. Une fois entre autres au chasteau des subdracques alexandre entra par la muraille estant seul et saulta en la ville et la soubstint tant la bataille que il eut secours de ses gens et fut le chasteau par sa prouesse prins. Semblablement ayant Alexandre constitue le terme et limite de sa seigneurie de lung des costez hypphanis tresnoble fleuve de inde(comme escript solonius) firent la fin et terme. Et de lautre coste la indique locceane. Puis sen retourna en Babiloine ou illecques les puissances et regions occidentales luy avoient envoye leurs ambassadeurs pour eulx rendre a luy.

G i

En cestuy temps fist alexãdre mourir parmenõ ₹ philotes son filz la ou premierement il auoit occis en soupant clitus son singulier amy/₹ fait escarteller calistenes philosophe/et fait deuorer lisimac⁹ son excellent parent a vne leoparde affamee/lequel estoit demoure en macedoine pour gouuerneur, et estoit enuieux de tant de nobles faitz darmes que auoit fait alexandre tellement quil le vouloit empoisonner Pour la quelle chose il enuoya a cassandre en babiloine son filz auec la poison si venimeuse ₹ terrible q̃l suffisoit a faire mourir alexandre a la mectre seullement au pied de son cheual. Lors cestuy filz arriue par loeuure de yolle et philippes freres dalexandre lesquelz le seruoient deschansons empoisonnerent le roy alexandre tellemẽt q̃l mourut. Et combien quil eust vng filz de la royne cleopha, laquelle regnoit en indie enuiron les mõtz dedalez/leq̃l filz se nommoit alexandre/₹ auoit vng autre filz de brassene de perse appelle hercules et q̃ sa femme rosane demoura grosse estant demandee de ses parẽs q̃lle constituast ses enfans heritiers Toutesfois iceulx ne heriterent point. Ainsi ie dys que le roy alexandre le grant a vaincu ₹ executee ses entreprinses en courant.

⊂ De alexandre roy dalbanie.

Pres cestuy roy alexandre ie vy vng autre grant alexãdre ₹ non gueres loing de cestuy premier roy de macedoine/lequel alexandre se plaint de fortune grandemẽt. Et pour mieulx entendre son cas il est a scauoir que les brutes faisans guerre en ytalie contre les tarentins ilz demanderent secours a alexandre leq̃l regnoit en ephiro au iourdhuy nomme albanie/leq̃l tout aussi tost quil eut receu les nouuelles il ne sen resiouyt point moins comme il fist dauoir este fait roy par le roy philippe soy estimant q̃ ainsi luy deust aduenir comme a alexandre de macedoine auquel par son aduenture aduint lempire orientalle ₹ que laduenture luy seroit pareillement bien fortunee et prospere pour conquerir lempire occidental. Et certainemẽt il reputoit estre salaire de gloire ₹ dhonneur de posseder ytalie/sicille et affricque plus que perse et mede en tout le pays de orient. Apres doncques que cestuy alexandre fut venu en ytalie il print grande congnoissance ₹ accointance auecques les neapolitains et rommains et alla a lencontre des brutes et lucans/et ayant plusieurs guerres auecques eulx/a la fin en combatant aupres de la cite de padosie il fut tue/parquoy en mourant moult se complaignoit de fortune.

⊂ De Hercules.

Apres cestuy Alexandre ie vy trois thebains/dont le premier estoit Hercules lequel fut filz de iupiter ₹ de alcumena femme de amphitrion duq̃l par ses grandes et merueilleuses oeuures les poethes/hystoriens et autres dignes aucteurs emplissent les liures/parquoy reciterons aucunement de ses faictz et gestes Combien que cestuy hercules fust descendu de iupiter touteffois luy estãt petit enfant au berseau auecques son frere Juno courroucee ₹ indignee contre hercules luy transmist deux serpens pour le deuorer. Lors hercules oyant crier son petit frere eut paour et empoigna les deux serpens aux deux mains/et tellement et si estroictement les serra que il les tua tous deux. Apres quil fut deuenu grãt et eut aage et force virille il ouyt dire que au marescaige de ernea estoit vng terrible et merueilleux serpent nomme Jdra. Lors hercules sen alla audit lieu ₹ trouua cestuy serpent auquel vertueusement et par grant audace il cõbatit et tellement et si vaillamment fist Hercules quil couppa audit serpent vne teste lequel en auoit sept et de cestuy coup ledit serpent mourut subitement. Ceste desconfiture faicte Hercules ouyt nouuelles dung treffier ₹ horrible lyon lequel estoit en la region Nemea. Et quant il eut entendu ce il sen alla en celle region. Adoncques hercules la arriue interrogua vng pasteur du pays ou se tenoit ledit lyon

De renommee fueillet.xxx iiii

lequel pasteur incontinent monstra audict Hercules lendroit ou habitoit cellup cruel lyon Tout aussi tost que Hercules le sceut il alla a lencontre du lyon et tellement fist quil loccit par force et apres lescorcha. Et pour memoire perpetuelle de ce tousiours il se vestit de la peau dudit lyon. Peu de temps ensupuant Hercules ne demonstra pas moindre vertu contre vng autre lyon Lequel il lpa en teste sorte que ledit lyon ne pouoit plus faire aucun mal la ou parauant il deuouroit plusieurs personnes et degastoit et endonmageoit tout le pays darcadie / apres Hercules mena en vie cellup lyon et le donna au roy Euristeus. Apres ce Hercules vaincquit Dyomedes roy de trace lequel faisoit occire les estrangiers venans en son royaulme z nourrissoit ses cheuaulx des corps desditz mors / ce que saichant Hercules alla audit lieu et occist Dyomedes et fist manger et deuourer son corps a ses cheuaulx mesmes. Ce fait Hercules sen alla en Libie ou il entendit que en egypte estoit vng cruel tyrant nomme Bussirus filz de Neptunus: lequel Bussirus soubz vmbre et couleur de courtoisie et de

G ii

liberalite receuoit ioyeusemēt en son hostel tous hommes qui par la passoient. Mais apres quilz auoient beu et mange et sestoiēt retirez et endormys celluy tyrant bussirus les tuoit puis les sacrifioit a Jupiter son Dieu. Lors hercules qui de celle cruaulte fut acertene et aduerty considerant quil nest aux Dieux sacrifice plus agreable que le sang dung tyrant Il vint soubz vmbre de soy herberger en lhostel dudit roy Bussirus / et apres que hercules leut rudement et par rigoureuses et furieuses remonstrances reprins et blasme de ses tyrannies cruelles et inhumaines il le occist/et puis sacrifia son sang au grant Dieu Jupiter/et mist tout le pays en paix et en tranquillite qui par faulte de pluyes par neuf ans pieca dens durant auoit este sterille et en toute confusion et souffrance. Cela fait Hercules partit dillecques et sen alla en libie ou il trouua vng grant geant nomme Antheus auecq̄s lequel par bataille entre eulx deux entreprinse hercules corps a corps luycta. Lors Antheus roy de libie qui de coustume auoit quant il estoit moult trauaille et las soy coucher sur la terre pour reprendre ses forces/puis se releuoit plus fres et plus fort que il nestoit par auant. Mais tandis que apres longue luycte il fut leue en lair il nauoit nomplus de force que vng autre simple homme. Hercules se appercevant de ce empoigna ledit geant au trauers du corps et le serra des poingz et estraignit si fort quil luy froissa les os et les entrailles tellement que entre ses bras ledit geant antheus mourut angoisseusement. Apres ce hercules prınt son chemin vers occident ou il ne acquist point moins de gloire et de renommee. Car apres quil eut prins terre en la mer occeane oultre les espaignes en lextremite de la terre habitable sont deux montaignes lune nommee Calpe et lautre Appina surnōmee a present les colomnes dhercules. Lors hercules departit la montaigne qui sentretenoit/par laquelle ouuerture locceane eut entree a frequēter la mer mediterriene. Ce fait Hercules passa oultre et paruint a la montaigne nommee Auentin ou illecques auoit vng boys ouquel se tenoit et habitoit vng larron nomme cacus qui roboit et tuoit hommes. Lors hercules qui peu par auant auoit desconfit et dechasse le roy Gerion hors de trois isles despaigne Cest assauoir de Maillorgue la grant et la petite/et de Ebuse dont celluy Gerion estoit seigneur. Hercules qui apres celle desconfiture retournoit despaigne auecques grant proye de beufz et daultres diuerses choses passa par ledit mont Auentin qui pres de romme estoit Et la en la forest et boys susdit fist pasturer son bestial et rafreschir ses gens cuydant bien illecques estre seur. Adoncques le lendemain voulant partir Hercules auecques sa proye trouua que le susdit larron Cacus luy auoit robe trois beufz et les auoit tirez en vne cauerne a reculons par la queue. Les beufz lesquelz mugissoient en celle cauerne descouurirent le larrecin de Cacus et Hercules qui trouua lentree de la cauerne presque estouppee de tresgrosses roches aduisa vng pertuys cōme vng tuyau de cheminee ouquel il getta grant quantite de busches et de feu tellement quil estouffa et fist mourir la dedans le larron Cacus et ses compaignons. Apres ce hercules se trouua auecques theseus roy dathenes auecques lequel il fist et print ample alliance/lesquelz apres qlz eurent lung a lautre promis et iure foy et loyaulte, ilz auecques leurs gens alerent en bataille contre les amazones et si vertueusement combatirent a elles que ilz les desconfirent et prindrent prisonniere leur royne Hyppolite, et pour tesmoignage de la desconfiture elle rendit a Hercules sa ceinture dor trium phalle, laqlle il print pour accroistre la gloire de son nom.

A desconfiture desdictes femmes amazones belliqueuses par hercules et theseus faicte hercules sen alla en affrique et en hisperie ou la il ouyt dire que athalas tresgrāt astrologien (selon les poethes) frere de parma leroy daffrique auoit vng iardin nōme le iardin des filles hesperides ouql estoiēt ramineaulx et pōmes dor gardees par vng mer ueilleux dragon tellement fait par art magic que qͥl sembloit tousiours songneusement veiller a la garde de cestuy tāt noble z riche verger. Lors hercules cõme fort et couraigeux cheualier et bien instruict et expert en lart z science Dastronomye entra en cestuy iardin z apres quil eut occis cestuy dragon il print Des pommes tant q̄ bon luy sembla.

Ombien qͥl semble ceste hystoire estre fabuleusement et poeticquement dicte Touteffois par vraye hystoire il est assez notoire q̄ ledit roy athalas auoit trois filles, cest assauoir neptusa/egla et arepensa/seq̄l roy fut moult scauāt en astronomye et par ceste science z ingenieux art il cõposa plusieurs z diuers volumes songneusement gardez et enclos lesq̄lz hercules par sa prouesse conquesta et les emporta en grece affin que les hõmes dillec peussent apprendre lart dastronomie qui est de la congnoissance du ciel z des estoilles qͥ est vne chose riche et precieuse comme lor au regard des autres sciences mondaines. Apres ceste cõqueste hercules diuisa vne riuiere en plusieurs et diuers ruysseaulx moyennant grant labeur z auec grande despēce Ceste riuiere appellee achelous qͥ en aucun temps estoit moult excessiue faisoit par son impetuosite plusieurs et grans empeschemens z dommaiges, mais depuis quelle fut par hercules diuisee elle proffita grandemēt z fist beaucoup de pays fructueux et habondās en biens. Depuis hercules vainquit z descõfit les centaures lesquelz par eschauffement de vin z de viandes voulurent par force prendre proserpine la femme de perithous le iour quil celebroit ses nopces. Il estouppa aussi vng lac en arcadie appelle Lerne qui tant auoit de sources qͥl degastoit les pays et tous les labourages chāpestres. Tellemēt fist hercules que par ses vertus il mist et sema son nom par tout le monde z mist de son nom colūnes aux quatre angletz du mōde. Aps hercules par force z prouesse print et occit vng thaureau grāt et furieux qui degastoit et endõmageoit tout le pays de crete tant en hō-mes cōe en biens terriens. Puis tua vng pourceau sanglier De merueilleuse force et

plein de grande cruaulte qui lors habitoit en vne montaigne de grece nōmee erimāthus Pareillement hercules tousiours suyuant oeuures vertueuses z ayant desia surmōte et vaincu toute peine mondaine z corporelle se delibera dessayer les victoires et peines infernalles. Et pource il descendit aux enfers et tua lhorrible chien Cerberus garde des portes denfer q̄ estoit a pluto le roy des molosses, z deliura de prison son bon amy theseus roy dathenes qui estoit mis en fers et en prison par ledit roy des molosses z descendu en enfer auec perithous pour recouurer proserpine et voulant auoir vne fēmee de iupiter z estoit mort perithous z retenu de pluto. Apres q̄ hercules fut retourne denfer a thebes il vaincquit Licas roy De thebes lequel auoit voulu forcer megera sa bien aymee. Peu de temps ensuyuāt apres que Hercules eut en bataille z aspre guerre desconfit eritheus roy De thessalie en grece il print et emmena auecq̄ soy la belle polle fille Dudit eritheus laquelle estoit moult belle, ieune et aduenante, tellement que hercules fut oultre mesure amoureux Delle. Lors hercules la ennuye de lamour et plaisance de ceste polle il en la delaissant print pour espouse Deyanira fille du roy de calidoine. En ce mesme temps vng des centaures geant appelle nessus estoit surprins et embrase de lamour de ladicte deyanira dont hercules ne scauoit riens. Or aduint que Hercules qui auec soy emmenoit sa bonne amye Deyanira vint a la riue dung fleuue appelle hebetius qͥ lors pour labondance de neiges fondues estoit grandement creu et enfle Et tant que pour la grandeur De leaue Hercules pouoit a peine trouuer passage. Adonc hercules qui seullement doubtoit le peril De sa femme gecta oultre la riuiere sa massue z ses flesches z arc Et pour mieulx nager troussa son carquois sur son dos z chargea sampe Deyanira sur les espaulles dudit centaure nessus qui lui promist la passer oultre apres hercules en quoy hercules se fya pource q̄ ledit geāt centaure estoit hault z fort de membres et congnoissoit les guez z seurs passages du fleuue. Comme doncq̄s hercules eust transnage la riuiere z fust venu a terre seiche, il en recueillant ses

G iii

flesches/son arc τ sa massue veit ledit centaure nessus qui emmenoit deyanira et la vouloit prendre et congnoistre a force/lesquelz estoient encores de laultre coste du fleuve. Lors hercules esmeu et courrouce cria par plusieurs fois au centaure en le menassant dont nessus ne tenoit compte. Apres ce que hercules eut ainsi menasse nessus il tendit son arc τ print une saiette trempee en venin laquelle il tira de son arc si droit τ si treffort quil frappa ledit centaure nessus par my le pis. Quant le centaure se veit attainct et frappe a mort il pensa en soy mesmes de se venger dhercules/τ pource il tira la flesche hors de son corps/τ du sang qui decouroit de sa playe print une tresbelle τ riche chemise laqlle il taingnit τ baigna au chault sang de sa playe τ incontinent la donna a deyanira en luy disant quelle auoit telle vertu que si hercules accointoit et prenoit autre femme il ne failloit que faire vestir celle chemise a hercules/et quant il lauroit vestue il ne pourroit aymer ne hanter aultre que deyanira. Lors deyanira toute ioyeuse de ceste chose secretement τ songneusement garda celle chemise pour sen ayder si le cas aduenoit. Adonc comme hercules de qui la renommee volloit par toutes les terres du monde fut retourne en son pays de thebes/et il sacrifiast a son dieu iupiter luy rendant graces pour la victoire quil auoit dernierement eue contre ledit eritheus roy de thessalie et pere de ladicte yolle hercules eut en fantaisie lamour τ beaulte de ladicte yolle/tellement qͥl se delibera la rauoir et laisser deyanira/et pource il renuoya querir ladicte yolle laquelle chose fut entierement recitee a deyanira. Lors deyanira saichant et oyant celle nouuelle q̃ fort aymoit hercules creut tous telz rapporz τ fut moult espouentee et troublee et selon sa maniere τ coustume femenine elle commencea a plorer tendrement et apres q̃lle eut fait plusieurs piteux plaintz a force de larmes elle mist hors et appaisa sa douleur et proposa quelle ne ploureroit plus pource que yolle qui ia estoit auecques hercules en auoit ioye. Adoncques deyanira soy hastant de trouuer nouueau remede deuant que yolle entrast plus auant en lamour dhercules. Entre autres conseilz elle delibera en son courage denuoyer celle chemise du centaure a hercules sans aucun mal penser fors seullement affin quelle le tirast et refroidist de lamour de yolle et quil renforceast son amour enuers deyanira. Donc pour ceste chose faire elle appella ung sien varlet nomme licas auquel elle commanda que de par elle il donnast et presentast a son amy hercules ceste chemise et la recommandast tresdoulcement a luy/ce que fist licas. Lors hercules qui en ceste chemise neut aucun soufpecon ne mauuais pensement et qui voulut a sa mye deyanira complaire print le present τ incontinent la vestit combien quil fust encores au temple de iupiter auquel il faisoit sa derniere oraison/et espandoit sur lautel du vin pour estaindre le feu du sacrifice qͥl auoit illecques fait a la maniere payenne. Mais comme il commença a seschauffer et suer le venin de la chemise quil eut vestue commença soy embraser et le feu et la poison entra τ sespandit par tous les membres et entrailles de hercules/tellement que combien quil eust tousiours este vertueux de cueur et de corps a supporter toutes peines corporelles/toutesfois douleur et extreme angoisse mortelle quil sentoit par tous les endroitz de son corps pour le feu de la poison et venin quil ne pouoit plus endurer ne surmonter la violente ardeur du venin fut contraint de faire et gecter si grans et merueilleux cryz q̃ toute la forest appellee oetha en retentissoit Et sefforca de desuestir celle chemise en la detyrant aux mains / mais du lieu et endroit dont il tyroit la chemise il arrachoit la chair τ la peau des membres tellement quil descouuroit son corps iusques aux os. Le sang de hercules bouillonnoit et se cuysoit par force de la venimeuse poison et luy brusloit les boyaulx. Et hercules comme pis quenraige cryoit et se demenoit en courant ca et la par la forest. Et comme luy estant en ceste horrible fureur il rencontra licas le varlet et le print et par grant impetuosite et raige le rua si rudement contre ung rochier quil le froissa tout et illec mourut. Apres ce voyant hercules sa mort prochaine appella philotetes son grant amy τ monterent en la montaigne oetha ou illecqͥs hercules fist ung grant feu auql luy mesmes se mist de dans et illecques piteusemēt fina ses iours Parquoy pour ses vertueux faitz a bon droit et iuste cause lauons mys en ceste noble triumphe de renommee.

¶ De bachus dit dionisius.

E second des excellēs thebains dessus alleguez estoit Bachus filz de iupiter, lequel selon les hystoires poeticques fut en lors dit filz du ciel. Et pource en ensuyuant la sentence et oppinion de protercuius en ses desconfabulations des poetes, et eusebius in libro temporum et iustinus nous disons bachus auoir este dionisius autremēt nomme liberus lequel procedant cōtre ceulx des indes il les vaincquit en bataille. Et apres pour eternelle memoire de luy il edifia la cite de Jlisia sur vng fleuue du pays de inde Et apres ce alexandre pour la reuerence de bachus ne luy fist aucune oppugnation ne guerre. Doncques on peult cleremēt comprendre cestuy Dionisius auoir este homme tresexcellent en armes lui estant ne thebain et apres venu en inde et ayant este deifie.

¶ De epaminondas

E tiers thebain et vernier des excellens fut epaminondas, duquel il fault entendre que les thebains par leurs vertus ayans prins esperāce de posseder toute lempire de grece et desirans et cherchans occasion de faire guerre baillerēt secours a ceulx dathenes contre les lacedemonois et firent epaminondas chief et principal ducteur de leur armee lequel en brief temps obtint victoire mesmement par la mort de alexādre lacedemonien soubz la conduicte duquel et bonne aduenture ceulx dathenes auoiēt este vaintus. Apres doncques ceste victoire contre les lacedemonois obtenue epaminōdas alla a lencontre de la ville de lacedemonie, laquelle il assiegea et tellemēt fist que a la fin il la vaincquit et print. Aucun temps ensuyuant les lacedemonois de nouueau se rebellerent et esmeurent guerre aux archadiens. Lors epaminondas alla diligentement au secours de archadie et de nouueau il deffist et vaincquit lesditz lacedemonois. En laquelle bataille cruelle ledit Epaminondas nexcercea point loffice dempereur ou dung prince de guerre comme il fist dung simple cheualier. Car en combatant il se mist si tresauant en la plus grande presse quil fut mortellement naure et en briefz iours il en mourut. Pour la mort duquel il sembloit a veoir que totalemēt la dignite, la gloire et la puissance et tout le bien et chose publics que des thebains fust morte perie et destruicte. Toutesfois apres la mort de leur duc epaminandos les thebains seullement auecques leur armee se firent tresmemorables. Justinus recite que pendant ce temps que ledit epaminandos estoit languissant pour la blesseure quil auoit eue vng iour son mal se aleigea, et alors il demanda a ceulx qui autour de lui larmoyans estoient si son escu estoit demoure entre les mains des ennemis. Et on lui respondit que non et que les thebains auoient eu la victoire entiere et que les lacedemonois estoient tous desconfitz. Lors il commanda que on luy baillast sondit escu, et quant il leut comme compaignon de ses victoires, gloires & trauaulx en lacollant et baisant il mourut son escu entre ses bras. Doncqs en ramenant a memoire les vertueux faitz et gestes des trois dessusditz thebains assez est manifeste la cause raisonnable par laquelle ilz ont triumphe par renommee.

¶ De aiax thelemonius

Pres iceulx trois thebais ie vy suyure deux aiaces, diomedes et vlixes lequel auoit eu trop desir de veoir et de chercher le monde. Et pour congnoistre amplement et entendre leurs faitz et dignes ocuures il est principallement a noter que lung des deux aiaces fut thelemonius filz de Thelamon roy de salamine et de exione seur du roy priam et fille de laomedon le roy de troye. Cestuy doncques thelamonius entre les grecz fut hōme tresexpert en faitz darmes tellemēt que luy tout seul osoit bien resister a la bataille contre hector. Car achilles par la force de cestuy aiaces en tous ses affaires tousiours lappelloit cōpaignon. Vng tour estant aiaces en vne trestrouble bataille se rencontra auecques Hector lesquelz apres quilz eurent longue espace de temps eulx deux lung contre lautre combatu en

semble a la fin ilz se recongneurent. Pour laquelle chose hector donna audit aiaces thelemonius vne espee, et aiaces donna a Hector vne tresbelle massue, lesquelz dons furent fatalz de mort a lung et a laultre. Car hector portant en la bataille des grecz celle massue il fut tue de achilles, et aiaces se tua luy mesmes de celle espee apant de achilles perdu les armes encontre Vlixes par la sentence des grecz. Touteffois aucuns acteurs affermēt que apant vng iour aiaces deuant les grecz menasse de donner la mort a Vlixes a cause des armes dessusdictes, le matin ensuyuant aiaces fut trouue mort auecques grande quantite de playes. Quant les Grecz virent ce ilz eurent incontinent extimation et suspection que ce auoit este fait par lentreprinse de Vlixes, et pource on le mescreoit a cause que quant Aiaces fut mort Vlixes furtiuement se partit de larmee et secretement sen alla.

❧ De aiaces oileus

Aultre aiaces fut aiaces oileus roy des locres homme tresbelliqueur, lequel retournāt de la bataille de trope ce pendant quil estoit sur la mer par force de ventz et tourment vindrent ses nauires frapper parmy des roches euboiques et estans leurs nauires rompues et brisees combien quil print grant peine et mist tout effort a soy sauluer touteffois il mourut et fut noye et submerge en la mer. Ceste malheurete aduint audit aiaces pour auoir prophane le temple de palas a la prinse de trope tant de sang que de luxure la ou il semble quil a este conduit a la mort a cause des exces par luy commis

❧ De dyomedes.

Secondement il fault entendre touchāt le cas de diomedes que a lexpedition et guerre de trope diomedes fut iuge par achilles le plus expert cheualier des grecz en bataille et faitz darmes. Diomedes doncques oultre les mors tropens par luy en la guerre tropēne abatuz et les singulieres batailles faictes a lencontre de hector et de eneas, a la fin ensemble auecques Vlixes rauit les cheuaulx de theseus deuant quilz entrassēt en trope et beussent dedans le fleuue. La guerre tropenne finie voulant diomedes retourner en son pays cupdant estre ampablemēt receu de sa femme estant au chemin ouyt dire que sadicte femme auoit vng adultaire auecques elle. Pour laquelle chose ledit diomedes delibera de non iamais retourner en son pays et pource sen vint en ptalie en vng certain lieu ou il ediffia vne cite nommee sipontus, et en ce lieu les poethes faignēt ses compaignons auoir este transmuez en oyseaulx. Apres il ediffia vne autre cite nommee arpy. Iustinius escript que les etholes vindrent auec diomedes en ptalie ou ilz ediffierent vne cite nommee brunduse, et a la fin diomedes venu a mort fut de son peuple repute dieu, touteffois aristote afferme diomedes auoir este occis par eneas et son ropaulme auoir este occupe des tropens.

❧ De Vlixes.

Ernierement il fault entendre que Vlixes filz de laertes roy de ptacha et de autida sa femme fut tresexcellent en armes, mais en eloquēce et astuce il fut a estimer par dessus tous les autres grecz. Lors doncques Vlixes estant alle au siege de troye ou en icelle expedition il fist moult de dignes oeuures apres la victoire des grecz cōtre les troyēs obtenue Vlixes secrettement se partit de larmee pour la mort de aiaces ainsi que nous auons dit par cy deuant. Et apres son departement cōme il vagoit sur la mer il luy print voulente et affection de veoir plusieurs regions du monde combien que aucuns veullent dire que a ce faire il fut constraint par la grant tempeste et impetuosite des vens ҫ oraiges de la mer. A ceste cause pour mettre son couraige a expedition vagua en plusieurs contrees de la mer ou souuenteffois il fut en plusieurs grans dangiers destre noye.

Ource que en vne partie des gestes de Vlixes sōt escriptz par fiction en luy attribuant seullement lenseignemēt moral, cōme de sa venue au ropaulme de eolus Et luy auoir enferme les vens en des sacz de cuir et de sa descendue aux enfers et autres gestes et oeuures sēblables A ceste cause noº ferons seullemēt mētion a presēt daucuns

de ses faitz selon la sentence et oppinion des principaulx aucteurs lesquelz recitent que Vlixes estant party de troye vint et arriua principallement en sinirua prouince de homere tresexcellent sur tous les autres poetes. Et estant la Vlixes arriue les habitans de celle terre luy prohiberent et deffendirent la demourance. Parquoy Vlixes resistant a force darmes conquesta sur eulx vng tresgrant pillaige et incontinent sen partit de la. Apres ce Vlixes en nauigeant paruint a la region de lothophagy auquel lieu il enuoya aucunes seures espies pour descouurir et veoir le pays, et pource que lesdictes espies ne retournerent point vers luy il pensa quilz auoient este occis. Parquoy a toute diligence il se partit de la et sen alla en sicille. Lors en cellui temps audit pays de sicille regnoient deux freres tyrans desquelz lung se nommoit listrigona et lautre ciclope, lesquelz incontinent quilz sceurent Vlixes arriue ilz le destrousserent et le prindrent et le myrent enferre en prison obscure et occirent plusieurs et presque la plus part de ses compaignons. Peu de temps apres a la requeste et pourchas de poliphemus et de antipatus les deux susditz freres tirans myrent et deliurerent ledit Vlixes hors de prison et aucunemēt entra en lamour et grace des deux freres. Ainsi estant Vlixes en la maison des deux freres il aduint que arena fille lung desditz freres nomme listrigona fut merueilleusement surprinse de lamour de lung des compaignons de Vlixes nōme alphenor pour laquelle chose Vlixes ordonna prudemment et saigement ordre a sen fouyr et auecques luy emmener arena. Lors listrigona se apperceuāt dicellui cas cupda trouuer maniere de prendre Vlixes pour loccire, mais Vlixes qui saigement auoit secrettement fait tous ses preparatifz sen fouyt et arriua a calipso.

Quant Vlixes fut arriue en calipso la royne circe (comme dessus est dit) fut tellement amoureuse de luy quelle se retint longuement auecques elle tant quil lengrossa et luy fist vng beau filz nōme thelagonius Apres ce Vlixes sen partit de auecques la dicte royne circe et vint au lac appelle auernus ou illec ne se arresta point, mais tyra plus oultre et alla en lisle de sirenes ou la il eut vne tresgrande tempeste et fortune de vens. Puis partit de ce lieu et arriua au deuoirement et gouffre perilleux de scilla et de caribdis ou il perdit grant quantite de ses nauires lesquelles il auoit eues de calipsus et de circe. Neantmoins Vlixes estant eschappe de tant de grans dangiers ainsi quil vagoit par la mer il fut prins daucuns pirates pheniciēs lesquelz apres par compassion quilz eurent de Vlixes ilz luy osterent tout puis le laisserēt aller Lequel se voyāt ainsi perplex sen retourna vers sadicte royne circe laquelle de nouueau et ioyeusement le receut. Apres quil eut par aucun temps este auecques elle a son plaisir elle le remonta de nauires bien equippees et approuisionnees pour sen retourner en son pays. Combien que aucuns veullent dire que Vlixes sen partit secrettement dauecques Circe, dont elle de douleur fist plusieurs regretzeux plaintz.

Apres que Vlixes fut party dauecques la royne circe il nauigea ioyeusement iusques a crete. Apres par force de vens impetueux il fut contrainct arriuer en salamena la ou il fut par thalamon pere de aiaces totallement desrobe, et a tresgrant peine peut eschapper le peril de la mort. Pour laquelle chose estant Vlixes tres poure demoure auecques seullement deux nauires des pheniciens se conduysit en crete vers le roy ydomeneus, lequel congnoissant Vlixes luy donna deux nauires et plusieurs autres biens et lenuoya a alcionus roy de phenicie lequel quant il eut entendu le notable nom de Vlixes gratieusement le receut et dignemēt le honnora. Lors estant et demourant Vlixes en phenicie congneut par lettres a lui escriptes de sa bonne ampe et tresnoble espouse penelope le mauuais estat en quoy son royaulme estoit. Adonc oyant Vlixes ces nouuelles toutes choses obmises delibera se appresta de sen retourner en ytalie, et pource il pria ledit roy alcionus quil luy pleust luy donner secours, laquelle chose alcionus fist bien ioyeusement

En ceste maniere sen retourna Vlixes en son royaulme auquel il fut en tresgrāt ioye et honneur receu de son peuple τ mesmemēt de sa bien aymee penelope.

Apres que Vlixes fut arriue en son royaulme τ qͥl eut prins vengence de ses ennemis il gouuerna tout sonpays auecques bōne equite τ iustice. Peu de temps apres ensuyuant thelagonius son filz engēdre en la royne circe eut voulente daller veoir et visiter son chier pere Vlixes lesquelz ne se cōgnoissoient point lung lautre. Adōc se partit thelagonius dauecques sa mere circe τ tant nauigea quil arriua en pthaca. En celluy mesme tēps Vlixes auoit vne nupt en dormant songe vng certain songe, lequel luy fut interprete signifiant quil deuoit mourir par les mains de son filz. Vlixes oyant ceste interpretacion a qui ne souuenoit en nulle maniere de son filz bastard thelagonius, mais seullemēt se doubtoit de son propre τ legitime filz thelemacus Pour ceste cause Vlixes faisoit garder lentree de son hostel tellemēt q̄ nul ny pouoit ne ny osoit entrer sans conge. Lors thelagoniͨ arriua vint en la maison dudit roy Vlixes et voulant mōter τ entrer dedans pour veoir τ cōgnoistre son pere. Pource qͥl estoit incongneu il fut retenu des gardes seqͥl incontinent se print a combatre contre eulx, tellement que Vlixes oyant le bruyt vint hastiuement τ tout esmeu en ce bruyt portant vng dard en sa main luy arriue quant il vit ce ieune hōme thelagonius cōbatre contre ses gens si vertueusement Vlixes non le cōgnoissant getta son dard et se naura bien peu. Lors thelagonius reprint celluy dard τ despiteusemēt le regecta contre Vlixes non le cōgnoissant en telle maniere qͥl se naura a mort. Quāt Vlixes se vit mortellement blesse il luy souuint dudit songe et vision interpretee. Lors incontinent fist cesser la baterie et demanda audit thelogonius qui il estoit et quil queroit, lequel luy respōdit quil auoit nom thesagonius et quil estoit filz du roy Vlixes et de la royne circe et quil estoit venu en ce lieu pour veoir τ congnoistre son pere. Vlixes oyant ces parolles esmeu a pitie et compassion incontinent lacolla et baisa son filz thelagonius en luy declairant quil estoit son pere Vlixes. Et ce fait Vlixes pacifia toute icelle noyse auecques son filz thelamacus qui estoit la venu tout arme pour venger son pere. Et luy dist Vlixes que celluy estoit son frere charnel. Apres ce peu de tēps ensuyuant Vlixes mourut. Doncques raisonnablement peult et doit estre Vlixes escript et comprins au triumphe de renōmee tant poͬ les haultes et dignes oeuures par luy faictes deuant la guerre troyenne. Aussi pource quil fist es horribles batailles, et pourtant de variables fortunes par luy soustenues et supportees en sa dure peregrination et treslongue naufragation.

⁋ De nestor.

Apres celluy Vlixes ie vis nestor lequel vesquit beaucoup oultre la commune vsāce et sceut tout par congnoissāce scientificque et par grāde experiēce des choses mōdaines lequel nestor fut filz de neleus filz de neptunus et de dorius filz de amphiorius roy des orchoniens hōme treselegant et doct. Cestuy nestor doncques vescut tres long temps et durant sa longue vie il fut tousiours hōme belliqueux et estant luy bien ieune il vainquit en mettāt a mort grāt quātite dēnemis. En oultre a ceste guerre il fut auec theseus et pirotheus a sencōtre des cētaures. Puis fut en lautre guerre troyenne auec hercules et iason contre laomedon, et apres cōtre les autres grecz, a laquelle expedition combien quil fust trescruel, touteffois il se experimēta aux batailles que iustemēt il ne fut point moins a reputer moindre a plusieurs vaillans grecz estans ieunes et en leur force.

⁋ De agamenon et menelaus.

Tout au plus pres ensuyuāt celluy nestor ie vy supure agamenon τ menelaus lesquelz ayans este tres malheureux en leurs fēmes pour icelles furent de trescruelles batailles. Car combien fust la guerre troyenne griefue, longue, dure, dangereuse et dommageable et combien de despēce et de malaise et tāt de mors de tresdignes princes y eut est assez commun et amplement congneu et monstre par plusieurs et diuers aucteurs lesquelz ont de tout ce fait mētion et escript

En ceste guerre Doncques presidoit le roy menelaus pour linterest du rauissement de sa femme helene/et agamenon qui auoit espouse la seur de ladicte helene fut par commune election de tous les grecz esleu et esleue principal cappitaine et ducteur de toute larmee gregoise. Doncques raisonnablement on peult bien dire que entre eulx faisoient grandes noises et horribles guerres au monde/mais quilz fussent bien peu heureux en leurs femmes assez appert par cy deuant Premierement du roy agamenon que luy estant en celle guerre tropene sa femme ditemestra entretenoit charnellement vng ribault nōme egistus/et agamenon victorieux retourne a sa femme en son pays elle secrettement et frauduleusement le fist occire par ledit egistus. Touchant le roy menelaus il est assez notoire que apres le rauissement de sadicte femme helene luy estant auecques les grecz alle a la guerre de trope il la demanda au roy priam lequel la fist venir en la presence de son mary menelaus et luy dōna planiere liberte si elle vouloit sen aller auecques son mary/mais elle respondit au roy priam quil ne luy estoit point conuenant destre en mariage auecques menelaus. Par ce appert que ce luy fut grande infelicite dauoir este par auant conioinct en mariage auec ladicte helene.

⁋ De leonidas spartanus

Apres ces deux roys agamenon et Menelaus suruoit leonidas spartanus lequel aleigre et ioyeulx de sa veue ordonna vng disner dur a ses cheualiers puis leur denonceant vng souper terrible Et en vne petite place dung tresangustieux lieu fist choses merueilleuses en armes. Doncques pour auoir de ce congnoissance il est a entēdre que estant venu xerses roy de perse a lencōtre des grecz pour continuer la guerre par darius son predecesseur commencee lequel estoit son pere et ayant xerses meu sept cens mille persōs en son armee leonidas spartanus auec quatre mille bōs et esleuz combatans seullement se mist a lencontre dudit xerses aux lieux estroictz du termopile. Lors le roy xerses voyant celle chose en despitant ledit leonidas spartanus a cause du petit nombre quil auoit de gens sommanda quon commencast la bataille. A laquelle le dit leonidas moult vertueusement se prepara a soy deffendre. Et courageusemēt combatit trois iours entiers ensuyuans. Plusieurs des persiens furent par les grecz occis et deffaitz. Le quatriesme iour ayant xerses occupe le hault dune mōtaigne Leonidas se apperceuant de ce dist a trois mille quatre cens de ses gens lesquelz estoiēt venuz auecques sa grecque nation a la deffence vniuerselle de grece quilz sen retournassent en leur pays pour le deffendre des persiens et quilz le laissassēt seul auecques les spartains experimēter la fortune. Ce commandement fait leonidas seul demoura auecques sept petites compaignies et se disposa le tout duquel il vouloit combatre de apprester et faire au matin vng tresnoble et sumptueux disner auquel il appella ses tresfors cheualiers affin de les inciter de vertueusement en cestuy iour cōbatre et assaillir les loges des persiens Car ilz ne pouoient demourer superieurs ne plus dignement vaincre que en ce lieu veu qlz auoient par auant periclite. Adonc leonidas auecques ses gens assaillirent leurs ennemys. Car les spartais pour les parolles de leonidas estoient moult deliberez de combatre Et pource ilz assaillirent les logeis et le fort dudit roy xerses lequel incontinēt quil ouyt le bruyt villainement sen fouyt laissāt le lieu aux spartains lesquelz a la fin courans par les champs des perses fuitifz estans les spartains lassez furent a la fin occis auecques leonidas leur cappitaine par les perses lesquelz du premier auoient este vaincus par leonidas.

⁋ De alcibiades

Apres cestuy leonidas ie vy alcibiades lequel plusieurs fois tourna et retourna sa cite dathenes auecques son eloquence auec la veue et sa face ioyeuse et relusante Pour ce il est a scauoir que Alcibiades atheniens soys non seullement se monstra estre trescler/mais aussi tresdigne et prestant philosophe et tresfort vaillant et vertueux cappitaine expert en faitz darmes/lequel par ses grandes et singulieres vertus acquist et obtint assez plus grande enuie que grace du peuple dathenes. Principallement quāt les cathaniēses en sicille demanderent secours a ceulx dathenes contre ceulx de siracuse Alcibiades acompaigne de nicius & lamacus alla prefect de larmee athicque a lexpedicion de laquelle ne fut pas long temps quil fut reuocque a athenes et incontinent apres enuoye en exil. Lors alcibiades sen alla en lacedemonie lesq̄lz il esmeut a faire guerre aux athenienses. Et ce pēdant quil fut en lacedemonie il eut la compaignie de la femme de agisdes roy des lacedemonois de laquelle chose se apperceut agisdes par quoy alcibiades fut contraint a sen fuyr a psiphones prefect de darius filz de xerses le q̄l vouloit esmouuoir la guerre aux grecz. Mais alcibiades sen destourna & le persuada au contraire en luy disant que seullemēt il les pouoit vaincre pour sa grande rendmee. Lors estant la guerre entre les lacedemonois et atheniēses psiphones approuua la sentence et oppinion de alcibiades laquelle luy pleut grandement et pource il tenoit bien chier alcibiades et luy faisoit grāt honneur et reuerence.

Sachans doncques ceulx dathenes et congnoissans lestat q̄ lauctorite en quoy estoit ledit alcibiades vers psiphones luy enuoyerent leurs ambassadeurs pour se prier q̄l voulsist faire lappointement et la paix entre eulx et psiphones pour le bien publicque dathenes / ausq̄lz alcibiades respondit q̄l estoit content de ce faire moyēnant quil fust redupt et remis en sa premiere dignite. Laq̄lle chose ceulx dathenes consentirent. Par quoy alcibiades fut diceulx reuocque et rappelle et fait prefect de nouueau de larmee athenienseseq̄l apres q̄l fut retourne a athenes il se vengea des optimatz qui lauoyent fait exiller et les contraingnit a eulx en fouyr. Apres ce alcibiades mena ses armees contre les lacedemonois lesquelz premieremēt il vaincquit sur mer et apres par terre. Et ce fait retourna en athenes auecques grande et victorieuse gloire ou il fut treshonorablement receu de chascun. Apres alcibiades sen alla en asie auecques cent nauires dathenes la ou il vaincu fut de ceulx de asie / et lors par desplaisance de sa propre voulente sen alla en exil aupres dartaxerses. En cestuy tēps furent les athenien sois vaincus des lacedemonois parquoy ceulx dathenes ordonnerēt trente hommes au gouuernemēt dathenes lesquelz se doubtans que alcibiades ne redist la liberte a la prouince senuoyerēt occire. Et pource que ses persecuteurs arriuez en perse ou ledit alcibiades estoit ne pouoient trouuer aucun seur moyen de loccire ilz le brusleren en sa chambre estant en son lict couche.

De milciades.

Suyuant ledit alcibiades sapperceu fors milciades lequel tollit le grant ioug de grece et auec luy en sa cōpaignie son beau filz lequel auec vraye et parfaicte pitie se leua vif et deslia le mort. Doncques pour entēdre ce propos Quel fut le benefice fait par milciades a toute grece et la tresgrande ingratitude a luy vsee assez clerement appert / car darius roy de perse estāt persuade et cōduit par ippa tyrant de xerses a faire la guerre contre ceulx dathenes et allant contre eulx les athēniensois auec grāde armee en nombre de six cens mille personnes la ou pour si grande quantite de gens sestimoit toute la grece deuoir venir au grief collier de seruitude. Lors ceulx dathenes demanderēt secours aux lacedemonois lesquelz estās empeschez pour quatre iours a aucuns sacrifices ne pouoient aller a larmee la ou milciades aucteur dauoit recouuert la liberte des tyrans et ayant este duc pour la deffence dicelle cōtre darius iugea estre plus necessaire et vtille la diligēte poursuyte et resistāce que dattēdre le secours des lacedemonois. Pour laquelle chose auec dix mille atheniens et mille cōpaignons platensēs vint aux champs maratony la ou milciades entrant en la perilleuse bataille contre darius vainquit cestuy darius et tua bien enuiron deux cens mille persiens et ledit ippa lequel auoit este aucteur dicelle guerre. A laquelle bataille vng cheualier nōme cinegerus feruentemēt et si courageusemēt suyuit les persiens quil les chassa iusques a leurs nauires / la ou il en prit vne auecques la main dextre laquelle main luy fut couppee / puis reprint ladicte nef de lautre main senestre laquelle aussi luy fut couppee. Et voyant ql ne pouoit autre chose faire il prit ladicte nauire auec les dens tant que suruenans ceulx dathenes la prindrent.

¶ De thimonus.

Touchant son bon filz il est a entendre que xerses filz de darius apât renouuelle la guerre encommencee par sondit pere z estât venu en grece auec sept cës mille hômes ceulx dathenes esleurent leur Duc contre luy thimonus filz dudit milciades leql côbatit côtre xerses en ce lieu mesmes ou Milciades son pere auoit eu bataille auec darius. Tel semët combatit thimonus contre xerses ql côtraignit xerses auec diligente fupte sen retourner en perse. Aps ce ledit milciades p la atticque ingratitude fut condâne de mourir en prison, parquoy il demanda et requist audit thimon⁹ son filz ql peust de grace obtenir q aps sa mort les funerailles de luy acoustumees a faire a cause et par raison de la parente fussent faictes. Et q au corps de luy apres ql seroit mort on fist une digne et raisonnable sepulture laqlle chose difficillement luy fut octropee auec ceste condition q ledit thimon⁹ portast sur soy et sur son dos les chaines totalles desquelles ledit milciades son pere estoit lye iusques a la sepulture de son corps, de laquelle côdition fut trescontent ledit filz, leql portant lesdictes chaines acomplit la Voulente du pere ainsi quil luy auoit enioinct deuant sa mort.

Apres ledit milciades susdit q tât fist de haultz z excellës faitz darmes ie Vy suyuât le chariot triûphal de ma dame renômee les autres athenisfois lesqlz ayant tousiours de toute leur puissance fait z ouure Vertueusement, neâtmoins ilz experimëterent ample ment la durte de lingrate prouince et peuple dathenes. Cestoit themistocles, theseus et aristocles allans audit triumphe auec la côpaignie dudit milciades, leql aristocles fut en vertu z contenance Vng fabricius grec et a to⁹ ceulx cy fut egallement interdicte la sepulture et le pays dathenes par grande ingratitude, touteffois leurs faitz les fait illustres ainsi q en plusieurs lieux il appert.

¶ De themistocles.

Tout au plus pres des trois dessus nômez ie Vy phetion atheniesois leql fut mort z dechasse De la terre en quoy fut moult contraire la remuneration z salaire receu de ses oeuures dignes z excellentes. Donc pour lintelligëce de ceste proposition touchât lingratitude dathenes enuers les dessus nommez Quât au premier q est themistocles il est a entendre q durât la bataille dessusdicte entre darius z milciades themistocles côbatit en telle sorte z par si grande prudëce q raisonnablemët, cöbien quil fust moult ieune, neâtmoins bôneur luy fut grandemët attribue. Et apres il fut esleu duc a lencôtre de xerses extimât estre plus necessaire combatre en mer q par terre. Et pareillemët ceste chose (par la Volunte des dieux) fut cause q themistocles fist entrer to⁹ les atheniëses dedans leurs nauires leql alla côtre xerses et ce pendât les peuples ioniës se rebellerët contre ceulx dathenes et se approcherent du coste de xerses affin de se renforcer z eulx estre De luy renforcez. Lors themistocles se Voyât en ce peril z dangereux affaire sans aucune dilation diligëmët sen alla au port auql lesditz ioniens deuoiët descendre pour prendre terre et la incontinent themistocles escriuit en pierres de marbre qui la estoient Combien estoit grande lerreur z folye des ioniens de aller a lencontre de leurs progeniteurs z contre ceulx lesqlz plusieurs fois auoient este vengeurs de leur liberte en remëbrant les benefices et bienffaitz a iceulx en la guerre de darius. Quant les ioniens arriuerent audit port ceulx lysans lesdictes escriptures de themistocles Incôtinent to⁹ dung cômun accord se retournerent a la bataille contre xerses. Estans donc tous ces peuples gregois soubz la côduicte z charge de themistocles Lors q ce Vint au destroit de la mer salamine aucûs des nauires Vouloient retourner a terre et la eulx mectre en deffence. Ce que Voyant themistocles craignant que silz sen alloient a terre ql ne fust point assez suffisant pour resister a xerses incontinent escriuit a xerses en le enhortât de Venir en bataille luy donnant a entendre que en ce lieu tout a Vng coup il pouoit pren dre ɋ deffaire toute la puiſſance des grecz la ou ſil ſen laiſſoit partir vne partie il auroit apres plus grande difficulte a obtenir ɋ conquerre la domination des grecz. xerſes opāt ces choſes non cōgnoiſſant la grande prudence de themiſtocles: mais extimant ɋ tout ce fuſt veritable fiſt incontinent marcher ſon armee pour faire la bataille. Lors il aduint ɋ aucunes citez leſquelles ſeſtoiẽt par paour rebellees ſe retournerent ɋ rendirent a themiſtocles. Pour ceſte cauſe enſuyuant la bataille leſditz ioniens ſe mirẽt a la faueur des grecz Et firẽt en telle maniere que xerſes fut ɋ demoura vaincu ɋ ia eſtoit tout enuironne Et quāt themiſtocles veit que xerſes eſtoit en tel deſtroit ɋ ſi grande preſſe ſe doubtāt que les perſes par fureur et deſpit en prenāt le frain aux dens ne prinſſent de rechief plus grande vigueur en eulx renforcans a la bataille il manda a xerſes quil ſen fuyſt deuant quil fuſt prins en luy monſtrant la maniere de ſen fuyr ɋ de ſe ſauuer. Adonc xerſes opant les parolles congnoiſſant le treſgrant dangier en quoy il eſtoit et voyant le moyen et paſſaige de ſen pouoir fuyr villainement ſen fuyt.

Pres ɋ themiſtocles la victoire obtenue fut retourne a athenes par le ſingulier merite et loyer du bien quil auoit pour ſes vertueuſes oeuures deſſerup il fut banny hors de ladicte cite et contrainct a ſen aller et ſoy tenir en exil en perſe auec ledit roy xerſes lequel il auoit vertueuſement vaincu. Lors xerſes voyāt themiſtocles en ceſte perplexite ɋ a tort et iniuſtement ainſi chaſſe ɋ banny dathenes gracieuſement le receut en luy faiſant grant honneur. Adonc xerſes voulant par vengeāce faire guerre a ceulx dathenes fiſt themiſtocles ſon cappitaine et principal ducteur de ſon armee. Themiſtocles voyāt ce ne voulut point faire guerre a ſa prouince/ɋ auſſi ne voulant faire aucune trahiſon audit xerſes qui tant luy auoit fait dhonneur et de gracieuſete voulut par mort contenter chaſcun ɋ ſatiſfaire a lung ɋ a lautre/ɋ pour ce il ſordonna vne poiſon laɋlle il beut dont incontinent il mourut.

⁋ De theſeus.

Vāt au regard de theſeus cōbien de dignes faictz il fiſt pour le bien publicque dathenes amplemēt appert. Donc pour reciter ſon cas il eſt notoire que theſeus filz du roy egeus ſucceda au royaulme dathenes leɋl il poſſeda paiſiblemēt du cōmencement / ɋ des ſon adoleſcence forte et vigoureuſe il dōna aux atheniēſois ſi grande eſperance de ſa proeſſe ɋ chieremēt ilz le gardereut cōme leur ſalut. Theſeus eſtant encores en ſa prime barbe deſcōfiſt vng merueilleux thoreau qui gaſtoit tout autour dathenes ɋ loccist/puis le ſacrifia a iupiter Laɋlle proeſſe il fiſt en vng chāp nōme marathon pres dathenes. Apres ce theſeus fut cōpaignon auec iaſon ɋ auec les grecz alla en colcos pour cōquerir ɋ rauir la thoiſon dor Duɋl voyage retourna theſeus charge de proye auec grāde gloire ɋ louenge. Depuis ce fait il aſſaillit les amazones auec hercules tellemēt quilz les vaincquirẽt/ɋ en emmena theſeus auec grāt deſpouille ppolite royne dicelles amazones/laquelle prinſe de ppolite dōna a theſeus grāt rend de nobleſſe/ɋ non poit moindre ɋ celluy ɋl acquiſt par ſa proeſſe quant il eſchappa le peril ou il fut quant le iour des nopces de ſon compaignon pirothous il cōbatit et vaincquit les cētaures orgueilleux et hardis pour leur force / leſɋlz eſchauffez de vin ɋ de viādes ſefforcerent de oſter ɋ rauir proſerpine fēme dudit pirothous/ſeɋl pirothous fut filz de yſion ɋ ppodamie. Semblablemēt theſeus affranchit les atheniēſois tributaires du roy minos ɋ de la gēt de crete. Apres ce ɋ theſeus eut mis bōne paix ɋ police en ſon royaulme il tua ɋ deſcōfit le roy creon qui ſeſtoit orgueilly pour la nouuelle ſeigneurie du royaulme de thebes ɋl auoit vſurpee et frauduleuſement cōquiſt

Andis doncques que celluy theſeus roy dathenes dominoit en lancien ſiege de ſes predeceſſeurs roys apres que par courroux il eut tue ſa femme ppolite royne des amazones de laquelle il auoit par auant eu vng filz nomme ppolitus. Et que la femme de ſon compaignon Pirothous fut morte eulx deux theſeus et pirothous conioinctz par amytie enſemble ſe accorderent lung auecques lau tre quilz ne prendroient aucune femme/sinon des filles de Jupiter. Parquoy apres que Theseus eut raupe Helene et incontinent rendue aux freres Deifie castor et polux Theseus laissa adriane et espousa phedra sa seur lesquelles estoiēt toutes deux filles du roy minos. Apres ce pirothoꝰ appella theseus pour estre son compaignon et luy aider a rauir proserpine fille de Jupiter et de ceres qui estoit mariee a orthus roy des molosses demourant en vng bas pays pres de la mer/lequel rauissement fut a eulx deux malheureux/car pirothous y fut occis de cerberus vng trescruel chien q̄ auoit ledit roy orthus pour la garde et seurete de sa maison. Et mesmement Theseus y fut moult blesse et courrouce en son cueur pour la maulle aduenture de son amy pirothous/lequel theseus fut detenu prisonnier tellement que par force ne pouoit eschapper de prison iusques a ce comme dit est que le Vaillant et pieux Hercules q̄ daueture retournoit victorieux despaigne et q̄ auoit descōfit le roy gerion neust desliure ledit theseus. Apres que ledit Hercules eut occis ledict chien cerberus Theseus retournant a Athenes trouua grant troublement a sa maison Car luy estant absent auoit laisse son filz ppolite duquel sa femme phedra fut si embrasee damours quelle le pria de coucher auecques elle Ce que ppolite reffusa qui le cueur et le couraige auoit pur et loyal et honneste. Parquoy phedra honteuse et indignee cōtre ppolite/pour cellui reffuz pensa en son couraige quelle sen Vengeroit Et pource elle dist a son mary theseus que luy absent ppolite lauoit voulu prendre a force Laquelle chose Theseus creut trop legierement Car incontinent fist prendre et mettre sondict filz ppolite en vng chariot pres de la mer Et quant les cheuaulx Veirent les monstres marins de frayeur sen fuyrent par les rochiers par telle impetuosite quilz froisserēt le chariot par pieces et loppins Et ne sceut tant faire ppolite quil ne fust tout desmembre piece par piece. Et ainsi mourut cōme plus amplement auons par cy deuant recite en parlant dudict ppolite. Peu apres phedra qui se repentit de sa faulce accusation quelle auoit fait dudict ppolite promist aux dieux que y ses propres mains elle feroit de plain gre sacrifice de soy mesmes pour satiffaire a liniuste mort de linnocent ppolite. Et elle surprinse de son affection en gemissant alla compter tout le cas a son mary theseus qui doulent encores estoit de la piteuse mort de sodit filz ppolite/et eut a peine elle acheue sa parolle que deuant son mary elle se transperca dune espee que ppolite auoit laissee. Ainsi mourut phedra en la presence de son mary theseus/lequel plouta encores plus fort la mort de son beau filz ppolite quant il congneut quil estoit innocent et non coulpable du peche a luy impose. Auec ce fut esmeu le roy theseꝰ a cōpassion quant il veit en si grant habondāce le sang de phedra sa tres chere femme/laquelle auoit espandu en soy tuant deuant luy/laquelle estoit estendue a terre morte a ses piedz/et lespee doultre en oultre tout au trauers de sa tendre et blanche poictrine/combien quelle par sa malice et peche auoit desseruy mort.

Apres toutes ces choses et que le roy theseus eut a son peuple et a sa cite dathenes fait et donne y ses vertueuses oeuures plusieꝰ grās biēs Et quil eut sa cite dathenes affranchy du truaige que la cite deuoit chascun an au roy minos roy de crete Les atheniens ingratz rendans mal pour bien se rebellerent contre leur roy theseus priue de son bon et loyal amy pirothous et de son filz ppolite et de sa femme phedra. Tandis doncques quil estoit enuirōne de tant de douleurs/et les atheniēs iadis fuytifs lesquelz theseus ramena a leur pays/et ausquelz il auoit baille maniere de viure ciuillement et honnestement les vngs auec les autres/iceulx iniustement dechasserent leurdit roy theseꝰ hors de son pays et le bannirent perpetuellement apres quilz luy eurent totallement oste le gouuernement du royaulme dathenes. Donc theseus ainsi a tort et sans cause desmis de son auctorite et dignite royalle et chasse hors de son pays il sen partit plourant et vieillart tout seul et sen alla en vne petite isle nommee thie en laquelle bien tost apres il fina ses iours.

De aristides.

Hii

Touchant le cas dudit aristides il appert clerement quil ne fut pas seullement homme tresoigne en faictz darmes, mais pareillement en science il fut tresgrant philosophe, lequel par son seul fait saulua toute la grece, et la deliura des mains et de la persecution et oppression de deux tirans, car voulans les lacedemonois et ceulx dathenes se veger en partie des iniures receues par les perses les lacedemonois esleurent pour leur duc ung nomme Pensania, et les athenes prindrent et esleurent aristides. Apas donc que ces deux ducz couru et pille grande partie du pays de perse Pesania esleua son couraige pour oster toute la liberte de la grece Pour laquelle chose il escripuit a xerses en luy renuoyant tous ses prisonniers quil luy pleust en ceste entreprinse luy donner secours Et pour rescompence il luy bailleroit sa fille a femme. Auecques ce il luy rescripuoit et mandoit par lettres quil occist seretement tous les messaigiers lesquelz il luy enuoyoit affin que ceste entreprinse fust plus secrette. Laquelle chose le roy xerses fist et excecuta. Lors Aristides qui tousiours estoit curieux et tresdiligent de senquerir soigneusement des affaires de pensania fist tant qil sceut entierement toute la forme et maniere de celle traistresse entreprinse Laquelle trahison il descouurit et fist assauoir aux principaulx du peuple des grecz, parquoy incontinent Pensania fut enuoye et commande sen aller en exil. Apres ce fait grece mise hors et deliuree de ce peril et dangier que Pensania leut procuroit ledit roy xerces se voyant estre descouuert du consentement quil auoit donne en celle trahison esmeut la guerre contre les grecz en laquelle il fut vaincu de thimonus. En oultre toutes ces choses veritablement fut aristides semblable a fabricius Car ayans eu les atheniens victoire contre les perses par le moyen de Themistocles il dist ung iour au senat quil scauoit ung bon conseil pour le bien publicque dathenes, mais quil ne le vouloit dire que a ung homme seul, parquoy luy fut baille aristides, auquel themistocles dist que la nauire des lacedemonois laqlle estoit en egipte secretement se pouoit brusler dont iceulx lacedemonois leurs ennemys seroient moult endommaigez. Quant aristides eut ouy ce que auoit dit themistocles il declaira tout le cas au senat dathenes pour laquelle chose tous furet ioyeulx du bon conseil et aduertissement que themistocles auoit fait. Aristides approuuant cestuy conseil fut dauis et oppinion q incontinent et sans delay il fust mis a excecution Toutesfois aucuns Atheniens iugerent que telle chose faire nestoit point iuste Et que auec ce nestoit point honeste ne prouffitable Parquoy le tressaige aristides a la fin fut dechasse de la prouince Auec lequel ensemble sen alla en exil la vertu, la contenance et la sainctete grecque.

¶ De phocionus.

Ou regard de phocionus combien quil fust beau et garny de toutes vertus de splendeur gloire et clemēce, neātmoins il fut des athenois dechasse hors de la prouince et enuoye en exil auec tresgrande quantite de tourmens et griefue acerbite tellement que par enuye les athenois le firent mourir. Et aps sa mort cōmanderent que ses os fussent portez aux champs et la les laisser sans enterrer En laquelle terre phocionus auec grande vertu et sainctete sans faire iniure a personne auoit benignement vescu.

¶ De pirrhus filz dachilles.

Apres cestuy phocionus ie vy supture le bon pirrhus de ephirro Et pour entendre lequel cest il est assauoir quil y a deux pirrhus renōmez des historiens par vertu et renōmee, deslqlz lung fut neptolemus filz de deidanne et de achilles, seql en son adolescence par la rougeur de ses cheueulx print et eut le nō de pirrhus. Cestuy donc pirrhus apres la mort de son pere achilles estant venu a la guerre de troye constitue chief des numidies et succedant apres son pere aux armes et autres choses vertueuses aux batailles il demonstroit bien veritablement en sa semblance estre filz dachilles, car il occit en la guerre panthasilce royne des amazonnes, laquelle (cōme dit est) estoit venue auec larmee de ses femmes bellicqueuses au secours de be tor contre les grecz/combien que aucuns aucteurs attribuent la mort de celle royne panthasilee audit achilles.

❡ Du roy pirrhus.

Autre pirrhus fut pirrhus roy des epirothois venu p ligne de pirrhus dessusdit la ou il fault entendre q apres les molosses z deucalio z phetonte regna pirrhus filz dachilles autremet dit neoptolenº Et aps toº les autres descendans de luy ont eu le nõ de pirrhus Estans succedez aucuns roys des barbares a la fin regna vng nõme tarrita/et apres cestuy tarrita regna son filz alectº/z apres alectus arnuba/z aps arnuba eacides leql eacides prit a feme pithia fille de nemus p̃r de thessalie de laqlle il engendra deux filles lune nõmee depidamia z lautre troada de laqlle depidampe fut ne p le fait dachilles ledit pirrhus Estãt donc mort eacides se suscita sedicio entre les molosses lesqlz occirẽt toº les amys q par auant auoient este de eacides z oultre ilz cherchoient a occire pirrhus Pour laqlle chose aucuns des amys cherchoiẽt secrettemẽt cestuy pirrhus q petit enfant estoit encores/et tellemẽt firent q pour le sauuer il fut esleue diceulx amys q sẽportterent z senfuyrẽt auec lenfant laqlle fuyte fut aux ennemys z sediciẽux descouuerte/ lesqlz firẽt aps la poursuyte. Toutesfois iceulx amys auec le petit enfant estoiẽt arriuez a vng tresgrãt fleuue/et quãt ilz veirẽt des gẽs de lautre coste de la riue ilz escriuirẽt vne lectre laqlle ilz lyerẽt a vne pierre et la leur gecterẽt/par laqlle lectre ilz dõnoiẽt a entendre la fortune de pirrhus. Quãt ces gens eurẽt leu lesdictes lectres ilz furẽt esmeuz a cõpassion. Par quoy ilz allerent incontinent querir pirrhus z ses amys lesqlz ilz passerẽt de lautre coste dudit fleuue. Et apres ce ilz prindrent ledit enfant et le porterẽt a leur roy glancia leql regnoit en cestuy temps. Quant glancia receut lenfant z ql sceut tout le cas de cestuy pour ne prouocquer point ceulx q vouloiẽt occire icellup enfant a aucune inimitie ne le voulut point receuoir/mais le petit enfant pirrhus luy fist tant de gestes z signes cõe sil luy eust voulu demander misericorde z secours q cestuy roy glancia sesmeut a pitie z doulcement le receut et le fist songneusement nourrir.

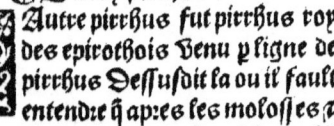

Adcun tẽps apres pirrhus creut et deuint trescheualeureux en armes et bien tost apres il print a feme la fille dudit roy glantia. Puis auec son secours pirrhº retourna en epirothe/et tellemẽt fist quil recouura son royaulme a force darmes. Et estãt depuis encores dechasse de ses gẽs il sen alla z se retira par deuers demetrius filz dãthigonus roy de macedoine leql auoit deidamie a feme/z auec le secours diceulx pirrhus recouura de rechief son royaulme/et moyennant la faueur z aide dudit demetrius tousiours il accreut son royaulme auec gloire. Long tẽps aps il aduint q demetrius apãt guerre cõtre ptholomeus selencus z lisimacus gendres dalexandre le grãt il demanda secours audit pirrhus leql alla a son secours auec vne grosse z puissante armee/z apres qʼ fut la arriue pirrhus ayant mis en oubly toute pareté z benefice receu il corrõpit les gẽs de demetriº z le dechassa z print et occupa pour luy le royaulme de macedoine. Apres q pirrhus eut ainsi occupe le royaulme de macedoine z qʼ fut cõstitue roy cõbien qʼ ne le possesda pas longuement il selleua en son courage de se faire empereur du mõde Et pour ce il cõmenca a guerroyer z cõquerir ptalie. Puis declaira son secret z intencion a cinea qui auoit lors grant auctorite leql voulut p raisons euidẽtes monstrer audit pirrhus q son appetit desordõne estoit vain. Adõc pirrhus estãt moult trouble pour les parolles de remõstrances dudit cinea se retira a loracle z deuinateur dappolo pour luy demãder sil auroit la victoire cõtre les rõmains leql fist telle respõce q fut moult ambigue/cestassauoir q les rõmains pouoiẽt z deuoiẽt estre quelq fois vaincus. Pour ceste respõce pirrhº en soy print cõfiance z vint en ptalie pour dõner aide aux tarẽtins a lencõtre des rõmains z fut la aussi secouru des nauires de antigonus roy de macedoine/z darget de anthiocº roy de sirie et de ptholomeus roy degipte de grãt nõbre de gẽs. Quãt auec telle puissãce pirrhus fut arriue en ptalie les rõmains en vopperẽt a lencõtre de luy aulus albinus en lucanie leql aigremẽt cõbatant cõtre cestuy pirrhus fut albinus vaincu. Toutesfois celle victoire de pirrhus fut fatalle/car plus se doit reputer glorieuse que ioyeuse.

G iiij

Le triumphe

Pres ceste victoire les rõmains de rechief enuoyerent contre Pirrhus mar cus lauinius lequl a la premiere bataille fut aussi de pirrhus vaincu par la terrible horriblete des elephans/en laquelle bataille apres la tuerie faicte Pirrhus regardant les corps mors des cheualiers rommains lesquelz demonstroient encores en leurs visaiges grande ferocite et hardyesse sesbahit et sesmerueilla grandement.

De renominee   fueillet .xl vi

Pres cesse victoire obtenue par pirrhus contre les romains en la premiere bataille de marcus lauinius/ledit Marcus ayant renforce son armee tellement combatit que en la seconde bataille dentre eulx par la vertu dung conseiller rommain qui en monstrant sa haulte puissāce frappa par si grande fureur sur vng elephant quil loccist/par quoy tout incontinēt les rommains vainquirent les lacedemonois, les egyptiens et autres peuples de larmee de pirrhus/pour laquelle chose pirrhus dit que sa fortune estoit semblable a celle de hercules laquelle il eut a lencontre de lidie aux maretz lernea Pirrhus doncques se voyant presque desconfit et ia congnoissant la vertu et puissance des rōmains cupda trouuer maniere de faire appoinctement et paix auecques eulx, mais les rommains ny voulurēt entendre par lauctorite et remonstrāce de apius claudius cecus, lequel fist tāt et pourchassa que marcus curius et fabricius furent enuoyez contre pirrhus, lesquelz ordonnerent leurs batailles et tellement et vertueusemēt combatirent que pirrhus fut totallement vaincu et deffait et cōtraint de sen fuyr a tharente. Lors pirrhus ainsi desconfit se partit ditalie et sen alla en sicille la ou il print messine et les mamertins Et a la fin toute lisse Laquelle apres quil leust obtenue il deuint contre sa nature cruel et tyrāt, la ou premieremēt il estoit doulx aymable et tresbumain roy. Adonc pirrhus change de complexion viuant de telle sorte tyrannicque les carthaginois ayans de luy doubte luy enuoyerent ambassadeurs pour luy demāder la paix en luy offrant grant quantite de nauires et infiny nombre dargent, ce quil print, et ce fait pirrhus partit de cicille pour aller cōtre anthigonus filz de demetrius et cōtre les lacedemonois, et aussi tost ql fut arriue en grece il leur esmeut la guerre cupdant par force et astuce bien tost posseder toute la grece. Lors vng iour ptholomeus filz de pirrhus combatant cōtre les lacedemonois courut si auant quil alla presque iusques au meillieu de la cite ou illec par la multitude du peuple il fut occis, de laquelle mort pirrhus fut merueilleusemēt courrouce et trouble.

Quant anthigonus eut considere que trop long temps y auoit que pirrhus lassiegeoit/ a la fin il se delibera donner lassault a pirrhus, et lors que la bataille estoit la plus aspre estant pirrhus desia au portail de la cite et illec voulant occire vng macedonien vng qui estoit sur la muraille getta vne grande tuille sur la teste de pirrhus tellement que ledit pirrus cheut tout estendu a terre. Lors illec suruint vng cheualier filz de anthigonus qui couppa la teste audit pirrhus Et auec grant ioye la porta a son pere anthigonus lequel estoit homme de grant courage. Lors anthigonus voyant la teste dudit pirrus blasma grandement son filz qui telle execution auoit fait en lappellant barbare. Apres ce anthigonus fist prendre la teste et le corps du roy pirrhus et les fist mettre en vng beau et tresriche sepulchre. Alcunus dōcques ainsi chastie de son pere retourna a la bataille la ou il trouua Elineus filz dudit pirrhus vestu dung meschant et vil habillement lequel benignemēt il receut et paisiblement le conduysit a son pere anthigonus. Quant anthigonus vit ainsi cestuy elineus il lēuoya en epirothois et la le fist mettre et constituer roy en lieu de son pere pirrhus. Ainsi fut le roy pirrhus exemple a tous de lune et lautre bonne et mauuaise fortune.

¶ Du roy masinissa.

Pres cestuy roy pirrhus ie vy ensuyuant le bon roy masinisse auquel il sembloit receuoir grāt tort de nestre point nombre ensemble auecques les autres rommains lequel masinisse fut filz de calaus roy de masilli/lequel calaus estant mort luy succeda au royaulme. Lors en ce temps siphax roy massessulii estant retourne du quartier des carthaginois pour auoir prins sophoniste a femme fut de luy dechasse hors du royaulme. Pour laquelle chose luy estant bien poure en exil sen vint aux chāps a scipion lafricain duquel il fut benignement et doulcement receu, et apres ce fut fait duc dune partie de larmee rōmaine. Masinisse pour ceste courtoisie deuint en telle sorte amy de scipiō que nulle autre chose il nayrnoit tāt comme

H iiii

Le triumphe

seullement il faisoit scipion. Adõcques estant masinisse receu en la foy des rõmains principallement il alla auecques scipion cõtre hainon barchinien et icelluy occist auecques grant nombre des carthaginois.
Apres ce estant et allant a lencontre de hasdrubal filz de gisco masmisse le vaincquit z le dechassa hors du champ en pillant ses loges. Ceste victoire par masmisse pour les rommains obtenue en continuant la guerre punique alla ledit masmisse ensemble auecques capus lelius contre son ennemy siphax lequel il vaincquit et print prisonnier. En laquelle prinse et desconfiture ilz prindrent presque toutes ses principalles citez.
Et apres masmisse print a femme sophoniste laquelle auoit par auãt espouse ledit roy siphax, et elle lauoit incite et enhorte de faire et esmouuoir guerre contre les rõmains tant tenoit en amour ardante ledit roy siphax, lequel saichant que masmisse lauoit espousee fut siphax tresioyeulx disant que masmisse estoit prins et lye dung mesme lyen dont il auoit par auant este lye. Masmisse espousant sophoniste luy promist la garder z sauuer enuers scipiõ, car elle labusa et lattrahit en son amour par son beau et doulx parler. Scipion lafricain saichãt la follie du roy masmisse quil auoit faicte enuers ladicte sophoniste fut mõlt desplaisãt z esbahy cõbien quil nen mõstrast nul semblãt a persõne, mais masmisse retourne en ses tentes scipion le tyra a part et secretement entre eulx deux le reprint et benignement luy remonstra son mal fait, par quoy masmisse demoura tout pensif z recõgnoissant sa follie. Et pource quil auoit promis a ladicte sophoniste de la garder des rõmains voyant quil ne luy pouoit tenir promesse or dõna vng breuuage venimeux et empoisonne lequel il enuoya a sophoniste. Laquelle saichant au vray tout le cas print celle poison et la beut dont incontinent mourut.

cipion apres voyant les loyalles et tresvertueuses oeuures belliqueuses que celluy roy masmisse faisoit de iour en iour pour le prouffit et honneur des rommains il pensa de le retribuer selon ses dignes merites et dessertes. Et pource scipion lafricain

restitua audit roy masmisse tout ce que par auant il auoit et possedoit. Cestassauoir son entier et total royaulme, lequel il gouuerna long temps paisiblement excepte que pour les differences circonuoisines il eut aucuns affaires auec les carthaginois lesquelz apres par pareille bataille il vaincquit vertueusement. Peu de temps apres ensupuant ledit masmisse mourut ayant laage de quatrevingtz douze ans, et en estant en laage de quatrevingtz six ans il engendra vng filz, et ayãt masmisse a sa mort trois filz. Cestassauoir micipsa gulissa et manastaballes, il les laissa en la protection et sauuegarde des rommains, priãt ausditz rommains quilz fissent a iceulx filz le partaige et diuision de lheritaige selon le iugement et voulente de scipion lafricain. Ainsi appert que la beniuolence dudit roy masmisse fut grande enuers les rommains et mesmement vers scipion. Par ainsi ie dis et mest aduis que ie roy masmisse receuoir vng grant tort de nestre commemore auecques les rommains quil a tant aymez.

℃ De ierus roy de sicille

pres ce roy masmisse ie vy ierus siracusayn lequel fut filz de prodotus noble citoyen en cicille lequel par sa naissance descendit de gelonus ancien seigneur de sicille. Estant doncques ne dune chamberiere fut dejette du pere pour le mettre a mort ainsi que innoble et comme celluy qui troubloit sa genealogie. Et estant cest enfant petit qui nauoit personne pour le nourrir, estant musse et gette soubz les ruches des mouches a miel icelles mouches le nourrirent par long temps tant que vne poure femme le trouua la qui par pitie le print et secretement lacheua de nourrir iusques a ce quil fut grant. Et ce pendant que la femme le nourrissoit il fut dit au pere par les deuins que celluy enfant seroit vng grant homme et digne et puissant roy de sicille.

Apres dõcques quil fut deuenu grant et bien forme et vertueux au fait darmes en cõbatant plusieurs en bataille tousiours de

moſtroit vaincqueur. Pour laquelle chose
luy fut de pirrhus roy des epirotes enuoye
plusieurs grãs dons de harnois et dautres
habillemens et aornemens de guerre. Apres que ledit roy pirrhus fut party de sicille les carthaginois esmeurent trescruelle
guerre, la ou ierus fut fait duc et cappitaine
premierement contre iceulx carthaginois,
et apres par vniuersel consentemẽt fut constitue roy de toute sicille. Apres fut esmeu
guerre contre les rommains et les carthaginois en la premiere bataille punicque en
laquelle fut ierus vaincu de aptus claudius
auecques les carthaginois la ou il demoura tousiours immuable en lamour et foy du
bien publicque rommain. Et depuis fut ierus de ses gens mesmes occis cruellement

De halmichar

Apres ensuyuant cellup ierusie vp le cruel halmichar moult
de luy et du roy masnisse diuise en la beniuolence du peuple
de romme. Doncques pour plus clere
cognoissance des paroles susdictes il fault
entendre que cõbien que entre les rõmains
et les carthaginois eust tresgrandes inimitiez il ny eut iamais nul entre les carthaginois q se se demonstrast tant que fist hamilchar et son filz hanibal, lequl hamilchar eut
quatre filz, cestassauoir hanibal, hamõ, hasdrubal et magonus, desquelz disoit hamilchar leur pere quil nourrissoit quatre petis
lyons au dommaige et deshonneur de lempire de romme. Lors que iceulx enfans furent en laage de neuf ans leur fist iurer tenir poursuyre et soustenir la hayne perpetuelle contre la cite de romme. Non point
seullement en cest affaire se monstra hamilchar en son couraige ennemy des rõmains
mais encores en ses conditions et a lexpedition de la guerre ou il alla en la premiere
guerre punique ou il fut cappitaine de larmee contre les rommains combien quil fust
vaincu de actilius colatinus, touteffois il
excita toutes manieres de gens quil peut
pour faire et entretenir tousiours guerre odieuse a lencontre du peuple de romme.

De cressus

Apres cellup hamilchar estoit cellup q cõme du meillieu du feu occit cressus roy de lidie nud et entendit par exemple manifeste cõment peu vault la deffence a vng escu contre fortune. Pour lintelligence de ce il est a
scauoir que regnant en babiloine balthasar
filz de nabugodonosor et estant dieu courrouce contre luy acause quil auoit prophane
les vaisseaulx du temple de dieu au bãquet
lequel il fist a ses proceres. En cellup tẽps
cirus roy de perse vint en armes a toute
grosse puissance de gens contre les babiloniens. Lors cressus voyant ce et desdits
babilloniens requis enuoya a plusieurs diuinateurs et oracles quelle chose luy estoit
a aduenir sil entreprenoit guerre contre les
perses et si son empire deuoit estre diuturne
entre lesquelz oracles cellup dapollo estant
en grece fist respõce consolatiue et toute plaine de bonne esperance et bõne fortune, pour
laquelle responce oyre cressus rẽply de ioye
estimãt son empire estre perpetuelle assembla grosse et puissante armee et grant quantite de tresors et sen alla en babilloine au secours des babilloniens. Cirus doncques
expugnãt babilloine occit balthasar et mist
en fuyte ledit cressus. Cressus retourne en
lidie proceda en armes cõtre ledit roy cirus
et tellement combatirent que cressus vaincu sen fouyt en vne cite nommee sardy la ql
cirus assiegea. Cellup cressus auoit vng
filz lequel estoit en toutes pars tresexcellẽt
excepte quil estoit muet. Lors cressus apat
essaye plusieurs medicines pour le faire parler et riens ne prouffitoit a la fin il enuoya
a loracle dapollo pour trouuer maniere de
faire parler cellup filz, lequel oracle enuoya
audit cressus responce doubteuse et ambigue de laquelle fut cressus moult pensif

Dcun tẽps apres cressus en voidt
vng iour hirciades mardus tresfort cheualier de cirus qui hors de
la ville estoit faisant aucunes escarmouches, cressus sortit hors de ladicte
ville auecq ses gẽs par derriere vne roche
des sardes pour aller assaillir cellup cheualier hirciades. Lors cirus voyant ce auecques grãt quãtite de perses entra en la cite
et la print, et incontinent cressus sen retour

na dedans sa cite/et luy entre son filz auec-
ques luy fut moult estône quant il trouua
les perses et le roy cirus dedans son hostel
Lors les perses non congnoissans cirus le
voulurent occire. Par quoy le filz q estoit
muet de paour qͥl eut comēca a crier en disāt
tout haultement. Roy cirus vueilles par-
donner a mon pere cressus. Pour laquelle
parolle cressus ne fut point occis/mais seul
lement prins prisonnier.

¶Itus doncques ayant cressus
prisonnier et ayāt renom dauoir
este homme religieux ɳ de bon af-
faire voulut corrompre le veu
ou experimēter saucun diable viēdroit pour
deliurer cressus Parquoy cirus fist prēdre
et despouiller cressus tout nud. Et ensem-
ble auecques luy quatorze autres des princi-
paulx de lidie et les fist mettre sur vng hault
eschaffault et luy fist alumer du feu des-
soubz Et estoit cestuy eschaffault assis au
propre lieu auquel cressus auoit par auant
tenu sa maison royalle du temps quil se re-
putoit bien heureux. Cressus doncques es-
tant en ce hault lieu en grāt vergōgne mis
apres aucunes parolles faictes entre luy et
solon qui la present estoit se voyant cressus
en telle calamite et si grande infamye consti
tue qui la sentoit grant chaleur du feu luy
souuint daucune sentence que solon luy a-
uoit dicte et en lapprouuant en soy mesmes
cressus cria par trois fois a haulte voix O
solon/laquelle chose oyant cirus luy fist de
mander par les interpreteurs que cestoit qͥl
vouloit dire. Lequel respondit que ainsi q
solon ayant veu toutes ses richesses les a-
uoit desprisees en luy disāt a tous autres
qui se reputoient bien heureux combien est
grande leur follie silz se cuident estre bien
heureux pendant quilz viuent en bonne et
prospere fortune et que a icelle fortune se a-
musent et se esflieuēt en orgueil. Parquoy
il appelloit solon comme vng oracle et tres
veritable diuinateur. Cirus entendāt ces
parolles et recongnoissant que en la vie hu
maine nulle chose ne peult estre permanant
fist du tout estaindre le feu et descendre cres-
sus /et luy rendit tout son patrimoine et
vne cite nommee baragon ou depuis cres-
sus vesquit en estat de roy/mais non pas si

sumptusement cōme par auant il auoit fait
Ainsi doncques fut cressue vng merueil-
leux exemple que en vain sesmeut lescu aux
coups de fortune

¶Du roy siphax.

Pres cestuy roy cressus ie vy
le roy siphax presque venu a sē-
blable exemple dune egalle for-
tune comme ledit cressus lequel
siphax combien quil fust roy des massessul-
les en la region de numidie. Toutesfois il
voulut experimenter fortune en prenant le
party des carthaginois contre les romains
luy seullemēt psuade de la beaulte et doulx
langaige de sa femme sophoniste la ou il ad
uint que luy ayant assemble et conioinct son
armee auecques celle de carthaige il fut du
tout vaincu auecques les carthaginois et
prins prisonnier par le roy masinisse qui len
uoya a scipion laffricain lye de chaines/seq̄l
scipion venu et retourne a rōme fist mener
deuant son chariot triumphal cestuy roy si-
phax et apres fut siphax par le senat condā-
pne en perpetuelle prison en laquelle viuant
miserablement auecques grant villennie
il mourut.

¶De bramon.

Dpuant cestuy roy siphax ie vy
bramon soubz la conduicte duq̄l
trebuscha grant peuple et apres
vint a la mort Dessoubz le tem
ple delphicus. Pour congnoistre le fait de
cestuy bramon il est a entendre que en gaul
les peuples multipliez en si grāde habon-
dance que toute la prouince ne les pouoit
nourrir A ceste cause ilz aduiserent ensem-
ble et conclurēt de aller cōquerir a force dar
mes plusieurs pays et prouinces desq̄lz lu-
ne partie vint en ytalie au tēple de camillus
et apres p laugure des oyseaulx sen allerēt
en siricque/seq̄l pays ilz subiuguerent com-
me esclaue/puis passerent en hōgrie et prin-
drent toute celle prouince/en laq̄lle par vne
espace de tēps se reposerēt Et eulx estās en
celle prouince de hongrie grandemēt multi-
pliez nouuellemēt se rassemblerent en armes
et allerent en la conqueste dautres regions
et eulx estans en grant nombre se diuise-
rent en deux parties. Lune sen alla en grece
et lautre en macedoine. Et tellement firent

iceulx gaullois que tous peuples par ou ilz passoient appoinctoient a eulx en leur baillant argent/excepte ptholomeus roy de macedoine lequel se fist fort de se deffendre a lens contre eulx/et les dardanes luy voulurẽt bailler secours/mais il les refusa. Ptholomee doncques se fiant trop en soy mesmes desprisa ses ennemys et auec vingt mille hommes se mist en armes et alla en bataille contre belgius duc et cappitaine des gaulles lesquelz combatans fut en brief temps ptholomee desconfit et occis par les gaulles Bramon duc de laultre partie des gaulles sachant la victoire dudit belgius se partit hastiuement de grece et sen vint en macedoine principallemẽt pour piller. Lors les macedoniens se myrent en armes contre luy pour resister/ mais il les vaincquit et chassa tellement quilz furent contrainctz deulx enfoupr en leur cite et deffendre leurs murailles. A laquelle cite bramon mist le siege et pendant le temps dudit siege bramon estant aspre au pillaige sãs aultre esgart se delibera daller piller le tẽple dappollo lequel estoit situe ensemble auecques la cite de delphos dessus le mont pernasus ou il y auoit de tresgrandes riues et profondes altitudes lesquelles enuironnoient ledit mont. Quant bramon fut la arriue ceulx du pays laisserent les villes et les places bien garnies de viures extimans ce quil aduint que les gaulles seiourneroient et se amuseroient tant a cellup pillaige quilz auroient tout le loisir et opportunite de aller demander secours a leurs amys.

Pres dõcques que les macedoniens eurent amasse grant secours de gens de leurs circõuoisins ilz se myrent en tresbon ordre et saillirent en bataille côtre leurs ennemys les gaullois/en laqlle bataille alors quilz estoient en la plus grant affaire il se apparut visiblement vng homme de merueilleuse beaute au meillieu de deux vierges lesquelles saillirent du temple de diane et de minerue auec les arcs en la main lesquelles alloient deuant. Lors ainsi que les deux batailles sefforcoient le plus fort de combatre il suruint vne tresgrant tempeste par laquelle a la fin les gaulles furẽt vaincus et fut bramon cruellemẽt naure/lequel sentant grant douleur luy mesmes de raige et de despit auecques vng poignart se tua Et ainsi miserablement mourut.

¶ Du preux roy dauid

Pres cellup bramon ie vy vne tresgrande compagnie de gens habillez de diuers habitz/le premier desquelz estoit cellup qui vouloit faire le grant logis a dieu par le moyen duquel il habitast en terre entre les hommes. Et pour lintelligence de ce il est a scauoir que dauid roy filz de psaie aultremẽt dit iesse estant dieu courrouce contre saul a cause quil luy auoit desobey a la guerre contre amalech ayant pardonne a cineus son amy et a beaucoup daultre menu peuple Et prins le roy agag prisonnier la ou dieu luy auoit commande quil loccist. A ceste cause dieu proposa doster saul et oingdre dauid. Et pource il commãda a samuel quil allast a la maisõ de iesse et quil oingnist dauid roy du peuple disrael. Samuel fist le cõmandement de dieu et sen allant trouua iesse en luy commandant que par la vertu de dieu il fist venir deuant luy tous ses enfans/laquelle chose fist iesse et luy monstra tous ses enfans excepte dauid qui gardoit le bestial aux champs. Lors samuel les dechassa toꝰ de deuant luy et enuoya querir cellup dauid Et quant il fut venu incontinẽt ainsi quil

luy estoit de dieu commande il oingnit cel
luy dauid roy disrael. Dauid doncques non
pas seullement fut excellēt en esperit de pro
phetie a lui communicque de dieu/mais aus
si fut tresexpert en faitz darmes et autres
vertueuses gestes/car cessees les persecu-
tions de saul a luy faictes par la mort de
saul fut receu paisiblemēt au royaulme dis-
rael. Estant dauid roy vint a lencontre de
la terre de iesabez/mais les habitans ne le
voulurēt receuoir parquoy dauid fist crier
que quiconques vaincqueroit les habitans
dicelle terre il le feroit duc de son armee.
Cestuy cry fait et publie ioab entreprint de
les vaincre/lequel par sa vertu tellement
fist que en peu de tēps il les vaincquit. Ces-
te victoire obtenue dauid esleut pour son ha
bitation vng chasteau appelle syon lequel a
depuis tousiours este nōme la maison et ci-
te de dauid. Dauid apres esleut trēte hom-
mes tresfors pour ses cheualiers et cōpai-
gnons moyennant lesquelz il obtint de tres
dignes et glorieuses victoires et vaincquit
les philistins/les assiriens et ceulx de raba
et plusieurs autres peuples. Apres ce que
dauid eut porte larche en iherusalem et fait
ediffier plusieurs maisons et mesmement
la sienne toute de boys de cedre lequel luy a
uoit este donne de suronus roy de tire da
uid appella le prophete natam et luy dist.
Tu vois que ie habite et demeure en la
maison cedrine et larche de dieu nest honno-
rablement mise Lors natam respondit a da
uid. Fais toutes les choses qui sont en ton
cueur/car dieu est auecques toy.

A nuyt ensuyuāt dieu sapparut
en vision audit natam et luy cō-
manda quil annoncast audit da
uid qꝝ ne luy ediffiast point aus
tre lieu ne maisō/car il estoit dispose et vou
loit que lung de ses enfans fust cestuy qui
ediffieroit le temple Et pource commanda
dieu audit natam de dire telles parolles a
dauid. Je esleueray ta semence apres toy la
quelle sortira et procedera de ton ventre et
confermeray le royaulme de cestuy qui en
viendra et naistra/et icelluy ediffiera la mai
son en mon nom et pour moy/et pource esta
bliray le throsne de luy sempiternellement/
et ie luy seray cōme pere et luy me sera cōm

me filz/laquelle chose fut par natam dicte
audit roy dauid. Ceste parolle doncques
fut bien clerement congneue et verifiee en
salomon filz de dauid et bersabee. Apres
que le roy dauid eut entendu toutes les pa-
rolles susdictes ainsi que le prophete luy de
clara par le commandement et voulente de
dieu et en la personne dicelluy apres que da
uid eut vaincu tous les ennemys du peu-
ple disrael il laissa et reserua a son filz salo-
mon a faire et ediffier le temple ⁊ la maison
de dieu/ce que salomon apres fist. Donc-
ques congneues les sainctes et tresdignes
oeuures du roy dauid tāt en sa ieunesse que
en vieillesse comme du lyon/de lours et du
grant goliath quil mist a mort luy encores
adolescent et des faitz darmes quil fist rai
sonnablement il doit estre mys le premier
au triumphe de renommee.

Du roy salomon

Dyuant et tout aupres cestuy
roy dauid estoit son filz salomō
lequel entre tous les hōes qui
iamais furent fut le plus rem-
ply de sapience apres iesuchrist/tellemēt que
pour lexperimenter et congnoistre la royne
de sabba vint vers cestuy salomon/laquel-
le apres quelle eut longuemēt parle et com-
municque auecques luy elle confessa et dist
que veritablement sa sapience de cestuy roy
salomon estoit encores beaucoup plus grā
de que on ne disoit. Salomon mōstra bien
sa sapience estre grande au prudēt iugemēt
des deux femmes publicques en congnois-
sant par affection naturelle laquelle estoit
la mere du filz viuant duquel il estoit que-
stion et debat entre elles deux et pareille-
ment du filz qui estoit mort/car lesdictes
deux femmes auoient chascune vng petit
filz a la mammelle tous deux presque dung
aage et de grandeur. Vne nuyt aduint que
lune dicelles en dormāt estouffa et occit son
enfant et quant elle lapperceut mort secret
tement sans en faire aultre effroy se print et
le mist pres de sa compaigne et luy destroba
son filz qui a son coste dormoit et luy mist
cestuy qui mort estoit. Quant lautre fem
me fut esueillee et quelle trouua pres delle

De renommee				fueillet. xlix

cellup enfant mort elle fut moult esbahpe z
estonnee z dolente et afflicte se print piteuse
ment a le regarder. Et congnoissant que ce
nestoit pas le sien commencea a crier et a se
plaindre tresdoulouresement: et elle voyāt
que sa cōpaignie lup auoit ceste fraulde fai
cte voulut auoir le sien q̄ vif estoit q̄lle lup
auoit desrobe. Et pource q̄ lautre femme a
qui estoit lenfant mort le nvoit z ne lup vou
loit point rendre son filz elle sen alla toute
pleurāt plaindre au roy salomon z en se pros
ternant deuant lup elle lup requist tresins
tāment de ce iustice lup estre par lup faicte.
Lors salomon oyāt le cas fist venir toutes

les deux femes auec lenfant vif deuant lup
Et apres quil les eut longuement interro
guees z que la femme q̄ auoit fait la cautel
le ne vouloit aucunement confesser le cas:
mais tousiours asseureemēt soubstenoit le
contraire, z lautre incessamment pleuroit z
crioit iustice. Salomon demanda z fist ap
porter vng grant glaiue z commanda q̄ lens
fant vif fust prins z couppe et diuise en deux
parties z q̄lles en eussent chascūe vne moy
tie. A laq̄lle sentence la femme qui tenoit z
auoit desrobe cellup filz consentit z se accor
da q̄ il fust diuise. Mais lautre femme en
pleurant requist au roy salomon q̄ lenfant

J i

ne fust point diuise ne occis/mais que plus tost demourast vif a celle femme q̃ le tenoit Quant salomon veit le consentemẽt de la femme q̃ voulut que lenfant fust diuise/et apres congneut la pitie de lautre qui ne le vouloit point apperceut clerement a son couraige que son cueur estoit maternel z quelle estoit vraye mere de lenfant vif duquel elles se debatoient Par quoy il luy adiugea lenfant et le luy fist en sa presence baiser et liurer/et pugnist lautre qui celle malice auoit faicte. Duquel iugement furent tous les assistans esbahys ayans en grande admiration la grande z merueilleuse sapience qui en lesperit de salomon estoit.

Alomon pour sa sapience et prudence iamais ne eut guerre cõtre personne/ne nul ne sesmeut contre luy/ mais vesquit bien quarante ans pacifficquement. En cellup temps il enuoya vers suronus roy de tire pour trouuer des maistres masons/tailleurs de pierres z autres maconneries des plus excellẽs pour faire edifier le tẽple de dieu. Lors ledit roy suronus enuoya vers ledit roy Salomon grant nombre de maistres ouuriers des plus expers et souuerainement ingenieux que il peust au monde trouuer. Adonc salomon fist faire z paracheuer entierement et richement cellup temple de dieu Lequel auoit de longueur soixante couldees/de largeur vingt coul dees/et de haulteur trente couldees Et deuant la porte estoit vne gallerie longue de vingt couldees et large dautant. Et tout le boys de dedans magnificquement ouure et taille estoit de cedre/et toutes les pierres bien taillees estoient de marbre moult sumptueusement composees et ordonnees. Au dedans de cellup temple estoit vne fontaine tresabondante de bonne eaue/et sailloit par les conduictz de celle fontaine grande habondance deaue/de laquelle on lauoit et nectoyoit on le sang des bestes offertes z occises au sacrifice iudaicque. Et estoit la face du temple vers orient/et la partie exterioure vers occident. Et ceste forme et cõposition dõna salomon au noble tẽple de dieu.

Salomon fist bien vng temple a dieu sur terre/mais en la fin ne mist pas peine den faire vng en son cueur. Car il pecha grandement en luxure tellement quil fut ydolatre et mourut sans en faire penitence.

De moyses

APres le roy salomon estoit cellup lequel fut tant famillier a dieu quil parloit a luy face a face ensemble de laquelle chose oncques puis ne fut trouue autre au monde qui de ce se peust vanter Cestoit le bon et iuste moyse/la sainctete duquel les sainctes escriptures sacrees demonstrent amplement. Car estãt le peuple disrael si fort multiplie en egipte que le roy pharaon se doubtant et ayant paour dicellup commanda aux enmiemps des iuifz quilz meissent a mort tous les nouueaulx nez. Lors en ce temps fut ne moyse lequel estoit beau oultre mesure par quoy la mere ne le voulut point occire/mais secretemẽt le tint cache par lespace de trois moys entiers. Et lenfant croissant sa mere ne le pouoit plus caicher ne aucunement receler Par quoy elle se delibera de le mettre et habandonner a fortune. Et pour ce vng iour print vng panier z mpt sondit filz moyses dedans. Et apres quelle eut bien et seurement clos et ferme ledit panier elle le mist sur leaue du fleuue. Lors vng iour estoit la fille du roy pharaon descendue sur la riue dudit fleuue pour soy lauer z recree Laquelle quant elle vit ledit panier le fist prendre z ouurir. Et comme elle apperceut dedans ce beau petit enfant elle estant sterille le print et ladopta pour son filz. Quãt moyses fut grant deuenu luy fait pasteur en son adolescence estant vng iour entre les autres sur le mont oreb en gardant ses brebis dieu sapparut a luy en vng buysson ardant et appella moyses/en luy disant que laffection de son peuple lauoit esmeu a pitie Pour laquelle chose il le vouloit deliurer des mains des egiptiens et le mener en la terre de promission habondante de laict et de miel Et quil lauoit esleu pour le mener et estre prince et duc diceulx. Et

De renommee	fueillet.l.

pource quil sen allast au roy Pharaon luy dire de par luy que il laissast son peuple en aller en paix et que sa voulente estoit telle. Et luy dit Dieu oultre ce quil endurciroit le cueur de Pharaon par telle maniere quil nen vouldroit rien faire tant quil fust contrainct par la pugnition divine.

Quant moyses entendit les parolles de Dieu il sexcusa a luy en disant que il nestoit pas tel que Pharaon le deust croire, et quil navoit pas langue diserte ne visage de bien parler comme a ce faire appartenoit, et pource quil luy pleust de y commettre et envoyer ung autre. Lors Dieu luy respondit que il seroit tousiours avecques luy, & quil luy feroit faire de moult grans miracles, et de ce luy donna signes nostre seigneur. Car la verge que tenoit moyses fut convertye en serpent. Et apres de rechief restablye en sa premiere forme et estre. Adoncques moyses creut et obeyst au vouloir et commandement de Dieu. Et sen alla au roy pharaon, auquel il exposa le message de Dieu. Pharaon oyant telles pa=

rolles en fut plus obstine & donna plus de peine et de travaulx au peuple de Dieu que il navoit fait paravant tellement que moyses fut contrainct de faire de grans miracles et de merveilleux signes. Nicantmoins le cueur du roy pharaon ne sen amollissoit point Mais plus tost sendurcissoit Et reputoit Pharaon les miracles & merveilles faictes par moyse estre oeuvres denchantement, et toutes icelles choses estre exercees par industrie dart magicque Pour laquelle chose dieu persecuta les egiptiens de plusieurs diverses playes & pugnitions Car il leur envoya de grans puantises et gresles et par mort les persecuta Car leur terre fut remplye de renoilles par mervilleuse habondance et de mousches picquantes dont la morsure estoit venimeuse, et apres de locustes et saulterelles qui toute la verdure des champs devorerent Et oultre plus leurs eaues furent converties en sang tellement q bestes ne gens nen pouoiēt boire Et en la fin furent mors tous les premiers nez de leurs enfans et des bestes mesmement par le trespassement de lange nostre seigneur Mais le roy pharaon pour toutes ces choses ne se abstenoit point de son obstine propos. A la fin dieu commā=

J ii

da a moyses quil fist apprester tout son peuple Et que tous petis et grans femmes et enfans auec tous leurs biens sen fuyssent pour passer la mer rouge.

Pres le commandement de Dieu fait Moyse dist au peuple des iuifz que chascun deulx demandast aux egiptiens a emprunter ou vaisseaulx/ou bagues/ou or et argent/ou autres biens portatifz le plus quilz pourroient Laquelle chose firent les iuifz. Et incontinent Moyses les fist tous partir auecques toutes leurs bagues et les fit aller et marcher de nupt iusques a la mer rouge. Quant pharaon sceut leur fuyte il les suyuit auecques grant nombre du peuple des egyptiens en armes Et comme il fust arriue bien pres de la ou estoient les iuifz Moyses frappa la mer de sa verge et incontinent il fist douze rues grandes et larges et la terre sen monstra estre toute seiche Et lors Moyses entra le premier tout dedans et tout le peuple apres tellement que tout le peuple disrael passa par les douze rues iusques alautre part de la mer. Lors Pharaon auecques ses egiptiens voyant les rues ouuertes en la mer se mist dedans et toute la multitude de de son armee apres. Quant ilz furent au meillieu de la mer Moyses frappa la mer de sa verge et tout incontinent les eaues se recloyrent Et la furent les egyptiens auecques leur roy pharaon mors et noyez. Ainsi furent eschappez les enfans Disrael de ses mains.

Quant le peuple de Dieu fut par la conduycte de Moyses a seurete moyses le mena es deserts/ou ilz furent repeuz quarante ans de la manne de Dieu Et illecques moyses auecques sa verge conuertit miraculeusement les eaues qui estoient ameres en eaues douces. Apres que iceulx enfans Disrael furent hors des deserts et venus aux terres des Amalethes ilz combatirent auecques eulx/et tandis que moy

ses prioit pour son peuple tousiours estoit vaincqueur. A la fin apres que ilz furent conduyctz selon la promesse de Dieu aupres du mont de Synap dieu donna la loy a Moyses sur ledit mont. Et comme il apportast celle loy escripte en tables laquelle dieu vouloit et commandoit que son peuple gardast. Ainsi que le bon prophete Moyses descendoit de la montaigne il trouua son peuple q adoroit vng veau dor pour laquelle chose il fut moult courrouce tant que par pre de desplaisance il gecta lesdictes tables par terre tellement que il les rompit en plusieurs lieux. Et apres esmeu a compassion pour son peuple il pria Dieu pour sa remission. Puis leur institua les loix touchant le viure politicque. Et apres quil eut ordonne le sacerdot & fait larche et loratoire et descript le tribut selon le commandement de dieu en benyssant toutes les choses/dessus la montaigne de Nebo la ou en regardant la terre de promission ainsi que dieu auoit ordonne en cellup lieu ledit prophete Moyses en laage de six vingtz ans mourut. Toutes ces parolles sont manifestes par le proces de la saincte escripture. Et en tesmoignage de ceste saincte escripture lexcellence de moyses est clere par tout luniuersel monde. Moyses aussi fut tresexpert en lexercite des armes Car apres que Orpheus eut dudit Moyses receu tresgrande doctrine/moyses trouua les instrumens de guerre et monstra aux egiptiens a militer. Pour laquelle chose il fut adore en egypte quasi comme dieu Et a cause de sa grande doctrine il fut appelle Mercurius. Pour laquelle chose Chenefrus esmeu a enuye a ce que moyses mourust il lenuoya prince contre les ethiopes Et pour faire son armee il print la plus grande part du peuple iudaicque quil bailla audit Moyses a cause que ilz nestoient pas bonnes gens de guerre/affin que en la bataille ilz mourussent & demourassent auecques leur duc moyses. Moyses ayant celle charge sen alla a lexpedition de la guerre auecques son armee en laquelle il demoura dix ans Et a cause de la longue demeure il ediffia vne cite en cellup lieu auquel premierement il soubstint lassault des ethiopes, laqlle cite il fist nōmer hermopoly Apres q̄ moyses eut vaincu les ethiopes il les garda et entretint en tel honneur et reuerence q̄ pour luy complaire tous furent contens deulx faire circoncire. Apres q̄ moyses fut victorieux retourne chenefrus q̄ dolent plus q̄ deuant estoit de la prosperite de moyses faignit de luy faire bonne chiere et ioyeusement le receut. Peu de temps ensuyuant chenefrus renuoya moyses en vne autre expedition en ethiope auec le corps de duneris en luy disāt q̄l lensepuelist en ce lieu la. Lors moyses y alla et mist a execution le commandement de chenefrus Et ediffia vne cite laquelle il nomma moroce. Apres q̄ moyses eut congneu les tromperies de chenefrus moyses senfuyt en arrabie, et illec il print a femme regulle fille du roy de la prouince nōme artapanus leq̄l consentit presques a tous les gestes escriptz par moyses Ainsi fist moyses grādes et excellentes oeuures.

⸿ De Josue.

Duāt cestuy moyses ie dy cestuy lequel auec sa puissante langue lya et arresta le soleil cōme vne beste, et crya en disant. O gentille confiance et treseureuse cōbien est grande ton efficace, car cestuy q̄ ayme dieu dautant quil est en terre cree dautant est a luy plus subgect Et oultre ce il a puissance tenir seulement auec simples parolles le ciel legier en son mouuemēt quil ne se tourne plus ne se destourne. Donc cestuy duq̄l nous parlons qui arresta le ciel et lya le soleil fut Iosue ministre de moyses. Apres la mort duquel moyses dieu en sa place esleut duc du peuple disrael ledit iosue et luy commanda quil print larmee et passast oultre le fleuue de iordain, laquelle chose Josue fist. Luy passe oultre le fleuue le roy des amorrees et ceulx de la terre de chanaam preparerent vne armee contre le peuple iudaicque. Lors Josue ayant enuoye ambassades a la cite de hierico lesquelz furent receuz dune femme pecheresse nommee Rab et saulue z par son moyen Josue entendit par leur rapport a leur retour q̄lle fut la disposition de la ville. Parquoy le septiesme iour ensuyuant il print ladicte cite par force. Et luy estant en icelle les murailles cheurent a cause que Josue lauoit enuironnee sept fois auec larche de dieu Et chascune fois que il tournoyoit ladicte ville il faisoit cryer le peuple a haulte voix. Aps ce iosue assaillit la cite de hay laq̄lle il print et occist leur roy a cause quil auoit fait resistance, par lexemple duq̄l ceulx de gabaon, de caphna, de beroth et aultres vindrent a iosue et firent composition auec luy. Oyans donc les roys voisins ces nouuelles: cest assauoir adonisech roy de hierusalem, orbay roy debron, pharā roy de emoth, yaphne roy de lachis et albin roy de eglousis se alyerent ensemble a lencōtre des iuifz et conclurent daller assaillir gabaon deuant laquelle cite ilz mirent le siege Lors ceulx de dedans enuoyerent demander secours a iosue q̄ estoit en galgala vne region non gueres loingtaine. Apres que iosue eut fait son oraison a dieu il eut reuelation quil ne deuoit poit craidre, car il auroit victoire. Adōcques iosue assembla son armee et alla au secours de ladicte cite de gabaon. Et venant en la bataille iosue vainquit les amorrees et les mist en fuyte Et en fuyant dieu permist quil cheut sur eulx vne tresgrande et terrible gresle laquelle en tua grant nombre. Et ce pendant que iosue les suyuoit estant lheure tardant iosue par priere a dieu commanda au soleil et a la lune q̄lz sarrestassent au point ou ilz estoient, ce que fut fait. Car le soleil et la lune demourerēt immobilles et tousiours luysans. Et incontinent iosue pourchassa tant les dessusditz roys quil les print enfermez en vne cauerne en laquelle ilz sen estoient fuyz et musez. Lors Josue commanda que ilz fussent bien gardez iusques a ce que la victoire fust parfaicte totallement. Apres que iosue eut facillement toute la victoire obtenue il fist amener deuant luy lesditz roys lesquelz il fist pendre tous cinq en sa presence en vng gibet Et apres les fist despendre et commanda a ses cheualiers quilz marchassent sur leurs colz puis les fist remettre en ladicte cauerne et clorre le trou auec grosses pierres Ce fait en cestuy mesmes iour iosue print a force la tresforte et trespuissante cite de macida et occist le roy, et eut plusieurs autres victoires. Parquoy non sans cause ie dys q̄ qui fermement ayme et sert dieu a puissance

J iii

de arrester le ciel ainsi que fist ledit Josue. Et par ce il est assez cler combien de puissāce peult auoir et obtenir lhomme quant, en parfaicte foy il craint et ayme dieu.

De abraham.

Apres ledit iosue le vy nostre pere abraham auquel il fut dit ql sortist hors de sa terre et sen allast au lieu esleu de dieu pour le salut humain: cestassauoir en la terre de promission ou dieu nasquit et mourut & monta aux cieulx. Donc il est a scauoir que apres la mort de thare pere de abrahā a la region de chanaam dieu sapparut a abraham et luy commanda quil sortist hors de ceste terre de chanaam & ql sen allast en la terre de promission. Le commandement de dieu fait incontinent abraham ensemble auecques sarra sa femme et loth aussi filz de aran son frere se partit de chanaam. Et comme ilz furent a lentree degipte abraham pria sarra quelle se dist estre sa seur et non point sa femme. Et cecy il faisoit a cause quil ne fust point occis des egiptiens estant Sarra belle & les egiptiens luxurieux & estāt adultere vers eulx ēq tresgrant peche. La ou il aduint ceste ordonnance faicte q aussi tost que sarra fut veue elle fut enleuee et menee au roy Pharaon pour laquelle chose dieu pugnit et persecuta toute egipte par quoy pharaon auec q-

ques beniuolence rendit audit Abraham sa bonne amye et espouse sarra lequel incontinent marcha oultre.

Apres q Abraham auec sarra sa bonne & loyalle cōpaigne furent venuz en Bethleem les pasteurs de loth prindrent noise auec ceulx de abraham, par quoy abraham commanda quilz partissent, & dist a loth ql habitast arriere de luy. Adonc loth sen alla demourer en sodome et abraham en ebron. En cellui temps il aduint q amirafel roy de sannaar et arioth roy de pont & tadar roy des gentilz firent guerre contre cam roy de sodome et contre le roy de gomorre & contre semeber roy des sabins & contre le roy de segor. Et estant la guerre duree par plusieurs ans a la fin lesditz roys combatirent ensemble et le roy de sodome fut vaincu auec les autres Lors lung diceulx de Codorlaomor fist de grans pillages sur ceulx de sodome & de gomorre Et entre les autres ilz prindrēt loth frere dabrahā laquelle chose fut par lung de ceulx qui senfuyoient annoncee audit abraham. Adonc abraham tout plein de vertueux cueur et de audacieux courage choisit enuiron trois cens de ses gens et de sa famille et auecques eulx suyuit ceulx qui emmenoient loth tant quil les attaignit & en combatant contre eulx les vaincquit et en occist vne grāt partie & recouura la prinse de leur pillage auecques son frere loth. Et apres que ledit abraham sen retournoit auecques sa victoire il rencontra melchisedech sacerdot lequel le beneit et offrit a dieu sacrifice de pain et de vin en figure du sacrifice que nous faisons au iourdhuy Pour laquelle chose dieu apres beneit abraham en luy disant que autant deuoient estre beneyz de sa semence comme il y a destoilles au ciel et de grans & menus grains de sable es grenes de la mer. Tresgrande doncques & tresexcellente fut et est la renommee du pere abraham. Mais encores fut plusgrande sobedience du sacrifice de immoler son seul filz ysaac pour satiffaire au commandemēt de dieu, par quoy sans non cause estoit abraham auecques les autres hebrieux au noble triumphe de renommee.

De pſaac et iacob.

Dres abraham eſtoit le filz et le nepueu a qui fut fait le ieu des deux eſpouſes/ceſtaſſauoir dina et rachel. Et pour entẽdre le cas de ce il eſt a ſcauoir que ie querant et cherchant les geſtes et oeuures par leſquelles pſaac filz de abraham et a iacob ſon nepueu conuenablement ſe puiſſe attribuer a eulx louenge et glorieuſe renommee on trouuera(ſelon mon aduis)que la plus louable et de plus grande efficace eſt dauoir acomply les commandemens diuins. Et meſmement touchant pſaac lequel pour ſatiffaire et obeyr au commandemẽt de dieu et de ſon pere abraham conſẽtit de mourir et eſtre ſacrifie. Pour laquelle grande obedience et pour la conformite eue aueſques dieu il merita deſtre nombre au nombre des ſainctz patriarches/mais iacob qui oultre ceſte diſpoſition la tromperie faicte a eſau ſon frere le rendit treſfameux. Premierement pour luy auoir oſte la primogeniture pour vne eſcuelle de pois. Et apres la benediction par le conſeil de rebeca ſa mere faignant deſtre eſau ſe veſtant aux mains la peau dung agneau affin de ſoy monſtrer velu comme eſtoit eſau/et oultre ce quant il eut la viſion des anges montans et deſcendans par vne eſchelle au ciel il a aſſez amplifie ſon nom. Et certainement ne le fait point moins cler luy auoir combatu aueſques lange la ou il

ŋ conſeignit le nom diſrael. Pour ces choſes donques ces deux pſaac et iacob ne deuoient poit eſtre alienez ne abſes du triumphe de renommee. Mais quel ieu ou tromperie fut faicte a iacob des deux eſpouſes aſſez eſt ample et manifeſte par cy deuant au triumphe damour.

De ioſeph filz de iacob.

Duant les ſuſdiz ie vy le ſaige et chaſte ioſeph ſeſlogner vng peu de ſon pere iacob/lequel ioſeph filz de iacob comme deſſus auons dit fut vendu de ſes freres aux yſmaelites/et diceulx apres empriſõne par la calũpnie a luy donee de la faulce et deſloyalle femme de putiphar/et apres a cauſe quil interpreta le ſonge du roy pharaon fut par ledit pharaon mis hors et deliure et conſtitue en treſgrant honneur et auctorite. Lors ioſeph eſtant ordõne a diſtribuer les bledz du roy et les vendre le bruit en courut par tout et a cauſe que la famine eſtoit vniuerſelle ſes freres vindrent en ce lieu pour achapter des bledz. Adonc ioſeph ayant ſouuenance de ſon ſonge. Ceſtaſſauoir que le ſoleil et vnze eſtoilles ſagenouilloient deuant luy. Et luy eſtant eſleue quaſi iuſques au throne royal et la ſeconde perſonne du royaulme degipte apres pharaon iacob enuoya les freres de ioſeph achapter des bledz leſquelz partirent de chanaam et arriuerẽt en egipte deuant ioſeph luy demandans humblemẽt du ble a vendre. Lors ioſeph faignit de non les congnoiſtre en leur demandant de leur eſtat Auquel ilz reſpondirent eſtre de la terre de chanaan et quilz eſtoiẽt venuz pour achapter des bledz. Ioſeph leur reſpondit q̃ cela ne pouoit eſtre vray/mais quilz eſtoient venus pour eſpier le pays degipte et quilz neſtoient que eſpies. Leſquelz reſpondirẽt quilz neſtoient venuz pour autre intention que pour achapter des bledz et quilz eſtoiẽt douze freres tous ſes ſeruiteurs enfans dung pere bien vieil homme/deſquelz freres lung eſtoit demoure en la maiſõ petit enfant et lautre quilz ne ſcauoient q̃ eſtoit deuenu Lors leur diſt ioſeph treſrigoureuſement. Ie voy bien que vous neſtes que eſpies dont il les fiſt prendre et mettre en priſon. Et le troiſieſme iour apres ioſeph les miſt hors et leur dist. Je veulx veoir par experience si les choses que mauez dictes sont veritables, par quoy lung dentre vous demourera et les autres sen pront & me ramenront vostre petit frere. Joseph leur disoit telles parolles pour le grant desir quil auoit de veoir son frere beniamin lequel seul entre les enfans de rachel estoit son frere. Et pource symeon demoura et ioseph fist deliurer les bledz, & dedans leurs sacz il fist mettre des bourses auecques leur argent. Et apres iceulx freres retournez a leur pere iacob luy compterent tout le cas de ioseph et luy dirent comment symeon estoit demoure en ostaige iusques a ce quilz luy menassent beniamin. Et apres en vuydant leurs sacz de blez ilz trouueret leur argent de laquelle chose ilz furent moult esmerueillez. Quant iacob ouyt leur responce il respondit q pour riens il nenuoyeroit beniamin. Toutesfois la necessite de la famine les contraignit & iudas dist a son pere iacob. Mon pere baille moy beniamin & ie te promectz de le te ramener. Et les autres freres firent tant que le bon pere Jacob en plorant leur bailla ledit beniamin. Puis auec ledit beniamin iceulx freres sen retournerent deuant ioseph lequel leur demanda de lestat de leur pere, et en regardant beniamin a peine se peut tenir de plorer. Puis fist remplir leurs sacz de blez. Et commanda quon mist la couppe en quoy il beuuoit dedans le sac de beniamin. Apres que iceulx freres furet partis ioseph les en uoya prendre et les amener deuant luy en leur disant par grant courroux qlz estoient ingratz & auoient desrobe la tasse du roy, lesquelz respondirent q non & quil les fist bien chercher & que se il les trouuoit coulpables ql les fist pugnir. Lors ioseph fist chercher leurs sacz & a la fin ladicte couppe fut trouuee dedans le sac de beniamin par quoy il le fist prendre & donna conge aux autres freres. Et ce voyat iudas & ses freres que a cause du larcin de beniamin il deuoit demourer serf chascun diceulx vouloit demourer en sa place. Toutesfois ioseph se tenoit ferme en son propos. Et a la fin iudas remonstrant a joseph que cellup beniamin estoit tout le confort de leur ancien pere iacob, lors ioseph en larmoyant enuoya tout chascun

hors de la sale et ny demoura que ses freres seullement ausquelz il se descouurit et se fist acongnoistre en les acollant gracieusement. Adonc le bruyt courut par le pays que les freres de ioseph estoient venuz en egypte, pour laquelle chose le roy pharaon fut fort ioyeulx qui gratieusement les receut et leur dist quilz retournassent en canaan et amenassent toute leur lignee. Lors lesditz freres sen retournerent a leur pere iacob et lui firent tout leur messaige. Puis apres sen allerent auec leur pere et toute leur famille en egypte la ou dignement ilz furent receuz du roy pharaon, et par le commandement de pharaon ioseph leur bailla la meilleure terre de toute egypte.

C Du roy ezechias

Dignant et tout au plus pres ensuyuant ie vy le roy ezechias et auec luy le grant et puissant sanson. Donc pour lintelligence diceulx il est a scauoir que ezechias roy de iuda fut filz de athan, et fut cellup ezechias entre tous les roys de iudee lung des plus iustes et dignes qui fust entre eulx. Cestuy doncques roy ezechias au commencement de ses dignes oeuures destruisit les ydolles et le serpent eneus de moyses lequel moyses fist pour le salut de son peuple quat les hebrieux furent infestez des cruelz serpens au desert quant ilz eurent passe la mer rouge, car qui regardoit icellup serpent il estoit sauue du peril et danger des autres. Apres congnoissat ezechias quil nestoit point conuenable que le peuple de dieu fust subiect a autruy estrange il se rebella contre le roy sennacherib lequel dominoit sur les assyriens dessoubz lequel les iuifz auoient este long temps subiectz. En oultre ce il combatit auecques les philistiens lesquelz il vaincquit et dechassa hors de leur region, mais sachat sennacherib la rebellion dudit roy ezechias vint a lencontre de luy en la region de iudee ou il print plusieurs villes tellement que ezechias fut contraint a luy donner tribut, mais ledit roy sennacherib non content du tribut enuoya en Jherusalem trois ambassadeurs lesquelz dirent au peuple quilz ne se confiassent pas du tout en leur dieu ne en leur roy ezechias qui les deceuoit et abu

De renommee fueillet. xliii

soit/ et pource de leur bonne voulente se rendissent a luy deuant quilz experimentassent leurs forces. Quant ezechias entendit ce message il pleura et se vestit dung sac/ et enuoya eliachin son maistre dhostel et son scribe sobrie a ysaie filz damos le prophete luy supplier qͤl priast dieu pour son peuple/ car le tẽps de la tribulation estoit venu. Lors ysayas respondit que Ezechias ne deuoit point craindre/ mais eust bõne fiãce en dieu et q̃ hardiement il allast en bataille. Apres que ezechias eut ceste responce ouye il fist ce que auoit dit le prophete/ et pource il donna a entendre aux ambassadeurs qͤl estoit tout prest de combatre. Laqͤlle chose fut rapportee audit roy Sennacherib lequel de nouueau rescriuit a ezechias quil ne se confiast point en ceste folle esperance laquelle il estimoit estre de son dieu. Quant ezechias eut leu icelles lectres il demoura en son bon et ferme propos et fist a dieu deuote oraison quil luy pleust estre en son secours et regarder en pitie son peuple.

Es deux armees doncques venues pour combatre au iour de la bataille assignee la nupt deuant lange estoit venu de par dieu contre les assities q̃ occit neuf vingtz cinq mille hommes laquelle chose voyant au matin sennacherib soubdain sen fuyt en sirie/ et ainsi fut ezechias deliure de ce dangier. Apres ceste victoire obtenue ledit roy Ezechias fut malade lequel estant en ceste maladie il fist son oraison a dieu en plorant en se recomandant a luy/ par quoy dieu eut de luy cõpassion et luy enuoya ysaye luy dire que le tiers iour apres ensuyuãt il seroit gary et qͤl luy auoit encores donne quinze ans pour sa vie lesquelz pacificquement il vsa.

¶ Touchant Sanson qui il fut/ en quelle sorte il se gouuerna et de ses oeuures quil a faictes nous auons suffisamment parle au triumphe damour/ par quoy seroit chose prolixe et superflue den faire longue mention en cest endroit.

¶ De Noe.

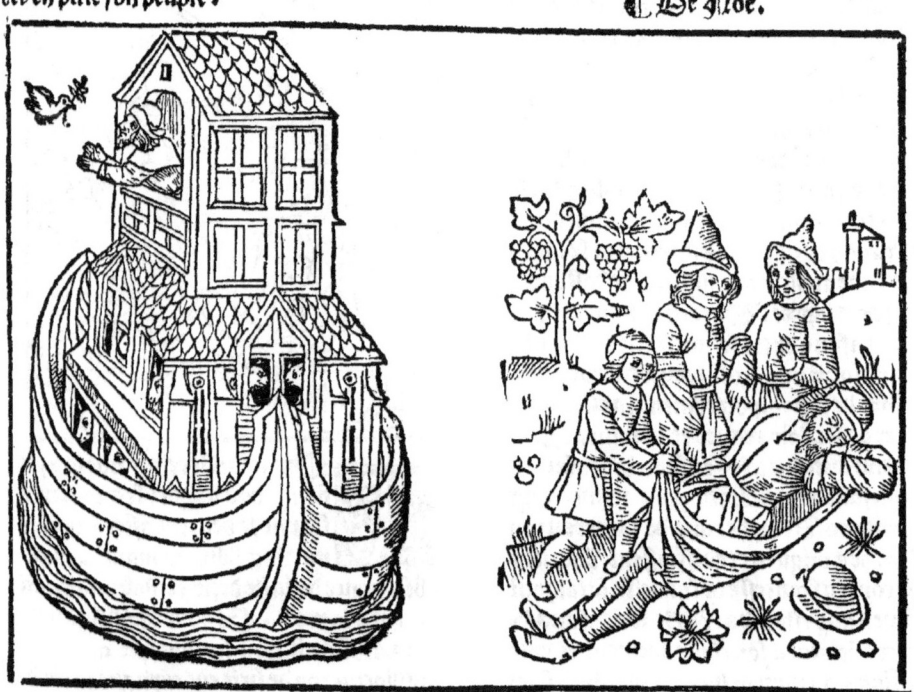

Pres ezechias et Sanson le vy celluy qui fist larche tresgrande Et pareillemẽt lautre qui edifia la haulte et excellente tour de Babel laquelle fut tant chargee de pechez/ de erreur et de confusion ainsi quil appert. Apres que le treshault et puissant dieu par immense liberalite daigna creer le monde et

home mis dominateur sur toute la terre apres les premiers pechez lhumaine iniquite multipliee dieu sesmeut a ire et se delibera denuoier le deluge sur la terre par quoy dieu appella noe et lup comanda qlfist une arche de trois ces couldees longue et de cinquante large et trente de hault/et lui dist que dedans icelle il entrast auecques toute sa famille et quil y mist le masle et la femelle de chascune sorte et generation de bestes et doyseaulx. Noe obeyt au comandement de dieu et fist ladicte arche et se mist dedans auecques toute sa famille et tout ainsi quil luy estoit de dieu ordonne. Adonc pour enuoyer le deluge sur la terre Dieu fist plouuoir quarante iours continuellement/et furent ouuertes les catherattes du ciel/et mourut toute ame viuante sur la terre excepte ceulx qui soubz la main de noe furent reseruez.

Quelque espace de temps apres congnoissant noe que les eaues estoient aucunement appetissees et la terre seiche estre aucunement descouuerte/ayant la colombe enuoyee la deuxiesme fois elle apporta en son bec une fueille de la verte oliue. Et apres ce il enuoya hors de ladicte arche to? les animaulx a leurs propres domicilles/et dieu les benist tous en disant. Croissez et multipliez et remplissez la terre/la ou en donnant oeuure a la generation de noe apres il restaura le monde/car noe auoit trois enfans/cestassauoir cam/sem et iaphet. De cam nasquirent plusieurs enfans entre lesquelz fut chus et de chus nasquit nembroth lequel fut robuste et gaillard de son corps et comenca a estre puissant et a vouloir regner et dominer. Lequel paruenu auecques les enfans de iaphet au champ sanaar nembroth pour regner dist aux enfans de iaphet que de la terre ilz en fissent des briques et edifiassent une cite et une tour la haultesse de laquelle attaignist iusques aux estoilles. Adoc les enfans de iaphet obeirent a son comandement/et eulx edifians et estant desia celle tour bien haulte esleuee dieu voulut cofondre leur erreur et oultrecupdee follie et rabaisser lorgueil de nembroth tellement q la ou il ny auoit seullement q ung lagaige sur terre dieu les mist en confusion et leur donna plusieurs langaiges. Car en besongnant lung nentendoit point lautre. Et par ainsi il fut necessaire que ladicte tour demourast imparfaicte. Et pource a cause de telle confusion du langaige elle fut nommee la tour de Babel.

Oultre ces gestes prenarrer il fault entendre que celle tour de Babel fut moult chargee de pechez et derreur. Car de son commencement elle fut instituee par orgueil et a cause que les ouuriers et entrepreneurs estimoient et auoient propose passer la seconde region de lair tresfroide Et lespere du feu et la tierce de lair treschaulde laquelle chose estoit totalement impossible Parquoy elle fut du tout chargee derreur et de confusion des langues/car les ouuriers ne sentre entendoient point eulx mesmes/pource demoura leur oeuure imparfaicte.

¶ Du pieux iudas machabeus

Tout ioignant cellup noe ie vy le bon iudas auquel les paternes loix ne se peurent oster lequel come ung home aymant dieu par obseruance de iuste desir et voluntairemet courut a la mort. Et pour lintelligence de ces parolles il est a scauoir que apres que anthiocus roy de sirie eut expugne la cite de iherusalem il voulut aussi estre a la prophanation du temple de salomon affin que les iuifz laississent les vieilles loix paternes et quilz honnorassent et ladorassent les ydolles / laquelle chose plusieurs ne voul furent riens faire, lesquelz furent de ses ministres mal menez et aucuns tuez et mys a mort en diuers tourmens. Laquelle chose voyant iudas machabeus et ses freres enfans de mathathia sacerdot desirererent de faire deffence a leur region, la ou succedant ledit iudas machabeus a la duche apres la mort de mathathia son pere lequel en son viuant auoit occis les ministres de anthiocus et vng iuif qui leur consentoit enhorta le demourât disrael de se vouloir auecques luy venger et mettre en leur pristine liberte Et iceulx assemblez en vne maniere darmee principallement alla contre apolonius prince de samarie, auecques lequel venant en la bataille il loccit auecques grande cõpaignie de samaritains. Et ayant dõcques eu ceste victoire il fut annõce a iudas comme seron prince de larmee siricque venoit contre le peuple disrael, pour lequel rapport iudas alla a lencõtre de luy en reconfortât ses gens auecques paroles discretes et reconfortatiues lesquelz estoient affamez. Et adonc il descendit a la secõde bataille en laquelle il vaincquit seron et loccit et fut toute larmee de seron deffaicte et mise a desconfiture Et ainsi en vng brief et continuel temps iudas obtint ces deux glorieuses victoires.

Dant anthiocus oupt la renõmee des vertus de iuda et de la puissance de son armee il deliberera den faire la vengeance, et pour ce faire il assembla grãt armee, et luy apres voyant que en son tresor ny auoit point si grant quantite de pecune quil fust suffisant a parfaire son entreprinse il sen alla en perse assembler tresgrant quantite dor et dargent et laissa le gouuernement de son royaulme a vng noble homme nomme lysia lequel estoit de royalle progenie. Quât lysia se trouua gouuerneur il esleut trois ducz. Cestassauoir ptholomeus, nicaronus et gorgia lesquelz il enuoya a lencontre des iuifz auecques cinq mille hõmes de cheual et quinze mille autres combatans, ausquelz il commanda quilz bruslassent et missent a destruction toute la region de iuda. Lors que les perses auecques les cappitaines dessusditz furent arriuez aupres de larmee des iuifz le susdit gorgia auecques cinq mille hommes

vint de nupt pour assaillir iuda, lequel iuda nauoit seullement que trois mille hommes a la deffence disrael. Quant iuda entendit et congneut lordonnance de ses ennemys il mist ses gens en ordre, et le lendemain tout au plus matin alla a lencõtre de gorgia, lesquelz tellement combatirent ensemble que iuda vaincquit et mist en fuyte ledit gorgia et le suyuit fuyant iusques a lautre armee laquelle estoit en desordre. Parquoy tellement se y porta iuda quil les vaincquit toz et sen retourna auec la victoire Et apres il enuoya en Iherusalem laquelle fut en plusieurs lieux bruslee pour offrir douze mille dragmes dargent au temple pour les ames diceulx lesquelz estoient mors es susdictes batailles. Lisia sachant la nouuelle de la victoire de iuda et de la grant deffaicte et occision de ses gens se delibera se preparer por soy venger. Et pource auec grosse armee sen vint a lencontre dudit iuda acompaigne de cinq mille hommes de cheual et de soixante mille dautres combatans. Quant iuda oupt dire que si grande multitude de gens venoient contre luy pour ceste chose ne sestonna pas, mais fist son oraison a dieu. Et apres ce alla courageusemêt en bataille contre lisia lequel fut vaincu par iuda. Apres celle victoire retourna en Iherusalem, laquelle il ediffia en partie et nettoya le temple de la coinquination faicte par anthiocus Estans doncques les iuifz en ceste disposition tous les peuples circõuoisins sachâs quilz auoiêt leue lautel et quilz continuoiêt en leurs anciênes cerimonies sesmeurent a lencontre deulx, mais iuda plain de vertueux cueur les vaincquit tous. Et entre les autres il desconfit thimotheus lequel estoit duc des enfans de amon et print iuda plusieurs de leurs citez, et entre les autres la cite de effrem et de scitopoly.

N cellup temps mourut anthiocus roy de sirie auquel succeda demetrius sother son frere et filz du plusgrant anthiocus, lequel pareillement voulut faire guerre côtre les iuifz, mais iuda le vaincquit Et pour lors ilz composerent vne paix fainte la ou apres demetrius enuoya a lencõtre de iuda le roy meanius lequel vint por le deceuoir soubz

uniãze de paix. A la fin combatant enſem̃ble iuda et ſes freres firent merueilleuſes prouesses en armes et meſmement eleaſar contre les elephans en les tuant, laquelle choſe on reputoit que ce fuſt miracle La ou Nichanoz a la fin fut occis et ſon chief, la main, leſpaulle et la lãgue dicelluy nicanoz furent par le commandemẽt de iuda portez en iheruſalem. ¶ Iuda apres ſe rallia auecques les rõmains pour la bõne relation de leur haulte renommee. En ceſte aliance demetrius roy de ſirie de rechief eſmeut la guerre a iuda et enuoya deux cappitaines a lencontre de luy. Lung nomme altinus et lautre Bachides, leſquelz tellement combatirent que a la fin iuda fut occis en Bataille. Laquelle choſe ſymeon et Ionathas ſes freres dignement et auecques grãde effuſion de ſang vengerent ſur les aſſiriens.

Pres la veue de tant excellens hommes mon deſir de veoir et entendre eſtoit preſque las quãt vne veue ioieuſe et treſdigne me fiſt moult plus gay de regarder ce q̃ iamais nauoit eſte. Car ie vy en vne compaignie aucunes dames preſtantes et dignes entre leſquelles eſtoit antiope la belle armee, oriſthia et ppolite triſte et afflicte de ſon filz ppolite et pareillement meneloppe toutes roynes. Et chaſcune delles eſtoit en la veue plus gaillarde et gentille es armes en telle ſorte experte que au grant hercules fut grãt gloire de les auoir en bataille vaincues quant pour merites de celles victoires il eut vne ſeur et theſeus lautre.

¶ Des roynes damazonie.

Oncques pour plus expediente congnoiſſance des motz ſuſditz il fault entendre que quant les femmes de ſcithie prindrent les armes elles conſtituerent et eſtablirent premierement deux roynes. Ceſtaſſauoir arthesie et lampedonne leſquelles pendant le temps quelles dominerent elles occuperent grande domination et ſeigneurie en europpe et grant partie en aſie, eſquelles prouinces elles edifficierẽt epheſe auecques pluſieurs autres citez. Lors eſtant en celle prouince arthesia demouree a la garde du pays Et les autres retournees auecques grans de gloire en leurs royaulmes arthesia fut occiſe du peuple des barbares auecq̃s grãde quantite de ſes filles. Apres ſa mort ſucceda au royaulme orithia laq̃lle de diſcipline militaire et de ſouueraine pudicite et de chaſtete fut a prepoſer a toutes les autres. En cellup tẽps mourut lautre royne Lampedon apres la mort de laquelle fut en ſa place eſleuee la ſeur orithia laquelle ſe nommoit anthiope, laquelle anthiope demouroit au royaulme et orithia alloit dehors menant vertueuſement les guerres. Parquoy de ces deux roynes excellẽtes les amazones paruindrent en tel eſtime que le roy euriſteus deuint enuieux de leur gloire, parquoy il cõmanda a hercules quil les allaſt combatre Et quant hercules arriua au royaulme ou eſtoit antiope laquelle lors ne ſe doubtoit de riens touchant la guerre en la trouuant deſpourueue auecques bien peu de bataille et de repugnance il la print et la fut prinſe menalippe ſeur de la royne et ppolite, deſquelles hercules eut la premiere, mais il la rendit a ſa ſeur en prenant pour ſon eſchange le harnois de la royne.

Pres ce theſeus roy dathenes eut a femme ladicte ppolite de laquelle naſquit ledit ppolite dont elle fut apres merueilleuſement

dolente et triste quant par la faulce accusation de phedra theseus souffrit cellup ppolite son filz estre sur la mer dedans le chariot comme dessus est dit occis et tout desmembré par les cheuaulx. Oudit chariot espouentez par lapparicion des monstres marins, combien q̃ par loeuure desculapius il fut apres reuocque des enfers et rendu en vie ainsi q̃ faignēt les poetes. Mais a la vraye hystoire ppolite ayant este naure de theseus pour calumpnie a luy donne par phedra cuidant theseus que ppolite fust mort le laissa sur la riue de la mer, i illec dune femme nommee orithia fut grandement recueilly, laq̃lle fist mediciner ppolite audit esculapi? tellemēt quil fut guery. Et quant theseus le sceut il ne proceda plus oultre. Mais ppolite non plus voulant experimēter lire du pere conceue contre luy a grāt tort sen alla en ytalie ou il edifia vne ville nommee Arithia du nom de sa bōne ampe. Laquelle ville estoit assise au propre lieu ou aumoins tout au plus pres ou est maintenant situee la ville de romme. Pour laquelle separation et eslongnement dudit filz ppolite fut sa mere la royne moult dolente et triste.

L est pareillemēt a entendre que ie nentēs point attribuer petite louenge de renōmee aux roynes dessus nommees disant q̃ a hercules fut grande gloire de les auoir vaincues. Car ayant este hercules vertueux et en vainccquāt il pouoit acquerir gloire sās grant dignite z excellence de lennemy vaincu laq̃lle gisoit en feminin sexe. Apres doncques toutes ces choses orithia auecq̃ le secours de concithia z de panaxagora son filz vouloit venger dessus les grecz la prinse et desconfiture des dessusdictes seurs roynes vaincues, par quoy sefforceant orithia de ce faire fut contraincte de sen retourner au royaulme des amazones.

De la royne thamaris.

N celle mesme susdicte compaignie ie vey la veufue thamaris laquelle auec grande asseurance veit son filz mort z duq̃l elle fist telle q̃ si clere vengeance que lors elle en occit le roy cyrus, et de present elle en occit sa renommee, car veue la fin mauuaise z mort ignominieuse dudit cyrus il semble que to9 les iours nouuellement il meure par sa propre coulpe tant il perdit son honneur le iour quil fut vaincu de ladicte royne thamaris. Assez parauant auons parle z demōstre qui fut thamaris z son filz spargapise z qui pareillement fut cyrus, et en quelle maniere fut cellup cyrus de Thamaris vaincu Par quoy il nest point necessaire den plus parler, mais seullement on doit considerer comment ie dys sembler q̃ cyrus meurt par sa grande coulpe tous les iours ayant este prins en vng mesme laz par thamaris comme il auoit premierement auec grāt fraude et deception prins et occis spargapise.

De la royne panthasilee.

Pres celle royne Thamaris se apperceu celle qui mal vit trope pour elle. Et ensemble auecq̃ les autres ie congneuz vne vierge latine laquelle en ytalie donna assez dennuy aux tropens. La premiere dicelles fut panthasilee royne des amazones laquelle pour lancienne inimitie q̃lle eut contre les grecz au temps de theseus et hercules. Et aussi pour lamytie q̃lle auoit auec hector vint au secours des tropens laq̃lle comme dit est fut deuant trope par les grecz occise.

⁋ Lautre vierge fut Camilla De laquelle nous auons amplement parle par cy deuant ou triumphe de chastete Touteffois combien que layons nombree audit triumphe de chastete/neantmoins elle a raisonnablement merite destre colloquee en la compaignie de renommee.

⁋ De la royne semiramis.

Pres ladicte camilla ie vey la royne magnanime/laquelle auec la moytie de ses cheueulx tressez & lautre espandus courut a la prinse et rapine de Babiloine. Pour entendre de celle Dame dont il est question il fault scauoir q̃ apres la mort du roy Minus roy des assiriens succeda au royaulme aps lup semiramis sa femme/laquelle ne garda pas seullement ce quil lup laissa en heritage: mais accreut grandement son royaulme Car apres quelle fut constituee au siege royal elle assembla nouuelle armee & sen alla contre les tressiers ethiopes Lesquelz elle vaincquit auecques moult grande effusion de sang diceulx. Et apres sen retourna a lencontre des indes ou elle fist si bien & si vaillamment quelle acquist bruyt semblable aux autres princes Comme il soit ainsi que iamais a femme nestoit aduenu tel cas destre a force Darmes venue en celle prouince. Semiramis doncques apres quelle eut en toutes ses entreprinses obtenu glorieuses victoires et rapporte si excellent honneur elle fist ceindre de fortes murailles la grant cite De Babiloine. Peu de temps apres vng iour entre les autres estant Semiramis es plaisances et delices royalles en peignant ses beaulx cheueulx Selon la nature feminine il lup fut rapporte nouuelles que Babiloine sestoit contre elle rebellee. Lors Semiramis qui auoit desia la moytie de ses cheueulx enuelopez & tressonnez Et lautre moytie espandus et deslyez que on lup peignoit encores / incontinent en tel estat se leua et subitement se arma et sans plus tarder auecques son armee sen alla en Babiloine la ou depuis que elle partit ne acoustra autrement ses cheueulx que la cite de Babiloine ne fust auant submise a sa subgection et obeyssance. Pour laquelle chose fut lors en Babiloine fait pour memoire perpetuelle Delle vne statue en tel habit et propre sorte et maniere De cheueulx comme estoit Semiramis quant elle print celle fois Babiloine. Apres celle glorieuse et digne victoire Semiramis estant longuement en repos/en lasciuete et delices corporelles elle deuint en telle chaleur et lubricite quelle eut charnelle congnoissance auecques son propre filz. Pour laquelle chose elle fut depuis par lup occise ainsi que par cy deuant est contenu.

⁋ De la royne cleopatra.

Dpuant celle royne semiramis ie vy Cleopatra et vne autre laquelle fut arse De digne desir. Doncques touchant cleopatra il est assauoir quelle fut femme egiptienne Et combien q̃ successiuemẽt par plusieurs roys elle print sa naissance et progenie Du roy ptholomee macedonien et de son filz lagus Du ainsi que plusieurs recitent Du roy mineus elle ait este fille Touteffois elle paruint a dominer au royaulme par tromperie et cautelle. Et affin de prendre le commencement du regne et dominacion de cleopatra le susdit mineus tresayme et famillier aduoue De tout le peuple rommain au temps du premier consulat de Julius cesar trespassa. Et quant vint lheure de son trespas il ordonna par testament que laisne de ses filz nomme Lisame prendroit a femme sa seur cleopatra/ et que par ainsi apres sa mort regneroient Ce qui fut accorde.

Es choses susdictes faictes et acomplies Cleopatra ardante et couraigeuse de obtenir seulle le royaulme Degipte fist mourir par venin son frere et mary. Jcellup adolescent estoit encores au quinziesme an De son aage quant cleopatra le fist mourir affin dobtenir seulle le royaulme total.

Ucuns aucteurs afferment que quant Pompee le grant occupa presque toute asie tendāt mener son ost en egipte il subzogua lenfant ptholomee q̄ demoure estoit vif au lieu de son frere mort ⁊ le fist roy degipte/ De laquelle chose cleopatra indignee se rebella et esmeut guerre contre icelluy son frere. Les choses estās en ces termes pompee vaincu et mys en fuyte par Cesar et occis Et que Cesar fut arriue en egipte il trouua lesditz Ptholomee et Cleopatra soy combatant. Cesar commanda iceulx faire venir deuāt luy po͛ dire les causes de leur guerre. Par quoy celle dame cleopatra de soy mesmes et de sa beaulte beaucoup se confiant vestue ⁊ paree de atours royaulx et riches vint deuers cesar/⁊ icelle esperāt venir au royaulme si en son amour ⁊ lasciuete elle pouoit attraire icelluy dominateur du monde cesar.

L ii

Et pource elle q̃ estoit tresbelle par lart de ses peulx estincelans par ses blandicieuses parolles elle attrapt cesar a coucher auec elle tellement q̃lle en eut vng filz qui du nom de son pere fut nomme cesarernes.

Pres q̃ lenfant Ptholomee eut este par cesar delaisse roy Degipte par linuestigation des siens il conuertit ses armes et alla auec son ost a lencontre du roy Mitridates. Lors fut vaincu ptholomee qui fuyant en vne petite nasselle se noya, au moyen de quoy toutes les affaires degipte furẽt pacifiees q̃ alexandrie rendue a cesar. Comme icelluy cesar voulust apres aller en armes a lencontre de pharnax roy de pont qui a pompee auoit este fauorable, affin de recompenser cleopatra il laissa a elle le royaulme degipte, q̃ emmena auec luy arsinoe seur delle affin que par son condupt q̃ esmotion aucune entreprinse ou nouueau debat ne se fist a lencontre de cleopatra. Et ainsi demoura cleopatra long tẽps paisible royne degipte Laquelle se adonna a toutes voluptez q̃ delices charnelles. Et fut faicte ribaulde commune a tous roys et princes. Et entre autres elle attrapt a son amour anthoine, lequel apres la mort de cesar fut vaincu par brutus et cassius, q̃ anthoine mort cleopatra voyãt quelle ne pouoit attraire les capitaines susditz a luxure se occit elle mesmes Ainsi que auons par cy deuant amplement monstre.

¶ De la royne zenobia.

Pres ceste couuoiteuse cleopatra je vy en la dance q̃ cõpaignie de femmes arsses de digne feu zenobia, laquelle fut assez plus chiche de son honneur que ne fut cleopatra Laquelle estoit belle q̃ en son aage fresche et fleurissant. Et dautant quelle se trouuoit en plus grande icunesse q̃ beaulte dautant il sembloit q̃lle se attribuast et creust plus de louẽge. Et au cueur femenin de zenobia fut si grande resistance et fermete que son beau visage q̃ ses cheueulx fist venir en tremeur ce que par nature a de coustume despriser les petis, cestassauoir lempire rõmain

Donc pour amplement entendre les paroles susdictes il est assauoir que zenobia fut royne des palmireniens descendue par lignee des ptholomees roys degipte, laquelle des son enfance laissant toutes oeuures femenines se adonna a lexercice de la chasse frequentant ordinairement les boys q̃ forestz Et elle ayant ses saiettes, son arc q̃ carquois fist plusieurs oppressions aux cerfz, aux biches q̃ aux autres bestes sauuaiges. Apres quelle fut en plus grande force elle se prit a assaillir q̃ chasser les ours, les lyons et les leopars lesquelz elle prenoit vertueusement, et tellement fut en ses operations penibles attentiue quelle desprisoit le mariage de chascun et nauoit son amour q̃ pensement que aux ioustes et luptes q̃ a autres oeuures bellicqueuses tellement quelle passoit tous les ieunes hommes de son temps Apres que elle fut venue en laage de estre mariee, par le conseil de ses amys elle se marya a vng nomme Odonatus qui beau ieune prince estoit de palmirenois et pareil aux vertus dicelle.

N cestuy temps valerien xxxie empereur de romme fut prins et condamne en tres vil seruice par sapor͐s roy de perse q̃ galienus filz dudit valerien comme homme effemine viuoit et ne tenoit compte de son empire Mais se contenoit en toute laschete et lasciuete Parquoy zenobia attentiue q̃ songneuse de occuper pour elle lempire dorient non ayant oublye la vie dure et aspre que premierement elle auoit acoustumee Disposa couurir par armes la beaulte de son corps q̃ militer soubz son mary odonatus. Et pource elle auecques sondit mary odonatus et leur filz herodes se mist en armes et ayant assemble grant multitude de gens vertueux et hardy couraige sen alla contre cestuy roy saporus qui ja occupoit presque toute la terre de mesopotamye La ou tellemẽt fist zenobia que par son operation toute mesopotamye fut reconquise et ramenee en la subgection q̃ obeyssance dudit Odonatus son mary et delle. Et fut icelluy roy saporus chasse jusques en Thesiponte. Et prindrent les tentes auecques les tresgrandes et riches proyes, despouilles et tresors dudit roy Saporus. Apres ceste victoire odonatus gouuernant lempire dorient fut occis et auecques luy herodes son filz par loperation de son cousin meonius qui enuieulx sur ledit odonatus estoit. ¶ Aucuns tiennent ceste oppinion que zenobia se consentit a la mort de herodes affin que Heremianus et thimolaus ses filz quelle auoit conceuz et enfantez de odonatus succedassent au royaulme. Apres doncques la mort dudit odonatus zenobia voyant que iceulx deux filz luy estoient demourez qui petis encores estoiēt ou nom de ses enfans print la cure et gouuernement de lempire orientalle. Et elle sachant que ledit Meonius auoit este par ses cheualiers occis elle se mist si vertueusement a la conseruation de son empire que gallien ne apres luy claudien empereurs ne oserent contre elle aucune chose actempter ne les orientaulx egiptiens ne les arrabes et sarrasins et le peuple darmenye aussi, ains iceulx tous craignans sa puissance et force furent contrainctz de garder les termes et limites de leurs pays. Et veritablement en ceste royne zenobia estoit lindustrie de la guerre si grant et si excellente discipline de cheualerie que tous peuples la doubtoient et prisoient autant quilz faisoient tous ceulx de son ost. Jamais elle ne se couchoit ne parlementoit en temps de guerre quelle ne fust tousiours armee et le beaulme en la teste. ¶ En celluy temps furent occis Galien aureole et aurelien son frere empereurs par la fraulde dung duc nomme aureolus parquoy a lempire rommain succeda Claudius selon la deliberation et ordonnance du senat, lequel claudius fut tresdigne et vertueux prince et subiugua les gothz. Apres que celluy Claudius fut mort au bout de deux ans quintilus son frere obtint lempire dixsept ans lequel combien quil ne fust moindre en vertu que son frere, neantmoins il fut occis des cheualiers orgueilleux. Et lors a cestuy succeda Aurelianus, lequel apant recouuert tout loccident voulut aussi conquerir loriēt que tenoit la dessusdicte zenobia pacifficquement pour sesditz enfans.

Drelianus doncques esleu et constitue cōme homme dentiere vertu en la dignite et auctorite dempereur pour effacer et estaindre lignominieux nom qui lors estoit des rommains et pour tresgrāt gloire et renommee consuyure et acquerir acheua par luy la bataille et guerre contre les marcomeniens qui estoient vne nation de gens lesquelz habitoient et se tenoient deuers la basse scithie pres des almaignes Et les affaires de la cite de romme bien composees et mises en tresbon estat Il entreprint deuant tout autre oeuure la guerre contre zenobie. Et en faisant son chemin auec ses legions et armees plusieurs batailles contre les natiōs estranges par luy faictes et gaignees Il paruint pres de la cite de emesse En laquelle zenobie hardyement et sans quelque paour de luy auoir estoit venue a lencontre de luy acompaignee de vng nomme zaba lequel elle auoit prins a compaignon en ceste guerre. Aurelianus illecques arriue luy dung coste et ladicte zenobie de lautre preparerent leurs armees ou illecques aigrement combatirent par longue espace de temps pour obtenir et posseder le souuerain empire des parties de orient. En laquelle bataille zenobie au commencement eut du meilleur, mais au dernier comme la vertu rommaine vaincquist et surmontast les autres, et zenobie et les siens dechassez et mys en fuyte elle se retira en la cite de palmire En laquelle incontinent elle fut par le victeur Aurelianus assiegee. Lors zenobie ne fut pource troublee nestonnee ains soy deffendant ne voulut ouyr ne nullement entendre a aucune condition de paix. Et se deffendit par merueilleuse dilligence en actendant aucun secours Mais ceste cite fut ramenee et mise en telle necessite et souffrette de toutes choses que ladicte cite fut prinse par la force des armes rommaines Et les palemireniens les perses, les armeniens et les sarrasins venans au secours de zenobie furent par aurelyan surprins et mys a mort et desconfiture. Apres que ceste cite de palmire fut ainsi surprise zenobie se partit de nupt hors dicelle auecques ses deux filz pretendant sen fuyr en perse Mais par les cheualiers de aurelyan qui la suyuoient Elle fut prinse ensemble auecques ses deux susditz filz/ et presentee a aurelyan. Pour laquelle chose il se resiouyt et glorifia grandement non pas autrement que sil eust vaincu et desconfit vng tresgrant et puissant prince et cruel ennemy de la chose publicque romaine. Quant Aurelyan eut entre ses mains ladicte royne zenobie il la fist songneusement garder/et luy retourne a romme triumpha sur vng chariot dargent devant lequel il fist mener zenobye et ses deux filz. ¶ Aucuns disent que zenobye auoit pour elle fait faire vng chariot doret dargent et de pierrerie tresriche et precieux elle esperant dessus icelluy entrer et estre portee en romme non pas comme prisonniere: Mais comme dame et maistresse de tout le monde et de tous triumphante et possedante lempire de romme. Deuant lequel chariot elle fut par Aurelianus menee auecques ses deux filz. ¶ Cestuy triumphe consomme zenobie en habit priue se enuieillit entre les matrosnes romaines/et par le senat luy fut concede vne certaine possession attribuee ou illecques paracheua le demourant de ses iours.

¶ De flora.

Pres celle royne zenobia ie vy vne autre dame qui merueilleusement fut couuoiteuse de trouuer maniere frauduleuse pour laisser aux viuans apres sa mort eternelle memoire de son nom. Cestoit flora femme rommaine laquelle fut tresriche: mais de lacquisition de ses richesses plusieurs descriuent indifferamment. Les vngs recitent quelle consomma la fleur de sa ieunesse et beaulte corporelle en publicque adultere entre les ribaulx/mauuais et luxurieux iouuenceaulx/et que en desnuant les vngs et les autres de leurs biens et richesses par luxurieuses mignotises et blandices elle paruint a ces tresamples richesses. Les autres dyent vne hystoire delle pleine de risee et de mocquerie affermans que a romme le gardien du temple de hercules estoit vng iour oyseux/et luy seul mist apoint le ieu des mereaulx/et ordonna de ses propres mains lune qui estoit la dextre a iouer pour hercules et la senestre pour luy mesmes/par telle conuenance que si hercules estoit vaincu et perdoit cellup gardien prepareroit vng souper des offrandes de son temple/et si hercules gaignoit ledit gardien payeroit du sien vng semblable souper. Adonc fut hercules gaigneur en cestuy ieu/par quoy cellup gardien fist et appareilla vng souper et y appella ceste dame flora/laquelle apres le souper soy dormant au temple songea auoir couche auecques hercules et par icelluy luy auoir este dit quelle auroit son loyer par celluy quelle au matin en yssant dicelluy temple rencontreroit le premier. Lors flora sortant hors du temple rencontra au deuant delle vng nomme famicius tresriche iouuenceau qui lemmena auec luy et duquel elle fut tresfort aymee. Apres quelle eut este longuement auec luy il a sa mort la delaissa totallement son heritiere/et par ces moyens elle deuint tresriche. Les autres oppinent que ce nestoit pas flora/mais que ce fut laurence qui auoit nourry remus et romulus.

Elle flora doncques qui fut tant riche femme voyant que le terme et fin de sa vie mortelle approuchoit et quelle nauoit aucuns enfans couuoitoit mettre son nom en perpetuel renom par fraulde et astuce feminine En la gloire future dicelluy nom fist et constitua le peuple de romme son heritier par le moyen que partie de ses richesses seroit gardee et mise a prouffit/et que lusure annuelle qui par chascun an en viendroit fust en la commemoration de sa naissance tout despendu et employe en ieux publiquement fais de sa vie. Veritablement ceste dame flora ne fut point frustree de son oppinion/car quant elle eut obtenue la beniuolence et grace du peuple romain legierement luy furent accordez et octroiez les susditz ieux estre fais en memoire de son nom Esquelz ieux lors estant tout le peuple present regardant affin quelle demonstrast la maniere et facon de son acquest a ceulx qui apres viendroient apres elle Entre les autres ribauldes toutes nues faisoient et excercoient les offices des iangleurs en plusieurs et diuerses

manieres de saillir et autres villes et impudicques contenances au tresgrant delict et volupte des regardans. Pour laquelle illicebreuse et detestable ostection sensuyuit que de lusure receue ou des deniers publicques par chascun an en tresgrant instance ces manieres de ieux estoient demandez et requis par le peuple prompt a toute libidinite/et furent nommez du nom de linuenteresse les ieux floraulx.

Donc par aucun temps apres ensuyuant le senat de romme aduerty de la naissance originelle et inuention desditz dissoluz ieux/ eut honte que la cite de romme la dame et vaincqueresse de toutes choses fust souillee de si orde et villaine notte que pour les folles louenges dune telle femme tout le peuple courust. Ainsi considerant ledit senat que ce ne pouoit estre totallement et mesmes si soubdain efface et estainct pour celle ignominie soustraire le senat adiousta a celle ville turpitude vng erreur et mocqrie detestable/car il faignit en la resplendisseur et gloire de flora ceste fable laquelle il fist au peuple pgnorant reciter. Cestoit que flora auoit iadis este vne nimphe de beaulte merueilleuse nommee clora. Et par le vent zephirus que nous disons en latin fauonius fut tresardamment aymee et au dernier prinse a femme Et par icelluy zephirus eut ceste office et dignite que en pnin temps elle aornast et vestist les arbres/les montaignes et les prez de fleurs et par ce en lieu de clora fut appellee flora Et pource que les fruictz viennent et sensuyuent des fleurs affin que sa deite fust par ieux appaisee et que par ample liberalite elle concedast icelles fleurs et les amenast en fruictz/a icelle flora furent fais et ordonnez ieux/sacrifices/ temples et autelz. Par celle fallace furent tellement les rommains seduictz que celle qui en son viuant auoit habite et frequente les bordeaulx creurent quelle estoit colloquee et assise auecques les autres deesses comme si zephirus leust par ses aesles transportee aux cieulx. Par ces moyens flora par son engin cauteleux et par le don de fortune et pecune mal acquise fut dune commune et publicque ribaulde faicte vne nimphe et gaigna destre mariee auec zephirus/et par ainsi pour son nom deifie entre les mortelz elle a este nombree au triumphe de renommee.

De la royne olimpias

Apres ceste deesse flora ie vy celle royne qui par necessite et constraincte se mist en la foy de cassander/et apres espandit ses cheueulx sur sa digne face pour mourir plus honnestement. Pour lintelligéce des motz susditz il est a scauoir que la dame olimpias tresnoble dame et de grát renom eut son origine et naissace du sang de eacides qui lors fur tous ceulx de grece et presque tout le monde estoit le plus noble et resplendissát/et elle fut fille de neoptolenus roy des molossiens. Et combien que en son enfance elle fust appellee Myssilis/toutesfois apres ce quelle fut espousee au tresnoble prince philippe roy de macedoine elle fut nómee olimpias. Auecques ce elle eut vng frere nomé alexandre roy de epire/et apres eut vng filz nomme alexandre duquel les faitz furent si tresgrans que la gloire et renomee diceulx regnent et demoureront celebrables a perpetuite. Ledit roy alexádre ne adiousta pas peu de resplendisseur a sadicte mere olimpias dauoir elle enfante filz de si gráde vertu et magnanimite Mais celle clarte ne la peut de tous pointz frustrer que par note et macule aucunesfois sur elle gettee elle fust denigree et obfusquee veu que par icelle note et macule elle fut tres meschantement renommee Car en laage florissant de sa ieunesse elle fut entachee et souillee de ville et honteuse note dadultere/dont aucune chose plus desbonneste ne peut a vne princesse aduenir. Et auecques ce elle fut suspeconnee dauoir en adultere conceu sondit filz alexádre/laquelle chose esmeut tellemét ledit roy philippe que bien souuent il disoit quil nauoit point engendre celluy alexandre et quil nestoit point son filz. Parquoy il repudia sadicte femme olimpias et espousa cleopatra laquelle estoit fille dalexandre roy des egyptiens. Quant olimpias se vit ainsi de chassee et repudiee hors de la compaignie de sondit mary philippe fist tant et pourchassa enuers le iouuenceau pansanias que a lincitation

f. iiii

tation dicelle il occit son mary philippe pour laquelle occision ledit pansanias fut a vng gibet pendu. Le roy philippe occis et mys a mort ladicte royne olimpias infesta et molesta tant cleopatra que ledit roy Philippe auoit espousee que icelle Cleopatra fut contraincte de se pendre et estrangler auecques vng laz. Ainsi demoura olimpias royne de macedoine auec son filz alexandre qui grant et vertueux estoit & qui desia auoit eu de glorieuses victoires en babiloine et ailleurs. Apres que cestuy roy alexandre eut este en babiloine empoisonne et mys a mort et que arideus et sa femme eridice furent occis la dicte royne olimpias fut par cassander assiegee en la cite de epire et tellement contrainte quelle auecques les citoyens furent vaincuz, parquoy olimpias se rendit en la mercy de cassander lequel fut requis de faire mourir ladicte olimpias, ce que cassader accorda. Quant doncques les ministres de cassander furent arriuez au lieu ou estoit olimpias Elle aduertie et congnoissat quilz venoiet vers elle pour loccire / olimpias acompaignee de deux seruantes se leua sans aucune frayeur au deuant deulx et acoustra ses beaulx cheueulx et habillemens royaulx affin que quant au coup de la mort elle tumberoit a terre aucunes de ses parties ne fussét veues deshonnestes. Et quant les ministres leurent de leurs glaiues frappee et attaincte au cueur virilement sans getter crie ne voix pleurant ne faire souspirs ne gemissemens elle rendit lame, donnant ainsi a congnoistre quelle auoit este Royne et mere dung grant et puissant empereur.

De Veturia rommaine

Pres la susdicte royne Olimpias ie apperceuz ceste dame laquelle auecques pleurs amolit le cueur inhumain de son filz lequel tous les citoyens et ensemble le senat ne peurét oncques amolir. Et pour la clere intelligence de ce il est a entendre que en la noble et puissante cite de romme estoit vne moult noble dame veufue et ancienne nommee Veturia laquelle auoit vng tresbeau et ieune filz nomme gueus marcus lequel estoit merueilleusement vertueux et prompt en tout bon conseil. En cestuy temps entre plusieurs autres batailles les rommains esmeurent guerre contre vne cite nommee coriolos au pays des volques ou tellement lassaillirent que par le moyen et vertueuse prouesse dudit marcus ceste cite fut prinse et mise en la domination des rommains. Pour laquelle chose ledit marcus obtint le surnom de coriolanus en signe et memoire de ceste victorieuse prinse. Et apres ce le senat et le peuple rommain donnerent audit marcus coriolanus puissance et auctorite de pouoir entreprendre toutes les charges concernantes le bien et vtilite de la cite et chose publicque rommaine.

Dcun temps apres en la cite de romme fut grande chierte et necessite de bledz ou diligentemét par aucuns peres senateurs en ce comis en fut amene de sicile grande quantite, et quant ilz furent dedans romme ledit coriolanus de son auctorite deffedit de non deliurer ne disperser lesditz bledz iusques a ce quil en eust autrement ordonne. Lors tout le commun populaire qui de famine estoit oppresse sesmeut et voulut mettre la main sus coriolanus, mais les tribuns du peuple le firent par adiournement conuenir deuant eulx pour scauoir les raisons pourquoy il empeschoit et ne vouloit souffrir et permettre que le peuple eust de cestuy ble. Par le senat fut ordonne que ledit ble seroit a chascun disperse, mais coriolanus ne voulut obeir ne accorder a ladicte ordonnance. Et pour ce il fut par la sentéce du senat condampne et enuoye en exil. Coriolanus se voyant dechasse hors de romme laissa mere femme et enfás et sen alla au pays des volques lesquelz le congnoissant honnorablement le receurent entre eulx, et luy estant di ceulx grandement estime et ayme attira et gaigna a soy tullius actilius lesquelz ensemble inciterent et commuerent tous les volques a faire guerre cótre les rommains et esleuerent vne tresgrosse et puissáte armee de laquelle fut coriolanus principal chief et ducteur. Apres que coriolanus eut mis bonne et seure ordonnance en tout son affaire il códuisit son armee & la mena iusques deuant

les portes et les murailles de rôme laquelle tellement il assiegea en faisant durs et aspres assaulx que les rommains furent contrainctz enuoyer par deuers luy leurs ambassadeurs pour luy supplier et requerir la paix Ausquelz coriolanus fist mauuais recueil et les renuoya en leur faisant dure et rigoureuse responce. Les romains troublez de ce enuoyerent par deuers ledit coriolanus les euesques et ministres des temples vestuz des aornemēs de leurs dignitez, lesquelz humblement deuāt luy prosternez luy prierent dauoir mercy des citoyens rommains, mais coriolanus ne faisant compte deulx les renuoya auecques plus aygre responce que les susditz premiers legatz.

Les rommains voyans que coriolanus estoit ferme en son propos de prēdre vengeance diceulx a cause quilz lauoiēt par auant banny de romme et condāpne et exile aduiserent entre eulx quil seroit bon et expedient denuoyer supplier la noble veufue veturia mere de coriolanus et sa femme volumina quelles voulsissent aller en larmee vers coriolanus pour humblement luy requerir la paix et luy supplier dauoir pitie de son pays et de toute la chose publicque rommaine, laquelle chose veturia entreprint de bon couraige a faire. Adonc la bonne et saige dame acompaignee de la femme et enfans dudit coriolanus partit de la cite de romme auec grant nombre de femmes et sen alla tout droit deuers larmee. Quant ledit marcus coriolanus sceut que sa mere venoit par deuers luy son cueur commenca filialement a fremir et a sesmouuoir a doulceur et se leua de son siege sortant hors de sa tente et sen alla au deuant delle pour la receuoir. Lors ladicte dame veturia qui pleine de cueur et de vertu estoit tenant dung coste la femme de son filz coriolanus et de lautre les enfās dicelluy quant elle le vit venir au deuant delle et quelle fut pres de luy elle esmeue de courroux par la pitie et calamite du peuple romain commenca a reprendre sondit filz en luy disant rigoureusement. Demeure et arreste toy filz estrange et cruel et me respondz si au deuant de moy tu viens pour me receuoir côme ta mere ou pour me prendre prisonniere comme ton ennemye. Je me dois bien moult douloir de tauoir veu si long temps absent de ma cōpaignie et banny et exille hors de ton pays, toutesfois iay plus grant cause de dueil de te veoir maintenant ennemy et persecuteur de ta region inferant tant de diuerses molestes a tes amys et parens. Ne congnois tu point quel pays tu guerroyes, ne scay tu pas que cest le pays et la terre auquel ie tay conceu et angoisseusement enfante et en tresgrāt soing et labeur nourry et garde, nay ie doncques cause de doleance dauoir engendre mon ennemy? Quāt tu es en armes en ce pays arriue, nas tu point eu deuant tes yeulx lhonneur maternel que enuers moy dois auoir et lamour que as promise a ta fēme que deuant toy vois? Nas tu aucune pitie ne compassion de tes enfās qui sont cy presēs, appaisent point toutes ces choses ton fier inhumain couraige et preux cueur? Quant tu as les murailles de la cite de romme veues as tu point eu de souuenance que dedans la closture dicelles murailles estoit ta maison paternelle, ta mere, ta fēme et tes enfans lesquelz tu pouoies iuger estre malheureux par ton infortune et mauuaise oeuure. Or as tu maintenāt icy deuant toy ta propre mere dolente, ta fēme esploree et tes enfans souffreteux et esbahis. Les peres senateurs et les euesques et prestres des tēples sont venuz par deuers toy en grande humilite, et toutesfois ilz nont peu changer ne muer ton courage obstine et plus dur que pierre ne te persuader que par humbles prieres tu fisses ce que de toy mesmes et de ton bon gre tu deuoyes faire. Maintenāt ie me voy et congnois tresmiserable mere quant ma nourriture est cōtraire au pays et a moy car ou ie cuydoye auoir enfāte vng bon filz et loyal citoyen iay engendre et nourry vng trescruel ennemy du pays et de la chose publicque rommaine dōt mieulx me vaulsist auoir este sterille. Car comme pouoit par ma sterillite estre a presēt pacificque et sans calamiteuse guerre, et pouoye en ma vieillesse et viduite mourir au pays franc et deliure des ennemys ce que maintenant ie ne puis par ta cruelle entreprinse. Le temps de ma vie est brief et pource regarde et pen se en toy mesmes que tu veulx faire de tes enfans. Car se tu perseueres en ton inhumain propos ilz seront occis et mys en miserable seruitude.

Armes treshabondantes estoient auecques les parolles de la dicte dame Veturia, (les prieres de la femme dudit Coriolanus ensemble la pitie de ses enfans auec les larmes et pleurs des autres nobles dames la assistantes et les embrassemens de la mere femme et enfans dudit coriolanus esmeurent a compassion le cueur dicelluy et modera son pre, tellement que coriolanus fist cesser lassault et leuer son siege et octropa paix aux rommains. Quãt le senat rõmain vit la guerre finee par les admonnestemens de vne fẽme les peres senateurs eurent cestui fait si aggreable et en si tresgrant merueille que ilz ordonnerent faire et edifficr vng riche et noble temple et autel a fortune au propre lieu auquel ladicte dame Veturia auoit le cueur de son filz coriolanus amoly, lequel temple est encores en essence. Semblablemẽt pour lamour de Veturia le senat de romme donna aux femmes de grans priuilleges tant en honneurs & acoustremens de habitz que en richesses & heritaiges, car il fut lors permis & ottropé que lesdictes femmes rommaines pourroient auoir et tenir heritaiges ce quelles ne pouoient faire au par auant. Ainsi la noble dame et veufue a raisonnablement pour le fait susdit merite estre numeree et comprinse en ce triumphe de renommee.

¶ De cleodia rommaine

Apres celle susdicte Dame Veturia ie vy vne noble Vierge qui sur vng cheual passa leaue du typbre pour saulver romme. Et tout ioingnant icelle estoit vne autre Vierge laquelle par pitie de son franc et plain vouloir se mist et offrit entre les glaiues et couteaulx pour mourir. Doncques pour congnoistre et entendre le cas de ces deux nobles Vierges il est a scauoir touchant la premiere que cestoit cleodia noble Vierge rommaine laquelle fut baillee en hostaige pour seurete de paix. Car au temps que tarquin eut este degette de la dignite royalle et chasse hors de romme pour le crime et malefice de son filz sextus tarquinus lequel il auoit commis et perpetre en la personne de la chaste lucresse(ainsi que par cy deuant au triumphe de chastete a este ampleument monstré)ledit tarquin essaya et mist peine de recouurer son royaulme de romme par armes et batailles. Et pour ce faire il prouocqua et requist plusieurs princes en son secours et ayde, entre lesquelz vint porsenna roy des estruquins lequel auecques grosse et puissante armee assiegea le pont sublitien qui estoit sur le fleuue du tybre. Et ce voyant oratius noble rommain comme dessus est dit que si ledit pont estoit gaigne et occuppe par ledit porsenna et ses gens que la cite de romme pourroit incontinent apres estre facillement prinse des ennemys Parquoy oratius print la charge de la garde et deffence dicelluy pont, et en combatant cõtre les aduersaires il fist derriere lui rompre et abattre ledit pont, et apres quil fut rompu il se getta dedans la riuiere dont en nageant il eschappa et se saulua a la grãt ioye de tout le peuple rommain et en confusion des ennemys, car lesditz estruquins furent deboutez de cestuy passaige espouentez par Mutius sceuola parquoy furent constrainctz de eulx departir et faire paix auecques les rommains. Et pour plus grande seurete et fermete de ladicte paix et concorde estre tenue et gardee entre eulx ledit roy porsenna demanda hostaiges ce qui luy fut accorde, entre lesquelz luy fut baillee ladicte noble Vierge Cleodia auecques plusieurs autres rommains. Car pour lors se donnoient seurement hostaiges aussi bien femmes que hõmes. Mais telle vertu et loyalle fidelite estoit gardee entre les princes et gens de guerre que lesdictes femmes ou filles hostagieres estoient preseruees et gardees en tout honneur et entiere honnestete.

Apres ceste paix faicte nouueau discorde sesmeut Dõt le roy porsena esmeu et trouble vint assieger rõme et mena auec luy tous ses hostaiges qil tenoit des rõmains, et par

ſepecial ceſte Uierge cleodia. Lors Durãt
te ſiege ou parlementa et conuindrẽt media
teurs pour par aucuns moyẽs reformer
la paix. Et la choſe cõme conclue ung ſo:r
le roy porſenna appella a ſoy ſecrettement
ſes cappitaines auecques leſquelz il ſe de=
termina le lendemain matin aſſaillir la cite
combien que les rõmains eſperoient auoir
paix. Cleodia par quelque moyẽ ſceut ceſ
te entrepriſe et cõclusion/parquoy elle cõ
gnoiſſant et Uoyant la cite en peril print Uer
tu en ſon cueur et trouua façon et maniere
de deceuoir les gardes qui deſſe la charge a
uoient et tellement fiſt quelle eſchappa et ſe
deſroba dentre leurs mains. Et elle hors
trouua dauenture ung cheual qui paiſſoit
ſur le riuage du tybre ſur lequel enuirõ heu
re de minupt elle monta/et ſans auoir aucu
ne crainte ne paour de la profondite et impe
tuoſite dudit fleuue ne des perilleux gouf
fres et lieux dangereux qui eſtoiẽt au cours
de leaue par ou elle deuoit paſſer. Ainſi eſ
tant a cheual ſe miſt dedãs le fleuue/et tant
fiſt a force de nager quelle paſſa et trauerſa
leaue de lautre coſte et arriua de nupt a rom
me. Aucuns touteſſois dient quelle paſſa
ladicte riuiere du tybre ſans cheual a nager
toute nue en ſa chemiſe/mais quoy quil en
ſoit en nageant elle trauerſa ledit tybre et ar
riua dedans romme. Lors incontinent quel
le fut arriuee elle aduertit les citoyens du
peril et dãgier en quoy la cite eſtoit et leur
declaira toute la cauteleuſe et inſidieuſe en=
trepriſe de porſenna comment il Uouloit
ſurprendre la cite de romme a deſpourueu.
Adõcques les rõmains oyans celles nou
uelles ſe mirent en armes auecques groſſe
puiſſance de gens tellemẽt que le matin ve
nu le roy porſenna cupdãt trouuer les rom
mains deſpourueuz/leur liura lassault/mais
il les trouua en armes tous preſtz ⁊ en bon
ne deffence pour reſiſter et combatre. Por
ſenna Uoyant ce mua ſon propos/et quant
il fut aduerty de la pucelle cleodia qui par
telle hardieſſe et haulteur de couraige auoit
ainſi paſſe le tybre pour aduertir ſes gens
et ſaulver le peuple de la cite il fiſt et cõclud
paix auecques les rommains iugeant quil
faiſſoit bien que grãde magnanimite et Uer
tu fuſt es couraiges des hommes rõmains

quant une pucelle et ieune fille auoit telle
aduenture oſe entreprendre de ſoy bouter en
ceſte riuiere tant impetueuſe et profonde.
Les conditions doncques et articles de la
paix promiſes et accordees et iurees tenir et
garder entre les rommains et ledit roy por
ſenna le ſenat renuoya a Porſenna ſadicte
oſtagiere cleodia parquoy porſenna ayant
en grande admiration lexcellente Uertu et a
mour patriale de ladicte Uierge cleodia ne
luy donna pas ſeullement puiſſance et au=
ctorite de retourner Uers ſes parẽs et amis
mais auecques ce luy permiſt quelle peuſt
emmener auec elle tous ceulx et celles quel
le Uouldroit eſlire de ceulx quil detenoit en
oſtaige. Laquelle Uierge print et choiſit ſeul
lement ceulx qui eſtoient encores enfãs pu
pilles et en bas aage/laquelle choſe fut tres
agreable au peuple De romme. Et pource
en perpetuelle cõmemoration de ſes faictz
luy fut faicte une eſtatue a cheual repreſen
tatiue de ladicte Uierge cleodia laquelle fut
appoſee en ung hault lieu publicque.

De harmonia.

Autre Uierge Deſſus alleguee
eſtoit nommee harmonia Pour
entendre le fait de laquelle il eſt
a ſcauoir que en la cite de ſiracus
ſe en ſicille fut ung roy nõme hieron lequel
fut deſtruit et toute ſa genealogie par la fol
le et peruerſe ſedition de ſes ſubgectz/telle=
ment quil nẽ eſtoit demoure que une ſienne
fille nommee harmonia laquelle eſtoit
Uierge merueilleuſement belle et ſaige et to
tallement adonnee a Uertu et bõnes meurs
Lors ainſi que les ennemys la queroiẽt de
tous coſtez pour loccire la nourrice delle ne
trouua autre remede q̃ de la muſſer et pour
ce elle print une autre pucelle ſa compaigne
qui nourrice auec elle auoit eſte et qui aſſez
de forme reſſembloit a ladicte harmonia. A
donc la nourrice veſtit celle ieune fille dhas
billemẽs royaulx laquelle fut des cruelz en
nemys prinſe cupdant quelle fuſt fille dudit
roy hieron et la mrẽt a mort. Laquelle ieu
ne fille fut ſi conſtante quelle ayma mieulx
mourir pour ſaulver la fille du roy que lens
cuſer. Lors harmonia fille dudit roy qui ca

Le triumphe.

chee en tel lieu estoit q̃lle pouoit veoir mar/
tirer sa compaigne voyant sa constante a/
mour et loyaulte Dicelle print telle ardeur
de courage en elle quelle appella les meur/
triers et ennemps qui ia auoiẽt mps a mort
sadicte compaigne et leur dist. Je suis celle
que vo⁹ querez et sans cause auez occis ces
te innocente. Je suis harmonia fille du roy

hieron. Si vous me querez vous mauez
presentement trouuee. Adonc les traystres
et bourreaulx inhumains myrent sans au/
cune pitie celle tendre et noble vierge a mort
Pour laquelle constãce et vertu ladicte har
monia a merite triumpher par renommee.

C. De la royne athalia.

Out au plus pres ensuyuãt et
ioignant les deux susdictes no
bles vierges ie vy celle royne a
thalia qui habandõnee fut apres
sa mort destre mangee des chiens et autres
bestes. Pour congnoistre le fait de laquel
le il est a scauoir que ladicte athalia fut fille
du roy disrael et des dix lignees des iuifz
nõmee achab/laquelle athalia qui tresmau
uaise femme estoit et pleine de toute malice
fut par sondit pere donnee en mariage au
roy ioram filz de iosaphat roy de iherusalem
et de toute iudee affin que par affinite de li/
gnaige ledit achab confermast lamytie et a/
liance entre luy et cellup iosaphat. De cel/
lup ioram athalia eut vng beau filz nomme
ochozias. Peu de temps apres iosaphat et
son aisne frere moururent par la mort des
quelz selon la coustume des iuifz le roy
aulme escheut a ladicte athalia au nom de
son mary ioram/et en cellup temps elle a/

uoit vng frere aussi nomme ioram qui suc
ceda au royaulme des iuifz par la mort du
dit roy achab. Pour lesquelles choses atha
lia et son mary Joram furent comme tres
puissans crains et obeiz. Et oultre cellup
filz ochozias elle eut et enfanta plusieurs
enfans pour succeder au royaulme. Vng
iour entre autres achab pere dathalia fut en
bataille occis dune flesche que le roy de da
mas nomme adad luy getta et achab mort
les chiens lescherent son sang et es champs
demoura son corps comme charongne aux
bestes et aux oyseaulx. Pour laquelle mort
venger le roy ioram mary de ladicte athalia
occit sans quelcõques mercy ses freres pa/
res et amps charnelz/et ce fait les arabiẽs
par armes vindrent au royaulme des iuifz
ou illecques pillerent plusieurs villes et
chasteaulx et prindrent a force les femmes
et violerent les pucelles et filles vierges
et mirent tous les nobles du pays en serui

tude. Apres ce iceulx arrabiens occirent cruellement tous les enfans dudit roy Joram frere de Athalia/puis son mary Joram deuint si malade que ses boyaulx luy sailloient par derriere hors de son corps dont il mourut. Et apres sa mort succeda au royaulme sondit filz Ochosias lequel fut en grant ioye et lyesse par les princes mys au siege royal du royaulme de iherusalem dont Athalia fut grandement ioyeuse. Et elle estant en iudee auecques son filz ochosias Joram son oncle fut occis dune saiette Et elle voyant celle mort courut a la couoitise de occuper le royaulme son oncle. Et pour ce faire plus facillement elle fist cruellement occire tous les iuifz de la lignee de dauid tellement quil nen demoura que vng Cest assauoir Joab lequel fut garde de mort par Joiada prestre de la loy. Apres celle cruaulte Joram filz de ladicte Athalia fut occis dung iuif appelle Jehu dedans le champ dung noble iuif appelle Naboth/ & le corps dicelluy ioram fut iecte aux chiens aux champs. Ce fait Jehu roy disrael fist vestir de aornemens royaulx et de couronne Jezabel mere de athalia/puis la fist iecter du hault en bas dune tour et fut son corps defoulle des chariotz et des cheuaulx et tout son sang respandu et tout ramene en ordure et en boue. Apres ledit roy Jehu fist occire les soixante & dix freres de ladicte royne Athalia et apporter leurs testes et ficher en des lances en lespetacle de chascun. Apres toutes les choses dessusdictes ledit euesque Joyada fit roy ledit Joas filz de athalia. Et apres quelle eut regne six ans entiers Lan septiesme de son regne elle fut hors du siege royal dechassee a la clameur du peuple et trainee iusques hors la porte ou elle fut miserablement occise/ et son corps mys aux champs et iecte aux chiens / aux bestes et oyseaulx. Ainsi triumphoit ladicte royne athalia au triumphe de renommee non point a sa gloire/honneur et louenge: mais a sa confusion.

¶ De la royne Nicaula.

Et lautre coste dudit chariot triumphant de noble renommee ie vy la noble royne degipte nommee Nicaula laqlle apres que sa generation & progenie des pharaons roys degipte fut faillye elle entreprint la charge et gouuernement des ethiopiens et egiptiens et apres fut constituee royne des arrabes. Nicaula donc se voyant en si tresgrande auctorite et puissance fist edifier vng beau palais & maison royalle en vne plaisante et opulente isle enuironnee et close du fleuue de nilus ou elle employa et mist si grande quantite dor & dargent et dautres souueraines richesses quelle fut estimee surmonter tous les hommes et femmes du monde en richesses/ et estoit celle royne Nicaula remplye de tresgrande sapience tellement que chascun sen esmerueilloit.

En celluy temps regnoit le Roy salomon filz de dauid la sapience duql salomon volloit en tresgrande renommee par tout le monde/ dont la royne de sabba oyant parler de lexcellence dicelle sapience alla deuers ledit salomon pour le veoir & le ouyr deuiser Laquelle royne de sabba eut en tresgrande admiration celle sapience. Lors nicaula oyant le hault bruit & renom dudit salomon et elle

faichãt que ladicte royne de sabba auoit este par deuers luy pour louyr/icelle dame nicaula louãt et moult estimant cestuy souuerain renom De salomon partit de son pays et laissa son royaulme tant noble/et en passant par les terres & regiõs des ethiopiens et egiptiens dont elle estoit gouuerneresse et dame/De la passant oultre par les lieux desers des arrabes auec tresnoble compaignie De royalle pompe elle arriua en la cite de Hierusalem pour ouyr la sapience dudit roy salomon Lequel estant tresriche & puissant esmerueilla grandement la magnificence de ladicte royne nicaula laquelle il receut treshonnorablement et en moult grande reuerence. Apres que le roy salomon eust exposé & declaré a ladicte dame Nicaula plusieurs sentences & parolles obscures & qlle eut longuement escouté & entendu auec son gneuse & curieuse diligence toutes les propositions & amples solutions desdictes sentences elle agreablement dit et confessa que la sapience du roy Salomon excedoit sans nulle comparaison le bruyt & renommee qui par tout le monde couroit dicestuy salomon et surmontoit tous les esperitz & engins humains Et non sans cause/car ceste sapience estoit sans aucune doubte plus de don De grace de dieu que De science acquise.
¶ Apres doncqs que ceste royne Nicaula eut appris beaucoup de choses de la sapience salomon et quelle eut este par aucun temps audit lieu de Hierusalem & quelle se disposa de sen retourner en son pays deuant que partir voulut recongnoistre lurbanite et begnin recueil que luy auoit fait le roy salomon/parquoy elle dõna plusieurs beaulx & magnificques dons audit salomon/entre lesquelz estoient les petis arbres qui le basme sainct portoient/lesquelz ledit roy salomon moult prisa & estima et les fist planter pres du lac nomme Alphati. Lors ledit salomon ayant ioyeusement receu iceulx dons donna a ladicte royne Nicaula plusieurs autres excellens dons Et ces choses faictes ladicte Dame sen retourna honnorablement en son pays.

¶ De la belle Helene.

Pres ceste noble dame et royne nicaula ie apperceu ceste tãt belle royne qui passa & vsa toute sa Beaulte & fleur De ieunesse auec vng estrãger/& a la fin estant vieille fut recouuerte de son mary. Cestoit Helene laqlle estoit fille de tindarus roy de ebalpe et de la royne leda sa femme laqlle Helene fut de si grande et merueilleuse beaulte qlle estoit estimee par toutes les terres de son tẽps la plus belle du monde/& fut mariee auec menelaus roy des grecz Et la seur dicelle Helene nõmee clitemestra fut espouse Du roy agamenon. Deuant q̃ ladicte Helene fust mariee et qlle estoit encores vierge theseus partit dathenes q̃ ieune et beau filz estoit et sen alla en ebalpe pour le renom de la singuliere & nompareille beaulte de helene dont il auoit tãt ouy parler & faire si grande estimation. Et quant il fut en cestuy pays de ebalpe arriue il trouua Helene laqlle estoit encores vierge & De tendre aage q̃ sesbatoit a la maniere & coustume de son pays. Et quant theseus leut apperceue il la rauit & enmena furtiuement. Aucuns aucteurs dient q̃ combien que theseus rauist & par force enmena celle Helene/ touteffois il ne la peut iamais congnoistre charnellement/ & neut oncques delle seullemẽt q̃ les baisiers lesquelz il luy donnoit. Ce venu a la congnoissance De castor & polux freres iumeaulx de ladicte Helene ilz poursuyuirent tellemẽt cestuy rauissement q̃ eulx arriuez a athenes theseus estant lors absent electra mere de theseus gracieusemẽt rendit ladicte Helene a ses ditz freres lesquelz la ramenerent en son pays.

Pres que ceste dame Helene fut venue en aage competant destre mariee elle fut cõioincte par mariage audit roy Menelaus Duquel elle conceut & engendra vne seulle fille nommee Hermiona de laquelle auons par cy deuant fait mention ample. Long temps apres ensuyuant Paris filz de priam roy de troye qui pour aucun songe que la royne Hecuba femme dudit Priam et mere dicelluy Paris auoit songé auoit este mis et enuoye a la forest de ydea laquelle est pres De la cite de troye et en laquelle il fut nourry et depuis congneu et receu par ses parens/pa

De renommee   fueillet.lxii

ris considerant et ayant souuenance De la
promesse que Denus luy auoit faicte de la
plus belle dame du monde Ou ainsi que
les autres Dyent Paris desirant et affec
ctueux de soy venger et recouurer son ante
Exionne laquelle auoit este peu de temps
parauant rauye et emmenee par force et fur
tiuement par les grecz fist faire certain nō

bre De grandes et belles nefz en ladicte fo
rest. Et apres quil les eut noblement equi
pees et sumptueusement garnyes de tou
tes choses luy acompaigne de plusieurs no
bles ducz et barons de troye il nauigea par
mer iusques au pays de Grece ou il fut
moult honnorablement receu t loge par les
dit roy menelaus.

Pres que le susdit paris eut este aucune espace de temps en la maison du roy menelaus et quil eut veu e cõsidere la grande beaulte de ladicte helene qui tant estoit gente et acoustree de vestemens et aornemens royaulx et desirante quon regardast sa beaulte Ledit Paris fut soubdainement embraze de lamour de helene/et pource quil apperceut quelle couuoitoit et aymoit destre veue il eut esperãce par les gestes dicelle quelle se consentiroit a sa voulente Et pensa en luy mesmes qſ la gaigneroit e attireroit au feu de son amour par cõtinuelle frequentacion et ampable familiarite e par doulces e blandicieuses parolles deprecatiues damours. Et mesmement il conclud e proposa en soy mesmes que quãt il pourroit auoir temps et heure opportune il enleueroit ladicte Helene e lemmeneroit auecques luy a trope. Peu de temps ensuyuant il aduint que ledit roy Menelaus sen alla hors du pays en crete e laissa en sa maison ledit paris et pria sa femme Helene de traicter honnorablement son hoste paris. Quant Menelaus fut hors de sa terre et paris fut demoure apres quil eut par plusieurs iours prie Helene damour e quil feist delle a son plaisir et quelle eut consenty sen aller auecques luy e quilz eurent eulx deux ensemble ordonne de leur partement Cest assauoir que en lisle citherea nommee Helene yroit au temple de Venus pour faire sacrifice selon la coustume et maniere du pays et veilleroit de nupt auecques les autres dames/et q̃ lors et a lheure de nupt paris se trouuast la auec ses nauires toutes prestes et q̃ſle faindroit quil la rauist et amenast a force affin de couurir son consentement e stupre par elle commis. Paris adoncqz print vne grande quãtite de richesses dudit roy Menelaus/et ce fait apres qſ eut appreste ses nauires il sen alla en ladicte isle de Citherea et luy arriue se trãsporta de nupt audit temple de Venus ou il trouua ladicte dame helene qui toute preste estoit et actendoit Paris Laquelle il print e esleua et lemmena en ses nauires/et incontinent partit Et tant fist que en nauigeant par mer en passant plusieurs perilz il arriua auecques sampe helene en la cite de

trope. Paris a trope arriue le roy priam son pere receut ladicte dame Helene auecques tresgrant honneur et tresioyeuse feste

Pour celle plaisance charnelle e voluptuosite desditz paris et helene tout le royaulme de grece fut merueilleusement trouble e esmeu. Toutesfois les princes et nobles de grece eurent plus au cueur e en plus grãde indignacion liniure faicte e commise par ledit paris q̃ la concupiscẽce charnelle de ladicte Helene. Auecce q̃ non pas seullement tous les gregeois auoient en horreur liniure faicte a leur roy menelaus pour le rauissement de sa fẽme helene/mais aussi extimoient estre celle grande iniure faicte a tout le pays de grece. Par quoy tous les grecz ensemble dung cõmun accord cõclurent et coniurent de venger liniure dudit rauissemẽt Et pource faire ilz assemblerent leurs batailles e inestimable nõbre de bõs nobles et vertueux gens darmes et excellens cheualiers auecques plus de mille grandes naures. Et apres qſz eurẽt fait pour long tẽps soustenir la guerre leurs sumptueux appareilz e moult grandes prouisions tant de vitures/de harnois que autres choses duysantes a la guerre lesditz grecz auecques toutes leurs puissances partirent de leur pays Et tant nauigerent par mer quilz arriuerent deuant la grande e forte cite de trope laquelle vertueusement ilz assiegerent. Et tant persisterent faisans plusieurs assaulx batailles et occisions que ilz furẽt audit siege enuiron vnze ans. La pouoit veoir helene des murs de la cite en regardant vers lost des grecz par mer et par terre quel prouffit faisoit sa beaulte et comment pour sa grande formosite et delectacion charnelle de paris et delle/ les riuaiges de la mer estoient de toutes pars tainctz et souillez de sang tant des grecz et de ses parens et amys que des tropens. Apres que hector tropen et achilles grec eurent este en celles batailles occis et que pirrhus filz dudit achilles eut tue ledit paris il ne suffist pas a ladicte helene dauoir commis et perpetre adultere auec ledit paris/mais auecques ce apres la mort dudit paris elle sans aucune

vergongne ne honte se maria auec Deiphe¬
bus filz dudit roy priam frere dudit paris.
Apres longues et dures batail¬
les z infinies occisiõs Et que
les grecz auoiẽt essaye faire par
cautelle et trahyson ce quilz ne
pouoiẽt acomplir par force darmes et quilz
eurent cherche tous les moyens de ce faire.
Lors ladicte helene voyant quelle seulle es¬
toit cause de lassemblee dudit siege et cõg¬
gnoissant que a la longue la fin tourneroit
a mal sur les troyens Elle voulut donner
ayde z cõfort ausditz grecz pour plus soub¬
daine et legiere victoire obtenir et pour des¬
truyre la cite de troye/affin q̃ par ce fait elle
peust recouurer lamour de sondit mary me¬
nelaus et rentrer en sa grace Parquoy elle
leur manda q̃lz leuassent totallement le sie¬
ge z faignissent de eulx en retourner en gre¬
ce/et quelle leur feroit vng certain signe de
feu au plus hault dune tour/et apres quilz
auroient apperceu ledit signe de feu legiere¬
ment retournassent/z q̃ sans aucune faulte
ilz trouueroient les portes de la ville de
troye ouuertes ce q̃ fut fait Car les troyẽs
voyans que lesditz grecz auoient leue leur
siege et q̃ iceulx troyens estoient lassez z tra
uueillez des peines z labeurs par eulx souste
nuz durant ledit siege pour la grande ioye
quilz eurẽt du partement de leurs ennemys
Ilz firent grans cõuis et beurent tant tout
le iour quilz furent la nupt tous endormys
Et ce voyant ladicte helene elle print vng
grant fallot de feu ardant z le mist au hault
dune tour. Quant les grecz veirent cellup
feu ilz retournerent incontinent et trouue¬
rent les portes ouuertes et le peuple endor¬
my par quoy ilz mirent a feu et a sang tout
ce qlz peurent prendre et rencontrer Et fut
rendue helene a son mary Menelaus lan.
xx e. apres ce q̃lle fut raupe par le susdit pa¬
ris. Lors ledit menelaus sen retournant en
grece auecq sadicte femme Helene fut par
tempeste de vens transporte en egipte ou il
fut recueilly par polibus roy dicelluy pays
Et peu de temps apres il se partit de la et
tant nauigea quil arriua en grece lan. viii e.
apres la destruction de troye. Et fut auec
son espouse Helene treshonnorablement et
auecques grant ioye receu.

Pour euiter prolixite z cõfusion
ie laisse z celle plusieurs nõs de
femmes et dhommes excellens
et tresfameux lesquelz ie vy suy
uans le noble et triumphant chariot de re¬
nommee/toutesfois ie veulx que la bonne
veufue Judich y soit nommee Laqlle pour
le salut de sa prouince fist son fol amant ho
lofernes vuyde de son chief. De laquelle
dame Judich qui elle fut z comment elle oc
cist holofernes assez amplement en auons
monstre par cy deuant au triũphe damour.

C Du roy Ninus.

Ie me complains grandemẽt en
moy mesmes comment ne pour
quoy iay delaisse a racompter le
fait et exemple de celluy duq̃l est
ordre au commencement toute humaine hy¬
stoire. Et pareillement de son grant succes
seur/leq̃l son orgueil vaincu se conduysit a
bestialle acoustumance z maniere. Doncil
fault entendre que celluy duquel fut ordre
toute humaine hystoire fut vng roy des as¬
siriés. Il est notoire que le roy ninus auoit
regne. xliiii. ans en syrye z. xxi. an en euro¬
pe/apres les scithiens z thebees/z apres cõ¬
menca a regner sur les egiptiens. Ninus
fut le premier q̃ fist guerre a ses circonuoi¬
sins Et luy ayant premieremẽt prins toute

la ſyrie. Et ayant en icelle region edifſie la treſgrande cite de niniue il print ſucceſſiuement toute lempire dorient/ȝ apres q̃l poſſeda icelle terre il eſmeut groſſe guerre contre zoroaſtes roy des bretons a lencontre duq̃l venant en bataille il le vaincquit. Et aps ce allant Ninus a lencontre des egiptiens il fut en vne bataille attainct et naure dune fleſche dont il mourut.

⁋ Du roy Nabugodonoſor.

Touchant doncques ſon ſucceſſeur il eſt aſſauoir que ce fut naſbugodonoſor roy de Babiloine lequel par deux raiſons ie nõme eſtre ſucceſſeur dudit Ninus oultre la ſucceſſion tẽporelle. Premierement eſtant lempire des aſſiriens en la domination de la royne Semiramis elle edifſia Babiloine/ laquelle ſeigneurie eſtant venue a Nabugodonoſor par continuelle ſucceſſion de ſes miramis/ pareillement il ſucceda a ninus. Secondemẽt il eſt tout cler que combien q̃ ſardanapalus roy dernier des aſſiries euſt tranſlate lempire aux medes en la perſonne de Arbatus ſucceda ſemiramis/ a ſemiramis medius/ a medius cardiceas/ a cardiceas deoces/ a deoces faoties ȝ apres ciaſſares/ ce neantmoins nabugodonoſor en celluy temps ſucceda audit ninus occupant la region de ſyrie. Car regnant ciaſſares naſbugodonoſor alla en bataille a lencontre de Neſtranus roy degipte lequel nabugodonoſor vaincquit/ et apres ceſte victoire il ſe tranſporta iuſques au fleuue Euffrates lequel il paſſa et occupa toute la terre ȝ prouince de ſyrie Pour laquelle poſſeſſion ie nomme celluy Nabugodonoſor grant ſucceſſeur dudit roy Ninus.

Oncques apres que nabugodonoſor eut ſirie ſoubz ſon gouuernement et ſeigneurie il ſen alla en iudee laq̃lle il pilla tout a lentour et bruſla. Et luy venu en Jheruſalem la ou regnoit le roy Joachin il la print auecques celluy roy ȝ toute ſa famille enſemble grant nõbre ȝ quantite de priſonniers entre leſquelz eſtoit le prophete daniel leſquelz il emmena/ ȝ auecques luy emporta tous les vaiſſeaulx ſacrez du temple. Lors eſtant nabugodonoſor a cauſe de tant de victoires eſleue en orgueil il oſta ſon cueur dauecques Dieu et fiſt faire vne grande ſtatue a ſa ſemblance ȝ contraignit chaſcun de icelle adorer laquelle choſe non voulant faire ſidrac/ miſdrac et abdenago il les fiſt incontı̃ n ent mettre en vne fournaise ardāte/mais dieu eternel begnin et tout puissant voulant demonstrer et faire congnoistre que tous les estatz et seigneuries deppendent et procedent de luy fist vne nupt veoir et apparoistre audit nabugodonosor en vision et songe vng grant arbre soubz lombre duquel paissoient plusieurs bestes/et ce pendant vint vne royalle maieste acōpaignee de grande quantite de seruiteurs et commanda a ses ministres que incontinent ilz couppassent cestuy arbre et chassassent toutes les bestes qui paissoient dessoubz ledit arbre. Nabugodonosor eut por ceste cruaulte grant paour tellement quil se sueilla. Et incontinent enuoya querir tous ses deuins ausquelz il recita son songe et leur demanda que ce pouoit signifier/lesquelz ne sceurent oncques interpreter ceste aduision. Pourquoy a la fin il enuoya querir daniel auquel il declaira son songe luy commandant quil en dist son aduis et ce quil luy en sembloit. Auquel daniel respondit. O roy roy tu es certes cestuy arbre large et ample la puissance duquel sestend par tout/et ceste royalle maieste venant du ciel laquelle commanda coupper ledit arbre cest dieu auquel ton orgueil a fort despleu dont il veult cestuy arbre desraciner et se monstrer luy seul estre cestuy qui eslargist et ottroye les puissances et les royaulmes. Et a ceste cause dieu a determine que tu habiteras auecques les bestes sauuaiges et ta viande sera foin et herbe par lespace de sept ans. Quant le roy nabugodonosor eut ouye et entendue ceste exposition il fut moult trouble et esbahy et en fuyant il sen alla es bois et es forestz et fut dechasse/esquelles forestz il fut sept ans auec les bestes sauuaiges viuant bestiallement iusques a ce quil recōgneut son dieu ainsi quil est escript amplement au liure de daniel au quatriesme chapitre.

¶ De bellus et zoroastes.

N cestuy mien escript demeure zoroastes qui fut inuenteur de lart magicque Et pour cōgnoistre sō cas on treuue que les bellus ont este celebrez et descriptz pour aucune digne oeuure/le premier desquelz fut filz de epaphus filz du premier iupiter/apres pere du roy danaus de egistus et de agenor/lequel fut homme tresdoct en telle sorte quil merita apres en babiloine estre en son honneur edifie vng temple Lautre bellus fut filz de phenis filz de agenor lequel bellus fut hōme tresexpert en armes et vainquit les cytiens lesquelz occupoient le royaulme de phenice/mais ie nentends point de ceulx cy parler. Lautre bellus fut pere de ninus duquel auons prochainement parle lequel ninus grandement honnoroit. Et quant cestuy bellus vint a mourir cestuy ninus eut pour icelle mort merueilleusement grant douleur et moult le regrettoit. Et en lhonneur de luy il edifia vng beau temple et fist faire vne ymage a la semblance dudit bellus son pere et la mist en cedit temple Et ordonna que quiconques viendroit audit temple luy fust pardonne toute erreur. Pour laquelle chose le peuple circonuoisin commenca venir en cestuy temple et faire sacrifice a symaige susdit/et ainsi trebuscherent en ydolatrie lequel est pere des pechez. Apres sensuyuit que lesperit dyabolicque ennemy mortel de nature humaine se mit en la statue dessusdicte de bellus et commenca a respondre aux hommes et deceuoir et abuser le peuple. Et long temps apres ensuyuant ceste ydolatrie regnāt chascune ydolle garda le nom de bellus. Bellus doncques fut cause et racine de tresgrāt erreur et nont point pour sa faulte/mais pour la faulte de ninus. Car combien que premierement les hommes errassent en adorant le soleil et la lune Touteffois ilz estoient lors excusables Car leur congnoissance ne sestendoit point oultre les choses sēsitiues. Et a cause que manifestemēt ilz veoient par les vertus des planettes eulx prolonger et viure en ce monde/laquelle chose ne faisoient les ydolles et mesmes la statue de bellus.

Zoroastes que par auāt auons dit auoir este occis de ninus fut roy de ebactonie homme tresexpert en armes Mais encores plus auant estoit scauant et perit en lettres et sciences et en habitz speculatifz/et grant philosophe et sous nerain inuenteur de lart magicque. Duquel escript solonius disant que en la mesme heure que icelluy zoroastes fut ne commenca a rire laquelle chose fut pressaige de grãt merueille. A cause doncques de tãt dexcellentes qualitez contenues en zoroastes il a este raisonnable le mettre en ce triumphe de renommee.

¶ De sirenas et silates.

Ouchant ceulx lesquelz firent le mauuais gouuernement & donnerent emplastre aux douleurs et griefues passions ytalicques il est a scauoir que ainsi que nous auõs dit au chapitre precedent estant lauctorite & presque tout lempire rommain demoure en gouuernement et puissance des trois princes, cestassauoir capus pompeius, lucius, cesar et Marcus crassus il aduint que les rommains voulurent faire guerre aux parthes et a cause de lauarice qui estoit en marcus crassus pour lhabondãce des richesses qui estoient en icelle prouince fist tant marcus crassus que celle prouince des parthes fut adiugee a luy, et ce fait il appresta son armee laquelle estoit de douze legions de rommains. Crassus doncques estant en guerre passa le fleuue Eeuffrate en heure malheureuse et alla au pays des parthes. En celluy temps y auoit deux duczdes parthes lung nomme silates lautre sirenas, lequel silates alla a lencontre de crassus et loccit auecques toute son armee en la forme & maniere que auons par auant dit en racõptant les faictz et gestes de fabricius et de curius Dõcques ces deux silates et sirenas sont dignes destre compris au triumphe de renommee eulx ayant ainsi vaincu et occis vng tel cappitaine comme estoit Marcus crassus et deffait larmee rommaine.

¶ De mitridates.

Ais ou laissay ie le grãt roy mitridates qui fut perpetuel ennemy des rõmains lequel mitridates fut filz de mitridates roy de pont lequel estant petit enfant et deuenu en la force et fleur de son aage il sestudioit et prenoit son labeur a cheuaucher et dompter les cheuaulx pour laquelle chose ses tuteurs et gouuerneurs le voulurent empoisonner Mitridates se apperceut de ce parquoy souuent il vsoit de medicines preseruatiues contre le venin et se occupoit tournellemẽt a lexercite de la chasse, et iamais ne senfermoit en ville close et muree. Et quãt il fut fait et constitue roy de pont a son commencement il alla a lencontre des siriens, lesquelz nauoiẽt iamais este de nulluy vaincus, touteffois il les surmõta et vaincquit en peu de temps. Apres ceste victoire mitridates esleua son cueur a plus grant chose et entreprint de conquester lempire de asie lequel auecques petite compaignie premierement lalla piller et a son retour il se allia et acõpaigna de nicomedes roy de bithinie lesquelz ensemble conioinctz auec toutes leurs armees et puissances allerent combatre paflagonia. Lors les rommains lesquelz auoient ledit paflagonia en garde et tutelle enuoyerẽt leurs ambassadeurs ausditz deux roys en leur disant quilz delaissassent telle entreprinse et eussent paix auec les rommains. Adonc le roy mitridates qui ia estoit esleue en orgueil esperant bien certainnement se deffẽdre et auoir du meilleur contre les rommains en se mocquant diceulx ambassadeurs leur dist quil restitueroit ledit royaulme au vray et iuste roy, parquoy il changea son nom et print le tiltre de roy de paflagonia. Lors les rommains pour celles mocqueries senflamberent et grandement irriterent contre mitridates et mesmement a cause que en celluy temps il fist mourir arietes roy de capadoce et auecques ce quil cherchoit de faire occire ariobarza filz dudit roy ariates, lequel ariobarza estoit apres la mort de son pere demoure soubz le gouuernement des rommains.

E roy mitridates estimãt auoir la guerre contre les rommains a cause des iniures quil leur auoit faictes il se assembla auec tigranes roy darmenie pour estre plus fort a soy deffẽdre. Lors en ce temps mourut le dit nicomedes roy de bithinie et incontinẽt

apres sa mort mitridates occupa son royaulme et en chassa son filz lequel pareillement se nommoit nicomedes. Et oultre ce mitridates envoya Archelaus son prefect avecques puissante armee lequel print toutes les ysles de archipelogie. Adonc les rommains advertiz de toutes ces choses ne peurent plus tollerer ne endurer la hayne et oppressions superbes dudit mitridates, par quoy ilz envoyerent a lencontre de luy deux consulz lung nōme aquilius et lautre maulius lesquelz estans en bataille deffendans et soustenans le party et la querelle de nicomedes furent de mitridates vaincuz et deffaictz.

Apres ceste victoire obtenue Mitridates envoya messaigiers et escriuit lettres par toute la terre et prouince de Asie par lesquelles il mandoit cōment tous les rommains lesquelz estoient lors en asie fussent desconfitz et mys a mort. Ceste iniure fut moult dure et griefue a endurer au peuple de romme et au senat rommain pour laquelle chose les rommains delibererent et entreprindrent contre le roy mitridates de non iamais cesser de faire la guerre iusques a ce quilz en fussent vengez et pource ilz esleurent consul lucius caius scilla auquel ilz baillerent la charge et consduicte de larmee rommaine pour mettre a fin celle guerre. Adōcques scilla avecques son ost party de romme ordonna ses batailles, lequel tellement combatit quil vaincquit et chassa mitridates et print archelaus son prefect. Apres ceste victoire ledit roy mitridates renforca son armee, ce que voyans les rommains envoyerent de rechief contre luy lucius lucullus lequel nouuellemēt combatant contre mitridates au lieu nomme argos le surmonta et vaincquit, et a la fin voulans les rommains du tout expeller et deffaire celluy mitridates et tigranes envoyerent le consul pompee lequel dernierement le combatit et vaincquit en telle sorte quil le contraignit a sen fouyr. Et quant mitridates arriua en son royaulme il beut du venin et se empoisonna luy mesmes et ne peut subitement mourir a cause de lacou-

stumance quil avoit long temps ordinairement prinse des sa ieunesse de soy donner garde et vser de remedes contre toute poison. En celluy temps pharnacus filz dudit mitridates lequel sestoit rebelle avecques le peuple a lencontre de sondit pere voyant que son pere ne pouoit par poison mourir en le tenāt assiege en vng chasteau a la fin luy envoya vng sien seruiteur nomme sithocus pour loccire. Quant celluy sithocus vit la presence du roy il eut paour, mais mitridates a qui la vie ennuyoit et qui scauoit ceste entreprinse donna hardy couraige audit sithocus, lequel sithocus incontinent occit le roy mitridates. Et ainsi mourut mitridates vray ennemy du peuple rommain ayant contre les rommains guerroye lespace de quarante six ans continuellemēt. Lesquelz rommains souuent fuyoient deuant luy, combien que apres tousiours ilz entreprindrent la guerre a lencontre de luy en laquelle il eut diuerses victoires.

❡ Du preux roy artus.

Il nest pas chose raisōnable que ie obmette et laisse en arriere le roy artus et trois augustes cesars desquelz lung fut daffrice, lautre despaigne et lautre de lotboringue. Et quant au premier il est a entendre que ledit artus fut filz du roy de bretaigne qui est a present nommee angleterre lequel artus fut en cellup temps incongneu. Car estant la royne sa mere grosse de luy et quelle enfanta le roy commanda que lenfant artus fust occis/mais merlin qui pour lors estoit de grande renommee et auoit grant auctorite enuers ledit roy fist tant par prieres quil sauua et preserua de mort cellup enfant artus et le fist secrettement mourir. Apres que cellup roy fut mort non estant la comune oppinion demoure aucun heritier masle/mais seullement vne fille nommee Morguain laquelle estoit magicienne et tresscauante en lart et science de astrologie Ceulx du royaulme assemblez en vne eglise et tous les plus grans du pays celebrans les offices solennelz auecques humbles oraisons firent prieres et requestes a Dieu quil lup pleust Demonstrer pacificquement cellup qui deuoit estre roy deuant quilz fussent constrains de venir aux armes. Leur requeste et supplication faicte incontinent deuant la porte du temple tomba vne grande pierre de lair en laquelle estoit fischee vne espee ou il y auoit en escript en lettres dor. Rex erit qui me traxerit. Cest a dire cellup sera roy q̄ de ce lieu me ostera et arrachera hors de ceste pierre. Lors en oyant le grant bruit que fist celle pierre a la cheuste to⁹ ceulx qui dedans leglise estoient sortirent hastiuement dehors et furent esbahis aussi de cellup miracle. Et eulx voyans celle pierre et espee et lisans et entendans ladicte lettre dor merueilleusement esbahis et grandement ioyeulx remercierent humblement dieu. Adonc pour mieulx proceder a lexperience de ce plusieurs nobles et autres grās personnaiges voulurent essaper a tyrer ladicte espee hors de la pierre/mais nul diceulx ne peut auoir la force ne linduſtrie de ce faire. Apres eulx vindrent dautres de moindre estat pour arracher ladicte espee entre lesquelz estoit le susdit artus lequel quant ce vint en son ranc lup seul incontinent eut lespee/car la pierre se fendit et dicelle tyra hors ladicte espee. Lors le peuple voyant manifestement ce grāt miracle sans aucune contradiction tous les assistans tant nobles que autres constituerent dung commun accord et assentement roy de Bretaigne cellup artus. Estant doncques artus esleue en ceste dignite royalle il assembla grosse armee de gens auecques lesquelz il se vengea des Saxons lesquelz auoient occupe presque tout le royaulme dangleterre. Et apres celle desconfiture et cōqueste il vainquit et suppedita ypernie/flandres/normandie/Touraine/aniou/poitou/gascongne et vne partie du royaulme de france. Pour lesquelles choses ensemble auecques ses tresdignes et singulieres vertus artus fut grandement ayme et bien receu des peuples. Et apres estant en grande puissance il ordonna la table ronde et institua les cheualiers errans parquoy il deuint en grant estime et renommee ainsi que auons par auant amplemēt escript et monstre au triumphe damour en recitant des gestes de cellup roy artus.

⁋ De seuerus empereur

E N apres doncques pour reciter et parler des trois dessusditz augustes il est a scauoir qui fut cellup affricain/et pour le congnoistre il fut deux empereurs en affricque lung nomme seuerus et lautre clodius albinus Doncques cellup Cesar seuerus fut filz dung nomme geta ne en vne cite nommee lepti lequel adolescent fut nourry en affricque Apres quil fut deuenu grant il sen alla a romme ou il fut amyablement receu de plusieurs personnaiges. Lup estāt bien instruict en lettres et deuenu grant clerc en laage de quarante et huyt ans il renonca deuant tout le peuple aux offices et dignitez de romme. Touteffois par la faueur de sothanus seuerus son parent il en obtint plusieurs. Car il fut cree questeur/et par le decret du senat enuoye en sardaigne laquelle prouince il gouuerna auecques grande iustice. Et apres ce lup retourne a romme fut fait et constitue consul et enuoye en affricque Seuerus ne obtint pas seullement celle dignite Mais apres ce exerceant loffice de preteur il regit et gouuerna toute la Sicile et pauonie et acquist par ses vertueux et haulx faictz grant bruit et grande renommee.

De renoumee   Fueillet.lxvi

Celluy seuerus mort demoura apres luy Anthoine, et ayant a luy succede helius pertinax encores cestuy six mops apres venant a mort par le fait et moyen de Julien vingtiesme empereur rommain et de claudius albinus fut faicte election de plusieurs empereurs la ou ledit iulius fut esleu du senat de romme en germanie, seuerus en orient, sestennius en sirie, et claudius albinus en gaulle.

Stans doncques les choses susdictes en ceste variete iulie chassa hors de romme sectinius seuerus parent au dessusdit seuerus et apres ce estant Julien en ytalie auecques larmee fut par lauctorite du senat occis. Et demourant a lempire rommain sectinus seuerus les rommains enuoyerent demander a loracle lequel estoit plus expedient au bien publicque. Lequel respondit que le meilleur estoit sestennius et le bon seuerus et le tresmauuais albinus. Adonc les rommains oyant ceste responce auiserent que pour le prouffit du bien publicque estoit meilleur sestennius, le second seuerus et claudius albinus du tout a expugner, parquoy le senat rommain laissa a seuerus la possession doccident pacificque. Quant seuerus eut ce il ne voulut point perdre temps ne viure en oysiuete. Car il assembla grosse armee et saillit hors de romme et alla en sirie a lencontre de sestennius la ou a la fin combatant lung auec lautre seuerus vaincquit sestennius aupres dung lieu nomme tizicus. Apres ceste victoire seuerus vaincquit les anthioques, les parthes, les Arabes, les iuifz et autres regions. Et ce fait il alla en gaulle a lencontre dudit claudius albinus. Et combatans ensemble a lyon sur le rosne ledit seuerus occit et deffist celluy claudius albinus auecques grande multitude de ses gens. Et apres ceste desconfiture seuerus victeur retourne a romme edifia en icelle plusieurs dignes edifices entre lesquelz furent les termes seueriennes a laquelle semblance il en auoit pareillement fait batir de pareilz en anthiocque. Apres toutes ces choses seuerus venu a la fin de ses iours laissa telles prouisions dhuilles qui pour lors cheres estoient que par cinq ans non pas seullement pour lusaige de romme, mais aussi de toute ytalie estoit souffisante ceste prouision. Et la sixiesme annee du regne de son empire il mourut. Pour les faitz doncques dicelluy seuerus ie lay voulu nombrer en ce triumphe.

C De theodorus empereur.

AU troisiesme lieu il fault entendre que oultre Atrapanus et adrianus desquelz auons par auant descript auoir este du pays despaigne, il ya soubz eulx produitz plusieurs cesars augustes. Cestassauoir theodorus archadius et honorius et theus qui fut filz de archadius, mais pour comprendre ensemble les gestes diceulx ie entens en ce lieu parler dudit theodorus. Doncques premier regnant gratien quarantehuptiesme empereur estant a luy plusieurs peuples rebelles tresmauuais congnoissant la vertu de theodorus il se constitua empereur dorient. Pour laquelle chose Theodorus voulant monstrer loppinion de gratien ne deffaillit point grosse et trespuissante armee et sen alla en tharse ou habitoient les gotz moult aduersaires et ennemys de lempire rommain Et adonc theodorus tellement combatit a lencontre deulx quil les vaincquit. Apres ceste victoire il mena son armee en thessalie pour se recreer et reposer ou il fut illec assailly et surprins dune grande et griefue maladie, parquoy sainct Basile euesque dicelle terre lalla voir et reuisiter et luy fist tant de remonstrances et de admonnestemens de son salut que aux sermons dicelui euesque ledit theodorus se fist baptiser, et incontinent luy baptise et fait chrestien il fut tout sain et retourna en sa sante.

EN cestui mesme temps sesmeut en Bretaigne sedition et rumeur tellement que les cheualiers esleurent empereur et roy de la prouince maximus lequel apres quil fut en telle auctorite constitue il assembla grande puissance de gens darmes et sen alla a romme et de la en gaulle. Et peu apres il print et regea a

soy toutes les armees contraires et ennemis de gracien et incontinent commenca a faire grosse et aspre guerre contre ledit gracien Et en continuant celle guerre vng des parens de maximus nomme andragatus se delibera et proposa en soy mesmes par faulsete et tromperie trouuer le moyen doccire gratianus. Et pour ce faire il faignit porter audit gratianus lettres de sa femme laquelle gracien auoit nouuellement prinse et espousee. Et apres que andragatus eut presente lesdictes lettres audit gratian contends que sadicte femme alloit par deuers luy andragatus faignit aller veoir soy et se mist dedans vng chariot richement et noblement pare et aorne. Gratianus creut a la faulse lettre contrefaicte au nom de sa femme, et au iour qui esdictes lettres estoit assigne et ordonne il saillit desarme hors de la ville pour aller a lencôtre de sa femme. Et quant il fut sur les champs côme il vit cellup susdit chariot tant bien pare il marcha au deuant. Quant andragatus qui arme & acompaigne estoit dedans le chariot apperceut pres de luy gratianus il saillit hors du dit chariot & subitemêt occit ledit gratianus

Dpres la mort de cellup gratianus incontinent le susdit maximus facillemêt desconfit & mist en fupte toute larmee de gratianus. Adonc theodorus oyant les nouuelles de ce cas fut merueilleusement desplaisant et courrouce. Et pource que gratianus nauoit que vng petit frere qui demouré estoit nôme Valentinien theodorus se delibera de prendre la charge et le gouuernement de cellup Valentinien non point autrement que sil eust este son propre filz. Par quoy des lors theodorus commenca a prester au ieune Valentinien toute faueur, conseil, support & aide. Pour laquelle chose maximus entreprint faire totallement guerre contre theodorus Theodorus adonc soy confiant au sainct sacrement de baptesme quil auoit nouuellement prins demanda a vng sainct hermite nomme Jehan quelle chose il auoit a faire pour resister a maximº Lequel hermite respondit audit theodorus quil combatist hardiement. Lors theodorus se prepara daller en armes contre ledit maximus, lequel maximus estant auecques son ost aupres daquilega et extimant que theodorus deust venir par eaue laissa et habandonna la garde des montaignes et se mist seulement a garder les fleuues et grosses riuieres. Adoncques theodorus sachant laffaire de maximus marcha auecques toute diligence par la terre dalmacie tellement quil gaigna tous les passaiges sans aucun empeschement, et en peu de têps arriua en aquilega ou estoit Maximus. Quant theodorus fut illec arriue il prepara et mist en ordre ses batailles. Et quant vint lassault des deux armees combatans et faisant cruelles batailles entre eulx miraculeusement se leua vng tresgrant vent a lencontre de Maximus et de tous ses gens et incontinent furent des cieulx flesches laschees lesquelles par telle impetuosite nauoient larmee de Maximus que tout son assault nauoit aucune vigueur, parquoy theodorus obtint la victoire totalle et occit en la bataille ledit Maximus. Quant andragatus parent de maximus et meurtrier dudit gratianus sceut celle desconfiture et occision de maximus luy de desespoir prins et esmeu se noya.

ℂ Du preux roy charlemaigne

AD quatriesme lieu sont plusieurs oppinions du lothoringue Cesar. Car aucuns veullent dire cellup auoir este vng nomme Arnolphus, aucuns autres federacus barbarosse et plusieurs autres dient othus. Touteffois toutes diuerses oppinions obmises ientens de charlemaigne filz de pepin roy de france. Doncques pour ample intelligence et congnoissance de ce il est a scauoir que pour lors regnant Gratianus a lempire plusieurs peuples et diuerses nations se rebellerent contre les rommains et se deliberent par eulx mesmes tenir et gouuerner leurs royaulmes entre lesquelz furent les hunnes, lesquelz esleurent Balambar pour leur roy Les ostrogotz esleurent vng

De renommee fueillet. lxvii

nomme Vincar/et les Visgotz prindrent a
thalaricus/& les Vandales esleurent modi
gisilus/et les bretons britaneus pere du
susdit maximus/et ceulx de france esleurêt
vng nomme priamus. Cestuy Priamus
doncques combatant contre gracianus fut
de luy vaincu & occis a la bataille. Lors les
francois voyans telle desconfiture esleu
rent trois ducz. Cest assauoir marcus mi
ro/senon et genebaudus. Et apres la mort
dudit marcus miro les francois esleurent
vng roy nomme faramondus duquel nas
quit vng claudius qui fist guerre a ceulx de
lorraine et print et occupa toute la prouince
laquelle il preposoit et estimoit estre le chief
de tout son royaulme/& auecques ce grans
dement la fortiffia et accreut de toutes cho
ses bellicqueuses.

Ddit claudius doncques nas
quit vng nomme meroneus/ et
de meroneus childericus/de chil
dericus clodoneº/ de clodoneus
clotarius/de clotarius chilbericus/de chil
bericus nasquit vne fille nommee vtildis
laquelle fut femme dung nôme aubertus
et luy donna en mariage son pere le royaul

me de lorraine duquel ausbertus nasquit apres regnault e de regnault arnulphus, De arnulphus ansegises et pepin, et De pepin charles martel, de charles martel pepin e de pepin charlemaigne. Par quop il est manifeste q charlemaigne par antique naissance fut lorrain. Neantmoins il est bien brap q lorraine a change de nom ainsi que bretaigne et plusieurs autres prouinces. Pepin doncques apant este fait et constitue rop de france mourut et apres lup succeda charles lequel eut la guerre contre les saxonnops lesqlz il baincquit e apres il suppedita toute la prouince dacquitaine, et apres plusieurs batailles il contraignit a mort les ducz et gouuerneurs dicelle.

N cellup temps estant e regnãt Adrian pape de romme se bopãt grandement oppresse de desiderius rop des lombars enuopa demander secours audit charles le grãt ou autrement dit charlemaigne lequl estant tresbon e lopal chrestien soubdainement alla en ptalie et par force darmes et de batailles baincquit et dechassa desiderius et archase duc de boniuent. Lors pendant le temps q charlemaigne estoit en ptalie de rechief les saxons se rebellerent contre lup. Pour laquelle chose il partit dptalie e incontinent quil fut retourne en france il alla auec nouuelle armee a lencontre diceulx saxons lesquelz tellement par bataille il oppressa que a la fin il les baincquit et les fit retourner chrestiẽs. Durant toutes ces choses adelgisus filz dudit desiderius qui sen estoit fup retourna de grece e auecques le secours des grecz e dautres peuples circonuoisins fist grosses guerres a leglise et aux terres par charlemaigne conquises. Quãt charlemaigne fut de ce aduerty il retourna en grande diligence en ptalie e combatit si vertueusement ql baincquit cellup adelgisus. Ceste disposition durant il bint en bision a constantin lequel dominoit imperateur en constantinoble quil se bnist et print alliance auec charlemaigne rop des francois et que eulx deux ensemble ilz allassent a la conqueste de la terre saincte. Laquelle reuelation constantin manda e fist assauoir par

ses legatz audit charlemaigne. Lors icellup charlemaigne gracieusement receut lentre prinse et incontinent fist tous ses preparatifz tant de gens, de harnois que dautres choses necessaires aux armes, et ce fait partit honnorablement et puissantement acompaigne, et lup arriue en constantinoble lemperur constantin tresamyablemẽt le receut en grant honneur et reuerence. Et apres ce pour mettre a execution leur entreprinse ilz passerent oultre la mer et incontinent prindrent et occuperent la region de sprie et iherusalem et conquirent toute la terre saincte. Apres toutes ces glorieuses et dignes victoires charlemaigne sen retourna e emporta auecques lup plusieurs sainctes e belles reliques lesquelles on peult encores de present veoir en la cite de paris.

N cellui mesme temps que charlemaigne sen retournoit auecqs grãt e tresnoble triumphe pour la cõqueste de la terre saincte les rõmains se rebellerẽt e destournerent de la foy chrestiẽne e chasserent hors de rõme pape leon lequel estoit successeur dudit adrian par quop il enuopa a charlemaigne le requerir et demander secours. Quant charlemaigne qui couuoiteux estoit de satisfaire a leglise screut les nouuelles sans autre dilation de rechief retourna en ptalie et a force darmes remist ledit pape leon en son siege auecques grant et honnorable triumphe. Par quop pape leon le sacra empereur e lui donna la dignite de lempire occidentale par le merite de ses dignes oeuures. Charles doncques apant receu lempire en memoire perpetuelle de ce il fist ediffier florence laql le auoit este destruicte par les gothz desfoubz totilia e apres ce retourna charles en france, puis incontinent sen alla en bongrie contre les hunnes desquelz il eut glorieuse victoire. Ce fait il marcha plus oultre et baincquit la terre et region illirique, et toute lisle dangleterre se donna par appointement et se soubmist dessouz son regne.

N cellup temps charles eut vng peu de repos des guerres deurope mais ce pendant quil se reposoit en

paix le roy Argoland sesmeut et vint en es
paigne auec moult grosse armee. Quant
charles le sceut il alla diligemment a len
contre et tellement ensemble combatirent q̃
apres dures & aspres batailles a la fin char
lemaigne fut victorieux et vaincquit ledit
roy Argoland. Siguisbertus racompte q̃
en ceste expedition et guerre estoient les ducz
et parens de Charlemaigne lesquelz sont
du peuple appellez palladins ou pers de
france et que auecques luy furent aussi ro
land filz milon dangler conte du maine et
seigneur de Blaiue/oliuier conte de gilene/
status conte de ligonois/arastanus duc
de Bretaigne/angler duc dacquitaine/garfe
rus roy de Bourdelops/galerus/galneus/
salomon/gondebodus roy de phrigie/naa
mon duc de Bauiere/oger duc de dacie et sei
gneur de dannemarche/lambert duc de bi
turie/sanson duc de Bourgongne/constan
tin prefect des rommains/regnault de al
banie/gaultier de termis/ginelinus duc
de lorraine/berrard de mibilis et Gau
uain de maxence.

Apres ceste glorieuse victoire
Charles vaincquit igoland
prince de nauarre et prinst en es
paigne trois citez C'est assa
uoir augusta/pampelune & lu
cerna. Pareillement en cellup
temps vint de turquie ung grant turc tres
fort & merueilleusement fier en forme dung
geant lequel arriua en espaigne en la cite de
magera/le nom duquel estoit Ferragus.
Lors charlemaigne alla a lencontre de luy
lequel geant eut singuliere bataille en laq̃l
le il prinst tous les barons de charles excep
te roland lequel a la fin combatant contre
luy vaincquit & occit cellup geant ferragus
leq̃l pour ses naureures et sentant les dou
leurs et assaulx de la mort crya fort et haul
tement. Pour lequel cry les sarrasins vin
drent pour le cuyder secourir. Ce q̃ voyans
les gens de charles entrerent en la batail
le tellement que les sarrasins fuyans & les
francois les fuyans iusques a la ville en
trerent tous ensemble dedans ladicte cite
de magera laquelle les francois prindrent
et recouurerent trestous les princes et ba

rons que ferragus auoit parauant prins/
lesquelz estoient en ceste cite de magera du
rement et estroictement emprisonnez. Ces
te victoire et conqueste obtenue charlemai
gne auecques toute son armee et puissante
compaignie dessusdicte alla contre le roy de
sibile et contre le grant roy de cordube les
quelz briefuement il vaincquit & desconfit.
Et apres que il eut prins et redige toutes
les espaignes soubz sa puissance il laissa en
cellup pays Roland auecques bien peu de
gens pour gouuerner et garder ladicte pro
uince/et aussi pour solliciter les espaignolz
de prendre et receuoir le sainct baptesme et
la loy chrestienne. Mais Ganes qui des
moura estoit auecques Roland corrompu
de auarice machina une trahyson tellement
que roland & les chrestiens furent occis des
sarrasins. Apres toutes ces glorieuses
oeuures et autres indicibles Charlemai
gne prins d'une fieure mourut lequel fut
moult de tous regrette.

C De godeffroy de Buillon.

Apres les troys augustes
dessusditz ie vy proceder
seul le bon duc nomme go
deffroy lequel fit la sain
cte entreprinse & le iuste al
ler auec les pas de salut.
Donc pour entendre & cognoistre les faitz
dicelluy godeffroy il est assauoir q̃ regnant
urbain second a la papalite & henry quatries
me a lempire de romme en lan de nostre sei
gneur mil quatre vingtz et treize belzetus
roy de turquie vint en grece et mist la plus
grant partie de la prouince a feu et a sang et
a totalle ruyne et destruction & occit la plus
grant part des chrestiens qui habitoient &
conuersoient audit pays et marches denui
ron. Pour laquelle chose les seigneurs de
la terre occidentalle esmeuz & indignez firẽt
et assemblerent merueilleuse quãtite & puis
sance de gens darmes & apres que ilz furẽt
inuitez et admonnestez par ung sainct hom
me nomme pierre lhermite qui estoit moult
ayme de dieu. Les susditz seigneurs entres
prindrent entre eulx tous & delibererent fai
re & ouurir les passages et aller conquester

la terre saincte. Et a ce faire ilz esmeurent et prouocquerent auec eulx en ceste saincte entreprinse baomondus roy de pulfie auec les deux freres tancredes & theoloftas qui estoient enfans de guiscardus/goffredus et ses freres. Baudoupn Duc de loiraine/ anselmus de monte & ung autre Baudoupn conte de mons/robert conte de flandres/ estienne conte de blessant/hugues conte de Vermendense frere charnel du roy philippes de france/robert duc de normandie frere du roy dangleterre/raymond de sainct gilles et plusieurs autres seigneurs.

 Dant donc ceste noble armee fut assemblee tous ensemble par union esleurent pour leur duc et principal cappitaine, chief et ducteur le noble Godeffroy lequel print celle charge & premierement du premier sault conduisit larmee en grece la ou court le fleue nomme farsar auquel lieu les turcz faisoient maintes courses et dures escarmouches. Adonc godeffroy venant en bataille auecques son armee tellement combatit quil vaincquit iceulx turcz & fit grande occision diceulx. Et de la il alla en Romanie ou il combatit encores contre les turcz Le premier iour de Juillet mil quatre vingtz et dixhupt la ou pareillement il en occit une grande quantite. Apres que godeffroy eut ces deux victoires il alla auecques larmee en syrie ou il print plusieurs citez entre lesquelles furent Marra et Barra et en guerroyant larmee des chrestiens souffrit tresgrandes famines & eurent grant faulte de viures tellement que les chrestiens furent contraincts a manger les corps des sarrasins. Les chrestiens aps vaincquirent ung fort chasteau au plus pres de Jherusalem nomme Archas ou il y eut de cruelles batailles esquelles moururent & furent occis beaucoup de chrestiens. Apres laquelle victoire par godeffroy obtenue les chrestiens furent assaillis dune grande multitude de ceulx des parthes, mais les chrestiens furent superieurs et vaincquirent iceulx parthes et les dechasserent iusques en la ville nommee ascalon laquelle pareillement les chrestiens prindrent par force darmes.

Celle victoire obtenue godeffroy en sen retournant auecques son armee victorieuse assaillit et expugna la ville et cite de iherusalem par force/auquel assault furent occis plusieurs sarrazins et a la fin les chrestiens prindrent celle ville de iherusalem.

 Dat godeffroy auec son armee des chrestiens fut en iherusalem victeur tous les chrestiens ensemble prindrent conseil leql dentre eulx,mesmement des princes demoureroit et domineroit seigneur & roy de iherusalem. Dont a la fin dung commun accord ilz esleurent ledit godeffroy roy et seigneur de toute la terre saincte. Et les princes chrestiens luy voulans mettre la couronne godeffroy auec belles parolles refusa de la main desditz princes celle couronne non la voulant porter et leur dist telles parolles. Nunq profecto & ego in ea urbe aurea feram in qua christus rex mundi atq celoru & ipse spinea portauit corona. Cest a dire, certainement iamais en celle mesme cite en laquelle iesuchrist roy de tout le monde & des cieulx a souffert et porte la couronne despines ne porteray couronne dor triumphante & royalle. Quant doncques godeffroy fut demoure roy & seigneur de iherusalem & de toute la terre saincte il fist faire plusieurs edifices dignes et notables entre lesquelz fut le tres digne habitacle du mont de syon auquel est auiourdhuy le precieux et sainct sepulchre Jesuchrist.

Reprehension aux chrestiens.

 N continuant doncques les successeurs dudit godeffroy ie suis contraint me complaindre des princes chrestiens et leur faire une iuste et digne reprehension ensemble a tous chrestiens en disant. O gent ingrate, mescongnoissante et trop orgueilleuse. O miserables chrestiens de nom seullement et non point deffect. Or allez vous bien en consumant & destruisant lung lautre et espandant inhumainement le sang chrestien pour vostre seul prouffit particulier et ne vous chault et nauez aucun soing q le sainct sepulchre de vostre dieu et souuerain roy iesuchrist est occupe & detenu entre les mains

des cruelz chiens sarrasins lesquelz en mesprisant les dignes lieux font des temples et lieux sacrez estables a leurs cheuaulx.

¶ Des souldans Bongodar et maletksaick.

Apres toutes les choses dessusdictes ie me trouuay pres de la fin du chap pre allegue, et la mar restay affin que ie peusse veoir les dignes hommes esleuz de renommee. Mais apres godeffroy si ie ne suis abuse en mon iugement ie ne vy aucun qui saillist en si haulte renommee comme luy. Et si aucuns y estoient ilz estoient bien cleres. Neantmoins dautre part en ensuyuant selon les hommes dignes procedans les vngs aps les autres es derniers lieux vers la fin des hommes tresfameux ie vy vng puissant sarrasin lequel fist aux chrestiens assez de honte et vng tresgrief dommaige. Donc pour amplement entendre les paroolles proposees dudit sarrasin il est assauoir que en lan de Jesuchrist mil deux cens apans les chrestiens totaillement perdu lempire de la terre orientale. Le treschrestien roy de france et la seigneurie de Venise ensemble delibererent et entreprindrent daller oultre la mer contre les ennemys de la foy chrestienne. Et pource en premiere instance allerent en constatinoble laquelle ilz prindrent, et fut dicelle constitue empereur icelluy roy de france. Et apres sa mort fut esleu vng nomme blandonyn apres lequel regna Arigius son frere iusques en lan mil.CC.lxviii. Auquel temps michel paleologus auec laide des geneuois recouura lempire dorient. Pour la conqueste sensuyuit vne tresgrande faueur et aide aux chrestiens lesquelz habitoient es dictes parties dorient. Lors en celluy mesmes temps estoit en Babiloine le prince souldan nomme Bongodar lequel sceut la prinse de constatinoble et deffaicte de paleologus, parquoy il se delibera de faire la guerre aux chrestiens. Et pource a toute grosse puissance sen vint en sirie ou il fist vne tresgrande effusion de sang des chrestiens, et apres il sen alla en Armenye et print cecste prouince et non point sans plusieurs et sanglantes batailles.

Mais ce pendant que il estoit en ceste partie et expedition les siries se rebellerent. La ou en sen retournant a lencontre deulx il print la cite danthioche. Et apres en allant par la prouince contre les assiries vng iour fut mortellement naure en vne bataille et porte a damas ou il mourut. Apres sa mort succeda lautre souldam nomme maletksaick lequel en ensuyuant lentreprinse de son predecesseur fist si grande occision des chrestiens quil constraignit le demourant diceulx fuyr hors de Jherusalem et de syrie et toutes celles terres laisser en sa puissance. Par quoy cestuy fist grant dommaige et honte aux chrestiens tant pour loccision quil fist diceulx que pour la contraincte de eulx enfuyr.

¶ Du souldam saladin.

Apres celluy sarrasin assez de loing le supuoit salladin, et apres luy le duc de lenclastre lequel es prochains temps si auoit este dommageable voisin au royaulme de france. Doncques pour auoir notice de ce il est a entendre que ledit salladin fut souldam de Babiloine lequel lan mil cent quatre vingtz et sept vint en Judee et mist le siege a la cite de thiberie. Laquelle chose sachant guy roy de Jherusalem qui en celluy temps regnoit assembla tout le peuple et clercs et laiz Et alla a lencontre de Salladin tellement que ledit salladin fut contrainct de habandonner le siege et gaigner quelque fort. Adoncques luy estant en ceste sorte les chrestiens saduiserent. Car vne partie dentre eulx voulut aller sur aucunes montaignes. Et ce fist le conte de tropelitam lequel eut reproche dauoir trompe les chrestiens. Et lautre partie des chrestiens alla tout droit a lestandart ou estoit Salladin. Pour laquelle chose il aduint que les deux parties estoient moult foibles. Tellement que pour le tresgrant combat et a cause que les chrestiens sestoient separez et mys en deux bandes ilz furent deffaictz et cruellement occis la plus grant partie, et fut prins le ministre du temple auec les plus gens de bien de Jherusalem lesquelz salladin fist cruellement mourir, excepte le roy et le grant mai stre du temple lesquelz il reserua pour la gloire de son triumphe. Pour laquelle chose Iherusalem et plusieurs autres citez circonuoisines sans nulle resistance se rendirent audit Salladin. Oultre lexercice des armes il fut homme tresiuste et liberal et grant obseruateur de sa promesse, lequel apres quil fut rentre en Iherusalem il donna liberallement conge a tous les clercs et a tous les poures lesquelz ne pouoient payer tribut. Auecques ce estás plusieurs cheualiers naurez ledit Salladin les fist a ses propres cousts nourrir et guerir, pour lesquelles vertus il fut grandement craint et ayme.

¶ Du duc de lenclastre.

L fault en apres entendre q̃ lenclastre est vne prouince entre arragon et france en laquelle estoit regnant vng duc leq̃l auecques layde du roy edouart dangleterre feist par long temps dure et trescruelle guerre a phi lippe roy de france et a iehan son filz en telle sorte que vng iour les vngs contre les aultres combatans ledit philippe fut en la bataille prins auec sondit filz iehan, le nom duquel duc ne nous est autrement manifeste ne congneu fors que en generalite, cest assa uoir le duc de lenclastre tresfameux.

¶ Du roy robert de sicille.

Pres la veue diceulx dessus nommez ie regardoye en facon et ressemblance dung hõme qui sesliue affin q̃l puisse regarder par dessus les autres sil supuoit plus dhõmes fameux en armes et en celle mesme maniere que deuant regardant tresaffectueusement ca et la Ie apperceuz deux illustres et nobles hommes lesquelz se partirẽt de prochain de ce pays mortel et ceste noble vie mondaine, desquelz lung estoit le bon roy sicilien lequel entendit moult haultement et veit de loing tant que certainement il fut vng argus, et lautre estoit le grant colonnops lequel fut magnanime, large, constant et seur en chascune operation.

Iay ramene a memoire ces deux dont ie fais mention pource quilz me furẽt deux singuliers bienfaicteurs. Le premier desquelz fut le roy robert du nom et tiltre de Sicille auquel iay attribue telle et aussi grande dignite que a homme se puisse attribuer. Car pource que ie dys quil entendit haultement, en ce ie veulx noter et monstrer son excellence touchant son entendement speculatif. Au regard quil veit de loing et quil fut vng argus en ce ie tens comprendre le fait de sa prudence touchant lentendement practicien parquoy par ces deux choses ie puis clerement monstrer lexperience des excellences estre audit roy de bien posseder son royaulme pacifficquement. Touchant Argus prealleque il est assez notoire quil fut vng pasteur lequel auoit cent yeulx lung ou lautre tousiours vigillans Ainsi quil appert en Ouide en son premier liure de Methamorphoze en la fable de Jupiter et de la belle yo fille du roy ymacus, par lesquelz yeulx dudit argus se doiuent entendre les hommes prudens.

¶ De estienne colonnois.

Autre qui estoit le colonnois il est a scauoir quilz furent plusieurs hommes nobles et illustres colonnois, cõme hostiaire, estienne, iehan le cardinal, mathieu palmier florentin homme tresdoct et de ce temps encores viuant. Mais de tous ceulx cy ien tens seullement dudit estienne colonnoys lequel vesquit long temps a romme moult honnorablement, lexcellence et dignite duquel est assez manifeste et apparante. Par quoy veues et congneues les grandes et excellentes vertus de ces deux roys robert de sicille et Estienne colonnoys il ma este bien raisonnable et expedient de les nomhrer et mectre en ordre en ce noble et digne triumphe de renommee comme de ceulx lesquelz par leurs oeuures vertueuses et celebrables faictz sont en bruyt et glorieux renom rememorez entre les viuans et perpetuellement le seront.

De renommee fueillet. lxx

¶ Sensuyt la derniere partie du quatriesme des triumphes de poethe messire franscisque petrarche qui est du triumphe de renommee.

¶ Le poethe.

Chose conuenable et decente aux hommes et couraiges gētilz est de prendre plaisir et exemple en la vertu laquelle on voit reluyre et apparoir en quelque part et en aucun personnaige retourner pour ladresser et appliquer a lexecution de soy mesmes et se cōfermer en ce digne spectacle paissant le couraige de tresdelicieux et doulx fruictz. Car chascune chose desirant son estre parfait feroit a toutes heures contraire operation quāt on losteroit de plus digne obgect pour ladonner a la cure et entendement de quelque chose de moindre excellence. En laquelle disposition apres que iay contemplé les haultz faitz vertueux de tant si nobles et excellens hommes non egaulx a la glorieuse militaire discipline lesquelz estoient montez et colloquez a renommee diuturne. A ceste cause en ce subsequent chappitre ie ne ayant plus icelle veue neāhtmoins en icelle mesme eleuation et contemplation ce pendant que ie me ioignoye a raison ie ne me aslienay nullement de ce presēt triumphe de renommee, mais me appliquay a vne autre discretion et qualite moyennāt laquelle les hommes seslieuent en bruit et en grande renommee et souuerain honneur laquelle est cognition litterale et exercice de lestude en acquerant les sciences lesquelles par vniuersel subiect ientens en ce present chapitre traicter en plus especialle consideration.

¶ Cestassauoir selon que aux hommes se attribue glorieux los et renommee moyennant les lettres et estudes, mais en ce lieu se peult trouuer vne digne dubitation. Cestassauoir pour quelle cause et raisōs ie demonstre et me semble attribuer plus grāde gloire et renommee a lexercite des armes que a celluy des lettres cōme il soit ainsi que plusieurs raisons sont euidentes au contraire

D iiii

te desquelles nous muans la silogisticque forme des dialeticiens en reciterons aucunes des plus apparentes. La premiere desquelles sera que quelque chose en soy tenāt plus grande parfection a icelle se doit attribuer plus grāt louenge, et les sciences sont plus parfaictes que lart militaire. Doncques ilz meritent plus grande lonenge. La premiere partie de mon argument est manifeste et tresample, et la seconde se preuue clerement. Comme il soit ainsi q̄ les biens de lame sōt entre les autres tresparfais, plus nobles et souuerains. Doncques en acquiescant a iceulx par lexercite des lettres et estude Il semble que ie dois conceder a icelluy estude appartenir plus de louenge et de glorieuse renommee que a quelsconques autre operacion. La seconde raison est que aucune chose contenue en plus de parties soubz la puissance de fortune merite plus de gloire que les dignes habitz totallement de fortune alienez, mais la militie en plus de parties consiste au mistere z faueur de fortune z les habitz scientificques sont seurs de la fortune. Doncques lart militaire en renommee ne peult ne doit exceder les ioyeuses sciences. La premiere partie de nostre argument est tresclere, mesmement par la science du philosophe au liure de bonne fortune ou il dit et demonstre estre moindre entendement et de dignite en la chose ou plus domine fortune. Lautre et seconde partie est clerement escripte par cicero en son liure de oratione en alleguant pour exēple capus pompeius, lucain, cesar, lucius florus, quintius quartius, suetonius transquilo la ou par ceste raison non pas seullement ce conclut lart militaire non exceder les lettres, mais doit cestuy art belliqueux donner lieu a science en louenge et renommee. La tierce raison est nulle chose laquelle repugne a la nature de lhomme z a son inclinacyon vniuerselle ne peult estre plus digne que celle par laquelle lhomme naturellement se conduyt a la fin a laquelle il est ordonne. Mais lart militaire repugne a la nature de lhomme, et les lettres le conduysent a sa derniere felicite laquelle est la contēplacion des abstraictes substāces. Dōc militie ne merite aucunement plus grande louenge de renommee que les lettres scientificques. Encores la premiere partie de nostre argument est treseuidente et la seconde se prouue. Car estant lart militaire disgregatiue et separation de lhumaine compaignie et naturelle beniuolence a laquelle lhomme est naturellement incline, cōme il est dit au premier des politicques et au premier et huptiesme des ethicques, la ou les estudes sont efficientes raisons de la conduicte de lhomme et demonstrance de toutes choses moyennant la digne mere admirable philosophie comme demonstre tulles au cinquiesme des tusculanes. Il semble doncques que sās nulle doubte que la science et les lettres doiuent preceder en renommee lart militaire. La quatriesme et derniere raison est que dautant que toute qualite est plus digne dautant elle engendre plus digne effect. Et la science engendre lestat tresparfait qui est felicite, et les armes seullement la domination temporelle. Doncques il fault dire que science excede lart militaire. La premiere partie de cestuy nostre argument est clere par soy mesmes et la seconde declaire aristoteles au dixiesme des ethicques, et cicero en son liure de amicitia la ou il dit que la science precede a la militie et conclud en plusieurs autres passaiges et endroitz que lexercice de sciēce precede et se monstre entre toutes choses plus digne et celebrable que lempire des armes. Cicero recite ces susdictes choses au premier des tusculanes quant il dit que philosophie nest autre chose que vray don et vne inuention des dieux et nulle autre chose en ce mōde cy ne peult estre plus doulce que loccupation litteralle. Aristote aussi in primo de anima et Boece disent les sciences estre du nombre des bien heureux, et tulles de officiis se confourme a leur sentence et oppinion. Pour lesquelles raisons il semble que ie aye cōmis erreur de auoir prepose et deuant mys les hommes darmes aux scientificques. Neātmoins si iay propose aucuns argumens pour la matiere doubteuse nous declairerons amplement la vertu du cas combien que soyons trop obligez aux philosophes, et dirons veritablement que les armes doiuent estre superieures aux lettres et science en renommee. Pour laquelle conclusion prouuer premierement par vne seulle raison nous monstrerons la verite de ce. Et apres nous respondrons a la raison contraire. En premier lieu alleguons et mettons en auant ceste raison naturelle que vng bien publicque est beaucoup plus digne de honneur et de louenge que le bien priue et particulier. La discipline et oeuure militaire est pour le bien publicque et vniuersel et les sciences et estudes sont seullement pour le bien particulier. Doncques la discipline militaire est moult plus digne de louenge et de renommee que autre art ou science priuee et particuliere. La premiere raison de nostre question declaire Aristote au premier des ethicques la ou en comparant le bien publicque au priue dit et afferme ces parolles Amabile quidem bonu et vnisoli pulcrius tamen et diuinius genti ciuitatibusqz. C'est a dire Certainemet le bien en vng seul lieu particulier est vne chose tresdoulce et ampable, touteffois le bien de la gent et peuple commun et des citez publicques est beaucoup plus beau et diuin. Cicero afferme et approuue ceste sentence en son premier liure des offices, mais la seconde partie afferme ledit tulles au mesme liure preallegue ou il monstre cleremet la fin de lexcercice des armes quant il dit. Suscipienda quidem bella sunt, Vt sine iniuria populus in pace viuatur. C'est a dire Veritablement il est de cent et vtille de prendre et soustenir guerres et batailles affin que sans iniure et moleste le peuple et la gent commune viue et demeure en paix et seurete. Laquelle dignite et excellence des armes amplement demonstre titus liuius en fait et en experience quant il escript au septiesme de son liure ab vrbe condita de celle ouuerture qui en la terre se apparut au meillieu de romme laquelle pour se clorre(selon loppinion et rapport des oracles et diuinateurs)demandoit la plus souueraine chose que eust le peuple romain, laquelle chose curtius interpretant estre les hommes et les armes luy triumphaimmet et moult richement arme sur vng cheual se getta dedans ladicte fosse et ouuerture laquelle incontinent fut close et estoupee. Ceste raison se continue et conforme pareilles

ment que celle chose doit preceder en renommee qui plus grandement attrait les hommes a plus de parlemens et langaiges, non obstant que autre chose est de la renommee que les vertus attribuet aux hommes des oeuures precedees par laquelle chose non se puissant en lexcercice des armes y besongner hors des peulx de la congnoissace commune, ainsi que les estudes ausquelles il semble que telle communite soit plus tost a grant empeschement que a soulaigement. A ceste cause les hommes se tyrent et arrestent plus a parler du fait de la guerre que des sciences. Pour laquelle chose non immeritement aristote au second de la politicque denombre les hommes speculatifs entre les parties essentialles du bien publicq que la ou il afferme les cheualiers estre la tierce partie Et platon seullement diuisoit la chose publicque en deux parties, cest a scauoir aux iuges et aux gensdarmes. Pour laquelle chose le texte ciuil de iusticia et iure conforme bien a ceste oppinion en mettant deuant les armes disant. Imperatoriem maiestatem non solum armis decoratem verum etiam legibus opportet esse armatam Vt vtruqz tempus et bellorum et pacis recte possit gubernari. C'est a dire Il est de besoing et fault que la maieste et domination imperiale non seullement soit darmes et de cheualiers decoree et aornee, mais aussi luy est de necessite destre de loix et de bonnes ordonnances armee et fortiffiee affin que en lung et lautre temps tant de guerre que de paix puisse estre droictement et seurement gouuernee et administree. Doncques il est a conclure auec aristoteles au premier de sa politicque ainsi que les armees sont estre lhomme iniuste, cruel et vituperable, ainsi pareillement vertus et sciece font lhomme digne et glorieux et plus excellent que vng autre. Mais maintenant pour respondre a ces raisons contraires seullement est necessaire faire vng presuppos lequel est que la politicque felicite consiste en operation de la prudence ainsi que le mostre aristote au premier des ethicques quant il dit la felicite estre operation de la tresbonne et souueraine vertu laquelle est prudence elle estant auecques raison moyenne de toutes les choses agilles ⁊ ausquelles toutes les autres vertus se conioignent. Laquelle sentence et opinion est encores par egidius declairee amplement a la premiere partie de regimine principum au douziesme chapitre auquel il se conioinct que la militie ou gendarmerie par laquelle aux hommes se doit attribuer renommee soit cõsideree en son estre parfait ainsi que la parfection de lettres ausquelles doit estre attribuee droicte voulente, car quant la voulente seroit depravee et non entẽtive, mais opseuse et desdaignãte ne parmy les armes, ne semblablemẽt parmy les lettres ne se pourroit donner a lhomme aucune louenge ne honnorable renommee ainsi que de present ie presupose en cestuy triumphe de renommee. ¶ Selon doncques ce fondement on peult respondre a la premiere raison que non pas seullement les habitz scientificques se doivent appeller les biens de lame, mais aussi les vertus morales comme il est amplemẽt contenu au premier des ethicques. Entre lesquelles vertus prudence est la premiere laquelle est divisee et contenue en prudence particuliere et militaire. A ceste cause celle militaire discipline ainsi conduite et gouvernee par prudence se contient entre les biens du couraige, a ceste cause est egalle aux sciẽces et lettres, mais apres les excede. Car icelles sciences sont seullement au bien particulier et la militie est au bien universel lequel est de beaucoup plus digne et recõmandable que le bien particulier. Pareillement lart de militie excede extentivement en dignite les sciences speculatives. Car cestuy art militaire de necessite embrasse les biẽs du corps et ceulx de fortune et de toutes les vertus morales lesquelles sont ordonnees et concurrent pour adresser toutes operations corporelles ainsi que le monstre tulles au premier du livre des offices. En oultre ce plusieurs observations ledit tulles descript estre necessaires aux vertueuses batailles qui est lart militaire. A la seconde raison touchant la prudence militaire ie dis que seullement la saillie et fin du fait de la bataille est en la puissance de fortune. Car estãt la chose particuliere comme les hommes combatãs et le bien universel pour lequel on combat en

dangier de mille cas fortuitz qui y peuent advenir et plusieurs dispositions singulieres incongneues a lhumain entendement, a ceste cause icelle fin et saillie de bataille gist au mistere et tour de fortune.

E ceste susdicte fin ⁊ saillie doubteuse et fortune de bataille et discipline militaire en avez par cy devant assez de clers exemples comment et en quelle sorte fortune volubile et tres variable se y gouverne. Comme premierement il appert de marc marcel qui fut superieur de hannibal, toutesfois apres il fut des affricains vaincu ⁊ occis. Pareillement Brutus et Cassius combatãs contre octovie et anthoine furent du commencement superieurs et vaincqueurs desditz octovie et anthoine, et seullement par fortune a la fin des batailles furẽt Brutus et Cassius totallement vaincuz et destruictz. Cesar a dirasius fut aussi vaincu de pompee et mys en telle perplexite et oppression que luy soy estant retire en espaigne avoit desia pense en soy mesmes de se occire, mais pompee par sa trop grande benignite et clemence saulva cestuy cesar de ce dangier en laissant la poursuite de sa victoire. Et toutesfois a la fin cesar vaincquit et dechassa pompee et le mist a totalle destruction et fuyte. On pourroit a ce propos plusieurs exemples ramener a memoire comme de pirrus, de darius et de plusieurs autres lesquelz de present pour eviter prolixite nous laisserõs. Doncques raisonnablement a conclure que la prudence militaire surmonte fortune usant de diligence en bataille a seurement et saigement se loger, et a bien ordonner les batailles et garder bon ordre en combatant les ennemys a ce que nulle chose puisse entrevenir contre lintention du cappitaine ou ducteur de larmee. A cicero nous respondons que la bonne fortune est universel hamesson et apast aux choses particulieres, mais selon son estre la science et prudence y obvie et remedie. Et si aucun disoit en ce mesme malheur de fortune aucunesfois procreer les sciences Archimedinus, Jchilo, philemon et Eurepide souffisent plainement a lexemple et efficace preuve de nostre propos desquelz par fortune chascun deulx mourut seullement par lexercice des sciences et estudes.

La troisiesme raison nous disons que la iuste et raisonnable guerre ne diminue point lhumaine beniuolence Mais est seullement instituee pour loppugnation de liniure et pour deffendre les extremes assaulx et ce qui se possede en paix, laquelle chose clerement est facille a entendre par la domination des cheualiers faicte de platon lequel les appelle propugnateurs de guerre. Doncques manifestement appert que les armes et lart militaire sont seullement instituez et ordonnez pour la deffence et soustenement du droit, laquelle deffence est de droit naturel selon que dit tulles et plusieurs autres acteurs. Car celle deffence iuste se oblige tant pour le pays que licitement rompt lamour filiale et beniuolence paternelle tant que on en tue lung lautre seullement pour la fin de saulver le bien publicque. Et iustement telle deffence est digne de premiation et loer ainsi que dit le texte en la loy. Minime. ff. de religiosibus sumptibus funerum. Et cicero a ce respōd non moins la prudence militaire estre contenue dessoubz celle philosophie de laquelle parle des sciences speculatiues. Car il dit icelles auoir este inuentiues des loix qui sont le bien des citez, la ou dit Cicero in oratione pour aulius cluentius albinus parlant des loix. Hoc enim vinculum est huius Dignitatis qua fruitur in republica: hoc fundamentum libertatis hoc fons est equitatis. Corpora nostra sine mente: sic ciuitas sine lege: suis membris et partibus vti non posset. Cest a dire Certes ce ferme lien de loix est de ceste dignite iuditialle de laquelle nous vsons en la chose publicque a la conseruation du bien commun Cestuy sen est vray fundement de liberte Ce mesmes sen est fontaine dequite. Ainsi que nostre corps sans entendement et pensee ne peult vser de ses membres, aussi vne cite sans loix et ordonnances ne peult vser de ses parties et membres, cestassauoir des citoyens et commun populaire. Aristoteles

a ce propos se conforme quant il dit es politiques. Obi leges non preualent non est res publicqua. Cest a dire Au lieu et cite en laquelle les loix et statuz nont aucune valeur nya point de chose publicque ne de bien commun, car en corrompant les loix chascun tend au bien particulier. A ceste cause affin que celles loix et ordonnances ayent seure et entiere valeur et quelles soient obseruees et gardees lart militaire et les armes sont constituees et establies pour les deffēdre et entretenir en leur entier, comme exprime le texte en la loy deuxiesme. ff. de origine iuris, au chapitre. Paruū est enim ius in ciuitate nisi sunt qui iura regere possunt. Cest a dire Le droit et la loy est de bien petite valeur en vne cite sil nya gens doctz et vertueux qui ayēt lauctorite et puissance de bien administrer et gouuerner les droitz et preeminence de celle cite. Cicero aussi escript en vne sienne oraison comme sil confermoit ceste dicte loy en disant. Ministri regum magistratus sunt. Cest a dire En vne cite et prouince les magistratz, cest a scauoir les iuges et autres officiers de iustice sont cōmis ministres et entreteneurs des loix et statuz ordonnez en celle prouince et cite et en doiuent estre gardes et protecteurs. Doncques pour soustenir lart militaire ie dis que lexercice des armes excede les sciences speculatiues.

La quatriesme et derniere raison responderons comme deuant auonsdit en nostre presupos que non moins sacquiert la felicite politicque par le fait de la prudence qui est contemplatiue comme par lhabilite de la sapience et entendement possible selon que escript auerrois au troisiesme de anima, ne moins sont honnorables les actes des vertus que les habitz des sciences. Comme escript le philosophe a la fin desethicques parlant de la philosophie laquelle est vng don de Dieu qui ne comprent moins la science morale que la naturelle, et la doulceur de lopsuete litteralle seullement se considere au regard des autres cures particulieres et non point au regard du bien publicque. Laqlle chose tulles a la fin du premier des

offices demonstre bien amplement au long auoir entierement respondu aux confirmations lesquelles auons par auant proposees et alleguees/ mais le proces quil mect au premier liure des offices quant par icelluy il veult monstrer estre faulce loppinion de ceulx qui disent les choses belliqueuses estre a preferer aux ciuiles/ cela nest point a nostre propos/ car nous concedons les iuges et les prudes tousiours estre la premiere partie dune cite et est beaucoup plus digne que la chose publicque ainsi que aristoteles escript au second de politicques.

⁋ Doncques entendues les choses preasleguees il est a conclure meritoirement que lart militaire fameux doit preceder la science speculatiue parquoy ie nay aucunement erre de auoir en ce triumphe de renommee premier descript les armes que les lettres. Pour laquelle chose est a moy conuenable mon propos suyure.

Veritablement impossible fut oster mon regard/ne couraige ne aucunement destourner mes yeulx dune telle veue ioyeuse de tant dignes et si excellens hommes quant moy estant en ce pensement par vne certaine voix me fut dit. O messire francisque or regarde a lautre coste de lhumaine generation/ car tu verras que encores se peult bien acquester renommee et glorieux honneur autrement que par le moyen des armes. Adonc apres celle voix ouye tout esbahy subitement me retournay pour regarder de lautre coste/ et lors ie vp et apperceu le philosophe platō la teste sur la poictrine enclinee et abaissee lequel en icelle compaignie et congregation des hommes speculatifz alla et approcha plus pres au signe de lhumaine intelligence/ auquel signe il adioinct auecques luy cestuy qui luy est donne et permis du ciel par haulte speculation.

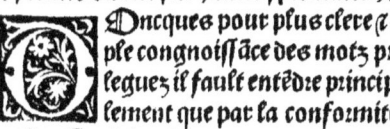

Oncques pour plus clere/ample congnoissace des motz presleguez il fault entendre principallement que par la conformite cy dessus declairee ie ne me pouoye ne ne scauoye nullement oster de la digne veue des precedens hommes armez come il soit ainsi que par lexercite des armes plus que par autre humaine operation/ louenge/ gloire et triumphe se acquiert/ la ou raisonnablemēt les cueurs doiuent estre continuellement couuoiteux de entendre a icelle. Secondement iay dit que en ce desir et pensement de congnoistre les hōmes armez ie ouy quon me dist que ie me destournasse de lautre coste pour regarder la ou encores ie verrois que en ceste vie mondaine se acquiert pris et honneur et non pas seullement par armes mais ie nexplicque point plus oultre de qui celle parolle fut prononcee pour demonstrer vne occulte intelligence qui demeure et resulte en nous moyennāt vne fureur et vne angelicque commotion. ⁋ Tiercement est a noter que plato estoit alle au plus pres du signe auquel il a adioinct cestuy qui luy est donne du ciel. Car ie suis dopinion que toute nostre operation est conduicte des corps celestes ou au moins luy donnent tresgrande inclination.

⁋ De platon philosophe.

Maintenant doncques est a parler dudit platon la lignee duquel clere et ample plusieurs aucteurs scientificques et lettrez tesmoignent et descriuent auecques loigene paternelle et maternelle dicelluy. Disant iceulx aucteurs que platon fut Athenien et fut son pere aristonus patricien citoyen dathenes et sa mere perictiona ou autrement selon aucuns porona laquelle fut vne tres insigne et noble femme. La generation maternelle dicellui platon auecques plusieurs autres selon lung des sept saiges des atticquains le demonstre. Car drepides frere de solon engendra le plus grāt et ancien criscia/ duquel calisteus ney engendra le plus ieune criscia lequel cricia fut lung des trente scientificques esleuz lesquelz autresfois gouuernerent et administrerent la chose publicque dathenes. Cestuy ieune criscia eut vng filz nomme glancus duquel furēt procreez et nez curmides oncle de plato et perictione mere dicelluy plato. Laquelle perictiona grande de probite et de forme fut donnee a femme a aristonus duquel elle eut deux enfans masles lung nomme adunantus las beon/ et lautre platon et vne fille nommee

De renommee — Fueillet.lxxiii

Bocona laquelle fut mariee auec Euan﹒
nedontus filz de Spensippe treshonoree
femme pleine de philosophie. La magni﹒
tude aduenir de platon et la tresdoulce elo
quence diceluy par treseuidens signes plu﹒
sieurs tresmemorables hommes ont de﹒
monstre. Car ainsi que escript Garinus
Veronensis/et Valerius maximus platon
estant encores tendre et petit enfant au ber﹒
seau dormant vindrent souuenteffois au﹒
cunes mousches a miel lesquelles amyable
ment luy distilloient en la bouche le doulx
miel/pour laquelle chose fut de luy vati﹒
cine que cela signifioit la mellisflue et tres
doulce eloquence qui sortiroit de sa bouche
et que de sa langue diserte seroit produyt
et habonderoit mainte diuerse oraison plus
doulce que miel. Semblablement socra﹒
tes aucuneffois en dormant songeoit q lup
sembloit aduis quil croissoit q tenoit en son
gyron et entre ses genoulx ung nouueau
ieune et petit cygne lequel apres que soub﹒
dainement luy furent les plumes sorties et
creues volla en hault q remplit tout lair de
doulx et tresmelodieux chantz. Trois
iours apres ceste aduision ainsi que aristo﹒
nus amena son filz platon audit socrates
pour linstruyre et endoctriner es lettres et
sciences/incontinent que socrates eut veu
cellup enfant platon il dist. Certes voicy q
cest icy le petit cygne,lymage duql et figure
mest en songe la prochaine nupt aduenue.

Studiant donc platon de﹒
uint si treseloquent ql pas﹒
sa q surmonta tous les dis﹒
ciples de socrates et ne pres﹒
termist point aucune opera﹒
tion par laqlle il peust con﹒

supute aucune Doctrine que en ceste opera=
tion il ne bacquast tant labourieuse fust el=
le. Certes platon fut sans nulle doubte
tresampable homme de verite & treseloquēt
et discret & merueilleusement curieux & affe
ctueur de apprendre diuerses sciences. Car
principallement il alla chercher le commen=
cement du Nile pour laquelle chose luy es=
tant paruenu en egipte il apprint la science
dearismaticque & de astrologie/et apres sen
alla en ytalie seullement & tout expres pour
ouyr vng nomme Tarentus/& de la passa
en sicille pour aller veoir et contempler la
montaigne de Ethna et son feu. Et ce fait
apres sen retourna en athenes pour mieulx
a son vouloir vacquer & entendre aux cho
ses speculatiues ainsi que escript Hieroni=
mus contra Jouinianum.

Eu apres platon esleut lo=
cademie vng lieu non pas
seullemēt desert/ mais grā=
demēt pestilencieux affin q̃
les assidues & continuelles
cures et sollicitudes de ma
ladie admortissent & estaignissent la chaleur
de charnalite qui souuent le aguillonnoit.
Platon doncques vint en telle parfection
que raisonnablement il fut nomme le Dieu
des philosophes. Cicero pareillement par
exaltacion escript au premier des tuscula=
nes ou assez clerement il donne a entendre
quelle deuoit estre lexcellence de platon:
mais plus clerement le mostre augustinus
au dixiesme de ciuitate dei disant. Ele=
gimus enim platonicos omniū philozopho
rum merito nobilissimos. C'est a dire/ ve
ritablement nous auons prins et esleu les
faictz & oeuures de platon comme les plus
beaulx & nobles de tous les autres philoso
phes. A ceste sentence se concorde eusebius
au dixiesme liure de preparatione euange
lica au second chapitre lequel en parlant de
lexcellence de platon dit. Plato deinde
vir natura prestans et vere diuinitus mis
sus nullam partem philosophie imperfecta
reliquit. C'est a dire Platon homme de sa
nature prestant et diuinement sur la terre
enuoye na laisse aucune partie de la science

de philosophie imparfaicte. Par ces au=
ctoritez doncques on peult comprendre pla
ton par sa philosophie estre entre tous les
autres philosophes monte a la summite de
lentendement speculatif/lexcellence duquel
me incite et contraint de traicter amplemēt
de ses faictz pour demostrer que a bon droit
il a merite estre colloque en premier lieu et
degre en ce noble triūphe de renōmee. Dōc
ques pour bien a la verite en parler nous en
suyurōs la description de garinus verone=
sis/lequel en traictāt de platon dit entre au
tres choses que platon fut en ses premieres
lettres endoctrine et instruict soubz vng
maistre nōme denis. Cestuy platon estant
encores ieune enfant auoit en meurs telle
verecunde et au visaige telle modestie et at
trempāce que iamais il ne fut veu sans pro
pos rire/et si cause auoit de ce faire son ris
estoit simple/doulx & modere. Et iamais il
ne obmit ne delaissa aucun labeur du corps
et de lentendement qui le rendist ydoine a la
science de philosophie. Il eut de sa nature
aussi telle force et puissance de corps et tel es
perit industrieux que entre les hōmes dar=
me iousstant et luctant il rapporta le no=] a=
uecques sa langue eloquente dung tresfort
lucteur & combatant. Auecques ce fut ledit
platon tresexpert en lart de paintrerie & aux
figures de geometrie fut tressauant A la=
quelle scīēce il estoit de sa propre nature tres
enclin et induyt. Ensemble auecques tou=
tes ces sciences il fut tresdoct en poesie par
laquelle auecques tresmellislue et dulcifi
que voix il sist aucunes tragedies a la col
laudacion et louenge de plusieurs tresexcel
lens et scientifiques docteurs.

N cestuy temps Socrates mai
stre et precepteur de platon fut
par enuie pre et fureur des prin
ces dathenes par faulx iugemēt
condamne a mourir. Par quoy vng peu a=
pres luy fut publiquement baille du venin
contraint de le boire/ et incontinent que il
leut beu il mourut. Peu de temps apres la
sainctete et la venerable vertu de Socra
tes engendra grande lamentacion et pleurs
enuers le peuple a cause de sa mort/ telles

ment que en signe de dueil/ De tristesse les boutiques de la ville dathenes furent closes/et les ieux et theatres du tout delaissez. Et contre ses accusateurs fut fait impetueux assault/les ungs diceulx furent chassez et enuoyez en exil et lung de entre eulx nomme militus fut publiquement par sentence mys a mort. Et ung autre nomme asnytus fut des heracliens auecques grans de ignominie deboute et chasse. Ceste iustice et pugnition faicte platon par doulce et elegante oraison tellement persuada et admonnesta le senat athenien que de largent desditz accusateurs pugnis et exillez et de leurs biens fut faicte en perpetuelle memoire de ce cas une statue et ymage a la ressemblance dudit Socrates.

Apres la mort dudit socrates son disciple platon pour apprendre science se mit soubz cratestlus et Hermogenes. Soubz cratestus platon leut et apprint les oeuures de heraclite et celles de pramenides soubz ledit hermogenes. Platon estant lors encores adolescent fut si studieux que il ne obmit aucune chose qui luy seruist & aidast a augmēter ou a orner discipline. Pour laquelle chose platon congnoissant quil pourroit grandemēt prouffiter soubz le docteur epicarmacos autrement dit siculus il redigea et mist par escript presque toutes les oeuures dicelluy docteur & apres celles de sephiron souuerain descripteur de comedies ausquelles platon studieusement uacqua & y print grande delectacion. Apres que platon fut paruenu en laage de vingt & huyt ans et que il eut prins et emporte auec luy les liures dudit socrates lesquelz pour la couuoitise de apprendre il auoit detenuz. Il sen alla vers le tresnoble euclides estant de son aage & grant geometrien lequel se tenoit en megare et auoit autreffois este disciple de socrates: lequel euclides estoit ne de celle ville de megare laquelle est distante dathenes enuiron vingt mille pas. Quāt platon eut studieusement par long temps uacque auec ledit euclides il sen alla en Cyrene qui est une cite tresnoble du pays daffricque finitiue aux carthaginiens en laquelle cite estoit auec grande renommee theodorus clarissime docteur et diuinateur lequel estoit de celle mesme aage de platon. Adoncques estant platon meritoirement fait docteur nauigeant au pays dytalie sen alla vers ung precepteur architarentin nomme affin que de luy il peust apprendre ǵlque chose de philosophie. Apres que platon fut party dauecques ledit tharētin il sen alla a philolaus timeus et a euritus pour apprendre les sciences & enseignemens de pithagoras. Puis dauecǭ eulx se departit & print pour compaignon et amy ung nomme euripides/leǵl estant surprins de aucune maladie en prenant de leaue de la mer mixtionnee fut guery. Apres que platon son compaignon euripides auecǭs luy fut uenu en egipte & eut contemple et perceu les riuieres du nile il se delibera de retourner a athenes/et ce pendant il ouyt dire que au pays de perse il y auoit des hōmes grās/ nobles & excellens lesquelz on appelloit magitiens. Iceulx demonstrent et enseignent les estudes et uacations des choses diuines lesquelz en receuant les ueux en rendāt les sacrifices/en appaisant les dieux et enseignant les coustumes et loix et dautres plusieurs choses disputans la pensee de Platon estoit de les passer et surmonter. Ces choses faictes platon (comme auons dit) sen alla en achademie lieu tressolitaire & pestilencieux ou il fut par long temps plusieurs endoctrinant. Pour lequel lieu de Achademie et pour la secte dicelluy ceulx qui auecques luy estoient furent appellez achademiens. Puis pour congnoistre les choses qui appartiennent au sens et raison se conferoit aux enseignemens de heraclite ephesien. Et pour auoir les intelligences des choses contemplatiues il prenoit les documens de Pithagoras/mais pour apprendre la disputacion des choses ciuiles et linstitucion des meurs et formes des hommes il estudioit les haulx faictz de socrates. Ainsi florit cathon en toutes lectres & sciences que la renommee & bruyt de luy couroit par tout le monde/et eut pour ses disciples entre les autres Philippes/opinitius/hestieus/pernittheus /dion siracusanus/ demostenes et plusieurs autres. Platon ens tre ses enseignemens demonstroit estre trois manieres damys, cest assauoir naturelz, egaulx et hospitalz. Les amis naturelz sont ceulx lesquelz auecques le lyen de consanguinite naissent auecques nous, comme sont les parens, enfans, freres et consanguins. Les amys egaulx sont acquis par lacoustumance et societe de vie, mesmement quant la ressemblance des meurs y est, comme furent pyrlades et horestes, scipio et lestus. Et les amys hospitaulx se acquierent par compaignie.

En cellup temps les atheniens faisans a plusieurs guerre par trois fois platon alla en larmee et es batailles, premierement il fut en la guerre contre tanagre en laquelle il fit de merueilleux faictz darmes. En la seconde contre les corinthes, et en la tierce contre les delies. Et apres par trois fois nauigea en sicile. Premierement il y alla expres pour veoir amplement lisle auquel temps regnoit lancien roy denys lequel estoit filz de hermocritus, et apres que il eut grandement oppresse la liberte et franchise des siracusains il se mit et appliqua a excercer et vser de tirannie lequel par ses tirannicques faictz occupa et vsurpa la dicte isle de sicile contre les carthaginois. Apres que cellup tyrant et roy denys fut dominateur de sicile il lup print enuie dens voyer querir platon pour ouyr aucun sermon et oraison de lup et pource le manda venir vers lup. Quant platon (qui sceut les nouuelles) fut arriue deuant ledit roy denys il commencea a parler de la principaulte legitime et seigneurie iustement possedee et mesmement traicta longuement et amplement de tirannie. Pour lesquelles parolles il offensa et esmeut a courroux grandement le courage du tirant denys. Par quoy lup moult indigne furieusement dist a platon. Homme seruile ie ne scay et nentens aucunement que veult dire ton oraison et harengue, auql platon respondit. Mon oraison et sermon ne parle expressement que de ta tirannie et de tes intustes possessions et seigneuries lesquelles as vsurpees et tiran-

nicquement conquises. Pour ceste responce fut le roy denis esmeu et incite de faire deuant luy occire platon laquelle chose il eust faicte si a toutes les peines du monde par les prieres de dion et de aristomenes neust este reuocque, lequel dion amy et disciple de platon estoit cõioinct par affinite auecques cellup roy denis, car aristomatha seur de dion fut donnee a femme audit roy denis, laquelle estoit fille dung nõme hyparinus hõme entre les siracusains principal en dignite. Toutteffois tousiours demoura platon en la hayne et indignation dudit roy tyrant denys.

Pres la mort dicelluy roy denis platon demoura en la grace et beniuolente amour du ieune roy denys filz dudit roy et tyrant denys, lequel platon endoctrina grandement cellup ieune roy denis. Ainsi platon apres plusieurs autres excellens faictz par lup accomplis il paruint a la mort de laquelle plusieurs escriuent diuersement. Les vngs disent que lup estant a repos a la feste et nopces dung sien amy assis a table auecques souueraine grauite entre tous les assistans subitement mourut. Les aucuns recitent quil fut surprins de aucune maladie qui si griefuement et asprement le tormenta que il mourut seul sur vng banc. Les autres escriuet et sont de plus saine oppinion disans que platon ayant quatre vingtz ans ainsi quil estoit en son lict attaint daucune maladie comme il escriuoit et estudioit il mourut affermant aussi que en cellui temps alexandre le grant estoit en laage de dix ans.

⁋ De aristote.

Apres cellup platon estoit tout ioingnãt de lup le philosophe Aristote plus habondãt et excellent en haultain esperit. Lequel aristote fut dune petite ville nõmee stagira et le pere dicellup estoit appelle Nichomacus tressouuerain en lart de medicine. Et sa principalle et premiere naissance et origine fut de Machaon filz

De renommee   fueillet. lxxv

de esculapius laquelle se continua par succession de temps et apres se augmenta et flourit en renommee en la naissance dudit aristote. Celluy certes Nicomachus pere de Aristote vers amyntas roy de macedoine et pere de philippes obtint le lieu de souuerain medecin et de singulier et tresparfait amy, tellement quil acquist la grace de tous et eut moult grande puissance et auctorite enuers toutes les villes et citez, et principallement en general par tout luniuersel royaulme de macedoine Et eut a femme Phestiada de tresnoble et tresclere lignee laquelle conceut dudit Nicomachus et enfanta celluy Aristote, lequel estant encores ieune et petit enfant fut nourry en sa premiere aage en macedoine ou il commencea a venir en adolescence, et apres fut enuoye en athenes aux escolles et estudes auecques les autres affin quil apprint la discipline des lectres ou en icelluy temps il se applicqua et adonna a la science de philosophie soubz Platon estant en achademie. Et lors que il commencea a ouyr les lecons et enseignemens dudit platon il ne auoit encores que dixhuyt ans et fut auditeur dudit platon iusques a laage de vingt ans riens ne obmectant diceulx artz et sciences que il prenoit a vng souuerain ingenieux et vigillant soing. Auecques ce il eut telle ardante cou-

uoitise de apprendre quil ne cessoit de comprendre tous les subtilz moyens des disciplines litterales, et non seulement en philosophie en dialecticie et mathematicie Mais aussi en poesie fut entre autres tresparfait congneu. En hystoires il fut semblablement si trescurieux que de la congnoissance du ciel, de la terre et de la mer ne voulut oncques riens laisser incongneu.

Apres que son maistre et precepteur Platon fut mort ainsi que cy dessus est recite le roy philippe de macedoine pour lhonnestete et vertus dicelluy aristote lenuoya querir et luy bailla Alexandre son filz en gouuernement pour lendoctriner et dupre en la discipline des lectres. Pour laquelle chose ledit Aristote meritoirement acquist tresgrande auctorite au royaulme. Apres que ledit aristote fut retourne en macedoine les macedoniens auoient sa sapience en si grande admiration que il estoit entre eulx sur tous autres tenu et repute le premier (comme le plus souuerain et digne) en honneur et dignite. Et le roy Philippe mesmes auoit icelluy aristote ainsi que vng tresgrant et tresexcellent honneur et decoration a luy et a son royaulme et lextimoit estre vne felicite de son temps Laquelle chose appert en vne epistre que ledit roy philippe escriuoit de son filz Alexandre audit Aristote Par laquelle il rendoit graces et louenges de la naissance dicelluy aristote. Presque et enuiron dix ans fut ledit philosophe Aristote auecques le dessusdit alexandre, non point que auecques luy seul il se occupast. Mais en celluy temps tant par luy mesmes que par la puissance dudit roy philippe se enquerant de plusieurs choses il se inuestiguoit de chercher et congnoistre les choses tresoccultes de nature. Apres toutes ces choses alexandre auecques son armee alla en asie aristote sen retourna en athenes et en celluy temps xenocrates tenoit et possedoit le lieu de Achademie. Aristote deambulant sur les champs tousiours enseignoit la grande compaignie des

N iii

auditeurs qui auecques luy estoient & pour sa doctrine le suyuoient. Aristote estant ou lieu de liceus y fut lespace de treize ans tresflorissant et tellement endoctrinant et enseignant tous les auditeurs que par sa discipline et sapience il fit et rendit plusieurs hommes tresclercz et grandement doctz & expers en philosophie & autres sciences. Touteffoys a la fin par lenuye qui pour cellup temps couroit & regnoit sur les philosophes aristote fut accuse par aucuns faulx enuieux accusateurs disans que il nentendoit point parfaictement les choses droictes des dieux, et que par ce ses lecons et doctrines estoient faulses et abusiues. Lors Aristote congnoissant celle enuieuse accusation craignant que par celle enuie on luy fist tel iugement iniuste comme on auoit fait de Socrates craignant aussi lamytie de Antipater changer qui pour lors estoit hay des atheniens il sen alla a Calcide ou il se tint depuis iusques a ce quil mourut. Touchant les meurs de la vie dudit aristote et de son vsage domesticque il est assez congneu quil fut dune forme moyennement belle. Touteffois deux choses le desbonnestoient, cest assauoir la gracilite des cuysses et la petitesse de ses yeulx. Il vsoit de habitz peu riches et sumptueux, et portoit voulentiers des anneaulx aux doys qui moult bien luy seoyent et estoit curieux de se tenir proprement et honnestement tant de ses cheueulx que du surplus de son corps combien que du residu de sa vie il estoit tresattrempe et plein de modestie, & estoient ses meurs & conditions en luy graues et peu enclin estoit a rire. Mais il estoit doulx et courtois et ne souffroit que nul autre eust plus grande benignite que luy. Lhumanite et dilection dicellup estoit enuers son pays es siens parens & amys, en sa famille, en ses disciples et en toute autre maniere de gens vertueux. Le bien et patrimoine de luy tant de son heritaige et succession paternelle que des largitions et dons du roy luy fut assez ample et suffisant. Il auoit des terres et reuenues es lieux stagires appellez, desquelz par grande modestie et liberalement il vesquit auecques sa femme, ses enfans et amys. Sa maison estoit habondante et pleine de seruiteurs, et ne souffroit iamais estre aucun vendu de ceulx qui lauoient seruy, mais les faisoit affranchir et mectre en liberte combien quil en laissoit aucuns principaulx nommez au seruice de ses filz et de sa femme. Nous trouuons cellup aristote auoir eu consecutiuement deux femmes: cestassauoir pithaide & herpilide, pithaide fut la premiere laquelle estoit niepce de hermenie atarnay. Et herpilide selon aucuns estoit sa chamberiere. Lequel apres que sa premiere femme pithaide fut morte print celle herpilide pour femme, de laquelle il eut vng filz nomme nicomachus et vne fille qui fut mariee a vng nomme nicomarus. Apres que le roy Philippe eut prinse et mise en sa subgection et seruitude vne cite appellee seragera Aristote obtint par grace et amour dudit roy que ladicte cite fust remise et restituee en son premier estat et liberte et voulut et consentit ledit roy que cellup aristote descriuist la forme et maniere de la chose publicque de celle cite et quelle entretint, gardast et obseruast les loix, status et coustumes telles que Aristote y ordonneroit et bailleroit. Combien que Aristote fust eslongne de son pays touteffois il auoit tousiours merueilleuse et tresgrande & diligente cure et sollicitude dicellup pourchassant et impetrant du roy toute franchise estre liberallement entretenue & donnee a sondit pays. Pour lesquelles choses tous les citoyens mesmement les principaulx eurent cellup Aristote en si grande extime et honneur que leurs iours feriaulx et leurs ieux publicques quilz auoient de coustume de faire par chascun an ilz dedyrent et les attribuerent audit Aristote par quoy ilz furent nommez les ieux et festes aristotelicques. Aristote aussi eut enuers les siens et necessiteux telle charite et beniuolence que lobseruance dicelle fut veue estre presque superflue et trop grande. Et lors que son gendre Nicomarus fut malade aristote tout plein de charitable et aymable amour fist pour cellup nicomarus veu et promesse que se il pouoit recouurer sante et guerison de sa maladie il dediroit et feroit faire deux statues & ymages lune a Jupiter et lautre a Juno. Il ayma aussi grant

dement ses disciples principallement ceulx
quil congnoissoit estre plus excellens que
les autres. Auecques ce il commist en lar

bitre et soy de ses prochains la cure et solici
tude de ses filz et de toutes ses negoces et
affaires pour la fidelite quil auoit en eulx.

En cellup temps antipater a cau
se dhonneur impropere a pma tel
lement calistenes quil ne doub
ta point pour icelluy soustenir
prendre tresgrieues inimitiez contre le roy
alexandre. Et estoit cellup calistenes disci
ple de aristote ieune et tresexcellent en disci
pline litterale et par amytie et affinite et
par aucune maternelle. Dugene estoit con
ioinct en propinquite et dilection dicellup a
ristote. Dalere recite que aristote enuoya
cellup sien disciple calistenes au roy alexan
dre/et pource quil congnoissoit la complexion
de alexandre estre telle quil ne prenoit nulle
ment en gre chose quon luy dist de reprehen
sion/et scauoit la nature du disciple calistes
nes quil ne vouldroit se abstenir pour roy
ne pour prince de dire verite aristote luy dist
que quant il seroit auecques alexandre quil
se teust et ne parlast que de choses plaisan
tes/car autrement il se pourroit mettre en
peril et danger de mort. Lors ce ieune philo
sophe calistenes estant a la court il dit que
alexandre se faisoit saluer et honnorer a la
maniere de perse qui estoit en flateries et hu
miliations et laissoit la coustume de grece
le pays dont il estoit ne et nourry/laquelle
mode estoit de beaucoup plus belle et hon

neste selon raison et bonnes meurs. Lors ca
listenes plain de vertueux cueur dung franc
et ouuert couraige reprint et blasma alexan
dre de cest abus quil faisoit. Parquoy luy
esmeu de courroux et de fureur sist mourir
calistenes. Aucuns touteffois disent que
vng nomme hermolaus coniura la mort dale
xandre et que calistenes estoit acteur de celle
coniuration parquoy alexandre le poursuy
uoit en asie/et pource il manda a aristote quil
luy enuoyast ledit calistenes/lequel aristote
ygnorant de ce fait le luy enuoya/parquoy
incontinent alexandre sist pendre et mourir
en croix ledit calistenes. Touteffois la pre
miere description de la mort de calistenes
est plus saine et veritable/car il est assez no
toire que iamais ne fut aucun nomme des
complices dudit hermolaus en sa coniura
tion susdicte. Adonc aristote porta et eut en
tresgrande indignation la mort de celluy ca
listenes tellement quil nespargna aucune
ment le roy alexandre a lincreper par parol
les et lettres querelleuses parquoy ne fut li
re dudit roy ensuyuie celle ne obscure.

En celluy temps ledit roy alexandre
enuoya de tresgrans et amples
dons a xenocrates non point seul
lement affin qil le honorast/ mais

plus affin q̃ cellup xenocrates demõstrast a ristote estre de lup desprise/mais apres toutes ces choses aristote secretemẽt donna sa ueur au susdit antipater pour retenir le roy aulme de macedoine. Les iours q̃ temps es q̃lz aristote fut q̃ demoura en athenes lui furent tresdifficilles et contraires apres. Et consequemment pour la crainte q̃ doubte de alexandre apres les thebains destruitz q̃ les citoiẽs requis q̃ demandez incõtinent aristote se euada. Auquel temps les princes orateurs/cestassauoir demosthenes/hilperides/ deniades/eschines et autres sentans et cognoissans diuerses choses en la chose publique cõmuniquoiẽt toutes choses audit aristote. Touteffois entre ces choses tempestueuses fut en seurete iusq̃s au tẽps de antipater/leq̃l antipater apres la mort du roy alexandre posseda le royaulme de macedoine. Apres toutes ces choses pour euiter aucunes enuieuses accusacions Aristote sen fouyt en calcide et y mena nõ pas seullemẽt sa fẽme q̃ ses enfans/mais aussi plusieurs De ses auditeurs. Plusieurs disciples eut aristote desq̃lz les principaulx furent theophrastus/menedemus q̃ aristoxenus lequel fut apres surnõme musicien. Et la violence du roy alexandre lui auoit oste calistenes sur tous les autres excellent. Et par sentence et souuerain iugemẽt aristoteles laissa apres sa mort les principaulx les deux de ses disciples dessus nommez/cestassauoir theofrastus et menedemus/car lon dit que quãt aristote par maladie surprins paruint a lextremite de sa vie q̃ quil eut de salut toute esperance perdue il fist prier ses disciples de venir deuant lui/lesq̃lz venuz pour approuuer les plus grans diceulx aristoteles promettant de ce faire deuant sa mort tãtost apres dist quil desiroit auoir du vin. Pour ce on lup demãda de quel vin il vouloit ou de cellup de lesbie ou de cellup de rhodes. Lors il cõmanda q̃ on lup apportast de lung et de lautre vin. Adõc ainsi que aristoteles beuuoit lung apres lautre diceulx deux vis il dist ces paroles Ce vin lesbien est tres doulx et digne a aymer. Et cestup vin rhodien est tresbon et digne destre approuue Pour cellup fait il nya aucune doubte que aristoteles par son iugemẽt ne preferast en

excellence theophrastus q̃ menedemus veu que lung estoit ne de lesbie et lautre de rhodes. Certes ce iugement de aristotele tressage et cault fut expres fait pour oster et euiter lenuie des autres disciples. Toutesfois ceste cautelle ne peut si bien enuie et discordieux murmure euiter que aucuns des disciples de aristote desprisez et quasi cõme deboutez ne se monstrassent offensez desquelz fut lung nomme aristoxenus ainsi quil appert amplement par ses escriptz lequel aristoxenus fut ytalien du pays de tarente et pour lexcellence dicellup il fut surnomme souuerain musitien. Aristote doncques mourut en laage de soixante et trois ans/et quarante deux ans apres la fondation et edification de romme. En cellui mesmes temps et an demostenes orateur fugitif de athenes en ytalie/et aristote fugitif dathenes en emboie moururent Les vngs disent que aristote pour abreger sa vie print et beut du venin Dont il mourut/laquelle chose est faulse.

⁌ De demostenes.

Vng peu assez pres ensuyuãt cellup philosophe aristote ie apperceu demostenes monstrant a la chiere de son visaige quil auoit en son couraige fureur et grant despit tellement que par yre et courroux il se mist a la deffẽce du premier lieu et degre pource quil ne se voulut aucunement contenter du second honneur et dignite. Doncques pour amplement auoir lintelligence de ce il est a scauoir que selon theopompe hystoriẽ demostenes honneste personnaige pere de demostenes dont a present est mention fut surnomme macheropius lequel eut a fẽme vne gyloienne qui fut barbaricque de laquelle il engendra cestup orateur demostenes. Demostenes doncques estant en laage de sept ans demoura orphelin de son pere et auoit beaucoup de biẽs/mais ilz furẽt aumoins la plus part diceulx degastez et perduz par ses tuteurs tant pour lusurpation diceulx que pour leur negligence de bien administrer et bien gouuerner/tellement que par deffault de contenter et payer les maistres

et precepteurs de demostenes il ne peut po2
lo2s apprendre ainsi que son esperit seust
bien comprins les artz liberaulx. Com
bien que auecques ce lenfant demostenes se
monstra estre moult debile de corps pour la
quelle cause sa mere congnoissant sa foible
complexion ne luy voulut souffrir porter
trop grant labeur, et ses maistres ne luy
osoient faire aucune contraincte destudes.
Pour laquelle debilite et tendresse les aus
tres enfans ses compaignons luy donne
rent le surnom de batallus tibicinien, du
quel nom ses hayneux vserent depuis par
maniere de obp2obze de demostenes. Les
vngs disent que vng certain menestrier a
uoit nom Batallus lequel estoit moult dis
forme de son corps et quasi impotent. Les
autres recitent que Batallus fut vng poe
the lequel escriuit et composa plusieurs vers
lascifz et lub2icques. En oultre cedit sur
nom de Batallus il fut encores impose a de
mostenes le surnom de argas comme par
maniere de ferocite daucunes de ses condi
tions, car aucuns poethes disent ce nom ar
gas autant valoir comme estrangler. Auec
ques ce argas est le nom dung conditeur de
dures et mauuaises loix. En celluy temps
vng orateur nomme calistrate auoit entre
prins de plaidoyer la cause dung nomme
orope, et pource fut a celle cause o2donne et
assigne vng iour auquel grande multitude
de peuple se trouua et y assa pour la grande
renommee de lexcellence dudit orateur, aus
si que chascun desiroit scauoir la verite de la
cause. Entre les comparans se y trouuerét
audit iour les maistres descolles, parquoy
demostenes opát le bruit de ce requist a son
precepteur de le mener auec luy a la plaidoy
rie. Lors ledit maistre qui congnoissance et
amptie auoit auecques les gardes et huis
siers de lauditoire trouua maniere de met
tre ledit enfant demostenes au dedans du
lieu secrettement ou il peust facilemét ouyr
et entendre tout le debat et contenu de la cau
se. Apres que ledit o2ateur calistrate eut au
long p2ononce son o2aison et harengue la
quelle fut en tresgrande admiration et paci
ficquement ouye demostenes p2int si grant
plaisir et delectation en lelegáce dicelle o2ais
son quil reconduist cellup o2ateur iusques a

sa maison auecques grandes louenges.
Pour celle cause demostenes contemplant
et esmerueillant en soy mesmes la vertu et
puissance par laquelle il voit toutes cho
ses hayneuses pouoir estre pacifiees et mi
tiguees, toutes autres disciplines obmises
et delaissees il se disposa de applicquer son
esperit et estude pour apprendre lart et scien
ce de bien o2neement et elegamment parler
et bien dire en laquelle science il eut vng p2e
cepteur nomme ysee. Cóbien que socrates
fust lo2s tressflo2issant, mais demostenes
ne p2int pas pour lo2s ledit socrates pource
quil ne auoit pas la puissance de le salairier
Demostenes aussi fut auditeur de platon
ou il p2ouffita grandement ainsi que recite
vng acteur nomme hernuppus.

Dant demostenes fut par
uenu en aage virile po2 pou
oir luy mesmes conduyre et
gouuerner ses negoces et
affaires il fist a vng certain
iour deuant les iuges de
putez conuenir ses tuteurs contre lesquelz
par vraye et elegante o2aison il allegua et
p2oposa plusieurs choses iustes et raison
nables en leur demonstrant et demandant
ses biens quilz lui auoient consumez autre
ment que a son p2ouffit. Lesquelz tuteurs
esmerueillez de ce ne se sceurent si bien def
fendre quilz ne fussent par luy conuaincuz
et surmontez. Et combien que diceulx tu
teurs il ne peust totallement retyrer le bien
quilz luy auoient oste, touteffois pour cel
luy commencemét de plaidoyer il p2int tres
grant hardiesse et vsaige de bien et o2nee
ment parler. Apres doncques que demos
stenes eut bien amplement entendu et gous
ste la mellisflue doulceur et souueraine re
nommee qui p2ocede et vient de lelegance et
bien dire, il se delibera de soy entremettre et
adonner aux faitz et negoces de la chose pu
blicque. Et tout ainsi que laomedon o2co
menien par le conseil des medecins pour
obuier a la maladie de la rate qui luy em
peschoit lalaine vsoit de longues courses
tellement que par ce il recouura sa sante et
surmontoit tous autres quant a legierete
de courir. Pareil cas aduint a demostenes

Le triumphe.

car en iustice recouurer les biens de sa succession paternelle il print la hardiesse de plaidoyer luy mesmes sa cause Pour laquelle oraison par luy faicte il acquist depuis lindustrie et art de bien elegamment parler tellement quil emporta le bruit de elegance comme le souuerain De tous les autres de son temps Lors demostenes ne pouoit souffrir ne endurer le bruit et tumulte des assemblees Du peuple/parquoy aucuneffois il estoit desprise des auditeurs ainsi comme si ses oraisons et harengues eussent este superflues et confuses/aussi pource quil auoit en prononceant mauuaise voix et longue.
Demostenes congnoissant ceste imparfection estre en luy tout desplaisant de ce sen alla en epire la ou il fut grandement reprins et increpe de thuasie eunomien ia tresancien qui luy dist que combien que sa parolle fust equalle a celle De pericles/touteffois luy mesmes se deceuoit/car pource quil ne pouoit endurer le bruit Des assemblees et employer son corps aux debatz des causes il se mesprisoit et bituperoit par faulte de courage. Adonc demostenes considerant ces choses le lendemain voulant plaidoyer ne eut du peuple aucune extimation parquoy il sen retourna a sa maison tout confuz/mais vng nomme satyrus qui estoit ioyeux et representateur de personnaiges de ieux le suyuit auquel demostenes se complaignit grieuement De sa confusion pource que celluy satyrus estoit familier auec luy. Entre autres complainctes ledit demostenes disoit que a luy seul estoit aduenu nauoir peu trouuer aucune grace enuers le peuple en plaidoyant et que sur tous autres il mettoit temps et diligence en consumant presque toute sa vertu et force corporelle a lestude De bien dire et que le peuple donnoit bien silence aux

nautonniers et autres mecanicques/mais qu'il se veoit mesprise. Lors celluy satirus promist audit demostenes quil luy donneroit remede en son cas s'il luy vouloit prononcer seullement aucuns ditz metrifiez de eurupides et de Sophocles/laquelle chose pleut a demostenes qui ainsi le fist. Adonc satirus monstra audit Demostenes la forme et maniere de amender sa voix tellement que apres ce en prononcant Demostenes se monstra tout change.

Demostenes doncques cognoissant que la prononciation convenable apportoit grant grace a lo raison ediffia ung lieu soubz terre auquel secretement il essayoit sa voix la quelle chose dura environ l'espace de trois moys/puis fist raire une partie de sa teste et emportoit en sa maison les causes qu'il avoit oupes et luy retourne en sadicte caverne seul decidoit desdictes causes pour tousiours se visiter et plaidoyer. Par lesquelles exercitations plus par laborieux usaige que par engin naturel Demostenes acquist le bruit de grant value. Ung certain iour pource que demostenes pensoit en luy mesmes devant que oppiner ung nomme pithee luy dist que ses enthimenies sentoient la lumiere de la nupt/dont Demostenes luy respondit que non point sans amere cavillatiõ il n'avoit point telle lumiere comme luy/par lesquelles choses demostenes donnoit clerement a congnoistre que desprifer l'estude d'eloquence appartient a ceulx qui veullent dominer sur le peuple par armes et que eloquence se devoit acquerir pour plaire a seruir au peuple. L'on dit que Demostenes estoit lors craintif et paoureux pour la cause que Deniades orateur se levoit en certain temps pour secourir et ayder audit demostenes en disant choses que demostenes ne luy fist oncques. Aucun pourra dire comment cecy pourra estre vray attẽdu que ung nomme eschines dit que demostenes avoit grant hardiesse en perorant/mesmes comment pourroit ce estre considere quil respondit tout seul a Dithon bizantien qui avoit fait une invective contre ceulx d'athenes. Comment se feroit demostenes leve sãs hardiesse cons

tre Lamachus mireneus q̃ recitoit les louenges d'alexandre et de philippe lesquelles il avoit escriptes a olimpias et esquelles il disoit plusieurs choses contre les thebaniens et olintiens. A l'encontre duquel demostenes demonstra par hystoires et probations les grans bienffaitz au pays de grece par les thebaiens et calcidefiens. Et au contraire que les flateurs blandissãs aux macedoniens avoient este cause de plusieurs maulx et tellement esmeut les auditeurs que ledit Lamachus pour la crainte quil eut s'en fouit secretement. Veritablement demostenes gardoit en toutes choses maturite et gravite en deffendant et soustenant son auctorite sans iamais vouloir mettre l'extimation et bruit de luy en danger du temps de fortune et si estoit beaucoup plus hardy que ses escriptures ne monstrent. Car en perorant il avoit telle asprete tellement qu'il sembloit aucuneffois estre prins comme d'une maniere de fureur et forcennerie. Touteffois il surmonta tous les orateurs de son temps fors ung nomme deniades ainsi qu'il appert par le iugement de theophrastes a qui fut demande quel orateur luy sembloit estre demostenes. Il respondit quil luy sembloit quil estoit digne de la cite d'athenes. On luy demanda apres quel orateur luy sembloit estre deniades Il respondit quil estoit digne par dessus ladicte cite.

Emetrie escript que demostenes mist les remedes qui se suppuent aux faitz de sa pronunciation/car en ung grant mirouer qu'il avoit en soy regardant formoit et ordonnoit ses gestes corporelles et excercea sa voix en les leuãt et prononceant quãt il couroit. La pronũciation certes dudit demostenes pleut moult a la multitude des gens du peuple/mais elle sembloit estre une chose fainte et ignoble aux hommes plus poliz du nombre desquelz estoit ledit demetrius.

Ermippe recite qu'on demanda a esion ce qu'il sentoit des orateurs lesquelz avoient este par avant et de ceulx qui estoient en son temps. Il respondit que quant ilz par soient au peuple ilz auoient eu en eulx merueilleux ornement et maieste de dire, mais que les escriptz de Demostenes excedoient de trop les escriptz des autres. Combien que demostenes semble estre dur et austere par la lecture de ses oraisons, si vsoit il touteffois de facecies et ieux le plus souuent Entre les brocars de demostenes sen treuue vng digne de ramener a memoire. Cest a scauoir que vng nomme ferreus lequel estoit suspeconne et auoit autreffois este reprins de larrecin increpa par estrif et noise en maniere de mocquerie demostenes pour ce que souuent pour estudier il veilloit de nupt. Auquel demostenes en soubzriant courtoisement sans nulle esmeute de prelup dist. ferreus ie scay bien que ie te suis cause de tristesse et que ie tay plusieurs fois moleste et ennuye pource que iay eu ma chandelle alumee. Car qui veult mal faire il euinte et hait sur toutes choses clarte et lumiere Ce dit demostenes subitement sans attendre autre responce dist haultement a tous les assistans. Et vous nobles et citoyens habitans de athenes vous nauez nulle cause de vous esmerueiller si plusieurs larrecins sont faictz en ceste cite dont on ne se peult garder veu que nous y auons des larrons ferrez ou de fer, et les murailles de noz maisons sont de terre. Apres toutes ces choses demostenes se voulut entremettre es affaires de la chose publicque au temps de la guerre phocense lequel quant il eut trouue en ladicte chose publicque matiere fertile et honneste pour la liberte des grecz contre le roy philippe et quil eut noblement et laborieusement trauaille en icelle, il acquist incontinent nom et gloire, et nestoit point regarde comme disert et bien disant, mais auec ce comme constant et tres vertueux homme tellement que tout le pays de grece se merueilloit et louoit et mesmemēt le roy de perse auecques grāde admiration le honnoroit, tant que les gens dudit roy philippe disoient et confessoient quilz auoient debat contre vng noble et grant homme. Ainsi perseuera demostenes moult constamment iusques a la fin es choses et affaires de la chose publicque par luy des le commencement prinses sans iamais se y monstrer en

nul fait immuable ainsi que panetius le dit et le monstre par plusieurs des oraisōs dudit demostenes et par aucunes philipicques en toutes lesquelles il enhorte les citoyens non point a vtilite et prouffit, mais par tout il prepose et deuant met honnestete et gloire a seurete de salut.

Demostenes semble auoir tousiours vse dune grande fiance es assemblees et auoir sur tous autres grandement excerce liberte de reprendre ou accuser aucun, car vne fois le peuple dathenes luy commanda quil accusast vng certain homme, ce quil refusa. Et apres ce que la reclamation dudit peuple eut este faicte contre luy ainsi que tel peuple variable a de coustume de faire, demostenes vertueusemēt se leua et dist. Hommes dathenes vous mauez pour conseiller enuis et contre vostre voulente, mais si vostre voulez auoir pour calumpniateur vos ne pourriez. Le principal faict de demostenes en la chose publicque fut quant il print et persecuta antiphote que le peuple auoit delaisse aller lequel Demostenes bailla au conseil et cōgregation des iuges de la court nommee ariopagus affin quilz fissent dud cellup antiphote iugement et iustice. Demostenes en ce faisāt ne craignit point offēser le commun peuple. Ainsi vaincquit ledit antiphote de auoir promis au roy philippe de brusler les choses naualles dathenes parquoy demostenes obtint que par sentence et iugement ledit antiphote fut pugny de peine et de grant suplice et tourment. Certes lintention de demostenes en la chose puplicque mesmement en temps de paix estoit tressubtil et cler voyant par grande prudence principallement a contredire et resister a tous les efforcemens dudit roy philippe. Car il embrasoit les couraiges des atheniens contre cellup roy en manifestant et redarguant toutes les choses par luy entreprinses et commencees. Pour laquelle cause on faisoit en la court du roy Philippe grande louenge et estime dudit Demostenes et le roy mesmes, tellement que quant il fut alle en Macedoine lung desditz legatz dathenes leurs harengues lune apres lautre faicte ledit roy philippe ne print grāt plaisir ne ne fist responce a aucune dicelles que a celle de Demostenes. Peu de temps ensuyuant ledit Philippe qui ne se pouoit maintenir en paix fit guerre contre les atheniens, ⁊ premierement par ses tirans il submist a luy eubope ou premierement les atheniens allerent et par icelle terre passerent et en expellerent les macedoniens. Apres demostenes persuada en laide des atheniens, les bizanciens et pernithiens. Et apres ce Demostenes sen alla comme legat par toutes les citez de grece lesquelles il gaigna pour les atheniens contre philippe, ⁊ amassa tant de gens que le nombre des gens a pied estoit de quarante mille, ⁊ des gens a cheual deux mille sans les copieuses multitudes des citez et autres gens a cheual. Ainsi doncques grece se gecta aux champs pour actendre lyssue et fortune de la guerre et bataille aduenir. Cest assauoir eubope, achaye, corinthe, megare et autres pays et citez lesquelles se ioignirent auecques les atheniens. Puis Demostenes persuada les couraiges des atheniens a ce quilz enuoyassent vers ceulx de thebes pour les allyer auecques eulx. Pour laquelle chose faire il y fut luy mesmes enuoye. Adoncques le roy philippe aduerty de ce enuoya a thebes amincie cleandre et autres contre demostenes pour renger auecques luy les thebaniens. Touteffois demostenes par son eloquence attira a soy les courages de ceulx de thebes et furent esconditz lesditz ambassadeurs du roy philippe. Lors soubdainement les thebaiens allerent apres demostenes, ce que voyant ledit roy philippe enuoya incontinent vng legat vers ceulx dathenes pour requerir la paix. Les ducz et cappitaines de lost de thebes ne obeyssoient point seullemēt a demostenes, mais auecques ce les superieurs officiers desditz thebaiens constituez en dignite et auctorite faisoient les assemblees et conductions du peuple par le commandement de Demostenes tant estoit de chascun ayme. Peu de temps ensuyuant les grecz mirent leur ost ⁊ pauillons pres dung fleuue nomme termodon ou illec Philippe les assaillit si impetueusement que demostenes fut contrainct a sen fuyr ⁊ villainement gecter ses armes ⁊ son escu auquel estoit escript en lettre Dor/Bona fortuna. Le bruyt de la desconfiture des grecz alla iusques a la congnoissance du roy de perse lequel auoit mande a ses gouuerneurs quilz deliurassent argent a demostenes ⁊ luy obeissent affin quil peust empescher les inquietacions que ledit philippe roy de macedoine faisoit aux grecz. Lors quant les nouuelles de la perte de la bataille furent venues en athenes les enuieux de Demostenes se esmeurent contre luy en laccusant. Touteffois le peuple le absolut en grande reuerence ⁊ honneur. Et en celluy temps mourut ledit roy philippe. Adonc incontinent que Demostenes sceut la mort dicelluy roy tout ioyeulx sen alla au senat, et lors il afferma quil auoit veu par songe et vision de nupt vng grant bien lequel deuoit aduenir a ceulx dathenes, et tantost apres suruindrent messages qui annoncerent la mort dudit philippe. Pour lesquelles nouuelles les atheniens firent sacrifice aux dieux et ordonnerent vne couronne a pansanie qui auoit occis ledit philippe.

Apres la mort de celluy roy philippe les citoyens de grece par le conseil de demostenes conspirerent de rechief guerre contre Alexandre filz dudit roy philippe et assaillirēt ceulx de thebes les aides et secours dudit roy et en tuerent plusieurs. Ceulx dathenes se preparerent pour donner aide et faueur a ceulx de thebes. Demostenes tenoit le siege cathedral et toutes choses estoient faictes par le decret de luy. Il escriuit aussi aux preuostz du roy de perse qui estoient en asie que ilz meussent et feissent guerre contre alexandre lequel il appelloit enfant imbelle, cest a dire non propre ne suffisāt pour faire et mener guerre.

Quant alexādre fut venu auec son armee en Boecie et que les couraiges des atheniens furent froissez et lardeur de Demostenes estaincte et ⁊ au moyen de ce ceulx de la cite de thebes furēt par ceulx dathenes

Delaissez et contrainctz de resister tous seulz ilz perdirent leur cite. A ceste cause suruint grande crainte en la cite dathenes, et fut enuoye Demostenes auecques autres legatz vers ledit roy alexandre/mais Demostenes qui scauoit la complexion dudit alexandre se retourna de lautre coste. Alexandre enuoya incontinent deuers les citoyens dathenes et leur demanda dix hommes ou huyt a sa voulete, cestassauoir demostenes, posiunctus, ephialtus, licurgus, mitocles, Domona, calischemes et caridenum. Sur ceste demande les atheniens se consulterent ce que ilz auoient a faire, mais vng nomme Deniades pacifia ledit roy alexandre. Peu de temps apres Harpale senfuyt de asie & vint a Athenes lequel apres que il se fut confere et liure au peuple & du tout submis a la voulente dicelluy auecques ses nauires & pecunes aucuns des orateurs ayans regard aux pecunes luy furent aduocatz enuers le peuple & luy suadoient que il receust et deffendist Harpalle supplyant. Mais Demostenes suadoit au peuple premierement que on le repellast et que le peuple se donnast bien garde de susciter guerre a mauuaise cause.

Eu de iours apres visitant les richesses de Harpale Demostenes se delecta en vng vaisseau dor qui la estoit et esmerueillant la facon de icelluy demanda combien il pouoit bien valoir. Et Harpale luy respondit que il luy cousteroit vingt talens dor. Lors la nupt ensupuant ledit Harpale enuoya a Demostenes cellup vaisseau dor auecques vingt talens dor. Demostenes ne refusa point celluy present, mais le eut agreable, et en le receuant fauorisa audit Harpale. Quant le iour fut venu de discuter de la question si Harpale seroit receu ou non, Demostenes se trouua en lassemblee ayant le col gros & enfle de laine et de bandeaulx que il y auoit expres mys faingnant de estre malade. Et quant on luy commanda que il oppinast sur ce il se refusa comme se il eust la gorge enflee. Lors aucuns recreatifz et facecieux qui la estoient se prindrent a rire, et lung dentreulx dist assez haultement que de nupt on auoit estraint la gorge a Demostenes par quoy il auoit la voix perdue. Pour cellup congneu fait apres que demostenes eut este condamne en la somme de cinquate talens et a tenir prison il senfuyt secretement & sen alla en Egine puis en trizine portant tref griefuement son exil.

E n cellup temps les grecz sachans la mort du roy alexandre conspirerēt la guerre contre Antipatre cappitaine des macedoniens lequel fut assiege par leostene en la cite de lampe. A ceste cause pithee orateur et calimedon bannys dathenes tindrent le party dudit antipatre & se efforceret de occuper les citez de grece pour ledit antipatre, mais Demostenes suyuit les legatz dathenes en les secourant a son pouoir contre les macedoniens. Les atheniens ce saichans rappellerent demostenes de son exil. Lors vng nomme Damon fit rapport au peuple athenien de la reduction de demostenes ce que saichant ledit peuple luy enuoya vne longue nef a egine. Adoncques tous les officiers constituez en dignitez, les prestres citoyens et autres sortirent hors de la cite dathenes auecques grandes compaignies pour ioyeusement luy venir au deuant ou iliecques il fut honnorablement receu et luy fut donne cinquante talens en recompense de ceulx esquelz il auoit este par auant condamne.

A deux temps ensupuant que nouuelles furent venues a athenes que Antipatre et cratere venoient audit lieu Demostenes auecques ses alliez senfuyrent hors de la cite et par lexhortacion de Deniades le peuple les condamna a peine et a supplice cappital, lesquelz separez en diuers lieux Antipatre les fit poursupure. Lors archie ayant la charge de ceste poursupte print aucuns des compaignons de Demostenes lesquelz il enuoya a antipatre

De renommee   fueillet. lxxx

qui les fit tous mourir τ fit arracher la langue a vng diceulx nomme hyperide. Puis Archie entendit que Demostenes sen estoit en calabre au temple de neptune sup/auquel lieu Archie alla ou il trouua Demostenes lequel il suada aller auecques luy seuremēt deuers Antipatre. Lors Demostenes luy fit responce quil ne yroit iamais vers luy. Et ce dit Demostenes se tira a part τ print aucun venin dont incontinent deuant tous il mourut. Pour laquelle mort fut ledit archie auecques tous ses satallites grandement esmerueillez. Et ainsi euita demostenes la honteuse mort quil eust peu receuoir De antipatre.

¶ De marc tulles cicero.

Dignant cestuy demosthenes se apperceu cestuy lequel quant il marchoit sur les champs et chemins toutes les herbes de la terre fleurissoient et sespanissoient en demonstrance de la fleur fructueuse qui de sa langue eloquente procedoit. Cestoit marc tulles cicero natif dung lieu nomme Arpinas et procede de lignee dung nomme tulie en son temps roy des volsquins. Le pere dicestuy cicero estoit nōme tulles et sa mere

Elbia. Quant cicero fut ne il se apparut a sa nourrice vng esprit q luy dist quelle nourissoit tout le salut de la chose publicque romaine. Quant cicero fut vng peu grant il monstra grant apparence de vertu τ cuoit estre en luy/tellemēt quil nen y auoit aucun de son aage q fust a luy egal fors seulement daage tellement que les autres enfans descolle ses cōpaignons par honneur mectoient cicero au meillieu dentre eulx en allant par les rues/et ainsi se conduysoient iusques a la maison. Cicero premierement estudia en la science de poeterie/puis ayma mieulx exercer sa prose comme plus doulce τ a sa nature plus aduenante Par quoy studieusement il acquit les doctrines de bien dire et parler par eloquence Et ne obmist iamais chose quil congneust appartenir a lenseignement dung hōme qui pretendoit destre grāt et bien instruict. Apres les sciences pueriles il estudia en philosophie et droit ciuil. En philosophie il eut pour maistre vng nōme philo archademicque τ en droit ciuil mucius scæuola. Cicero ayant longuement estudie esdictes scieces il suyuit les armes en la guerre marsicque soubz le cappitaine sulla et celle guerre finye il retourna a romme pour sa actendre la fin des entreprinses τ esculla. La premiere cause q cicero playdoya en iugement fut celle de roscie en le deffendāt que sedit scilla auoit accuse de meurtre/et alors cicero auoit. xxiii. ans. Adoncqs cicero craignant scilla pour la deffence qʒ auoit faicte cōtre luy pour ledit roscie/sen alla en grece faignant de sen aller guerir daucune maladie q il auoit. Car il estoit si debille de son estomach par sa propre nature que il ne pouoit faire aucune digestion corporelle. Lors luy arriue en athenes apres que il eut mis remede en ce cas il amenda grandemēt sa voix et fut tresardant dacquerir toutes sciences/et mesmement il se delibera de persister en la science de philosophie.

Silla en cestuy tēps mourut pour laquelle mort cicero fut rappelle a romme et grandement prie de prendre en gouuernement les affaires de la chose public

D ii

que rommaine en quoy se determina de ce faire. Et pource il sen partit d'athenes et par mer passa en asie (en rhodes pour ouyr aucuns orateurs qui la estoient) ou illec il acquit merveilleusement grant et honnorable bruyt, et de la s'en alla a romme ou par le conseil de son pere et amys il appliqua son engin a plaidoyer les causes civilles tellement quil fut trouve et iuge le plus eloquent & excellent orateur de tous. Cicero doncques pour sa premiere dignite fut fait questeur en sicille ou il fut grandement agreable pour la benignite et iustice dont il usoit envers tous. Lequel estant en sicille sachant que a romme y avoit grande necessite de bles secourut en cest affaire les rommains en leur envoyant si grande quantite de bles que par sa diligence ladicte chierte cessa et eurent dedans romme suffisance de blez. Pour laquelle chose il acquit grandement la grace et amour des rommains en laquelle Cicero print tresgrande fiance et esperance. Apres tout ce Cicero partit de sicille et arriua en la cite de putoolles en laquelle y avoit des baings sulphurins naturellement chaulx ou la il ouyt dire que il y avoit des rommains qui se baignoient. A ceste cause cicero pensa que pour le bien que il auoit fait aux rommains du ble par lup enuoye en si grande necessite et pour le bon renon que il auoit acquis en sicille les rommains le receuroient honnorablement ausditz baings: mais quant il y fut arriue les rommains le saluerent priueement comme sil fust venu de romme pour se baigner comme eulx. Dont cicero fut incontinent moult despite: mais quant il eut bien tout considere en lup mesmes il se iugea digne de estre mocque pource quil auoit mys sa fiance et attente aux souuerains plaisirs que il auoit fais a la cite de romme durant la chierte des blez.

Apres toutes ces choses cicero fut fait edilien laquelle dignite il excercea songneusement en si tresgrande amour et beniuolence de tout le peuple que peu de temps ensuyuant il obtint facillement l'office de preteur lequel lup fut decrete et adiuge plus que a tous autres combien que ilz feussent plusieurs pretendans, et excercea cicero cellup office par grande et souveraine iustice faisant droit a ung chascun sans iamais varier pour crainte, pour amour ou pour aucune faueur de personne. Le temps de cellup office Cicero fut fait & cree consul auecques lup gape anthoine filz de marc anthoine dont cicero estant en celle dignite de consulat se gouuerna tellement que il fut le premier par les rômains appelle pere du pays. En cellup temps les citoiens rommains corrompus par ambition firent une coniuracion entre eulx de destruire romme et occire les peres senateurs et Cicero aussi qui en estoit l'ung. Et pour executer et conduyre a fin celle coniuracion esleurent lucie catbilina pour cappitaine de toute la bende qui grande estoit, pour laquelle entreprinse faire cathilina pourchassa de avoir l'office de consul. Lors en cellup temps couroit ung bruyt par romme couuertement et secretemêt les ungs entre les autres disans que on machinoit quelque trahison contre la chose publique et que on faisoit aucuns secretz appareilz pour faire en la cite de rôme grande tuerie et occision des bons cytoiens, mais on ne scauoit pas les entrepreneurs. Toutesfois le senat et citopens auoient fiance pour leur seurete et sauuegarde en la prudente vertu de leur consul Cicero, lequel saichant cellup bruyt secretement poursupit la verite dicellup. Adoncques cicero manda secretement venir vers lup une noble femme nommee fuluia a laquelle il promit de grans biens si elle pouoit tât faire quelle peust scauoir aucune chose de celle coniuration par son amp quinte carie qui l'ung des coniurateurs estoit et lup reueller. Ce que fuluia par les belles remonstrances et promesses de cicero accorda. Car elle fist tant par doulces et amoureuses parolles que ledit carie lup declaira non pas seulement tout cellup enorme cas ne la facon et maniere de leur entreprinse et trahyson, mais auecques ce il lup nomma tous les principaulx coniurateurs. Laquelle chose saichant fuluia le declaira tout audit Cicero qui de la congnoissanc

De ce fut moult ioyeulx et de lentreprinse merueilleusement esbahy et trouble en luy mesmes. Touteffoys il nen monstra aucun semblant et differa encores den faire reuelation pource que lors le temps ne luy sembloit pas opportun de ce faire. Mais de luy mesmes il frustra Cathilina de loffice de consul ou il pretendoit pour plus facillement faire son entreprinse. Quant cicero veit son heure decente il declaira au senat la coniuration susdicte de Cathilina et nomma tous ses complices. Lors les senateurs oyans ce eurent grant paour par quoy ilz ordonnerent cicero auecques puissance imperialle de mectre fin & pouruoyance en ce dangereux cas. Pour laquelle charge & auctorite a luy baillee il eut bien affaire a soy garder de Cathilina qui auoit donne charge et commission a Gaye cornelie et a Lucie varginitee de insidieusement occire cicero/touteffois Cicero par sa prudence se garda de ce peril. Adoncques Cicero enuoya querir lentule/cethegue/stutilie/galbinie et quinte capacie coniurateurs/lesquelz non doubtans la cause pour laquelle il les mandoit vindrent armez deuāt luy. Lequel apres q̃ il les eut menez au senat il monstra certaines lectres signees de leurs mains esquelles estoient nommez & specifiez tous les iurez dicelle coniuration/et en les accusant tellement les increpa en recitant la maniere de la trahyson que iceulx coniurateurs attaincts de ce cas furent presentement conuaincus. Adoncques le senat ordonna que lentulle et ses compaignons la presens seroient mys et baillez en seure garde et le lendemain par le decret et sentence du senat cicero present furent lesditz coniurateurs prisonniers condamnez a mort/et fut commis Cicero pour executer celle sentence. Lors Cicero acompaigne des senateurs et dune grande compaignie de gens armez alla par la cite de romme querir de maison en maison lesditz coniurateurs ou ilz auoient este baillez en garde/et lung apres lautre les liura entre les mains des bourreaulx pour les occire et mectre a mort. Laquelle chose tout le peuple regardoit en merueilleuse crainte sans dire aucun mot/mais estoient tous esbahys. Pour cestuy glorieux fait

Cicero eut le surnom de conseruateur du pays lequel nom luy estoit raisonnablemēt donne et attribue veue lexcellence et grandeur de sa vertu dont il acquit grant honneur et glorieuse renommee et grande grace du peuple.

Les choses susdictes ainsi par cicero vertueusemēt faictes vng nomme clodie pourchassa auecques cesar grande inimptie & enuye contre cicero lequel se voyant ainsi opprime par le conseil de ses amys sortit hors de la cite de romme enuiron mynupt et sen alla en lucanye pour se transporter en sicille touteffoys pource quil eut en ces lieux mauuais recueil il print son chemin vers vibone pour aller en brunduse et de la tira en dyrachie/et apres alla en macedoine ou il fut honnorablement receu par vng nomme plancie. Cicero estant en exil pompee pourchassa tellement enuers le senat et tribuns quil fut rappelle a romme ou il eut de rechief grande auctorite & puissance enuers le peuple. Et apres la mort dudit clodie cicero fut fait proconsul laquelle dignite exerceant il acquist grande amytie de pompee et de cesar desquelz il fut honnorablement esleue et soubstenu: puis fut enuoye en la prouince de sicilie laquelle il reduysit en lobeyssance des rommains. Apres ce Cicero alla contre les parthiens lesquelz il vainquit par force darmes/et par industrieux engins quil fist faire il print la montaigne nommee Anianus qui estoit toute la forteresse du pays des parthes et apres print plusie*s autres villes & places moult fortifiees. Puis il conquit Pindinisse qui estoit vne cite si trefforte que iamais roy ne autre ne lauoit sceu prendre ne subiuguer a force darmes fors Cicero. Et apres celle glorieuse victoire cicero retournant a romme passa par Rhoddes et par Athenes ou il eut de grans honneurs et la il receut lettres de la guerre et debat dentre Cesar et pompee/et sefforcea cicero de faire et mettre paix entre eulx par lectres missiues ce q̃ il ne peut faire. Quant cicero fut retourne a romme Cesar escriuit des lectres par

D iii

lesquelles il le prioit que en son entreprinse il ne fust ne pour luy ne contre luy et que il ne allast en quelque part: mais se reposast et fust loing des guerres. Touteffois cicero partit dytalie et sen alla en lost de pompee ou il refusa la charge de larmee naualle dont il fut en grant peril destre tue. Apres la desconfiture de Pompee cicero alla au deuant de cesar victorieux venant a Tharente Duquel il fut honnorablement receu/ et ce fait Cicero sen alla a romme ou il se mit a vacquer aux estudes pource quil ne pouoit plus prouffiter a la chose publicque rommaine qui submise estoit en la dominatíon dung homme particulier.

Icero doncques commencea a se tenir en ses lieux champestres et ne alloit point en la ville se nestoit pour aller veoir aucunesfois cesar/esquelz lieux il composa plusieurs liures iusques au nombre de cent soixante et trois volumes. Apres toutes ces choses cicero fut trouble par tristesse tant par sa femme et parens et pour le mal q il veoit aduenir a la chose publicque par la tirannye danthoine apres la mort de cesar: car cicero pour la deffence de la chose publicque fut en hayne mortelle du tyrant Anthoine/ lequel anthoine se allia de lepide et de octauien et entreprindrent la mort de cicero et de plusieurs autres/ce que sachant Cicero et aduerty de la mort de son frere quinte sen fuyt en tusculain a vng lieu nomme formian ouquel estoient les satellites de anthoine lesquelz occirent illecques cruellement Cicero qui franchement et sans aucune paour les actendit. Apres la mort de cicero Brutus qui tenoit ledit Anthoine prisonnier en macedoine fit par cruelz tourmens mourir cestuy anthoine pour vengeance de la mort de cicero et tous les autres ennemys et hayneur de cicero perirent en la fin miserablement et ignominieusement.

De pithagoras.

Autre coste ensuyuant ie apperceu cestuy saige pithagoras lequel fut le premier nome et appelle philosophe. Et premierement noma, en signe de souuerange, les Philosophe rops Et principallement il nomma philosophie royalle par digne nom. Leql pithagoras fut ne de lisle de Somo filz dung marchant nomme demaratus. Voulant donc pithagoras se adonner et vacquer aux sciences speculatiues sen alla en egipte aprendre les sciences et ars mathematicques/ et apres passa Babiloine pour estudier en astrologie Puis retourna habiter en macedoine et en crete pour contempler et apprendre les loix de licurges/de minos et des autres prouinces de grece. Apres toutes ces choses pithagoras alla en ytalie en la region de Mothomaris/pour laqlle chose il fut le commencement de litalicque philosophie et totallemét il se adonna a la vie contemplatiue/duquel parle monseigneur sainct Augustin en son liure de ciuitate dei/en disant. Itaqz cum studium sapientie. etc. Cest a dire Lestude de sapience se tourne en action et contemplation Dont vne partie peult estre dicte actiue/et lautre contemplatiue Lactiue est dupte et appartient aux choses et affaires de la vie Et la contemplatiue est a conceuoir et chercher les causes de nature. Socrates fut trouue plus excellent en lactiue/mais en la contemplatiue pithagoras a eu plus grant intelligence en laquelle de toute sa puissãce il sest adonne tellemẽt quil a excelle les autres. Pareillement Cicero en son liure de senectute appelle pithagoras prince des philosophes. Pithagoras disoit que les principes et les commencemẽs des choses naturelles ont este produictes du nombre ainsi que de cause materielle/et en ce il contredisoit a platon. Car platon disoit le nombre estre commencement par participation faicte de luy des choses naturelles/et pithagoras par immutation dicelluy en la substance des choses naturelles. Et quant a lame il tenoit ses oppinions mesmes disant icelle estre composee de nombres comme escript tulles au premier des tusculanes. Et apres quelle est separee du corps pithagoras la disoit immortelle et se transmuer en diuers corps ainsi que de luy mesmes il afferme auoir este en forbius cheualier tropen lequel auoit este occis en la cruelle guerre tropẽne. Et apres en icelluy temps pithagoras se trouuoit estre vng an xerenus qui gouuernoit tout le monde vniuersel auquel le peuple ne vouloit iamais repugner. Et seullement iugeoit vne chose estre necessaire. Cestassauoir lamytie la ou il contraignoit ses disciples en sa doctrine a se exposer lung pour lautre a la mort. Laquelle doctrine et amytie damo et pithias garderent entre eulx deux entieremẽt comme escript Valere au quatriesme liure et septiesme chapitre/ et cicero le recite en son troisiesme liure des offices disãt que iceulx pithias et damon garderent le commandement de leur maistre pithagoras en sexposant lung pour lautre a la mort. Car eulx estans deuant le tyrant denis siracusain lesquel voulant faire mourir pithias/ pithias luy requist de sa grace quil le laissast aller vng iour iusques a son pays disposer de sõ heritaige et autres biens en promettãt quil retourneroit incontinent vers luy pour auoir et souffrir la fin de sa sentence/ et que en ce faisant pour seurete luy bailleroit bon et suffisant pleige. Lors denys accorda celle requeste et demande de pithias. Et pour ce pithias bailla son compaignon damon audit roy denys lequel damon consentit et voulut demourer en prison entre les mains de denis promettant que si son compaignon pithias ne retournoit quil estoit content de endurer la mort quil deuoit souffrir dont le tyrant denys fut content. Lors pithias partit et sen alla en son pays auquel auec grans de diligence il disposa et ordõna entieremẽt de tous ses biens et ce fait incontinent sen retourna vers denis auquel il dist quil deliurast son compaignon damon et que il fist de luy ce quil auoit delibere de faire. Adonc denis voyant la magnanimite de pithias retourne fut moult esbahy et eut en grande admiration la foy et amytie de ces deux cõpaignons qui ainsi se offroient mourir lung pour lautre. Et pource denis pardonna a tous les deux et leur pria quilz le voulsissẽt nombrer et aggreablement receuoir estre le troisiesme de leur compaignie et aliance.

Pithagoras doncques estãt vng iour venu a leomptus prince de philiasi (ainsi que escript tulles au cinquiesme des tusculanes) disputa daucunes choses tresexcellemment parquoy leomptus luy demanda de quel mestier ou practique il estoit/ auquel pithagoras respondit quil ne scauoit nul mestier mais quil estoit philosophe. Pithagoras dist ce nom de philosophe par humilite. Et vrayement ce nom luy estoit bien digne et conuenable. Et fault entendre que premierement au temps de pithagoras il appelloit ses estudians sages/ mais depuis a cause que ce nom luy sẽbloit trop fier et arrogant il les appella philosophes/ cest a dire amateurs de sciences. Ce nom doncques de philosophes fut grandement digne et consonant comme demonstre mõseigneur sainct augustin en son huytiesme liure de ciuitate dei au premier chapitre disant. Philizophorum nomen si latine interpretatur amor est sapientie. Et quia sapientia est ipse deus per quem facta sunt omnia sicut diuina auctoritas veritasq3 demonstrat verus philosophus est amator dei. Cest a dire pour interpreter et declarer en latin ce mot et nom de philosophes il vault autant comme amateur de sapience. Et pource que sapiēce nest autre chose q̄ cellup dieu mesme par lequel toutes choses sont faictes z crees ainsi que la diuine puissance et auctorite clerement et manifestement le demonstre vng vray phi losophe doncques est amateur De dieu/par laquelle chose nous tendons tousiours a dieu(au moins deuōs tendre)noz deux puis sances vniuerselles/cestassauoir voulente et entendement ainsi comme a linfiny vray et souuerain dieu. A ceste cause doiuent les hōmes de ceste inclination estre dignement cognommez philosophes. Pithagoras es cript plusieurs belles doctrines et senten ces tresdignes/entre lesquelles il comman doit a ses disciples z auditeurs retenir ceste cy. fugādā sunt omnibus modis et abscin denda lango:a corpore/nupericia ab animo luxuria a ventre/a ciuitate seditio/a Domo discordia/et in cōmuni a cunctis rebus intē perantia Cest a dire A foupr sont et a euis ter en toutes manieres z oster langueur du corps/nupercite dentendement/luxure Du ventre/ sedicion dune cite/discorde dune mai son/et en commun intemperance de toutes choses. Pitagoras a la fin partit dauercq̄s leomptus et sen alla en metaponitus ou il mourut/et fut en telle reuerēce tenu du peu ple q̄ presque on le reputoit cōme dieu / et de sa propre maison ilz lup firēt vng temple.

¶ De socrates.

Apres cedit Pithagoras ie vy tout au plus pres ensup uant socrates et xenophon tus et cellup vieil ardant a qui les muses furent tāt ampes que arges et mice na et trope sen sentent. Cestup chanta les peines et erreurs du filz de lart et de lautre premier paintre Des memoires antiques. Pour lintelligence de ce il est a scauoir(cō me escript laertius)q̄ socrates fut filz dūg nomme sopronisais lapidaire et de phanere te sa femme/ney en vng chasteau appelle a lopacus de la iurisdicion dathenes. Socra tes ainsi q̄ fist platon ne delaissoit nul lieu ou il nallast pourueu que̅ icellup il peust ap prendre aucune Doctrine/mais a cause que les choses encloses Du ciel ne sont iamais permanentes/et celles qui sont au ciel sont occultes et incongneues a noz entendemēs et ne se peuent cōprendre par oppinion vraye A ceste cause socrates dit nulle estre science naturelle. Parquoy il se conuertit tout par acoustumance a la science De philosophie. Pour laquelle chose aristote escript De lui au premier de la methaphisicque et laertius ensupuant et Cicero conforme celles mes mes sentences au cinquiesme liure Des tus culanes/et eusebius au quatorziesme liure De preparatione euangelica et au sixiesme chapitre dit icellup dieu estre vnicque et vni forme et tresparfait bien et intelligence du quel toutes choses et toute nostre prepara tion est Dependante. Apres il dit lame hu maine estre immortelle et apres la separa tion du corps estre subiecte a la diuine iusti ce selon les oeuures faictes en vie/qui con forme sedit de tulles au premier des tuscu lanes lequel Diffinit le monde estre vng paps. Socrates a escript plusieurs dignes sentences qui trop prolixes seroiēt a reciter Et apres ce il mourut es prisons dathenes a cause quil blasmoit leurs pdolatries/et es toit en laage de quatre vingtz dix ans selon cicero/mais selon loppinion De laertius il mourut en laage de soixante et dix ans/et le firent mourir ceulx dathenes de poison ain si que par cy deuant auons amplemēt mon stre en parlant De aristote. Pour laquelle mort de socrates les peuples atheniens fu rent apres si tresdolens que tous ceulx qui auoient este causes de procurer sa mort fu rent les vngs occis et les autres condamp nez et enuopez en exil pour la mourir/et a so crates pour eternelle memoire edifierent vne statue la ou furent congneuz et mani festez toutes ses oeuures et bienffaitz.

¶ De xenophontus.

Xenophontus digne et saige philosophe fut filz dung nom me grillus et ne en vng chas teau appelle artheus pres da thenes lequel xenophontus fut tresbeau De corps et tres vertueux et desiroit comprēdre toutes, estui des. Doncques xenophontus allant vng iour vers Athenes par vng destroit chemin fut rencontre de socrates et voulant passer oultre socrates larresta en luy demandant quelle part estoit son intention darriuer. Lors xenophontus luy respondit quil auoit propose de aller au lieu ou estoient les hommes saiges. Adonc socrates luy dist/ suy moy et aprens A laquelle chose xenophontus obeyt et fist tant par son labeur quil deuint grant et tresexcellent philosophe et souuerain orateur. Duquel xenophontus quintilianus parle a sa grande louenge et valerius maximus au cinquiesme liure et dernier chapitre a la sentence desquelz laertius se conforme. Veritablement xenophontus fut tresconstant et magnanime et grant obseruateur de iustice la ou en sacrifiant vng iour il eut certaine nouuelle que son filz nomme grillus estoit mort en bataille laquelle chose il porta par grande patience, car pour ce il ne interrompit point son sacrifice, mais seullement osta la couronne de dessus sa teste. Et apres quil sceut que sondit filz auoit este occis des ennemys en combatant vertueusement et tres vaillamment il reprint sa couronne et fut presque plus ioyeulx de la bonne renommee et vaillance de son filz quil ne fut douloureux de sa mort. Xenophontus a compose et escript plusieurs choses notables. Entre les autres vng iour il fut iniurie de parolles deshonnestes et villaines par quelque vng auquel il respondit. Tu studium tuum ad maledicendum dedisti. Ego vero conscientia teste)didisci maledicta contemnere. Cest a dire Tu as mis toute ton estude et te es applicque a dire mal et iniures dautruy, mais ma conscience ce tesmoignant iay appris a despriser toutes mauuaises et iniurieuses parolles. Apres toutes ces choses et autres excellentes faictes xenophontus mourut en Corinthe en laage de vingt et neuf ans.

De homerus.

Omerus fut poethe tresexcellent entre tous les autres qui iamais furent en grece, la dignite duquel facillement peult estre congneue considerant plusieurs prouinces en grece estre venues aux armes, seullement en affermant chascune dicelles que homerus auoit este leur citoyen, laquelle chose confirme cicero in oratione en disant que les sallamins et les sauiniens affermoient homerus estre leur citoyen, et ce disoient pour la gloire et excellence qui en luy resplendissoit Marcus tullius cicero dist aussi en iugement de alexandre le grant que achiles se iugea bien heureux seullement a cause que homerus auoit par vers chante ses louenges. Quintilianus pareillement a la collaudation de homerus escript plusieurs bienheureux ditz. Homerus entre autres ses oeuures a descript de la guerre de troye, de la louenge vertueuse dachilles, et des erreurs de vlixes et fut quasi le premier qui donna congnoissance et commencement a lhistoire. Et apres ainsi que recite policratus, homerus mourut en laage de cent huyt ans, et vng peu auant sa mort vng iour ainsi quil alloit sur la riue de la mer il trouua aucuns pescheurs qui luy demanderent leur dire promptement la declaration de ceste proposition et demande. Quod cepimus non habemus et quod non cepimus habemus. Cest a dire. Ce que nous auons prins nous nauons point et ce que nauons point prins nous auons. Adonc homerus congnoissant quil ne pouoit subitement comprendre ladicte demande ne leur en rendre prompte responce print si grant courroux et tristesse que par despit il en mourut.

De Virgile.

Pres ledit homerus suyuoit Virgile le mantuan lequel au stille heroicque iousta auecques lui de pareille eloquence et semblable inuention et fantasie poeticque, lequel Virgile comme escript Seruius au commencement de sa bucolicque fut filz de marcus Virgilius et de maia sa femme citoyen de mentoue, lequel Virgille voulant donner oeuure aux estudes premierement alla en Veronne, apres a milan et dernierement a naples il sexercita, la ou vsant la cheualerie de asinius paulionus et de mestenatus tres

chier a octauien fut de luy tresardamment
ayme. Quinte escript de Virgile au dixies
me de institutione oratoria plusieurs di
gnes et souueraines louëges. Propertius
aussi recite de Virgile disant a tous les au
cteurs et escripteurs Rommains et grecz
quilz se abstinent et cessent de plus escrire/
mais quilz donnent lieu et place a Virgille
comme a leur maistre/ car par ses ditz il se
tenoit et reputoit comme vng dieu. Virgil
le entre autres documens enhorta les en
fans a la reuerence paternelle et escript plu
sieurs beaulx et notables ditz dignes de no
ble memoire et sōt toutes ses oeuures et ge
stes de vertu ainsi qͤ appert par ses liures.
Et lequel Virgille mourut a Tharente en
laage de cinquante et quatre ans/ et apres a
sa grant gloire furent ses ossemens portez
a napples en perpetuelle memoire de luy.

⁋ De eschines.

Ensuyuant apres ie vp es
chines lequel ressembloit
vne tempestueuse et tonī
truante fouldre pleine de
grant feu/ et qui peult sen
tir et congnoistre cellup es
chines verra combien a son bruit sembloit
desia enroue. Pour entendre plus ample
ment ces motz Il est a scauoir quilz furent
huyt notables hommes nommez eschines/
mais cellup duquel ie parle a present fut mer
ueilleusement enuieux de demostenes et es
toit moult saige et tresdigne orateur et excel
lent philosophe/ lequel eschines Cicero et
quintilianus louent tresfort. Cellup donc
ques eschines par sa grāde doctrine fut fait
citoyen dathenes seullemēt pour auoir com
pose vne certaine tragedie et aristodenus
aussi. A ceste cause ilz vindrent plusieurs
fois en concertation et disputation auec de
mostenes/ et entre les autres vne fois a la
cause de thesiphontus a laquelle se susdit de
mostenes fut monstre superieur et eschines
moins eloquent. Pour laquelle chose auec
grant desdaing eschines se partit dathenes
et sen alla a rhodes lequel estant prie du peu
ple recita loraison de demostenes faicte en a
thenes de la cause dessus nōmee dont ceulx

de rhodes sesbahissoient fort en louant la
grant science de demostenes. Eschines es
criuit plusieurs belles sentences et tresno
tables dictz/ comme on lit en loraison de lies
nard darez homme treseloquēt/ ladicte orai
son translatee en latin laquelle ledit Eschi
nes descriuit contre thesiphōtus lequel fut
cher amy de demostenes lequel Eschines
mourut en assez longue vieillesse et aage.

⁋ De solon.

Apres eschines ie ne peu di
re par ordre ne escrire la ou
ie pouoye veoir et regar
der ou cestup ou cellup des
hommes lequel deuoit al
ler deuant ou derriere et si
en veope aller aucuns tristes et molestez/ et
en regardant telle grāt compaignie ie trou
uay que cestoit chose innumerable/ car les
vngs alloient deuant et les autres les sup
uotent en diuerses manieres. Et pareille
ment mon oeil et pensement se desuopoit
du dessusdit oeuure et me faisoit celle veue
beaucoup dignorance et de doubte. Lors a
pres tout ce ie vp solon qui fist la tres vtille
et prouffitable plaincte/ laquelle au iour
dhuy est si mal labouree et produit vng si
mauuais fruict et dangereux/ et auecques
luy estoient les autres six desquelz se loue
et glorifie toute grece. Lequel solon filz de
elcestide du royaulme de salamine desirant
consupure doctrine nespargna cause pour
la chercher. Et lors estāt trescruelles guer
res entre ceulx dathenes et les megeran
ces pour la region de salamine tellement
que lune et lautre partie auoient deffendu
sur peine de la vie que si hardy a homme de
parler dicelle guerre. Solon congnois
sant celle dicte prouince estre grandement
vtille et prouffitable a ceulx dathenes fai
gnit vne grande espace de temps de estre
fol/ et a vng iour auecques gestes et ma
nieres de follies commenca a parler tout
haultement au meillieu de la place public
que dathenes au peuple de recouurer sala
mine/ a laquelle parolle les atheniēs subite
ment esmeuz se mprent en armes tellement

que par ceste saincte follie auec grant hon neur victoire et prouffit conquirēt celle suſdicte prouince de sallamine. Apres laquelle victoire et conqueste il fist encores grant prouffit quant par sa digne operation il conduisit les atheniens a viure soubz les loix. Et apres mourut en cipre en laage de quatre vingtz ans et ordonna a ses gens que a pres sa mort son corps fust ars et les cendres respandues par toute la terre de la region de salamine.

Des six saiges philosophes de grece.

Touchāt les autres six desquelz la grece se vante Le premier fut thaletus milesius/le second chilonus lacedemonien/le troisiesme pictacus mitilenien/le quatriesme biantus priauencien/le cinquiesme cleobolus lydien/le sixiesme periendius de corinthe. Le premier doncques thaletus milisien fut filz dung nōmé examius et de clobolina sa femme et dātique origene descendu de cadmus et de agenor roy de phenicie/lequel thaletus fut le premier appellé saige de grece qui escriuit les astronomicques calēlatirus ou il diuisa lan en trois cens soixante et cinq iours et six heures et voulut tousiours viure en poureté et en estude/laquelle luy estant vne fois reprouchee monstra et prouua estre chose facile enrichir le philosophe et garda le bien publicque en liberté contre cressus Et escriuit plusieurs beaulx ditz et notables et mourut en laage de soixante et dixhuyt ans

Le second qui fut chilonus lacedemonien fut filz de damagetus qui fut le secōd ayant le nom de saige en grece lequel chilon allant ambassadeur a corinthe pour contraicter alliance entre les corinthes et les lacedemonois et luy arriué trouuāt ceulx qui estoiēt cōmis au gouuernemēt dudit lieu lesquelz iouoient aux tables sen retourna sans exposer son ambassade disant quil ne vouloit point contaminer les lacedemonois et leur gloire auec ioueurs de tables. Et finablement mourut a pise vne cité de grece assez vieil daage et de foible nature et cōplexion.

Le troisiesme Pithacus mitilenien fut filz de heradius de trace/lequel cōbien quil fust humain et songneux en estude il ne fut point moins excellent au fait des armes/ car les mitilenies ayans guerre contre les atheniens pithacus se mist en armes contre phition duc dathenes lesquelz combatans ensemble il vaincquit cestuy duc phition et eut plaine victoire de luy. Pour laquelle chose les mitilenes constituerēt ledit pithacus leur seigneur qui se y gouuerna si bien quil mist le peuple en bonnes meurs et honneste maniere de viure. Et ce fait se deposa de sa seigneurie laquelle il auoit possedee dix ans et voulut viure pourement et renonca a grande quantité dargent que luy voulut dōner cressus roy de lidie. Et apres plusieurs sentēces par luy escriptes il mourut en laage de soixante ans en lesbo et la fut enseuely et inhumé Et sus sa sepulture fut seullement mis ces motz Cōgnois le tēps

Le quatriesme qui fut Biantus prianencien et filz dung nōmé tanauicus excellant es estudes que par saphirus grant hystorien grec fut premis deuant tous les six saiges de grece pour la prudence quil auoit Lequel voyant la cité de preimene assiegee par le roy asiacus et que celle cité estoit en extreme necessité de viures ledit Biantus fist et ordonna de bien nourrir et engresser deux grandes mulles et les fist mettre hors la cité bien grasses affin quelles fussent veues et prinses des ennemys. Ce que iceulx ennemys firent et les menerent deuant ledit roy asiacus qui moult sen esmerueilla et luy et ses gens disans que la cité par eulx assiegee nauoit pas grande necessité de viures veu q̄ les mulles y estoiēt si grasses Pour laquelle chose le roy enuoya dedans la cité vne espie pour scauoir de lestat et disposition de la cité de preimene. Ce que sachant Biantus fist mettre en plusieurs parties de la cité de grans monceaulx de sablon et par dessus les couurir de froment. Et lors ce voyant lespie sen retourna au roy tout esmerueillé en luy disant que dedans la cité y auoit grant habondance de froment. Pour lesquelles choses Asiacus leua son siege et sen alla. Et ainsi par la prudēce de Biantus fut la cité de preimene deliuree et sauluee. Lequel Biantus estoit grant obseruateur dāptié et fist plusieurs belles et dignes

sentences et apres mourut assez vieil daage
¶ Le cinquiesme qui fut cleobolus digne philosophe estoit de charias filz dung nom̄me enagora et par antique naissance descendu de hercules/lequel cleobolus pour apprendre doctrine & les lettres chercha toute egipte & asie et eut une fille nommee cleobolina qui fut tresexcellente en poesie. Cellup cleobolus escriuit ceste sentence dubieuse.
Il ya ung pere qui a douze filz et a chascun deulx ya trente belles filles de belle forme et diuerse/et les unes sont blanches & les autres noires/elles sont immortelles & toutes meurēt. Apres que ledit cleobolus eut escript plusieurs autres belles sentences il mourut en laage de soixante et dix ans.
¶ Le sixiesme et dernier qui fut periendus de corinthe estoit filz dung nomme cipselo/lequel periendus apres son exercice des estudes congnoissant quil approuchoit de la mort se delibera quon ne peust trouuer son sepulchre/pour laquelle chose faire il conduysit deux iouuenceaulx en une petite ysle et leur encharga q̄ la prochaine nuyt a la premiere heure ilz tuassent le premier q̄ se trouueroit en icelle et que secretement lenterrassent. Et apres il en mena quatre autres au mesme lieu ausquelz il dist que en la seconde heure de la nuyt prochaine ilz tuassēt les deux premiers quilz trouueroient en leur chemin et apres les boutassent en terre. Apres ce il en mena plus grant nombre ausquelz il bailla semblable charge. Lors periendus alla tout expres en la premiere heure en cellup lieu ou il fut des deux premiers occis et mis en terre/lesquelz deux furēt occis des quatre & les quatre des autres. Et par ainsi aduint que pour le nōbre des mors on ne sceut trouuer le lieu ou estoit enterre periendus.

¶ De marcus varro & autres

Apres les six prenommez hommes saiges ie vy grant nombre de tresexcellens personaiges en lettres et en doctrine non moindres que les susditz grecz/cestoient noz gens latins qui auoient pour duc la tierce grant lumiere rommaine/laquelle tant plus on la regarde et plus se treuue clere et resplendissante. Lung desquelz estoit marcus varro tresprestant citopen rommain homme tres eloquent et habondant en hystoires et de diuine philosophie et theologie q̄ escriuit tresgrant nombre de liures et mourut en assez vieille et competente aage. Auecques luy estoit Crispus salustius tresdigne citopen rommain qui escriuit plusieurs volumes de la coniuration de cathilina et de ses complices par cicero pugniz et de la guerre de iugurtha Et a salustius oultre ces hystoires escript plusieurs belles sentences Pour lesquelles choses ie lay nomme la tierce lumiere de romme en comptant cicero le premier/ varro et virgille les secondz et Salustius le troisiesme. ¶ Auecques salustius main a main venoit ung lequel eut la enuie et le vy tort et non auec droit courage/cestassauoir le grant padouen titus liuius qui fut surnomme le fleuue deloquence et dhistoires lequel porta enuye a salustius en escriuant cent quarante liures traictās du commencement de romme iusques au temps de octouien/et la derniere guerre dont il traicte fut celle de drusus contre les germains/au texte duquel traicte ya plusieurs bons notables Et mourut Titus liuius a padoue la quatriesme annee du regne de tiberius cesar enuiron laage de quatre vingtz ans. La sepulture duquel est encores au iourdhuy manifeste en padoue.

¶ De plinius.

De renommee

Aprés de titus liuius ce pendāt que ie regardoye ie vey soubdain acourir plinius de Veronne qui fut moult habille a escrpre et peu habille a mourir. Car il y eut deux plinius/cest assauoir loncle & le nepueu entre lesquelz y eut grande confor mite touchāt lescrire & grande dissimilitu de touchāt la mort Lequel plinius nepueu vendt a romme fut proconsul en affricque et aprés preteur despaigne/par le moyen et rescription Dnql traianus ne voulut plus faire occision de chrestiens et se abstint par les admonicions & persuasions dicelluy de les persecuter et molester. Et escriuit plinius lhystoire du commencement du mōde iusqs a son aage au liure lxx viiie. & mourut a romme bien vieil de sa mort naturelle Et lautre Plinius son oncle qui auoit de grans heritages pres le lac Cumanus fut grant escriuain et de choses excellentes qui estoient les hystoires rommaines du commencemēt de romme iusques en son temps ou liure xxx viiie. esquelz liures sont contenus plusieurs notables ditz et infinies sentences. Et luy estant prefect de larmee a Micene es kalendes de nouembre vne nuee en semblance dung arbre saillit de la vallee du mont Vesenus qui est au dessus de naples. Lors sa seur estant aux estudes luy annonca ceste eleuation de la nuee/ce q regardant plinius se delibera monter sur ladicte montaigne & regarder de quel lieu et endroit pouoiēt saillir ces noires & espesses vapeurs/et ce pendant quil estoit la se leua de celluy lieu vne grande impetuosite de vent & la montaigne cōmenca a esmouuoir flāmes ardantes & a gecter puātes odeurs de soulphre fort molestātes a sentir/Dont plinius estant enuelope de celle puante tempeste entre deux de ses seruiteurs cheut a terre estouffe & mort. Parquoy veu quil se pouoit sauuer il ne fut pas si aduise ne si habille a sa mort comme il fut a escrire Mais par son obstination mourut follement.

⁋ Du grant platonicus plotinus et autres.

fueillet. lxxx

Dpuant aprés ie vey le grant Platonicus plotinus lequel cuydant viure en repos et a sauluete: neātmoins il fut attainct de sa fiere et immobille destinee et fortune/laquelle estoit creue des son ventre maternel iusques au long de sa vie/parquoy contre icelle ne valut aucune prouidence ne prudence Laquelle fortune & destinee est vne chose diuine regente et disposante les choses extremes et a venir Lequel susdit plotinus fut digne et saige philosophe ne en alexandrie ou pays degypte filz dung sculpteur/et estoit de petit corps et non gueres beau & fut disciple de hamonius alexandrinus soubz lequel il vacqua vnze ans aux estudes auec origenes et simacus Et aps alla en perse en iudee pour apprendre lart magicque Puis sen vint a romme apant laage de quarante ans. Et luy qui estoit homme de grande constance/ sobriete et de iustice par chastete ne voulut iamais estre marie et fut grant disceptateur de la doctrine de platon dont il est nomme le grant plotinus platonicus. Et luy estant a romme grant nombre de hommes y moururent de la peste qui estoient ses grans amys/et pource quil fut malade dune moult griefue maladie luy estimant guerir sil estoit dehors Romme et que il changeast dair se fist porter en vne petite ville en la champaigne de romme laquelle estoit nommee zetus ou demouroit vng sien disciple et illec en briefz iours mourut en laage de soixante et six ans ou enuiron Et ainsi luy qui auoit des le ventre de sa mere apporte ceste fortune maladie ne peut par sa prouidence & changement de air faire tant quil ne mourust. ⁋Apres celluy plotinus ie vey supure Crassus anthonius et hortancius/sargius/galba et caluus licinius/lesquelz ensemble auecques asinius pollionus leuerēt la teste auecques orgueil armant leurs langues contre cicero cherchant les infamies lesquelles furent indignes et totallement faulces/desquelz ledit crassus fut grant et digne orateur qui eut grant engin et valleur en estudes et domestiques disciplines Et anthonius fut pas

P i

Le triumphe.

reil a craſſus Et de Hortancius la tres cle
re et ſaige voix euſt eſte aſſez digne a tous
les auditeurs grecz et latins/ ſergius gal
ba fut preſtant en eloquence et prince des
latins Et caluus licinius ſil ne fuſtpoint
mort en ſi grande ieuneſſe il neuſt pas eſte
moindre que tous les autres Et octauius
tant par ſa doctrine que par ſa puiſſance la
quelle il auoit aupres de Auguſte luy ſem
bloit aſſez diminuer de ſa gloire ſil ne ra
baiſſoit celle de cicero la ou enſemble auec
ques Caluus commencea a blaſmer ledit
cicero en luy eſcriuant epiſtres eſquelles il
mettoit doulces infamies.

De thucidides et euclides.

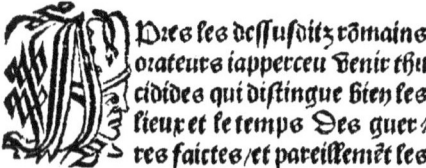pres les deſſuſditz rōmains
orateurs iapperceu venir thu
cidides qui diſtingue bien les
lieux et le temps des guer
res faictes/ et pareillemēt les
treſfortes oeuures des combatans/ et par
ticulierement quel champ ſe tainct & de quel
ſang/ et enſemble auecq luy encores eſtoit
herodotus pere et iuge raiſonnable de lhi
ſtoire grecque. Suyuant leſquelz arriua
le noble geometrien euclides ǭ tout painct
eſtoit de triangles/ de ronds et de formes
quarrees/ lequel fut megateſien ſouuerain
en lart de geometrie/ et mourut en nageant
au fleuue alpheus ou il ſe bleſſa dune groſ
ſe cane laquelle eſtoit rompue en leau. Et
apres luy eſtoit cettuy prophirius lequel en
uers noſ et la chreſtiēne religion deuint dur
en ſemblance de pierre & de ſilogiſmes aguz
& ſubtilz argumens et de nouuelles armes
et inuſitez ſophiſmes/ car au temps de con
ſtātin iceluy prophirius eſcriuit pluſieurs
choſes contre les chreſtiens ou il ſe mon
ſtra leur treſgrant ennemy.

De ppocras et autres medicins.

De renommee   ffueillet. lxxx vi

Duuant lequel ie congneu cestuy de cros qui fit assez meilleur oeuure en ses emphorismes ainsi q̃ de luy furent entenduz des medecins. Ce fut ppocras digne et tresexcellent medecin filz dung nõme asilepius ne de lisle de cro lequel apres la mort de esculapius reduysit a lumiere et dignite la science de medecine qui soubz terre auoit este cinq cens ans celee & elle estãt premierement fondee en experience ppocras la descriuit en canons & reigles vniuerselles auec raisons naturelles & mourut en laage de quatre vingtz & quinze ans. ⁌ Apres ppocras par traict de temps ie vy venir appollo & esculapius lesq̃lz estoient tant clos et comprins de la distance du temps que a peine la veue les pouoit comprendre tant estoient de long aage enuelopez et leurs nõs obscurcis. Ioignant lesquelz suyuoit vng de pergame auq̃l pendoit la science de medecine laquelle est au iourdhuy gastee a entre nous et en son temps nestoit point vile, et estant icelle aux predecesseurs estudiãs confuse et obscure il lestendit et la illustra & declaira. Car pour la grant cupidite & auarice des medecins tirans plus a la gaigne que a la science et pretermectant les bonnes estudes necessaires sãs lesquelles medecine est totallement imparfaicte. Icelle science se abolist de iour en iour. Et cestuy susdit de pergame dont est question fut galienus qui la declaira et extendit en tresgrant nombre de volumes et de liures tellement que celle science fut en son temps tenue de grant extimacion et renommee.

⁌ De anaxarcus et xenocrates et autres.

Pres Galienus ie vey arriuer anaxarcus homme virille & tresuertueux lequel pour vne responce quil fist a nycocreonte au souper du roy Alexandre fut martire par nycocreonte qui commanda quon couppast la langue audit Anaxarcus pource que en tous ses tourmens il ne cessoit de increper la tyrannie et cruaulte de nycocreonte.

Lors quant anaxarcus entendit ledit commandement auecques ses dens se transonna la langue et la cracha au visaige de nycocreonte et ainsi mourut vertueusement sans iamais faire vne seulle complaincte.
⁌ Suyuant icelluy anaxarcus suyuoit xenocrates lequel sentretenant tousiours plus ferme & continent comme vne pierre: nulle force fut iamais q̃ le sceust retourner a aucun fait lasche et operation vile, lequel fut calcedeyn filz dung nomme agathenor & disciple de platon et viuoit en telle continence et prudence et grauite que le peuple dathenes eut telle enuie sur luy que quant il passoit par le chemin grant multitude de peuple couroit au deuant de luy pour luy empescher sa voye. Et en icelluy temps estoit vne femme commune impudique nommee phryne laquelle se vanta de oster la chastete a xenocrates, pour laquelle chose faire elle alla vers luy luy priant que il couchast vne nupt auec elle, ce que consentit xenocrates. Touteffois eulx deux couchez ensemble quelques misteres quelle luy fist iamais ne sesmeut a lubricite non plus que vne pierre dont le matin ceulx de athenes se mocquerent delle disans quelle nauoit riens fait. Ausquelz elle respondit que elle ne pensoit point auoir couche auec vng homme, mais auec vne statue de pierre. Et vne autresfois ses disciples luy mirent a coucher auec luy vne autre femme plus lasciue q̃ la premiere laquelle luy fit tant datouchemẽs amoureux quil sesmeut: et quant il se sentit esmeu luy mesmes se brusla les genitoires et apres plusieurs dignes operations par luy faictes il mourut assez vieil daage auecques grant douleur et dommaige de ceulx de calcidopne et dathenes. ⁌ Suyuant xenocrates vint Archimedes contemplant auec le visaige bas et le regard en terre fermement, lequel fut de siracuse homme tres saige & parfait geometrien qui fut occis par vng centurion rommain a la prinse de siracuse par les rommains faicte par la conduicte du cappitaine marcellus. ⁌ Apres lequel Archimedes ie vy arriuer tout pensif democritus q̃ par son propre vouloir estoit casse et priue dor et de lumiere et de veue, lequel fut filz dung nomme damacipus

p ii

et tresardant aux lectres tant q̃l fut tresex=
cellent philosophe et bien gardant la specu=
lation de geometrie/et pour mieulx enten=
dre aux choses speculatiues luy mesmes se
priua de sa veue affin que le regard ne len
destourbast/et auecques ce il ne pouoit re=
garder vne femme sans desir charnel par
quoy il se creua les peulx et apres mourut
aupres de hermipus tresvieil daage et par
sa naturelle consummation. ⁋Apres de=
mocritus venoit hippia/q̃ le vieillart hardy
de dire en athenes quil scauoit toutes cho=
ses/cestoit gorgias leontinus qui vesquit
cent sept ans pour quoy il est appelle vieil=
lart/et lheure quil mouroit disoit quil es=
toit desplaisant de mourir q̃ de habandon=
ner ce monde a lheure que il commenceoit a
bien parfaictement apprendre/q̃ fut maistre
de psocrates et mourut en laage susdicte.

⁋De archesilaus/heraclitus
et autres.

Dignant cellui gorgias ie vey
archesilaus esmeu/doubieux et
incertain de chascune chose leq̃l
fut filz dung nomme sentho et
aucteur de la secte achademicque et grant
philosophe/orateur et excellent poete qui ia=
mais ne se alloit coucher et ne se leuoit quil
neust diligemment estudie les oeuures de
homere/lequel plein damytie congnoissant
la necessite de maladie dung sien amy nom=
me cresibius qui honte auoit de le requerir
archesilaus print vng sac plein dargent et
faignant daller veoir ledit Cresibius luy
mist secretement soubz ses robes cellui sac
dargent/q̃ iamais archesilaus ne voulut a=
uoir femme ains mourut vieil sans engen
drer aucus enfans. ⁋Tout au plus pres
de luy ie vy arriuer heraclitus couuert en
ses dictz et en ses sentences lequel fut de
asie excellent philosophe qui se fondoit en
si parfondes sentences que nul apeine les
pouoit entendre ne comprendre dont apres
sa mort eut le nom de obscur. ⁋Puis le
suyuoit dyogenes cynicus en ses dictz et
operacions plus clerement mort q̃l ne vou
loit honte et vergongne lequel fut filz de
synopeus q̃ qui en son premier aage se adon

na a faulser les monnoyes par quoy il fut
enuoye en exil dont par loracle de appolo
il sen alla en athenes ou il trouua le philo=
sophe Anthistenes a qui il se donna pour
disciple soubz lequel il se corrigea q̃ prouf=
fita moult es lectres/et tousiours habitoit
et tenoit son domicille dedans vng ton=
neau que par engin il tournoit selon le rap
du soleil/et soubstenoit que toute richesse
oultre lusaige quothidien estoit chose super
flue et blasmoit moult toute volupte/et a=
pres que il fut mort vieil daage ne vou=
lut point que son corps fust enterre.
⁋Consecutiuement ie apperceu marcher
en renc cellui lequel iopeulx en son courage
et sans aucune moleste veit ses champs es=
tre incultiuez et deffaictz estant luy char=
ge de autres merites de la digne science
par lesquelz il cuidoit les pactions de telle
permutacion auoir este en luy enuieuses.
Cestoit anaxagoras filz dung nomme he=
gesibulus et disciple de anaxamines tres
riche de heritaiges qui pretermist toutes
choses pour se adonner aux estudes litte=
rales en distribuant son patrimoyne a ses
voisins et mist en oubly tous ses autres
biens temporelz pour sa curiosite dappren
dre science. Parquoy vne fois luy estant re
prins a cause q̃l nauoit point de cure de ses
biens ne de son pays icelluy Anaxagoras
estendant ses bras et monstrant le ciel leur
respondit. Toute ma cure et sollicitude est
a ce souuerain et hault pays/et si ieusse vac
que et entendu a cultiuer et faire entretenir
mes heritaiges ie neusse pas acquis le bien
spirituel et infallible que iay. Apres ce il
mourut de mort naturelle en Lampsacus
ou il fut treshonnorablement inhume.
⁋Pres de luy estoit le curieux Dicearcus
qui fut tresdiligent et songneux hystorien.
Auecques lequel ien vey venir trois assez
non egaulx: mais differens a leur maistri=
se: cest assauoir quintilianus/seneca et plu
tarchus/lequel quintilien est manifestemẽt
congneu et cler par les oeuures de luy com
posees Et senecque fut de cordulense pre=
cepteur de Neron et tresgrant et familier
amy de sainct Paul/lequel senecque neron
fit mourir tirannicquement/q̃ Plutarcque
fut theronensoys et grec par nature qui fist

les illustres vies des vertueux rommains et atheniens tant belliqueux que orateurs et composa autres liures tant en philozophie que en theologie et hystoires.

¶ De permenides & autres.

Apres les trois prenommez iap perceu aucuns q estoient com me mer troublee auec diuers vens et auec les engins vni uerselz & vains lesquelz ensem ble eurent loy comme lyons & dragons et serpens & eulx enuelopans auec leurs queues se couploient ensemble dont voyant ce ie dis. O quelle disposition est ceste de ces sciences ql semble que chascun se contente et se rappaise de son scauoir/la quelle science de dyaletique est linstrument de toutes les autres sciences et est lart des artz pour disputer/lesquelz dialeticiens ou actiens estoient en grant nombre dont le premier estoit permenides disciple de zeno phanes aucteur & inuenteur de ceste digne congnoissance & faculte/lequel fuyant tou te compaignie humaine habita le mont can casus ou ainsi quil dit il trouua logicque. Et auecques luy estoient ses posteres ar tiens/alexinus/alpharabius/simplicius/ argazeles/porphirio/vlmentones/clientos nus/chantisberus/strodus/heudix/Jehan veneur/albert allemant/ferabric/pierre des paigne/le subtil pierre de mantoue/otham/ gaultier & aucus modernes excellens/paul de la pergole et paul venitien/et le trescler preceptre alexandre senois & plusieurs au tres. ¶ Apres lesquelz arriua carneades si elegant & habille en son lyre/diligent aux estudes/et esueille au comprendre que luy parlant de quelque chose que ce fust vraye ou faulce a peine se pouoit discerner tant fut prompt a expliquer les paroles. Lequel viuant long temps mist sa cure & large vei ne a lengin/et la diligence a concorder les pars contraires/lesquelles la fureur lectree conduysoit a guerre: neantmoins il ne se peut faire/car ainsi que croissoient les artz aussi croissoit lenuye/laqlle ensemble auecques le scauoir respandit les venins es cueurs ia enflambez dorgueil. Et lequel susdit

carneades fut filz dung nomme philoconi qui disputa plusieurs fois contre laertius/ et vesquit cent dix ans. Et vng mesmes iour en estudiant il fist fin a sa vie.

¶ De epicurus/lipus & autres.

Dpuant icelluy carnea des estoit Epicurus qui se arma contre le bon et diligent Cyrus/lequel haulcea lhumaine espera ce mectant & affermant no stre ame estre du tout immortelle. voulant icelluy epicurus et estant hardy dire non es tre telle/mais corruptible & caducque pour laquelle cause se diminue assez sa renomee/ laquelle chose pour affermer le contraire es toit tresfameuse et excellente a sa lumiere/ lequel epicurus fut dathenes filz dung no me emocles/et pource quil ymaginoit lame estre commissionnee de feu et esperit il con cluoit icelle estre mortelle & fallible. Laqlle chose en pleine disputacion et par force dar gumens Cyrus soubstint le contraire. ¶ Apres celluy epicurus ie vy lipus & lau tre brigade et compaignie egalle audit mai stre epicurus Cestoit metrodorus et auec ques luy Aristipus egaulx a la secte epicu ree/lesquelz auec grandes raisons furet iu gez plus excellens & fameux. Lequel lipus fut disciple de taletus milesius qui fut re pute dengin tardif & imbecille. Touteffois il mist grant peine & curiosite de apprendre & vacqua songneusement aux estudes. Mais metrodorus qui fut disciple depicurus fut beaucoup plus ingenieux et vif desperit. Et Aristipus sen alla estudier en athenes soubz la discipline de Socrates/et luy es tant venu en tresgrande parfection sen alla en sicille vers le tyrant denys roy de sira cuse qui le receut honnorablement & se repu toit tresheureux de lauoir en sa maison.
¶ Tout au plus pres ensuyuant ie apper ceu crisipus tistre vne tressubtille toille a uecques vng moult grant sifflet & merueil leux fuseau lequel fut filz dung nomme appollonius & disciple de zenonus stoicus/ et fut tresparfait en dialetique & en philoso phie/et escriuit grande multitude de liures/

entre lesquelz luy estant ia vieil en laage de quatre vingtz ans en composa ung qui est tresnecessaire pour la longue vie/& aps mourut en laage de quatre vingtz trois ans.

¶ De zenonus.

La fin de ce chariot triumphal de renommee ie vey le pere des stoiciens qui fut esleue au dessus deulx/cest assauoir zenonus leql pour faire cler son dit monstra la main ouuerte & le poing clos pour fermer son oppinion vaine. Et apres ce il retourna ses yeulx en autre part plus excellente & de plus grande vtilite a lentendre. Lequel zenonus cyticus de cippre fut filz dung nomme muasicus insigne philosophe et disciple de cratetes pere et aucteur de la secte stoicque/& fut de si grande veneration vers ceulx dathenes quilz le couronnerent dune couronne dor/& apres luy osterēt les clefz de leur cite. Et luy voulant monstrer la difference entre dialeticque et rethoricque figurant rethoricque monstroit la paulme de la main ouuerte/et figurant dyaleticque il serroit et fermoit le poing. Et icelluy zenonus escriuit plusieurs liures et sentences stoicques et mourut en laage de cent et sept ans/et fut ensepulture auec grant gloire et honneur.

R apres auoir nombre tant de notables hommes & demonstre lestat de chascun deulx auecques la pleine intelligence tant des armes/ de la secte de philosophie et de chascune generation destudes/et dicelles racompte ses dignes et excellens hommes lectrez maintenant est chose conuenable,retourner les yeulx en autre part a speculer & veoir toutes les precedentes dispositions estre du tēps obscurees/ou veoir veritablement ce determiner q̄ autre que renommee soit le vray obiect de nostre voulente.

¶ Cy fine le quatriesme triumphe de messire Francois petrache q̄ est du triumphe de renommee. Et ensuyt le cinquiesme triumphe qui est le triumphe du temps.

Du temps　　　　　　　　　Fueillet.lxxx viii

ℂ Tempus vincit famam.

℃ Le poethe.

En cestuy mesme temps deuant le cler soleil auec sa bien aymee et ioyeuse aurora sailloit de son logeis et tente dor tout ceint et enuironne de rayes ioyeuses / cleres et resplendissantes enuiron laube du iour si tost et auecques si grande velocite et promptitude que on diroit que en vne fois et mesme instace il se fust ensemble couche et leue vng peu dessus lesmispere. Et aisi quil est

p iiii

de coustume faire aucuneffois aux saiges hõmes et prudens il regardoit tout autour de luy et en soy mesme disoit par maniere de courroux et de pre. Que fais tu tant/que penses tu? Pas ne te convient auoir cure ne soing de toy mesmes/car tu vois que si hõme q est de soy mortel a par vertueuses operations au mõde vescu fameux et glorieux pour mourir ne sault point hors de sa renõmee. Que sera dõc de la loy vniuerselle q le ciel a establie et faicte a entre nous. Jay doubte quil luy soit necessaire estre vaine laquelle luy est telle que la chose q receuroit variete du ciel ne pouoit en aucune maniere estre eternelle et toute chose qui est soubz le ciel na aucune permanence et ne peult estre perpetuelle/mais lhomme qui est procree de chose variable dessoubz le ciel par renommee demoure tousiours en vie et eternelle memoire. Ceste renõmee des hommes vertueux et fameux (et mortelz) croist en mourãt a laqlle mort se deuroit totallemẽt estaindre et deperir Certainement ie voy en brief tẽps mes glorieuses et excellentes oeuures estre cõduictes a la fin de laquelle chose iap grãt dueil et enuie. Car quelle iniure puis ie plus attendre et que me scauroit il pis aduenir, ou que peult lhõme en terre plus hault posseder auquel par singuliere grace vous sentiers demanderoye par supplication a leternel facteur estre a tel hõme fameux egal quant par renommee ie demoureroye eternel/car estant ceste renommee perpetuelle au monde aucune chose ne me possede point plus au ciel que font les hommes. Quatre cheuaulx au grant occean auecques merueilleuse estude et diligence ie paistz et nourris et dõme et contrains lesquelz en leurs concours sont treslegiers et neantmoins ie ne puis seullement dommer et estaindre la renommee dung seul homme mortel Et vrayement ceste chose est a moy vne tresgriefue iniure pour prouocquer courroux et nom de mocquerie a moy entreuenir pour ceste vanite quant ores seroye au ciel non seullement le premier planette/mais le second ou tiers. Pour ces causes il conuiẽt que chascun mien zele et voulente affectee semblase et enflambe contre la renommee des hommes pour applicquer plus cleremẽt lefficace de mon operation et que mon vol et legier discours leur redouble leurs dommages/car ie porte enuie aux hommes et si ne le cele point et nay aucune honte de le dire Entre lesquelz hommes il aduient aucuneffois que mille et mille et encores apres mille aucun homme est apres sa mort plus cler et fameux et mieulx renõme quil nestoit en sa vie. Et moy de toutes peines perpetuelles ney ay riens dauantaige/cest tousiours tout vng veu que tel que ie soye au commencement suis et seray et deuant que iamais la terre fust cree et establie et voys tousiours tournoyant de iour et de nuyt autour dicelle terre par le chemin de la mienne espere qui est infinie/car mon tour circulaire na aucune fin ne arrest.

Pres que le soleil eut par courroux et indignation termine son langage plaintif soubdainemẽt auecques grant pre et desdaing reprint son cours assez plus legier et auecques plus grande hastiuete et velocite que ne se meut le faulcon qui du hault et de la summite de lair descend furieusement a la proye. Et encores beaucoup plus tost que auecques le pensement il nest possible supure la voltee ne que langue ou stille poethic que le puisse explicquer pour laquelle chose ie le regarday auecques merueilleuse tresmeur Car tel cours legier se doit craindre qui nous conduyt a estat ou nous est oste lentendement des oeuures et ou la iustice rigoureuse a lieu et ne se peult prouocquer misericorde.

Oncques considere si grande celerite et velocite du mouuement des corps glorieux et celestes ie tiẽs nostre vie mortelle et trãsitoire a beaucoup plus grãde vilite que premierement et deuant la cognition dicelle ne sauoye tenue et extimee noble et treshonneste et gentille/car ie voy et congnois icelle vie temporelle estre soubmise a tant de calamitez et miseres q̄ nulle chose peult auoir duration presente que vng diuisible mouuement veu que continuellement lhomme se varie et transmue et le si peu de iours que auons a viure sont tant plains d'infinies miserabletez comme a molestes/a trauaulx corporelz/aux cures et soings despe rit/aux troublemens de courage/a lennuy du cueur/a malladies/aux passiōs de lame aux subiections de vices/aux pensemēs de mort/aux ruines et tourmens desseruiz par noz innombrables pechez tāt quil est necessaire a lhomme que en meditant toutes ces choses croisse continuellemēt en son cueur toute melencolie. Auecques ce que si tresgrande celerite nous cōduit si soubdain a la mort que nostre vie nest que vne vmbre legiere hastiuement courāt tant que nous sommes tous esbahis quant nous nous voyons despourueuz de vertus et bōnes operatiōs attrappez au douloureux et angoisseux irremediable pas de la mort. Dont est bien a reputer vile ceste vie terrienne et dangereuse a lame. Lors pour celledicte consideration me sembla vne vanite terrible mettre et fermer son cueur en choses que le temps foulle et conduit/laquelle pendant que lhōe pensant et croyāt les posseder plus les estraint et amasse lors plus tost passent et se monstrent caducques. Car toute chose temporelle premierement desiree et apres selon sa voulente possedee nest riēs sors que toute vanite des vanitez et affliction desperit. Honneurs mondains/dignitez/biens et richesses temporelles lors que lhomme y est le plus esleue et cuyde plus seurement les posseder cest a lheure/ou que par enuie ou par faulte de meschancete/ou par faulte de bon gouuernement ou par la mort trop prochaine il en est destitue et mys hors. Donc celluy qui met son esperance et son cueur en toutes ces choses na aucune asseurāce icelles luy pouoir durer vng seul iour entier veu que dessus iceulx domine la fortune executeresse de la diuine voulēte. ¶ Doncques quiconques craint de son estat pouruoyr bien a solider icelluy ce pendant quil a en terre la puissance et gouuernemēt de larbitre de mettre toute son esperance en la cho

se ferme/stabile et diuturne et tellemēt pouruoyr en sa vie de son cas aduenir eternel que quant viēdra a la mort que aucunemēt il ne la craigne/mais puisse dire. Ie desire estre dissoult et separe du monde pour estre auecques mon dieu eternellemēt. Et pour ce faire oste lhomme son cueur hors de toutes vanitez mondaines qui sont causes de blesser lame et mettre totallement son couraige et sa pensee aux biens de lame pour le salut dicelle qui est en iesuchrist/en vertus et dignes operations et en vacquant aux commandemens et seruices de dieu qui est vng tresor a acquerir infaillible/mais permanable et incomprehensible.

Oncques pour a la disposicion de moymesmes ramener ceste des mōdains laquelle entreuiēt par la celerite du tēps contraint suis mexcuser premierement le pouoir redire tant suis embrase/car a peine se peult auecques lentendement humain comprendre estant la latitude de la velocite infinie ainsi qu'en est luniuerselle oppinion des philosophes/et mesmemēt moy calculateur disant que quant ie vy le temps aller et passer si legier derriere sa guyde qui est le soleil ie ne le puis redire/car tel est mon espoir/cōme ainsi soit que quasi en vne mesme heure ie vy estre pres les roses et le grāt froit de la glace auec le grāt chault que a le redire cest chose mirable/laquelle se faisoit par la hastiuete du soleil qui haste le temps et la saison si treslegierement que les deux choses cōtraires se treuuent quasi tout ensemble/cest a scauoir froit et chault. Et pource ie vueil exciter les viuans en reclamant les hōmes mortelz dauoir ceste telle verite considerer et comprendre que silz ont failly ne demeurent obstinez en leurs erreurs/mais le confessent et se repentēt auoir fait telle oeuure car qui bien regardera droit a la verite de la precedente sentence auecques ferme propos et entier iugement verra estre ainsi comme iay dessus escript/et que nostre vie est de si petite duree quelle na nul indiuisible instāt au regard du temps et eternelle duration. Donc en nostre fuitif espace de viure deuons entendre a disposer noz cueurs et noz oeuures a cōsuyure la fin a laquelle natu re humaine a este de dieu eternel au monde produicte et terminee et qui est incongneue a lhumain entendemēt. Pour laquelle chose ie cōsiderant que au temps de ma ieunesse nay point veu et congneu ceste susdicte celerite ie me courrouce en moy mesme et me eschauffe de pre en enhortant les autres de voir auec plus ferme et meur iugement la considerer. Par quoy maintenant ie subioinctz quel fut le moyen par lequel ie fuz deduyt a la dessusdicte negligēce disant que ia mon esperāce supuit les vains desirs la ou par telle operacion ie fuz cōduyt en grāt erreur au temps de ma ieunesse. Et a present en ma vieillesse iay deuant mes yeulx vng cler mirouer auquel ie me voy et semblablement congnois combien griefuemēt et fort errant ie puis auoir failly. Car ie estant ieune fuz tout abuse es delices et plaisances du mōde la ou ie vy les vaines doulceurs qui ont en moy mesmes dune suauite abusiue repeu mon cueur ieune. Par quoy moy sorty hors de celle ieunesse en mō vieil aage se mist deuant mes yeulx le mirouer de ma conscience dedās lequel ie regardoie quelle estoit la disposicion de moy mesmes et de quelle nature et condicion ont este mes operacions precedentes dont ma consciēce fut iuge, q fut en moy le plus grāt moyen a me retyrer des mauuaises operaciōs et delectacions mondaines. Pour lesqlles choses de toute ma puissance ie me disposay et fis mes apprestz a ma fin et mort prochaine pour y estre plus seur Cestassauoir en nettoyant ma conscience et en acomplissant les cōmandemens de dieu. Et en pēsant a toutes heures a la briefue espace de nostre vie me sembla q ie me trouuay au matin petit enfāt et apres au soir me trouuay vieil pour la briefue espace du tēps et legier circuyt de nostre vie. Mais quelle et plus longue se peult iuger et extimer le cours de ceste vie mortelle sinon que dung iour et bien petit, laquelle vie nest que vne nuee et neige qui se passe et se consume legierement, et nest q vng froit remply de nuyt et de tourmens. Donc a qui peult ceste vie ressembler belle cōme il soit ainsi quen icelle lhumaine esperance ne doiue riens prendre, et neantmoins lerreur des hommes mondains est si grant quilz se amusent et se delectent a vne ioye vaine et caducque qui miserables mortelz enorgueillist et leur esleue la teste par fiere elation. Et touteffois nul diceulx scait quant et combien il doit viure et mourir. Car il nous est incertain en quel estat, de quelle sorte, quāt et en quel lieu la mort nous attend, laquelle nous suit dheure en heure et preste a nous abatre.

O Miserables mortelz qui au monde mettez toute vostre ioye et esperance en vous esleuant en orgueil sans auoir aucune recordation et congnoissance de dieu et de vostre tant miserable et poure naissance et quelz deuez a la fin estre Que est ce autre chose de lhomme en tout son estat corporel sinon vne semence de pourriture et ordure puante et infecte, sac dinfections et nourrissement de vers Apres lhōme deuient vers, apres les vers deuient horreur et puanteur en laquelle espere et estat tout homme et corps mortel quelque beaulte, ieunesse et force quil ayt eue est tourne et conuerty. Quelle cause auez vous doncques pour ainsi voꝰ esleuer en orgueil et pompes par folles mōdanitez sinon que le monde et honneurs mondains vous aueuglent tellement quil vous semble aduis que deuez touſiours en tel estat durer et demourer. Oyez le saige democritus qui pour despriser lorgueil et delice mōdaine souuenteffois alloit visiter les sepulchries et ossemens des mors la ou en cōsiderant nostre derniere fin si piteuse et hideuse sefforcoit a icelle cōformer toutes ses oeuures par humilite et desprisemēt de tout lestat du monde. Cōsidere donc lorgueilleux cueur telle fin et sa naissance en pensant ce qui est necessaire a la fin et entēdre cleremēt et curieusemēt pendāt que sa vie dure et que le bon sens et aduis est a pouoir congnoistre combien on peult viure et quāt on mourra, car en dormant nous courons a la mort en veillant, en riant, en plorant et generallement en quelconques operation que nous faisons nous courons a la mort. Et pour ce nattendons pas a y pouruoir et a penser en nostre conscience et faire deuoir de amender noz faultes et purger noz pechez a lheure que la mort nous vient estraindre la gor

Du temps   fueillet. xc

ge et serrer les dens et que ne pouons dire mot.

E doncques ayant considere lestre et le proces de nostre vie congneu clerement la hastiuete et fuyte de mon viure et non pas seulement de moy/mais aussi de tous les hommes combien elle est preste a deffinir et veoye manifestement au tourner et fouyr du soleil le paruenir dicelle vie et semple ruyne du monde qui est a venir au grant et final iour du iugement. Et pource veu que lhumaine nature est quasi vniuersellement comprinse dune negligence a considerer et preueoir les choses futures O vous ieunes reconfortez vous tant que vouldrez en voz follies et ne considerez point a la mort/mais mesurez le temps de loing lequel vous semble large cuydans succeder iusques en vieillesse/car ainsi que en ieunesse ne congnoissez le bien aussi nentendez le mal/dont vous cuydez et estimez le temps durer tousiours ou aumoins longuement et que la mort est loing de vous/dont suyuez voz delectations et plaisances mondaines non pensans ce que vous peult donner fortune aduersante. Helas ie vous aduise que feriez beaucoup mieulx penser de deuoir en brief mourir/car assez moins deult la playe preueue que celle qui vient non consideree. Aussi nest pas seu partie de se repetir quant on se voit en danger de mourir qui est vng grant peril pour lame/ains est chose conuenable pour le salut et seurete de lame en ceste vallee de misere et lieu de toute miserablete et de peche/de retourner les yeulx de lesperit a vraye repentance et penitence tant que la vie dure affin de oster toute macule/mais iay grant doubte que par aduenture il aduienne que en voz reprenant mes parolles soient en vain respandues et que nen tenez compte/ains demourez obstinez/et si ainsi est ie vous aduise que vous estes naurez dune tresgriefue playe et mortelle litargie qui est vne maladie endormie par laquelle on oublie toutes choses et na sen congnoissance de riens Comme il soit ainsi que les heures/les iours/les moys et les ans sen vollent et passent et sen vont a vng tresbrief temps ensemble et la demourance de ce monde est treslegiere

la ou auecques bien peu despace nous tous autres ieunes et vieulx auons a chercher et habiter autre pays qui est le royaulme eternel des cieulz lequel deus par noz merites et bienffaitz en ce monde acquerir pour y demourer apres ceste vie mortelle finie et aussi que les ames quant partiront du corps ont chercher de diuers pays fort differens a ceulx cy/car aucunes sont esleuees au ciel pour leurs vertueuses operations et diligente preparation quelles ont fait auant la mort corporelle. Les autres sont submersees en enfer pour lobstination et continuation de leurs pechez et les autres mises en purgatoire pour purger les deffaultes commises et non suffisamment amendees et reparees au monde par le corps. Doncques ne faisons point autour du cueur vne durte ainsi que au temps passe auons acoustume de faire/mais par vne desplaisance de noz offenses et bon courage damendement retournons les yeulx et noz cueurs a la vie de verite qui est a iesuchrist redempteur misericors et clement pendant que nostre faulte et noz pechez se peuent amender en ce monde et que le temps de misericorde et de pardon regne/et nattendons pas que la mort desserre son tresdangereux et subit arc ainsi que font plusieurs gens folz et ygnorans qui ensuyuent leurs folies/mais tenons nous en tel estat que franchement et seurement puissons attendre la mort a quelque heure quelle puisse suruenir sans estre prins a despourueu.

Doncques moy ayant iusques a ce point et heure demonstre la celerite du temps auoir surmonte la vie des hommes maintenant ie veulx determiner le deuat de iceluy mesme temps vaincre et denigrer la renommee acquise en ceste vie presente Car apres que ieuz au temps passe veu et que par le present ie voyoye le voller et la subite chasse du grant planette le soleil moyennant laquelle ieuz tresgrans dommaiges et tromperies receues regardant encores fermement iaperceu des gens sen aller en repos et ne craindre la rauissante velocite ne sa trescruelle raige a cause que iceulx hommes celebrez par renommee auoient este long temps a

uant occupez par la mort pour laquelle cho
se ne estoient plus subiectz aux reuolutiōs
des corps celestes/et lesquelles cōpaignies
de gens estoient en parfection et garde des
hystoriens et pareillement des poethes pour
ce que iceulx aucteurs ont descript les ver-
tueux faitz diceulx hōmes en la vie presen-
te pour ceste cause ilz dureront par renom-
mee autant que les liures par les aucteurs
escriptz pourront durer. Desquelz hōmes
fameux et ainsi par les escriptz po¹ les ver-
tueuses oeuures renommez il semble quon
ayt plus denuie que de toute autre genera-
tion qui soit sur la terre a cause que iceulx
par eulx mesmes moyennant leurs opera-
tions dignes et tresvertueuses sōt esleuez
a la glorieuse victoire de renommee saillās
hors de la caige comme de ce terrien habita-
cle et vie populaire des ygnorans vulgai-
res. Car il nya chose plus contraire a en-
uie que la bōne renommee des hommes la-
quelle tousiours sestent a la lumiere du so-
leil et tant plus est congneue et plus deuiēt
clere/la ou ceulx qui par leurs propres ver-
tus ne la peuent acquerir sont par lexemple
des autres qui sont premierement prouoc-
quez a admiration et apres a enuie.

Donc cellui soleil entre les pla-
nettes comme roy et principal di-
celles reluyre sapprestoit auecqꝫ
plus grande force contre celle re-
nommee en reprenant vng vol assez plus

expedient que premierement nauoit fait ē-
tre la vie des hōes/et en cestuy legier et im-
petueux voller estoit lorge et la mangeaille
a ses cheuaulx redoublee pour mōstrer quil
luy estoit plus de necessite multiplier ses re-
uolutions a estaindre le nom et renommee
des hōmes. Et oultre ce celle royne laquel-
le au precedent triumphe auons dit estre la
glorieuse renōmee mortelle ia se vouloit re-
parer daucuns de ceulx qui estoiēt auec elle
en sa digne cōpaignie. Car par la diuturni-
te du temps estans les liures corrōpuz/per-
duz et consumez par lesquelz fault la con-
gnoissance de plusieurs hōmes dignes et re-
nōmez la renōmee diceulx cōmence a sestain
dre et a soy separer dauec eulx/ce que voyāt
le soleil reprint plus legiere course et se ap-
presta auec plus dure guerre contre la renō-
mee des susditz hommes qui la declinoit.
Alors iouy dire aucunes tresdignes et
doctes sentences/mais ie ne scay redire de q̄
elles furent proferees si non que seullemēt
ie les entēdy desquelles la premiere fut que
a la verite propremēt et cleremēt les effectz
et affections mondaines sont a appeller li-
gustres qui sont petites fleurs blāches de
trespetite vigueur que tout ainsi quelles su-
bitemēt naissēt en vng momēt se desseichēt
et faillēt/aussi en vng instant plaisances r̄
affections mōdaines sont estainctes et ō-
lies es parfōs et tresgrās abismes dur
ueuglee et obumbree obliuiō/car par icel-
on oublie toutes choses qui sont vtiles h̄
faulluemēt de lame. Lautre sentēce que ī
oup dire et ne sceu de qui/cestoit Que le s̄-
leil par sa puissāce tournera non seullemēt
les ans singuliers/mais pareillement les
lustres/cest a scauoir le tēps de cinq ans et
le siecle q̄ par reuolution diuine est victeur
de tout hōe fameux et digne/semblablemēt
tournera lustres et se verra tourner lhōme
vain et sās renōmee. A la preuue de laquel-
le sentence ie subioinctz ce. Mais cōbien fu-
rent clers τ fameux ceulx au fleuue peneus
qui discourt par la thessalie/cestassauoir les
grecz et ceulx au fleuue tebrus discourant
par tracie qui est voisine a prepōtis et a cō-
stantinoble/entre les deux quelz ditz fleu-
ues se contiēt macedoine/tracie et thessalie
et sont regiōs prochaines voisines a la ter̄

re athicque et Boecie ou furent tant d'hommes fameux. Et neantmoins plusieurs diceulx sont du tout ostez hors de renommee et plusieurs sont par la bope ou ilz samortissent. Combien pareillement y en eut sur le fleuve xanctus qui passoit par le meillieu de troye ou sont entendus et comprins les tropens. Et combien encores en la vallee pres le fleuve du tybre qui passe par dedans la cite de romme ou sont entenduz les fors rommains desquelz les noms d'aucuns sont seullement demourez en nostre congnoissance. ¶ Apres ie ouy encores dire une autre digne sentence de la renommee des hommes mortelz quelle estoit en semblance d'ung dubieux et instable beau tour dyuer lequel une petite nuee rompt et obscurcit/pour laquelle cause ung grant et treslong temps est aux noms excellens par renommee ung tresgrief dur et mortel venin. Car ung souldain brouillas et une nuee trouble ne obscurcist point si tost la serenite du ciel que fait une legiere cause qui oste toute la renommee des hommes au monde comme par ung faulx et mauvais rapport d'une mesdisante/envieuse et detractante langue qui est a ung homme dignement renomme par la longueur du temps une chose moult griefue. ¶ Je ouy encores dire que toutes noz grandesses et triumphes se passent/noz honneurs et richesses decourent et sen vont oultre/noz gloires et pompes retournent a neant noz royaulmes et seigneuries se terminent et faillent / et a la fin le temps interrompt toute chose mortelle laquelle semble la plus ferme. ¶ Je ouy aussi dire que entre le bon et vicieux/entre le saige et l'ignorant/entre le digne et indigne na discretion ou difference/ car quelque chose qui reluyse et apparoisse en l'homme le temps destruict et desuie briefuement et les eloquences et les operations et engins/car aucuns sont quant ilz meurent iamais nest nouvelles d'eulx par deffaulte de vertueuses operations. ¶ Dernierement ie ouy en continuant plus oultre une voix qui ensuyant dist ainsi. Le temps suyant avecques luy le monde enuelope ne demeure et ne se arreste point et iamais ne retourne et semble quil desiste ou yter contre les hommes iusques a ce quil les

recondupt et fait retourner en leur premier commencement qui est ung peu de terre et a la parfin les redige en pouldre.

D Quelle chose est ce quil fault que ainsi humaine gloire ait si tresgrande multitude de cornes / et par fiere elation les esleue ainsi/cestassauoir les glorieuses descriptions les faictz et hystoires des hommes. cest une chose merueilleuse/mais pense qui vouldra parle et ymagine le peuple que si nostre vie nestoit si briefue et ne faillist si tost certainement nous verrions toutes icelles retourner et se convertir en fumees et telle est mon oppinion qui veritable est. Lors certainement moy ayant ouy ce digne et brief parlement sans veoir cause de les deuoir contredire/mais par rendre foy et creance ie vy toute nostre gloire temporelle deffaillir en la semblance de neige mise au ray du soleil qui a la chaleur dicelluy se diminue et se fond et deuient en riens qui est seullement ung peu deaue. Adoncques ie vy consequemment le temps ramener auecques luy a son retour telle et si grande prope de noms et de renommees mortelles que ie estimoye vrayement la renommee et le nom glorieux humain estre de nulle extimation et valleur combien que les grosses gens vulgaires et ignorans ne scauent et ne congnoissent cecy et si ne le croyent point et auecques ce ne le peuvent comprendre. Helas comment est aueugle et vaine et comment se rappaise et se transmue et dit au soufflement du vent de vaine gloire en se nourrissant de une faulce oppinion celluy commun peuple rural et vulgaire extimant que mourir et finir ses iours en longue vieillesse soit assez meilleur et plus heureux a desirer que de mourir en florissante ieunesse ou au berceau O combien sont heureux et benoistz sont ceulx lesquelz ia pieca sont mors en maillot et en enfance Et combien il y en a de miserables/meschans et malheureux mors en la derniere vieillesse / tellement que pour la consideration de ce aucuns veullent dire que bien heureux sont ceulx lesquelz iamais

D i

ne furent et ne sont nez au monde. Mais or me dye & responde la compaignie acoustumee a tresgrans erreurs. Qui est celluy le plus couuoiteux et desirant de ceste fumee et petite nuee du monde qui en verite et par iustice ne confesse sa renommee temporelle et nom glorieux humain tant soit furieux nestre autre chose que vne voye treffacille et expediente pour conduyre lhomme a perdition quāt en ceste vaine gloire il se delecte. Certes ceste mondaine vanite nest autre chose que vng moyen de soy faire malheureux quant elle se desire desordonneement. Doncques ce que plus nous prisons de ce vil monde nest autre chose q̄ vent/vmbre/songes et confusions. Par quoy ce temps cupide et auaricieux des renommees mortelles tout vainct et en se tournant autour tout surmonte auecques le tournoyement du ciel dont encores nest content de la mort des corps/mais encores nous tolt et rauist la bonne renommee qui est a nous vng second mourir laquelle renommee ne se treuue ou se peult dōner que a la mort. Par lesquelles raisons le temps en ceste maniere maine & gouuerne la gloire et triumphe des noms des hommes et de leur renommee temporelle et mesmement du monde/car a la mort corporelle & a la renommee mondaine ne se doit perdre par les hommes a faire quelque bon repaire la ou entende lhomme soy estre immortel et que il est produyt pour posseder la beatitude eternelle cōme par derniere fin laquelle raisonnablement se doit

aymer des humains. Et aucun nest puissant destre heureux si premierement il ne iouyst de la chose de luy aymee. A ceste cause est apparent que nulle chose delectable mondaine est pertinente a la vie corporelle de lhomme et de la renommee temporelle acquise au monde pouoir estre cause de nostre saluation veu que chascunes dicelles doiuent irremediablement faillir. Donc nous est necessaire chercher autre obiect leq̄l perpetuellement resiouysse lentendement & face le cueur parfait lequel est dieu seullemēt. Desprisez dōcques les choses naturelles et humaines et toutes vanitez mondaines et abusiues qui delectent le corps pour complaire et desprisez toute renommee temporelle & honnorable et non craignant la mort affin q̄ la nostre ame raisonnable sen aille lassus trouuer son semblable a la semblance duquel par infinye clemence fut premierement cree/et puisse hereditairement iouyr et posseder par nature eternelle et diuine son heritaige et pays de promission auecques son roy et son dieu qui est le royaulme des cieulx ou gist toute gloire supernelle et incomprehensible.

¶ Cy fine le cinquiesme triumphe de messire Francois petrache q̄ est du triumphe du temps. Et ensuyt le sixiesme et dernier triumphe qui est le triumphe de la diuinite.

De diuinite   fueillet. xcii

¶ Diuinitas omnia vincit.

¶ Le poethe.

Pres ce q̃ en aucune chose mon∫
daine fors seullemẽt auoir celle
que la foy et ferme esperance en
dieu et en autre chose comprinse
de la circonference du ciel ie ne cõgneuz
chose stabille ou ferme / ie me retournay en
moy mesmes et a ma congnoi∫∫ance saige∫
ment demanday et dys ainsi. En quoy te
D ii

fies tu ores mais. Lors a ceste demande raisonnablement respondys ainsi quil appartient a ung cueur tendant a parfection. Certes ie nay plus de foy sinon au souverain seigneur qui est dieu eternel plein dinfinye bonte et clemence lequel iamais ne defaillit de sa promesse a ceulx qui de pure et entiere foy se sont auecques bonne esperance et charite seurement confiez en luy qui est nostre redempteur et createur omnipotent. Mais ie voy bien et cognois clerement que le monde ma deceu et mocque et par mon default abuse, et apperçoy maintenant quel ie suis et quel iay este et voy comment le temps legierement sen va et sen volle enuironne de tant de reuolutions que ie me doulsisse bien griefuement douloir et plaindre. Mais ie ne scay de qui autre fors que de moy mesmes. Car la faulte et la coulpe de mes erreurs a este la mienne et non pas du temps. Helas en laage la deuant passe qui est de ieunesse et de meilleure heure ie deuoye ouurir les yeulx de mon entendement pour mieulx entendre et congnoistre la verite et la foiblesse et fragilite humaine et non pas tarder et attendre a la fin de ma vieillesse, et maintenant quant ie lentendz il ne me reste plus de temps ne daage. Mais ie considerant que a toute heure les bras de la misericorde diuine sont estendus et ouuers a ceulx qui de peche se retournent a dieu, et que iamais sa grace et clemente misericorde iamais ne fut tardiue de subuenir a ceulx qui piteusement et auecques cueur contrict sont inuocque. Iay a ceste cause encores ceste ferme esperance en celle grace et bonte diuine quelle fera en moy haultes, dignes et excellentes operations et merueilleusement ioyeuses et reconfortatiues. Lors ainsi que ie respondoye a part moy ie pensoye en moy mesmes quelle fin deuoyent auoir toutes ces choses que le ciel apres son legier tourner et diligent gouuerner enuironne par si long temps auecques soy et qui chancellent par leur mobilite et ne se peuent maintenir en cestuy estat ou elles sont perpetuelles. Sur laquelle consideration pendant que mon entendement estoit en cecy plus enuelope il me sembla voir renouueller ung nouueau monde en aage intransmuable et eternel et me fut aduis pareillement que ie veoye deffaire le ciel ensemble auecques les estoilles, le soleil, la mer et la terre et tous les autres elemens et sen refaire ung assez plus beau, plus ioyeulx et plus noble que iamais nauoit este. C'estoit au iour du deffinement du monde vniuersel ou toutes choses doiuent prendre et receuoir demourance perpetuelle et immobile non pas quil soit cree ung autre monde, mais au iour du grant iugement se doit le ciel, le soleil et autres corps celestielz faire sept fois plus clers, estant premierement ceste region terrestre arse et consumee par feu. Et lors laage du ciel renouuellera, car il sera eternel. Doncques apres la derniere reuolucion du ciel le monde, le ciel et les estoilles se doyuent deffaire se renouueller et eulx faire assez plus beaulx a lymaige parfaicte intransmuable et infinie. Adonc grandement et fort mesmerueillay quant ie vy le ciel se arrester sur ung pied et en ung estat ensemble auecques le soleil qui iamais ne se arresta et ne cessa de tournoyer depuis le iour quil fut cree, mais seulement auecques son tournoyer et discourir toute chose varie et se change. Et oultre ce ie vy les trois siennes parties, cestassauoir lumiere, influence et mouuement estre retyrees et conuerties en vne qui est lumiere, laquelle estoit en telle maniere ferme et immobile que a son tourner ne se hastoit plus comme elle souloit, mais demoura beaucoup plus clere que par auant. Et vy consequemment nestre plus de distinction ne passe, ne present, ne futur, ne plus se diuiser en auant ou en arriere, laquelle variacion fait a present estre nostre vie auecques infirmitez et amertumes. Mais estoit en forme et semblance de terre nue et totallement despouillee et priuee dherbe, car il sera tellement vniforme que la terre ne se monstrera plus.

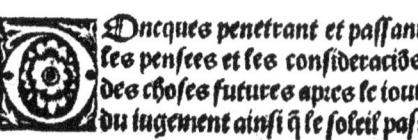Oncques penetrant et passant les pensees et les consideracions des choses futures apres le tout du iugement ainsi que le soleil pass-

se a trauers d'une verrine qui ne retient rien/mais la pensee retient Je vy ung souuerain bien sãs aucune compaignie de mal qui a nous seullement produit le temps par quoy en demonstrant aucune maniere dardante charite d'ung cueur tout esmeu fis telle exclamation. O quelle grace me reputeray ie plus grande auoir si iamais ie puis estre desduit a telle possession et quelle me soit impetree. Lequel souuerain bien estoit la mansion supernelle des cieulx et des ioyes de paradis ou les ames bienheurees auront la vision de dieu face a face. Certes apres le iugement sera le ciel en tel repos que le soleil n'aura plus son logeis et circule zodiacque ou est colloque le signe de thaurus auquel il entre le vnziesme et douziesme iour d'auril ne pareillement cellup de pisces ou il entre en feurier par lequel les diuerses habitations de maisons et d'autres manieres toute nostre peine et trauail soubdain vient et soubdain meurt/maintenant croist et maintenant diminue/tantost eclipse/tantost splendeur et autres varietez d'operations.

Oncques ie ayãt ma pensee conioincte a la gloire eternelle qui est le souuerain bien ou est infinie beatitude et toute felicite fis telle exclamation O esperitz bienheureux qui se trouuent constituez en telz haulx degrez et si souuerain lieu/et ceulx qui principallement se treuuent que leur nom sera tousiours en eternelle memoire. O tresglorieuse renommee qui demourera en eternelle memoire escripte au liure de vie. O cõbien seront bienheureux et benoistz ceulx lesquelz auecques leur briefue operation et si grande velocite sçauent trouuer l'abstinence des delectations charnelles et asseurement passer ceste riuiere alpestre et parfõde et rauissante mer de la vie terrienne tant dangereuse auecques la blanche robe de pourpre figuree par innocence laquelle vie soudaine est a plusieurs ygnorãs aggreable qui sont si abusez du mõde quilz ne congnoissent point leur follie et le peril en quoy ilz habandonnent leurs ames pour les crucier eternellement. O miserables gens vulgaires totallement aueuglez de lumiere de l'entendement qui mettez en ce monde toute vostre esperance en celle chose que le temps auecques luy emporte plus legierement quon ne pourroit dire. O infermes et debiles d'entendement gens mortelz qui tant estes sourdz que ne voulez ouyr ne entendre vostre abusion et tant aueuglez de courage que ne voulez veoir ne congnoistre vostre erreur et follie. O poures de conseil et de bon aduis qui n'auez memoire ne congnoissance de celluy qui gouuerne le monde seullement au mouuement de sa diuine voulente et operation et de qui estes les elemens lesquelz il conturbe selon son intelligence et voulente/et non pas seullement en creature terrienne/mais pareillement les ames ne sont point encores contentes touchant leur desir de veoir vne des mille parties de sa parfection et en ce sont scitibondes. Cestuy dõcques qui doit estre nostre dit obiect nous deuons seullement entendre a le chercher et non en autre chose mettre nostre entendemẽt/c'est assauoir dieu auquel deuõs mettre et applicquer tout nostre dit pensement. La sapience duquel n'a point de fin ne de comparaison/au mirouer duquel les anges qui se voient reluyre sont contens incredibleme̊t et leur suffist quilz voient seullement la partie et portion de sa tressaige et saincte maieste pour la grace a eulx diuineme̊t octroyee. O cueurs vains et vacabondes pensees des hommes mondains et tousiours a regarder vostre fin et de voz labeurs tardiues et negligentes. Pourquoy te donnes tu tant de pensemens temporelz cõme il soit ainsi que vne petite heure despesche et disperde toutes les operations qui auecques grant peine ont este assẽblees en plusieurs ans/et mesmement en ce qui griefue la pensee et empesche l'ame. C'est assauoir que les iours passez le iour de hier et du iourdhuy et autres semblables differences comme estre a midy au soir et au matin angoisseux et soucieux en pensees et cogitations qui sont transsitoires et se passeront tout en vng

point ainsi que les vmbres. Et lors ny a
ura plus lieu, il fut, estoit et sera, cestassa
uoir le temps passe et le futur, ains seulle
ment sera le temps et heure presete et la me
sure de leternite toute parfaicte et entiere.
Et oultre a ce seront ostees les ostacles de
lentendement, lesquelz nous ameinent tou
tes les susdictes differences des temps di
uisez ainsi comme a la comparaison de no
stre vie corporelle les mōtaignes aplanees
deuant et derriere Et ne se trouuera plus
aucun obiect ou se appuye nostre esperance,
ne ou se puisse excerciter nostre memoire.
Laquelle variation de tant diuerses choses
rendoient nostre vie miserable et trop ins
constante par lesperāce qui desuoyoit lhom
me en esperant es choses qui sont labilles,
tellement que nostre viure semble et doit
estre extime comme vng ieu pensant lhom
me tousiours et ayant memoire en ce quil a
este, quil sera, ou quel il espere destre apres
le iugement. Car lors ne sera plus diui
sion petit a petit en partie mineure a cause
se dung homme et dune autre chose singu
liere, mais sera toute chose ensemble parfai
ctement vnie et ne sera plus este ne yuer
ains sera le temps mort et lieu varie auec
ques lenseuelissement de nostredit corps.
Lors ses ans nauront plus en main et en
puissance le gouuernemēt des renommees
mortelles et triumphantes ne du temps
comme faire souloit Mais qui sera cler et
plain de renom sera eternellement cler et
fameux. O bien heurees celles ames, les
quelles au present sont en bone et au futur
seront apres ceste vie terrienne de paruez
nir a posseder a celle fin benoiste, ioyeuse
et eternelle de laquelle ie parle en si grans
de efficace.

Ntre les ames glorieuses
qui se verrōt au ciel apres
le iugement lame de ma da
me Laure. Cestassauoir
de tout homme qui auec
ques raison et sainctemēt
se gouuerne, aueccques re
ligion Laquelle mort preuint par le monde
rauissant les corps mortelz hors du coffin

naturel. Adonecques seront apparentes de
uant le conspect de tous les bienheureux
Les aornemens angelicques, les honnes
tes et distinctes paroles de laure et les cha
stes pensees et vertueuses cogitations que
dame nature mist et colloqua au iuuenel
et sage cueur dicelle et les mortelz ressusci
tez et glorifiez se trouueront en leur aage la
plus florissante la ou len verra le beau vi
saige de ma dame laure lamour duquel
me tint long temps lye par laquelle cho
se estant congneue chascune chose au con
spect et presence de tous les bienheureux
ie seray entre iceulx monstre au doid disant
vela qui tousiours pleura en sa vie et a la
mort de laure et neantmoins en son pleurer
et gemissemēs de ses deffaultes et erreurs
il est plus heureux que nul autre amoureux
pour lamour quil a eue a chastete et conti
nence. Celle benoiste ame par laquelle en
cores ie chante en poesies pleurant tous
iours en la recordāt morte aura en elle mes
mes tresgrande merueille sentant a soy en
tre les ames bienheureuses donner louen
ge de parfection et de gloire. Cestassauoir
lame des hommes qui par vertueuses ope
rations acquerront le ciel et seront beatifi
fiez congnoistront que on les louera mes
mement celles qui seront en moindre gloi
re, et pource ne sesleueront en orgueil.

Dant cest estat de la gloire
du dernier iour du iugemēt
sera ie ne scay, mais propre
ment le scait ma dame laure
car la credēce de cestuy hault
et diuin secret sapproche aux
plus loyaulx compaignons et amys de
dieu au ciel qui sont les anges mys a la pre
miere ierarchie, cestassauoir seraphins, che
rubins et throsnes ou resplendist diuine
intelligence, a laquelle iherarchie est ladicte
Laure par ses merites collocquee et mons
tee, mais a ce que ie puis estimer et con
gnoistre cestuy susdit dernier iour est ia pro
chain et voisin et se approuche bien tost par
les signes de iour en iour que on voit ap
paroissans, cestassauoir guerre vniuer
le, pestilence, famine, diminution daag

plusieurs autres signes qui doiuent atten
dre les grans signes du iugement.

Lors lhumaine conscience fera
raison des vrayes gaignes les
quelles aurõt este de la grace de
dieu et de noz merites faictes et
pareillement des faultes et dãpnables ope
rations que laueugle cupidite et enragee et
insatiable auarice aura cõmises, lesquelles
toutes se congnoistront auoir este oeuures
darignees. Et se verra cõbien au tẽps pre
sent en vain cure et soing se mect touchant
lacquest des choses terriẽnes et combien en
vain les hões se trauaillẽt et suent pour ac
querir les affluẽces mondaines et commẽt
a la fin eulx croyans en leurs delices et plai
sirs pour les posseder perpetuellemẽt les
personnes se treuuent mocquez et trõpez a
leur dõmage abusez τ deceuz. Car en cellui
iour deuant la presẽce de dieu nul secret sera
qui ouure ou ferme le couraige des hõmes,
mais toute consciẽce ou clere ou trouble bõ
ne ou mauuaise telle quelle soit sera entiere
ment descouuerte et cõgneue manifestemẽt
et se verra declairee deuãt tout le mõde. Et
apres que par soy mesmes sera publie le pro
ces de la consciẽce iesuchrist le filz de dieu se
conde persone de la trinite auec raison et ius
tice diuine a qui est et sera donne toute puis
sance et auctorite en fera iugemẽt et dõnera
sa sentence tremẽde et terrible disant aux iu
stes et bons. Vous les bienheureux et ser
uiteurs de dieu mon pere venez ioyeusemẽt
parceuoir et posseder eternellement son roy
aulme des cieulx qui võ9 a este appareille et
esleu pour voz dessertes et merites depuis
le commencement de la creation du mõde et
lequel iay dispose vous donner. O tresheu
reuse voix, benoiste et heureuse promesse,
tresheureuse donnaison, tresresiouyssãte de
mourance et tresheureux dõneur. Apres cel
le ioyeuse sentence aux iustes donnee celluy
souuerain et tout puissant iuge prononcera
son iugement merueilleux et terrible aux
mauuais et desloyaulx pecheurs en leur di
sant. O vous meschãs executeurs de cri
mes miserables pecheurs ie ne vous cons
gnois point qui par vostre obstination võ9
estes abusez et laissez deceuoir a la gloire
du monde. Allez maulditz dãpnez descẽdez

en toute malediction et geheine eternelle et
au feu perpetuel denfer a tourmẽs et crucia
tions pardurables auec lucifer et tous ses
ministres. O quelle douleur et piteuse et
espouentable cõfusion, quelle horreur, quel
le tristesse, quelz hurlemens et criz desespe
rez, et quelz souspirs et incomprehensibles
gemissemens seront adonc veuz et gettez.

Apres que iesuchrist iuge droictu
rier aura congneu et iuge par rai
son et donne sa sentence finale
nous verrõs alors chascune per
sone prendre son voyage, car la condampna
tion sera plus viste et beaucoup sans com
paraison plus legiere et hastiue que vne bis
che ou cerf ou aucune legiere beste sauuaige
ne sen fuyt pour se remettre dedans son
boys quant elle est precipitee et de pres chas
see et poursuyuie des chiens, car les damp
nez et pecheurs voyans lhumanite de ie
sus pree et courroucee et oyans leur horri
ble et aspre sentence furieusement retourne
ront en enfer en corps et en ame tous cõfuz
pour crainte de non plus voir la face terri
ble a eulx et furieuse dont ilz auront paour
et aussi pource quilz se verront en la presen
ce des bien heureux ausquelz ilz porteront
enuie et rancune desirans quilz soient auec
ques eulx dampnez, et aussi quilz seront to
tallement laissez et habandonnez a la puis
sance des dyables desquelz ilz seront cons
trainctz et forcez a retourner en enfer pour
perpetuellement les tourmenter. Lors en
celle heure et peu de examen se verra mani
festement lor et les heritaiges et les riches
ses terrienne, les estatz, honneurs royaul
mes et autres seigneuries lesquelz seront
encontre nous des fieres questiõs auec la
cruelle auarice qui comme ennemye de iesu
christ dechasse toute amour hors de auec lup
mais est cause de leternel dampnemẽt et ne
donne aucune plaisance ne vtilite.

Donc dautre part qui sera du
coste dextre de dieu. Ceulx, cest
a scauoir les iustes q lors se res
iouyront glorifiant τ louãt dieu
en leurs couraiges sans aucun orgueil ou
vaine gloire seront esleuez en hair glorieu
sement a cause de la glorification de leurs
corps conioinctz aux ames, ayans iceulx

bien droictement tenu en eulx le frain de for
tune modeste, et seront tous en humilite & cha
ritable amour. ¶ Et les cinq triumphes
dessusdictz ou sont figurez les cinq vniuer
selles variacions de lame. Cestassauoir
lestat de lempire, lestat de la raison figuree
par ma dame laura, lestat de la mort, lestat
de renommee et lestat du temps lesqlz nous
auons veuz & congneuz cy bas en terre dōt
plus ne sera lors de memoire. ¶ Ce sixiesme
triumphe de leternite subsequēt au iour du
iugement par la grace infinie de dieu et par
sa clemence et misericordieuse promission re
tuerons la hault au ciel a la gloire bien heu
ree. En lestat et mesure eternelle duquel
triumphe se deffera le temps, & pareillemēt
la mort cruelle et auaricieuse en son empire
mourra ensemble auec le temps, et ceulx ius
tes et bien heureux colloquez en la gloire
celestielle, lesquelz en la vie psente ont par
leurs bienffais et dignes vertus merite a
uoir clere et tresglorieuse renōmee & louēn
ge et lesquelz le temps espes et obscur en ce
mōde estaignit, et pareillemēt leurs beaulx
visaiges et autres beaultez corporelles les
quelles premierement laage, apres la mort
fist pallir et deffaire. Lors plus que iamais
belles sauront, et laisseront les obscurs et
terribles aspectz, et regardz horribles et les
faces palles et deffigurees ensemble auec
ques laueugle et obscure obliuion de la tres
fiere mort impetueuse, & ensemble les iours
treslegiers, & auecques plus belle, & tresflo
tissante aage reprendront vne beaulte indi
cible et incomprenable & immortelle auecqs
vne singuliere pulchritude stabile et infinie
Et ceulx aussi qui vōt faire purgation ou
purgatoire des macules contraires par lhu
maine fragilite lesquelz le ciel desire auoir
seront en sa compaignie et vnion des sus
ditz bienheureux, entre les ames desquelz
lame glorieuse de ma dame laure dessus spe
cifiee sera la premiere colloquee.

gehenne maintenant dicte geneue vraye et
parfaicte amour nře fist encores et donna
pour ceste dame laure tresgrande guerre et
lōgue bataille tellement que le souuenir di
celle menflamma le cueur parquoy ie dic
telz motz. O pierre pierre de sepulchre heu
reuse laquelle serre et coeuure ce beau visai
ge, tant fut a extimer heureux cestuy qui la
regarda en sa beaulte corporelle et terrienne
Que ce sera doncques de la reueoir auec le
corps glorifie esleuee en la gloire celestielle
et eternelle felicite. Et par raison cestuy est
heureux qui en ce monde miserable a incessa
ment ses yeulx esleuez aux cieulx ou est la
gloire infinie en mettant en arriere les plai
sances transitoires vaines et mondaines
pour desirer et aymer posseder la vie eter
nelle celicque, laquelle si nous la voyons
et par meditations et contemplations spiri
tuelles la sentōs en laymāt estre tant doul
ce et delectable en terre, quelle donc pourra
len iuger ne extimer lamour dicelle au ciel.
A laquelle nous vueille conduyre limmense
grace et infinie bonte du misericordieux do
nateur dicelle apres la dissolution de ceste
vie temporelle. Amen.

¶ Cy finissent les triumphes de mes
sire frācois petrarche tresillustre poe
the et souuerain et elegāt orateur nou
uellement redigees de son langaige
vulgaire tuscan en nostre diserte lan
gue francoise. Imprime a paris pour
Berthelemy verard marchant libraire
demourant en ladicte ville a lenseigne
sainct Jehan leuangeliste deuant la
rue neufue nostre dame, ou au palais
au premier pillier deuant la chappelle
ou len chāte la messe de messeigneurs
les presidens.

A La riue dūg fleuue qui naist en
gehenne, cestassauoir en la cite
dauignon, par ou passe le rhosne
lequel fleuue vient et procede de
la montaigne voisine aux pirenees q̄ sepa
rent ytalie de la prouuence et qui se appelle

www.ingramcontent.com/pod-product-compliance
Lightning Source LLC
Chambersburg PA
CBHW071255160426
43196CB00009B/1299